KB068943

이영균 저

조직
관리론

ORGANIZATION & MANAGEMENT
THEORIES

박영사

머 리 말

조직의 본질을 어떠한 시각으로 접근해야 할 것인가? 그리고 조직 내에서의 인간은 어떠한 모습인가? 라는 의문이 이 책을 저술하기 위한 출발점이었다. 우리는 누구나 조직이라는 울타리에서 삶을 전개한다. 우리의 삶의 환경인 현대 조직사회에서 사람에 대한 이해는 무엇보다 중요한 과제일 것이다. 조직은 곧 사람을 위한 설계이어야 할 것이다. 더욱이 조직의 질(quality)에 관한 접근은 사람을 위한, 사람에 의한, 사람의 조직이어야 할 것이다. 이런 관점에서 이 책은 사람에 초점을 두고 조직의 질을 끊임없이 향상할 수 있을까 하는 물음에 관련된 다양한 조직변수 및 개인과 집단의 행태변수를 체계적으로 탐색하고 있다.

이 책을 기술함에 있어, 현재 각 대학교에서 급속도로 확산되고 있는 원어 강의를 수강하는 학생들에게 약간의 도움을 주고자 영어원문을 가급적 활용하고자 했다. 하지만 저자가 가지고 있는 조직학의 짧은 지식으로 조직과 인간행태를 풍성하게 기술하는 데 많은 한계가 있었다.

이리하여 이 책에서 다루는 많은 부분은 관련된 선행연구들에 의존했음을 고백하고 싶다. 이들 선행연구에는 저자의 논문과 저서(행정학, 2010), Hodge와 Anthony의 조직이론(1979), Narayanan과 Nath의 조직이론(1993), Daft의 조직이론과 조직설계(1983), Reitz의 조직행태론(1987), Ivancevich와 Matteson의 조직행태와 관리(1990), Hellriegel, Slocum과 Woodman의 조직행태론(1995), Black과 Porter의 관리론(2000) 등이 포함되어 있다.

이 책은 조직론과 조직행태의 두 분야로 구성되어 있다. 첫째는 조직을 이해하는 데 관련한 다양한 조직이론을 탐구하는 분야이다. 이들 분야는 대체로 조직일반이론, 조직환경과 조직문화, 조직구조 및 조직설계와 직무설계, 조직관리과정,

i

그리고 조직변화와 발전 등으로 구성되어 있다. 둘째는 조직 내의 인간행태에 관한 내용이다. 이들 분야는 조직구성원 개인의 행태과정인 개인행태, 지각, 학습이론, 성격, 동기부여, 스트레스와 직무소진 그리고 집단행태와 관련한 리더십, 의사소통, 갈등관리와 협상관리, 조직권력과 정치, 의사결정 등으로 구성되어 있다. 이들 두 분야는 매우 밀접하게 관련되어 있고 때로는 중첩되어 있다.

이 책을 저술하면서 많은 분들에게 도움을 받았다. 좋은 연구 환경을 제공해 주기 위해 항상 따뜻하게 배려해 준 아내 여숙구와 두 딸 태주와 예주, 늘 배움에 많은 땀을 흘려야 한다고 주문하시는 정우일 교수님, 늘 날카로운 질문으로 저의 나태함을 진단해 준 학생들, 가까이에서 보이지 않는 협력의 손을 제공해 주신 동료 교수님이다.

특히 2013년 플로리다 주립대학교에서의 연구년은 이 책을 저술하는 데 최적의 환경이었다. 연구년 기간에 도움을 준 분들과 기관이 있다. 가천대학교와 플로리다 주립대학교의 Feiock 교수님, 이건형 교수님, 그리고 연구년 동안 지적 자극을 주신 대구한의대 박동균 교수님이다.

이 책에서 나타나는 많은 오류는 전적으로 저자의 책임이다. 이를 교정하기 위해 끊임없이 이 분야에 대해 지속적으로 배우고자 한다. 가능하다면 보다 최신의 정보와 다양한 연구결과를 소개하고, 나아가 오류를 최소화한 새로운 모습의 책을 지속적으로 개정하길 희망한다.

끝으로 양서를 통해 세상에 빛을 비추고자 노력하는 박영사 안종만 회장님과 이 책의 출간에 있어 편집과 제작에 많은 도움을 주신 이강용 선생님, 송병민 선생님 등 박영사 임직원 여러분께 깊은 고마움을 전한다.

2015년 3월
복정동산에서 이 영 균

이 책의 설계

제1편에서는 사회적 시스템의 시각에서 조직의 의의와 특성 및 유형, 조직의 목표와 조직효과성 등을 살펴봄으로써 조직의 기본적인 본질을 이해하고, 또한 조직의 기본적인 본질과 관련한 다양한 조직이론들을 체계적으로 탐색한다. 이를 통해 조직을 분석하는 다양한 시각을 학습하고자 한다.

제2편에서는 조직과 지속적으로 상호작용하는 조직환경과 조직문화를 살펴봄으로써 개방시스템으로서 조직의 실체를 이해하고자 한다.

제3편에서는 조직이 제도적 관점으로부터 어떻게 구조화되고 있는지, 조직목적 실현을 위한 최적의 조직설계와 직무설계는 무엇인지 등을 기술하고자 한다. 조직구조는 조직의 목표와 환경에 대한 결과물이다. 조직이 규모, 기술, 환경, 목표에 기초하여 어떻게 설계되어야 하는지에 대해 학습하고자 한다.

제4편은 조직관리자가 조직목표 실현을 위해 어떻게 최적의 관리과정을 유지하여야 하는지와 관련한 전략적 기획, 조직정보와 통제시스템, 평가 및 성과관리 등에 대해 학습하고자 한다.

제5편과 제6편에서는 조직구성원의 개인적 행태와 집단적 행태를 살펴봄으로써 조직 속의 개인과 집단의 모습을 이해하고자 한다. 이를 위해 지각, 학습, 성격, 동기부여 및 스트레스와 직무소진 등을 통해 개인의 행태를 이해하고자 한다. 또한 집단행태 및 대인관계와 관련한 리더십, 의사소통, 갈등관리, 협상관리, 조직권력과 정치, 의사결정 등을 탐색하고자 한다.

제7편에서는 조직 최고관리자의 중요한 역할로 고려되는 조직변화와 조직발
전을 탐색하고자 한다.

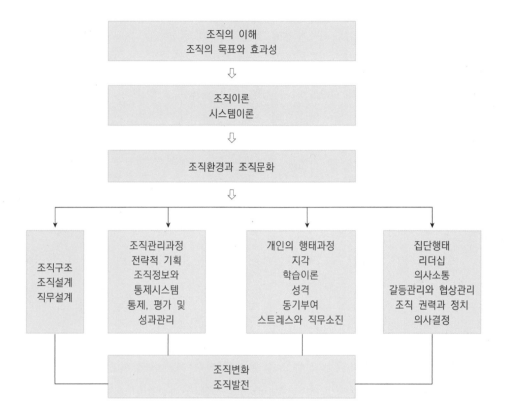

차 례

Organization & Management Theories

제1편 조직과 조직이론의 이해

제1장 조직의 의의, 유형 및 목표 ·· 4

　　제1절 조직의 의의와 특징 ·· 5
　　　　　1. 조직의 의의 | 5
　　　　　2. 조직과 집단 | 9

　　제2절 조직의 유형 ·· 10
　　　　　1. 공공조직 | 12
　　　　　2. 민간조직 | 17
　　　　　3. NGO | 17

　　제3절 조직목표 ·· 21
　　　　　1. 조직목표의 의의 | 21
　　　　　2. 조직목표의 기능 | 22
　　　　　3. 조직목표의 분류 | 24
　　　　　4. 목표설정의 방법 | 28
　　　　　5. 목표의 변동 | 30
　　　　　6. 개인과 조직목표의 융합 | 32
　　　　　7. 조직목표 성취의 측정 | 33

제2장 조직효과성 ··· 40

　　제1절 조직효과성의 의의와 기반 ·· 41

1. 조직효과성의 의의 | 41
2. 조직효과성의 기반 | 42

제2절 조직효과성의 기준선택 ··· 49
1. 관리가치 | 49
2. 생명주기단계 | 51
3. 환 경 | 55
4. 선거구민 | 55
5. 조직유형에 따른 효과성 | 56

제3절 조직효과성 측정의 이슈와 측정단계 ························· 57
1. 효과성 측정의 이슈 | 57
2. 효과성 측정단계 | 59

제 3 장 조직이론의 의의와 고전적 조직이론 ························· 61

제1절 이론과 조직이론의 의의 ··· 62
1. 이론의 의의 | 62
2. 조직이론의 의의 | 63

제2절 고전적 조직이론의 의의 ··· 67

제3절 Frederick Winslow Taylor의 과학적 관리론 ··········· 69
1. 과학적 관리의 의의 | 69
2. 과학적 관리의 특성: 최상의 방법 | 70
3. 과학적 관리의 비판과 공헌 | 72

제4절 행정원리학파 ·· 74
1. 행정원리학파의 의의 | 74
2. Henri Fayol의 연구 | 75
3. James D. Mooney와 Allan C. Reiley의 연구 | 77
4. Mary Parker Follett의 연구 | 78
5. Luther Gulick과 Lyndall Urwick의 연구 | 79

제5절 Weber의 관료제 ·· 81
1. Weber 관료제의 의의와 특징 | 81
2. 관료제와 조직규모 | 85

3. 관료제의 유형 | 86

4. Weber 관료제의 장점과 단점 | 88

5. 관료제와 민주주의 | 90

제 4 장 인간관계이론 ··· 92

제 1 절 인간관계이론의 의의 ··· 93

제 2 절 Hawthorne의 연구 ·· 94

1. Hawthorne의 실험 | 94

2. Hawthorne 실험의 결과와 비판 | 97

제 3 절 행태주의 ·· 100

1. 행태주의의 의의 | 100

2. Chester Barnard의 연구 | 101

3. Herbert Simon의 연구 | 103

제 4 절 후기행태론적 접근법과 신행정학 ·· 104

1. 후기행태론적 접근법 | 104

2. 신행정학 | 105

제 5 장 현대조직이론 ··· 108

제 1 절 인적자원이론 ··· 109

제 2 절 정보 및 의사결정학파 ·· 110

제 3 절 정치학파 ·· 111

제 4 절 이해관계자이론 ··· 112

제 6 장 시스템 모형 ··· 115

제 1 절 시스템의 의의와 기반 ·· 116

1. 시스템의 의의 | 116

2. 시스템의 기반 | 117

제 2 절 시스템이론 ··· 119

1. 시스템이론의 의의와 특성 | 120

　　　　　　2. 개방시스템의 요소 | 123
　　　　　　3. 시스템 모델의 장점과 단점 | 129
　　　　　　4. 조직에 대한 시스템 모델 | 131

제 7 장　조직의 상황적합적 관점 ·· 138

　　제 1 절　상황적합의 의의와 기반 ·· 139
　　　　　　1. 상황적합의 의의 | 139
　　　　　　2. 상황적합의 기반 | 141
　　제 2 절　상황적합이론 ·· 142
　　　　　　1. 환경적 상황이론 | 143
　　　　　　2. 자원의존이론 | 146
　　　　　　3. 인구생태이론 | 148
　　　　　　4. 제도이론 | 150
　　제 3 절　상황적합적 관련 연구 ·· 153
　　　　　　1. 조직구조와 규모의 연구 | 153
　　　　　　2. 기술에 대한 연구 | 154
　　　　　　3. 조직환경의 연구 | 162

Organization & Management Theories

제 2 편　조직환경과 조직문화

제 8 장　조직환경 ··· 172

　　제 1 절　조직환경의 의의와 기반 ·· 173
　　　　　　1. 조직환경의 의의 | 173
　　　　　　2. 조직환경의 기반 | 174
　　제 2 절　환경의 특성 ··· 180
　　　　　　1. 불확실성 | 180

　　　2. 자원의존성 | 182
　　　3. 환경의 상호관련성 및 복잡성 | 183

　제 3 절　환경분석의 접근방법 ·· 187
　　　1. 주사형 | 187
　　　2. 주사시스템 | 188

　제 4 절　환경분석과정 ··· 189
　　　1. 주　사 | 189
　　　2. 모니터링 | 190
　　　3. 예　측 | 190
　　　4. 평　가 | 191

　제 5 절　환경분석의 모델 ·· 191
　　　1. 거시적 환경 | 191
　　　2. 산업/경쟁적 환경 | 195

　제 6 절　조직생태학: 조직생명주기 ·· 197

제 9 장　조직문화 ·· 200

　제 1 절　조직문화의 의의와 수준 ··· 201

　제 2 절　조직문화의 논리 ·· 205
　　　1. 역사적 기반 | 205
　　　2. 철학적 기반 | 206
　　　3. 이론적 기반 | 207

　제 3 절　조직문화의 기능과 유형 ··· 208
　　　1. 조직문화의 기능 | 208
　　　2. 조직문화의 유형 | 212

　제 4 절　조직문화 변화의 특성과 단계 ··· 223
　　　1. 조직문화 변화의 특성과 유형 | 223
　　　2. 문화변화의 지렛대 | 229
　　　3. 문화변화의 과정 | 232

제 3 편   조직구조와 조직 및 직무설계

제10장   조직구조 ·· 238

제 1 절   조직구조의 의의와 변수 ·· 239
1. 조직구조의 의의 | 239
2. 조직구조의 변수 | 240

제 2 절   조직구조의 차원 ·· 246
1. 공식화 | 247
2. 집권화와 분권화 | 249
3. 복잡성 | 253
4. 분화와 통합 | 257

제 3 절   조직구조의 영향요인 ·· 260
1. 임무와 전략 | 260
2. 기 술 | 261
3. 규 모 | 262
4. 환 경 | 262
5. 핵심적 인원 | 263

제 4 절   공식적 조직구조와 비공식적 조직구조 ··························· 263
1. 공식적 조직구조 | 263
2. 비공식적 조직구조 | 264

제 5 절   계선과 막료조직 ·· 265
1. 계선조직 | 265
2. 막료조직 | 266

제 6 절   조직의 물리적 구조 ··· 268
1. 조직의 지리 | 269
2. 레이아웃 | 269
3. 조경, 설계와 실내장식 | 270

제11장 조직설계 ··· 271

　제1절 조직설계의 의의와 관점 ··· 272
　　　1. 조직설계의 의의 | 272
　　　2. 조직설계의 논리적 관점 | 273

　제2절 조직설계의 논리 ·· 275
　　　1. 역사적 기반 | 275
　　　2. 철학적 기반 | 278
　　　3. 이론적 기반 | 278

　제3절 조직설계의 진단 ·· 281

　제4절 조직설계의 모델 ·· 283
　　　1. 기계적 모델 | 285
　　　2. 유기적 모델 | 286
　　　3. 매트릭스 조직설계 | 288
　　　4. 위원회 구조 | 297

　제5절 인터페이스 네트워크와 조직설계 ··························· 299

제12장 직무설계 ··· 301

　제1절 조직설계의 의의 ·· 302

　제2절 직무분석 ··· 304

　제3절 직무범위의 재설계 ··· 305
　　　1. 직무단순화 | 305
　　　2. 직무순환 | 305
　　　3. 직무확장 | 306
　　　4. 직무충실화 | 306

Organization & Management Theories

제 4 편   조직관리과정

제13장 전략적 기획 ·· 312

제1절 전략적 기획의 의의 ·· 313
　　　　1. 기획과 전략적 기획의 의의 | 313
　　　　2. 시스템 모델과의 연계 | 314

제2절 전략형성과정 및 기획과정 ··· 316
　　　　1. 전략형성과정 | 316
　　　　2. 기획과정과 도구 | 318

제3절 기획유형과 SWOT분석 ·· 323
　　　　1. 기획유형 | 323
　　　　2. SWOT 분석 | 327

제14장 조직정보와 통제시스템 ·· 332

제1절 조직정보와 통제시스템의 의의 ·· 333
　　　　1. 조직정보와 통제시스템의 의의 | 333
　　　　2. 정보시스템 설계의 변수: 정보의 양과 정보의 충분성 | 334

제2절 조직정보와 통제시스템의 논리 ··· 336
　　　　1. 역사적 기반 | 336
　　　　2. 철학적 기반 | 338
　　　　3. 이론적 기반 | 341

제3절 조직정보와 통제의 수준 ·· 343
　　　　1. 운영통제 | 344
　　　　2. 관리통제 | 345
　　　　3. 전략통제 | 345

제15장 통제시스템, 평가시스템 및 성과평가 ·· 346

　제1절 통제시스템 ·· 347
　　　1. 통제의 의의와 필요성 | 347
　　　2. 효과적인 통제시스템과 통제과정 | 350
　　　3. 통제의 범위와 통제유형 | 355

　제2절 평가시스템 ·· 360
　　　1. 평가시스템의 의의 | 360
　　　2. 평가시스템의 목적, 과정 및 문제점 | 362
　　　3. 평가시스템의 유형, 방식 및 기준 | 365

　제3절 성과평가 ·· 369
　　　1. 성과평가의 의의 | 369
　　　2. 성과평가의 방법 | 370

Organization & Management Theories

제 5 편　개인의 행태과정

제16장 개인행태 ··· 376

　제1절 개인행태의 의의 ·· 377
　　　1. 행태의 의의와 특징 | 377
　　　2. 조직행태의 의의와 조직의 행태관리 | 379

　제2절 행태의 접근법 ·· 381
　　　1. 인식접근법 | 382
　　　2. 강화접근법 | 382

　제3절 행태의 예측변수: 태도와 업무태도 ·· 384
　　　1. 태　도 | 384
　　　2. 업무태도 | 387

제17장 지   각 ·· 394

　제1절 지각의 의의와 과정 ··· 395
　　　　1. 지각의 의의 | 395
　　　　2. 지각과정 | 396
　　　　3. 지각적 오류의 방지 | 402

　제2절 Johari의 창 ·· 402

제18장 학습이론 ·· 406

　제1절 학습의 의의와 유형 ··· 407
　　　　1. 학습의 의의 | 407
　　　　2. 학습의 유형 | 407

　제2절 자극에 따른 학습 ··· 408
　　　　1. 고전적 조건형성: Pavlov의 실험 | 408
　　　　2. 효과의 법칙: Thomdike의 실험 | 411
　　　　3. 조작적 조건형성 | 411
　　　　4. 사회적 학습 | 416

제19장 성   격 ·· 420

　제1절 성격의 의의와 성격차이의 원천 ················· 421
　　　　1. 성격의 의의와 특성 | 421
　　　　2. 성격차이의 원천 | 423

　제2절 성격유형 ·· 425
　　　　1. Hippocrates의 연구 | 426
　　　　2. Sheldon의 연구 | 426
　　　　3. Carl Jung의 유형 | 427
　　　　4. 특성접근법: Allport의 특성이론 | 428
　　　　5. 정신분석적 접근법 | 430

　제3절 성격유형의 측정 ··· 437
　　　　1. 미네소타 다면적 인성검사(MMPI) | 437

2. 에니어그램 | 439

3. 빅 파이브 성격유형 | 442

4. MBTI 성격유형 | 445

제20장 동기부여 ·· 449

제1절 동기부여의 의의와 과정 ······································· 450

1. 동기부여의 의의와 특징 | 450

2. 동기부여의 과정 | 452

제2절 동기부여의 이론배경 ··· 455

1. 본능이론 | 455

2. 동인이론 | 456

3. 인센티브 이론 | 457

4. 각성이론 | 458

제3절 동기부여이론 ··· 459

1. 내용이론 | 460

2. 과정이론 | 474

3. 강화이론 | 487

제21장 스트레스와 직무소진 ·· 492

제1절 스트레스 ··· 493

1. 스트레스의 의의 | 493

2. 스트레스의 개념과 특징 | 495

제2절 스트레스의 연구경향 ··· 499

1. Hans Selye의 연구 | 500

2. 미시간대학교의 연구 | 501

제3절 스트레스의 요인 ·· 504

1. Singer와 Koslowsky의 모형 | 504

2. 종합적인 스트레스의 요인 | 506

제4절 스트레스의 관리전략 ··· 511

1. 주요 학자들의 스트레스 극복전략 | 512

2. 종합적인 스트레스 극복전략 | 514

제 5 절 스트레스와 성과의 관계 ·· 517

제 6 절 직무소진 ·· 519

1. 직무소진의 의의 | 519
2. 직무소진의 구성요소 | 520

Organization & Management Theories

제 6 편   집단행태와 대인관계

제22장 집단행태 ·· 528

제 1 절 집단의 의의 ··· 529

제 2 절 집단의 유형 ··· 531

1. 공식집단 | 532
2. 비공식집단 | 535

제 3 절 집단의 발생이론과 원인 ·· 538

1. 집단발생의 이론 | 538
2. 집단발생의 원인 | 539

제 4 절 집단의 발달단계 ·· 542

1. 집단성숙도에 따른 발달단계 | 542
2. 집단학습에 따른 발달단계 | 544

제 5 절 집단의 규모와 구조 ··· 546

1. 집단의 규모 | 546
2. 집단의 구조 | 547

제 6 절 응집력, 집단의 효과 및 집단사고 ·· 548

1. 응집력과 성과 | 548
2. 집단의 효과성 | 551

3. 집단규모의 효과 | 552

4. 집단사고 | 553

제23장 리 더 십 ··· 560

제1절 리더십의 의의 ··· 561

1. 리더십의 개념과 특성 | 561

2. 리더십의 환경변화 | 564

제2절 리더십과 관리 ··· 566

1. 관리의 본질 | 566

2. 리더십과 관리의 관계 | 567

제3절 리더십 이론 ··· 570

1. 자질(특성)이론 | 573

2. 행태이론 | 576

3. 상황적합적 이론 | 587

4. 귀인모델 | 610

5. 리더−멤버 교환이론 | 613

6. 변혁적 리더십 | 616

7. 기타 리더십 | 627

제4절 리더십의 대체 ··· 634

제5절 팔로워십 ··· 636

1. 팔로워십의 의의와 역할 | 636

2. 팔로워십의 유형 | 637

3. 효과적 팔로워십의 전략 | 640

제6절 팀 리더십 ··· 642

1. 팀의 의의와 유형 | 642

2. 팀 리더십 | 645

제24장 의사소통 ··· 648

제1절 의사소통의 의의와 과정 ··· 649

1. 의사소통의 의의와 기능 | 649

　　　　　　2. 의사소통의 과정 | 654

　　제 2 절　의사소통의 수준 ·· 657

　　제 3 절　의사소통의 장애요인과 극복방안 ································ 658
　　　　　　1. 의사소통의 장애요인 | 658
　　　　　　2. 의사소통 장애의 극복방안 | 660

　　제 4 절　의사소통의 유형 ·· 665
　　　　　　1. 공식적 의사소통과 비공식적 의사소통 | 665
　　　　　　2. 하향적·상향적·수평적 의사소통 | 669

제25장　갈등관리 ··· 673

　　제 1 절　갈등의 의의와 특징 ··· 674

　　제 2 절　갈등이론과 갈등의 시각 ·· 676
　　　　　　1. 갈등이론 | 676
　　　　　　2. 갈등의 시각 | 678
　　　　　　3. 기능적 갈등과 역기능적 갈등 | 680

　　제 3 절　갈등의 유형과 원인 ··· 684
　　　　　　1. 갈등의 유형 | 684
　　　　　　2. 갈등의 원인 | 685

　　제 4 절　갈등단계와 갈등관리 ··· 690
　　　　　　1. 갈등단계 | 690
　　　　　　2. 갈등관리 | 692

제26장　협상관리 ··· 706

　　제 1 절　협상의 의의 ··· 707

　　제 2 절　협상유형 ··· 708
　　　　　　1. 분배협상 | 708
　　　　　　2. 통합협상 | 709

　　제 3 절　협상전략과 과정 ·· 710
　　　　　　1. 협상전략 | 710

2. 협상과정 | 712

제27장 조직권력과 정치 ·· 716

제1절 권력과 권위의 의의 ··· 717
 1. 권력의 의의와 특징 | 717
 2. 권위의 의의와 원천 | 720

제2절 권력 활용과 임파워먼트 ·· 725
 1. 권력 활용 | 725
 2. 임파워먼트 | 728

제3절 권력의 기반 ·· 731
 1. French와 Raven의 유형 | 731
 2. John Kenneth Galbraith의 유형 | 735
 3. A. Etzioni의 유형 | 737
 4. 구조적 권력과 상황적 권력 | 738

제4절 권력 대상자의 특성 ··· 739

제5절 조직정치와 정치적 전략 ·· 741
 1. 조직정치 | 741
 2. 정치적 전략 | 745

제28장 의사결정 ·· 748

제1절 의사결정의 의의와 시각 ·· 749
 1. 의사결정의 의의 | 749
 2. 의사결정의 시각 | 750

제2절 의사결정의 유형 ·· 752
 1. 정형화된 의사결정 | 752
 2. 비정형화된 의사결정 | 753

제3절 의사결정의 과정과 전략 ·· 755
 1. 의사결정의 과정 | 755
 2. 의사결정의 전략 | 761

제 4 절 　의사결정의 모델 ·· 762

　　　1. 경제적 모델: 합리적 의사결정 | 762

　　　2. 행정적 모델: 만족모형 | 763

　　　3. Allison의 의사결정모델 | 765

　　　4. 쓰레기통 의사결정 | 768

제 5 절 　의사결정의 행태적 영향과 집단적 의사결정 ····················· 771

　　　1. 개인적 의사결정의 행태적 영향요인 | 771

　　　2. 집단적 의사결정의 기법 | 773

Organization & Management Theories

제 7 편 　조직변화와 조직발전

제29장 　조직변화 ·· 784

제 1 절 　조직변화의 의의와 원천 ·· 785

　　　1. 조직변화의 의의 | 785

　　　2. 조직변화의 원천: 변화시스템 모델 | 787

　　　3. 조직변화과정의 요소 | 789

제 2 절 　조직변화의 저항과 극복방안 ·· 791

　　　1. 조직변화의 저항 | 791

　　　2. 조직변화의 저항에 대한 극복방안 | 792

제 3 절 　조직변화의 기반 ··· 796

　　　1. 역사적 기반 | 796

　　　2. 철학적 기반 | 796

제 4 절 　조직변화의 이론적 틀 ··· 798

　　　1. 인구생태학 모델 | 799

　　　2. 자원의존이론가 | 800

　　　3. 제도주의이론가 | 801

4. 조직 라이프사이클 | 802

제30장 조직발전 ·· 808

제1절 조직발전의 의의와 특징 ································· 809
   1. 조직발전의 의의 | 809
   2. 조직발전의 특징 | 811
   3. 조직발전의 과정 | 813
   4. 조직발전의 한계 | 815

제2절 조직발전의 기반 ·· 816
   1. 역사적 기반 | 816
   2. 철학적 기반 | 819
   3. 이론적 기반 | 821

제3절 개 입 ··· 825
   1. 개입의 의의 | 825
   2. 진단개입 | 826

제4절 조직발달의 방법 ·· 829
   1. 구조적 발달방법 | 829
   2. 기술과 태도의 발달방법 | 837
   3. 행태적 발달방법 | 839

참고문헌 ·· 843

찾아보기 ·· 861

>>> 제 1 장 조직의 의의, 유형 및 목표

제 2 장 조직효과성

제 3 장 조직이론의 의의와 고전적 조직이론

제 4 장 인간관계이론

제 5 장 현대조직이론

제 6 장 시스템 모형

제 7 장 조직의 상황적합적 관점

제1편

조직과
조직이론의 이해

조직의 의의, 유형 및 목표

　　우리 모두는 조직의 세상(a world of organization)에서 생활하고 있다. 우리들의 모든 일상생활은 조직의 존재에 의해 영향을 받고 있다. 현대사회에서 조직 없이 생활하는 것은 거의 불가능하다. 예를 들면, 규제기관이 없다면 대부분 도시지역에서의 공기오염과 수질오염은 시민의 건강에 재앙적인 영향을 미칠 것이다.

　　이런 시각에서 이 장에서는 조직이란 무엇인지 그리고 왜 중요한지, 조직과 집단은 어떠한 차이가 있는지, 조직을 어떻게 유형화 혹은 분류하는지 등을 학습한다. 이와 같은 조직에 대한 이해를 통해 조직의 삶의 질에 관련한 다양한 변수에 관한 사고의 틀을 모색하고자 한다.

제1절 조직의 의의와 특징

1. 조직의 의의

　조직(組織, organization)은 현대사회에서 가장 중요한 기본구조(fabric)이다. 이에 조직을 이해하고, 그리고 조직을 어떻게 설계하고, 관리할 것인지에 대해 학습할 필요가 있다.

　조직이란 공통적인 목적 혹은 일련의 목적을 위해 두 사람 이상의 사람들이 협동하는 체제이다. 즉 조직은 사람들이 공통적 목적을 이행하기 위해(to fulfill common goals) 복잡한 업무를 함께 수행하는 무대(arena)로 정의할 수 있다. 이러한 조직은 목표의 구체성과 지속성, 일정한 경계, 규범적인 질서, 권위체계, 의사소통체계, 조직구성원을 위한 인센티브체계 등이 포함되어 있다(Scott, 1964: 488).

- 조직은 몇몇 목적을 위해 만들어진 인간적 기구(human instrument)이다.
- 조직은 몇몇 구체적인 목표를 성취하기 위해 의도적으로 설계된(deliberately designed) 사회적 단위(social unit)이다.
- 조직은 두 사람 이상이 의식적으로 협동하는 활동시스템(a system of consciously coordinated activities)이다.
- 조직은 목적달성의 목적으로 개인적 노력을 향상하기 위해 설계된 사회적 협동시스템(social systems of cooperation)이다.
- 조직은 공통적 목표를 추구하는 개인들의 무리(collections of individuals)이다.
- 조직은 공통적 목적(a common objective)을 향해 활동을 의식적으로 협동하는 사람들의 집단이다
- 조직은 특정한 목적을 가지고 그 목적을 달성하기 위하여 구성원 간에 상호작용을 하는 사람들 간의 협동집단이다.

- 조직은 공동의 목표를 달성하기 위해 노력할 의욕을 가진 두 사람 이상이 상호 의사소통하는 집합체이다.
- 조직은 집합적 목적의 통제된 성과를 위한 사회적 합의이다(social arrangements for the controlled performance of collective goals).
- 조직은 구체적인 목적을 추구하기 위해 의도적으로 구조화되고, 그리고 재구조화된 사회적 단위(social units)이다.
- 조직은 비교적 뚜렷한 경계선, 규범적 질서, 권위의 계층, 의사소통체계, 구성원들 간의 조정체제를 가지고 일정한 경계 내에서 비교적 지속적으로 존재하면서 하나 혹은 일련의 목적에 관련된 활동에 종사하는 사람들의 집합체이다.
- 조직은 다소 지속적인 기반에서 비교적 구체적인 목적을 추구하기 위해 설립된 집합체(collectivities)이다.

이와 같은 조직에 관한 정의에 포함된 몇 가지 공통적인 요소 혹은 특징을 살펴보면 다음과 같다.

① 목적지향성(goal-directed) : 조직은 목적을 위해 존재한다. 조직은 목적지향적(purposeful)이며, 공통적인 목적을 가지고 있다. 즉 조직과 조직구성원은 목적을 성취하기 위해 노력한다. 예를 들면, 이집트의 피라미드 건설에는 수많은 조직적 노력이 요구되었다. 이집트의 국가군주인 파라오(Pharaoh)는 피라미드를 건설하는 것이 제 일의 목적이었다. 이를 위해 신권의 권위를 가진 파라오는 수상(vizier)에게 권한을 위임하고, 수상은 피라미드, 운하 및 관개수로 건설에 직접적인 책임을 졌다(Narayanan & Nath, 1993: 2-3).

② 사회적 실체(social entities) : 조직은 사람으로 구성되어 있다. 모든 조직에는 사람들이 있으며 조직목표에 대한 조직구성원 사이의 사회적 합의(social arrangements)가 존재한다. 조직 내의 사람들은 어떤 역할을 수행하고, 지속적인 조직의 구성원은 성과에 의존한다. 조직구성원 역할을 하는 모두는 조직이 집합적 목적을 성취하는 것을 돕는다. 또한 조직구성원은 각자의 전문지식, 관심 혹은 전

문분야(specialism)에 따라 상이한 직무를 수행하기 때문에 역할은 분할되어 있다(Campbell, 1999: 3).

③ 집단성(collectivity) : 조직의 주요한 특징은 집단성으로서 활동하는 능력이다. 조직은 법률상으로 유효한 계약(legally binding contract)에 속한 개인들의 무리로 정의할 수 있다(Osborn, Hunt & Jauch, 1980: 173).

④ 인식 가능한 경계(identifiable boundary) : 조직은 환경과 자원을 교환하며, 조직 구성원을 분간할 수 있다. 즉 조직의 경계는 조직의 내부와 외부에 존재하는 요소를 구분할 수 있게 한다(이창원·최창현·최천근, 2012: 28).

조직의 주요한 특징 중 하나는 외부환경(outside environment)과의 관계이다. 조직은 스스로 배타적일 수 없다. 즉 조직은 외부세계(외부적 환경)—고객, 정부의 규제, 경제적 조건, 사회적 가치와 태도, 기술, 경쟁조직 등—에 전적으로 의존적이다. 이러한 외부적 환경요인들이 조직이 활동하는 모든 것에 영향을 미친다.

⑤ 개방시스템(open system) : 조직은 생존하기 위해 환경과 끊임없이 상호작용한다. 조직의 투입과 산출은 환경에의 의존성을 반영한다. 모든 조직의 목적은 자원을 전환하여 결과를 성취하는 것에 포함되어 있다. 조직이 활용하는 주요한 자원은 인적자원, 자본, 물적자원, 기술, 정보 등이다.

⑥ 의도적으로 구조화된 활동시스템(deliberately structured activity system) : 조직은 업무활동을 수행하기 위해 지식을 활용한다. 조직의 과업은 의도적으로 세분되고, 분할된 단위는 업무과정에서 효율성을 추구한다(Daft, 1983: 8).

조직이 개개인에게 중요한 것은 모든 업무가 조직에서 일어나기 때문이다. Narayanan과 Nath(1993: 5)는 조직이 왜 중요한 실체인지를 다음과 같이 제시하고 있다.

첫째, 현대 세계에서 조직은 보편적이다. 현대사회의 생활에서 조직은 가장 중요한 실체이다.

둘째, 혼자 일하는 사람은 단순한 업무를 수행하지만, 복잡한 업무를 수행하는 조직에서는 함께 업무를 수행해야만 한다. 즉 조직은 혼자 활동하는 개인들의

7

능력을 확장한다. 현대사회에서 조직 없이 수행할 수 있는 것은 거의 없다. 복잡한 오늘날 세계에서 조직은 필수적이다.

셋째, 사람들의 노력을 효과적으로 조직화할 때 비조직화된 개인들의 집합으로 가능한 생산성보다 훨씬 높은 성과를 산출한다. 사람들이 함께 협동하는 공동의 노력(synergistic effort)이 최종산출물을 보다 향상시킨다.

특히 조직은 구성원들이 관심을 보이는 비용보다 편익을 제공할 수 있다면 지속적으로 존재할 것이다(Hodge & Anthony, 1984: 4). 조직의 생명주기(life cycle)는 다섯 단계인 탄생, 성장, 성숙, 쇠퇴, 소멸 등으로 구성된다.[1] 조직환경은 자원의 원천을 제공하며, 조직의 생산물과 서비스를 시장에 제공하는 근원(lifeblood)이다. 즉 조직은 환경의 요구를 충족시키기 위해 존재하며, 환경은 조직의 투입 혹은 자원의 원천을 제공한다.

한편, 관리(管理, management)는 조직이 목적달성에 있어 필수적인 활동이다. 관리는 사람에 의한 통제(to control by hand)를 의미하는 'manes'로부터 유래했다. 이에 관리란 먼저 결과의 성취를 포함하고, 다음은 성취한 결과와 관련하여 관리자에 대한 개인적 책임성을 포함한다(Hughes, 2012: 3). 이처럼 관리는 조직목적을 형성하고 달성하기 위해 [그림 1-1]과 같이 기획하고, 조직화하고, 동기를 부여하

[그림 1-1] 관리의 기능

| 기획
(planning) | → | 조직화
(organizing) | → | 동기부여
(motivating) | → | 통제
(controlling) |

출처: Mescon, Albert & Khedouri(1988: 51).

---

1 조직의 쇠퇴(organizational decline)는 조직사이클 각 단계의 위기를 효과적으로 해결하는 데 있어 조직적 실패의 부정적 결과(negative outcome)이다. 쇠퇴의 정의는 조직환경에 부합하는 데 있어 조직적 무능력(organization's inability) 혹은 축소된 능력(reduced capacity)에 초점을 둔다. 예를 들면, 조직이 변화된 고객의 요구에 순응할 수 없는 경우이다(Hodge, Anthony & Gales, 2002: 181).

고, 그리고 통제하는 과정이다. 이러한 관리활동은 한 번만의 활동이 아니라 계속되는(an ongoing series)활동이며, 상호밀접한 관계의 활동이다.

　이런 맥락에서 관리는 기획과정을 통해 목적을 전개하고, 조직구성원들과 목적에 대해 의사소통해야 한다. 이런 관리과정은 조직구성원들에게 무엇을 성취해야 하는 것을 알게 하는 강력한 통제·조정메커니즘이다.

2. 조직과 집단

　조직과 집단을 구별하는 것은 조직을 이해하는 데 매우 중요하다. Narayanan과 Nath(1993: 4)는 조직과 집단을 구별한다. 두 사람 이상이 공통적 목적을 함께 가질 때 집단을 구성한다. 집단은 2단계 ― ① 개인의 단계, ② 집단의 단계 ― 를 가진다. 두 집단 이상이 함께 공통적 노력을 가질 때 조직이 된다. 이에 조직은 적어도 3개의 단계인 개인, 집단, 조직의 단계를 가진다. 이에 가족과 미식축구팀(football teams)은 집단이지만, 정부기관, 대학교, 병원, 기업은 조직이다. 이들 조직은 적어도 3단계의 계층제를 가진다.

　Mullins(1989)는 집단(集團, group)이란 다음과 같은 것을 공유하는 몇몇 사람으로 구성되는 조직이라고 정의한다. 집단구성원이 공유하는 것은 ① 공통적인 목적혹은 업무(common objectives or task), ② 집단적 아이덴티티와 경계(group identity and boundary)에 대한 인식, ③ 일련의 동의하는 최소한의 가치와 규범(agreed values and norms) 등이다.

　또한 Homans(1950)는 사회적 집단에서 개개인의 행태를 이해하기 위해서는 3가지 개념 ― 활동(activity), 상호작용(interaction), 감정(sentiment) ― 을 제시하고 있다. 사람들이 활동을 공유할수록 서로 더 많이 상호작용한다. 구성원 간에 서로 신뢰할수록 업무활동의 상호작용이 활발하다.

9

제 2 절 조직의 유형

조직은 수행하는 기능 혹은 목적, 활용하는 기술의 유형, 순응을 얻는 방식 (ways to gain compliance), 수혜자(beneficiary)에 따라 다양한 유형으로 분류될 수 있다.

첫째, Talcott Parsons(1960)는 모든 조직을 조직의 기능이나 목적에 따라 네 가지 유형으로 분류하고 있다. 이 유형들은 ① 사회에 의해 소비하는 것을 만드는 생산조직(민간기업), ② 사회 내 권한을 할당하는 정치적 조직(행정기관), ③ 갈등을 해결하고 제도화된 기대를 성취하기 위해 동기를 이끄는 통합조직(연방법원체계), ④ 교육, 문화 및 표현활동을 통해 사회적 지속성을 제공하는 유형유지(pattern maintenance)조직(교육과 문화활동) 등이다.

둘째, Katz와 Kahn(1978)은 조직을 분류하는 기준으로 수행하는 기능 혹은 목적을 활용하고 있다. 이들 학자는 ① 사회를 위해 상품과 서비스를 제공하는 생산조직 혹은 경제조직(production or economic organization), ② 사람들이 효과적으로 그리고 순조롭게 다른 조직에 진입하는 데 관련된 유형유지조직, ③ 지식을 창조하고 이론을 검증하는 순응조직(adaptive organization), ④ 자원활용과 권위를 통제하는 관리조직 혹은 정치조직(managerial or political organization)으로 구분하고 있다.

셋째, Blau와 Scott(1962)은 누가 이익을 얻는가(who benefit or cui bono)라는 물음에 기초하여 조직을 분류하고 있다. 즉 주된 조직의 수혜자(prime organizational beneficiary)에 기초하여 조직을 4가지로 유형화하고 있다. 이들 조직유형은 ① 조직 구성원 자신이 주된 수혜자인 상호이익조직(호혜적 조직, 무역협회, 컨트리클럽 등), ② 고객을 수혜자로 가진 서비스조직[대학교, 시민권 조직(civil right organization) 등], ③ 수혜자인 소유자를 가진 기업조직(소매점, 은행 등), ④ 일반대중(public-at-large)이 이익을 얻는 공익조직(우체국, 지역공항 등) 등이다.

넷째, Mintzberg(1979)은 조직이 직면한 여러 가지 상황에 대처하기 위해 구조

표 1-1	조직의 유형	

학 자	조직유형	사 례
Talcott Parsons	생산조직(production)	IBM
	정치조직(political)	UN
	통합조직(integrative)	연방법원시스템
	유형유지조직(pattern maintenance)	로마가톨릭교회
Daniel Katz & Robert Kahn	생산 혹은 경제조직	GM, 백화점
	유형유지조직	학교시스템
	순응조직	연구와 개발조직(예: Bell 연구소)
	관리 혹은 정치조직	규제조직(예: 식품의약품안전처)
Peter Blau & Richard Scott	상호이익조직(mutual benefit)	무역협회
	서비스조직(service)	정부기관
	기업조직(business)	IBM, Sears
	공익조직(commonweal)	우체국
Henry Mintzberg	단순구조	신설된 행정조직
	기계적 관료제	제철회사와 같은 대량산업체, 항공회사, 교도소
	전문적 관료제	종합대학교, 종합병원, 합동법률회사
	할거적 형태	캠퍼스가 여러 곳이 있는 대학교
	애드호크라시(adhocracy)	창의적인 광고회사, 설계회사

화하는 방식에 기초하여 다면적인 접근법(multi-faced approach)을 제시하고 있다. ① 높은 집권화 및 공식화 수준을 가진 작은 규모의 단순구조, ② 높은 전문화와 분화수준을 가진 관료화된 기계적 관료제(machine bureaucracy), ③ 높은 수준의 수평적 분화와 기술의 표준화를 가진 전문적 관료제(professional bureaucracy), ④ 각 부서의 자율적인 통제와 산출종류별로 분화된 할거적 양태(divisionalized form), ⑤ 낮은 공식화 수준과 높은 융통성의 유기적 구조인 애드호크라시(adhocracy) 등이다.

이와 같이 조직유형화는 조직을 구별하고 그리고 인식하는 데 효과적으로 적용될 수 있어야 한다. 이 책에서는 조직의 관할영역에 기초하여 공공조직, 민간조직, NGO로 구분하여 조직을 유형화하고자 한다.

1. 공공조직

공공조직의 주된 동기는 이윤 창출이 아니다. 이것은 돈이 필요하지 않기 때문이 아니라 다른 중요한 목적을 추구함에 있어 단지 이윤이 필요하기 때문이다. 이러한 범주의 공공조직을 비영리부문(not-for-profit sector)이라고 한다.

이들 공공조직은 몇몇 공통적인 특성을 가지고 있다. 모든 공공조직은 운영활동을 위해 세금을 요구한다. 모든 공공조직은 자신들의 운영활동에 대한 집행에서 지출이 발생한다. 모든 공공조직은 조직산출과 관련한 고객(clients, customers)을 가지고 있다. 이에 공공조직은 조직설립과 관련하여 정치적, 법률적 영향력, 그리고 시장실패의 존재 등에서 민간조직과 차이가 있다.

첫째, 공공조직은 기본적으로 정치적 인센티브에 의해 지배되고 그리고 상대적으로 제한을 받는다. 이에 Kettl과 Fesler는 공공조직은 법률을 집행하기 위해 존재하며, 공공조직의 모든 요소들(구조, 채용, 예산 및 목적)은 법률적 권위(legal authority)의 산물이라고 지적한다.

둘째, 공공조직은 시장실패(market failures)에 대응한다. 자유로운 시장이 비효율적인 자원할당을 산출할 때 초래되는 것이 시장실패이다. 민간조직은 기술적 합리성을 극대하기 위해 운영되며, 효율성 극대화를 위한 자원을 활용하는 시장적 선택(market choice-making)에서 유연성이 있다. 이에 민간조직은 제품을 산출함에 있어 사회적으로 최적화된 수준으로 산출하지 않는다. 하지만 공공조직은 시장이 할 수 없는 것(분배공평의 보장, 정보비대칭의 개선)을 수행하기 위해 탄생한 존재이다(Hill & Lynn, 2009: 25-27; Hughes, 2012: 28-31).

시장실패를 이해하기 위해서는 공공재, 외부성, 정보문제, 자연독점과 같은 핵심개념을 파악해야 한다.

① 공공재(public goods) : 공공재는 소비에 있어 비경쟁적(nonrival)이다. 공공재는 한 사람에 의한 소비가 다른 사람이 소비할 수 있는 양에 영향을 주지 않는 비배제성(nonexcludability)의 특성을 가진다. 즉 모든 사람에 대해 재화의 이용가능

성을 제한하는 것은 불가능하다. 이러한 공공재의 예로 국가안보, 공영방송, 등대(lighthouse), 도로와 교량 등을 들 수 있다. 반면에 민간재화(private good)는 그것에 대해 비용을 지불한 사람이 즐길 수 있고, 그렇지 못한 다른 잠재적 이용자들은 배제될 수 있다. 이에 비해 공공재는 매매가격을 지불하든지 혹은 그렇지 않든지 모든 이용자들은 편익을 받을 수 있다.

② 외부성(externalities) : 대기오염 혹은 교통사고에 대한 외부성 혹은 파급효과(spill-over effects)는 문제를 일으키는 항목에 대해 지불되는 비용을 산정할 수 없다. 외부성은 제품과 관련하여 비용을 충분히 반영하지 않은 제품의 생산 혹은 소비의 결과로서 일어나는 추가적인 편익 혹은 비용이다. 긍정적 외부성(접촉성 전염병에 대한 예방접종)은 생산자 혹은 소비자에 대해 기대이상의 편익을 초래한다. 반면에 민간생산자는 그러한 제품을 불충분하게 생산한다. 부정적 외부성(온실가스배출)은 생산자 혹은 소비자에 의해 충분히 견딜 수 없는 비용 혹은 해를 초래하는 것이다.

③ 정보문제(information problems) : 정보비대칭(information asymmetry)과 불완전한 정보(imperfect information)는 거래와 관련한 당사자들이 제품과 서비스에 관련해서 다른 정보를 가질 때 표출된다. 시장이론은 구매자와 판매자 모두에 대해 완전한 정보가 제공된다는 것을 가정한다. 하지만 구매자의 입장에서 정보를 얻을 수 없다면 시장은 최적(optimal)일 수 없다. 이때 정부활동을 통해 시장이 보다 잘 작동할 수 있도록 정보를 제공할 수 있다.

불완전한 정보상태에서는 역선택(adverse selection)이 일어날 수 있다. 예를 들면, 건강하지 않은 사람들이 건강보험에 보다 많이 가입하는 도덕적 해이(moral hazard) 현상이 발생한다. 또한, 흡연자 혹은 오토바이 운전자에 의한 자기평가(self-assessment)는 실제적인 위험을 훨씬 낮게 평가할 수 있다. 이들 2가지 문제는 정보실패의 결과로서 시장실패의 원인이 된다.

정보비대칭의 사례로 공공부문에서는 실업보험, 복지 및 의료보험 등에서 불완전한 정보의 문제로 일어난다. 이러한 문제는 고객들이 직면한 선택과 관련하여 정확한 정보를 획득하는 것이 불가능하거나 혹은 대가가 많이 요구될 때 일어난다. 이러한 맥락에서 소비자제품안전위원회(Consumer Product Safety Commission: CPSC) 나 식품의약품국(Food and Drug Administration: FDA) 등이 그러한 역할을 담당한다.

④ 분배불공평(distributional inequity) : 분배불공평은 심지어 시장이 효율적으로 수행될 때도 일어난다. 즉 소득과 부의 공평한 분배와 관련하여 시민들의 선호를 보장할 수 없다. 또한 특정한 재화와 서비스(1차 진료)에 대한 시민들의 선호는 보장할 수 없다.

⑤ 자연독점(natural monopoly) : 자연독점 시장은 특징이 단지 하나의 생산자만 존재하는 것이다. 자연독점의 존재(전기, 전화, 가스, 물)는 정부기업이 탄생하는 이유가 된다. 이러한 공공시설은 때론 민간기업이 소유하고, 정부가 규제하기도 한다. 이 점에 있어 정부개입은 직접적인 정부공급 혹은 정부소유를 의미하지는 않는다.

셋째, 공공조직은 소유와 자금조달 방식에서 민간조직과 차이가 있다. 공공조직의 소유자는 정부이며, 국민들로부터 조직운영의 자금을 조달하여 운영한다. 반면에 민간조직은 개인이 조직을 소유하고 그 조직의 운영자금을 개인에서 조달한다.

1) 정부조직

연방정부와 지방정부의 정부조직(government organizations)은 국가의 행정부문을 구성한다. 특히 정치적 제도에 의한 활동과 정책은 민간조직의 운영방식에서 엄청나게 영향을 미친다. 즉 모든 민간조직은 국가에 의해 제정된 법률과 규제의 범위 내에서 활동해야만 한다.

연방정부와 지방정부는 민간조직과 같은 방식으로 이윤을 창출하기 위해 설계되지는 않았다. 이들 조직의 강조점은 이윤이 아니라 오히려 돈의 가치(value for money)를 성취하는 것이며, 비용을 줄이는 데 초점을 둔다. 이들 조직은 일정한 재정연도 동안 다소간 확정된 예산이 배분된다. 이리하여 정부조직은 엄격하게 제한된 예산범위 내에서 국민들이 필요로 하는 서비스를 제공해야 한다.

국민들은 국가가 제공하는 공공재와 서비스에 접근할 수 있다. 이러한 서비스의 예로 국가안보, 건강관리서비스, 교육시설, 법률과 명령, 교통서비스, 사회보장연금제공(social security provisions) 등이 있다. 이에 시민들은 국가가 제공하는 서비스를 누리는 대가로 어떤 책임감을 수용해야만 한다. 시민들의 법률적 책임성은 국가가 집행하는 법률을 준수하는 것에 동의하는 것이다. 이에 우리는 세금을 납부하는 것에 동의하고, 법률을 따르는 것에 동의하며, 다른 사람들과 평화롭고 방해받지 않고 생활하는 것에 동의한다. 다만 이러한 책임감에 대해 위반했을 때는 국가로부터 제재(sanction)를 받는다.

이것을 John Locke(1632-1704)와 Thomas Hobbes(1588-1679)는 정부와 국민 사이에 존재하는 사회적 계약(social contract)의 개념으로 규정하고 있다. 이러한 책임감을 준수하는 국민들은 자신의 특권을 즐길 수 있는 권한을 가지고 있다. 또한 국가로부터의 편익을 누리기를 원하는 국민들은 자신의 책임감을 수용해야만 한다. 사회의 지속적인 질서는 자신의 책임감을 수용하는 대다수의 국민에 의존한다.

2) 자선단체

자선단체(charities)는 구체적인 목표집단(target group)에 대해 재화와 서비스를 제공하는 것이 우선적인 목적이다. 이러한 재화와 서비스는 항상 그런 것은 아니지만 본래 자선의 동기(benevolent motive)로 제공되기 때문에 자선적이다.[2]

예를 들면, Oxfam, Christian Aide, World Vision과 같은 자선단체는 고통 속에 있는 사람들에게 구호를 제공하기 위해 노력한다. 또한 의료자선단체는 질병으로부터 고통을 겪고 있는 사람을 지원하는 것이 목적이다.

이에 국가는 자선단체의 활동을 인정하고, 이들 단체가 비영리적 사업을 수행하기 때문에 세금을 면제해 준다. 따라서 자선단체에 정규적으로 기부하는 납세자는 약정서(covenant form)를 작성함으로써 소득공제를 받을 수 있다.

---

2 자선(charity)은 고어적인 영어에서 사랑(love)을 의미한다.

3) QuANGOs

준자치비정부조직(Quasi-Autonomous Non-Governmental Organizations: QuANGOs) 은 정부에 의해 목적과 운영지침이 설정되어 있다. 이들 조직은 정부를 대신하여 일정한 활동을 수행하도록 위탁받고 서비스를 제공한다. 이들 조직은 상당한 정도 의 자치권을 가지고 자신들의 의무를 활동적으로 수행한다.

준자치(quasi-autonomous)는 조직이 대체로 자치적으로 활동한다는 의미이다. 또한 비정부(non-governmental)는 정부 자체의 부분이 아니라는 조직특성을 말한다. 즉 QuANGOs는 완전한 공공조직도 아니고, 또한 완전한 민간조직도 아닌 공공성 스펙 트럼(publicness spectrum)의 중간에 위치하는 구조유형이다. 하지만 이들 비정부조직 은 정부의 많은 활동부분을 이행하고 있고, 많은 정도의 정부예산을 사용하고 있다.

정부는 어떤 영역의 정부정책을 수행해야 할 필요성이 있지만, 정부부처가 직접적으로 수행해야 하는 필요성을 느끼지 못할 때 QuANGO를 설립한다. 예를 들면, 가스, 전기, 물과 같은 시설사용료의 가격을 통제하는 규제기관, BBC 등이 그것이다. 특히 호주(Australia)와 독일은 국내 및 국제항공을 통제하는 데 국가가 규제하는 QuANGO에 의존하고 있고, 미국은 단지 소규모 공항의 항공통제를 위 해 주로 QuANGO에 의존한다.

이와 같이 보다 민간조직과 유사하고, 덜 공공관료제와 같은 이러한 조직유 형은 공공관료제보다 효율적이고 효과적이며, 고객에게 보다 접근적이고, 보다 유 연하고 책임성 있으며, 문서주의에 얽매이지 않는 실질적인 이유 때문에 정책결정 자들이 선호한다.

또한 공기업에 부가하여 정부후원기업(Government-Sponsored Enterprises: GSEs) 도 QuANGO의 유형이다. 미국의 연방정부 수준에서 이러한 유형의 공기업은 우 체국(U.S. Postal Service), 철도(Amtrak), TVA가 포함된다. 민간기업으로 GSEs의 유형 으로는 연방국민저당협회(Federal National Mortgage Association: Fannie Mae), 연방주택 금융저당회사(Federal Home Loan Mortgage Corporation: Freddie Mae), 연방주택대부은 행(Federal Home Loan Bank System), 학생융자조합(Student Loan Marketing Association:

Sallie Mae) 등이 있다. 미국 의회는 주택과 교육과 같은 목적을 위해 자금을 차용하는 것을 줄이기 위해 GSEs를 설립했다(Hill & Lynn, 2009: 176).

2. 민간조직

개인이 소유하는 민간조직, 즉 국가가 지배하지 않는 민간조직(not owned by the state)은 2가지 범주－비법인조직(non-incorporated organizations, 자영업자와 동업자)과 법인조직－로 구분된다. 민간조직에서 사람(법률적 실체)은 생물체의 사람일 수 있다. 민간조직은 사람들의 집합이다. 법인조직(incorporated organizations)은 법률이 조직에게 법률적 실체로서 자신의 권리를 가진 것으로 인정한다.

법률적 실체(legal entity)는 다음과 같은 권리를 가진다. 즉 계약을 할 수 있는 권리, 사업적 거래를 이행할 수 있는 권리, 자기 자산에 대한 권리, 사람을 고용할 수 있는 권리, 그리고 계약위반(breach of contract)에 대해 소송할 수 있는 권리가 있다.

무엇보다 민간조직은 이윤을 창출하기 위해 존재한다. 민간조직은 이윤을 창출할 가망성이 없다면 존재할 수 없다. 이윤은 성장하기 위해 재투자할 수 있는 지표이기도 하다.

3. NGO

1) NGO의 의의와 성격

Salamon(1999)에 의하면, NGO(비정부조직, Non-Governmental Organization)란 공식적 조직으로 사적(private) 성격을 띠며, 비영리성, 자치적(self-governing), 자발적(voluntary) 성격을 갖는 조직이다.[3] 이런 의미에서 NGO는 비정부 또는 비국가 조

---

3 NGO는 유럽에서 사용된 개념으로 제1차 세계대전 당시 영국에서 설립된 아동국제기금(Save the Children Fund, 1919년 설립)과 로마가톨릭에서 1915년에 설립한 'Caritas'라는 네트워크가 NGO

직체로서 자발성을 바탕으로 하는 비영리적인 집단이나 조직 또는 결사체이며, 시민들의 자발적이고 능동적인 참여로 이루어지고 자원주의에 입각하여 회원의 직접적인 수혜와 관계없이 공익추구를 목적으로 하는 민간결사체이다.[4]

　　이러한 NGO는 정부가 해결하지 못하는 각종 사회문제를 해결하고, 정부의 한계를 보완하기 위해 활동하고 있으며, 시민의 권리를 옹호하기 위해 각종 정책의 변화를 추진하기도 한다. NGO는 다음과 같은 특징을 가진 단체이다(김영래, 1999: 82; 김태영, 2002: 134).

　　① NGO는 정관·회칙 등을 가지고 공공기관에 등록된 공식적, 즉 제도적 실체를 가지고 있어야 한다. NGO는 하나의 조직체로서 어느 정도 제도화 및 기구화되어 있어야 한다.

　　② NGO는 비정부성(nongovernmental)의 특성을 가진다. 즉 민간이 주도하여 설립하고 근본적으로 정부로부터 독립되어 있다. 이처럼 NGO는 정부의 조직과는 무관하게 사적으로 조직된 비정부, 비국가(non-state) 행위자이다.

　　③ NGO의 수입과 활동결과 발생한 잉여이익은 조직의 소유자나 대표자에게 배분하지 않는다(non-profit-distribution). 수입과 잉여이익은 조직의 목적에 부합되는 활동에 재투자되어야 한다. 즉 NGO는 이익분배금지의 원칙이 요구된다.

　　④ NGO는 자치적(self-governing)이다. NGO는 자신들의 활동을 스스로 관리·통제하며 내부에 자체적으로 관리기능을 보유함으로써 외부의 관리를 받지 아니한다.

　　⑤ NGO는 시민들의 자발적 참여조직이다. 즉 정부의 강제나 다른 물질적 유인에 의하여 모인 단체는 NGO가 아니다. 이처럼 NGO는 조직의 활동이나 경영에

　　형태로 이루어지면서 이 용어가 국제사회에 등장하기 시작하였다(김영래, 1999: 80). 특히 NGO라는 용어는 1950년 2월 UN 경제사회이사회에서 결의안 288조가 통과되면서 공식적으로 사용되기 시작하였다. 당시 NGO는 정부 간 기구인 UN에서 정부기구(Governmental Organization: GO)의 대표가 아니면서도 UN과 협의적 지위(consultative status)를 인정받은 공식적 조직을 의미하기도 했다.

4 김영나·조윤직(2014: 246)은 「비영리민간단체지원법」에 근거하여, NGO를 공익활동 수행을 목적으로 하는 민간단체로서 불특정다수를 수혜자로 하는 가운데 구성원 간 이익분배를 하지 않으며 특정 정당의 지지나 종교의 교리전파를 목적으로 하지 않는, 100인 이상의 구성원으로 이루어져 1년 이상의 활동을 한 단체로 정의하고 있다.

인적·물적 지원을 통하여 자발적으로 참여하여야 한다.

⑥ NGO는 비정파적(nonpartisan)이어야 한다. 특정 이데올로기의 보급을 목표로 하는 종교적 활동이나 정당활동은 비영리부문에서 제외된다. 또한 NGO가 추구하는 목표달성을 위하여 압력단체(pressure group)로서의 성격을 지니고 있으며, 이는 국내외적 영역에서 광범위한 정치참여를 유도한다.

⑦ NGO는 공익추구를 목표로 한다. 공익을 사회구성원 불특정다수나 사회적 약자의 사회적 이익이라고 규정한다면, NGO는 공익에 기여한다. 따라서 상행위를 통하여 사적 이익을 추구하는 기업은 NGO가 아니다.

⑧ NGO가 활동하는 영역이 주로 인간의 기본적인 삶과 관련한 사항이기 때문에 억압적 또는 권위주의적 정치체제를 민주정치체제로 변화시키려는 활동을 하고 있으며, 이런 과정에서 시민사회의 주축이 된다. 또한 NGO는 광범위한 대중참여를 유도하기 때문에 풀뿌리(grassroots) 조직의 성격을 가지며, 자율성과 독립성을 가진다. 풀뿌리 조직은 자율성과 독립성이 지켜질 때 생명력을 가지며, 동시에 이를 통하여 광범위한 대중의 참여를 유도할 수 있다.

NGO의 이러한 특성에 비추어 준정부조직과의 차이점을 살펴보면 다음과 같다(권경주, 1995). 첫째, 조직설립과정에서 준정부조직은 정부의 관여가 크나, NGO는 민간이 주도한다. 둘째, 행정수단기능에서 준정부조직은 NGO보다 공익달성을 위해 더욱 적극적이고 목적적인 역할을 담당한다. 셋째, 재원확보에서 준정부조직은 거의 공공부문에 의존하나, NGO는 회원의 회비 및 민간의 자발적인 기금을 우선한다. 넷째, 조직운영에서 준정부조직은 관료제적이고 정부의 리더십에 큰 영향을 받고 있으나, NGO의 활동은 국가 간 경계를 넘어 전 세계, 전 인류의 공통주제와 문제들을 협동과 연계구조를 바탕으로 해결하고 있다.

2) 비정부조직과 정부의 관계

자유주의적 시각에서는 정부와 NGO 간의 관계를 주로 상호보완적이며 공동

[그림 1-2] 정부와 NGO의 관계유형

| | | 정부의 태도 | |
		거부	수용
NGO의 전략	경쟁	대립형	NGO주도형
	협력	정부우위형	상호의존형

출처: 정정화(2006: 51).

의 거버넌스를 수행하는 협력적 관계로 인식한다. 반면에 진보적 입장에서는 여전히 국가의 부르주아적 성격을 감시·견제 내지는 타파하는 데 목적을 둠으로써 국가에 대한 시민사회와 NGO들의 비판적 기능을 중시하는 경향이 있다(서원석, 2003: 13).

NGO와 정부와의 관계는 NGO의 전략과 정부의 태도라는 2가지 기준으로 [그림 1-2]과 같이 4가지 유형으로 구분할 수 있다(정정화, 2006: 51-52).

① 대립형 : NGO는 정부의 권한 확대를 견제하고, 권력이 합법적으로 사용되도록 감시하는 기능을 한다. 이런 시각에서 대립형은 NGO가 정부정책이나 권력행사방식에 대한 비판과 저항적인 직접행동으로 정부와 갈등관계가 형성되는 경우이다. 정책결정과정에 정부의 영향력이 지배적이며 정보에 대한 접근이 제약된 상태에서 NGO가 경쟁전략으로 맞설 경우에 전형적으로 나타날 수 있다.

이런 유형의 사례는 급진적인 환경운동이나 환경문제를 야기하는 대규모 개발계획에 대한 반대운동, 공해로 인한 피해지역 주민들의 보상운동에서 자주 관찰된다.

② 정부우위형: 정부우위형은 NGO에 비해 권력자원이 우세한 정부가 NGO의 요구나 주장을 거부하거나 무관심한 상태에서 정책결정을 주도하는 경우이며, 권위주의 정치체제에서 정부가 NGO를 통제하는 상황에서도 형성된다. 시민사회에 대한 국가의 지배력이 강하게 작용하거나 정부와 협조적인 관계를 유지하며 재정

지원으로 받고 있는 NGO가 자율성과 독립성을 상실할 경우 일반적으로 나타날 수 있다.

③ NGO주도형: NGO주도형은 정부와 정책경쟁 상황에서 NGO가 정치적 지지와 운동역량을 토대로 경쟁전략으로 맞서 정부가 NGO의 요구와 주장을 수용하게 되는 경우이다. 우리나라에 있어, 영월댐 건설 백지화 사례와 1998년의 의약분업정책의 경우처럼 NGO가 정책주도권을 가지고 이해당사자 간의 갈등을 조정하여 대안을 제시하고 정부가 이를 수용한 경우가 이 유형에 해당된다.

④ 상호의존형: 거버넌스 이론에서 이상적인 모델로 상정하고 있는 상호의존형은 정부와 NGO 간에 권력자원의 의존성이 높고, 상호신뢰와 협력체계의 형성을 전제로 하고 있다. 이 경우 정부가 NGO를 정책과정에 흡수(cooptation)하여 광범위한 제도적 참여를 보장하고 있다는 점이 특징이다. 사회복지서비스 전달 및 재원을 NGO와 정부가 분담하는 형태에서 전형적으로 나타나지만, 정부의 재정지원으로 환경NGO가 자연보호운동이나 폐기물 재활용운동을 벌이는 경우에도 해당된다. 이 유형은 NGO가 정부의 재정지원에 지나치게 의존하게 될 경우 정부우위형으로 전환될 수 있다.

제3절 조직목표

1. 조직목표의 의의

조직은 목표를 성취하는 장치(goal-attainment devices)이다. 조직은 관리자가 어떤 목표를 성취하는 데 활용하는 도구이다. 조직목표(organizational goal)는 어떤 조직이 성취하고자 시도하는 바람직한 미래의 상태(the desired future state)를 설정한 성명이다. 또한 조직목표는 그룹이 함께 협력하여 달성하고자 원하는 종국의 상태 혹은 바람직한 결과(end states or desired results)이다.

이러한 목적(goals)은 바람직한 종국의 상태(a desired end state)이며, 우리가 원하는 어떠한 것(something we want)이다. 또한 목적은 조직구성원들이 바람직하게 생각하는 상태나 조건이며, 조직 자체를 설계하고 유지하기 위한 출발점이 된다. 사회적 환경과 업무환경이 조직목표에 영향을 미친다. 이처럼 조직목표는 조직을 만드는 데 출발점이 된다.

조직은 상당히 다양한 목적을 가지고 있다. 정부기관, 교육기관, 비영리병원 등은 이윤이 주된 관심사항이 아니지만 비용에 대해 관심을 가진다. 이들 조직의 관심은 제한된 예산범위 내에서 구체적인 서비스를 제공해야 하는 일련의 목적을 반영한다. 반면에 이윤을 추구하는 민간기업도 시장점유율, 신상품 개발, 서비스의 질, 사회적 책임의 영역에서 다양한 목적을 설정한다.

2. 조직목표의 기능

조직에 있어 효과적인 조직목표는 몇 가지 기준을 충족해야 한다. 이들 기준은 ① 모든 사람들이 목표를 이해할 수 있도록 목표를 구체적이고 명확하게 설정해야 한다. ② 몇 가지 방식에서 목표의 진행을 측정할 수 있어야 한다. ③ 동기를 자극하여 충분히 도전할 수 있는 현실적인 목표이어야 한다.

이와 같은 효과적인 조직의 목표는 다음과 같은 몇 가지 기능을 수행한다.

① 조직의 운영과 활동을 위한 방향 제시 : 조직의 목표는 조직참여자에게 방향감각을 부여한다. 조직목표를 명확하게 설정하는 것은 모든 조직구성원이 같은 목적을 향해 활동하게 하는데 중요하다. 즉 조직목표는 조직이 실현하고자 노력하는 미래의 상태(a future state)를 설정하는 것이다. 이처럼 조직목표는 조직구성원으로 하여금 스스로 무엇을 해야 하는지 알게 한다.

② 불확실성 감소(reduce uncertainty) : 조직목표를 명시하는 것은 조직구성원의 활동과 태도에 영향을 미치는 데 기여한다. 또한 목표설정의 과정과 구체적인 목

표에 대한 동의는 조직참여자에 대해 불확실성을 줄인다. 이로 인해 조직목표는 지루함을 제거하게 된다. 또한 조직의 전략과 계획을 이행하는 것과 관련하여 구성원의 협력을 확보하는 것은 매우 중요한 과제이다. 이를 위해 조직의 목적이 무엇인지 명확하게 정의할 필요가 있다.

③ 동기유발 및 자신감 제공: 목표달성은 동료, 상관 및 다른 사람으로부터 인정을 받게 한다. 또한 목표달성은 자신감, 성취에 대한 자부심을 이끌고, 미래의 도전을 수용하는 자발심을 갖게 한다. 더욱이 긍정적인 환류는 직무성과와 더불어 만족감을 갖게 한다.

④ 조직활동의 정당화(legitimacy) 근거: 조직목표는 조직의 존재를 정당화한다. 조직의 공언된 목표(stated goals)는 대외적 구성체에 대해 조직의 정당성이라는 상징을 제공한다. 이처럼 조직의 목표를 명확하게 제시하는 것은 다양한 이해관계자 그룹에 대해 조직의 목적과 가치를 분명하게 인식시키는 것이다. 조직목표는 조직의 가치와 신념(values and belief)의 간명한 요약이다.

⑤ 조직평가의 기준(성공을 측정하는 기준): 조직목표는 조직의 성공을 측정하기 위한 기준점(benchmark)이다. 또한 조직목표는 조직의 효율성과 효과성을 평가하기 위한 기준을 제공한다. 이처럼 조직목표는 과거의 경험을 반영하고, 미래의 바람직한 상태를 기술하는 것이다.

⑥ 조직의 구조와 과정을 설계하는 준거: 조직목표는 조직 자체의 설계와 유지(design and maintenance)를 위한 출발점이다. 이들 조직목표는 사회가 중요한 것으로 규정하는 욕구에 대해 대응해야만 한다.

▶ 효과적인 목표설정을 위한 가이드라인
• 구체적인 목표를 설정하라(Set specific goals). 구체적인 목표가 보다 높은 성과를 초래한다.
• 어려운 목표를 설정하라(Set difficult goals). 목표의 어려움과 업무성과 사이에는 긍정적인 선행관계(linear relationship)가 있다. 조직구성원들이 목표를 달성할 수 있다고 믿어야 한다. 조직구성원들이 목표가 너무 어렵다고 믿는다면 다른 목표에 초점을 둘 것이다.

- 목표진행에 관해 환류를 제공하라(Give feedback on goal progress). 환류는 행태를 진행하게 한다(keep behavior on track). 또한 환류는 보다 많은 노력을 자극한다. 즉 조직구성원은 자신의 성과에 관해 환류를 받을 때 자신의 성과목표를 설정하는 경향이 있다.
- 목표달성에 대해 동료의 경쟁을 고려하라(Consider peer competition for goal attainment). 조직구성원이 개인적 목표를 위해 노력한다면, 목표성취에 관한 경쟁이 유용할 수 있다. 단지 업무가 상호의존적이라면 경쟁은 부정적일 수 있다.
- 목표설정에 참여를 활용하라(Use participation in goal setting). 참여가 만병통치약은 아니다. 하지만 참여는 목표를 이해하고 수용하는 데 도움을 준다.
- 목표수용성을 조장하라(Encourage goal acceptance). 목표수용성은 개인이 특정한 목표를 수용하는 정도이다. 개인이 달성할 수 없는 목표 혹은 목표달성으로 인한 혜택이 없다고 지각한다면 목표수용성이 낮아진다.
- 목표몰입을 격려하라(Encourage goal commitment). 목표몰입은 개인이 자신이 채택한 목표를 성취하고자 노력하는 데 헌신하는 정도이다. 목표몰입은 목표지향적 노력에 있어 필요조건이다. 목표몰입은 목표수용성에 의해 영향을 받는다.

출처: Aldag & Kuzuhara(2002: 254-255).

3. 조직목표의 분류

조직목표를 분류하는 방법은 다양하다. George England(1967: 108)는 1,072명의 최고관리자를 대상으로 설문조사한 결과, 가장 중요한 조직목표로 조사대상자의 81%가 조직효율성(organizational efficiency), 80%가 높은 수준의 생산성(productivity), 72%가 이윤극대화(profit maximization) 등으로 이해하고 있었다.

Perrow(1961)는 조직의 목표를 공식적 목표, 실질적 목표, 운영목표로 구분하고 있다. 본서에는 조직목표를 〈표 1-2〉와 같이 공식목표와 운영목표, 1차목표와 2차목표, 단기적 목표와 장기적 목표 등으로 구분하여 살펴보고자 한다.

표 1-2	목표의 분류		
목표의 유형	초 점	서비스대상	예
공식목표	조직이 공식적으로 선언하고 정의하는 조직상태	1차 및 2차적 수혜집단	연간보고서, 정책메뉴얼
운영목표	조직의 실질목표(real goals), 공식목표의 수단	1차 및 2차적 수혜집단	성과기준, 일일 의사결정
1차목표	재화와 서비스의 생산과 분배	1차 수혜집단	회계연도 말에 10%의 매출 증가
2차목표	재화와 서비스의 생산과 분배를 성취하기 위한 지원적 기능	1차적 수혜집단	1980년에 중요한 모든 산업안전 보건기준(OSHA)을 맞춤
단기적 목표	1년 미만 혹은 예산사이클	1차 및 2차적 수혜집단	다음 12개월 이내 불합격 품질관리 수를 20% 줄임
장기적 목표	2년에서 20년 이상	1차 및 2차적 수혜집단	5년 이내에 시장점유율을 31%로 향상함

출처: Hodge & Anthony(1979: 201); Daft(1983: 84-87).

1) 공식목표와 운영목표

(1) 공식목표(official objectives)

공식목표는 조직이 성취하고자 노력하는 상태이기 때문에 공식적으로 선언한 결과이다. 공식목표는 조직이 무엇을 하는가, 조직이 존재하는 이유, 조직의 존재에 놓여 있는 가치를 반영한다. 공식목표는 일반적으로 정책매뉴얼 혹은 연간보고서에 기술된다. 공식목표는 조직의 최고관리자에 의해 공개연설로 강조된다.

공식목표는 추상적이고, 모호하다. 이들 목표는 조직을 위한 가치시스템을 기술하지만, 가끔 측정할 수 없다. 이리하여 공식목표는 조직활동을 위한 안내와 성과기준으로 활용할 수 없다.

(2) 운영목표(operative objectives)

운영목표는 조직의 실질목표(real goals)를 표현한다. 운영목표는 조직이 실제로 운영하는 정책을 통해 추구하는 목적을 명시하는 것이다. 운영목표는 조직이 실질적으로 추구하고자 노력하는 것을 알려 준다. 어떤 의미에서 운영목표는 공식목표에 대한 수단이다. 이들 운영목표는 조직 내에서 매일 행해지는 결정과 활동을 위한 방향을 제공한다.

특히 조직의 목표를 행동으로 전환하는 방법으로서 조직의 운영목표를 살펴보는 것이 중요하다. 이러한 과정을 조직의 수단-목표체인(organization's means-ends chains)이라고 한다. 운영목표는 각 행정부서로 분할되고, 할당할 수 있다. 이들 부서의 구체적인 목표는 조직의 광범위한 운영목표를 수행하기 위한 수단이다. 이러한 수단-목표체인은 조직에서 자동적으로 일어나지 않는다. 이것은 환경, 기술, 조직 및 인적자원의 요소에 의해 영향을 받는다(Osborn, Hunt, & Jauch, 1980: 73).

2) 1차 목표와 2차 목표

(1) 1차 목표(primary objectives)

1차 목표는 조직의 주된 고객집단(primary client group, primary beneficiaries)의 욕구와 바람에 대한 만족에 직접적으로 연계되어 있다. 1차 목표는 조직에 대해 최고의 중요성을 지닌다. 이것은 조직에서 활용하는 구조와 과정에 결정적으로 영향을 미친다. 이것은 또한 조직운영의 단계를 설정한다.

이와 같이 1차 목표는 조직의 1차 고객집단을 만족시키기 위한 능력인 조직의 재화와 서비스를 생산하고 분배하는 것이다.

(2) 2차 목표(secondary objectives)

모든 조직은 다양한 2차 고객집단의 욕구와 바람을 만족시켜야만 한다. 이들 집단의 욕구와 바람을 충족시키기는 것이 조직의 2차 목표이다. 1차 집단의 사례로 조직구성원을 들 수 있다. 이들 집단은 조직을 위한 자신들의 기여에 대한 답례로서 조직으로부터의 유용성을 기대한다. 이와 같이 2차 목표는 2차 고객집단의 개인적 목표이다.

다른 2차 집단의 욕구와 바람에 기반하여 정부도 조직으로부터 어떤 유용성을 기대한다. 정부의 유용성은 민간조직이 지불하는 세금의 형태를 규정하고, 환경에 대한 규제, 안전한 작업조건의 강요, 소수인종(minority group)에 대한 고용 장려 등이 있다.

3) 단기적 목표와 장기적 목표

단기적 목표(short term goals)는 조직이 1년 이내에 성취하고자 희망하는 것이다. 예산사이클은 단기적 목표를 위한 시간적 틀을 제공한다. 단기적 목표는 조직구성원에게 매일, 매주, 매달마다 할당하는 프로젝트의 성취에 대한 조직자원(organization's resources)을 보여 주는 데 기여한다. 이에 관리자는 단기적 목표를 설정할 때 장기적 목표를 유념하는 것이 중요하다.

장기적 목표(long term goals)는 1년 이내의 시간적 틀에서 성취할 수 없는 목표이다. 특히 인구성장과 자원공급에 관심을 가진 조직은 적어도 20년 이상 장기적 목표를 규정해야 한다. 예를 들면, 에너지 공급과 사회보장시스템에 있어 정부프로그램은 25년 혹은 50년의 장기적 예상에 기초해야 한다.

조직에 있어 장기적 목표는 수년 동안 조직에 대해 전체적 방향(overall direction)을 제공한다. 단기적 목표를 설정할 때 장기적 목표를 성취하는 데 직접적으로 기여할 수 있도록 연계적 설계를 도모하는 것이 중요하다.

4. 목표설정의 방법

　　조직은 이사회 혹은 주주들의 투표와 같은 방법으로 목표를 설정하기 위한 공식적이고 명시적인 수단을 가지고 있다. 하지만 실제에 있어 조직목표의 설정은 조직이 옹호하는 공식적 수단과 상당한 차이가 있다. 조직에 있어 내부적 정치(internal politics)가 목표설정과정에 상당한 영향력을 발휘한다. 즉 강력한 집단 혹은 핵심적인 지위에 있는 사람이 조직의 목표설정에 있어 과도한 영향력을 발휘한다.

　　[그림 1-3]과 같이 조직은 목표를 설정할 때 다양한 요인과 힘을 고려해야 한다. 모든 조직은 고객집단에 봉사하기 위해 존재한다. 이에 1차 및 2차 수혜집단의 욕구와 기대(primary and secondary beneficiary needs and expectations)를 면밀하게 확인해야 한다. 또한 조직의 자원 가운데 기술적 상태와 자원의 이용가능성(resource availability)을 확인해야 한다. 나아가 다른 경쟁적 조직의 상태를 검토해야 한다.

　　조직은 조직이 봉사하는 고객을 위해 의미 있는 목표를 설정하기 위해 몇 가지 시스템을 활용하고 있다. 즉 조직은 경쟁적인 목표 사이의 균형을 유지하기 위해 노력한다. 이와 같이 목표설정에 있어 활용되는 방법으로는 갈등, 타협, 포섭

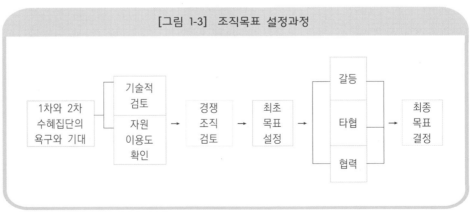

[그림 1-3] 조직목표 설정과정

출처: Hodge & Anthony(1979: 207).

등이 있다(Hodge & Anthony, 1979: 211-212).

1) 갈등(conflict)

조직활동에 있어 조직구성원이 서로 경쟁하도록 유도하는 것은 보편적이다. 경쟁은 자원에 대한 갈등을 유발할 수 있다. 이들 자원에 대해 서로 경쟁하는 것은 당사자들에게 목표설정 노력에 있어 보다 효과적이기를 요구한다.

이에 갈등은 모든 당사자의 목표에 영향을 미치는 요인을 끌어내는 상호작용에 있어 자극제가 된다. 모든 당사자들은 자신의 자원에 대해 관심을 두기 때문에 갈등은 효과적인 목표설정의 방법이 된다. 즉 건강한 갈등수준은 현실적인 목표(realistic goals)를 설정하도록 하는 압박일 수 있다. 관리자는 조직을 위해 건전한 목표 프로그램을 설정하기 위해 하나의 과정으로 갈등을 활용할 수 있다.

2) 타협(compromise)

관리자는 목표를 설정하고, 자원에 대한 공유를 증가함에 있어 타협을 위한 기반을 설정하려고 노력한다. 이에 모든 조직은 실행에 있어 일련의 규칙을 가지고 있다. 게임의 규칙(rules of game)은 조직의 행동과정을 설정하는 데 중요한 역할을 발휘한다.

관리자는 타협을 통해 전체적 이점을 획득하기 위한 노력에 있어 후퇴의 기반을 마련하기 위해 신중하게 시도한다. 즉 관리자가 목표수준을 설정하는 데 타협을 활용하는 것은 다른 편익과 연계된 이점을 두고 협상(bargaining)하는 것이다.

3) 포섭(cooperation)

한 조직 혹은 한 집단이 다른 조직 혹은 다른 집단을 흡수(absorb)할 때 이런 행동을 포섭이라고 한다. 이것은 여러 개의 회사로 구성된 대기업에서 볼 수 있다.

즉 합병(acquisition and merger)을 통해 대기업체가 된다.

이 과정에서 모조직(parent organization)에 의해 설정된 가이드라인에 따라 조직목표가 설정되는 것이 관례이다. 즉 대기업 자체의 목표는 모든 구성원의 실제에 있어 영향을 미친다. 포섭은 조직의 상위층과 하부층 모두에 영향을 미치는 양날의 노력(two-edged effort)으로 간주할 수 있다.

특히 Thompson과 McEwen(1958)은 조직환경과 관련하여 4가지의 상호작용의 본질에 의해 조직목표 설정이 영향을 받는다고 주장한다. 이들 상호작용의 유형은 ① 경쟁적 관계(competitive relationship) : 두 조직이 제3의 집단의 지지를 받기 위해 경쟁하는 곳에서 존재한다. ② 협상(bargaining) : 조직 사이의 직접적 교섭(direct negotiation)에 관련되어 있다. 협상상황에서 각 집단은 다른 집단의 요구에 반응함에 있어 자신의 목표를 수정해야만 한다. ③ 적응적 흡수(cooptation) : 조직의 안정 혹은 생존에 위협을 막기 위해서 조직구조를 결정하는 리더십 혹은 정책에 새로운 요소를 흡수하는 과정이다. ④ 연합(coalition) : 공통적 목적을 위해 2개 이상의 조직이 결합하는(combination) 것이다. 조직 사이의 연합은 목표의 수정을 요구하게 된다.

5. 목표의 변동

1) 목표의 승계(goal succession)

조직이 당초 설정한 목표를 성취했다면 무엇이 일어나는가? 논리적으로는 조직이 해체되어야 한다. 하지만 전국소아마비재단(National Foundation for Infantile Paralysis)의 사례를 보면, 소아마비가 정복되었을 때 재단이 조용히 사라지지 않았다. 오히려 재단은 다른 목표를 찾았고, 어린이 질병을 퇴치하기 위한 노력을 정착시켰다. 재단은 일반적으로 보건에 대해 관심을 가졌고, 최고관리자는 자신의 권력적 지위를 지속하는 데 관심이 있었으며, 재단 역시 전국적으로 보건 분야에 명성을 유지하는 것에 관심을 가졌다. 조직목표가 소아마비 퇴치에서 다른 질병으로 승계된 것이다.

2) 목표의 추가와 변동(adding and shifting goals)

조직이 사회환경에 부응하기 위해 새로운 목표를 추가하기도 한다. 또한 목표를 달성하기 어려울 때 조직은 존속을 위해 새로운 목표를 추가하거나 혹은 목표의 범위를 확장하기도 한다.

민간조직의 경우 이윤의 극대화라는 전통적인 목적에서 고객을 창출하고 고객에게 봉사하는 목적이 추가되고, 또한 오늘날 사회적 책임(social responsibility)의 목표도 추가되고 있다. 이리하여 몇몇 조직들은 사회 혹은 공동체 지향의 목표를 수립하고 보다 많이 노력하고 있다. 예를 들면, 대형 변호사단체는 저소득층을 위한 무료법률서비스를 제공하고 있다.

3) 목표대치(goal displacement)

목표대치는 최초의 목표(original goal)가 목표계층제에서 다른 위치로 주어지는 상황 혹은 다른 목표에 의해 대치되는 것을 말한다. 목표대치는 조직의 최고경영진에서 비롯된다. 즉 이러한 목표대치는 최초에 최고경영진이 목표계층제를 승인한 이후 특정한 목표에 대한 관심과 자원을 변경할 때 일어난다(Hodge & Anthony, 1979: 217).

규칙과 절차에 대한 과도한 관심이 목표달성이라는 당초의 계획에서 조직을 다른 데로 돌리게 하는 사례로서, 조직이 설정한 목표달성을 위해 수단을 지나치게 강조함으로써 수단이 오히려 목표로 전환되는 현상이다. 정부가 국민의 삶의 질 향상을 위해 예산을 집행함에 있어 공식적인 절차와 규칙에 과도하게 의존함으로써 실질적 목표가 상실되는 경우가 있다. 이러한 목표대치는 도구적 가치가 궁극적인 가치로 대치되어 버리는 현상이다.

6. 개인과 조직목표의 융합

대부분 사람들은 조직에 합류할 때에 조직 내에서 달성하려는 개인적인 목표를 가지고 조직구성원이 된다. 개인들의 목표는 각각 다를 수 있다 하더라도 자신들이 서로 공유하는 공통적인 목적을 가지고 있다. 이에 조직은 개인의 목표를 어떻게 관리하는가에 따라 조직구성원의 참여 정도 등에서 차이를 보일 수 있다. 본서에서는 조직목표와 개인의 목표가 융합하는 유형으로 교환모형, 교화모형, 수용모형을 살펴보고자 한다(정우일 외, 2011: 274; 이창원·최창현·최천근, 2012: 335-337).

1) 교환모형(exchange model)

교환모형은 조직과 개인 사이에 뚜렷한 거래협상의 관계가 설정된다. 조직은 개인의 목표성취에 도움을 주는 대가로 개인은 자신의 시간과 노력을 조직목표의 성취에 헌신하는 것이다. 이에 교환모형은 외재적 보상에 기초를 둔 모형(extrinsic reward model)이라 할 것이다.

이 모형의 인간관은 폐쇄-합리적 조직론과 인간관계론을 그 기본으로 한다. 따라서 조직구성원에 대한 시각은 인간의 피동성, 동기부여의 외재성, 인간 욕구체계의 획일성이다.

2) 교화모형(socialization model)

교화모형은 개인이 조직의 목표를 성취하는 데 도움이 되는 행동을 가치 있는 것으로 생각하고, 그렇지 않은 행동은 무가치한 것으로 생각하도록 유도하는 감화과정을 통해 목표를 통합하려는 접근법이다.

3) 수용모형(accomodation model)

수용모형은 조직이 목표를 설정하고 목표추구의 방법과 절차를 설계함에 있어 개인적 목표도 동시에 성취되도록 목표를 통합하는 접근법이다.

이 모형의 인간관은 동기이론 중 성장이론의 자아실현적 인간모형을 그 기본으로 한다. 따라서 수용모형은 동기부여의 내재성을 강조하고, 조직관리에 있어 자율적인 업무성취와 권한보다는 임무중심의 조직설계를 보장하고, 조직의 목표설정과 의사결정과정에 조직구성원의 참여를 조장한다.

7. 조직목표 성취의 측정

조직의 목표유형이 무엇이든지 조직에는 목표성공을 측정할 수 있는 몇몇 기준점(benchmarks) 혹은 기준(standards)이 요구된다. 관리는 목표가 성취되었는지를 결정하는 수단을 설정해야 하는 책임이 있다.

민간조직의 경우, 조직의 목표성취를 측정하는 다양한 기준 중에 최고기준은 이윤이다. 이것은 민간조직이 달성하고자 노력해야 하는 중요한 목표이다. 민간조직과 달리 공공조직은 공익추구라는 특성으로 인하여 목표성취를 측정하는 데 다소 어려움이 있다. 조직의 목표성취를 측정하는 기준이 다양하게 제시될 수 있으나, 본서에서는 Hodge와 Anthony가 제시한 효율성(능률성), 효과성, 인본주의로 한정하여 살펴보고자 한다.

1) 효율성(능률성)

효율성(效率性, efficiency)은 자원의 지출과 결과 사이의 관계이다. 효율성에 대한 필요는 공공부문과 민간부문 모든 부분의 파라미터(parameter)이다. 효율성은 공공부문과 민간부문에 있어 계층제적 통제, 조정, 기획, 공적인 성과, 권위체계에서 강조된다(Berkerly & Rouse, 1984: 53). 특히 효율성을 향상시키기 위한 전통적 기법에는 계층제적 관념, 상관과 부하 간의 명확한 명령체계(chain-of-command), 실적주의 등이 포함된다(Morrow, 1980: 2).

먼저, 공공조직은 가능한 한 가장 효율적인 방식으로 운영되고, 가장 신속하게 업무를 수행하고, 납세자들에게 가장 저렴한 비용(the least cost)으로 업무가 수행되길 희망한다. 이와 같이 효율성은 공공조직에서 근무하는 공무원들이 매일 경험하게 되는 이슈이다.

반면에 민간부문에 있어 이윤성(profitability)이라고 명명되는 효율성이란 재화 또는 서비스의 산출 및 결과를 소요되는 자원의 투입과의 관계에서 이해하는 것이다. 이러한 효율성은 주어진 산출물을 생산하기 위한 투입의 최소화를 의미할 뿐만 아니라 동일한 투입요소를 사용한 산출의 극대화를 의미한다. 즉 산출/투입의 비율이 클수록 그 조직 또는 활동이 능률적이라는 것이다.

이리하여 민간부문에서 효율성은 손실점(the bottom line)으로 관리자가 성공 혹은 실패를 깨닫게 하는 것이다. 행정의 가치나 목적 등을 고려하지 않은 채 수단의 경제성만을 강조하는 수단가치적 효율성을 기계적 효율성(mechanical efficiency)이라 한다. 반면에 경제성 또는 수단의 강조보다는 인간의 존중, 사회적 목적의 존중 등과 같은 목적가치적인 행정이념을 사회적 효율성(social efficiency)이라고 한다(황윤원, 1999: 126).

이에 Marshall Dimock(1936)은 기계적 효율성은 냉정하게 계산적이고 비인간적이며(coldly calculating and inhuman), 반면에 성공적인 행정은 따뜻하고 생기 넘쳐야 한다고 지적하고, 행정가는 단지 효율성보다 다루기 어려운 이슈인 정의, 자유, 공평성과 같은 사회적 효율성의 과제에 관심을 가져야 한다고 주장한다. 이런 관점에서 정부에 있어 효율성은 대표성(representativeness), 책임성, 그리고 투명성과 같은 정치적 가치에 종속되며, 또한 정당한 절차(due process)와 같은 법률적 고려에 의해 질식되기도 한다(Rosenbloom & Kravchuk, 2005: 7).

또한 효율성은 주어진 산출물을 위하여 투입을 최소화하거나, 주어진 투입을 기준으로 산출을 최대로 하는 것을 내용으로 하는 가치개념이기 때문에 자원의 획득·사용을 주로 하는 경제성과 달리 처리와 관리에 초점을 둔다.[5] 나아가 효율성은 국민들의 후생이라는 측면에서 고려되어야 한다. 즉 자원이 가장 효율적으로 배분된 상태, 파레토 최적상태(Pareto optimality)를 충족시키는 것이다. 이리하여 소비자들에게 최대의 만족을 줄 수 있는 그런 방향으로 생산이 이루어지고 자원이 배분되어야 한다는 것이다(김동건, 2000: 10).

나아가 의사결정자들은 부족한 자원을 최적의 활용(optimal use)하기 위해 자원의 효율성을 추구해야만 한다. 이러한 상황에 간단한 원리가 자원할당분석의 체제론적 접근을 안내하는 비용–편익분석과 비용–효과분석의 근간이 된다. 비용–편익분석(cost-benefit)과 비용–효과분석(cost-effectiveness)은 프로그램의 효율성을 판단하기 위한 수단이다.[6]

2) 효과성

효과성(效果性, effectiveness)은 조직목표와 관련하여 기대한 결과를 어느 정도 충실히 달성하였는지를 의미한다. 또한 효과성은 조직의 모든 목표를 성취하는 데 있어 조직의 능력으로 정의할 수 있다. 즉 조직이 성취하고자 설정한 것을 달성할 수 있다면 조직은 효과적인 것으로 고려할 수 있다.

이 점에서 효과성은 정책, 사업 또는 계획의 의도한 결과(intended output)와 실제 달성한 결과(actual output) 사이의 관련성에 초점을 둔다. 수행한 결과(산출)가 정책목표, 운영목표 또는 의도한 결과를 얼마나 달성하였는지의 정도를 의미한다.

---

5 경제성(經濟性, economy=spending less and doing cheeper)은 정책, 사업 또는 활동에 투입되는 인적·물적 자원의 최소한 비용으로 적정한 품질을 획득하는 것을 의미한다. 즉 경제성은 과정에 대한 투입(the inputs to the process)에 관련된 것으로 자원획득에 있어 예산을 가능한 한 절약하는 것을 말한다.

6 두 가지 분석의 차이점은 어떤 프로그램의 결과(outcomes)를 표현하는 방식이다. 비용-편익분석의 경우 프로그램의 결과는 금전적인 용어(monetary terms)로 표현된다. 반면에 비용-효과분석의 경우 프로그램의 결과는 실질적인 용어(substantive terms)로 표현된다. 예를 들면, 담배흡연을 줄이는 프로그램의 비용편익분석은 금연 프로그램에 관련된 지출되는 비용과 흡연에 관련된 질병에 대한 의료, 업무로부터 결근한 일수, 기타 파생되는 절감비용 사이에 초점을 둔다. 반면에 담배흡연을 줄이는 프로그램의 비용-효과분석은 흡연자 한 사람으로부터 비흡연자로 전환되는 데 지출되는 비용을 평가하는 것이다.

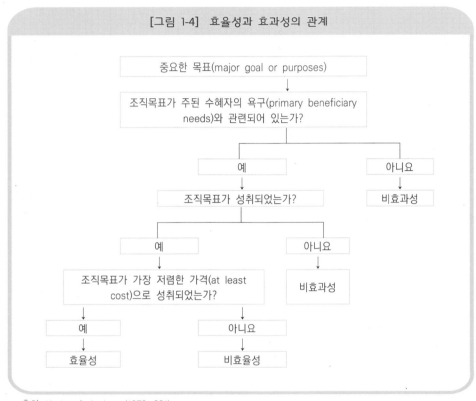

[그림 1-4] 효율성과 효과성의 관계

중요한 목표(major goal or purposes)

↓

조직목표가 주된 수혜자의 욕구(primary beneficiary needs)와 관련되어 있는가?

예　　　아니요

조직목표가 성취되었는가?　　비효과성

예　　　아니요

조직목표가 가장 저렴한 가격(at least cost)으로 성취되었는가?　　비효과성

예　　　아니요

효율성　　비효율성

출처: Hodge & Anthony(1979: 221).

　　　이러한 효과성은 국민의 요구에 대한 대응성, 행정기관 성과에 대한 국민의 수용성, 정부 의도의 실현을 보장하는 행정관리의 합리성 및 공무원의 직무수행의 적정성 등을 포함하는 개념이라 할 것이다. 이처럼 효과성은 조직이 만족하도록 노력하는 고객집단에 궁극적으로 연계되어 있다. 즉 조직의 재화와 서비스를 고객집단이 바라는 적기에, 적량으로, 적정가격으로 제공하는가로 측정된다. 효율성은 수단적·과정적 측면에 관심을 두고 있는 반면에, 효과성은 전체적·목적적·기능적 개념이라 할 수 있다. 또한 효율성은 단기기간 측정(short term measurement)으로 분류될 수 있지만, 효과성은 장기기간 측정(long term measurement)으로 고려될 수 있다. [그림 1-4]와 같이 어떠한 조직에 대한 성공을 측정함에 있어 효율성과 효

과성이 모두 고려되어야 할 것이다.

3) 인본주의

오늘날 조직에 있어 인간적 요소(human element)에 대한 관심이 증대되고 있다. 이는 조직을 구성하는 사람들이 조직의 성공을 평가할 때도 고려되어야 한다.

인본주의(humanism)의 기준을 말할 때 조직은 효과성과 효율성에 대한 정의를 수정해야만 한다. 예를 들면, 조직구성원의 욕구와 바람을 배제하는 생산기준을 지나치게 강조한다면 높은 이직과 조직구성원의 개인적 문제에 직면하게 될 것이다. 이러한 조건은 장기적으로 조직목표를 달성하는 조직능력을 방해할 수 있다.

또한 오늘날 조직관리자의 기본적인 역할은 조직구성원의 개인적 성장과 전문가적 성숙을 조성하는 분위기를 전개하는 것이다. 이와 같은 내적 환경을 창조하고, 유지하는 조직은 궁극적으로 조직구성원을 완전하게 발전시키는 결과로서 성공하게 된다(Hodge & Anthony, 1979: 221). 이러한 인본주의와 관련된 조직목표로는 조직구성원의 유지와 직장생활의 질 등을 꼽을 수 있다.

(1) 조직구성원의 유지

조직구성원의 유지(employee maintenance)는 조직에서 구성원이 성취하는 일련의 기준을 기술하는 데 활용할 수 있다. 또한 몇몇 조직유지는 부분적으로 사회에 대한 시스템 기여로 특징될 수 있다. 각 조직의 자체능력은 구성원들을 만족시키는 것에 관련되어 있다.

조직구성원의 유지에 가장 중요한 측면은 만족, 사기 및 단결심(esprit de corps) 등이다. 조직구성원의 근무지속을 높게 유지하는 조직은 구성원이 잔류할 수 있는 저장소를 제공한다.

첫째, 직무만족은 조직구성원이 가지는 자신의 직무에 관련한 태도이다. 즉 직무만족은 자신의 직무 혹은 직무경험에 대한 평가로부터 도출되는 즐겁거나 혹은 긍정적인 감정상태(pleasurable or positive emotional state)이다. 이처럼 직무만족은 조직구성원의 직무와 관련한 다양한 요인에 대한 지각으로부터 초래된다. 이런 직무관련 요인으로 Gibson과 동료학자들은 보수, 직무(직무의 흥미, 학습의 기회, 수용할 수 있는 책임성의 제공), 승진기회, 감독자, 동료와의 관계(친근감, 능력 및 지원의 정도) 등을 들고 있다(Gibson, et al., 2006: 108-109). 〈표 1-3〉과 같이 중요한 직무만족의 요인들을 정리할 수 있다. 이들 직무만족 차원은 직무기술지표(Job Descriptive Index: JDI)로 측정될 수 있다. 직무기술지표는 직무의 구체적인 국면에 대한 개인적 만족을 측정하는 것이다. 직무만족을 연구하는 주요한 이유는 조직구성원의 태도가 얼마나 중요한 것인지에 대한 아이디어를 관리자에게 제공하는 것이다.

둘째, 사기(morale)는 가끔 만족과 동의어로 사용된다. 즉 사기는 만족의 태도 (attitude of satisfaction) 혹은 특정한 집단 혹은 조직의 목표달성에 대한 자발심 (willingness)으로 정의할 수 있다(Osborn, Hunt & Jauch, 1980: 79-80). 이처럼 사기는 구성원이 조직의 목표달성을 위해 자발적이고 적극적으로 참여하는 심리적 상태이며, 개인적인 특성 및 상황에 따라 영향을 받는다.

표 1-3 직무만족의 보편적인 차원

직무만족 변수	측정변수
직무 자체(work)	내적인 관심(intrinsic interest), 다양성, 학습기회, 난이도, 양(amount), 성공의 기회, 업무에 대한 속도와 방식에 대한 통제
보수(pay)	보수수준, 공평성(fairness or equity), 지급방식
승진(promotion)	기회, 공평성
인정(recognition)	성취에 대한 칭찬, 업무이행에 대한 신임(credit for work done), 비판
편익(benefit)	연금, 의료(medical), 연간휴가(annual leave), 휴가(vacation)
업무조건	업무시간, 휴식시간, 장비, 온도, 환기장치(ventilation), 습기, 장소, 물리적 배치 (physical layout)
감독(supervision)	감독스타일과 영향력, 기술, 인간관계(구성원에 대한 관심), 행정적 숙련(administrative skill)
동료	능력, 도움(helpfulness), 친밀감(friendliness)
회사와 관리	종업원에 대한 관심, 보수와 편익정책

출처: Osborn, Hunt & Jauch(1980: 81); Gibson, et al.(2006: 109).

(2) 직장생활의 질

직장생활의 질(quality of working life: QWL) 운동은 노동의 비보상적 본성과 감소되는 직무만족의 지표증거와 관련한 관심의 증대에 따라 1970년대 초에 시작되었다. 이에 관한 첫 번째 국제회의는 1972년에 개최되었다(Kast & Rosenzweig, 1985: 653).

직장생활의 질은 사람, 업무 및 조직에 관한 사고방식(a way of thinking)에 관련되어 있다. QWL의 요소는 조직효과성뿐만 아니라 사람에 대한 노동의 영향에 관한 관심이며, 조직문제 해결과 의사결정에 있어 참여적 사고를 요구한다.

이 점에서 QWL 프로그램은 조직에 있어 조직구성원의 경험에 영향을 미치는 조건을 향상시키기 위해 조직에 의해 취해지는 활동이다. QWL 프로그램은 조직에의 기여하는 사람과 이들의 능력과 관련한 긍정적인 시각이다. 이에 QWL 프로그램은 안전, 건강, 결정에의 참여, 업무시간에 대한 통제, 독단적이고 불공평한 처우로부터의 보호, 사회적 욕구를 만족시키기 위한 기회 등에 초점을 둔다. 결국 QWL 프로그램은 조직구성원의 직무에 영향을 미치는 결정에 있어 구성원의 참여와 관여를 보다 확대함으로써 산출의 질과 생산성을 증가시키는 것이다(Hellriegel, et al., 1995: 695).

이런 맥락에서 조직은 조직구성원의 성장과 발전을 증진하는 데 광범위한 책임을 져야 한다. 이와 같이 조직구성원의 직장생활의 질은 조직이 개인을 어떻게 취급하는지에 대해 깊은 관심을 가지는 것이다. 또한 성과를 의미 있고, 흥미롭고, 그리고 도전적인 업무와 연계되도록 어떻게 설계할 수 있는가, 다양한 보상시스템이 조직구성원을 조직에 가담하게 하는 데 효과적인가 등에 대해 관심을 가지는 것이다.

이러한 직장생활의 질은 직무특성과 관련되어 있다. 즉 직무에 대한 낮은 자율성, 다양성, 도전은 낮은 직장생활의 질에 대한 지표로 이해되고 있다(Osborn, Hunt, & Jauch, 1980: 87-88).

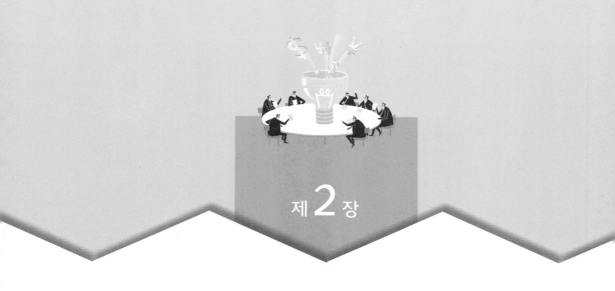

제2장

조직효과성

     조직은 지향하는 각 조직목표에 존립기반을 두고 있다. 이들 조직목표를 효과적으로 성취하고 있는가를 진단하는 것은 매우 중요한 과제일 것이다. 조직효과성은 개인효과성과 집단효과성을 포함한다. 상승작용의 효과로 인하여 조직은 조직부분의 합계보다 높은 수준의 효과성을 성취한다. 관리자의 직무는 개인효과성, 집단효과성, 조직효과성의 원인을 명확하게 구별하는 것이다. 이러한 효과성은 원인–결과의 관계(cause–and–effect relationships)의 맥락에서 이해할 수 있다.

     이 절에서는 조직효과성(organization effectiveness)은 무엇인가? 조직의 효과성을 어떻게 측정(measure)하는가? 어떤 조직이 효과적인가를 어떻게 판단하는가? 등의 과제를 살펴보고자 한다.

제1절 　조직효과성의 의의와 기반

1. 조직효과성의 의의

조직효과성(組織效果性, organizational effectiveness)이란 조직이 목표를 실현하는 정도이다. 조직효과성은 조직이 만족스럽게 기능을 하는가(whether an organization is functioning satisfactorily)에 대한 인간적 판단을 언급하는 것이다. 이처럼 조직효과성은 조직이 잘 이행하고 있는지와 자신의 목표를 잘 성취하고 있는지를 이해하는 데 도움을 준다.

관리자의 입장에서 이러한 판단은 조직변화를 시도하기 위한 기초가 된다. 즉 조직효과성이 만족스럽지 못하다면 조직의 변화는 필수적이다. 조직효과성에 관해 학자들은 3가지 관점에서 조직효과성을 이해하고자 한다.

첫째, 조직수준의 분석에서 초점을 둘 때, 조직효과성은 조직 혹은 조직의 중요한 부분에 초점을 두며, 개별적인 관리자를 언급하는 것은 아니다. 예를 들면, Fortune 매거진은 조직성과와 관련하여 서열을 매길 때 조직관리자를 구체적으로 언급하지 않는다.

둘째, 조직효과성에 관한 결론은 궁극적으로 사람의 판단이라는 것이다. 이러한 맥락에서 조직효과성은 궁극적으로 주관적 판단(subjective judgment)에 의존한다.

셋째, 조직효과성을 판단할 때, 많은 사람의 집단—주주(shareholders), 고객, 경쟁자, 종업원, 정부, 사법부—에 두고 있다. 즉 상이한 집단들은 조직효과성에 대해 다른 기준을 적용하고, 다른 판단을 한다.

시스템 모델과 조직효과성은 다음과 같이 중요하게 연계된다.

① 개방시스템 모델에 있어 조직의 효과성은 조직의 환경과 설정된 관계의

본질에 의존하고, 조직 내 상호의존적 관리에 의존한다.

② 조직의 내부적 요인과 외부적 요인 모두가 조직효과성을 판단하는 데 작용한다.

③ 시스템 모델은 2가지 유형의 효과성을 구별한다. 즉 부적 환류과정(negative feedback process)은 조직이 목표를 성취하는 정도를 언급하고, 정적 환류과정 (positive feedback process)은 목표 자체의 질(quality)을 언급한다.

④ 조직 내 상이한 하부시스템-기능, 사회, 정치, 문화, 정보 하부시스템-은 다른 효과성 기준을 강조한다.

2. 조직효과성의 기반

1) 역사적 기반

초기의 조직연구에 있어 조직효과성을 측정하려는 시도는 수익을 창출하는 조직(profit-making institutions)에 한정되었다. 즉 주주들이 조직이 어떻게 하고 있는가를 평가하기 위해 외부기관에 의한 연간 내역서에 대한 감사와 비준에 의해 성문화되었다. 시간이 지남에 따라 조직 고유의 리스크(inherent riskiness)와 같은 다른 측정이 추가되었다. 이러한 측정은 투자자들에게 조직과 관련하여 유용한 정보이다.

1960년경에 정부조직은 사회적 목적(social objectives)-환경으로부터의 스트레스를 감소시키는 것, 소수인종을 채용하는 것, 공평한 고용실천을 준수하는 것-에 대응하는 정도에 관심을 가졌다.

또한 조직효과성에 관한 측정연구들은 평가연구(evaluation research)의 활동에 관심을 가지게 되었다. 평가연구가들은 교육에서부터 정치적 캠페인에 이르는 프로그램의 효과성을 평가하는 과학적 방법을 발견하고, 향상시키고, 적용하는 데 노력하였다.

42

2) 철학적 기반

조직효과성의 논의에는 2가지 주요한 사상이 내재되어 있다. 첫째, 효율성과 효과성을 구별한다. 효율성의 개념을 발전시켰던 폐쇄시스템 시각의 학자들은 조직의 내부적 직무(internal workings)에 초점을 두었다. 이에 효율성은 하나의 산출단위를 생산하는 데 활용되는 투입자원의 양을 언급한다. 즉 투입에 대한 산출의 비율(a ratio of outputs to input)로 평가된다. 개방시스템이 관리적 활동에 대한 개념으로 조직을 간주할 때 효율성은 효과성으로 대체된다. 개방시스템이론가들은 조직의 주요한 목적을 환경에 대한 적응으로 간주한다. 효율성은 일을 올바르게 행하는 것(doing things right)에 관련되지만, 효과성은 올바른 일을 행하는 것(doing the right things)에 관련되어 있다.

둘째, 조직효과성은 관리적 활동을 안내하는 개념으로 간주된다. 관리적 활동이 조직효과성의 주요한 기준이 된다. 이에 계획된 변화전략이 효과성의 기준으로 작용한다. 모든 변화가 효과성의 기준으로 진행되지는 않는다. 또한 환경적 선택(environmental selection)이 조직을 항상 향상시키는 것은 아니다. 그렇지만 조직효과성은 조직이론과 계획된 변화 사이에서 중요한 연계를 제공한다.

3) 이론적 기반

조직이론가들은 지난 20년간 조직이 따르는 효과성의 기준은 무엇인지, 효과성 기준(effectiveness criteria) 사이를 구별하는 요인은 무엇인지 등의 질문에 매료되었다. 조직은 효과성 기준의 복잡한 망(complex web)을 추구하며, 관리자보다 많은 행위자들이 이들 기준에 영향을 미친다.

조직효과성의 측정에 있어 다수의 기준을 추구하는 사고가 현재 조직연구에서는 보편적이다. 이들 기준에는 2가지 주요한 차원 ─ 초점과 시간(focus & time) ─ 의 관점이 있다.

첫째, 초점(focus) : 여러 가지 효과성 기준은 [그림 2-1]과 같이 조직시스템

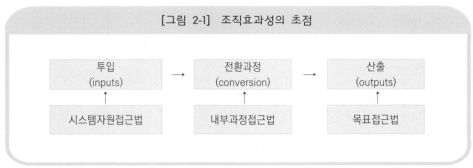

[그림 2-1] 조직효과성의 초점

| 투입 (inputs) | → | 전환과정 (conversion) | → | 산출 (outputs) |
| 시스템자원접근법 | | 내부과정접근법 | | 목표접근법 |

출처: Narayanan & Nath(1993: 164).

기능―투입, 전환과정, 산출―의 상이한 측면에 초점을 둔다. 이것은 3가지 다른 효과성 접근법―시스템자원, 내부과정, 목표―에 이르게 한다.

둘째, 시간적 관점(time perspective) : 시간적 관점은 효과성 기준의 일반화와 적용에 관여한다. 효과성 기준은 단기적 시간의 틀과 장기적 시간의 틀을 어떻게 선택하는가에 따라 매우 의존적이다. 단기적 관점에서의 효과성 기준과 장기적 관점에서의 효과성 기준 사이에는 분명 갈등이 발생한다. 즉 단기적 관점에서 현재의 생산은 미래의 생산에 대한 연구와 개발투자를 희생하는 효과성 기준이 되고, 또한 단기적 생산을 강조하게 되면 궁극적으로 조직의 생존은 위협을 받게 된다.

(1) 시스템자원접근법(system resource approach)

시스템자원접근법은 조직이 높은 성과에 필요한 자원을 효과적으로 획득하는지를 평가함으로써 조직의 효과성을 측정한다. 즉 시스템자원접근법의 시각에서 조직효과성은 조직이 환경으로부터 결핍되거나 가치 있는 자원을 확보할 수 있는 정도로 이해한다.

시스템자원접근법은 전환과정으로의 투입 측면을 본다. 효과적인 조직이 되기 위해서는 자원투입을 확보하고, 조직시스템을 유지하는 데 성공적이어야만 한다. 이에 환경으로부터 획득하는 자원의 양은 조직효과성의 기준이 된다. 시스템 효과성의 첫 번째 기준은 생존이다. 즉 조직이 살아남기 위해 충분한 투입을 확보한다면 효과성의 수준은 성취되는 것이다. 이런 맥락에서 시스템자원 모델은 다음의 차원을 포함한다(Daft, 1983: 98).

① 협상지위(bargaining position): 결핍되거나 가치 있는 자원확보에 있어 조직환경을 활용하는 조직의 능력

② 외부환경에 대한 실질적인 속성(real properties)에 대한 지각과 정확한 해석을 할 수 있는 시스템 의사결정자의 능력

③ 구체적인 산출을 생산하는 데 있어 자원을 활용하는(to use resources) 시스템의 능력

④ 내부적으로 일상적인 조직활동의 유지(maintenance of internal day-to-day organizational activities)

⑤ 환경에 있어 변화에 대응하는(respond to changes) 조직능력

이와 같이 시스템자원접근법은 3가지 측면에서 가치가 있다. 첫째, 시스템자원접근법은 기준 틀(a frame of reference)로서 전체 조직을 다룬다. 둘째, 시스템자원접근법은 조직과 외부환경과의 관계를 고려한다. 셋째, 시스템자원접근법은 상이한 목표를 가진 조직과 비교하는 데 유용하다. 하지만 시스템자원접근법은 효과성을 측정하는 데 광범위하게 활용되고 있지 않다. 이러한 이유로 시스템자원접근법은 조직에 제한된 관점을 제공한다. 자원유입(resource inflow)을 평가하는 시스템자원접근법은 자원유입이 조직의 목표달성과 상관관계가 있다는 점을 발견하기가 어렵다.

(2) 내부과정접근법(internal process approach)

내부과정접근법은 내적 활동을 관찰하고, 내적인 조직의 건강성과 효율성(internal health and efficiency)과 같은 지표로 조직효과성을 평가하는 것이다. 내부과정접근법의 시각에서 조직효과성은 조직이 순조로운 내부과정(well-oiled internal process)을 지니고 있는 정도로 판단한다. 이에 내부과정접근법에 따르면, 수익성(profitability)과 관계없이 건강하지 않은 조직은 효과적일 수 없다.

　　이와 같이 효과적인 조직은 순조롭고, 능률적인 내부과정(well-oiled internal process)을 가진다. 조직구성원은 행복하고 그리고 만족한다. 부서의 활동은 높은 생산성을 보장하면서 서로 잘 맞물려 있다. 내부과정접근법은 외부환경에 관심이 없다. 이런 시각에서 효과성의 중요한 요소는 조직이 자원을 가지고 무엇을 하는가, 내적인 건강성과 효율성을 반영하고 있는가 하는 것이다.

　　내부과정접근법에 의한 효과적인 조직의 구성요소는 다음과 같다. 이들 각 차원은 조직구성원에 대한 인터뷰를 통해 평가할 수 있다(Daft, 1983: 99).

　　① 조직구성원에 대한 상관의 관심(supervisor interest and concern for workers)
　　② 단체정신(team spirit), 집단충성 및 팀워크
　　③ 조직구성원과 관리자 사이의 신임(confidence), 신뢰 및 의사소통
　　④ 의사결정은 가까운 정보원천(near sources of information)에서 일어난다.
　　⑤ 수평적이고 수직적인 의사소통이 왜곡되지 않음. 조직구성원이 관련된 사실과 감정(relevant facts and feelings)을 공유한다.
　　⑥ 전체 조직과 개인은 목표와 계획에 따라 자신의 업무를 관리한다.
　　⑦ 보상시스템(reward system)이 부하들의 성과, 성장 그리고 발전을 위해 노력하는 관리자를 보상한다. 또한 효과적인 작업집단을 작동하게 하는 관리자를 보상한다.
　　⑧ 조직과 조직의 구성부분이 상호작용한다. 프로젝트에 갈등이 일어나지만, 조직을 위해 해결한다.

　　이와 같이 자원의 효율적인 활용과 조화로운 내적 기능으로 조직의 조직효과성을 측정하는 것은 매우 중요하다. 내부과정접근법은 목표가 동일하지 않고, 혹은 목표를 인식할 수 없는 조직을 비교하는 데 활용할 수 있는 장점이 있다. 하지만 내부과정접근법에서의 내적 효율성은 조직효과성에 대한 매우 제한된 시각이고 외부환경과의 관계를 평가할 수 없는 한계가 있다. 또한 내적 건강성과 기능에 대한 평가는 가끔 주관적이다.

(3) 목표접근법(goal approach)

목표접근법은 조직의 산출 측면(the output side)에 관심을 가지며, 조직이 바람직한 산출의 수준에서 목표를 성취하는지를 평가한다. 목표접근법의 관점에서 조직효과성은 조직목표를 확인하는 정도와 조직이 조직목표를 얼마나 잘 달성하는가를 평가하는 것이다.

목표접근법은 조직의 목표를 달성하기 위한 과정을 측정한다. 목표접근법에서 고려되는 중요한 목표는 운영목표이다. 즉 효과성을 측정하는 노력은 공식목표를 활용하는 것보다 오히려 운영목표를 사용하는 것이 보다 생산적이다. 운영목표는 조직이 실질적으로 성취하는 활동을 반영한다.

〈표 2-1〉은 미국 경영자들을 대상으로 선호하는 조직목표에 관한 설문결과이다. 이 조사에서 경영자들은 다음과 같은 8개의 조직목표를 중요한 것으로 인식하고 있었다. 이들 8개 목표는 동시에 성취할 수 없는 결과를 대변하고 있다.

표 2-1   미국 경영자들이 선호하는 조직목표

조직목표	가장 중요한 목표순위(%)	기업의 성공을 위해 중요하다고 판단하는 목표(%)
조직효율성(organizational efficiency)	81	71
높은 생산성(high productivity)	80	70
이윤극대화(profit maximization)	72	70
조직성장(organizational growth)	60	72
산업의 리더십(industrial leadership)	58	64
조직의 안정성(organizational stability)	58	54
구성원의 복지(employee welfare)	65	20
사회복지(social welfare)	16	8

출처: Daft(1983: 94).

이러한 조직목표에 대한 효과성을 측정함에 있어 연구자들이 빈번하게 활용하고 있는 평가지표는 〈표 2-2〉와 같다. 조직효과성은 단지 하나의 차원으로 평가할 수 없다. 왜냐하면 이것은 조직목표와 결과를 너무 단순화하기 때문이다. 그

표 2-2	조직효과성 연구에서 나타난 평가기준			
기 준	순위	기 준	순위
---	---	---	---
적응성(adaptability)-유연성	10	효율성(efficiency)	2
생산성(productivity)	6	구성원의 보유(employee retention)	2
만족(satisfaction)	5	성장(growth)	2
이윤(profitability)	3	통합(integration)	2
자원의 확보(acquisition)	3	개방적 의사소통	2
중압감의 부재(absence of strain)	2	생존(survival)	2
환경에 대한 통제(control)	2	기타	1
발달(development)	2		

출처: Daft(1983: 95).

러므로 조직효과성을 평가하기 위해서는 몇몇 평가기준을 선택하고 결합해야 한다. 또한 정량적인 지표(quantitative indicators)를 이용할 수 없는 직무만족, 조직구성원의 발달과 같은 지표는 주관적인 평가지표가 필요하다. 이러한 주관적인 목표에 대한 진행 정도를 측정하는 것은 효과성 평가에 있어 복잡한 요인이 되고 있다(Daft, 1983: 95-96).

    이와 같이 목표접근법은 조직효과성을 목표달성을 위한 조직의 능력으로 정의한다. 하지만 조직은 많은 목표를 가지고 있어, 효과성을 위한 단일의 지표란 존재하지 않는다. 목표는 때론 주관적이다. 나아가 조직목표는 조직 내 구성원에 의해 인지되어야만 한다. 이에 조직성과에 대한 등급은 가끔 주관적이고, 따라서 조직활동과 밀접한 사람에 의해 평가가 이루어져야만 한다.

제 2 절 조직효과성의 기준선택

조직의 어떠한 상황적 요인이 효과성 기준을 결정하는가? 이 물음에 대해 5가지 요인－관리가치, 생명주기단계, 환경, 선거구민, 조직유형－이 관리활동을 위한 조직효과성 기준의 선택에 영향을 미친다. 이들 5가지 요인이 조직기능을 형성하는 효과성 기준에 영향을 준다.

1. 관리가치(managerial values)

관리자들은 자신들의 선호에 의해 특정한 방식으로 업무를 수행하기 때문에 조직효과성 기준의 선택에 영향을 미친다. 조직목표는 최고관리자의 판단을 표현하는 것이다.

특히 조직기능에 영향을 미치는 관리가치는 조직의 초점과 조직구조의 2가지 요인에 영향을 받는다.

첫째, 조직의 초점(organizational focus)은 지배적 가치(dominant values)가 조직에서 내부적인가 혹은 외부적인가에 관한 것이다. 내부적 초점은 구성원의 복지와 효율성에 대한 관리적 관심을 반영한다. 반면에 외부적 초점은 환경에 대응한 조직의 복지를 대변한다.

둘째, 조직구조(organization structure)는 지배적인 구조적 배려(dominant structural consideration)가 안정성인가 혹은 유연성인가에 관한 사항이다. 안정성(stability)은 관리적 선호가 기계적 구조에 유사한 톱다운(top-down) 통제를 반영하는 것이다. 유연성(flexibility)은 관리적 선호가 유기적 구조에 유사한 변화와 적응을 반영하는 것이다.

이들 2가지 차원에 기초하여 조직은 4가지 상이한 효과성 모델로 구별할 수 있다.

1) 개방시스템 모델

개방시스템 모델(open systems model)은 외부적 초점(external focus)과 유연한 구조(flexible structure)의 결합을 반영한다. 주요한 목표는 성장과 자원확보(resource acquisition)이다. 조직은 유연성, 준비성, 긍정적 외부평가의 하위목표를 통하여 이들 목표를 달성한다. 이 모델의 주된 가치는 자원을 확보하고, 규모를 팽창시키기 위해 환경과 좋은 관계를 설정하는 것이다.

2) 합리적 목표 모델

합리적 목표 모델(rational goal model)은 구조적 통제(structural control)와 외부적 초점(external focus)의 가치를 표현한다. 주요한 목표는 생산성, 효율성, 이익이다. 조직은 통제된 방식에서 산출목표를 성취하려고 한다. 이들 산출을 용이하게 하는 하위목표는 합리적 관리도구로 내부계획과 목표설정이다.

3) 내부과정 모델

내부과정 모델(internal process model)은 내부적 초점과 구조적 통제의 가치를 반영한다. 주요한 결과는 질서정연한 방식에서 체제를 유지하는 안정적인 조직환경이다. 이 모델의 하위목표는 효율적인 커뮤니케이션, 정보관리, 의사결정을 위한 메커니즘이 포함된다.

4) 인간관계 모델

인간관계 모델(human relations model)은 내부적 초점과 유연한 구조의 가치를 포함한다. 이 모델의 관심은 인적자원의 개발에 있다. 조직구성원에게 자율성과 발전의 기회를 주는 것이다. 이 모델의 하위목표는 응집력, 사기, 훈련의 기회이다.

[그림 2-2] 효과성을 위한 관리적 가치

		초점(focus)	
		내부적	외부적
구조에 대한 선호 (preference for structure)	유연성 (flexibility)	인간관계 모델 목표: 인적자원개발 지표: 사기, 훈련	개방시스템 모델 목표: 성장, 자원확보 지표: 시장의 팽창
	통제 (control)	내부과정 모델 목표: 안정성 지표: 커뮤니케이션의 질	인간관계 모델 목표: 생산성, 효율성 지표: ROI

출처: Narayanan & Nath(1993: 167).

이 모델을 채택하는 조직은 환경보다는 조직구성원에게 관심이 있다.

2. 생명주기단계

Larry Greiner(1972)는 조직을 사람과 같이 기술한다. 즉 조직은 발달단계를 통해 이동하는 생명주기를 가진다. 어린이가 유아기와 어린 시절을 거쳐 청소년기(adolescence)와 성숙기로 성장하는 것처럼 [그림 2-3]과 같이 조직도 기업가적 단계, 집단성 단계, 위임단계, 형성화 단계, 협동단계를 거친다.

각 단계는 조직생존을 위협하는 어떤 위기와 함께 끝나고, 조직이 다음 발달단계를 지나는 동안 혁명적 변화(revolutionary change)를 초래한다. 이처럼 Greiner는 조직발달의 각 단계는 위기의 씨앗을 포함하고 있다고 한다. 조직관리의 전략은 생명주기의 각 단계에 적응하는 것이다. 그런데 조직의 복잡성이 증가할 때 적응하지 못하는 것으로 나타난다. 이리하여 옛날 방식의 구조배열과 리더십 스타일은 조직의 생명주기를 통해 새로운 패턴과 리더로 끊임없이 대체된다.

이와 같이 조직이 성장함에 따라 몇 가지 생명단계(life stages)를 거치게 된다. 조직이 전진하고 후퇴하고, 기계적 방식(mechanistic modes)과 유기적 방식 사이의 전후로 진행하는 동안 상이한 관리자들은 각 생명단계에서 조직의 가장 중요한 역할을 한다. 결과적으로 관리적 선호(managerial preferences)가 생명단계를 변화시킨다. 즉 통제에 대한 선호가 기계적 방식과 상호관련이 있고, 유연성에 대한 선호가 유기적 방식으로 조직을 다루게 된다.

1) 기업가적 단계(entrepreneurial state)

조직은 생산을 산출하고 판매하는 데 휘말리게 된다. 이 단계는 모든 조직구성원들이 다른 구성원이 무엇을 하는지에 대해 친숙하게 되는 소집합이 일어난다. 기업가적 단계에서는 모든 활동이 개인적으로 통제할 수 있고, 각 개인들은 다른 구성원과 쉽게 접촉할 수 있으며, 상관과 직접적 환류를 주고 받을 수 있다.

이 단계는 조직발전을 위해 조직 외부로부터 관리적 기술을 가져올 필요가 있다. 이런 시점에서 기업가가 전문가적 관리가 필요하다는 것을 확신할 때 이 단계의 위기가 일어난다. 조직성장은 분화를 초래하게 되고, 한 사람이 조직의 모든 것을 모니터링하기에는 너무 복잡하게 된다. 이에 리더십 위기(leadership crisis)가 도래한다.

이와 같이 초기의 발전단계에서 조직은 생존을 위한 투쟁을 하게 된다. 이 단계에서의 주요한 업무는 환경적 지위(environmental niche)를 발전시키고, 환경으로부터 필요한 자원을 확보하는 것이다. 초점은 외부적이고, 조직은 유연성의 초점에서 통제의 초점으로 이동한다.

2) 집단성 단계(collectivity stage)

리더십 위기에 대한 성공적 해결은 조직이 집단성 단계로 이동하는 것이다.

새로운 전문가적 관리의 첫 번째 관심은 조직에 대해 방향감각을 제공하고, 조직 내 분화된 집단 사이의 통합을 제공하는 것이다. 이 단계의 관심은 명확한 목표를 설정하는 것이다. 이 단계에서는 분화로 인해 조직의 복잡성이 가중되고, 집중화의 결과로 의사결정과정에 과부화를 겪게 된다.

이리하여 집중화된 의사결정은 행동에 대해 병목현상(bottleneck)을 가져오게 된다. 이리하여 조직이 지속적으로 기능을 유지하기 위해서는 의사결정을 계층제의 하위단계로 위임해야만 한다. 즉 자동화의 위기(autonomy crisis)를 맞이하게 된다. 자동화 위기의 해결은 위임이다.

3) 위임단계(delegation stage)

위임은 의사결정의 분권화를 통해 시도된다. 그리고 보다 많은 통합의 필요성이 제기된다. 이러한 필요성은 통제의 위기(control crisis)가 일어날 때까지 지속된다. 통제의 상실은 공식적인 규칙과 절차를 만들게 된다. 문제는 이것이 관료제를 표출하게 한다는 점이다.

4) 형성화 단계(formalization stage)

조직이 지속적으로 성장하고 분화하는 동안 기획, 회계와 정보시스템, 공식적 검토절차 등의 일련의 다양한 활동을 통해 통합을 시도함에 있어 보다 공식적 통제메커니즘(formal control mechanism)이 부가된다. 관료제적 수단을 통한 통제성향은 궁극적으로 형식주의의 위기(crisis of red tape)에 직면하게 된다. 명령에 따라 계획을 실행에 옮기는 관료제적 통제는 창의성을 말살시킨다. 이와 같이 보편적이고 비인간적 방식의 공식적 규칙과 절차를 시도하는 것은 비효과적이고 노동자의 상황을 악화시키는 조직환경을 초래하게 된다.

5) 협동단계(collaboration state)

조직이 형식주의 위기에서 벗어나게 되면 협동단계로 진행된다. 이 단계에서 조직은 개인의 필요에 맞추는 수단(a means of re-personalizing)으로 팀워크를 활용한다. 즉 집단에게 책임을 공유하도록 할당한다. 팀 내에 소규모 단위로 재조직되고 분권화된 의사결정 권위를 부여한다. 즉 이들 조직환경에는 신뢰와 협동이 요구된다.

조직발달에서 협동단계는 조직형태에 있어 질적 변화(qualitative change)가 요구되고, 관리자에게는 리더십 스타일과 통합기술이 요구된다. 최고관리자의 관심은 작업에 대해 끊임없이 동기부여를 하는 데로 이동해야만 한다. 관리가 개혁을 제공하는 데 실패한다면 조직은 개선의 위기(crisis of renewal)를 겪게 된다. 이 위기의 주요한 징후는 조직구성원과 관리자가 일시적으로 할당된 업무와 연계된 긴장에 기인하여 극도로 피로하고, 다른 형태의 심리적 피로를 경험하게 된다. 개선의 위기는 조직을 새로운 형태로 이끌거나, 혹은 조직이 감소되면서 궁극적으로 소멸

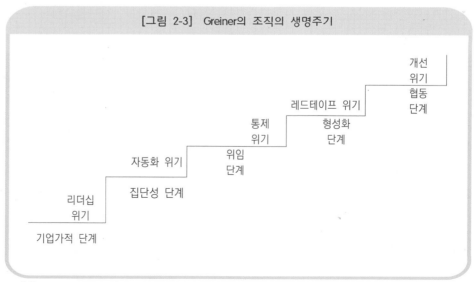

[그림 2-3] Greiner의 조직의 생명주기

출처: Hatch & Cunliffe(2006: 118).

하게 된다.

이와 같이 조직이 확고하게 설정된 중간단계에서의 강조점이 효율성과 산출 단계의 목표라면, 조직발전의 마지막 단계에서 주요한 목표는 산출과 환경관계를 다루는 것이다. 조직이 잘 정착하게 됨에 따라 당연히 자원확보가 이루어진다. 이에 따라 조직은 환경의 역할에 관심을 갖게 되고, 그리고 효율성, 산출, 이윤과 더불어 커뮤니티와 선거구민의 만족에 초점을 두게 된다.

3. 환 경

환경적 조건은 다음의 2가지 방식에서 효과성 기준에 영향을 미친다. 첫째, 환경적 조건은 기준선택(choice of criteria)에 영향을 미친다. 예를 들면, 자원이 부족할 때 조직목표는 자원확보와 효율성 기준에 한정된다. 자원확보가 용이하게 될 때 성장이 강조된다.

둘째, 효율성을 측정하는 시간간격(time span)은 환경적 조건에 의존적이다. 예를 들면, 시장에서 상품생명주기가 짧을 때 투자회수율은 짧은 기간에서 측정되어야 한다. 반면에 제약산업은 투자회수율이 15년에서 20년으로 조망된다.

4. 선거구민

조직이 상이한 효과성 기준을 추구해야 하는 이유는 다양한 개개인들의 기준선택에 영향을 미치기 때문이다. 더욱이 경영의 패러다임이 생산자 중심의 경영에서 소비자 중심의 경영으로 변화하고 있다. 이에 효과성 기준에 대한 논의는 궁극적으로 조직이 누구를 위해 서비스를 제공하는가 하는 물음에 도달하게 된다.

조직에 요구하는 이들 사람들의 집단을 선거구민(constituencies) 혹은 이해당사자(stakeholders)라고 한다. 다른 선거구민들은 상이한 효과성 기준을 선호한다. 즉

[그림 2-4] 선거구민에 대한 관리전략

선거구민의 권한

		많음	적음
선거구민의 중요성	높음	높은 우선순위 (priority)	가끔 관심
	낮음	만족 (satisfice)	무시 (ignore)

출처: Narayanan & Nath(1993: 173).

조직효과성을 평가하는 데 있어 여러 가지 집단에 적용할 수 있는 공통적인 평가 기준이 매우 미흡하다.

조직효과성의 연구자들은 다음과 같은 4단계로 평가한다. ① 선거구민을 명확하게 한다. ② 선거구민의 관심을 명확하게 한다. ③ 측정할 수 있는 형태로 관심을 조작한다. ④ 지표를 측정하기 위해 다양한 방법을 활용한다.

특히 관리자들은 가장 강력한 선거구민(powerful constituencies)의 효과성 기준에 주의한다. 효과성 기준은 [그림 2-4]와 같이 2가지 차원-선거구민의 권한, 선거구민의 중요성-으로 분류하는 것이 유용하다.

5. 조직유형에 따른 효과성

효과성의 기준은 조직의 유형에 따라 차이가 있는가? 이 물음에 답하려면 비시장조직(nonmarket organization)과 시장조직을 구별할 필요가 있다. ① 시장조직(market organizations) : 전형적인 민간 혹은 영리추구의 실체이다. 시장은 조직참여자와 외부 지지층의 관심을 연계하는 메커니즘을 제공한다. ② 비시장조직(nonmarket organizations) : 정부기관과 같은 조직은 처음부터 비시장환경에서 운영된다.

　　다음과 같이 3가치 차원에서 효과성 기준의 관점에 있어 2가지 조직유형이 구별된다.

　　첫째, 민간조직의 효과성은 고객에 의해 직접적으로 결정된다. 고객이 자신의 관심에 만족한다면 고객은 조직에 대한 지원을 지속할 것이다. 반면에 비시장조직은 기관의 서비스와 기관서비스를 받는 고객의 수입과 직접적 관계가 없다.

　　둘째, 비시장조직은 명확한 산출목표가 미흡하다. 이들 목표가 적절한 국방의 제공, 범죄와의 전쟁, 교육향상 등이라면 성과를 효과적으로 평가하는 것은 매우 어렵다.

　　셋째, 투입, 전환과정, 산출이라는 시스템연계는 비시장조직보다는 시장조직이 밀접하게 연계되어 있다. 따라서 시장조직보다 비시장조직의 효과성을 측정하는 것은 매우 어려운 과제이다.

제 3 절　조직효과성 측정의 이슈와 측정단계

　　조직효과성의 기준은 다양한 상황에 의존한다. 효과성을 평가하는 기준 (yardstick)은 무엇인가? 측정할 수 있는 형태로 기준을 어떻게 조작하는가? 이런 관점에서 효과성을 측정하는 주요한 이슈에 대해 살펴보고자 한다.

1. 효과성 측정의 이슈

　　효과성을 측정하는 데 관련하는 2가지 중요한 이슈-기준과 지표-를 살펴본다.

1) 기준(standards)

　　민간조직은 수익성(profitability)의 절대적 측정에 의해 판단할 수 있다. 국방부와 같은 조직은 어떻게 효과성을 측정할 수 있을까? 이 기준을 명확하게 하는 것은 매우 어려울 것이다.

　　이 점에 있어 Thompson과 Tuden(1959)은 효과성 기준을 결정하는 2가지 중요한 차원을 명확하게 제시하고 있다.

　　첫째, 기준의 명확화(clarity of standards)로서, 바람직함(desirability)의 기준이 상대적으로 명확하게 표현되는가 혹은 모호한가이다. 이것은 지지층이 조직목표에 동의하는 정도를 측정하는 것이다.

　　둘째, 원인-결과의 관계(cause-effect relation)로서, 지지층이 활동과 결과 사이의 연계에 관한 완전한 지식을 가지고 있느냐 혹은 없느냐(do or do not have)에 대해 믿는 정도이다. 이것은 조직현상에 관한 지식기반을 표현하는 것이다.

　　각 상황에 대한 적절한 효과성 기준이 무엇인가?

　　① 기준이 명확하고 인과관계(cause-effect relations)를 알 때: 효율성 검증(efficiency tests)이 적절하다. 이러한 검증은 바람직한 결과가 달성되었는지를 평가하는 것이 아니라 최소의 투입으로 바람직한 목표가 효율적으로 달성되었는지를 평가하는 것이다.

　　② 기준이 명확하지만 인과관계가 알려지지 않는 경우: 기계적 검증(instrumental tests)이 적절하다. 이 검증은 바람직한 상태가 성취되었는지를 단지 확인하는 것이며, 자원의 보존을 요구하지 않는다.

　　③ 바람직함(desirability)의 기준이 모호할 때: 사회적 검증(social tests)에 기대한다. 사회적 검증은 합의 혹은 권위에 의해 입증된다.

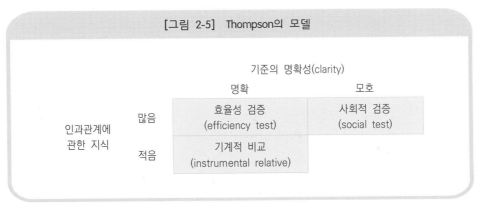

[그림 2-5] Thompson의 모델

		기준의 명확성(clarity)	
		명확	모호
인과관계에 관한 지식	많음	효율성 검증 (efficiency test)	사회적 검증 (social test)
	적음	기계적 비교 (instrumental relative)	

출처: Narayanan & Nath(1993: 178).

2) 지 표

조직효과성의 다양한 국면을 평가하는 데 상당히 다른 지표들이 활용된다. 대체로 3가지 지표의 유형－결과, 과정, 구조－을 꼽을 수 있다.

① 결과(outcome): 결과지표는 조직이 수행하는 문제와 목적(materials & objects)의 구체적 특징에 초점을 둔다.

② 과정(process): 과정지표는 조직이 수행하는 활동의 양과 질에 초점을 둔다. 과정측정은 결과가 아니라 노력을 평가한다.

③ 구조(structure): 구조지표는 효과적 성과를 위한 조직능력(capacity of organization)을 평가한다. 예를 들면, 학교조직은 교사들의 자격에 의해 평가된다.

2. 효과성 측정단계

효과성 측정의 단계는 다음과 같이 4가지 단계로 구성된다.

첫째, 효과성의 기준을 설정한다. 관리자는 조직발전단계와 같은 구체적인 상황을 고려해야 한다. 이 단계는 강력한 선거구민(powerful constituencies)을 인식하고, 선거구민의 관심을 이해하며, 선거구민과 협상하는 것이 포함된다.

둘째, 지표와 기준(indicators & standards)을 선택한다. 기준은 절대적일 수 있지만 상대적(relative)일 수 있고 혹은 사회적 검증에 기초할 수 있다.

셋째, 지표에 관한 데이터를 수집(data collection)한다. 이 단계에서는 객관적인 지표, 서베이, 의견조사 등이 포함된다.

넷째, 효과성의 상태와 선택한 기준 사이의 차이를 인식한다. 어떠한 행동이 실제적으로 필요한지를 판단한다.

제 3 장

조직이론의 의의와 고전적 조직이론

　　조직이 무엇인지에 대한 광범위한 이해와 더불어 조직이 어떻게 활동하고 있는지, 그리고 조직이 왜 활동하고 있는지 등을 이해하기 위해 조직분석에 관련한 다양한 조직이론을 살펴볼 필요가 있다. 사람들이 조직생활을 성공적으로 지속하기 위해서는 조직의 구성요소와 조직의 상호작용을 이해해야만 한다. 즉 조직은 조직에 관한 이론의 탐구 없이는 바람직하게 이해할 수 없을 것이다.

　　이런 맥락에서 이 장에서는 조직의 활동을 바라보는 시각, 조직이 관리하는 다양한 방식 및 조직이론과 주요한 학자들의 연구 등을 탐구하고자 한다.

제1절　이론과 조직이론의 의의

1. 이론의 의의

이론(理論, theory)은 일반화(generalization)를 위한 탐구의 최종결과이고, 현상을 설명하는 데 제공되는 수긍할 수 있고 혹은 과학적으로 수용할 수 있는 일반적 원리(acceptable general principle)이다. 즉 이론은 현상과 연계된 관계를 기술하는 원리들을 구성한다.

이론은 경험적으로 검증된 정의에 기초한 가정(assumptions)을 포함한다. 또한 이론은 행태와 사건을 설명하고 예측한다. 즉 이론의 첫째 역할은 어떤 현상을 설명(explanation)할 뿐만 아니라 기술(description)을 제공하는 것이다. 또한 이론은 현상의 실제를 설명하고, 향상시키는 데 기여한다. 이리하여 이론과 실제(practice)는 모순되는 것이 아니라 상호보완적인 것으로 볼 수 있다.[1]

이론과 관련하여 몇 가지 차원에서 살펴보면, 이론의 유형을 귀납적 이론과 연역적 이론, 기술적 이론과 규범적 이론 등으로 이해할 수 있을 것이다.

첫째, 귀납적 이론(inductive theory)은 구체적인 것(개별적인 사례)으로부터 일반화하는(from the specific to the general) 논리의 흐름을 강조한다. 귀납적 이론은 경험적 데이터를 기초하여 가설을 검증한다. 이처럼 이론도출을 위한 귀납적 이론은 관찰 혹은 데이터와 더불어 시작한다. 데이터에 나타난 관계를 설명하는 일련의 가설을 설정하고, 가설을 경험적으로 검증한다. 이와 같이 귀납적 이론은 데이터

---

1 좋은 이론의 조건은 다음과 같다(이해영, 2005: 98-101). ① 좋은 이론은 인간 존재의 본질에 관한 질문에 해답을 제공할 수 있는 이론이다. ② 좋은 이론은 사회법칙으로서 사회현상과 인간행태를 설명할 수 있고, 또 그에 적용될 수 있는 이론이다. ③ 좋은 이론은 간결하고도 분명히 정의된 개념으로 구성되어야 한다. ④ 좋은 이론은 원칙적으로 수정 가능하여야 하고, 또 그 진위를 판단할 수 있어야 한다. ⑤ 좋은 이론은 규범적이고 정책적 지침이나 함의를 많이 제공할 수 있어야 한다.

의 통계적 검증에 의해 설정된 신뢰의 한계를 반영하기 때문에 경향 혹은 가능성이라고 말한다.

둘째, 연역적 이론(deductive theory)는 일반화에서부터 구체적인 것으로 흐르는 논리로 특징지어진다. 연역적 이론은 일련의 정의와 가정과 더불어 시작된다. 2가지 이상의 변수 사이의 관계를 표출하는 이론을 논리적으로 세운다. 즉 일반적인 논리로부터 구체적인 결론으로 이어진다.

연역적 이론은 일반적으로 원인과 결과의 관계(cause-and-effect relationships)에 관한 연구로부터 도출된다. 연역적 이론은 내적인 일관성(internally consistent)을 가져야만 한다. 연역적으로 도출된 이론은 내적인 일관성 검증을 충족한다면 경험적 입증(empirical verification) 없이 가끔 수용된다. 이 이론은 수리적 모델(mathematical model)과 같이 도식 혹은 상징적 형태로 규정된다.

셋째, 기술적 이론[descriptive theory, 실증이론(positive theory)으로도 명명함]은 현상을 설명하는 것이다. 규범적 이론(prescriptive theory, 또는 normative theory)은 논리와 경험적 증거에 기초하여 어떤 현상이 무엇일 것이라고(what a phenomenon should be) 규정한다. 그리고 현상에 대한 설명을 제공한다.

2. 조직이론의 의의

조직이론(組織理論, organization theory)은 조직현상을 기술하고 설명하는 데 활용되는 일련의 개념과 원리에 관한 사고이다. 이에 조직이론은 지식의 몸체(a body of knowledge)가 아니며, 사실의 집합체도 아니다. 조직이론은 조직에 관한 사고방식(a way of thinking)이고, 조직의 관리방식이다. 조직이론은 조직에 대해 보다 정확하고 심도 있게 분석하고, 바라보는 방식이다(Daft, 1983: 20). 이러한 조직이론은 주어진 조건에서 조직이 어떻게 처신할 것이라는 것을 예측하기 위해 조직의 구성요소와 이들의 관계를 설명하는 것이다.

조직이론은 조직이 무엇인지, 조직이 주어진 환경에서 어떻게 처신하는지, 조직이 일련의 다른 상황에서 어떻게 대처하는지에 대한 이해를 제공한다. 또한 조직이론은 조직구성원에 의해 향상된 의사결정에 이르게 하는 방식에 있어 조직행태를 예측하고 설명하는 데 도움을 준다. 이러한 조직이론은 조직관리자가 실제의 생활상황에서 적용할 수 있는 전체 지식의 일부분이다.

조직이론은 체계적인 조직연구의 결과로서 발달된다. 조직이론은 모든 유형의 조직에 대해 일반적으로 적용된다. 즉 조직이론의 연구는 조직현상을 어떻게 기술하고 진단할 것인가, 어떻게 조직화할 것인가, 조직에서의 변화를 어떻게 가져올 것인가, 조직효과성을 어떻게 측정할 것인가 등과 같은 물음에 해답을 줄 것이다. 이리하여 조직이론가들은 조직활동과 관련한 다양한 학문에 대해 많이 알아야만 한다. 즉 하나의 학문영역으로만 조직이 사회에서 어떻게 기능하는지를 완벽하게 이해하는 것은 불가능하기 때문이다.

조직관계를 이해하기 위한 또 다른 기법은 모델을 활용하는 것이다. 모델(model)은 실제를 단순하게 대표(a simplified representation of reality)하는 것이다. 실제를 묘사하는 데는 다양한 모델이 활용된다. 예를 들면, 수학적 모델에서 차원은 추상적인 숫자로 표현되고, 차원들 사이의 관계는 수리적으로 계산된다. 또한 지도는 지리적 영역에 대한 도식적인 모델(schematic models)이다. 모델에는 몇몇 변수들이 포함된다. 변수(variables)는 조직의 주요한 구성요소를 대표하고, 측정할 수 있는 조직적 특성을 일컫는다.

Daft(1983: 25)는 조직이론을 연구하는 대부분의 사람들은 2가지 집단－관리자 혹은 잠재적 관리자 그리고 관리자가 아닌 사람－이라고 규정한다. 특히 관리자가 아닌 조직구성원들은 우리 주변의 세계에 대해 보다 잘 이해하고 그리고 알고 싶어 한다. 왜냐하면 거의 모든 사람들은 조직에서 일하기 때문이다. 또한 조직은 우리의 가장 중요한 환경이기 때문이다. 조직이론은 조직에서 일어나는 현상에 대한 이해를 제공한다. 조직을 연구함으로써 우리는 환경에 대해 보다 잘 알 수 있다. 조직이론은 관리자에게 보다 많은 능력과 영향력을 제공한다. 조직이론은 관리자에게 조직이 어떻게 그리고 왜 작동하는지에 대한 이해를 제공해 준다.

▶ 조직관리자를 위한 행동가이드

• 외부환경(external environment)을 무시하지 말라. 외부환경으로부터 조직을 보호하라. 생존하고 번창하기 위해서는 외부환경과 자원을 교환하라.

• 부서에 하부시스템 기능-생산, 경계스패닝, 유지, 적응, 관리-을 수행하도록 할당하라. 이들 기능의 어떤 것을 간과함으로써 조직의 생존과 효과성을 위험하게 하지 말라.

• 조직에서 업무하는 개인과 완전히 구별되는 것으로 조직을 생각하라. 규모, 공식화, 분권화, 복잡성, 전문화, 직업주의(professionalism), 인적 배치(configuration)의 수준에 따라 조직을 기술하라. 조직을 분석하고 그리고 다른 조직과 비교하는 데 이들 특성을 활용하라.

• 한 상황에서 작동하는 어떤 것을 다른 조직에 적용할 때 신중하라. 모든 조직시스템은 동일하지 않다. 정확한 구조, 목표, 전략을 인식하는 데 조직이론을 활용하라.

• 조직이론이 제공하는 틀과 모델을 활용함으로써 자기자신이 능력 있고 영향력 있는 관리자가 되라. 집단 간 갈등, 권력과 정치, 조직구조, 환경변화, 조직목표 같은 것을 이해하고 다룰 때 조직이론을 활용하라. 조직이론은 다른 사람이 놓친 것을 볼 수 있고 이해하는 데 도움을 준다.

출처: Daft(1983: 32-33).

　　나아가 조직현상은 상이한 수준-개인, 집단, 집단 간, 조직-으로 분류할 수 있으며, 〈표 3-1〉과 같이 다양한 연구자가 조직효과성을 향상하기 위한 통찰력을 제공하고 있다.

　　첫째, 조직행태(組織行態, organization behavior) 분야는 개인과 집단을 우선적으로 다루며, 집단 간 수준까지 확장하기도 한다. 따라서 조직행태 분야는 개인적 수준에서 동기부여, 지각, 태도, 의사결정, 직무만족, 스트레스 및 경력 등이 주요 과제이며, 집단수준에서는 집단기능, 집단과정, 집단성과, 리더십, 팀 빌딩이 주요한 주제이다. 집단 간 수준에서는 집단 간 관계, 경쟁, 협력이 주요한 주제이다.

　　둘째, 조직이론 분야는 조직변화와 성장, 효과성, 기획, 설계, 발전, 정치 및 문화와 같은 조직수준의 현상을 주로 다룬다. 집단 간 수준에서는 집단 간의 갈등 그리고 조직단위의 갈등에 관한 관리를 포함한다.

표 3-1   조직이론의 주요학자

조직이론의 영역	학 자	철학적 지위	속 성
과학적 관리	Frederick Taylor (1911)	동작과 시간연구: 가장 효율적인 방법 추구	비용의 최소화, 직무의 전문화, 산출 최대화
관리의 원리	Henri Fayol (1916-1925)	관리원리: 원리 활용에의 훈련	규칙, 공평, 계층제, 업무분할, 훈련
인간관계	Elton Mayo (1933)	심리학적 요인: 직무만족, 팀워크	노동자의 욕구와 만족에 대한 관심
의사결정	Herbert Simon (1947)	제한된 합리성, 목표의 최적화	목표의 계층제, 자원의 효율적 활용
행태	Douglas McGregor (1961) Rensis Likert(1967)	개인적 욕구와 참여적 관리의 중요성	응집력, 충성, 몰입, 구성원의 만족
상황이론	P. R. Lawrence & J. W. Lorsch(1967)	환경적 요구에 대응한 구조	적합도와 분화도 (integration fit & differentiation fit)

조직에 관한 체계적인 지식이 산출되는 2가지 주요한 방식은 다음과 같다 (Narayanan and Nath, 1993: 7).

1) 경험적 방식(experiential way)

경험적 방식의 지식은 3가지 단계가 필요하다. ① 현재의 조직에서 작동하는 조직현상을 경험한다. ② 이들 경험을 반추한다. ③ 이들 반추로부터 체계적인 감각(systematic sense)을 갖춘다. 경험으로부터 추론(inferences)하고, 경험을 일관된 틀 (coherent framework)로 개념화한다. 이런 방식으로 조직이론을 추구한 학자들은 Chester Barnard, Frederick Taylor, Mooney와 Reiley, Mary Parker Follettt, Henri Fayol 등이다.

2) 과학적 연구(scientific research)

지식산출의 또 다른 방식은 과학적 연구(scientific research)를 통해 조직에 관한 지식을 산출하는 것이다. 이 방식에는 실험(exploratory)과 설명(explanatory)의 기본적 연구방식이 있다. 실험적 연구의 목적은 현재의 조직에 존재하는 관계의 유형을 발견하는 것이다. 즉 가설을 설정하는 것이다. 실험적 연구는 인터뷰와 관찰방식(observational methods)이 포함된다. 가장 보편적인 관찰방식은 참여적 관찰(participant observation)이다. 설명적 연구의 주요 목적은 가설을 검증하는 것이다. 이들 가설검정은 현재의 조직에서 진행한 실험적 연구의 결과이다. 가설은 양적인 기법(quantitative techniques)을 활용하여 검증된다. 상황적합적 이론이 이들 방식을 활용한 연구결과이기도 하다.

제 2 절 고전적 조직이론의 의의

18세기 이전의 사람들은 조직이 어떻게 작동할 것인지에 대해 체계적으로 생각하지 않았다. 사람들은 조직을 관리하는 것이 아니라 정치력(political power)을 획득하거나 돈을 얻기 위해 조직을 활용하는 데 관심을 가졌다.

이러한 관리적 사고의 사례로, Machiavelli(1513)는 국가의 지도자를 위한 교활한 기술(crafty techniques)인 「군주론(*The Prince*)」을 출판했다. 이 시대의 대부분 조직(성당, 군대조직 등)은 비교적 소규모이고 단순한 구조였다.

1750년대에 영국에서 시작된 산업혁명이 모든 것을 변화시켰다. 즉 인간작업성과에 있어나는 근본적인 변화의 주된 원천은 기계화된 동력(mechanized power)인 기술의 발달이었다. 이때까지 작업은 사람 혹은 동물의 노력을 통해 성취되었다. 작업은 가족에 의해 조직되었고, 작업은 각 가족의 주거 내에서 이루어졌다. 이

시스템의 본질은 보다 복잡한 작업을 수행하기가 어렵다는 것이었다.

이러한 가내공업제도(domestic production system)의 종말은 동력구동식 기구(power-driven machinery)의 출현으로 시작되었다. 최초 가동한 증기기관(steam engine)은 1765년 James Watt가 발명했다. 증기기관 이후, 다양한 유형의 상품을 생각하는 방식이 급속하게 변화되었다. 이것이 공장시스템의 발생을 촉진한 가장 중요한 첫 번째의 단계였다. 증기기관은 대량생산을 가능하게 했다.

이처럼 공장은 증기기관을 활용하여 생산성을 증가하는 문제에 대해 해답을 얻었지만, 다른 문제가 발생했다. 그것은 최대의 효율화를 위해 노동자의 노력을 어떻게 잘 조정하는가 하는 것이었다. 이 문제의 접근은 각 사람을 제한된 작업 수를 수행하도록 작업을 분할하는 것으로 시작되었다. 이에 현대 경제학의 창시자 중 한 사람인 Adam Smith가 노동의 분업(division of labor)이라 불리는 사상을 옹호했다. Smith는 미국이 독립전쟁(Revolutionary War) 중이던 1776년 「국부론(The Wealth of Nations)」을 저술했고, 이 책에서 노동의 분업에 대한 장점을 명확하게 기술했다. 즉 다음의 3가지 상이한 상황에 기인하여 분업 시 작업의 양이 크게 증가하였다. ① 특정한 모든 노동자에 있어 재주의 증가, ② 한 유형의 노동에서부터 다른 노동으로 이전됨에 따른 손실시간의 절약, ③ 노동을 용이하게 하고 작업량을 줄여 주는 다량의 기계의 발명 등으로 같은 수의 사람으로 보다 많은 작업을 수행할 수 있게 되었다.

특히 1865년 미국의 시민전쟁(American Civil War)의 종료와 더불어 급속한 공장의 증가는 산업의 효율성을 어떻게 향상할 것인가라는 이슈에 관심을 집중시켰다. 이와 더불어 1886년 Chicago에서 개최된 미국기계학회(American Society of Mechanical Engineers)에 Henry R. Towne이 발표한 "경제학자로서 엔지니어(Engineer as Economist)"는 미국에서의 현대적 관리의 시작으로 간주되고 있다. 이 논문에서 Towne은 엔지니어에게 공장관리(shop management)의 문제는 엔지니어의 문제와 동등하게 중요한 것이라고 촉구하고 있는데, 대략 같은 시대에 필라델피아 Midvale Steel Company에서 근무하고 있던 엔지니어인 Frederick Winslow Taylor도 같은 생각을 가졌다(Black & Porter, 2000: 37).

초기의 관리자들은 대량생산기술과 경제적 팽창에 필요한 합리화(rationalization), 효율성, 통제의 문제에 초점을 두었다. 이들 관리적 사고가 고전적 조직이론가들의 주된 관심사였다. 이들 학자들의 주된 주제는 육체노동자(blue-collar)를 과학적으로 연구하는 것이었다. 이 시기 고전적 조직이론가들에게 관리의 가장 핵심적인 문제란 생산에 대한 효율성의 자각(realization)이었다. 즉 대량생산을 산출하는 주된 효율성을 노동력에 대한 통제와 훈련에 결부시켰다. 이에 안전성, 통제, 그리고 효율성을 확보하는 문제가 관리의 중심주제였다. 반면에 조직환경은 다소 경쟁적이었지만, 매우 안정적이었다.

이처럼 고전적 조직이론가들은 관리의 원리와 기능, 그리고 조직의 권위적 구조에 관한 연구에 초점을 두었다. 이 점에서 행정원리는 관리이론과 상호교환적으로 사용할 수 있다.[2] 이러한 초기 관리이론의 관점은 사람을 도구와 기계의 연장(extensions of tools and machines)으로 간주한 것이다.

제3절 Frederick Winslow Taylor의 과학적 관리론

1. 과학적 관리의 의의

과학적 관리(科學的 管理, scientific management)의 아버지로 명명되는 Taylor (1856-1915)는 체계화와 표준화 방법을 찾기 위해 시행착오적 접근법(trial and error approach)을 활용하였다.[3] Taylor는 조직의 생산성을 향상하기 위한 기법과 방법을

---

2 Cambell(1999)에 의하면, 일반적으로 고전(classical)은 2가지를 포함하는 것을 의미한다. 하나는 고전은 질(quality)에 관한 것이다. 다른 하나는 영속되는 것(lasted)을 의미한다. 예를 들면, 고전적 음악으로써 Mozart의 작품을 언급할 때 Mozart의 작품이 높은 질을 갖추고 있고, 18세기 이후 지속되고 있다는 것이다. 이런 맥락에서 고전적 조직이론은 현재까지 지속적으로 영향을 미치고 있다.

3 이 당시의 미국사회에서 산업노동자의 교육수준은 6학년(sixth grade)보다 낮았다. 5,800만 명의 인구에서 매년 15,000명만이 대학교를 졸업했다. 1880년대에 모든 공장의 85%가 생산제조업체(manufacturing

위해 탐구하였던 개척자이다. 기본적인 사회문제에 대한 Taylor의 진단은 비효율성(inefficiency)이었다.

Taylor(1911)는 노동자란 업무수행에서 최상의 방법(the best way)을 모르기 때문에 비생산적이라는 견해이다. 또한 사람은 합리적이고 경제적인 존재이며, 경제적 인센티브를 통한 동기부여가 최상의 방법이라는 것이다. 이 점에서 바람직한 협력과 통제, 그리고 생산성을 증가하기 위해서는 일한 분량대로 지급하는 방식에 의한 경제적 인센티브를 제공해야 한다. 나아가 미리 설정한 과학적 기준을 초과한 노동자에게 보수를 높여 준다면, 보다 높은 보수를 위한 노동자의 욕구가 더 많은 생산을 유인하는 데 강력한 동기부여라고 믿었다. 즉 돈이 동기를 부여한다(money motivates).

과학적 관리의 첫 번째 단계는 작업을 분석하고, 작업의 기본적 구성요소를 분석하는 것이었다. 예를 들면, Taylor는 한 사람이 다양한 크기의 삽(shovels)으로 들어 올릴 수 있는 철광석과 석탄의 양을 측정하였다. 이러한 정보에 기초하여 낭비적인 동작을 제거하기 위해 직무를 재설계하였다. 즉 각 노동자는 21파운드(9.5kg)의 용량을 가진 삽을 사용한다면 최대로 철광석과 석탄을 이동할 수 있다는 것이다(Mescon, Albert & Khedouri, 1988: 43).

2. 과학적 관리의 특성: 최상의 방법

Taylor는 작업장에서 수집한 자료의 객관적 분석이 업무를 조직화하는 데 최상의 방법을 위한 기초를 제공한다고 믿었다. 이에 Taylor는 어떤 활동을 수행하는 데 최상의 방법이 있으며, 시간과 동작 연구(time and motion study), 직무분석을 통하여 최상의 방법을 발견할 수 있다고 생각했다. 이를 위해 Taylor는 5가지 방법을 제시하고 있다.

---

enterprises)였다.

① 가능한 한 최단시간 내에 어떤 활동을 수행하기 위한 최상의 방법을 발견하기 위해 노동자 집단의 이동을 면밀하게 연구해야 한다. 각 직무를 수행함에 있어 관련된 노동을 측정한다.

② 어떤 직무나 활동에 있어서 구체적인 요구사항에 기초한 도구를 표준화한다.

③ 과학적으로 노동자를 선발하고, 직무에 부합되게 노동자를 훈련시키고 개발한다. 즉 직무에 최적의 사람(the best persons)을 선발한다. 최적의 사람은 직무를 성공적으로 수행하고자 하는 강한 열망을 가진 가장 강한 사람이다. 그리고 최상의 방법으로 직무를 수행하기 위해 가장 효율적인 방식으로 최적의 사람을 훈련시킨다.

④ 기획, 조직 및 통제와 같은 활동은 개개 노동자보다는 관리자의 주된 책임이며, 이들은 노동자들의 작업을 분할한다.

⑤ 각 노동자의 산출에 따라 보수를 지급한다. 이러한 과학적 방법은 공장에서 노동자와 관리자의 관계에서 연계된 갈등 없이 최대의 이익을 보장하는 데 활용될 수 있다.

또한 Taylor의 과학적 접근법은 3가지 특징으로 요약된다. ① 생산방법을 향상하는 데 분석적이고 과학적인 접근법을 적용한다. ② 관리는 가르치고 학습하는 지식체로 체계적으로 조직화될 수 있다. ③ 기능적 감독(functional supervision)의 개념을 소개한다.

Taylor 접근법의 목적은 작업수행에 가장 효율적인 방법을 모색하는 것이며, 경제적 합리주의이다. 노동자, 관리자, 소유자 사이의 공통적인 기반은 각자의 경제적 이익을 최대화하기 위해 노력한다는 점과, 각 집단이 과학적 원리라는 새로운 접근법을 도입한다면 이러한 목적을 달성할 수 있다는 것이다.

Taylor의 과학적 관리론은 행정의 기법과 철학에 기여하였다. 특히 1912년 William H. Taft 대통령(제27대)은 행정개혁을 위해 경제와 효율성을 위한 Taft위원회(Taft Commission on Economy and Efficiency)를 조직하였다. Taft위원회는 결과, 생산성, 효율성을 강조하였으며, 행정가는 비용과 효율성의 단위로 결과에 대한 질과 양을 측정해야 한다고 주장하였다. 1911년과 1912년 하원 노동위원회(Labor

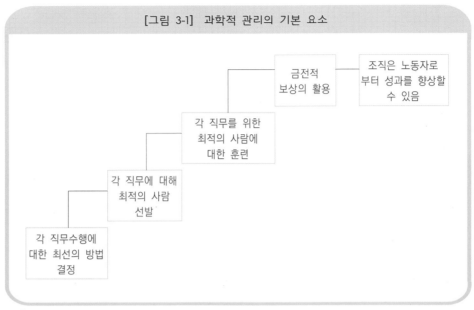

[그림 3-1] 과학적 관리의 기본 요소

> 금전적 보상의 활용 → 조직은 노동자로부터 성과를 향상할 수 있음
>
> 각 직무를 위한 최적의 사람에 대한 훈련
>
> 각 직무에 대해 최적의 사람 선발
>
> 각 직무수행에 대한 최선의 방법 결정

출처: Black & Porter(2000: 39).

Committee)의 청문회에서 Taft위원회는 과학적 관리가 보통의 노동자에 어떠한 영향을 미치는가에 관한 Taylor의 견해를 조사했다.

3. 과학적 관리의 비판과 공헌

Taylor의 과학적 관리론에 대해 다음과 같은 비판이 제기된다. 이러한 비판은 Taylor 시스템이란 조직을 보다 효율적으로 만드는 수단이기보다는 오히려 관리자가 즐기는 권력을 정당화하는 논리(a rationale justifying the power managers enjoy)라는 것이다.

첫째, Taylor의 과학적 관리론에서 적용하는 과도한 전문화, 금전적 인센티브에 대한 의존, 밀접한 감독체계, 상의하달식의 일방적인 권력관계 등은 팀워크의 발전과 프로젝트의 관리를 방해하며, 조직발전을 저해한다. 이러한 엄격한 노동방식은 대부분 노동자에게 소외감을 갖게 한다. 상이한 성과급(pay for performance)을 지급함으로써 노동자의 결속을 악화시켰다(Hatch & Cunliffe, 2006: 33). 또한 과학적 관리는 노동자들에게 과도한 압박을 가하고 있다.

둘째, 과학적 관리는 노동자의 업무수행에서 지나치게 몰인간성(inhumanity)을 강조한다(Rainey, 1997: 30). 즉 과학적 관리는 노동에 대한 사회적 측면과 윤리적 측면을 무시한다. 테일러주의는 노동자의 인간적인 측면보다는 기계적 측면을 강조한다. 이점에서 미국의 노동단체는 테일러주의란 노동자의 탐구를 강화하는 새로운 수단이라고 비판한다(Gvishiani, 1972). 이에 정부조직에 Taylor의 원리를 도입하려는 시도는 노동단체의 반대와 스트라이크를 초래하게 했고, 또한 미국 의회조사의 의제가 되기도 했다.

셋째, 행태과학자의 비판처럼, 과학적 관리는 임금인센티브의 중요성을 강조하기 때문에 동기부여에 대한 너무 단순한 접근법이다. 또한 작업장에서 노동자의 행태에 영향을 미치는 다른 사회적 요인들에 대해 충분한 관심을 갖지 못했다. 과학적 관리는 권위주의, 관리지배적 접근(management-dominated approaches)이었다. 노동과 직무의 전문화를 너무 과도하게 강조하고 있다.

넷째, 과학적 관리학파는 주로 작업현장(shop floor)의 수준에 놓여 있고, 조직설계와 같은 보다 광범위한 문제들에 대해 논의하지 못했다.

다섯째, 과학적 관리는 조직의 공식적인 분석에 초점을 둠으로써 조직의 비공식적인 측면을 고려하지 못하는 제한적 분석이다.

이러한 비판에도 불구하고 Taylor는 조직의 합리화(rationalization of organizations)의 주창자로서 이미지가 지속되고 있다. 과학적 관리는 사람들이 생산하는 데 있어 가능한 한 많이 체계적인 재정적 인센티브와 동기부여를 활용하였다. 나아가 업무효율성을 지배하는 객관적 측정과 규칙의 발견이라는 Taylor의 신념은 관리통제시스템의 초석이 되고 있다. 더욱이 Taylor의 과학적 관리원리는 국가수반과 경영지도자에게 영감을 주었다. Lenin, Stalin과 Henry Ford도 각자의 방식에서 Taylor의 아이디어를 채택했다(Hatch & Cunliffe, 2006: 33).

제4절   행정원리학파

1. 행정원리학파의 의의

　　행정원리학파(行政原理學派, principles school)는 모든 조직에 적용할 수 있는 보편타당한 관리원리의 정립을 추구하였다. 즉 행정은 대기업과 본질적으로 같으며, 동일한 관리원칙과 가치에 따라 운영되어야 한다는 행정에 대한 경영학적 접근법(businesslike approach)이다. 행정원리학파는 정치행정 이원론(dichotomy)의 원리를 적용하는 것이며, 행정활동의 최고의 목표는 효율성이라고 전제한다.

　　행정원리학파는 과학적 관리와 같이 조직을 관리하는 데 있어 사회적 측면에 많은 관심을 보이지 않았다. 이들 학파는 과학적 방법론보다 오히려 주로 개인적 관찰에 의존하였다. 대부분의 행정원리학파들은 대규모 조직에 있어 최고관리층에서 많은 경험을 가진 관리자들이었다. 이들 학파의 주요한 관심은 전반적인 조직을 효율적으로 관리하는 데 관련된 보다 광범위한 문제였다. 이들 학파의 목적은 보편적인 관리원리를 인식하는 것이었다. 조직을 이들 원리에 따라 운영하는 것이 곧 조직의 성공에 이르게 된다는 것이다.

　　이러한 행정원리는 사람들을 관리하기 위해 설계되었다. 이들 원리의 주요한 특징은 다음과 같이 요약된다. ① 권위와 책임은 동등해야만 한다. 관리에 대한 권위는 책임과 균형을 이루어야 한다. ② 조직의 목표는 개인의 목표 혹은 조직구성원의 집단목표에 우선한다. ③ 개인에 대한 보상은 공평하여야 한다. 이것은 성공적인 노력과 부합하여야 한다. ④ 모든 조직구성원은 한 사람의 상관에 대해 직접적으로 책임을 져야 한다는 명령통일의 원칙이 적용된다. ⑤ 의사소통은 계층적으로 공식적 통로에 의해 이루어져야 한다(이영균, 2001).

　　이와 같이 1920년에서 1930년 사이의 행정관리학파들은 행정에 보편적으로 적용할 수 있는 행정원리 혹은 법칙을 발견하기 위해 연구하였다. 이들 학파에 의하면, 이들 행정원리는 효율적인 행정을 증진하기 위해 적용할 수 있으며, 과학적으로 도출될 수 있다. 행정원리학파의 대표적인 학자로는 Henri Fayol, Mary Parker Follett, Luther Gulick, Lyndall Urwick, James Mooney, Alan Reiley 등이 있다.[4] 이들 학파들이 제기한 행정원리는 다음과 같은 2가지 주요한 영역을 포함하고 있다.

첫째, 이들 원리는 조직을 관리하기 위한 합리적 시스템(rational system)에 관한 설계였다. 이들 학자는 조직의 중요한 기능을 인식함으로써 최상의 방법으로 조직을 작업단위 혹은 부서로 분할할 수 있다고 주장한다. 그리고 이는 관리의 기본적 기능을 발견함으로써 가능해진다.

둘째, 이들 원리는 조직을 구조화하고, 그리고 사람을 관리하는 데 적용되었다. 즉 명령통일의 원리나 Henri Fayol의 14가지 관리원리 등은 유용한 가이드라인을 제공해 주고 있다.

2. Henri Fayol의 연구

프랑스인 Fayol(1841-1925)은 석탄·철강회사의 총책임자로서 1916년 「일반관리와 산업관리(*General and Industrial Management*, 미국에 1949년에 소개됨)」라는 책에서 다양한 관리이론을 소개한다. Fayol은 관리에 관해 최초로 포괄적이고 완전한 이론을 제시했다(Narayanan and Nath, 1993: 30). Fayol은 개별공장의 관리와 작업현장의 감독(shop floor supervision)보다 오히려 다수의 부서단위를 가진 기업의 관리활동(multi-unit enterprises)에 있어 중간 그리고 상위계층에 초점을 두었다.

Fayol은 관리(management)는 가정이든지, 회사이든지, 정부이든지 모든 사람들의 일에 있어 공통적인 활동이라고 주장한다. 또한 Fayol은 전체적인 산업활동

---

4 Mooney와 Reilley는 「조직의 원리(*The Principles of Organization*, 1939)」라는 저서에서 기본적인 조직원리로 ① 조정의 원리, ② 계층의 원리, ③ 기능의 원리, ④ 계선과 막료 등을 제시하고 있다 (Pfiffner & Sherwood, 1960: 60).

에 관한 업무를 6개의 독립적인 활동-기술활동, 상업활동, 재무활동, 보안활동, 회계활동, 관리활동-으로 구분하고 있다. 이들 6가지 활동이 조직에 관련되는 중요한 영역이라는 것이다.

Fayol에 따르면 모든 관리활동은 5가지의 공통적인 기획, 조직, 명령, 조정, 통제로 구성된다. 즉 Fayol은 행정에 보편적으로 적용할 수 있는 5가지 원리를 제시하고 있다. 이들 5가지 원리는 관리자의 책임성을 구체화하는 것이다.

① 기획(planning): 미래를 조사하고, 활동에 대한 계획을 도출한다.

② 조직(organization): 부여된 업무를 성취하기 위해 인적자원과 물적자원의 구조를 조직시키는 것이다.

③ 명령(commending): 조직을 움직이게 하고, 조직구조에 활력을 부여한다.

④ 조정(coordinating): 조정은 모든 활동과 노력을 결합하고, 통일하며 그리고 조화시키는 것이다.

⑤ 통솔(controlling): 모든 활동이 설정된 계획과 명령에 부합·성취될 수 있도록 한다.

이러한 5가지 기본적 관리기능을 토대로 관리가 어떻게 되어야 하는지에 대해 14가지 관리원리를 제시하고 있다. 이들 14가지 관리원리는 조직에 있어 광범위한 방식으로 성과를 향상하는 데 활용될 수 있다. 즉 이들 원리는 좋은 조직관리의 요소들로 다음과 같다.

① 분업(division of work): 한 사람이 하나의 직무, 전문화된 활동을 하는 것이다. 분업의 목적은 같은 노력으로 업무를 보다 많이, 그리고 보다 좋게 산출하게 하는 것이다.

② 권한과 책임(authority): 관리자는 종업원이 수행해야 하는 것을 보장하기 위해 명령을 발휘할 수 있어야만 한다.

③ 규율(discipline): 작업장에서의 질서이다. 규율은 조직과 구성원 사이의 동의에 대한 복종과 존경을 의미한다.

④ 명령통일(unity of command): 종업원이 단지 한 사람의 상관에게 보고함으로

써 혼란을 제거한다.

⑤ 지휘통일(unity of direction) : 상관(boss)이 기획과 방향에 대해 책임을 진다.

⑥ 전체이익에 대한 개인이익의 승복(subordination) : 종업원에게 회사는 항상 가장 중요한 것이어야 한다.

⑦ 직원에 대한 보상(remuneration) : 보수는 직원에게 공평하게 제공되어야 하고, 조직에 의해 수용되어야 한다.

⑧ 집권화(centralization) : 관리적 권위와 책임은 궁극적으로 중심에 놓여 있어야 한다.

⑨ 계층의 원리(scalar chain) : 부하에서 상관으로 질서정연한 권위 계층라인이 준수되어야 한다.

⑩ 질서(order) : 업무환경에 있어 시설관리(housekeeping), 정돈(tidiness), 질서 등이다.

⑪ 공평성(equity) : 공정성(fairness)과 정의감(a sense of justice)의 결합이다.

⑫ 직원임기의 안정성(stability of tenure of personnel) : 가능한 한 직업안전을 충분히 제공해야 한다. 높은 이직률은 비효율적이다.

⑬ 솔선수범(initiative) : 종업원은 솔선수범을 보여 주도록 장려되어야 한다. 이것은 조직에 대해 열정(zeal)과 에너지를 부여한다.

⑭ 단합심(esprit de corps) : 팀과 우호적인 직무환경을 전개하고, 그리고 그런 분위기가 조장되어야 한다. 특히 Fayol은 조직구성원 사이의 단합심의 중요성을 강조하고, 나아가 감정의 일치(unity of sentiment)와 조화는 조직의 기능을 순조롭게 하는 데 기여한다고 주장한다.

3. James D. Mooney와 Allan C. Reiley의 연구

Mooney(1884-1957)와 Reiley(1869-1947)는 General Motors Corporation의 상위 관리자였다. 이들은 조직원리에 관한 역사적 전개에 관심을 가졌다. 대공황(Great

Depression)이 한창일 때(1931년), 「앞으로의 산업(*Onward Industry*)」이라는 저서를 출간했다. 이 책에서 과거와 현재의 모든 대규모 조직은 다음과 같은 몇몇 근본적인 원리에 따르는 경향이 있다고 주장했다.

① 조정의 원리(coordinative principle) : 공통적 목적을 향해 높은 정도의 행동의 조정을 확보하려는 필요성

② 계층제의 원리(scalar principle) : 조직의 최고층에서부터 하부층까지 정확한 권위위임을 지정할 필요성

③ 기능적 원리(functional principle) : 전문화된 기능 혹은 의무를 한 무리(tight grouping)로 성취하도록 구분하려는 필요성

④ 참모의 원리(staff principle) : 특별한 전문가로부터 아이디어와 정보를 직접적 명령계통에 있는 관리자에게 제공하려는 필요성

4. Mary Parker Follett의 연구

Follett(1868-1933)는 강한 사회적 공동체(social communities)에 기여하는 원리들은 성공적인 조직을 일으키는 데도 적용할 수 있다는 아이디어를 전개했다. 이에 Follett는 1911년 「새로운 국가: 집단조직과 대중적 정부의 해결(*The Next State: Group Organization and the Solution of Popular Government*)」이라는 저서에서 민주적 조직형태와 조직구성원의 관여(employee involvement)에 관한 중요성을 강조하고 있다.

또한 1924년 「창조적 경험(*Creative Experience*)」이라는 저서에서 개인의 성장과 자기가 속한 집단의 성장을 촉진하는 자치정부(self-government)의 원리에 기반한 관리원리를 제시했다. Follett는 조직구성원이 공동의 목표를 성취하는 데 서로 직접적인 상호작용(by directly interacting with one another)을 함으로써 집단구성원들은 집단발달과정을 통하여 자신들이 성취감을 느낄 수 있다고 주장한다. 이러한 Follett의 아이디어는 작업장의 민주화와 자치그룹의 비계층적 네트워크에 대한 관심으로 이어지고 있다.

이와 같이 자치조직(self-governing organization)에 대한 Follett의 아이디어는 민주사회 내의 조직이 민주적 아이디어를 포용하고, 권력이란 사람을 지배하는 힘이 아닌 것(power should be power with no power over people)을 보여 주고 있다(Hatch & Cunliffe, 2006: 33-34). 공동체로서의 조직에 관한 업적으로 인해 Follett는 조직문화연구에 있어 선구자로 여겨지고 있다.

5. Luther Gulick과 Lyndall Urwick의 연구

Gulick(1891-1993)과 Urwick(1892-1983)은 1937년 「행정과학의 논문집(*Papers on the Science of Administration*)」이라는 책에서 공식적 조직의 원리를 공식화하였으며, 이들 조직원리는 공공관리에 지속적으로 영향을 미치고 있다. Gulick과 Urwick의 원리는 1935년 Franklin Roosevelt 대통령에 의해 임명된 행정관리를 위한 대통령위원회(President's Committee on Administrative Management)의 보고서와 1947년 Hoover Commission의 보고서에 포함되어 있다.

첫째, Gulick과 Urwick(1937)의 행정원리는 공식적 조직구조와 노동분업의 필요성에 주된 관심을 두었다. 노동분업은 전문화를 초래하며, 노동자가 직무를 수행하는 데 보다 더 기술자가 될 수 있다. 즉 노동의 분업을 조직의 기초라고 규정하고, 관리는 조직의 구조를 조정하는 것이며, 조직구성원을 조직구조에 적합하도록 배치하는 것이라고 주장한다. 또한 조직의 차트는 조정과정을 통제하고 감시하는 주요한 도구라는 것이다.

둘째, Gulick은 Fayol의 기획, 조직, 명령, 조정, 통솔의 5가지 원리에 기초하여 행정가의 주요한 책임, 최고 행정가가 수행해야 할 업무를 머리글자(acronym)인 POSDCORB로 제시하고 있다.

① 기획(planning): 조직이 목적을 달성하는 데 필요한 방법, 그리고 필요한 것을 포괄적으로 개요하는 것이다.

② 조직화(organizing): 공식적 권위구조의 설계와 관련되어 있다.

③ 충원(staffing): 직원을 모집하고 교육·훈련하는 인사관리기능과 우호적인 업무조건을 유지하는 것이다.

④ 감독(directing): 구체적인 명령과 지시를 통하여 의사결정과 조직의 활동을 결합시키는 것이다.

⑤ 조정(coordinating): 여러 가지 조직부문을 관련시키고 통합시키는 것이다.

⑥ 보고(reporting): 기록, 연구, 조사를 통하여 조직활동을 책임지는 행정관에게 지속적으로 알리는 것이다.

⑦ 예산(budgeting): 재정적 기획, 회계 그리고 자금을 일컫는다.

Gulick은 이들 기능의 지식을 만들어 내는 행정의 과학은 행정과 경영관리를 합리화하고 전문화하는 수단이 될 수 있다고 생각했다. 또한 Gulick은 행정가의 역할은 공공정책을 이해하고 조정하며, 서비스의 수행에 있어 정책방향을 해석하고, 나아가 선출된 공무원의 결정에 충성하는 것으로 기술하고 있다.

셋째, Gulick은 조직의 구조가 4가지 기본적인 기준에 따라 분류될 수 있다고 지적하고, 이들 4가지 기준에 따라 업무가 구성된다면 보다 효율적으로 집행될 수 있다고 주장한다. 이들 4가지 기준은 ① 주요한 목적(교육, 국방 등), ② 과정(회계, 모집, 구매 등), ③ 고객(고령자, 어린아이, 제대군인 등) 또는 다루는 일, ④ 장소(보스턴, 영국 등) 등이다. 조직구조와 관련하여 Urwick은 계층제의 원리(scalar principle)가 조직이 작동하는 데 필수 불가결한 것으로 이해한다. 계층제의 원리가 없다면, 권위가 무너진다는 것이다. 권위란 부하들에게 행동을 요구할 수 있는 권한이다.

넷째, Gulick과 Urwick은 과정적 접근법(process approach)에 초점을 둔다. 이리하여 관리란 조직화된 집단의 조정으로 업무를 추진하는 하나의 과정이다. 이들 학자는 인간을 수동적인 존재로 이해하며, 효율성의 목적을 최대화하기 위해 인간을 기계와 같이 취급하고 있다. 특히 최고관리자의 역할에 관심을 두었으며, 계층제에 의해 권위를 위임하는 것이 필요하다고 강조한다.

제 5 절 ▸ Weber의 관료제

1. Weber 관료제의 의의와 특징

독일의 사회과학자 Max Weber(1864-1920)는 행정사상의 개척자이다.[5] Weber
는 관료제(官僚制, bureaucracy)를 보다 합리적인 인간행태를 채택하는 도구로 이해
한다. Weber의 관료제 개념은 실제적 조직을 설계한 것은 아니다. Weber는 조직
이 달성하고자 노력하는 아이디어, 규범적 모델(normative model)로서 관료제를 제
안했다. Weber는 조직을 전혀 관리하지 않았던 학자였다. 이에 Weber는 관리이론
가 아니라 조직이론가이다(Black & Porter, 2000: 46).

Weber는 대규모 사회에 있어 조직의 역할에 대해 관심을 가졌다. Weber는
유럽의 산업화된 사회에서 서비스를 제공하는 조직형태를 관찰했다. Weber에 의
하면, 관료제가 가장 효율적인 조직형태라는 것이다. 즉 관료제는 정부와 민간
조직에서 효율적인 기능을 보장하는 데 필요한 특성을 가지고 있다. 더욱이 관료
제는 복잡성이 증가하는 사회에서 부족한 자원의 할당을 용이하게 한다.

---

5 Weber는 Emile Durkheim, Karl Marx와 더불어 현대 사회학의 창시자 중 한 사람이다. 1889년 베
를린대학교(University of Berline)에서 "중세경영조직의 역사(The History of Medieval Business
Organizations)"로 법학박사를 받았다. 칸트학파의 윤리(Kantian ethics)에 영향을 받은 Weber는
「프로테스탄트 윤리와 자본주의의 정신(*The Protestant Ethic and the Spirit of Capitalism*)」라는
저서에서 금욕 프로테스탄트주의(ascetic protestantism)가 서구의 시장지향적 자본주의 세계와 합리
적-법률적 국가(rational-legal nation-state)의 성장과 연계된 중요한 선택 친화력(elective affin-
ites)의 하나로 이해하고 있다. Weber는 자본주의의 태동을 이해하기 위한 수단으로서 종교에 내포된
문화적 영향의 중요성을 강조하고 있다. 또한 「경제와 사회(*Wirtschaft und Gesellschaft*)」라는 저
서에서 사례분석을 통하여 자본주의적 활동을 6가지 유형으로 발전시켰다. 그의 논제는 개혁에서 초래
되는 가치의 변화가 현대 자본주의의 성장을 용이하게 하는 윤리적이고 경제적 분위기를 제공한다는
것이다. Weber에 의하면, 열심히 노력하고 검소한 프로테스탄트의 가치와 물질적 부의 취득은 자본주
의적 경제를 정착하게 한다. 기독교(구원)의 소망은 자본주의적 경제에서 요구되는 생산을 위한 동기를
제공한다고 주장한다. 이와 더불어 자본주의를 용이하게 하는 가장 중요한 제도는 현대 관료제라는 것
이다. 관료제가 자본주의와 인과관계는 없지만, 강한 자본주의 사회의 전제조건이라는 것이다.

Weber는 역사란 전통적인 지배(traditional domination)로부터 합리적 원리와 법률이 지배하는 새로운 질서로 전환되는 것으로 이해한다. 이런 맥락에서 역사의 진전은 전통적이고 카리스마적 권위에서 관료제로 대체되는 것으로 이해한다. 즉 관료제화 과정은 서구세계의 합리화 과정과 연계되어 있다.

Weber가 조직분석에서 가진 핵심적인 질문은 사람들을 강요됨이 없이 권위에 복종하게 하는 것은 무엇인가(What leads people to obey authority without coercion?)이다. Weber는 조직에서 행해지는 권위(權威)를 3가지 유형으로 구분하고 있다.

(1) 전통적(traditional) 권위

전통적 권위에서 사회는 신성한 또는 종교적인 가치에 따라 지배된다. 권위는 관습 혹은 과거의 관행에 기초하여 발휘된다. 합법성이란 제정된 법률이 아니라 전통적으로 지배하는 사람에 대한 복종·명령의 존엄에 기초한다. 이러한 전통적 권위는 군주(monarchies)와 교회에 기반을 둔다. 전통적 권위에 기초한 조직의 약점은 가능한 최상의 의사결정을 하는 것보다 오히려 선례를 강조한다는 것이다.

(2) 카리스마적(charismatic) 권위

카리스마적 권위는 개인의 권력에 기초하며, 때로는 개개 지배자의 구세주의적 권력 또는 최면술적인 권력에 토대를 둔다. 즉 권위는 특별하고 예외적인 신성함, 영웅 혹은 개인의 예외적인 특성에 헌신하는 것에 기초한다. 이리하여 추종자는 지배자의 초인간적 특성(superhuman qualities)에 기초하여 지배자의 명령을 정당한 것으로 받아들이는 것이다. 예를 들면, 일본의 천황(Emperor)은 신성화된 지위에 의해 통치하는 반면에, Adolf Hitler는 카리스마적 지도자이다. 카리스마적 권위의 약점은 카리스마 리더가 현장에서 떠날 때 권위관계의 승계에 대한 기초를 제공하지 않는다는 것이다.

(3) 합리적-법률(rational-legal) 권위

합리적-법률적 권위는 조직구성원의 믿음이 규칙의 합법성에 기초한다. 즉 법률적 권위체계에 있어 법률은 최고의 가치이다. 권위는 구체적으로 설계된 목표를 성취하는 데 발휘되고, 특정한 사무실에 있는 사람들의 법률적 권리에 기초한다. 개인들은 공식적인 지위의 결과로서 권위를 부여받는다. 공식적인 지위를 상실하면, 권위 또한 상실된다. 사회적 최고의 충성의 대상은 일련의 법률적 원칙이다.

Weber에 의하면, 합리적이고 법률적인 기초로 구조화된 조직관계인 관료제란 노동의 체계적인 분업, 전문화, 표준화에 기초하며, 정치적이고 비합리적인 인간관계로부터의 자유로움을 가진 체제이다. 또한 Weber는 합리적-법률적 관료제가 대규모 활동을 수행함에 있어서 최상의 효율성을 산출하는 가장 좋은 수단이라고 주장한다. 나아가 Weber는 관료제에서의 결정은 객관적으로 이루어지기 때문에 합리적이라고 언급한다.

이와 같은 이상적인 조직형태로서 Weber의 합리적 관료제의 구조는 다음과 같은 특징을 포함한다.

① 법률과 행정적 규제에 의해 명확하게 규정된 공식적인 의무(official duties)와 관할영역(jurisdictional areas)

② 조직에 있어 기능과 활동의 분배를 결정하는 합리적인 노동분업(division of labor)과 높은 수준의 전문화

③ 권위행사의 기준을 제공하는 계층제의 원리 : 잘 정의된 권위의 계층제(hierarchical authority)

④ 전문적인 자격과 능력에 기초한 직위, 시험과 교육을 통한 모집과 선발, 그리고 업무활동을 위한 전임직원(full-time vocation)

⑤ 문서화된 서류에 기반을 둔 행정적 활동

⑥ 직위와 관계없이 담당업무를 행정수단의 소유자(ownership)로부터 완전히 분리

▶ Weber 합리적 관료제(rational bureaucracy)의 특성

• 각 직위에 전문화된 전문가로 인한 명확한 노동분업(clear-cut division of labor resulting in specialized experts in each position)

• 낮은 직위의 직원에 대해 보다 높은 직위의 상관이 통제하고 감독하는 계층제(Hierarchy of offices, with each lower one being controlled and supervised by a higher one)

• 모든 직무수행에 있어 통일성을 확보하고, 여러 가지 업무의 조정을 보장하는 요약규칙과 기준을 가진 일관된 시스템(Consistent system of abstract rules and standards that assures uniformity in the performance of all duties and coordination of various tasks)

• 직원들이 자신의 사무실에서 직무를 수행함에 있어 형식주의적 비인간주의 정신(Spirit of formalistic impersonality in which officials carry out the duties of their office)

• 기술적 자격에 기초한 고용과 임의적인 해고로부터 보호하는 고용시스템(Employment based on technical qualifications and protected from arbitrary dismissal)

이러한 특징을 가진 관료제는 정확성, 스피드, 명확성, 계속성의 관점에서 다른 조직과 비교하여 기술적으로 우월하다. 또한 Weber의 관료제는 행정과정을 정책결정과정과 정당적 정치활동과의 구별을 강조하며, 행정의 중립화(administration neutral)를 추구한다. 이런 Weber의 관료제 원리는 복잡한 문제와 이슈, 심지어 다루기 어려운 문제(wicked problems)를 다루기 위한 최상의 조직형태라고 간주되고 있다(Cayer & Weschler, 2003: 58).

Weber의 관료제는 전문화, 계층제, 명령통일, 지식 등의 측면에서 행정원리학파들의 사고와 유사성을 가진다. 하지만 Weber의 관료제와 행정원리학파의 사고는 다음과 같이 몇 가지 측면에서 차이가 있다(Narayanan and Nath, 1993: 32).

① 행정원리학자들은 전문가(practitioners)인 반면에, Weber는 지적(intellectual)이다. 즉 행정원리학자들의 원리는 전문가들이 조직설계를 위해 활용하는 반면에, Weber의 모델은 학자들이 전형적으로 예측하고 설명하려는 목적으로 활용한다.

② 보편적인 관리원리를 강조하는 정도에 따라 차이가 있다. Weber는 관료제

가 이상적이며, 이 모형으로부터 이탈된 조직은 비효율성과 연관이 있다는 것이다. 반면에 Fayol의 원리는 보다 잠정적이다. 이에 Fayol은 자신이 주장하는 원리는 유연한 본성이라는 점을 강조한다.

2. 관료제와 조직규모

대규모 조직은 규칙, 노동의 분업, 명확한 권위계층제와 같은 관료제적 특성을 가지고 있다. 조직의 규모가 증가함으로써 보다 관료제가 되는지, 관료제적 특성은 언제 가장 적절한 것인지가 논제의 핵심이다.

대규모 조직과 관료제 특성과의 관련성을 보면, 조직의 규모가 증가함으로써 관료제 특성이 서로 영향을 받는 경향이 있다. 또한 관료제 특성은 규모에 의해 영향을 받기도 한다. 조직규모의 증가는 노동의 분업과 권위의 계층제(복잡성)에 가장 많이 영향을 미친다. 노동의 분업은 조직의 분리된 부서를 함께 작동하기 위해 보다 많은 감독과 조정이 요구된다.

권위의 계층제(hierarchy of authority)는 최고관리층이 과부하에 걸리기 때문에 보다 많은 분권화가 요구된다. 분권화는 사람들에 대한 감독을 위해 대응방식의 공식화를 증가시키고, 조직에 대한 표준화와 통일성을 제공하는 데 도움을 준다. 공식화와 분권화는 최고관리자에 대한 요구를 줄인다. 규칙이 사람들에 대한 감시를 대신하고, 중간관리자가 몇몇 의사결정을 수행한다. 이와 같이 조직의 규모는 조직관료제화의 주요한 원인이다. 즉 대규모 조직은 보다 관료제화되고, 관료제적 특성은 대규모 조직에 영향을 미친다(Daft, 1983: 132-133).

> ▶ 대규모의 조직규모는 다음의 조직특성과 관련이 있다.
> • 관리계층의 수가 증가한다(수직적 복잡성, vertical complexity).
> • 직무와 부서의 수가 증가한다(수평적 복잡성, horizontal complexity).

- 기술과 기능(skills and functions)의 전문화가 증가한다.
- 보다 많은 공식화(formalization)
- 보다 많은 분권화(decentralization)
- 최고관리자(top administrators)의 비율이 줄어든다.
- 기술적 그리고 전문적인 지원 막료(technical and professional support staff)의 비율이 증가한다.
- 사무직과 유지지원 막료(clerical and maintenance support staff)의 비율이 증가한다.
- 문서화된 의사소통과 서류(written communication and documentation)의 양이 증가한다.

출처: Daft(1983: 133).

또한 조직규모와 관련하여 C. Northcote Parkinson은 1957년 파킨슨법칙(Parkinson's Law)을 발표했다. Parkinson(1964)에 의하면, 어떤 조직이 수행해야 하는 업무의 양과 그 업무를 수행하는 데 요구되는 행정직원의 수 사이에는 관련이 없다는 것이다. 행정직원은 세력확대를 통해 자기 자신의 지위를 상승하는 것을 포함한 다양한 이유로 직원의 수를 확대하는 것에 동기부여되어 있다. Parkinson은 영국해군(the British Admiralty)을 비판하기 위해 이러한 주장을 전개했다. 영국해군의 경우, 1914년에서 1928년간의 14년 동안 부대장교가 78% 증가했다. 하지만 전체 해군인력은 32% 줄었고, 군함은 약 68%가 줄었다.

이와 같이 Parkinson은 대규모 조직은 매우 비효율적이라고 지적하고, 복잡하고 느린 행정의 비율이 얼마나 광범위한지 적시함으로써 학자들을 자극하고 있다.

3. 관료제의 유형

Weber는 합리적 의사결정을 하는 이상적인 조직의 형태를 관료제로 이해하고 있으며, 관료제의 유형을 기계적 관료제와 전문적 관료제로 구분하고 있다.

1) 기계적 관료제(machine bureaucracy)

기계적 관료제의 기능과 업무는 공식적인 규율과 규제에 기반을 둔다. 모든 것은 업무과정의 표준화와 최고관리자에 의한 조정과 통제로 이루어진다. 업무는 기능적 부서에 따라 그룹화되어 있으며, 명령통일의 원칙과 집권화된 권위구조를 갖고 있다. 규율과 규제는 조직구조를 통하여 발휘된다. 기계적 관료제는 우체국과 같이 대체로 비교적 안정적인 환경과 표준화된 기술을 가진 대규모 조직에서 활용된다. 하지만 기계적 관료제는 조직환경의 변화에 대해 효과적으로 적응하지 못한다. 또한 전문화로 인하여 좁은 업무시각과 부서단위 간의 갈등이 일어나며, 과도한 규제로 인하여 업무수행이 경직되어 있다.

2) 전문적 관료제(professional bureaucracy)

전문적 관료제는 효율적인 집단으로 운영되기 위해서 상당히 훈련받은 전문가를 채용한다. 전문적 관료제는 표준화와 전문화를 결합한다. 이러한 유형의 조직은 대학교, 사회복지기관, 박물관, 도서관, 병원, 학교 등이 포함된다. 전문적 관료제의 권한은 조직운영에 요구되는 핵심적인 기술에 관련되어 있으며, 분권화된 운영으로 높은 자율성을 가지고 있다. 또한 전문적 관료제는 전문적 기술을 적용함에 있어 최고의 자유재량권을 행사한다. 이러한 유형의 관료제는 기계적 관료제와 병행하여 상당히 전문화된 업무를 효율적으로 수행할 수 있다. 반면에 전문화된 관료제는 부서단위 간의 갈등이 위험적이며, 부서단위가 업무를 수행함에 있어 좁은 시야를 가지고 있다.

4. Weber 관료제의 장점과 단점

1) 관료제의 장점

오늘날 대부분의 조직은 관료제의 변형이다. 즉 관료제 구조의 특성은 모든 유형의 정부조직과 많은 민간조직과 서비스조직에서 아직까지도 적절하다. 또한 관료제에 내포된 사회적 형평성의 개념은 민주주의 국가와 공산주의 국가 모두에서 표현하는 가치와 일치한다. 즉 미국의 공무원시스템도 정치적 엽관주의를 억제하기 위해 설립된 관료제이며, 그리고 정부도 관료제의 아이디어와 매우 밀접하다. 이점에 있어 John Child는 Weber(1972)의 관료제 분석은 오늘날 조직의 정당성에 가장 영향력 있는 진술을 제공한다고 주장한다.

이와 같은 Weber의 관료제는 조직설계에 있어 보편적인 모델(pervasive model)을 제공한다. Weber의 관료제는 다음과 같은 몇 가지 장점을 가진다(Cooper, et al., 1998: 201-202).

① 관료제는 일관성, 계속성, 예측성, 안정성, 신중성, 반복적 업무에 대한 효율적 성과, 공평성, 합리성, 전문성을 위해 고안된 최상의 조직형태이다.

② 관료제는 조직결정에 있어 정치와 인성의 영향력을 최소화하는 업무에 매우 적절하다.

③ 관료제는 정치적 엽관제(political patronage)보다는 작업 기술과 지식에 기반을 두어 직원들의 채용과 승진을 지원한다.

④ 관료제는 개인들의 책임성, 권위 및 책무성에 대해 잘 정의된 방향을 제공하는 기반이 된다. 결국 관료제는 선출된 공직자에게 정부에 근무하는 공무원들이 무엇에 대해 누구를 위해 책임을 져야 하는가(to whom for what)를 인지하도록 할 뿐만 아니라 통제하도록 허용된 최상의 조직형태이다.

2) 관료제의 단점

Weber의 관료제에 대해 학자들은 관료제가 의도하지 않았던 역기능과 병리 현상(pathologies)이 초래되고 있다고 지적한다.

첫째, Weber는 효율적인 활동은 공식적인 조직구조의 배경하에서만 발생하는 것으로 이해하고, 합리적이고 법률적 모형에서 이탈된 비공식적 활동은 색다른 것으로 규정한다. 조직은 사람에 의한 것이 아니라 계산적인 규칙에 의해 운영되며, 감정 혹은 정열이 없는 기계(machine)로 간주하고 있다.

이점에 대해 Crozier(1964)는 Weber는 이상적인 관료제적 조직을 묘사했으며, 역사적 발전을 위한 제안적 분석이고, 가치배제된 사회학적 분석이라고 규정한다. 이리하여 Weber의 이상적 모형은 구체적인 실체로는 발견할 수 없다는 것이다(Mouzelis, 1967: 82).

둘째, Weber는 합리적-법률적 관료제란 자유재량의 행사를 제거하거나 최소화하도록 설계되어 있다고 규정하고 있다. 즉 자유재량을 허용하는 것은 역기능적 활동을 초래하고, 조직의 효율성이 감소될 수 있다는 것이다. 이처럼 Weber의 관료제는 인간에 대해 비관적이고 불신적 견해에 기초하고 있다. 나아가 관료제가 지역사회의 요구와 정책목적에 대한 반응보다는 법률과 규제에 과도하게 순응하는 것은 급변하는 조직환경에 부적합하다. 즉 팀 관리, 총체적 품질관리, 조직혁신, 리엔지니어링 등과 같은 현대적 조직개혁이 요구되는 환경에서는 관료제가 불가피한 개혁의 대상이 된다.

셋째, Weber의 주장에 대해 Bernard(1938)는 비공식적 관계가 조직구성원 개인과 조직 모두의 생존에 도움을 준다고 지적한다. Blau(1955)도 비공식적 관계가 개인과 기관의 생산성 모두에 대해 긍정적인 결과를 초래한다고 한다. Weber는 계층제 자체가 효율성과 생산성에 장애요인이 된다는 것을 인식하지 못하였고, 더욱이 부하들이 상관에게 정보를 전달할 때 조작할 수 있다는 사실을 인식하지 못하였다(McKinnery & Howard, 1998: 144).

넷째, Bennis(1965: 32)는 관료제모형의 단점을 다음과 같이 종합적으로 정리하고 있다. ① 관료제는 인간의 성장과 성숙한 인간의 발달을 허용하지 않는다. ② 관료제는 순응(conformity)과 집단사고(groupthinking)를 조장한다. ③ 관료제는 비공식적 조직과 긴급하고 예기치 못한 문제를 설명하지 못한다. ④ 통제와 권위의 관료제는 시대에 뒤떨어진다. ⑤ 관료제는 사법절차(juridical process)를 가지고 있지 않다. ⑥ 관료제는 서열 사이, 특히 기능적 집단 사이의 차이점과 갈등을 해결하기 위한 적절한 수단을 제공할 수 없다. ⑦ 계층적 차원의 결과로 인해 의사소통과 창의적 사고가 방해되거나 혹은 왜곡된다. ⑧ 불신, 보복의 공포 때문에 관료제에 있어 인적자원을 충분히 유용화할 수 없다. ⑨ 관료제는 새로운 기술 혹은 과학자들을 조직에 유입하는 것을 소화할 수 없다. ⑩ 관료제는 각 개인이 전체 조직원으로 활동하기 때문에 조직원의 인성에 영향을 미친다.

또한 Weber의 이념형에 대한 비판으로 신관료제 모형이 제기되고 있다. 신관료제 모형(neobureaucratic model)은 실제로 조직의 목적인 효율성, 효과성, 그리고 경제성을 성취하기 위해 추구하는 고전적 관료제 모형의 연장이라고 할 수 있다. 하지만 방법에 있어 고전적 관료제 모형과 구별된다. 고전적 관료제 모형은 조직의 목적을 추구하기 위해 행정의 구조, 통제 및 원리를 강조하지만, 신관료제 모형은 조직의 목적을 달성함에 있어 정책분석, 체제분석, 운영연구, 관리과학을 강조한다. 즉 작업집단, 관청, 행정기관보다는 의사결정과정이 행정의 효율성과 효과성에 있어 핵심적인 요인으로 인식한다. 신관료제 모형의 옹호자(Herbert Simon, Richard Cyert, James March, William Gore)는 과학적 방법의 활용을 통하여 행정을 향상시키기 위한 고전적 탐색을 추구한다. 이들 학자는 고전적 관료제 패러다임에 놓여 있는 가치를 추구하기 위해 보다 과학적인 방법으로 접근하고 있다(Barton & Chappell, Jr., 1985: 249).

5. 관료제와 민주주의

관료제와 민주주의(democracy)는 피할 수 없는 갈등이 존재한다(Cayer & Weschler,

2003: 20-21).

첫째, 관료제가 통일성(unity)을 요구하지만, 민주주의는 다원성(plurality)과 다양성(diversity)을 가정한다.

둘째, 관료제가 권위의 계층제(a hierarchy of authority)를 요구하는 반면에, 민주주의는 권력의 분산(dispersion of power)과 공평한 접근(equal access)을 본질로 하고 있다. 즉 관료제는 권위의 계층제에 존재하는 사람들만이 정책과정에 제한적으로 참여하지만, 민주주의는 정책과정에 모든 사람들이 참여할 수 있는 기회를 가진다. 이점에 있어 Nachimias와 Rosenbloom(1980)은 사회에서 관료제의 지배력과 권한이 증가됨으로써 미국에 있어서 합법성의 위기가 일어났다고 지적하고, 국민들은 정책과정에서의 참여에 대해 실망하게 되었다고 주장한다. 또한 Lewis(1988)도 정부와 사회에 있어 대규모적이고 복잡한 관료제에는 사회의 모든 구성원들에 대해 관심을 가질 시간과 자원이 없다고 지적한다. 즉 대규모의 관료제는 다수와 다른 관심을 가진 개개인들을 고려할 여지가 없다는 것이다.

셋째, 관료제는 명령과 통솔을 필수적인 구성요소로 하는 반면에, 민주주의는 자유를 요구한다.

넷째, 관료제에서의 공무원은 임명되고 장기적으로 근무하는 반면에, 민주주의는 비교적 단기적 기간으로 선거로 공직을 가지며, 잠재적으로 종종 교체된다.

다섯째, 관료제는 비밀(secrecy)과 정보에 대한 통제가 번성하는 반면에, 민주주의는 공개성(openness) 없이는 존재할 수 없다.

이러한 맥락에서 선출된 정치인과 시민들이 관료제의 임무를 통제하기가 어렵다. 더욱이 관료제는 고객 혹은 관료제가 규제해야 하는 사람들과 제휴하게 되고, 이로 인하여 일반 국민들의 이익보다는 이들 집단의 이익을 추구하는 데 기여하게 된다. 이리하여 대규모 정부 혹은 관료제는 경제적으로 강력한 이익집단을 보호하는 토대가 된다. 즉 대규모 기업체, 대규모 노동집단 등과 같은 조직화된 집단들은 개개 시민들의 이익에 손실을 가져오게 한다.

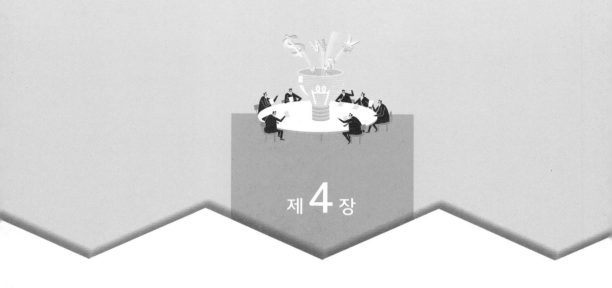

제 **4** 장

인간관계이론

　인간관계이론은 조직에 있어서의 집단의 역할과 사회적 과정을 탐구하는 것이다. 이들 연구는 작업장에서의 합리적, 효율성 지향의 과학적 관리관에 대해 의문을 제기한다. 이리하여 집단 간의 상호작용과 사회적 분위기가 작업성과에 매우 중요한 요인이라는 것을 깨닫는다. 즉 작업성과에 있어 효율성에 초점을 두는 것은 잘못된 방향이라는 것이다. 이들 연구자는 조직이란 역할과 책임감을 가진 사람들로 구성되어 있다는 점을 강조한다. 이들은 조직이란 능률적인 기계(well-oiled machines)가 아니라 복잡하고 다양한 욕구(multiple and divergent needs)를 가진 사람들의 연합체라는 것을 강조한다. 이에 대한 학습을 위해 이 장에서는 인간관계이론의 의의, Hawthorne의 실험에 대한 의미, 행태주의, 후기행태론적 접근법과 신행정학을 살펴보고자 한다.

제1절 인간관계이론의 의의

　　노동조합의 힘과 압력이 증대되고, 조직 내 사람에 대한 관심이 고조됨으로써 사람들은 고전적·기계적 조직이론의 환상에서 벗어났다. 특히 대공황(Great Depression)이 고전적 조직이론에 대한 근본적인 재평가를 요구하게 되었다. 고전적 조직이론은 산업노동자와 정부의 비정규직 직원에 대한 관심이 거의 없었다. 이러한 배경에서 새로운 조직연구 경향은 개인의 행태와 소규모 집단의 기능에 대한 관심으로 이어졌다.

　　나아가 노동분업의 증가는 상호의존을 초래하였고, 엄격한 조정에 대한 요구가 나타났다. 커뮤니케이션과 교통수단의 향상은 이전보다 사람들을 큰 규모로의 통합으로 이끌었다. 또한 기계화(mechanization)와 인구의 증가로 인하여 노동조합과 파업이 산업체에 나타나기 시작했다. 이에 노동자들은 직업 상실에 대한 두려움으로 시간과 동작연구의 적용에 대해 저항하기 시작했다.

　　고전적 조직이론과 인간관계이론의 목적은 최대의 조직효율성을 성취하는 것에 있어 본질적으로 동일하다. 하지만 두 이론은 다음과 같은 차이점이 있다.

　　첫째, 두 이론은 최대의 조직효율성을 유발하는 데 제기하는 작업방식(modus operandi)에 있어 차이가 있다. 고전적 조직이론은 높은 수준의 인간 예측가능성을 가정하는데 있어 'if … then'의 합리적 모델을 제안하고 있다. 반면에 인간관계이론은 조직이 인간으로 구성되어 있기 때문에 인간의 욕구와 동기부여에 초점을 두는 것이 최적의 조직산출을 도출하는 방식이라고 제안하고 있다. 이에 인간관계이론의 핵심은 인간이 조직의 핵심자원이라고 믿는다(Campbell, 1999: 10-11).

　　둘째, 고전적 조직이론가들은 합리적 인간의 개념(rational concept of human beings)을 구현하지만, 인간관계이론가들은 사회적 인물(social actors)로서 인간을 본다. 인간관계이론은 고전적 조직이론에서 무시한 인간적 요소에 대한 일종의 반응이며, 관리적 사고에 행태과학을 소개하는 것이다. 인간관계이론은 사람 간의 의사소통과 집단적 의사결정에 강조점을 둔다.

이런 맥락에서 인간관계이론은 2가지를 가정한다. 하나는 조직에서의 만족도 수준과 성취하는 효율성과 생산성 수준 사이에 직접적인 상관관계가 있다. 다른 하나는 조직구성원의 사회적 욕구에 부합되는 업무와 조직구조가 생산성에 영향을 미친다.

제 2 절　Hawthorne의 연구

1. Hawthorne 의 실험

하버드 경영대학과 일리노이 시세로(Cicero) 호손 작업장이 있는 서부전기회사(Western Electric Company)는 생산성을 최고로 향상할 수 있는 이상적인 작업장과 물리적 조건을 평가하는 실험에 대해 계약을 맺었다. Hawthorne 실험의 책임자는 하버드 Elton Mayo의 교수이며, 다른 2명의 연구보조원은 William Dixon과 Fritz Roethlisberger이며, 국가연구위원회(National Research Council)가 지원했다. 이 연구는 1927년에서 1932년까지 업무 자체(work itself)보다는 오히려 노동자에 초점을 두었다. 즉 이 연구는 작업장에서 개인과 사회적 관계에 관한 연구에 중심을 두었다.

1) 조명도 실험

첫 번째의 연구는 산출에 대한 물리적 환경(physical environment) – 조명도 (illumination) – 의 효과를 결정하는 것이었다. 즉 조명도(lighting)에 관한 실험이었다. 오스트레일리아 사회과학자이고 Harvard대학교의 교수인 George Elton

Mayo(1880–1949)와 Fritz Roethlisberger는 노동자는 근무조건의 변화에 대해 기계와 같이 반응할 것이라는 테일러의 가정을 실험하였다. 1927년 4월 제조업에 경력이 있는 6명의 여성노동자 팀을 실험하기 시작했다. 즉 통제집단과 실험집단을 설정하여 노동자의 생산성에 여러 가지 조명의 효과를 조사하였다. 작업장의 조명을 밝게 함으로써 생산성이 증대될 것이라고 가정하였다. 하지만 통제집단과 실험집단 모두가 작업장의 조명을 밝게 하거나 어둡게 하는 실험에서 생산성이 증대되었다.

이 실험에서 생산성의 효율성을 결정하는 데 있어 감정적 요인이 보다 중요하다는 것을 발견했다. 이 실험에서 노동자의 성과에 가장 큰 효과를 끼친 원인은 작업장에의 조명도 밝기가 아니라 노동자 사이의 관계와 노동자와 감독자의 관계라는 것이다. 즉 사회적 그룹으로서 노동자의 참여가 보다 강력한 영향요인이라는 것을 발견했다.

2) 통신-조립 실습장 실험(relay-assembly test room experiments)

이 실험은 노동자와 감독관 사이의 관계의 본질에 관련한 면밀한 데이터를 수집하는 것으로 설계되었다. 이 실험은 전화통신의 조립에 관련된 일을 연구자가 면밀하게 관찰한 것이었다. 이 실험에서, 6명의 자원봉사자(volunteers)로 구성된 소규모 집단이 다른 전 종업원과 격리되고, 참여에 대한 인센티브로 특별한 관심이 주어졌다. 노동자들은 관례적인 것보다 대화하는 데 보다 많은 자유가 허용되었다. 노동자에게 제공되는 추가적인 잠깐의 휴식이 생산량을 증가하게 했다. 최초의 조건으로 복원했을 때도 생산성이 계속 높게 이어졌다.

이와 같이 연구의 결과, 여자노동자들의 산출량은 향상되었으며, 높은 수준을 유지하였다. 집단역학(group dynamics)의 효과가 물리적인 환경의 변화보다 생산량에 중요하게 영향을 미친다는 것을 발견하였다. 결국 노동자에게는 기술적·물리적 변화보다 인간적 요소가 작업에 보다 많이 영향을 미친다는 것이다.

3) 대규모 면접 프로그램(interviewing program)

연구자들은 노동자의 작업에 대한 태도와 관련하여 광범위한 인터뷰를 실시했다. 20,000명 이상의 인터뷰 프로그램을 통해 노동자의 태도에 관한 광범위한 정보를 수집했다. 이러한 대규모 면접 프로그램의 초기 목적은 감독훈련을 향상시키는 데 도움이 되는 정보를 획득하는 것이었다.

연구결과는 조직에 있어 개인들의 업무수행, 지위, 위치는 개인 자신뿐만 아니라 집단구성원에 의해 결정되고, 동료들은 개인의 업무수행에 영향을 미친다는 것이다. 면접실험은 공장에서의 비공식조직과 동료집단의 사회화와 압력에 대한 영향에 관하여 가치 있는 정보를 산출하였다. 비공식조직은 중요한 사회적 통제기제(control mechanism)로서 작용하고, 공식적인 절차와 감독과 같은 정도로 직무수행에 중요하다는 사실이 입증되었다.

4) 뱅크배선 작업장(bank wiring room)의 관찰실험

비공식집단의 역할과 비공식적 규범에 관하여 보다 많은 정보를 수집하기 위하여 뱅크배선 작업장에 대한 관찰연구를 하였다. 이 실험은 집단 생산성에 기초하여 인센티브지불계획(incentive pay plan)의 효과를 결정하려는 의도였다. 즉 이 실험은 임금인센티브제를 도입하면 노동자들은 자기 자신의 경제적 이익을 위해 열심히 노력할 것이라는 가설을 설정하였다.

이는 뱅크배선(bank-wiring)에 작업하는 전기배선공(wiremen), 납땜공(soldermen), 조사관(inspectors)의 3가지 직업그룹으로 대표되는 14명의 작업공으로 구성된 관찰실험이었다. 이들 사람에게 그룹도급인센티브계획(a group piecework incentive plan)이 제공되었다. 연구의 결과, 그룹은 자신들의 생산표준(standard for production)을 설정하고 필연적으로 산출을 증가하기 위해 노력하지 않는다는 사실이다. 노동자는 집단의 구성원임을 받아들이고, 그룹의 표준에 따라 행동하며, 산출은 실질적으로 사회적 행태의 하나의 방식이라는 것이다. 이에 이 연구에서 임금인센티브제는 생산성과 중요한 관계가 없다는 것을 발견했다.

2. Hawthorne 실험의 결과와 비판

이와 같이 5년간의 연구(1927-1932)는 1939년 Roethlisberger와 Dickson이 저술한 「관리와 노동자(*Management and the Worker*)」에 정리되어 있다. 이들 연구에서 가장 중요한 발견은 작업장에서의 사회적 조직의 발견이다. 즉 작업장에서 노동자들은 관찰하고, 분석할 수 있는 자신들의 문화를 구성한다는 것이다. 또한 연구자의 기대와 반대로 비물리적인 조건(nonphysical conditions)이 조직구성원이 참여하는 생산활동과 결과에 결정적인 역할을 발휘한다는 것이었다. 즉 객관적인 생산적 요구사항에 부합되는 업무배치는 작업장에 있어 노동자의 주관적인 사회적 만족의 요구사항을 만족시켜야 한다는 것이다.

또한 공식적 조직 내에 형성된 비공식적 작업집단에 보다 많은 관심이 주어졌고, 노동자는 집단의 구성원이며, 노동자의 산출은 사회적 행태의 산물이라는 사실이다. 집단적 감정(group sentiments)이 행위규범을 형성하며, 행위규범에서 이탈한 노동자는 처벌의 대상이 된다.[1] 이러한 연구결과는 1933년 Mayo가 저술한 「산업문명에 대한 인간문제(*The Human Problems of an Industrial Civilization*)」에 수록되어 있다.

1) Hawthorne 실험의 연구결과

Hawthorne의 실험은 고전적 이론에 따라 어떤 물리적 변화가 바람직한 반응을 초래할 것이라는 가정에서 출발했다. 하지만 Hawthorne 연구에서 어떤 변화에 대한 노동자의 반응은 단지 그들의 태도 혹은 감성으로 설명할 수 있었다. [그림

---

[1] 특히 노동자의 평균적인 산출보다 너무 많이 생산하는 노동자는 속도쟁이(rate busters)이고, 너무 적게 생산하는 노동자는 사기꾼(chiselers), 상관을 잘 따르는 노동자는 밀고자(squealers)로 비난의 대상이 되었다(Jreisat, 1997: 95).

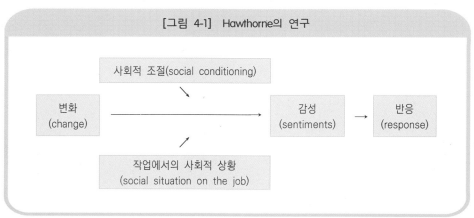

[그림 4-1] Hawthorne의 연구

사회적 조절(social conditioning)

변화 (change) → 감성 (sentiments) → 반응 (response)

작업에서의 사회적 상황 (social situation on the job)

출처: Lundgren(1974: 53).

4-1]과 같이 노동자가 특별한 변화를 해석하는 방식은 자신들의 사회적 조절 (social conditioning) 혹은 감성(가치, 희망, 공포)에 의존하며, 또한 작업장에서 자신의 사회적 상황에 의존한다. 그리고 태도와 행동을 강하게 조건화시키는 집단구성원 으로서 행동한다는 것이다. 이리하여 조직에서 사람들의 행태는 경제적 고려에 의해 엄격하게 동기부여된다고 간주할 수 없다. 즉 노동자들은 경제적 이득이 아니라 사회적 수용을 위해 희생한다.

    Hawthorne 실험의 중요한 연구결과는 인간관계론에 중요한 주의(主義, tenets)를 제공하였으며, 다음과 같이 정리할 수 있다(Bozeman, 1979: 99; Henry, 1992: 55; Campbell, 1999: 11).

    ① 개인의 정체성(individual identity)은 자신의 집단과 강하게 연계되어 있다. 그들은 개인으로서보다는 집단구성원으로 보다 많이 고려된다.

    ② 집단은 공식적 집단 혹은 비공식적 집단일 수 있다. 두 집단 모두는 작업에 있어 개인의 행태에 강하게 영향을 미친다. 특히 비공식적 조직과 비공식적 동료집단은 조직의 행태와 생산성에 중요한 역할을 발휘한다.

    ③ 임금인센티브에 의해 주로 동기부여되었던 합리적인 경제적 인간으로서의 노동자 개념은 부적절하며, 근시안적이었다. 집단에 대한 개인의 소속감이 금

전적 보상과 다른 근무조건보다 개인에 대해 보다 중요하다.

④ 노동자는 기계(machines)가 아니다. 자신의 직무역할의 개념뿐만 아니라 전인격체(a total person)로 노동자를 생각해야 한다. 업무환경 이외의 요인들이 직무수행에 중요하게 영향을 미친다.

⑤ 노동자는 조명도보다는 다른 동기부여적인 변수에 의해 반응한다. 노동자의 직무만족에는 다양한 욕구, 동기부여, 그리고 보상이 포함되어 있다. 직무에서의 만족과 직무환경은 업무성과에 중요한 결정요인이 된다.

⑥ 노동자들은 자신들을 감시하고(being watched) 있다는 느낌 때문에 나쁜 업무조건에도 불구하고 보다 많은 산출을 유지한다. 이처럼 실험의 결과에서 호손의 효과(Hawthorne effect)가 나타났다. 사람들은 자신이 관찰되고 있다는 사실을 인지할 때 행태에 변화가 초래되는 경향이 있다.

2) Hawthorne 실험의 비판

Hawthorne 실험은 다음과 같은 점에서 비판을 받고 있다(Landsberger, 1958; Carey, 1967).

① Hawthorne 연구는 비교적 하찮은 문제에 너무 많은 관심이 주어졌다. 즉 의사소통의 필요, 카타르시스(catharsis)와 같은 상담의 역할, 갈등을 완화하는 수단 등과 같은 문제에 너무 많은 관심이 놓여 있었다. 이리하여 그들은 갈등의 창조적인 측면을 보지 못하였다.

② Hawthorne 연구는 근로자의 전체적인 환경의 중요성을 인지하였으나, 근로자의 소외감정, 계층의식, 무력감에 대한 감정을 충분히 탐구하지 못하였다. 또한 Hawthorne 연구자들은 관리목표를 무비판적으로 수용하고 있다. 이것은 근로자의 관심, 가치 그리고 합법적인 불평을 무시하고 도구로서 근로자를 보는 것이다.

③ 감독의 유형과 근로자의 직무만족은 과업성과에 중요하게 영향을 미친다. 하지만 Hawthorne 연구는 이들 관계를 지지하는 유용한 증거를 제공하지 못한다.

④ Hawthorne 연구도 안정적 환경을 가정한다. 이들 이론가는 목표는 주어지고(given), 문제가 없으며, 그리고 조화와 효율성의 증진이 사회를 위해 좋은 것이라고 가정한다.

제3절 행태주의

1. 행태주의의 의의

행태과학의 접근법은 인간관계이론의 연장선에 있지만, 조직연구에 있어 새로운 접근법이다. 인간관계이론은 아직까지 고전적 이론을 확인하는 것이었다. 이에 신고전적 이론이라고 명명하기도 한다. 행태과학은 고전이론과는 상당한 차이가 있다. 행태적 접근법은 사람의 물질적 욕구와 감정적 욕구(physical and emotional needs)가 조직에 중요한 토대를 구성한다고 주장한다. 행태과학은 전체로서의 조직에 관심을 지향하고, 조직 내 개인과 집단의 행태를 고려한다. 이리하여 행태과학은 심리학, 사회학, 사회심리학, 인류학에 의존한다(Lundgren,1974: 56).

행정학(정치학)은 1950년 후반과 1960년 초반의 행태주의적 혁명(behavioral revolution)으로 인해 급진적인 변혁을 겪게 되었다. 행태주의자들은 정치학(행정학)은 너무 기술적이고, 가치지배적(value-laden)이며, 또한 규범적(normative)이라고 비판한다. 더욱이 행정학연구에 있어 축적하고, 입증할 수 있고, 그리고 신뢰할 수 있는 과학적인 지식이 결여되어 있다고 주장한다. 행정학은 과학이라는 것이다.

행태주의가 진전됨으로써 통계학, 수학, 방법론, 과학철학에 대한 연구가 활발하게 되었다. 즉 행태과학(行態科學, behavior sciences)은 인간행태를 이해하기 위한 노력의 일환으로 사회과학과 생물학이 결합된 학문이다. 이리하여 응용연구(applied research)보다는 순수 혹은 기본적인 연구를 보다 선호하며, 지식은 객관적인 관찰에 의해 추구되어야 한다는 것이다. 이 점에서 행태과학자들은 인간행태에 관해 일반적으로 수용할 수 있는 이론을 형성하기 위해 객관적이고 사실적인 정보의 중요성을 강조한다(Singer, 1992: 14).

이와 같이 행태주의 접근법은 지식을 축적하기 위해 통제된 조건하에서 이루어지는 실험과 관찰을 활용하는데 대체로 경험적 조사로 이루어진다. 연구자들은 어떤 변수들이 행태를 구체적으로 결정하는지 발견하기 위해 노력한다. 행태는 대체로 2가지 조건에 의해 결정된다. 하나는 행태에 영향을 미치는 환경적 변수들이다. 다른 하나는 개인의 육체적 상태와 감정적 상태 및 활동에 관련되어 있다.

2. Chester Barnard의 연구

New Jersey Bell Telephone Company의 회장이었던 Barnard(1886-1961)는 「행정가의 기능(*The Functions of the Executive*, 1938)」이라는 저서에서 비공식적 조직을 관리하는 것이 성공적인 경영진의 핵심적 기능이라고 제안하고 있다. 또한 공식적 조직이란 두 사람 이상의 사람들이 의식적으로 협동하려는 활동(consciously coordinated activities) 혹은 힘의 시스템으로 정의하고 있다. 개인의 참여가 협동을 위해 필요한 것으로 이해하고 있고, 조직의 하부단위 사이의 협동을 구축하는 것을 경영진의 핵심적 기능으로 이해하고 있다. 협동(協同)은 개인들이 할 수 있는 한계를 극복하는 수단으로 본다. 이러한 협동은 협력적 목적의 성취와 개인적 동기의 만족이라는 2가지 조건이 부합할 때 존재한다.

Barnard는 관리업무에 대해 매우 체계적이고 비실험적 분석(nonempirical analysis)을 제공하고 있다. Barnard는 모든 조직에 요구되는 것으로 ① 자발적인 협동, ② 공통의 목적, ③ 의사소통 등을 들고 있다. 이에 Barnard는 리더는 조직에 기본이 되는 협동적인 활동을 어떻게 유인하고 조정하는가 하는 문제에 초점을 두어야 한다고 지적한다. 경영진은 조직을 협동적 사회시스템(coopertative social system)으로 발전시켜야 한다. 즉 경영진은 조직목표에 대한 의사소통과 종업원의 동기부여에 관심을 가지고 작업노력을 통합하는 데 초점을 두어야 한다.

또한 조직은 인센티브의 경제(economy of incentives)로 특징지어진다. 즉 개인들은 조직이 제공하는 인센티브의 교환으로 참여와 노력에 기여한다. 조직에서 고위행정가들은 인센티브의 경제를 적절하게 운영해야만 한다. 행정가들은 조직구성원의 기여를 유인할 수 있는 인센티브의 활용성을 확보하는 것과 지속적인 인센티브의 자원을 확보하는 것에 대해 균형을 유지해야만 한다.

Barnard에 의하면, 인센티브의 유형은 금전, 물질적이고, 사회적인 요인뿐만 아니라 권력, 위신, 이상의 실현, 이타적인 동기, 효과적이고 유용한 조직에의 참여 등의 요인도 포함된다. 인센티브의 경제는 행정가의 주요한 기능인 의사소통과 설득에 밀접하게 상호관련되어 있다. 이에 행정가는 다양한 인센티브에 대한 노동자의 주관적인 평가에 영향을 미치기 위해 의사소통과 설득을 활용해야만 한다.

Barnard는 권위(權威, authority)를 공식적 조직에서 의사소통의 한 특징으로 이해한다. 이해할 수 없는 의사소통은 권위를 가지지 못한다. 조직의 목적과 조화하지 못하는 의사소통은 수용될 수 없다. Barnard는 관리자의 권위 원천은 관리자의 명령이 부하들에 의해 수용되는 것에 의존한다는 것이다. 상관의 명령이 의문 없이 수용된다면 무차별영역(zone of indifference, 다른 학자들은 수용의 영역, zone of acceptance라고 함)이라는 것이다. 무차별영역은 명령을 내리는 사람의 지위가 높을수록 넓다. 이에 관리자의 리더십 기술과 능력은 부하들이 저항 없이 수용할 수 있는 명령의 범위를 넓히는 데 있어 중요하다. 이런 측면에서 조직의 유효성은 개인들이 명령에 동의하는 정도에 영향을 받는다. Barnard는 전달, 설득 및 유인과정의 구체화를 위해 비공식적인 조직의 중요성을 지적한다. 조직의 본질인 협동적인 활동이 성공하기 위해서는 공식적 조직과 비공식적 조직이 상호관련되어 있어야 한다(Rainey, 1997: 38).

3. Herbert Simon의 연구

Barnard보다 행정관리학파들에 대해 직접적으로 비판을 한 학자는 Herbert Simon(1916-2001)이다. Simon(1945)은 「행정행태(*Administrative Behavior*)」라는 저서에서 공식적인 처방 또는 원리를 기술하는 것보다는 실제적인 행태의 분석을 강조한다. Simon은 전통적인 행정원리(예를 들면, 명령통일의 원리, 통솔의 범위)를 조사한 후, 행정에 보편적으로 적용할 수 있는 법칙이 아니라, 오히려 과학적으로 입증할 수 없는 행정의 속담(proverbs of administration)이라고 주장한다. Simon은 행정원리 학파들이 주장하는 개념과 원리들 간의 관계를 연구하기 위해서는 행정과정에 대한 보다 체계적인 조사가 필요하다고 주장한다. 이러한 연구에서 Simon은 2가지 측면에 목적을 두고 있다. 하나는 행정학을 비판적으로 평가하는 것이며, 다른 하나는 학문에 대해 보다 향상된 접근방법을 어떻게 발전시킬 것인가에 대해 제안을 하는 것이다(Barton & Chappell, Jr., 1985: 248-249).

특히 Simon의 주요한 관심영역은 의사결정과정이다. 그는 불확실성과 복잡성 속에서 행정적 선택과 의사결정이 어떻게 이루어지는가 하는 문제에 지속적으로 관심을 가졌다. 고전적 행정원리는 행정가가 가장 효율적인 조직모형을 선택함에 있어 합리적일 수 있다는 가정에 놓여 있다. 대부분의 경제적 이론은 경제적인 인간을 가정한다. 즉 개인들은 최대의 이윤과 개인적 이득을 위해 합리적일 수 있다는 것이다.

Simon은 행정적인 배경이 대부분 불확실성을 띠고 있는 것을 관찰했다. 행정가(administrative man)는 합리성에 대해 지각적인 한계를 가진다. 즉 복잡한 상황에서는 합리적인 선택과 의사결정이 불가능하다. 의사결정을 위한 시간과 정보가 제한적이다. 인간의 지각능력은 너무 제한적이기 때문에 모든 정보를 처리할 수 없으며, 또한 모든 대안을 고려할 수 없다. 이리하여 행정가는 활용할 수 있는 시간, 자원 그리고 지각능력의 한계 내에서 가능한 최선의 선택을 한다. 이런 시각에서 Simon은 합리적 의사결정은 인간의 한계에 의해 제한된다고 주장한다. 제한된 혹은 제약된 합리성(bounded or constrained rationality) 때문에 관리자는 최상의 대안을 무기한으로 찾을 수 없으며, 오히려 만족하는 결정을 한다. 만족(satisficing)은 필연적으로 최상의 과정은 아니지만 수용할 수 있는 행동을 초래할 수 있는 결정을 말한다.

　　이와 같이 행태주의는 행정학에서 생소(foreign)한 접근방법이었으며, 행정학에 있어 행태주의의 영향이 클수록 행정학은 정치학으로부터 소원해지는 것이다. 이는 행정학은 정치학보다 응용적인 전통이 많이 내재되어 있기 때문이다. 행태과학 철학의 주요한 특징은 생산성이 사기, 동기부여, 직무만족과 같은 조직구성원의 개인과 집단의 느낌에 직접적인 관계를 맺고 있다는 것이다.

　　이러한 행태과학 연구는 조직행태와 조직발전에 의해 형성된 이론으로 현대 행정학에 지속적으로 영향을 미치고 있다. 행태과학에 영향을 받은 조직발전 전문가들은 조직구성원들 사이에 보다 원활한 협동을 향상시키기 위해 개인과 집단의 태도, 가치 및 행태유형의 조작을 시도한다. 하지만 Hammond(1990)의 주장처럼, 행정관리학파에 대한 Simon의 비판은 이들 학파의 주요한 장점을 간과하고 있다. 행정관리학파들은 관리자가 지속적으로 직면하는 도전들을 체계적으로 분석하기 위해 노력하였으며, 이러한 노력들은 정부의 조직구조에 지속적으로 영향을 미치고 있다.

제 4 절　후기행태론적 접근법과 신행정학

1. 후기행태론적 접근법

　　1960년대 후반 사회과학에 대한 적실성(適實性, relevancy)의 논의가 제기되었다. 적실성에 대한 관심은 부분적으로는 행태주의의 좁은(narrowness) 시각에 대한 반작용으로 설명할 수 있다.

이러한 새로운 사회적인 시각의 일환으로 1968년 시라큐스(Syracuse)대학교의 Waldo교수는 행정학 분야에 대한 미래의 방향을 모색하기 위한 젊은 행정학자들의 회의를 조직했다. 이 회의에서 발표된 주된 이론적인 논문들은 「신행정학의 방향(*Toward a New Public Administration*)」이라는 책으로 편집되었다. 이 회의에서는 행정학에서의 적실성, 즉 미국의 정치적·사회적 문제에 대한 적실성, 행정실무자에 대한 적실성, 그리고 사회활동에 대한 적실성에 대한 논의가 주된 관심사항이었다. 이것이 Marini가 언급한 중심주제였던 후기행태주의(後期行態主義, post-positivism)이다.

이 회의의 많은 참석자들은 가치배제(value-free)와 객관적인 연구를 위해 노력했던 연구자들에 대해 불평을 표출하였다. 즉 사회과학자들은 전문가적 능력에서 가치판단을 해야 한다. 행정학은 소용돌이 환경(turbulent environment)에 대해 보다 민감해야 한다. 그리고 정치적·사회적 환경의 변화에 반응하기 위해 새로운 이론과 접근방법을 개발하는 데 관심을 가지게 되었다. 또한 행정가들은 정책결정에 대한 참여를 확대하고, 변화에 대응하기 위해 유연한 새로운 조직형태를 설계하는 데 관심을 가지게 되었다.

2. 신행정학

행정이론의 논쟁을 패러다임의 전이(shift)로 대입시키면, 고전이론(Weber의 관료제 등)은 과학적 이론의 사상(Simon 등)으로 전개되었으며, 과학적 사고방식(scientific outlook)은 신행정학으로 대치되었다.[2] Frederickson(1974a, 1974b)에 의하면, 신행정학(新行政學, new public administration)은 사회적 형평성(social equity)을 체계적으로

---

2 Kuhn(1962)은 과학적 운동의 역사에 관한 연구를 통하여 패러다임은 하나의 사이클을 통하여 전개된다는 것을 발견했다. 패러다임은 지배적인 사상(dominance)의 시작과 기간을 가진다. 패러다임은 긴급한 문제에 대한 해답이 제공되지 않을 때 대치된다는 것이다. 코페르니쿠스(Copernicus)의 사고는 뉴턴(Newton)의 사고로 대치되고, 아인슈타인(Einstein)의 사고방식으로 이어진다.

방해하는 정책과 구조를 변화시키는 것을 추구한다.

베트남 전쟁의 영향과 1960년대와 1970년대 사회에 고통을 준 많은 사회적 질병(가난, 편견, 청년들의 반감 등)에 대한 지적인 반응이 신행정학으로 나타났다. 특히 1968년 Dwight Waldo를 비롯한 신진학자들은 민노브루크회의(Minnowbrook Conference)에서 다음의 사항을 비판했다. ① 사회적 질병(social ill)에 대한 정부의 무반응성, ② 행정가에 의한 권위의 오용, ③ 사회적 결과를 고려함이 없이 효율성과 생산성을 과도하게 강조하는 것, ④ 현재의 상태에 대한 보존에의 몰두, ⑤ 인간의 다른 특성을 배제한 채 합리성을 강조하는 것, ⑥ 고객집단에 대한 책임성이 감소되고 있는 것, ⑦ 실적주의 고용체계에 내재한 엘리트주의, ⑧ 노동자와 고객집단에 대한 행정적 규범의 비인간화 영향 등이다(McKinney & Howard, 1998: 171-172).

또한 신행정학은 3가지 주제에 대해 비판을 가한다. ① 행정이론은 경험적 연구에 기초하지 않고 과학적이라고 명명하고 있다. ② 관습적인 행정이론가들은 조직적 인간주의(organizational humanism)에 있어서 가치판단을 거부하고, 단지 자기 자신의 가치와 선호를 보호하기 위해 노력한다. ③ 관습적 행정이론은 국가적 주요 관심사항, 즉 사회적 결속, 인간적 문제의 해결, 환경보호, 보편적 정부의 신뢰를 보호하는 등의 사항에 대해 부적절하다.

이러한 신행정학자들의 주장에 기반을 둔 신행정학의 프로그램은 다음과 같이 요약된다.

① 행정가는 솔선수범해야 한다. 행정가는 최고의 요구를 가진 고객의 옹호자가 되어야 한다.

② 행정은 사회적 요구에 적실성이 있어야 한다. 행정이론과 실제가 사회가 직면한 중요한 문제에 대해 주된 관심을 가져야 한다.

③ 행정가는 국민의 위엄과 자아가치를 고양하는 태도를 가지고 봉사하는 자세로 근무해야 한다.

④ 행정가는 고객에게 도움을 주기 위해 자기 자신의 능력을 개발해야 한다(McKinney & Howard, 1998: 174).

또한 신행정학은 고객에 초점을 둔(client-focused) 행정기관으로 재조직하는데 관심을 두었다. 신행정학의 핵심은 가치지향적(value-oriented)이고, 행정에 대한 사회적 반응성이다. 이러한 신행정학은 행정학의 근본적인 개혁을 인도하지는 못했지만, 행정학 연구에 많은 영향을 미치고 있다.

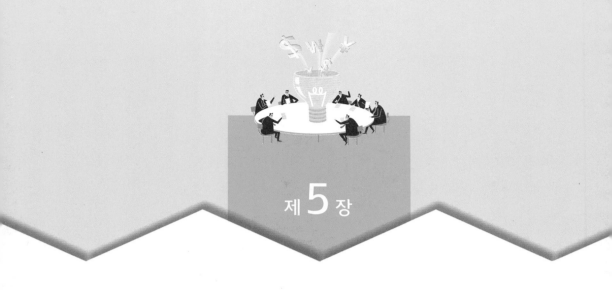

제 5 장

현대조직이론

　모더니즘(modernism)은 Descarte, Locke, Kant와 관련된 17세기와 18세기 유럽 철학의 계몽시대(Enlightenment)에 뿌리를 두고 있다. 이성의 시대(Age of Reason)로 기술되는 계몽시대는 봉건주의(feudalism)와 미신을 합리적 지식으로 대체하기 위해 노력했다. 이 시대의 신념은 합리성이 인간을 노예제도와 미신의 공포로부터 해방시킨다는 것이었다. 즉 인간은 과학적 지식을 통하여 자신의 환경을 통제할 수 있다는 것이다.

　이런 사상적 흐름과 더불어, 현대 조직이론가들은 완전한 지식이란 조직이 어떻게 그리고 왜 기능하는지, 그리고 상이한 환경조건에 의해 조직기능이 어떻게 영향을 받는지를 이해하는 것으로 믿고 있다. 현대 조직이론가의 관점으로부터 효과적인 조직은 ① 내부적 압박과 외부적 압박에 대한 균형을 유지하고, ② 핵심능력을 발전시키며, ③ 효율성을 증가시키고 그리고 변화에 적응하는 것이다(Hatch

& Cunliffe, 2006: 36-37).

또한 불황(recession)과 제2차 세계대전이 관리운동을 방해했지만, 기술과 관리의 발전은 계속되었다. 전후시대(postwar era)는 기술, 인구변동, 제도적 형태의 변화를 초래했다. 이리하여 새로운 기술(예를 들면, TV, 커뮤니케이션)과 산업이 생활의 변화를 유도했다. 인구변동은 노동조합의 강화를 초래했고, 교육수준을 향상시켰다.

이러한 조직환경의 변화에서 초래되는 문제에 대응하기 위한 것은 분권화된 구조였다. 새로운 조직형태인 분권화된 구조는 의사결정과 문제해결 기술을 계층제의 모든 수준 관리에게 전달할 수 있게 했다.

이러한 조직환경에 나타난 현대적 조직이론은 4가지 범주로 분류할 수 있다. ① 인적자원이론, ② 정보와 의사결정학파, ③ 정치학파, ④ 이해관계자이론 등이다.

제1절 인적자원이론

인적자원이론가들은 조직 내의 사회체제의 기능을 이해하려고 노력한다. 인적자원이론가(human resource theorists)는 조직의 사회적·인간적 측면에 초점을 둔 인간관계학파들의 전통을 계승한다. 하지만 약간의 차이가 있다. ① 인적자원이론가들이 추구하는 인간의 관점은 사회적 동물뿐만 아니라 자신의 창의적 잠재력의 활용을 갈망하는 자율적인 인간(autonomous beings)으로 이해한다. ② 인적자원이론가들은 작업장에서의 생산성에 관심을 가진다. 그리고 조직효과성을 향상하기 위해 행태과학의 개념을 적용한다.

인적자원이론가들은 다음의 2가지 영역에서 영향을 받았다. 첫째, Abraham Maslow가 제기한 동기부여이론이다. Maslow의 욕구계층이론(needs-hierarchy)은 인간의 욕구는 계층적으로(in a hierarchy) 조직화된다고 가정한다. 낮은 수준의 욕구가 만족될 때, 다음의 높은 수준의 욕구가 동기요인이 된다는 것이다. Maslow는 인간은 단지 사회적 부속물이 아니라 높은 수준의 욕구(자립, 자존심, 자아실현)를 열망한다고 주장한다.

　　둘째, Kurt Lewin의 영향이다. Lewin은 집단역학(group dynamics) 영역의 개척자이다. 환경이 개인의 행태에 중요하게 영향을 미친다고 주장한다. 이러한 사고는 사회체제의 연구에 영향을 미쳤다. 그의 행동이론과 연구의 사고는 활동적 시도로부터의 학습뿐만 아니라 사회체제의 변화에도 관여한다. Lewin은 Rensis Likert, Douglas McGragor, Chris Argyris 등의 학자들에게 영향을 주었다.

제 2 절　정보 및 의사결정학파

　　조직관리자는 정보처리가(information processors)이고, 또한 보다 정확하게는 의사결정자이다. 이들 학파에 의하면, 고위관리자는 프로그램화되지 않은 결정상황에 직면한다는 것이다. 이들 상황은 조직의 낮은 수준에서 일어나는 루틴화된 상황이 아니라 복잡하고 그리고 이해가 되지 않는 결정이다. 이에 관리자는 이들 결정상황에 직면할 때 명확하고 예견되는 해결방안을 가지고 있지 않다.

　　Herbert Simon은 행정행태(*Administrative Behavior*)에서 최고관리자가 직면하는 전형적인 의사결정상황이란 이전에 일어나지 않았고, 문제의 본질과 구조를 포착하기는 어렵고 복잡하다. 이들 상황은 매우 중요하고, 그리고 특별히 주문된 처리(custom-tailored treatment)를 해야 하기 때문에 상투적인 방식(cut-and-dried method)으로 문제를 다룰 수 없다.

　　이들 학파는 프로그램되지 않은 결정상황에 있어 가장 중요한 의사결정과정은 문제의 정의라고 주장한다. 대안과 결과가 좀처럼 명확하지 않기 때문에 관리자들은 만족(satisfice)을 추구한다. 즉 관리자는 목적(objectives)을 최대화하는 것이 아니라 제약조건(constraints)을 만족하는 대안을 선택한다.

이에 Simon의 사고는 인간이 합리적 행태를 가진다는 고전적 관리이론과 구별된다. Simon은 가치의 역할(the role of values)과 인식(cognitive)이 합리성을 제약한다는 것이다. 가치의 역할은 의사결정자의 주관적 요소를 강조한다. 관리자들은 선택에 있어 전반적으로 경제적인 것이 아닌 주관적 가치에 지배된다. 이리하여 선택 상황에서 객관적으로 정의되는 최상의 방식의 개념은 현실이 아닌 풍자(caricature)라는 것이다. 또한 인식은 합리성을 제약한다. 인간은 정보처리능력에 제약이 있다. 인간에 내재하는 제약이 경제적 의미에서의 합리적 인간을 방해한다.

Simon에 의하면, 조직의 모든 단계에서 결정이 이루어진다. 가장 낮은 수준에 있어 업무는 반복적이고 프로그램화되어 있으며, 예측할 수 있고 조직화된 반응으로 유사한 자극이 반복된다. 조직은 일련의 계층적 프로그램으로 나타난다. 보다 높은 수준의 프로그램들은 기본적인 업무를 수행함에 있어 낮은 수준의 프로그램을 수정하거나 설계하는 업무를 수행한다. 이 수준의 관점은 다소 특이한 의미를 가진다. 이들 관리자는 조직을 위해 최상의 것을 다소 알고 있는 슈퍼맨이다.

이와 같은 정보와 의사결정학파는 조직이론뿐만 아니라 조직 실제에 있어 중요한 영향을 미쳤다. 이들 학파는 정보네트워크의 설계에 주된 관심이 있거나 정보기술 덕분에 내재된 합리성의 한계를 극복하기 위한 조직의 체계를 설계하는 데 관심을 가진다.

제 3 절 정치학파

정치학파(political science school)는 고전적 이론가들이 가정한 합리성을 공격한다. 다른 측면에 있어 인간관계학파들이 가정하는 협력을 공격한다.

조직연구에 관심을 가진 정치학자들은 조직에 대한 환경의 영향에 주의를 기울인다. 이들 학자의 초기의 관심은 공공기관이기 때문에, 이들 학파는 갈등에 관심을 가졌다. 정당, 압력단체, 입법기관의 세계에 있어 갈등은 보편적이고 또한 기능적이다.

　　TVA와 풀뿌리(TVA and the Grass Roots)를 연구한 Philip Selznick은 다양한 하부집단 사이에 갈등을 야기하는 목표에서의 차이에 주목한다. Selznick은 낮은 계층의 종업원에 기반하는 숨겨진 권력(hidden power)을 발견했다. 활동력이 없는 기구(inert instrument)와 같은 노동자의 개념을 타파한다.

　　조직의 목표는 문제상황을 야기한다는 사실을 인식했다. 즉 조직은 때때로 갈등적인 목표를 추구한다. 목표에 대한 문제상황적 관점에서 갈등은 확정적인 조건하에 타당한 것으로 고려된다. 즉 이들 학파는 조직을 갈등이 가득한 것으로 본다. 환경은 거의 안정적이 않다. 즉 조직을 환경과 상호작용하는 동태적인 개방시스템(dynamic open systems)으로 이해한다.

제 4 절　이해관계자이론

　　이해관계자(stakeholders)는 조직의 활동에 관심을 가진 어떤 사람 혹은 단체로 정의된다. 이해관계자는 조직의 결정(목표의 선택과 활동)에 영향을 미치는 데 있어 잠재적 혹은 실질적 권한을 가지는 집단이다. 이해관계자의 관심은 본질적으로 금전적인 것은 아니다. 몇몇 이해관계자는 조직에 있어 긴급하고 필수적인 존재이지만, 다른 이해관계자는 조직에 대해 미약한 관심을 가질 뿐이다.

　　이런 맥락에서 이해관계자이론(stakeholder theory)은 조직의 목적은 다양한 이해관계자의 상대적 힘(the relative strengths)에 의존한다는 것이다. 이에 조직에 대해 가장 강력한 영향력을 발휘하는 이해관계자는 조직의 목적설정에 있어 강력한 영향요인이다. 즉 조직의 지배적인 목적은 가장 강력한 이해관계자 혹은 가장 강력

[그림 5-1] 이해관계자의 맵(stakeholder map)

출처: Campbell(1999: 27).

한 이해관계자의 연합체의 목적이 된다.

또한 어떤 이해관계자가 조직의 목적에 영향을 미칠 수 있는 정도는 2가지 변수－이해관계자의 관심과 권력－에 의존한다. 이해관계자의 권력(stakeholder power)은 조직에 영향을 미칠 수 있는 능력을 말한다. 이해관계자의 관심은 조직에 대해 영향을 미치고자 하는 자발성을 말한다. 즉 이해관계자가 조직이 무엇을 하는지에 관해 주의 깊게 살펴보는 정도를 말한다. 이에 이해관계자가 가지는 실질적 영향의 정도는 이해관계자가 영향에의 능력과 영향에 대한 자발성의 관점에서 어디에 놓여 있는가에 의존한다. [그림 5－1]과 같이 높은 권력과 많은 관심을 가진 이해관계자는 낮은 권력과 적은 관심을 가진 이해관계자보다 많은 영향력을 미칠 것이다.

이와 같이 어떤 조직에 있어 이해관계자 혹은 이해관계자 연합체에 대한 조사를 통해 이해관계자가 강력한 권력을 가지고 있는지를 파악할 수 있다. 또한 동일한 정도의 관심과 권력을 가진 이해관계자 사이의 갈등을 관찰할 수 있을 것이다.

나아가 이해관계자들(stakeholders)은 조직에 대해 자신들의 다양한 열망을 가지고 있다. 조직은 다양한 이해당사자 집단의 목적에서 영향을 받는가? 이 물음에 대해, 조직은 이해당사자의 열망을 관리함에 있어 2가지 접근법이 있다(Campbell, 1999: 28).

113

① 이해관계자이론의 도구적 관점(instrumental view) : 이 관점에 의하면, 조직은 조직의 최대 효과성의 목적과 부합하는 한 이해당사자의 의견을 고려한다는 것이다. 즉 중요한 이해당사자 집단의 충성심 혹은 몰입에 위협이 있다면, 조직은 자신의 목적을 수정할 것이다. 이리하여 조직의 가치는 조직의 이해당사자 의견에 의해 지배될 것이다.

② 이해관계자이론의 규범적 관점(normative view) : 이 관점은 경영윤리의 칸트주의 견해[Kantian view, 독일의 철학자 Immanual Kant(1724-1804)에서 비롯됨]를 취한다. Kant는 민사문제(civil matters)와 관계에 있어 의무와 호의(duty and good-will)의 개념을 강조한다. Kant의 기본적인 윤리철학은 한 사람이 다른 사람에게 가지는 도덕적 의무에 대한 존경의 개념이다. 이런 사상에 기초한 이해관계자이론의 규범적 시각에 의하면, 조직은 자신의 이윤을 회피할 수 있기 때문이 아니라 도덕적 의무에서 이해관계자의 열망을 수용한다. 즉 규범적 견해는 이해관계자를 단지 다른 목적을 성취하기 위한 도구가 아니라 조직의 목적으로서 본다.

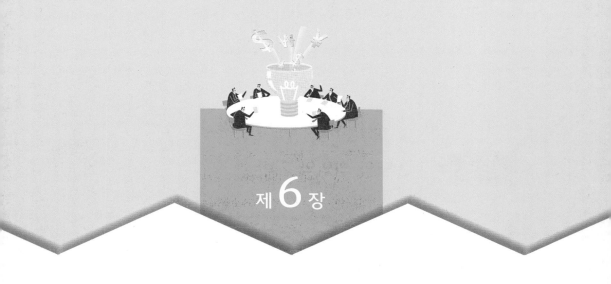

제 6 장

시스템 모형

　　시스템의 용어는 일상생활(회계시스템, 정부세금시스템, 물품통제시스템 등)에서 보편적이다. 시스템(system)은 상호작용하는 요소 혹은 특성으로 구성된다. 조직에 있어 관리자는 자신의 내부세계와 외부세계를 조망하는 데 시스템의 개념을 활용한다. 이러한 시스템 시각으로 우리는 조직의 외부적 행태와 내부적 행태를 기술할 수 있다.

　　이 장에서는 시스템이 조직을 기술하는 데 적절한 방법(appropriate way)이라고 이해하고자 한다. 이에 현대 시스템이론의 이론적 기반을 살펴보고, 시스템이론에 관련한 주요한 개념을 이해한 다음, 시스템 모델을 활용할 수 있는 다양한 방식을 탐구하고자 한다.

제1절 시스템의 의의와 기반

1. 시스템의 의의

시스템(system)은 조직화된 혹은 복잡한 전체(complex whole)이다. 이러한 시스템 정의에 있어 상호의존성(interdependency)이 중요한 구성요소이다. 하나의 시스템으로 구성되는 부분들은 상호의존적이다. 즉 변화가 한 부분에서 일어난다면 시스템의 다른 전체 부분에 대해 영향을 미친다. 요소(elements) 혹은 변수(variables)로 명명되는 시스템의 구성요소(components)는 시스템 실체의 상태이다. 이들 구성요소는 개념적으로 측정할 수 있는 변인이다. 시스템 개념에서 중요한 다른 하나의 요소는 시너지즘(synergism)이다. 이것은 부분이 분리돼서 작동하는 효과보다 상호작용하는 부분의 효과가 훨씬 크다는 것이다.

이와 같이 시스템의 사고는 구체적인 방식에 있어 서로 관련된 일련의 요소를 고려하는 것이다. 이에 조직을 외부세계와 뒤섞여 있는 서로 관련된 부분의 실체(as an entity of interrelated parts)로 사고한다. 시스템 사고의 초기 공헌자인 Henderson은 하나의 시스템 내에 있는 상호의존적인 변수는 우리가 경험한 것으로부터 나온 가장 현명한 추론 중의 하나이라고 지적한다. 우리가 흥미를 가지는 시스템 유형은 인과관계 네트워크에 직접 혹은 간접적으로 관계하는 복잡한 구성요소로 정의할 수 있다.

시스템의 실체(entities)는 시스템을 구성하는 일련의 요소이다. 예를 들면, 조직시스템의 실체는 조직화되거나 혹은 조직화되지 않은 그룹과 개인이다. 시스템 접근은 관리를 위한 원리나 혹은 가이드라인이 아니라 조직과 관리에 관한 하나의 사고방식(a way of thinking)이다.

2. 시스템의 기반

1) 철학적 기반(Philosophical Underpinnings)

현대 시스템이론은 전체론적 유기체 측면을 강조하는 원자론적·기계론적 개념으로 가장 잘 기술되고 있다.

첫째, 원자론적 개념(atomistic conception)은 세계는 그 부분들(parts)을 이해함으로써 설명될 수 있다는 것이다. 이에 사람들은 불가분의 부분들인 원자(atom), 화학적 요소, 본능, 기본적인 지각으로부터의 경험, 맥락을 분석한다. 이들 개념은 조직과학을 반영한다.

둘째, 기계론적 개념(mechanistic conception)은 엄격한 인과관계(causality)의 개념을 지지한다. 즉 세계는 이해하기 어렵지만 불변의 인과법칙에 의해 유지된다. 각각의 과학적 원리는 현상을 설명하는 데 있어 일련의 인과법칙이 활용된다.

셋째, 인과법칙(causal laws)은 관찰자에 의해 밝혀질 수 있다. 그리고 관찰활동은 조사과정에서 현상에 대해 중요한 효과를 가지지는 않는다. 과학자는 진실한 인과법칙에 도달하는 데 있어 객관적이고 그리고 감정에 좌우되지 않아야 한다. 원자론적 개념은 19세기에 있어 지배적인 우주론(cosmology)이며, 뉴턴의 물리학(Newtonian physics)의 성공을 반영한 것이다.

체제개념에 있어 하나의 체제(a system)는 본질적인 특성을 상실함이 없이 전체를 분해할 수 없다. 즉 전체로서(as a whole) 연구되어야 한다. 이 연구는 서로가 상호연계된 부분으로 이해되어야 한다. 체제이론가들은 부분으로 전체를 설명하는 것이 아니라 전체의 의미로 부분(the parts in terms of the whole)을 설명한다. 체제이론은 전통적인 과학원리를 부인하는 것이 아니라 새로운 사고방식을 보완하는 것이다. 이러한 새로운 사고방식이 현재의 관리문제를 연구하는 데 보다 적절하다는 것이다.

2) 역사적 기반(Historical Underpinnings)

몇몇 역사적 경향이 조직연구에서 체제이론 적용을 수용하고 파급시켰다. 첫째, 조직의 복잡성은 물리체제 및 생물체제(biological systems)와 비교된다. 물리체제는 단지 몇 가지 변수가 포함되지만, 복잡한 현대 조직은 수천 가지의 상호작용하는 변수들을 가진다. 이것이 시스템 개념의 수용을 촉진하게 했다.

둘째, 하나의 학문에 기초한 접근방법의 실패에 기인한다. 예를 들면, Frederick Taylor와 같은 고전적 이론가들은 합리모형에서 기대하지 않았던 결과를 설명하는데 실패했다. 이로 인해 조직연구에 있어 시스템이론가들은 광범위한 학문의 적용을 선호하게 되었다.

셋째, 제2차세계대전 이후 산업에서 컴퓨터의 활용이 증가되었다. 수많은 참모들은 시스템 분석(systems analysis)을 훈련받고, 운영과학, 관리과학, 정보체제와 같은 분야에서 활동하게 되었다. 이것이 시스템적 사고의 수용을 촉진하게 되었다.

넷째, 조직의 현대적 시스템이론에 대한 선구자들이 많이 존재한다. 특히 Talcott Parsons와 같은 사회학자들은 사회를 일련의 공통의 가치(a common set of values)에 의해 통합된 것으로 본다. 이들 학자는 가치가 사회의 각 부분에 어떻게 기여하고 있는가에 관심을 가졌다.

3) 이론적 기반(Theoretical Underpinnings)

많은 조직이론가들은 개방체제로 조직을 묘사하고 있다. 특히 미시간대학교의 Daniel Katz와 Robert Kahn은 조직연구에 있어 개방체제의 원인을 제공했다. 그들은 「조직의 사회심리학(*The Social Psychology of Organization*)」이라는 책에서 최초로 사회심리학적 관점에서 개방체제론적 시각으로 조직을 연구했다. 이들 학자의 초기 초점은 사회구조였다. 그리고 2가지 사회행태적 유형-상호의존적 행태(interdependent behavior)와 환경적 투입에 대한 개방성(openness to environmental inputs)-을 강조하는 접근이었다.

또한 개방체제로서 공식적 조직을 모형하는 데 노력한 Rocco Carzo와 John Yanouzas는 「공식적 조직: 시스템 접근(*Formal Organizations: A Systems Approach*)」이라는 책에서 공식적 조직은 3가지 하부체제 − 기술체제, 사회체제, 권한(power) − 로 구성되어 있다고 제안한다. 각 하부체제는 명확한 목적, 과정, 역할, 구조, 그리고 행위의 규범으로 인식된다는 것이다. 이들 학자는 조직에서 사람들의 명확하고 규칙적인 행태에 초점을 두었으며, 조직분석을 위한 진단 틀(diagnostic framework)을 제시했다. 즉 조직에서 발견한 행태의 규칙성을 설명하고 있다.

제 2 절 시스템이론

고전적 이론은 본질적으로 과학적 용어로 조직을 바라보고, 인간관계이론은 조직을 조직에서 일하는 개인으로 보고 있지만, 시스템이론가들은 가장 현실적 견지에서 하나의 전체시스템으로서(as a total system) 조직을 바라보고 있다. 이런 시각은 조직의 내·외부 모두를 전체론적 맥락(holistic context)에서 설명한다.

시스템이론은 고전적 이론과 인간관계이론가들의 단순한 관점을 거부한다. 즉 고전적 이론은 조직의 기술적 요구와 생산성 욕구(사람 없는 조직, organizations without people)를 강조한다. 반면에 인간관계이론은 사람의 심리와 상호작용 − 조직 없는 사람(people without organizations) − 에 너무 과도하게 초점을 둔다. 하지만 조직은 현실적으로 사회 − 기술적 시스템(socio-technical system)이다. 이에 조직은 사람과 조직의 기술 모두를 동등하게 필요로 하며, 조직의 외부환경으로부터 영향을 받고 있다. 이리하여 시스템이론가들은 사회적 집단과 이들에 대한 기술의 적용 사이의 관계를 연구하고 있다.

1. 시스템이론의 의의와 특성

1) 시스템이론의 개념과 특성

시스템이론(體制理論, system theory)은 통합적 접근법(integrative approach)이다. 따라서 시스템이론은 조직현상에 대해 전체적 일반화, 완전한 설명을 가능하게 하는 거대한 관리이론(grand management theory)의 발달과정에서 매우 중요한 단계이다. 더욱이 시스템은 조직의 모든 요소들을 포함한다. 이에 시스템이론은 조직에서 무엇이 일어나는가를 연구하고, 그리고 설명하는 데 매우 효과적인 방법을 제공한다.

시스템이론에 있어서 중심개념은 체제가 어떻게 스스로 유지되는가, 체제에 필요한 에너지의 상실을 어떻게 방지하는가, 체제가 루틴화되는 것을 어떻게 회피하는가 등이다. 체제개념은 상호관련된 활동과 사건을 처리하는 데 도움을 준다. 체제는 미리 결정된 목표를 성취하는 데 매우 합리적인 수단이다.

1920년초 생물학과 엔지니어링에서 활용되었던 일반시스템이론(general system theory)이 발달되었다. 1951년 Ludwig von Bertalanffy(1901-1972)가 일반시스템이론에서 다수의 상호의존적이고 상호관련된 하부시스템이 포함된 생물학적 몸과 법인체의 개념을 표명했다.[1]

특히 시스템이론은 Barnard가 1930년에 체제개념을 소개하였으며, Easton(1965)이 정치학 영역에서 조직을 인지하는 데 있어 시스템이론적 시각에 영향을 미쳤다. 1970년에 Sharkansky(1970)가 저술한 행정학 저서에서 조직 틀로서 시스템 접근법을 소개하였다. 조직 맥락에서 시스템이론은 투입이 조직에 의해 산출로 어떻게 전환되는가를 포함하는 과정을 말한다.

시스템(體制, system)이란 환경으로부터 구별되는 일련의 구성요소로 이루어져

---

[1] 생물학자인 Von Bertalanffy는 일반시스템이론의 창시자이다. 일반시스템이론은 전체의 일반과학(general science of wholeness)이다. 전체는 부분의 합계 이상이다. 구성요소의 특징은 분리된 부분의 특성으로 설명될 수 없다는 것이다.

있으며, 자신의 경계(boundary)를 가지면서 상호의존적으로 활동하며, 일련의 상호
작용하는 구성요소(a set of interacting components)이다. 또한 시스템은 전체의 특성
에 기여하는 독립된 부분으로 구성된 실체이다. 하위시스템(subsystems)이라 명명
되는 상호 관련된 부분의 어떤 것이다. 각 하부시스템은 다른 시스템에 영향을 미
친다. 각 시스템은 전체에 의존한다. 하위시스템과 상위시스템(suprasystems)은 상호
관계를 가지며, 이들의 구분은 분석단위에 의존한다. 이와 같이 상호의존적인 부
분들은 하나의 통일된 전체(a unified whole)를 산출한다.

　　이러한 의미에서 조직시스템의 사회구조는 5가지 기본적인 부분으로 구성된다.
① 개인 : 특별한 인성구조를 가진 조직이 된다. ② 공식적 조직 : 각 부서 또는 단위
구조에는 권위와 책임을 수행하는 개개인의 지위가 있다. ③ 비공식적 조직 : 비공
식적 조직은 개인의 요구에 의해 구성되며, 비공식조직의 구성원이 되기 위해서는
개인들은 적절하게 처신해야만 한다. 공식적 조직과 비공식적 조직은 항상 갈등이
있는 것은 아니다. ④ 통합과정(fusion process) : 개인, 공식조직 그리고 비공식조직
은 서로 다른 것을 수정하거나 구체화하는 과정에서 통합과정이 있다. ⑤ 물리
적 환경(physical environment) : 개인과 기계적 시스템의 상호작용은 물리적 환경하
에서 일어난다(Altman, Valenzi & Hodgetts, 1985: 24-25).

2) 폐쇄시스템과 개방시스템

　　특히 환경과 상호작용하지 않는 시스템을 폐쇄시스템이라고 한다. 폐쇄시스
템은 외부환경과 상호작용이 없다. 반면에 환경과 끊임없이 상호작용하는 시스템
을 개방시스템이라 한다.

　　폐쇄시스템과 개방시스템을 구별하는 것은 조직이론의 발달에서 시스템개념
의 영향을 평가하는 데 있어 중요하다. 이러한 의미에서 고전적 조직이론과 인간
관계이론은 폐쇄시스템 접근방법이다.

(1) 폐쇄시스템(close system)

폐쇄시스템적 사고는 주로 물리학에 기원을 두고 있으며, 시스템을 자체로서 완비된 것으로 본다. 즉 폐쇄시스템은 필요한 모든 에너지를 갖고 있으며, 외부적 자원의 소비 없이 기능을 한다. 이처럼 폐쇄시스템은 환경에 의존하지 않는다.

폐쇄시스템은 확고하고 고정된 경계를 가지고 있고, 폐쇄시스템의 내부적 과정은 환경의 변화와 관계없이 동일하게 유지된다. 이러한 시스템 과정은 안정적이고 기계와 같은(machinelike) 프로그램화된 유형에서 항구적인 반응을 한다.

폐쇄시스템의 예로 시계(watch)를 들 수 있다. 시계에 배터리를 장착하거나 혹은 태엽을 감을 때 시계에 상호의존적인 부속품이 정확하게 계속해서 움직인다. 과학적 관리와 같은 고전적 관리개념은 폐쇄시스템 접근법이다. 이들 접근법은 조직은 내부적인 설계를 통해 보다 효율적일 수 있다고 주장한다. 환경은 안정적이고 예측할 수 있고, 그리고 문제의 원인이 아니라는 것이다. 주요한 관리이슈는 내부적 효율성이다.

(2) 개방시스템(open system)

개방시스템의 내부과정은 환경에 대해 보다 개방적이고 환경변화에 보다 잘 적응한다. 또한 개방시스템은 투입-산출 평형상태에서 시스템과 환경 간의 경계 교환을 강조한다. 즉 개방시스템은 투입, 전환과정, 산출의 3가지 단계를 가지고 있다. 이에 조직은 환경과 끊임없이 상호작용하는 개방시스템이다. 개방시스템은 생존하기 위해 환경과 상호작용을 해야만 한다. 이처럼 개방시스템은 자급자족 (self-sufficient)하는 것이 아니라 외부로부터 에너지, 정보, 자원을 의존한다. 개방시스템은 외부환경의 변화에 대해 적응할 수 있는 능력을 가지고 있다.

예를 들면, 인간 몸(human body)은 개방시스템이다. 우리 몸은 몇몇 본질적인 투입-공기, 음식, 주거, 물-을 요구한다. 그리고 우리 몸은 정상적인 기능에서 투입요소를 산출-에너지, 업무, 숨을 내쉬는 등-로 전환한다. 더욱이 우리 몸은 환경에 매우 의존적이다. 공기가 부족하면 우리 몸은 심각한 영향을 받게 된다.

3) 동태적 시스템과 정태적 시스템

시스템은 동태적 시스템 혹은 정태적 시스템일 수 있다(Hodge & Anthony, 1979: 53). 정태적 시스템(static system)은 변화가 일어나지 않는 시스템이다. 정태적 시스템의 예는 테이블이며, 시간이 경과하더라도 거의 변화가 없다.

동태적 시스템(dynamic system)은 시간에 따라 변화가 일어나는 상태이다. 대부분의 사회적 시스템과 생물체의 시스템(biological system)은 시간이 경과하면서 변화하는 동태적 시스템이다. 대학교는 신입생이 입학하고, 다른 학생들이 졸업하고, 새로운 교직원이 입사하고 퇴사하고, 교과목이 변화하는 동태적 시스템이다.

동태적 시스템과 정태적 시스템은 이분법(dichotomy)으로 간주되는 것이 아니라 오히려 연속체(continuum)로 간주할 수 있다. 즉 주어진 시간간격에서 분석할 때 시스템은 정태적일 수 있다. 반면에 장기적 시간간격에서 분석할 때 시스템은 동태적일 수 있다.

2. 개방시스템의 요소

폐쇄시스템의 경우 환경이 시스템에 영향을 미치지 않는다. 하지만 조직시스템은 [그림 6−1]과 같이 환경과 지속적으로 상호작용하는 개방시스템이다. 시스템 모델은 환경에 대해 개방의 가치를 유지한다. 또한 조직은 파스슨주의자(Parsonians)가 주장하는 보다 큰 규모 실체(entity)의 하부시스템으로 간주된다. 나아가 조직은 상당기간 생존하면서 사회에서 적실성 있는 기능으로 기여하기 위해 자신들의 환경에 적응해야 한다. 이들 시스템은 상당히 유연한 구조를 가지며, 과정들은 지속적으로 진행된다. 또한 개방시스템의 경우 시스템 경계와 환경 사이를 구별하는 것은 임의적인 문제이다. 즉 시스템의 경계는 관찰자의 목적에 따라 규정될 수 있다.

개방시스템 시각에서 관리는 전환과정의 하나의 유형으로 간주될 수 있다.

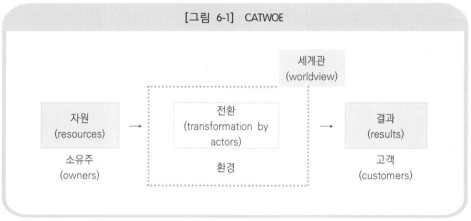

[그림 6-1]　CATWOE

출처: Pidd(2012: 23).

즉 관리자의 역할은 자원의 수집을 통해 유용한 산출로 전환하는 것이다. 이에 관리자는 모든 요소들이 서로 어떻게 관련되어 있는가, 그리고 이들 요소를 어떻게 효과적으로 통합시키는지를 이해하는 것이 중요한 과제이다.

　　Checkland(1981)는 시스템의 주된 요소는 뿌리 정의(root definitions)에서 개념화할 수 있다고 제안하고 있다. 이들 시스템의 주된 요소는 [그림 6-1]과 같이 연상기호인 CATWOE의 6개의 요소로 구성되어 있다.

　　C: customers(고객) : 시스템에 종사하는 활동의 직접적인 수혜자 혹은 희생자(immediate beneficiary or victim). 주된 직접적인 수혜자는 납세자이다.

　　A: actors(엑터) : 전환과정에 종사하는 사람과 그렇게 하기 위해 자원을 조달하는 사람. 공공성과를 산출하기 위해 고용된 사람, 관리자, 현장직원(front-line staff).

　　T: transformation(전환과정) : 시스템의 필수적인 활동. T는 상태의 변화를 인도해야만 한다. 이것은 변화하는 환경에서 안정을 유지하기 위해 존재하는 시스템에도 포함된다.

　　W: Weltanschauung(세계관) : 전환과정을 이해하기 위한 세계관 혹은 이념(the worldview or ideology). 공공서비스가 얼마나 잘 제공되는가를 판단할 수 있도록 하는 신념이다.

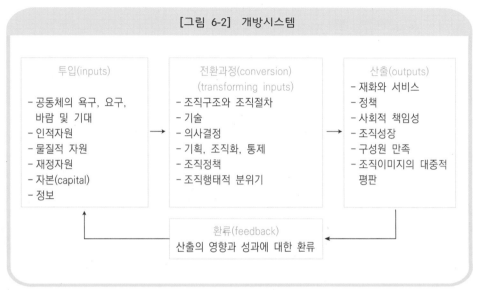

[그림 6-2] 개방시스템

투입(inputs)

- 공동체의 욕구, 요구,
  바람 및 기대
- 인적자원
- 물질적 자원
- 재정자원
- 자본(capital)
- 정보

전환과정(conversion)
(transforming inputs)

- 조직구조와 조직절차
- 기술
- 의사결정
- 기획, 조직화, 통제
- 조직정책
- 조직행태적 분위기

산출(outputs)

- 재화와 서비스
- 정책
- 사회적 책임성
- 조직성장
- 구성원 만족
- 조직이미지의 대중적
  평판

환류(feedback)
산출의 영향과 성과에 대한 환류

출처: Hodge & Anthony(1979: 58); McKinney & Howard(1998: 158).

O: ownership : 활동을 종결하는 데 권력을 가진 개인이나 집단이다.

E: environmental constraints(환경적 제약) : 활동이 수행되어야만 하는 범위 내에 외부적으로 강요된 제약(the externally imposed limits)을 일컫는다.

[그림 6-2]와 같이 조직은 환경으로부터 정보, 자본, 인적·물적 자원, 원자재를 수입한다. 이들 투입요소는 조직의 전환단계(throughput stage)에서 산출로 전환된다. 조직은 이들 산출물(재화와 서비스, 사회적 책임성, 조직성장, 구성원의 만족 등)을 환경으로 전달한다. 조직을 효과적으로 관리한다면, 전환과정은 투입에 가치를 부가한다. 이와 같이 개방적 사회시스템으로서 조직을 전제하기 위해서는 보편적으로 다음과 같은 8가지 주요 개념을 이해해야 한다. 즉 환경과 상호작용하는 개방시스템이론은 다음의 요소들을 가정한다(Bozeman, 1979: 106-107; Narayanan and Nath, 1993: 63-67).

1) 총체주의적 관점(holism, wholism)

시스템이론가는 포괄적·통합적으로 조직을 이해함에 있어 일련의 복잡한 힘의 결과(the result of a complex set of forces)로 조직현상을 간주한다. 개방시스템이론은 조직을 분석함에 있어 구성요소별로 보는 것이 아니라 하나의 총체(entity)로서 조직을 이해한다. 즉 시스템은 하나로 기능하는 전체로서 고려되어야 한다.

게슈탈트 심리학(Gestalt psychology)에서와 같이 전체는 구성요소들의 단순한 합계 이상의 특성을 지닌다. 이것은 하위시스템의 상호의존성이 시스템에 대해 독특한 특성을 산출하기 때문이다. 시스템은 각 부분을 분석함으로써 전체를 결코 충분하게 이해할 수 없기 때문에 전체적으로 이해되어야만 한다.

2) 환경적 자각(environment awareness)

개방시스템의 가장 중요한 특징은 시스템과 시스템의 환경 사이에 상호의존성(interdependency)을 인식하는 것이다. 시스템은 상호의존적 요소로 구성되어 있다. 중요한 문제들은 어떤 하나의 요소에 의해 일어나는 것이 아니라 요소들의 상호작용의 결과로서 일어난다. 즉 시스템의 구성요소 사이의 상호연계성(interconnections)과 상호작용이 구성요소를 분리하는 것보다 중요하다.

개방시스템은 끊임없이 변화하는 환경과 지속적인 상호작용을 하면서 동태적 균형(dynamic equilibrium)을 이룬다. 환경적인 방해에 대한 전형적인 개방시스템의 반응은 동화하거나(elaboration) 혹은 보다 높은 또는 복잡한 단계로 자신들의 구조를 변화하는 것이다. 이처럼 개방시스템은 자신들의 구조를 끊임없이 변화시키거나 동화시킨다.

3) 전환(轉換, transformation, conversion)

전환과정은 조직이 투입에 대해 가치를 추가하는 과정이다. 시스템은 어떤 구체적인 투입요소를 산출로 전환하는 진행과정이다. 개방시스템이론에서 조직은 환경과의 동태적인 상호작용을 통하여 환경으로부터 원자재(raw materials)와 인적 자원을 투입받아 자원을 체제로 전환시켜 환경에 영향을 미치는 산출을 제공한다. 시스템은 산출을 흡수하는 환경에 있는 고객에 의존하게 된다. 이러한 의미에서 개방적인 조직은 정태적이 아니며, 엔트로피(entropy)의 문제를 피할 수 있다.

또한 전환과정의 개념으로 공공기관 혹은 공공 프로그램의 역할에 관한 본질을 파악할 수 있다. 전환과정의 활동은 전형적으로 과정의 효율성을 반영하는 과정측정의 대상이다. 이런 전환과정은 자원의 할당과 자원을 유용화하는 전체적인 기획, 조직화, 통제, 의사결정과정, 조직 자체를 구조화는 방식인 정책·절차·규칙 등이 포함된다. 전환과정의 종국적 결과는 조직산출이다.

4) 환류(還流, feedback)

조직은 목적시스템(purposive systems)의 특성을 갖고 있다. 목적지향적 혹은 목표추구적 행태(goal-seeking behavior)의 기본적인 원리에는 환류의 개념이 포함되어 있다.

시스템은 환류에 적응해 나아감으로써 스스로 규제할 수 있는 능력을 가지고 있다. 개방시스템은 환경으로부터 환류의 장점을 가질 수 있고, 자율규제와 적응에 대한 능력을 고양할 수 있다. 이리하여 개방시스템은 정태적이 아니라 외부적 요구와 내부적 반응에 대한 균형을 유지할 수 있는 평형(equilibrium)능력을 가진다.

특히 시스템의 산출은 환류로 연계된다. 즉 체제의 산출은 계속되는 투입에 영향을 미치기 때문에 사이클적인 특징(cyclical character)을 가진다. 조직은 지속적인 사이클을 통해 생존을 유지한다.

5) 안정성과 변화(stability and change)

조직체제는 안정성과 변화를 포함하고 있다. 시스템-환경의 교환과정은 주어진 시스템 형태, 조직 혹은 상태를 보존하거나 혹은 유지한다. 유기체의 항상성 과정(homeostatic processes)은 안정성을 유도하는 과정의 예이다. 반면에 몇몇 과정 은 시스템의 주어진 형태, 구조 혹은 상태를 변화시키기도 한다. 이러한 과정의 예는 생물체의 진화, 학습, 사회발전, 그리고 조직성장 등이다.

또한 개방시스템은 구조의 분화(differentiation)를 통하여 긴장에 대응할 수 있 고, 환경으로부터 발산되는 변화에 부응할 수 있다.

6) 동일종국성(同一終局性, equifinality)과 다중종국성(multifinality)

고전적인 인과성(causality)의 원칙은 비슷한 조건이 유사한 결과를 산출한다는 것이다. 즉 다른 결과는 상이한 조건(dissimilar conditions)에 기인한다는 것이다. 동 일종국성의 개념은 최종의 상태(final state)는 수많은 상이한 발달과정에 의해 도달 된다는 것을 의미한다. 다중종국성의 개념에 의하면, 비슷한 조건도 상이한 결말 상태(dissimilar end states)에 이르게 할 수 있다는 것이다. 즉 매우 비슷한 환경에서 발달한 두 개의 조직도 매우 다른 종국에 이를 수 있다.

특히 폐쇄시스템은 결정론적이고, 명확하게 예측할 수 있다. 폐쇄시스템은 어 떤 일정한 상태로부터 하나의 종국의 상태에 도달한다. 반면에 개방시스템은 변화 의 결정체가 시스템 내에 고정되어 있지 않기 때문에 서로 다른 출발조건과 통로를 거쳐 종국상태 또는 목표상태를 성취할 수 있다. 동일종국성은 주어진 문제에 대해 엄격한 최적의 해결을 추구하는 것보다 오히려 다양한 해결을 고려할 수 있게 한다.

7) 단계(levels)

복잡한 시스템은 계층적으로 연계되어 있는 몇 가지 단계로 구성되어 있다. 보다 높은 단계(higher levels)가 낮은 수준의 단계를 포함하고 있기 때문에 계층적 이다. 예를 들면, 조직은 개인, 집단, 국, 부서 등을 포함하고 있다. 국(departments) 은 많은 집단으로 구성되어 있고, 집단은 몇몇 사람들로 구성되어 있다.

8) 반엔트로피(negative entropy)

엔트로피는 시스템이 쇠약하게 되거나 혹은 분해(disintegrate)되는 속성을 언급한다. 엔트로피는 폐쇄시스템에서 에너지가 상실될 것이라는 열역학(thermodynamics)의 법칙이다. 폐쇄시스템이 환경으로부터 에너지 또는 새로운 투입을 획득할 수 없다면 궁극적으로 시스템은 소멸될 것이다. 반면에 개방시스템은 에너지를 소비하는 것보다 환경으로부터 더 많은 에너지를 받아들이기 때문에 에너지를 저장할 수 있고 엔트로피를 피할 수 있다. 반엔트로피의 능력은 개방시스템이 강해지고 스스로 유지하면서 성장할 수 있게 한다.

3. 시스템 모델의 장점과 단점

시스템이론가는 시스템 접근법의 장점이 그것의 단점보다 더 크다고 믿는다. 이런 이유에서 분석도구로서 시스템 모델을 활용하고 있다. 시스템 모델의 단점에도 불구하고, 시스템 접근법은 조직연구에 대해 가치 있는 분석적 도구이다(Hodge & Antony, 1979: 60-62).

1) 시스템 모델의 장점

첫째, 시스템 접근법의 주요한 장점은 전체주의(wholism)이다. 즉 전체로서(as a whole) 조직을 고려하는 것이다. 조직의 요소들은 명확하게 명시되고, 한 요소의 변화는 시스템을 통해 추적할 수 있다. 즉 시스템의 성과와 산출에 대한 시스템 요소들의 영향을 결정할 수 있다.

둘째, 투입-전환과정-산출과정을 통한 자원과 에너지의 흐름을 명확하게 보여 준다. 투입자원과 산출의 사용자가 명시될 수 있으며, 전환과정은 시스템의 결과가 다른 투입에 어떻게 영향을 미치는지를 보다 명확하게 규정한다.

셋째, 시스템 철학은 다양한 개념, 아이디어, 혹은 요소처럼 보이는 것을 통합하게 한다. 시스템에 관련된 개념 혹은 요소들이 하나의 시스템으로 통합되며 (synthesize), 조직적 퍼즐(organization puzzle)의 조각을 통합할 수 있다.

넷째, 시스템 접근법은 모델 빌딩을 제공한다. 시스템 접근법은 요소들의 상호관계 흐름에 초점을 둠으로써 조직운영을 보다 잘 표현할 수 있는 모델을 전개할 수 있다. 이런 시스템 모델은 업무흐름도(a flow diagram) 혹은 하나의 방정식으로 표현할 수 있다. 즉 변수들 사이의 관계를 명시할 수 있다. 또한 시스템 접근법은 요소들 사이의 관계를 양화(量化, quantification)할 수 있게 한다.

2) 시스템 모델의 단점

분석적 도구로서 시스템 틀을 채택하는 단점들은 거의 존재하지 않으나, 시스템 모델의 잘못 적용 혹은 잘못 이해로 인하여 단점이 나타난다(Hodge & Antony, 1979: 61).

첫째, 행정실무가들이 조직에서 집권적 행정구조를 옹호하기 위해 시스템 접근법을 적용하는 경우가 있다. 집권화에 대한 이러한 경향은 시스템 접근법의 전체주의적 측면으로부터 초래된 것이다. 즉 하나의 전체로서 조직을 간주하는 것은 권한 위임을 거의 하지 않고 최고관리층이 의사결정권한을 독점하게 한다.

둘째, 시스템 접근법은 조직관계를 너무 단순화한다. 조직 내의 관계(intraorganizational relationships, 조직 내 요소들 사이의 관계)와 조직 간의 관계(interorganizational relationships, 조직과 조직환경 사이의 관계)가 너무 단순화될 수 있다. 시스템 접근법은 개념적, 분석적 모델에 과도하게 의존한다. 이처럼 시스템 모델은 현실을 너무 과도하게 단순화한다. 하지만 인간은 어떤 한 모델을 통해 요소들 사이의 모든 관계를 적절하게 표현할 수 없다.

셋째, 시스템 접근법은 너무 추상적이고 적용하기가 어렵다. 시스템 접근법이 추상적 개념과 양화의 모델을 활용할 때 수학적 기호(mathematical notation)의 활용에 익숙하지 않은 사람들에게는 너무 어렵게 느껴진다.

넷째, 시스템 접근법에서 양화방법의 활용은 유한성의 환상(the illusion of finiteness)을 제공한다. 사회과학에서는 매우 적은 관계만 정확하게 규정할 수 있다. 즉 인간과 사회적 상호관계는 매우 복잡하다. 이리하여 관련된 모든 변수 그리고 원인과 결과의 관계(cause-and-effect relationship)를 명확하게 규정할 수 없다.

4. 조직에 대한 시스템 모델

조직에서의 시스템 모델은 2개의 기능을 수행한다. 하나는 조직분석과 진단을 위한 틀을 제공한다. 다른 하나는 행동전략의 논의를 위한 틀을 조직하고, 관리자의 역할을 설명하는 데 기여한다.

조직에 대한 시스템 모델을 이해하기 위해서는 먼저 다음과 같은 기본적인 가정들이 전제된다.

① 조직은 개방시스템의 특성을 공유하는 매우 복잡한 시스템으로 이해할 수 있다. 조직시스템의 경계(boundary)는 일정한 시간에 있어 안정적이지만, 시간이 지남에 따라 변화한다.

② 조직은 다양한 투입과 산출을 가지며, 환경과 지속적으로 상호작용(continual interaction)한다.

③ 조직시스템은 5개의 하부시스템-기능적 하부시스템, 사회적 하부시스템, 정보하부시스템, 정치적 하부시스템, 문화적 하부시스템-으로 구분된다. 이들 하부시스템은 서로 독립되어 있지 않으며, 하부시스템 사이에 어느 정도 중첩(overlap)되어 있다.

④ 하부시스템 사이는 서로 연계되어 있고, 조직과 환경 사이도 연계되어 있다. 하부시스템 사이의 상호의존성은 매우 높다.

1) 환경(environment)

각 조직은 환경 속에 놓여 있다. 모든 조직은 자신들의 환경에 궁극적으로 적응한다. 조직은 환경적 도전에 대응하여 변화할 수 있도록 조직설계를 고려해야 한다. 조직은 효과적인 환경적 센서(environmental sensors)로 설계되어야 한다.

조직은 사회 속에서 존재하며, 사회에 의해 창조된다. 이에 각 조직은 조직과 조직을 창조하고 유지하게 하는 사회와의 관계에 끊임없이 관심을 가져야 한다. 즉 각 조직은 고객의 욕구, 법률과 정치적 제약, 경제적·기술적 변화와 발달에 반응해야만 한다. 환경은 조직운영의 범위에 의존하며, 이러한 조직운영의 범위는 지역, 국가, 세계 등이다.

2) 투입과 산출(inputs and outputs)

투입과 산출 분석은 시스템 환경과 시스템의 관계를 설명할 뿐만 아니라 시스템의 내부운영을 검토할 수 있게 한다. 나아가 시스템은 시스템 환경 혹은 하부 시스템에 의해 영향을 받고, 영향을 미치는 것으로 시스템을 가시화하는 데 매우 유용하다.

투입과 산출의 유형은 조직의 본질뿐만 아니라 범위에 매우 의존적이다. 전형적인 투입은 인적자원(능력, 기술, 열망, 육체적 특성의 사람), 물질적 자원[조직시설, 오피스빌딩, 장비, 도구, 원자재, 물류지원(logistics) 등], 재정적 자원(조직자원의 구매와 활용에 관련한 현금, 예산, 회계 등), 정보 등으로 구성된다. 또한 조직의 산출은 재화와 서비스 및 고객의 만족도, 기관이미지의 평판도 등이 포함된다. 조직구성원에 대한 산출은 보수와 혜택 등이다.

조직은 기본적인 투입과 산출이 무엇인가에 매우 의존적이다. 즉 대학의 기본적인 투입이 학생인 반면에, 병원은 환자이다. 대학의 기본적인 산출은 훈련된 학생인 반면에, 병원은 완쾌된 환자이다.

3) 하부시스템(subsystems)

조직은 몇몇 하부시스템으로 구성되어 있다. 하부시스템은 하나의 시스템 부분(parts of a system)이며, 보다 큰 규모의 시스템 내의 시스템이다. 조직의 사회적 부분과 기술적 부분은 하부시스템으로 고려될 수 있다. 조직생존을 위해 요구되는 구체적인 기능은 하부시스템에 의해 수행된다. 조직의 하부시스템은 5가지 본질적인 기능 – 생산, 경계 스패닝(boundary spanning),[2] 유지(maintenance), 적응(adaptation), 관리 – 을 이행한다.

하부시스템은 또한 보다 소규모의 하부시스템들로 구성되며, 전체 시스템에 영향을 미칠 수 있다. 각 하부시스템은 관련된 실체(entities)와 구성요소들의 집합이다. 예를 들면, 사회적 하부시스템의 실체는 사람들이며, 그리고 몇몇 구성요소들은 감성, 느낌, 요구 등이다. 시스템은 복잡성에서 차이가 있다. 조직은 매우 복잡한 단계의 시스템이다.

Kenneth Boulding(1956)은 시스템의 복잡성을 기술하기 위해 단계(levels)의 개념을 활용했다. Boulding은 복잡성이 증가되어 가는 9개의 단계를 제시하고 있다. 즉 가장 단순한 기반구조(simple framework structure, 예를 들면 태양시스템)에서 가장 복잡한 인간, 혹은 사회적 시스템의 9단계로 구성하고 있다. Boulding이 인식한 복잡성의 9단계는 다음과 같다.

① 프레임워크(frameworks) : 인간구조의 일부, 도서관에서 활용하는 목록시스템(cataloging system), 원자, 지도 혹은 다리와 같은 고정된 프레임워크이다.

② 시계장치(clockworks)

③ 통제시스템(control systems) : 외부적으로 규정된 목표 혹은 기준에 따라 시스템 행태를 규제하는 것, 예컨대 온도조절장치(thermostats)이다. 이 단계는 규제자와

---

2 경계 하부시스템은 조직 경계에 있어 거래(transactions)를 다룬다. 경계 하부시스템은 경계를 통제하고, 환경과의 교환(exchanges)에 대해 책임을 진다. 경계 하부시스템은 직접적으로 외부적 환경과 함께 작동한다. 경계 스패닝의 역할은 조직과 외부환경에서의 주요한 요소 사이를 연결하고 조정하는 것이다. 특히 경계 스패닝 역할은 2가지 목적 – ① 외부환경에서의 변화에 관련한 정보를 탐지하고 전달하는 것, ② 환경에 대해 조직을 대변하는 것 – 을 제공한다. 이처럼 경계의 역할은 조직을 위한 정보에 초점을 둔다(Daft, 1983: 57).

운영자 사이의 시스템에서 정보의 흐름이 있다.

④ 개방시스템(open systems) : 개방시스템은 자기보존구조의 세포(cells)이다. 통제시스템은 균형목표(equilibrium target)를 지향하는 반면에, 개방시스템은 내부적 구별(internal differentiation)을 유지한다.

⑤ 계획된 성장시스템(blueprinted growth systems) : 이 시스템은 식물(plants)로, 주요한 특징은 분화된 의존적인 부분(뿌리, 잎, 씨앗 등)과 같은 노동의 분업이다. 이 시스템은 복제과정(duplication)을 통해 재생산되는 것이 아니라 개발을 위해 사전에 프로그램화된 지시가 내재된 씨앗 혹은 난자를 산출함으로써 재생산된다.

⑥ 내부이미지시스템(internal image systems) : 이 시스템은 전문화된 정보감각기관(눈, 귀 등)의 발달을 소유한 동물(animals)이다. 즉 이 시스템의 본질적 특성은 상이한 정보 수용자를 통해 획득된 환경에 대한 구체적인 의식이다.

⑦ 상징과정시스템(symbol-processing systems) : 이 시스템은 인간(human beings)이며, 자아의식을 소유한다. 즉 환경에 대한 상세한 의식뿐만 아니라 자의식(self-consciousness)이 나타난다. 이 시스템은 아이디어와 상징으로부터 정보를 일반화하거나 요약하는 능력을 가진다.

⑧ 다양한 머리가 있는 시스템(multicephalous systems) : 이 시스템은 사회적 조직(social organizations)이며, 이 시스템의 단위는 단지 사람이 아니라 조직과 관련한 사람의 역할이다. 다양한 머리(several brains)를 가진 자유로운 시스템이다. 예를 들면, 콘서트에서의 연주는 개개인들 활동의 집합체이다.

⑨ 알려지지 않는 복잡성의 시스템(systems of unknown complexity) : 이 시스템은 경험을 초월한 시스템(transcendental system)으로 아직 상상할 수 없는 시스템의 새로운 복잡성이 나타날 가능성을 반영한 것이다.

또한 조직시스템은 [그림 6-3]과 같이 5개의 중첩된 하부시스템으로 구성되어 있다. 이들 각각의 하부시스템은 자신의 투입, 전환과정, 산출을 가지고 있다. 이들은 자신의 관점에서 환경과 상호작용을 한다.

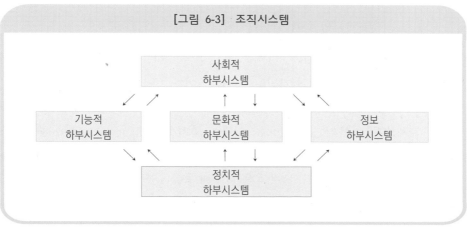

[그림 6-3] 조직시스템

출처: Narayanan & Nath(1993: 77).

(1) 기능적 하부시스템

기능적 하부시스템(functional subsystems)은 공식적인 직무의 정의, 직무구조 간의 관계, 조직의 공식적 혹은 합법적 권위구조, 명시된 정책, 절차, 규정, 공식적 보상과 인센티브 시스템, 기능적 전문화와 조정에 관심을 가진다. 이 하부시스템의 중요한 문제와 이슈는 직무명세화(job specification)와 전문화, 조정과 통제, 권위구조의 설계, 조직설계를 강화하기 위한 규정과 정책이다. 이 영역은 고전적 조직이론가인 Max Weber, Luther Gulick, Lyndall Urwick, Frederick Taylor의 영역이다.

(2) 사회적 하부시스템

사회적 하부시스템(social subsystems)은 조직 내 사람들의 사회적 상호작용으로부터 일어난다. 기능적 하부시스템이 조직 내 개인들의 기능적 역할을 명확하게 한다. 사회적 관계가 차별을 발생하게 하고, 사회적 구조가 만들어진다. 사회적 규범이 이들 구조를 유지하게 하고, 비공식적 커뮤니케이션 네트워크를 발전시키고, 개인들은 자신의 사회적 역할을 수행하도록 요구된다.

(3) 정보하부시스템

정보하부시스템(informational subsystems)의 주요한 활동은 공식적·비공식적 채널을 통해 발생하는 정보의 전달(transmission)이다. 공식적 커뮤니케이션 과정은 조직에 있어 한 지점에서 다른 지점으로의 정보의 수집, 과정 및 전달을 포함한다. 비공식적 채널은 소문의 근원지(rumor mills), 불평토론회(gripe sessions), 공식적으로 규정하지 않은 채널이 포함된다. 이 하부시스템은 우선적으로 기능적 하부시스템의 요구에 기여한다. 따라서 기능적 하부시스템의 한 부분이라고 주장하기도 한다.

(4) 정치적 하부시스템

정치적 하부시스템(political subsystems)은 권력관계, 참여자들의 연합관계를 다룬다. 이는 사회적 하부시스템 내 집단구성에서 연합관계이다. 이 시스템은 구성원들의 사회적 욕구를 만족시키기 위해 형성된다. 사람들은 자신의 권력욕구를 만족시키기 위해 정치적 연합관계를 형성한다. 이 하부시스템의 구성요소들은 권력원, 협상기술, 갈등, 부족한 자원(scare resources), 목표, 통제욕구 등이다.

(5) 문화적 하부시스템

문화적 하부시스템(cultural subsystems)은 조직에서 비교적 오래 지속되는 모습이다. 이 시스템은 조직참여자들 사이에 공유하는 규범, 가치, 신념 등이다. 이와 같이 공유된 것들은 사회화 과정을 통해 신입 구성원들에게 전달된다. 구성원들은 주어진 상황의 문화를 수용한다. 문화적 하부시스템은 조직에서 분명하게 표현되지는 않고, 비가시적인 측면으로 존재한다. 문화적 하부시스템은 일종의 조직적 무의식(organizational unconscious)이 되며, 조직에 대해 정체성을 제공한다.

이들 하부시스템은 [그림 6-3]과 같이 상호의존적이며, 상당한 정도로 중첩되어 있다. 예를 들면, 정보 하부시스템으로부터 기능적 하부시스템으로 정보흐름이 있고, 반대로 기능적 하부시스템으로부터 정보 하부시스템으로 정보가 흐른다.

하부시스템 사이의 연계는 조직의 전체주의 본성(holistic nature)을 강조하는 것이
다. 즉 하나의 하부시스템에서의 변화는 다른 하부시스템으로의 파급효과를 가져
온다.

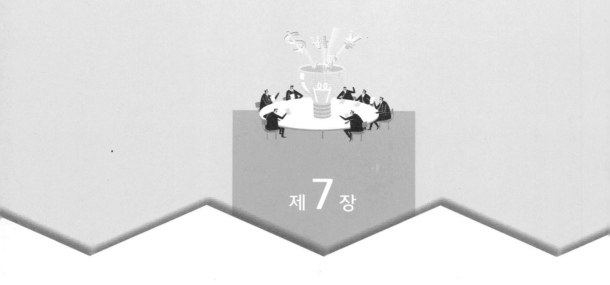

제 7 장

조직의 상황적합적 관점

　　상황적합적 접근법은 조직 사이와 조직 내의 상황적 차이점(situational differences)
에 초점을 둔다. 즉 어떤 상황에서 매우 효과적인 방식이 다른 상황에서 전혀 작동
되지 않는다는 것이다. 이처럼 상황적합적 접근법의 기본적인 사고는 관리에 있어
하나의 최적 방식이 존재하지 않는다는 것이다. 상황의 중요한 변수가 무엇인지,
이들 변수들이 조직효과성에 어떻게 영향을 미치는지를 이해하는 데 있어 상황적
합적 접근법은 좋은 사고의 틀을 제공한다. 이 장에서는 상황적합적 접근법의 의
의, 기반 및 관련된 연구들을 간략하게 살펴보고자 한다.

상황적합의 의의와 기반

1. 상황적합의 의의

상황적합적 접근법(狀況適合的 接近法, contingency approach)은 조직과 관리에 관한 유일의 적절한 형태(appropriate form)를 강조했던 최선의 방법을 거부한다. 반면에 조직이 직면하는 다양한 상황 또는 조건하에서 효과적인 다양한 조직형태를 강조한다. 상황적합적 접근법의 초점은 상황, 특정한 시점에 조직에 영향을 미치는 구체적인 환경적 맥락이다. 이처럼 상황적합적 접근법은 상황적 사고(situational thinking)의 중요성을 강조한다.

이러한 상황적합적 접근법은 시스템 시각의 분지(outgrowth) 가운데 하나이다. 즉 이 접근법은 시스템이론에 확고하게 뿌리를 두고 있으며, 1960년대와 1970년에 걸친 조직분석의 지배적인 접근법이다. 이 접근법의 주된 주제는 모든 상황에서 비판 없이 적용될 수 있는 보편적인 관리원칙(universal principles of management)이 없다는 것이다. 즉 조직체는 각 조직에 고유한 내부적인 요인과 환경적인 조건에 의존한다. 이리하여 조직적 접근법과 관리적 접근법은 조직체에 따라 다양해야만 한다(Bowditch & Buono, 1985: 19). 이에 관리자는 특정한 상황에서 조직목적을 달성하는 데 가장 잘 기여하는 기법에 대한 정확한 이해가 중요하다.

상황적합이론가들은 구체적인 상황에 적용할 가장 적절한 조직설계와 관리활동을 규정하기 위해 노력한다. 상황적합(contingency)의 용어는 하나의 일이 다른 것에 관련되어 있다(one thing is related to another)는 것을 의미한다.

Kast와 Rosenzweig(1985)에 의하면, 상황적합적 시각은 조직과 조직환경 사이의 상호관계, 그리고 하부시스템 내 혹은 하부시스템 사이의 상호관계를 이해하는 것이다. 이것은 다변수(multivariate)의 조직본성을 강조하고 조직이 다양한 조건

(varying conditions)과 구체적인 상황에서 어떻게 운영되는가를 이해하기 위한 시도이다.

상황적합(狀況適合, contingencies)이란 관리자가 직면하는 상황, 그리고 관리자 행동에 영향을 미치는 요인을 언급하는 것이다. 상황적합적 시각은 2가지 주요한 주제에서 논의된다. ① 시스템이론의 분파(offshoot)로서 상황적합적 시각을 이해한다. 시스템이론은 일반적으로 과학을 통합하기 위해 시도한다. 반면에 상황적합적 시각은 조직연구에 있어 시스템이론의 적용을 대변한다. ② 조직에서 모든 의사결정은 상황적합적이다. 즉 구체적인 이론이 아니라 상황적합적으로 고려한다.

이와 같이 조직연구에서 상황적합적 시각은 조직에 관해 형성된 문제 이론가(questions theorists)를 반영하는 것이다.

상황적합적 시각과 시스템 개념 사이에는 몇몇 영역에서 관련성이 존재한다.

① 개방시스템 모델에서 모든 조직은 환경과 상호작용을 한다는 사고가 공식화되어 있다. 반면에 상황적합적 시각에 있어 환경은 조직효과성의 중요한 결정요인 중의 하나로 간주된다. 상황적합 이론가들은 조직이 직면하는 환경을 유형화하고, 상이한 조직환경에 적합한 조직특성을 발견하려고 노력한다.

② 시스템이론은 하부시스템 사이의 상호의존성을 강조한다. 상황적합적 시각에 있어 활동의 처방이 조직을 환경과 상호조정하게 설계할 뿐만 아니라 내부적 요소를 조정하도록 설계한다.

③ 시스템이론에서 동일종국성(equifinality)의 개념은 단일의 최상의 해결책은 없다는 상황적합의 개념과 유사하다. 즉 상황적합적 시각은 상당히 가능한 해결책을 제시한다.

④ 시스템 개념은 상이한 단계에서도 적용할 수 있다. 같은 맥락에서 상황적합적 시각은 조직에 있어 상이한 수준 – 개인, 집단, 조직 – 에서 적용할 수 있다.

⑤ 환류(feedback)는 시스템 모델에서 중심적 개념이다. 이것은 상황적합적 시각에서도 지배적인 개념이다. 즉 진단을 위해 필요한 데이터 수집과정은 조직에 있어 환류를 시작하는 방식이다. 상황적합 이론가들은 조직연구에서 시스템이론가들이 제공하는 진단의 틀(diagnostic framework)을 활용한다. 이처럼 상황적합적

시각은 조직현상에 있어 시스템이론의 적용이다.

2. 상황적합의 기반

1) 역사적 기반

경영관리의 문헌에서 상황적합적 시각이 수용된 것은 3가지 역사적 경향에 기반을 둔다. ① 조직이 직면한 환경의 복잡성이 증가된 것이다. 20세기 들어 학자들은 효과적인 관리접근을 발견하기 위해 조직 내부를 관찰했다. 제2차세계대전 이후, 조직이 직면한 환경은 매우 동태적이고 복잡하게 되었다. 이리하여 관습적인 관리적 사고(conventional managerial thought)의 틀로는 더이상 관리적 문제를 해결할 수 없게 되었다. 최상의 방식이 어떤 경우에는 터무니없는 역기능(downright dysfunctional)이 되었다. 이리하여 적절한 관리방식은 조직이 직면한 상황에 의존하게 되었다. ② 1950년대와 1960년대의 경제적 팽창은 폭발적인 관리자의 요구를 불러왔다. 이에 경영대학은 관리를 전문화할 수 있는 기회를 가졌다. ③ 사회과학과 정책결정 사이의 관계개념이 근본적인 변화를 겪었다. 심리학이 노동자의 선발에 중요한 역할을 발휘했을 때 사회과학은 실용적 역할이 낮았다. 1950년대에 사회과학은 제3의 문화(the third culture)로 명명되기도 했다.

2) 철학적 기반

상황적합적 시각은 2개의 적대적 입장 사이에서 중도의 입장(moderate position)을 취한다. 보편적인 법칙의 입장(nomothetic stance)에서 과학자들은 보편적인 관계(universal relations) 혹은 일반화를 추구하는 경향이 있다. 즉 심리학자들은 모든 개개인들이 보유하는 보편적인 법칙을 추구한다. 개별 사례의 입장(idiographic stance)에서 과학자들은 특별한 것을 추구하는 경향이 있다. 임상심리학자는 과학적인 생각(scientific-minded)을 선호한다. 즉 보편주의자들은 가장 효과적인 방식이 무엇인가에 초점을 두지만, 임상심리학의 접근은 구체적인 조직에 초점을 둔다. 상황적합이론가들은 상이한 방식이 성공할 수 있는 맥락을 이해하기 위해 시도한다. 즉 대안적 접근방식은 무엇인가, 무슨 조건에서 성공적일 수 있는가 등의 질문을 선호한다. 이것은 단지 해결을 추구하는 것이 아니라 해결의 적절한 맥락을 추구한다.

3) 이론적 기반

경제학자들이 상황적합이론을 옹호하는 첫 번째 학자들이다. 이들은 완전경쟁, 독점, 과점과 같은 상이한 시장조건들을 범주화한다. 또한 회사의 행태가 상이한 시장에서 어떻게 변화하는지에 대해 공식화한다.

집단수준에서 상황적합적 시각을 채택한 초기의 연구자 중 한 사람이 Frederick Fiedler이다. 1951년에 Fiedler는 동료학자와 함께 리더십의 효과성에 관한 상황적 본성에 초점을 두고 연구하였다. 이 연구에서 Fiedler는 집단성과를 최대화하는 리더십 스타일은 집단의 본성과 업무의 본성에 의존한다고 주장한다. 즉 극단적 조건(extreme conditions)에서 독재적 리더십(autocratic leadership)이 요구되는 반면에, 중도의 조건(moderate conditions)에서는 배려적 리더십(considerate leadership)이 적절하다는 것이다. 즉 모든 상황에서 최상인 하나의 리더십 유형은 존재하지 않는다는 것이다.

제 2 절   상황적합이론

과거 수년 동안 조직현상의 연구에서 새로운 경향이 일어나고 있다. 특히 상황적합이론가들은 합리적-고전학파와 인적자원이론가 사이의 화해를 시도한다.

상황적합이론에서 관리자란 조직구조의 재설계를 통해 환경에 대한 조직적
적응(organization adaptation)의 역할을 하는 존재로 이해된다.

Paul Lawrence와 Jay Lorsch(1967)는 저서 「조직과 환경(*Organization and Environment*)」
에서 다음과 같이 주장한다. "효과적인 조직이 되기 위해서는 조직의 내부적 기능
이 조직업무, 기술, 외부환경, 그리고 조직구성원의 요구에 부합되어야 한다. 즉
모든 조건에서 조직화하는 데 최상의 방법에 대한 만병통치약(panacea)을 추구하
는 대신에 조직이 직면하는 외부적 압력과 조직구성원의 요구에 대응하는 조직의
기능을 검토해야 한다."

이와 같이 상황적합이론(contingency theory)은 외부적 요건과 구성원의 요구에
부응하는 조직의 과정과 내적 상태를 탐구한다. 상황적합이론은 현존하는 작업의
순서(existing order of things)를 설명한다. 즉 상이한 산업체 조직은 다른 구조를 보
인다는 것이다. 전반적으로 상황적합이론가들은 처방(prescriptions)에 관심이 있다.
이들 학자는 상이한 환경에 적합한 조직구조에 관심을 가진다. 상황적합이론가들
은 효과성의 열쇠로 적합성(congruence)을 강조한다. 조직의 구성요소가 스스로 적
합하고 조직환경에 부합된다면 조직은 적정하다는 것이다.

조직의 환경이 강력해짐에 따라 이론가들은 환경에 대한 조직의 의존을 연구
하기 시작했다. 대표적인 이론으로는 ① 환경적 상황이론, ② 자원의존이론, ③ 인
구생태이론, ④ 제도이론 등이 있다.

1. 환경적 상황이론

환경적 상황이론(environmental contingency theories)은 고정불변한 조직이론은
존재하지 않으며, 끊임없이 변화하는 조직환경에 적합한 전략을 찾아야 한다는 것
이다. 즉 관리자는 조직환경의 복잡성과 불확실성에 관련된 환경적 변수 사이의
상호작용을 분석하고, 최적의 의사결정을 내려야 한다.

환경적 상황이론과 관련하여, 영국의 사회학자 Tom Burns와 George Stalker,

미국의 조직이론가 Paul Lawrence와 Jay Lorsch는 조직구조는 조직환경에 직면하고 있는 조건에 기초한다고 주장한다.

Burns와 Stalker(1961)는 안정적 환경에서 성공적인 조직은 엄격한 권위 라인과 명확하게 할당된 책임영역에서 관례화한 활동을 전문화해야 한다. 반면에 급격하게 변화하는 환경에서 조직은 유연성이 요구되고, 조직구성원은 변화하는 조직환경에 대응하여 자신의 기술을 적용하는 것이 권장되며, 변화하는 업무패턴에 적합하도록 격려되어야 한다. 따라서 유기적 조직이든지 혹은 기계적 조직이든지 각각 상이한 환경조건에서 적절하다. 안정적 환경에서는 기계적 유형의 이점이 있다. 즉 루틴된 활동을 이행하는 데 표준적 절차를 활용함으로 효율성을 가져올 수 있다. 이런 조건의 조직은 조직활동을 최소의 비용과 최대의 이익의 관점에서 최적화하는 것을 학습할 것이다. 하지만 조직이 급변하는 환경변화에 적응하기 위해 업무활동을 끊임없이 변화시켜야 하기 때문에 루틴화의 이점은 상실된다. 유기적 조직형태(organic forms)가 가지는 유연성이 변화하는 조직환경에서 장점이 있다. 이런 조직은 필요한 혁신과 상황적 적응을 지원한다.

또한 초기의 환경적 상황이론에서 불확실성은 [그림 7-1]과 같이 복잡성과 변화율로부터 초래되는 환경적 속성이다. 복잡성(complexity)은 환경에서의 요소의 수와 다양성을 말한다. 변화율(rate of change)은 이들 요소가 얼마나 급변하는지를 말한다. 이에 환경적 불확실성(environmental uncertainty)은 변화하는 복잡성의 정도와 환경에서의 변화 사이의 상호작용으로 정의할 수 있다.

환경적 불확실성 이론의 문제점은 환경에서의 조건을 모든 사람이 같은 방식으로 경험하는 것으로 가정한다는 점이다. 하지만 같은 환경조건에 대해서 어떤 관리자는 안정적인 환경으로, 다른 관리자는 불확실한 환경으로 지각한다. 오늘날 조직이론가들은 불확실성이란 조직에 있어 의사결정을 할 때 환경에(in the environment) 놓여 있는 것이 아니라 환경을 고려하는 개인에게(in the individuals) 영향력이 있다는 것이다. 이런 관점은 불확실성에 대한 정보적 지각과 연계되어 있다(Hatch & Cunliffe, 2006: 77-78).

정보적 지각은 관리자가 환경을 예측 불가능한 것으로 지각할 때 불확실성을

[그림 7-1] 환경의 불확실성과 정보의 관계

변화율(rate of change)

		낮음	높음
복잡성 (complexity)	적음	낮은 불확실성 (필요한 정보가 알려져 있고, 이용할 수 있음)	보통의 불확실성 (새로운 정보가 끊임없이 필요함)
	많음	보통의 불확실성 (정보의 과부하, information overload)	높은 불확실성 (무슨 정보가 필요한지 알 수 없음)

출처: Hatch & Cunliffe(2006: 79).

경험한다고 주장한다. 이것은 관리자가 건전한 결정을 할 필요가 있는 상황에서 자신의 정보가 부족할 때 일어난다.

또한 [그림 7-1]과 같이 관리자는 자신이 필요한 정보를 알고 있고, 이용할 수 있을 때 환경을 복잡성이 가장 적고 안정적인 것으로 지각할 것이다. 반면에 관리자는 끊임없이 변화하는 정보의 양이 너무 과도할 때 매우 복잡하고 변화가 무쌍한 환경으로 지각할 것이다.

또한 Paul Lawrence와 Jay Lorsch는 1967년 「조직과 환경(*Organization and Environment*)」이라는 저서에서 조직은 조직환경에서 매우 상이한 조건과 많은 요소들에 직면한다고 주장한다. 상이한 환경적 요구는 내적 분화(internal differentiation)를 위한 압박을 일으킨다. 분화는 환경으로부터 상이한 요구에 대해 대응하기 위해서 조직부서 사이에 전문화를 가져오게 한다.

145

2. 자원의존이론

자원의존이론(資源依存理論, resource dependence theory)은 Jeffrer Pfeffer와 Gerald Salancik에서 발달된 것이다. Pfeffer와 Salancik은 1978년 「조직의 외부통제(*The External Control of Organizations*)」라는 저서에서 조직은 매우 중요한 자원(critical resources)을 환경에 의존한다고 한다. 즉 환경은 조직의 전략적 행동에 있어 강력한 영향력이라는 것이다. 이처럼 자원의존이론은 조직은 자신의 환경에 의해 통제된다는 가정에 기초한다. 이에 관리자는 환경적 결정(environmental determination)인 혹독한 바다를 어떻게 항해할 것인가를 학습해야 한다고 제안하고 있다. 즉 관리의 중요한 업무는 이러한 환경적 의존에 대한 개선이다. 즉 자원획득이다.

자원의존이론의 기본적 주장은 조직 간의 네트워크(organizational network) 분석은 관리자에게 조직과 다른 네트워크 행위자 사이에 존재하는 권력/의존관계를 이해하는 데 도움을 준다는 것이다. 이러한 지식은 관리자에게 환경으로부터의 영향력 원천을 예상할 수 있게 하고, 조직이 대항력 있는 의존(countervailing dependence)으로부터 벗어나게 함으로써 이러한 영향을 상쇄할 수 있는 방법을 제안한다.

환경에 대한 조직의 취약성(vulnerability)은 환경에 의해 통제를 받는 자원인 원자재, 노동, 자본, 장비, 지식, 생산과 서비스의 배출구와 같은 자원의 필요성에서 초래된다. 환경은 이러한 의존으로부터 조직에 대해 권한을 끌어낸다. 이에 환경은 경쟁적 가격, 바람직한 상품과 서비스, 효율적인 조직구조와 과정 등을 조직에게 요구함에 있어 환경적 권한을 활용한다.

자원의존분석은 [그림 7-2]와 같이 조직이 필요로 하는 자원을 명확하게 함으로써 시작되고, 그다음 그 자원의 원천을 추적하게 된다. 개방시스템 사고를 적용한다면, 먼저 조직의 투입과 산출의 원천을 명확하게 해야 한다. 그로써 자원이 어디로 흐르는지, 산출이 결국 어디를 지향하는지를 인지할 수 있다. 이와 같이 조직산출에 관련한 추적은 조직네트워크에서 구체적인 고객을 명확하게 할 수 있다.

실제에 있어 조직이 모든 잠재적 경쟁, 특별한 관심사와 규제 등 환경과 관련

[그림 7-2] 자원의존이론의 적용

자본투입
(투자자)

지식과 장비 투입
(기술부분)

조직
(organization)

원자재 투입
(제공자)

산출
(고객)

노동투입
(종업원)

출처: Hatch & Cunliffe(2006: 81).

한 모든 의존적인 원천을 고려하는 것은 불가능할 것이다. 이에 Pfeffer와 Salancik
은 조직에 관련된 자원의 임계성과 희소성에 의한 분석으로 요소들에 대해 우선순
위를 매길 것을 제안하고 있다. 임계성(criticality)은 특별한 자원에 대한 중요성을
평가하는 것이다. 조직은 임계자원 없이는 기능을 할 수 없다. 희소성은 자원의
이용가능성에 대한 평가이다.

　　환경의존에 대한 관리는 조직이 의존하는 특별한 환경적 요인의 관점에서 대
항력(countervailing power)을 수립할 것을 요구한다. 이에 첫째로 관리자는 자원의존
의 관점에서 자원의 임계성과 희소성에 따른 조직 간 네트워크를 충분하게 이해해
야만 한다. 둘째로 관리자는 조직이 의존하는 다른 환경적 액터를 마련하든지 혹
은 의존을 피할 수 있는 방법을 찾아야 한다. 즉 조직은 다수의 공급원천을 마련함
으로써 특정한 공급자의 권한을 줄일 수 있을 것이다. 이리하여 자원공급자와 합
병하거나(수직적 통합전략, vertical integration strategies), 경쟁자 관계를 관리하는 전략
(수평적 통합전략, horizontal integration strategies)이 필요하다.

　　이처럼 자원의존을 관리하는 것은 조직환경에 대한 면밀한 정의와 모니터링
이 요구된다. 즉 자원의존이론가들은 자원의 흐름에 초점을 두며, 환경으로부터

자원획득 방법을 열거한다. 법률, 공모, 합병, 코옵테이션(cooptation, 포섭), 다른 전략을 통하여 조직은 조직요구에서부터 자원확보와 유지에 일어나는 불확실성을 회피한다. 정치적 활동은 효과적인 관리활동을 위해 피할 수 없는 것이며, 필연적이다.

3. 인구생태이론

인구생태이론(人口生態理論, population ecology theory)은 조직은 조직운영에 필요한 자원을 환경에 의존한다고 가정한다. 이 점에 있어 자원의존이론과 같지만, 자원의존이론의 관점은 조직분석 단위에 뿌리를 두지만, 인구생태학은 환경의 수준에서 적용된다. 따라서 인구생태학은 희소하고 임계적인 자원을 위한 경쟁에 초점을 두는 것이 아니라, 제한된 자원풀에서 경쟁하는 모든 조직 사이의 성공과 실패의 패턴을 추구한다. 즉 인구생태학은 환경 내에서 구체적인 영역인 생태적 지위(ecological niche)를 연구한다. 생태적 지위는 경쟁그룹이 의존하는 자원풀로 구성된다.

인구생태학에 있어 조직환경은 조직욕구에 가장 부합할 수 있는 경쟁그룹으로부터 선택할 수 있는 권한을 가진다. 이에 인구생태학은 Darwin의 적자생존(survival of the fittest principle)에 대한 조직적 버전이다. 조직인구의 역학관계는 Darwin 원리의 전개와 같이 3가지 과정－변이, 선택, 보유－으로 설명할 수 있다.

① 변이(variation) : 주로 새로운 조직에 대한 탄생을 일으키는 기업가적 혁신(entrepreneurial innovation)에 의해 일어난다. 또한 조직환경의 새로운 위협 혹은 기회에 대한 반응처럼 기존조직에의 적응을 통해 일어날 수 있다.

② 선택(selection) : 생태적 지위의 요구와 필요에 가장 적합한 조직이 자원의 지원에 의해 일어난다. 비선택(non-selection)으로 항상 조직의 쇠퇴와 소멸이 일어나는 것은 아니며, 다른 자원적 지위를 유지하기 위해 현존하는 환경과 투쟁해야 한다.

③ 보유(retention) : 자원이 지속적으로 조직에 투입되는 것을 의미한다. 적합성을 유지하는 것은 조직생존과 같은 것이다. 끊임없는 환경의 변화는 지속적인 적응을 요구한다.

인구생태이론(population ecology theory)도 조직운명을 결정하는 데 환경이 전능한(all-powerful) 것이라고 본다. Charles Darwin의 연구에 영감을 받은 이들 연구자는 환경이 지배하는 규칙의 경쟁적인 게임에 있어 가장 적합한(fittest) 것으로 성공적인 조직을 묘사하고 있다. 이들 이론가는 이러한 관점에서 조직의 실패를 설명한다.

Howard Aldrich(1979)는 「조직과 환경(*Organizations and Environments*)」이라는 저서에서 인구생태이론을 옹호한다. Aldrich는 조직변화에 대한 인구생태모형은 생물생태(biological ecology)에서 잘 발달된 모델을 취한다는 것이다. 이 모형은 변화의 핵심적인 힘으로 조직환경에 있어 자원의 본질과 분배(nature and distribution)에 초점을 둔다. 또한 William Ouchi(1981)는 일본회사와 미국회사의 심층적 연구를 통해 성공적인 회사에 있어 공통적인 문화특성을 발견하고 있다.

이러한 인구생태이론은 다음과 같은 몇 가지 측면에 비판을 받고 있다(Hatch & Cunliffe, 2006: 85).

첫째, Darwin이론과 더불어 적합의 정의가 문제이다. 생존은 적합으로 설명되고, 적합은 생존으로 정의되어진다. 인구생태이론의 핵심에서 동어반복이 이루어지고 있다.

둘째, 이 이론은 높은 경쟁을 가진 인구에 대해 가장 잘 적용된다. 따라서 모든 인구를 이렇게 기술하는 데는 적합하지 않다. 즉 높은 개시비용(start-up cost) 혹은 복잡한 법률적 규제와 같이 진입 혹은 탈퇴에 중요한 장벽을 가진 인구는 인구생태연구에 있어 이상적인 사례가 아니다.

4. 제도이론

제도이론의 선구자는 Philip Selznick이다. Selznick은 조직이 내부그룹의 노력과 외부사회의 가치에 적응하는 것을 관찰했다. 이것이 제도이론의 기초가 된다. Selznick의 아이디어에 기초하여 Paul DiMaggio와 Woody Powell(1983)은 조직들은 사회뿐만 아니라 경제적 적합을 위해 단지 자원과 고객을 위해 경쟁하는 것이 아니라 정치적 권한과 제도적 합법성(institutional legitimacy)을 위해 경쟁한다고 한다. 환경은 조직에 대해 2가지 상이한 방식으로 요구한다. 첫째, 환경은 조직에 대해 기술적·경제적·물질적 요구를 한다. 즉 환경은 시장 혹은 준시장(quasi- market)에 있어 조직의 상품과 서비스를 생산하고, 그리고 교환하도록 조직에게 요구한다. 둘째, 환경은 조직이 사회에서 특별한 역할을 발휘하고, 어떤 외적인 외모를 유지하도록 요구한다. 즉 환경은 조직에 대해 사회적·문화적·법률적 혹은 정치적 요구를 한다.

제도(制度, institution)란 인간의 상호관계의 틀을 형성하는 제약조건이다(North, 1992: 3). W. Richard Scott(1987)은 제도화(institutionalization)를 행동이 반복되는 과정이고, 자신과 다른 사람에 의해 유사한 의미의 과정이 계속되는 것으로 정의하고 있다. 활동패턴은 때로는 규범, 가치 그리고 기대에 의해 지지된다. 이러한 제도는 개인이 직면하는 정보, 인센티브 및 상황에 영향을 미치고, 또한 행태와 집합적 결과를 형성하는 중요한 맥락 변수이다. 이 분야의 학자들은 제도를 인간행위를 제약하고 영향을 미치는 것으로서 이해하고, 상대적 지속성을 갖고 있는 광의의 규약, 절차, 정체와 경제의 다양한 단위에서 개인 사이의 관계를 구성하는 표준화된 활동까지 확대시키고 있다(Hall, 1986: 19).

Powell과 DiMaggio(1991)는 3가지 상이한 제도적 압박(institutional pressures)을 제시하고 있다. 이들 제도적 압박으로부터 사회적·문화적·정치적 그리고 법률적 기대에 의해 환경이 조직화될 때 제도화되었다고 말한다.

① 강요적 제도압박(coercive institutional pressures) : 정부의 규제나 법률에서 나타

난다.

② 규범적 제도압박(normative institutional pressures) : 조직구성원의 교육을 통하여 문화적 기대로부터 나타난다.

③ 모방적 제도압박(mimetic institutional pressures) : 기대에 부응하기 위해 다른 조직의 구조, 실제 혹은 산출을 모방하는 것으로 나타난다. 이러한 압박은 불확실성에 대한 반응으로 설명될 수 있다.

이와 같이 제도는 사람들의 상호관계를 규정하는 일련의 제약이기 때문에 사람들의 교환행위의 유인체계를 결정하는 중요한 역할을 한다. 이러한 제도는 다음과 같이 몇 가지 역할을 수행한다. ① 상호작용하고 있는 인간들의 관계를 규율한다. 인간행위를 통제하는 메커니즘으로 제도는 개개인들의 활동을 용이하게 하고 활발히 이루어질 수 있도록 유인한다. ② 제도는 인간의 선호와 행위를 제약하는 규범이기 때문에 사회적 위험을 방지하는 역할을 한다. 이리하여 제도는 우리 생활의 기초를 이루며 안전을 보장하는 역할을 한다. ③ 제도는 다양한 거래행위의 안정성과 예측가능성을 부여한다. 즉 안정적인 구조를 제공함으로써 불확실성을 줄인다(최난관, 2004: 49-50).

이러한 제도주의의 특성은 대체로 국가정책이 제도에 의해 결정되고, 일정 정도 지속적으로 영향을 받기 때문에 국가의 내적인 제도적 차이를 분석함으로써 국가 간 정책의 차이점을 이해할 수 있다는 점이다. 또한 신제도주의는 제도적 방식이 국가와 시대에 따라 상이하기 때문에 국가와 시대에 따라 관료의 행태에 있어 차이가 존재한다고 가정한다.

제도적 관점에서 환경은 조직이 무엇으로 보이는지, 조직이 어떻게 처신하는지에 대해 공유하는 관점을 제공하는 기반이다. 특정한 조직분석에 있어 제도이론을 적용하는 것은 조직이 제도적 맥락에 대해 어떻게 적응하는지를 알아보려는 것이다. 즉 조직에 대해 환경이 영향을 가하는 제도적 압박의 유형과 원천(규제기관, 법률, 사회적 그리고 문화적 기대)을 분석한다. 또한 의사결정과정이 제도적 진화에 의해 혹은 합리적 선택에 의해 어떻게 형성되는가를 고려하는 것이다.

특히 기존의 제도이론은 제도를 일정한 인간행동을 유인하는 장으로 파악했지만, 신제도주의는 제도가 인간의 선호나 유인에 어떠한 영향을 미치고 궁극적으로 인간의 행태에 어떠한 영향을 미치는가에 대한 경로를 분석한다. 즉 신제도주의(new institutionalism)는 제도에 대한 정태적인 기술에 그쳤던 구 제도주의와 보편적인 일반법칙만을 강조하여 정책의 특성을 무시한 행태주의를 비롯한 기존의 접근방법들의 한계를 극복하였다는 점에서 정치현상이나 정책에 대한 매우 유용한 접근방법이다.

이러한 신제도주의는 1940년대 중반 이후 정치학과 행정학을 비롯한 서구의 사회과학을 주도하고 있던 행태주의에 대한 비판으로부터 출발하였다. 즉 신제도주의는 행태주의적 접근방법의 한계를 극복하고자 국가별 정책의 특성을 정책과정에 참여하는 개인이나 집단의 합리적 선택의 합(合)으로서 파악하지 않고, 국가 간의 제도적 차이에 의하여 형성되는 것으로 간주한다. 신제도주의는 제도를 법적 구조나 정치제도 또는 행정조직과 같은 공식적이며, 구체적인 제도뿐만 아니라 개인이나 집단 또는 사회조직 간의 관계를 구성하는 규칙이나 절차와 정책참여자 간의 동태적인 상호관계까지도 포함하는 매우 포괄적인 개념으로 파악하고 있다(염재호, 1993: 21-22).

하지만 신제도주의는 다음과 같은 방법론상의 한계를 극복하지 못하고 있다는 비판이 있다(염재호, 1993: 30-32).

첫째, 신제도주의는 개별 국가의 제도적 특성이 국가 간의 정책적 차이를 효과적으로 설명해 줄 수 있다고 강조하고 있다. 그러나 개별 국가의 제도적 특성과 그것이 형성되어 온 사회적 맥락은 매우 다양하기 때문에, 신제도주의 역시 구 제도주의와 마찬가지로 역사적으로 형성된 개별 국가의 제도적 차이에 대한 보편적인 분석방법을 결여하고 있다.

둘째, 신제도주의는 역사적·비판분석적 접근방법에 주로 의존하고 있다. 이와 같은 귀납적 접근방법은 제도적 특성에 대한 설명을 자칫 이야기 만들기(storytelling)에 그치게 할 우려가 있다.

셋째, 신제도주의는 제도 이외에 공공정책에 영향을 미치는 다른 변수들을 경시하고 있으며, 제도와 행위자 간의 상호작용에 대한 문제를 해결하지 못하고 있다.

넷째, 신제도주의는 정책을 설명하는 독립변수로서 제도의 일관성과 연속성을 가정하고 있기 때문에 제도 자체의 변화에 대한 문제를 명쾌하게 해결하지 못하는 한계를 갖고 있다.

제 3 절 　상황적합적 관련 연구

상황적합적 접근법의 대표적인 학자들의 연구들은 다양하게 전개된다.

1. 조직구조와 규모의 연구

1) James Thompson의 연구

James Thompson(1967)의 「행위의 조직학(*Organizations in Action*)」은 상황적응적 시각을 보다 발전시킨 영향력 있는 책이다. Thompson에 의하면, 조직은 작업과정에서 서로 정보를 교환하고, 조직환경에 부합되는 구조를 채택해야 한다. 조직환경이 불안정하고 변화할 때는 환경에 적응하기 위한 유연성을 제공하기 위해 보다 덜 공식화된 규칙과 절차를 지닌 분권화된 구조를 채택한다. 조직은 보다 복합적이고 유연한 구조를 채택함으로써 조직기술과 환경에서의 불확실성과 복잡성에 대응할 수 있다. 반면에 명확한 명령통일과 상의하달의 의사소통체계, 엄격한 작업전문화 및 엄격한 규칙과 절차는 복잡한 정보를 처리하고 적응하는 데 너무 느리고 경직될 수 있다.

조직이론가들은 규모와 몇몇 조직의 내부적 특성 사이의 연계를 설정하기 위해 노력하였다. 따라서 조직특성에 대한 규모의 영향에 관심을 가진 학자들은 공식화, 전문화, 표준화, 집중화와 같은 관료제적 차원에 초점을 둔다. 이들 학자는 조직규모가 커질수록 보다 관료제가 되는지, 관료제적 특성에 보다 적합한 조직규모는 무엇인가 등의 물음에 흥미를 가졌다. 조직이론가들은 조직규모가 커질수록 노동자의 업무를 통제하고 조정해야 한다고 주장한다. 관료제는 조직운영에 따른 조정의 비용을 줄인다.

2) Daniel Katz와 Robert Kahn의 연구

Daniel Katz와 Robert Kahn(1966)은 「조직의 사회심리학(*The Social Psychology of Organizations*)」이라는 저서에서 투입, 전환과정, 산출 및 환류라는 체제적 용어를 조직에 적용하는 것이 얼마나 유용한가를 보여 주고 있다. 또한 Katz와 Kahn은 처리과정(throughput process)의 분석에서 유지적 하부체제, 적응적 하부체제, 관리적 하부체제를 포함한 다양한 하부체제를 구별하고 있다.

특히 개방적이고 적응적 체제와 같은 조직의 은유(metaphor)는 조직을 이해하고 분석하는 데 강력한 도구라는 것이다. 이러한 시스템적 분석이 다양한 영향과 긴급한 상황에 적응하는 사회체제로서 조직을 이해하는 데 유용한 분석 틀이 된다.

2. 기술에 대한 연구

기술(技術, technology)이라는 용어는 상이한 사람에 대해 다른 것(different things to different people)으로 전환하는 수단을 의미한다. Charles Perrow(1970)는 기술을 원자재—사람, 정보, 물리적 자재—를 바람직한 재화와 서비스로 전환하는 수단으로 기술하고 있다. 이처럼 조직이론에서 기술은 투입에서 산출로 전환할 때 요구되는 지식, 도구, 기법, 행동을 의미한다. 또한 기술은 기계, 구성원의 기량, 업무절차를 포함한다.

[그림 7-3] 기술, 과업, 구조 및 목적의 상호관계

출처: Mescon, Albert & Khedouri(1988: 76).

조직의 기술은 생산적 하부시스템에서 일어나는 전환과정이다. 즉 시스템이론에서 기술은 전환과정의 요소(throughput factors)로서 언급된다. 조직의 기술은 조직의 주된 생산 혹은 서비스를 산출하는 데 활용된다. 기술은 조직에 유입되는 원자재, 과업활동의 가변성, 전환과정에 있어 기계화의 정도, 기계적 보조의 활용, 업무흐름에 있어 어떤 업무가 다른 업무에 의존하는 정도, 새로운 산출의 수를 조사함으로써 평가할 수 있다.

또한 기술은 [그림 7−3]과 같이 과업에 밀접하게 관련되어 있다. 어떤 과업을 수행하는 것은 특정한 기술−원자재의 투입을 바람직한 산출로 전환하는 수단−을 활용하는 것을 포함한다.

1) Joan Woodward의 연구

영국의 사회학자 Joan Woodward(1965)는 기술의 중요성에 관심을 가진 초기의 조직이론가이다. Woodward는 영국의 남부 Essex 부근에서 운영되는 100개의 제조업 조직을 설문조사했다. Woodward는 상대적 성과수준(보통 이상, 보통, 보통 이하), 통솔의 범위, 관리단계의 수, 의사결정에 있어 집권화 정도, 관리스타일 등을 측정했다. 이 조사에서 Woodward는 고전적 관리변수의 패턴이 높은 성과수준과 일관성 있게 관련된 사실은 밝혀냈다.

　　Woodward는 기술적 복잡성(technical complexity)의 수준에 따라 조직을 그룹화했다. 기술적 복잡성은 제조과정에 있어 기계화 정도(degree of mechanization)로 정의되고 있다. 그녀의 분석은 구조는 성과에 관련되어 있으며, 조직에서 활용하는 핵심기술(core technology)의 유형으로 설명될 수 있다. 조직을 위한 최상의 구조는 조직이 활용하는 핵심기술에 의존한다는 것이다.

　　결국 기술이 조직의 내부적 특성에 어떠한 영향을 미치는가? 이 물음에 대해 Joan Woodward는 기술은 공장의 방법과 과정(methods and processes of manufacture)이라고 정의하고, 관리구조를 결정하는 중요한 요인이라고 주장한다. 상이한 기술이 개인과 조직에 대해 다른 유형의 요구를 강요한다. 이들 요구는 적절한 구조를 통하

표 7-1　　사회구조와 기술의 관계에 관한 Woodward의 연구

구조적 차원	기술유형		
	단위생산 (unit production)	대량생산 (mass production)	연속생산 (continuous production)
관리계층의 수	3	4	6
통솔의 범위(명)	23	48	15
직접노동/간접노동의 비율 (노동자/관리자의 노동비율, labor ratio)	9 : 1	4 : 1	1 : 1
행정적 비율(administrative ratio) 관리자/전체 인원의 비율	낮음	중간	높음
노동자의 기술수준(skill level)	높음	낮음	높음
공식화(문서의 의사소통)	낮음	높음	낮음
집권화	낮음	높음	낮음
언어적(verbal) 의사소통의 양	높음	낮음	높음
문서화된(written) 의사소통의 양	낮음	높음	낮음
전체적 구조(overall structure)	유기적 구조	기계적 구조	유기적 구조

출처: Woodward(1965).

여 이루어진다. Woodward는 〈표 7-1〉과 같이 3가지 유형으로 기술을 분류하고 있다.

▶ 업무의 분석가능성에 대해 각 조직구성원은 다음의 물음에 1에서 7로 응답한다.
• 당신이 보통 접하는 중요한 업무유형을 수행하는 데 있어 명확하게 알려진 방법(a clearly known way)이 있는가?
• 당신은 업무수행에 있어 안내할 수 있는 명확하게 규정한 지식체계(defined body of knowledge) 혹은 주제가 있는가?
• 당신은 업무수행에 있어 따를 수 있는 이해 가능한 연속적 단계(sequence of steps)가 있는가?
• 당신의 업무를 수행함에 있어 규정된 절차와 관례를 실질적으로 어느 정도 의존할 수 있는가?

출처: Dafts(1983: 176).

둘째, 업무의 변이성(task variability)은 주어진 기술에 대한 적용에 있어 직면하는 표준적 절차에 대한 예외의 수(the number of exception)에 의해 측정된다. 만약 업무가 아주 일상적이라면 예외가 적다. 이 업무는 이미 계획이나 규정에 따라 프로그램화되어 있기 때문에 각 조직구성원들은 자유재량권이 거의 없다.

▶ 업무의 변이성에 대해 각 조직구성원은 다음의 물음에 1에서 7로 응답한다.
• 얼마나 많은 업무가 일상적(the same from day-to-day)으로 같은가?
• 당신이 당신의 업무를 루틴하다(routine)고 어느 정도 말하는가?
• 이 부서의 사람들이 대부분 시간 같은 방식(the same way)으로 같은 직무를 수행하는가?
• 기본적으로 부서의 구성원들이 자신들의 직무를 이행함에 있어 반복적인 활동(repetitive activities)을 수행하는가?
• 당신의 업무는 얼마나 반복되는가(repetitious)?

출처: Daft(1983: 176).

2) Charles Perrow의 연구

Perrow(1967)는 [그림 7-4]와 같이 업무의 변이성과 업무의 분석 가능성을 2×2 매트릭스에 의해 4가지 기술유형으로 제시하고 있다.

[그림 7-4] Perrow의 기술유형

출처: Perrow(1967).

(1) 루틴기술(routine technologies)

이 기술은 낮은 업무 변이성과 높은 업무분석 가능성에 의해 특징된다. 즉 루틴기술은 낮은 업무변이성과 객관적으로 컴퓨터 절차의 활용에 의해 특징지어진다. 업무는 공식화되고 표준화되어 있다. 이러한 사례로는 Thompson의 길게 연결된 자동차조립라인과 Woodward의 대량생산기술유형이다.

(2) 공예기술(craft technology)

공예기술은 상당히 안정적인 활동 스트림(stream)으로 특징지어진다. 하지만 전환과정의 분석이 어렵고 논리적으로 이해하기가 어렵다. 조직구성원들은 지혜, 통찰력, 경험에 기반한 무형적인 요인(intangible factors)에 반응해야 하기 때문에 업무는 상당한 훈련과 경험이 요구된다. 이 기술은 낮은 업무변이성과 낮은 업무분석 가능성의 조건에 속한다.

이 기술의 사례로, Corning의 유리공장에서 근무하는 유리제조인은 최고의 기술수준에 도달하려면 20년 이상 소요된다. 건설노동자는 표준적 절차에 대해 예외가 거의 없다. 예외적인 업무(예: 이용할 수 없은 자재, 기획의 착오)를 만났을 때는 이들 문제를 다루는 방식을 스스로 알아내야 한다.

(3) 엔지니어링기술(engineering technologies)

엔지니어링기술은 수행하는 업무에 있어 상당한 변이성이 존재하기 때문에 복잡하다. 이 기술은 높은 업무변이성이 높은 업무분석 가능성과 결합할 때 일어난다. 실험실 기술자, 비서실장, 회계사, 대부분의 엔지니어의 기술은 이 범주에 속한다. 엔지니어링 기술에서는 표준적 관례에 많은 예외가 발생하지만, 이들 문제를 해결하는 데 필요한 지식을 조직구성원들이 소유하고 있다.

(4) 비일상적 기술(nonroutine technology)

이 기술은 높은 업무변이성과 낮은 업무분석 가능성에 의해 특징되는 기술이다. 비일상적인 기술에 있어 대부분의 노력은 문제와 활동을 분석하는 데 소요된다. 경험 더하기 기술적 지식이 문제를 해결하고 과업을 수행하는 데 활용된다.

이 기술은 연구개발부서, 항공우주공학 엔지니어링회사, 원형실험실(prototype laboratories)에서 나타난다. 이 기술범주는 Thompson의 집약기술과 공통성을 가진다. 비일상적인 기술에서 큰 문제에 부딪혀 이를 해결하기 위한 방법이 부족하면 조직구성원들은 다소간 불확실한 상태에 놓이게 된다.

3) James Thompson의 연구

James Thompson(1967)에 의하면, 조직은 개방시스템이고, 기술은 조직의 외부환경뿐만 아니라 내적 과업활동을 반영한다. 이런 시각에서 Thompson은 제조업조직과 서비스분야의 조직에 관련한 기술적 유형화를 전개했다. Thompson은 3가지 기술유형을 제시하고 있다. 특히 길게 연계된 기술은 본질적으로 Woodward의 대량생산 및 몇몇 과정생산과 같고, 집약기술은 고객기술과 동등하다. 집약기술의 의도는 유연성을 최대화하는 것이다. 중개기술은 많은 측면에서 고객과정생산과 대량상산과정 사이에 존재한다.

Woodward는 주로 산업조직에서의 기술에 관심을 가졌지만, Thompson은 모든 조직을 포괄할 수 있는 하나의 안(a scheme)을 발견하고자 노력하였다. 이에 Thompson의 분류는 광범위한 조직에 대한 기술을 설명하는 데 보다 적합하다.

(1) 길게 연결된 기술(long-linked technologies)

이 기술은 Woodward가 정의한 대량생산 혹은 연속과정의 범주에 적합하다. 조직활동은 길게 연결된 기술에서 연속해서 일어난다. 운영 1의 산출은 운영 2에 투입이 되고, 운영 2의 산출은 운영 3에 투입이 되며, 최종의 산물은 고객이 이용할 수 있다.

예를 들면, 자동차 조립라인, 전력생산 기술은 길게 연결된 기술에 적합하다. 이 유형의 모든 기술은 업무 A는 업무 B 전에 수행되어야 하고, 업무 B는 업무 C 전에 생산되는 일련의 연속적인 단계를 가진 직선 모양의 변환프로세스(linear transformation processes) 형식의 기술이다.

(2) 중개기술(mediating technologies)

중개기술은 외부환경으로부터 고객의 중개 혹은 연결에 관련되어 있다. 이들 고객들은 면대면 거래에 관련된 비용 혹은 복잡성 때문에 서로 거래할 수 없다. 중개기술은 상호의존하기를 원하는 집단, 고객과 같은 집단에 의한 회의로 특정지어진다. 즉 고용기관은 노동의 공급자와 구매자 사이를 연계한다. 이 기술은 은행, 증권회사, 보험회사와 같이 종종 물리적인 접촉 없이도 조직의 투입과 산출을 고객들과 연결하여 준다. 예를 들면, 은행은 대출을 원하는 차용자와 투자를 원하는 저축하는 사람을 접촉하는 데 중개기술을 활용한다. 또한 증권중개인은 판매자와 구매자를 중개한다.

(3) 집약기술(intensive technologies)

집약기술은 고객에 대해 전문화된 서비스의 집합에 의해 특징지어진다. 집약기술은 병원의 응급실, 연구실험실, 엔지니어링 디자인 혹은 건축업무와 같이 프로젝트 조직에서 일어난다. 이 기술은 특수한 투입에 대한 고객요구에 맞춘 산출(customized output)로 전환하는데, 두 사람 이상의 전문가의 특수한 능력에 대한 조정이 요구된다. 이 기술의 활용은 새로운 문제 혹은 특유한 상황에 대해 전문적 지식의 현지에서의(on-the-spot) 적용과 전개가 요구된다. 이 기술의 사례로 병원의 응급실은 식이요법(dietary), X-ray, 실험실, 시설관리과, 작업요법, 사회복지서비스 등과 같은 서비스의 결합을 요구한다.

Thompson의 기술유형은 [그림 7-5]와 같이 핵심기술이 투입과 산출의 두 부문에서 환경이 개방되어 있기 때문에 개방적 조직시스템 모델에 기반을 둔다.

[그림 7-5] Thompson의 기술유형

		전환과정	
		표준화	비표준화
투입/산출	표준화	길게 연결된 기술 (long-linked)	?
	비표준화	중개기술 (mediating)	집약기술 (intensive)

출처: Thompson(1967).

Thompson은 기술은 전환과정에서의 실질적인 의존성에 따라 상이하다고 한다. 몇몇 기술은 투입과 산출의 과정에서 상당히 표준화되어 있고(자동차조립 노동자의 업무수행), 다른 기술은 과정의 표준화가 매우 낮다(응급실에 근무하는 직원).

Thompson은 2×2 매트릭스를 활용하여 3가지의 조직기술유형과 추가적인 유형 하나를 제시하고 있다. 하지만 4번째 대안에 대해서는 무시했다. ① 표준화된 전환과정을 가진 표준화된 투입/산출은 길게 연결된 기술을 기술한다. ② 표준화된 전환과정을 가진 비표준화된 투입/산출은 중개기술을 기술한다. ③ 비표준화된 전환과정을 가진 비표준화된 투입/산출은 집약기술을 기술한다. ④ 비표준화된 전환과정을 가진 표준화된 투입/산출이다.

3. 조직환경의 연구

1) Burns와 Stalker의 연구

Burns와 Stalker(1961)는 「혁신의 관리(*The Management of Innovation*)」라는 책에서 약 20개의 영국 전기회사를 대상으로 가장 안정적인 것으로부터 가장 예측 가능성이 적은 것에 이르기까지 5가지의 광범위한 환경적 조건을 분석하였다. 이 분석을 통하여 효과적인 조직은 상황에 부합되는 조직구조를 가지고 있다는 것을 보여 주고 있다. 또한 외부환경은 내부적 관리구조와 관련이 있다는 것을 발견했다.

Burns와 Stalker는 관리구조와 실제를 토대로 두 가지 유형으로 조직을 분류하고 있다.

(1) 기계적 조직

기계적 조직(mechanistic organization)은 고전적 접근방법에 따라 설계된 관료제적 조직으로 특징된다. 이 조직은 기계와 같은 유형으로 운영하도록 설계되어 있다. 즉 외부적 환경이 안정적일 때 고전적 관리원리가 조직에 나타난다는 것이다.

이 조직은 엄격한 권위라인, 명확한 직무명세화, 계층적 구조의 통솔, 권위 및 커뮤니케이션에 의해 특정된다. 이 조직은 공식화되어 있고, 대부분의 의사결정이 최고관리층에서 결정되도록 집권화되어 있다.

따라서 기계적 관리시스템은 본질적으로 엄격하다. 이 시스템의 특징은 〈표 7-2〉와 같이 관료제의 특성과 매우 유사하다(Campbell, 1999: 16).

① 업무는 전문화되어 있다.

② 명확하게 규정된 업무와 절차(clearly-defined duties and procedures)

③ 명확한 계층제적 구조(clear hierachical structure)

④ 지식과 전문성(knowledge and expertise)은 조직의 최고계층에 놓여 있다.

⑤ 조직활동에 대한 통제방식으로서 상관에 의한 명확한 지시와 결정(clear instructions and decision)

⑥ 조직과 상관에 대한 조직구성원의 충성 강요(insistence on loyalty)

(2) 유기적 조직

유기적 조직(organic organization)은 동태적이고 변화하는 환경(dynamic & changing environments)에서 나타나는 비교적 유연한 구조이다. 즉 급변하는 환경에서 내부적 조직은 상당히 느슨하고, 자유롭게 흐르고, 적응적이다. 예를 들면, 유연한 조직체가 급속한 전기회사의 변화에 보다 성공적으로 적응한다.

이와 같이 유기적 조직체는 상하 간의 명령체제, 하위구성원 행태에 대한 통제가 덜 강조되며, 직무기술과 조직차트에 대한 엄격한 일치를 강하게 주장하지 않는다. 또한 네트워크적이고 수평적인 의사소통이 강조되며, 조장자(facilitator)로서 상관과의 관계가 유연하고 변화하는 직무할당이 중요하다. 이러한 조직체는 변화가 심하고 불확실한 조건하에서 보다 효과적으로 혁신하고 적응한다. 반면에 안정적인 환경과 기술조건하에서는 기계적인 조직유형이 느슨하게 구조화된 조직보다 성공적이다. 따라서 상황에 부합되는 적절한 적응적 조직유형의 필요성이 강조되고 있다.

　　유기적 조직은 변화하는 환경조건에서 가장 적절하다. 즉 변화하는 조직환경에 부합하는 것은 보다 유연하고, 그리고 덜 엄격한 조직철학이다. 유기적 조직은 〈표 7-2〉와 같이 다음의 특성을 가진다(Campbell, 1999: 16).

　　① 조직성공에 대한 전문적 지식, 기술 및 경험의 중요성 강조

　　② 조직환경 변화에 따라 업무의 지속적인 재정의(a continual redefinition)

　　③ 통제와 권위의 계층제적 구조보다는 네트워크 구조(network structure), 계층제적 관계보다 수평기능적 관계(cross-functional relationships)의 중요성 증가. 권위의 계층제가 명확하지 않고, 의사결정 권위는 분권적이다.

표 7-2　유기적 시스템과 기계적 시스템

구 분	유기적 시스템	기계적 시스템
조직원리	통합(integration)	전문화(specialization)
업무의 정의	전체적 상황에 대한 유동성	명확한 명세화와 제한
조정	네트워크 구조	공식적 계층제
몰입	전체 조직(to the total organization)	직무(to the job)
커뮤니케이션	수평적(lateral)	수직적(vertical)
커뮤니케이션의 내용	정보와 상담(counsel)	감독자로부터 지시와 결정
권위와 통제	권위와 통제에 대한 낮은 계층제, 적은 규칙	권위와 통제에 대한 엄격한 계층제, 많은 규칙
업무에 대한 지식	조직에의 광범위한 분산	조직의 최고관리층에 집중화
가치	업무에 대한 몰입	상관에 대한 몰입
명망(prestige)	조직 외부의 환경에 유효한 전문가로부터 도출	조직에 대한 내부적 지식으로부터 도출
공식화(formalization)	낮음(low)	높음(high)
전문화(specialization)	낮음	높음
표준화(standardization)	낮음	높음
분권화(decentralization)	높음	낮음

출처: Daft(1983: 61); Narayanan & Nath(1993: 111).

④ 우월한 지식(superior knowledge)은 조직에 있어 어떤 사람의 권위와 필연적으로 관계되는 것이 아니다.

⑤ 의사소통은 지시와 명령보다 오히려 정보에 강조점을 반영한 오르내리는 수평적(lateral) 흐름이다.

⑥ 조직의 전체 업무와 목표에 대한 조직구성원의 광범위한 몰입

⑦ 조직 내 개인의 기여에 강조점을 둔다.

2) Paul Lawrence와 Jay Lorsch의 연구

Paul Lawrence와 Jay Lorsch(1967)는 다양한 불확실성, 복잡성 및 변화에 직면하고 있는 3가지 구별되는 산업에 관련된 미국 회사를 연구하였다. 즉 Paul과 Lorsch는 10개의 기업조직의 제조업부서, 연구부서, 판매부서의 3가지 조직부서를 조사했다. 이 연구에서 각 부서는 〈표 7-3〉과 같이 외부적 환경의 전문화된 영역과 효과적으로 상호작용하기 위해 상이한 방향과 구조를 전개한다. 각 부서는 상이한 외부집단과 상호작용한다.

이들 학자는 조직에 있어 2가지 핵심적인 변수 – 조직구조와 환경– 에 관심을 가졌다. 이들 학자는 비교적 불안정하거나 변화하는 환경에 있는 조직과 안정적인 환경에 있는 조직을 조사하였다. 이들 학자들은 분화와 통합의 정도에 따라 조직을 분석하였다.

이러한 연구를 통하여 Lawrence와 Lorsch는 성공적인 조직은 환경요구에 일치하는 유형으로 구조화되는 것을 발견하였다. 즉 효과적인 구조의 결정체로서 조직환경을 강조하고 있다. 조직구조의 유형은 조직에서 일어나는 분화(分化, differentiation)의 본질과 정도에 영향을 받는다.

분화에 영향을 미치는 조직의 4가지 기본적인 구성요소는 다음과 같다. ① 구조의 공식성(formality) : 규칙과 절차의 의존성, ② 목표지향성(goal orientation) : 시장목표의 관심과 과학적 목표의 관심, ③ 시간정향(time orientation) : 단기적인 기간과 장기적인 기간, ④ 개인 간의 성향(interpersonal orientation) : 업무성취의 관심과

표 7-3	조직부서 사이의 방향과 목표의 차이점		
특　징	R&D 부서	제조업부서	판매부서
목　적	새로운 개발, 질	효율적 생산	고객만족
시계(time horizon)	장기	단기	단기
개인 간 성향 (orientation)	대부분 과업	과업 (task)	사회적 (social)
구조의 공식화	낮음	높음	높음

출처: Lawrence & Lorsch(1969: 23-39).

사람 간의 관계에 대한 관심으로 측정된다.

　　이러한 시각에서 성공적인 기술적 조직은 공식화의 정도가 낮고, 시장목표성향보다는 과학적 목표에 관심을 가지며, 업무성향에 부합한 장기적인 기간의 정향을 가진 관리자가 있는 조직구조라는 것이다. 반면에 사회적 클럽과 같은 조직은 시장정향성, 의식적인 형태가 상당한 정도의 공식성, 단기적인 시각 및 사람 간의 관계에 관심을 가진다.

　　더욱이 Lawrence와 Lorsch는 성공적인 조직은 조직환경과 부합되는 성향을 가진다는 것을 발견하였다. 즉 보다 안정적인 환경을 가진 조직은 상대적으로 전통적이고 계층적인 구조에 의해 관리되는 반면에, 보다 불안정하고 불확실한 환경을 가진 조직은 그렇지 않다는 것이다. 불확실한 환경에서의 성공적인 조직은 보다 높은 수준의 통합과 조정의 방법을 가지고 있다.

　　이러한 Lawrence와 Lorsch의 연구를 요약하면 다음과 같다.

　　① 조직의 통합과 분화의 정도가 모두 높을 때 비교적 변화하는 조직환경을 가진 조직이 보다 좋은 성과를 산출한다.

　　② 분화의 정도는 낮지만 통합의 정도가 높을 때 비교적 안정적인 조직환경을 가진 조직이 보다 좋은 성과를 산출한다.

　　③ 분화의 하나의 결점은 상당히 분화된 조직에서 갈등을 해결하는 데 어려움이 있다는 점이다.

④ 갈등해결은 빈약한 성과를 산출하는 경쟁조직보다는 좋은 성과를 산출하는 조직에서 보다 잘 이루어진다.

⑤ 불안정한 환경에서의 통합은 중간 관리계층과 낮은 관리계층 사이에 보다 보편적이다. 보다 안정적인 환경에서는 고위관리층이 보다 통합능력을 발휘한다.

3) Richard Daft의 연구

Daft(1983)는 환경의 불확실성이 조직구조에 미치는 영향을 [그림 7-6]과 같이 요약하고 있다. 단순한 환경은 조직구조가 단순하다. 환경이 복잡할수록 조직은 보다 많은 수의 완충장치의 부서(buffer department)와 경계 스패너(boundary spanner)가 필요하다.

환경이 안정적일 때 내부적 구조와 과정은 기계적이다. 반면에 환경이 불안정할 때 조직구조는 덜 공식적이고, 덜 집권적이며, 유기적 과정이 지배적이다. 이

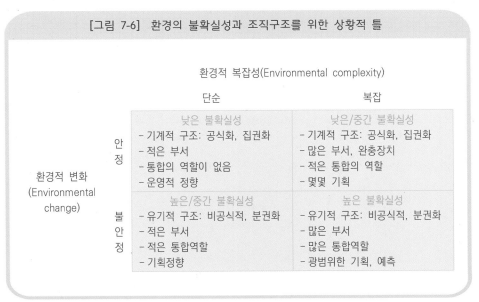

[그림 7-6] 환경의 불확실성과 조직구조를 위한 상황적 틀

환경적 복잡성(Environmental complexity)

	단순	복잡
안정	낮은 불확실성 - 기계적 구조: 공식화, 집권화 - 적은 부서 - 통합의 역할이 없음 - 운영적 정향	낮은/중간 불확실성 - 기계적 구조: 공식화, 집권화 - 많은 부서, 완충장치 - 적은 통합의 역할 - 몇몇 기획
불안정	높은/중간 불확실성 - 유기적 구조: 비공식적, 분권화 - 적은 부서 - 적은 통합역할 - 기획정향	높은 불확실성 - 유기적 구조: 비공식적, 분권화 - 많은 부서 - 많은 통합역할 - 광범위한 기획, 예측

환경적 변화(Environmental change)

출처: Daft(1983: 64).

에 조직은 미래변화를 예측하여 불확실성을 줄이기 위해 기획을 보다 중요하게 활용하게 된다.

[그림 7-6]에서와 같이 ① 낮은 불확실성 환경은 적은 부서와 기계적 구조를 가진 소규모 조직이 보편적이다. ② 낮고-중간(low-moderate)의 불확실성은 보다 복잡하다. 부서를 조정하기 위한 역할에 관련된 통합에 있어 보다 많은 부서가 요구된다. 몇몇 기획은 외부적 영역을 분석하는 데 활용된다. 조직구조는 유기적이며, 기획이 강조된다. ③ 상당히 복잡한 환경은 관리적 관점에서 모든 것이 가장 어렵다. 조직은 대규모적이며 많은 부서를 가지지만, 유기적이다. 많은 수의 관리적 인원은 조정과 통합의 임무를 수행하며, 조직은 기획과 예측을 강조한다.

Daft(1983)는 조직이 외부적 환경에 적응하기 위해 활용하는 방법으로 조직구조, 완충장치부서, 경계역할, 분화, 기획을 들고 있다. 더욱이 조직은 생존의 가능성을 증가시키기 위해 외부환경에서 몇몇 요소를 변화시킨다.

외부환경을 관리하기 위해 채택하는 전략은 〈표 7-4〉와 같이 ① 환경에 있어 핵심적인 요소를 우호적인 연결장치로 설정하거나, ② 환경적 영역을 구체화하는 것이다.

표 7-4　외부환경을 통제하기 위한 전략

우호적인 연결장치의 설정	환경적 영역을 통제
- 합병(merger) - 합작투자(joint ventures), 계약 - 협력(cooperation), 겸직 임원회의(interlocking directorates) - 임원채용(executive recruitment) - 광고, 홍보(public relations)	- 영역의 변경(change domains) - 정치적 활동, 규제 - 무역협회(trade associations)

출처: Daft(1983: 65).

168

4) William Ouchi의 연구

William Ouchi(1981)는 미국에 있는 일본계 회사들은 일본의 관리기법과 조금 다르게 운영된다는 것을 발견하고, 미국에서 활용되는 보편적인 관리기법을 조합하여 Theory Z로 명명하였다. Theory Z는 미국과 일본의 관리체계의 장점을 수용하고, 미국과 일본의 문화적 차이를 허용하는 관리기법이라는 것이다. 이리하여 Theory Z는 보다 참여적인 의사결정, 보다 활발한 의사소통, 원활한 직무순환, 덜 전문적 경력체계, 팀워크의 강조, 관리자-구성원 간의 좋은 관계 등을 포함하고 있다.

표 7-5 Theory Z의 특징

구 분	일본의 관리기법	Theory Z	미국의 관리기법
고용기간	평생 동안(lifetime)	장기적: 해고하지 않음	단기적 고용(short-term)
평가와 승진체계	느리게(slow) 시행	비교적 느리게 시행	급속하게 시행(rapid)
통제기제	암시적(implicit) 통제	비공식적, 암시적 통제	명시적(explicit) 통제
의사결정	집단적(collective)	공유적(shared)	개별적(individual)
경력통로	비전문적(non-specialized)	비전문적, 직무순환	전문적(specialized)
책임성	집단적	공유적	개별적
가치	가족적 환경을 발전시킴	가족적 환경을 제공함	각 개인별 관심

출처: Ouchi(1981: 58).

>>> 제 8 장 조직환경
제 9 장 조직문화

제2편　조직환경과 조직문화

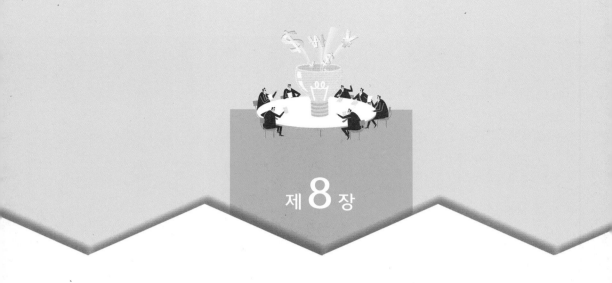

조직환경

조직은 결코 동일하게 머물지 않는다(Organizations never stay the same). 왜냐하면 조직을 둘러싸고 있는 세계는 결코 동일하게 머물러 있지 않기 때문이다. 이에 조직의 외부세계(고객, 경쟁자, 정부기관, 노동력풀 등)에 끊임없이 관심을 갖고 변화에 대응능력을 갖추어야 한다.

이런 맥락에서 조직이 직면하는 환경의 본질은 무엇인가, 조직은 자신의 환경에 어떻게 대처(cope with)하는가에 대해 살펴본다.

오늘날 조직의 외부환경은 관리자에게 중요성이 증가하고 있고, 도전적인 과제이기도 하다. 이 장에서는 조직환경의 의의와 기반, 조직환경의 특성, 환경분석 등을 살펴보면서 조직환경의 본질을 이해하고자 한다.

제1절   조직환경의 의의와 기반

1. 조직환경의 의의

조직환경(organizational environments)이란 조직의 경계 밖에 놓여 있는 실체이며, 조직의 기능과 성과 및 행태에 영향을 미치는 조직의 외부적 요인을 말한다. 즉 조직환경은 조직의 경계 밖에 있는 모든 것(everything outside of boundary)이다. 이러한 조직환경은 조직의 성과에 영향을 미칠 수 있는 조직 외부에 있는 다양한 힘으로 구성된다.

조직환경은 조직에 자원(투입)을 제공하고, 조직의 서비스와 상품(산출)을 받아들인다. 이들 외부적인 요인은 고객의 행태 혹은 경쟁자의 행태, 조직의 특성, 정치시스템, 규제기관의 힘 등과 같이 다양하다. 조직의 외부적 요인은 무한정하기 때문에 조직이론가들은 성과를 설명하거나 혹은 향상시키는 데 도움을 주는 요인에 초점을 둔다.

이와 같이 조직환경은 조직에 대해 제약요인을 부과하고 적응을 요구함으로써 조직산출에 영향을 미친다. 조직은 조직환경이 제공하는 다양한 자원에 의존하고, 환경이 요구하는 불확실성에 직면한다.

이 점에 있어 조직은 생존과 건강성을 지속하기 위해서 조직환경에 대한 분석이 필요하다. 환경분석은 주요한 의사결정자가 조직환경─현재와 미래의 조직의 기능과 성과에 영향을 미치는 요인─의 이해를 제고하기 위한 과정이다.

이러한 환경분석은 다음과 같은 3가지 목적을 가진다.

① 환경에서 발생하는 현재와 잠재적인 변화에 관해 주요한 의사결정자에게 알리는 것이다.

② 최고의사결정자에게 전략적으로 중요한 정보를 제공하는 것이다.

③ 의사결정자들이 환경에서의 기회, 위협 및 가능성에 대해 민감하기 때문에 의사결정자들 사이에 광범위하게 일어나는 추정에 대처하는 것이다.

환경분석은 의사결정의 지각을 개선하는 것이다. 즉 의사결정자가 환경을 어떻게 고려하는가? 의사결정자가 생각하는 성공의 루트가 무엇인가 등에 대한 지각을 형성한다.

환경분석은 정보를 수집하고 분석하는 것이 포함되며, 환경변화에 대한 현재와 잠재적 영향을 그리는 것이다. 데이터 수집의 초점은 조직 내에서 진행되는 것이 아니라 외부환경이다. 이에 환경분석은 조직 내 정보 하부시스템에 초점을 두는 것이 아니다.

환경분석은 조직에 있어 다음과 같이 2가지 이점이 기대된다.

① 현재의 환경변화, 잠재적 변화(potential changes)의 지표, 미래변화에 대한 선택에 대해 설명을 제공한다. 이러한 설명은 조직의 외부적 이슈를 명확하게 하고, 이해하고, 그리고 채택하는 소요시간(lead time)을 제공한다.

② 최고관리자에게 현재 작동되고 있는 관심을 초월하여 사고하도록 유도함으로써 조직학습(organizational learning)을 위한 메커니즘을 제공한다. 또한 최고관리자에게 개방적 마인드로 환경을 조망하도록 강요한다.

이와 같이 환경분석으로 미래를 예측할 수 있다. 즉 환경분석은 환경요인에 대한 예측을 명확하게 하고, 환경을 예측할 수 없을 때 잠재력을 보여 주는 것이다. 이처럼 환경분석은 조직이 직면하는 당황스러운 일의 정도와 빈도를 줄이는 데 도움을 준다.

2. 조직환경의 기반

환경분석은 조직행태를 설명하는 데 매우 중요한 요인으로 조직환경으로 이해한다. 이것은 조직이 개방시스템이라는 사고이다. 효과적 관리활동의 출발점이 환경에 대한 분석이다.

1) 역사적 기반

조직은 환경에 대해 항상 반응한다. 이 같은 예를 1950년 초기에 있어 민간 조직의 시장부서와 재무부서에서 찾아 볼 수 있다. 최첨단 조직(leading edge organizations)의 시장부서는 시장연구-고객욕구와 반감에 대한 데이터를 수집하고 분석-에 대한 자원을 할당하기 시작했다. 이들 정보를 통해 시장전략을 형성할 수 있었다.

1960년대에 미래학자들로 명명되는 지식인 집단이 미래에 대해 논의하기 시작했다. 이들 집단에는 수학자, 경제학자, 사회과학자, 저널리스트 등이 포함되었다. 이들 중 몇몇 학자들은 사회를 위한 수리모델(mathematical model)을 설정하기 시작했다.

1970년대에 제1차 석유파동으로 인해 많은 조직들이 효과적으로 조직을 관리하기 위해 시장연구와 이자율 이외의 시장환경에 대한 전망이 필요하다는 깨닫기 시작했다. 이에 환경에서 일어나는 일들에 대한 자문의 필요성 때문에 많은 조직들이 사회과학자와 정치학자들을 고용하기 시작했다. 이에 John Naisbitt(1982)는 자신의 책 「메가트렌드(*Megatrends*)」에서 미국은 10개 주요한 트렌드를 경험할 것이라고 제시했다.

Megatrends를 Washington Post는 미래의 영역에 대한 안내(field guide of the future)로, American School Board Journal은 21세기를 향한 로드맵(a road map to the 21st century)이라고 명명하고 있다.

Naisbitt는 미국 사회의 변혁을 10가지 megatrends로 정리하고 있다.

① 산업사회에서 정보사회(information society)-정보의 창출과 분배에 기초한-로 이동한다.

② 새로운 기술과 보상적 인간반응(compensatory human response)에 부합한 하

이테크/하이터치(high tech/high touch)의 양방향으로 이동한다.

③ 격리된 자급자족의 국가경제시스템 내에서 운영되는 편안함이 더 이상 지속되지 않는다. 세계경제(a global economy)의 부분이라고 인식해야만 한다.

④ 어떠한 것을 다룸에 있어 단기적 고려(short-time considerations)와 보상에 의해 운영되는 사회로부터 장기적 시간 틀(longer term time frames)에서 재구조화해야 한다.

⑤ 소규모 조직과 부서에서, 시와 정부에서 상향식(the bottom up)으로부터 혁신적으로 활동하는 능력과 결과를 성취하는 능력을 재발견한다.

⑥ 모든 영역에서 제도적 도움(institutional help)으로부터 보다 자립(self-reliance)으로 이동한다.

⑦ 대표민주주의(representative democracy)의 틀은 동시적인 정보공유의 시대에서 더 이상 쓸모가 없게 된다.

⑧ 비공식적 네트워크(informal network)의 선호에 따라 계층적 구조에 의존하는 것을 단념하게 된다.

⑨ 대부분의 미국인들은 북부의 산업도시를 떠나 남부와 서부에서 생활하게 된다.

⑩ 제한된 개인적 선택의 범위에 있는 좁은 사회로부터 자유분방한 다수선택의 사회(a free-wheeling multiple option society)로 폭발적으로 이르게 된다.

2) 철학적 기반

환경분석의 영역에는 다음의 4가지 철학적 가정이 놓여 있다.

① 환경분석의 영역은 폐쇄적 관리시스템의 관점으로부터 개방시스템의 관점으로 이동을 의미한다. 조직과 환경이 상호의존적이라면 관리활동이 보다 효과적으로 이루어지기 위해서는 명확하게 환경에 대한 이해에 기초해야 한다.

② 환경은 조직의 유리한 관점에 의해서가 아니라 환경 자체의 관점에서 이해되어야 한다. 내부의 일반적인 정보에 반응하는 것보다 오히려 조직환경 자체에

대해 이해하는 것이 중요하다.

　③ 조직은 환경에 대해 어느 정도의 통제력을 가진다. 상황적합이론가들과 달리 환경분석은 조직이 자신의 환경을 창조하는 능력이 있다는 것이다. 이에 환경에의 적응이 조직-환경의 인터페이스를 관리하는 유일한 방법이 아니라는 것이다.

　④ 환경이 복잡해짐으로써 조직환경의 이해와 분석에 있어 시스템 개념이 채택된다.

3) 이론적 기반

　조직에 대한 개방시스템적 관점이 조직연구에서 지배하게 됨에 따라 학자들은 조직과 환경에 대한 관계에 대해 체계적으로 연구하기 시작했다. 환경이 어떻게 전개되는지, 조직에 직면하는 환경적 특성이 무엇인지, 조직은 환경에 어떻게 반응하는지, 관리자는 조직환경을 어떻게 분석하고 이해하는지 등이다.

　환경의 전개에 관한 최초의 포괄적 모델은 Fred Emery와 Eric Trist(1965)의 연구이다. 이들 학자에 따르면 조직행태의 관한 포괄적 이해를 위해 4가지 요인(조직 내의 과정, 조직으로부터 환경에의 교환, 환경으로부터 조직에의 교환, 환경 자체 내의 교환과정)에 관한 지식이 필요하다. 특히 조직환경의 인과구조로 불리는 환경 자체 내

표 8-1　환경적 구조와 관리적 적용

인과관계 구조	특 징	조직적 반응
평온, 무작위	변화가 드물며, 하나의 요인에서 변화한다.	일상업무(day-to-day operations)에 집중함. 계획이 거의 없음
평온, 군생적	변화가 드물지만, 연계된 요인의 집합(clusters)에서 일어난다.	군집적 변화를 회피하고, 예상하기 위해 계획과 예측을 한다.
불안, 반응적	외부적 요인들이 조직에의 변화에 반응하고 역으로도 반응한다. 조직은 대규모적이고 가시적이다.	다른 조직에 의한 이동과 대항수단(counter-move)을 취하는 것을 예상하기 위해 계획과 예측을 한다.
소용돌이 장	환경적 영역이 종종 변화하고 집합적이다.	환경을 해석하고 생존하기 위해 적응한다.

출처: Daft(1983: 54).

의 교환과정에 초점을 두었다.

이들 학자는 환경유형을 4가지로 분류하고 있다. Emery와 Trist는 모든 환경은 시간이 지남에 따라 동태적으로 진화한다고 한다. 즉 환경전개의 일반적 신념은 동태적 수준(불확실성과 복잡성)이 증가하는 방향으로 진행된다.

(1) 평온하고 무작위한 환경(placid, randomized environment)

이 유형의 환경은 안정적이고 불변적이다. 이 유형은 가장 단순한 환경이다. 환경의 요인은 임의로 분산되어(randomly disturbed) 있다. 환경요인들 사이의 체계적인 관계가 없으며, 환경적 요인이 느리게 변화한다. 이들 환경에서의 조직 최선의 전략은 최선을 다해 시행착오를 거듭하면서 학습하는 것이다. 이런 조직의 사례는 지방에 소재하는 약국 혹은 소규모 은행이다.

(2) 평온하고 군생한 환경(placid clustered environment)

이들 환경에서 자원은 무작위하게 분산되어 있지 않고 오히려 어떤 영역에 집중화되어 있다. 환경은 안정적이지만, 자원이 집중되어 있기 때문에 소재가 조직의 생존에 중요한 요인이 된다. 생존은 조직환경에 관한 지식에 중요하게 연계되어 있다. 최적의 소재(optimal location)가 조직 성공의 열쇠가 된다.

일본의 경쟁적인 기업 출현으로 미국의 강철회사 혹은 GM과 같은 거대한 기업이 이와 같은 환경에 직면하였다. 또한 평온하고 군생한 환경에서는 화학물질폐기물 처리절차 때문에 화학물질생산회사가 곤란을 경험하게 된다. 이들 환경에 해당하는 조직은 강력한 연합체의 요구를 회피하기 위해 집약적 반응을 계획해야 한다.

(3) 불안하고 반응적인 환경(disturbed, reactive environment)

자원이 집중되어 있을 뿐만 아니라 하나의 조직유형보다 많이 존재하기 때문에 환경이 불안정하다. 조직 사이에 경쟁이 유발된다. 이 환경에서 변화는 더 이상 무작위로 일어나지 않는다. 어떤 조직에 의한 행동이 환경을 불안하게 만들고, 반응을 불러일으킨다.

이 환경은 경제학자가 명명하는 소수 독점산업(oligopolistic industries)과 유사하다. 즉 가격, 광고, 새로운 제품에 관련하여 어떤 조직의 결정은 경쟁업체로부터의 반응을 일으키게 하고, 때로는 정부 혹은 항의집단으로부터 반응을 일으키게 한다. 이에 조직적 기획과 전략은 조직 자체의 행태만 고려하는 것이 아니라 산업체의 모든 조직을 고려해야만 한다.

(4) 격동적인 환경(turbulent environment)

이 환경은 환경요인 사이의 관계가 변화하고 관계변화가 매우 높기 때문에 동태적 환경(dynamic environment)이라고 한다. 즉 소용돌이의 장(turbulent field)은 복잡하고 급격하게 변화하는 특성의 환경이다. 소용돌이의 장은 조직에 대해 저항하기 힘든 부정적 결과를 초래한다. 환경이 급격하게 변화하기 때문에 조직이 소멸할 수도 있다.

동태적인 영역이 힘이 나타나는 것은 다음과 같은 3가지 경향(불안하고 반응적인 환경에 있는 조직 수의 증가와 이들 조직 사이의 관계의 증가, 경제적 부문과 다른 부문 사이의 상호연계가 깊어지는 것, 경쟁적 도전에 대응하기 위해 연구와 개발에 대한 의존 증가)에서 나타난다. 이런 환경에서 생존하려면 효율적인 환경 검토와 감시(scanning & monitoring)가 요구된다.

▶ 격동적인 환경(turbulent environment)의 특징
- 지속적으로 변화하는 생산품 혹은 서비스(Continually changing products or services)
- 경쟁자의 변화무쌍한 배열(An ever-changing array of competitors)
- 소비자보호, 오염방지 및 시민권리를 위한 시민과 시민단체 사이의 정치적 상호작용을 반영한 예측할 수 없는 정부의 활동(Unpredictable governmental actions reflecting political interactions between the public and various advocacy groups for consumer protection, pollution control, and civil rights)
- 주요한 기술적 혁신(Major technological innovation)

• 대규모 시민들의 가치와 행태의 급격한 변화(Rapid changes in the values and behavior of large numbers of citizens)

출처: Webber(1979: 391).

<h2>제 2 절 환경의 특성</h2>

조직에는 보다 많은 정보가 요구된다. 또한 조직은 조직환경으로부터 자원확보가 필요하다. 그 조직환경의 특성을 파악하기 위해 불확실성과 의존성의 개념을 살펴볼 필요가 있다.

1. 불확실성

불확실성(uncertainty)이란 의사결정자가 환경변화에 관해 충분한 정보를 소유하지 못하는 상태를 말한다. 조직이 정보를 거의 이용할 수 없거나 정보의 정확성에 대한 신뢰성이 낮으면 환경은 보다 불확실해질 것이다. 또한 외국 전문가에 대한 의존성이 높을수록, 그리고 외국어로 된 문서를 분석할수록 불확실성이 증가할 것이다. 환경이 불확실성할수록 효과적으로 의사결정하기가 매우 어려우며 불확실성이 높을수록 조직활동에 대한 실패의 위험도 커진다.

Robert Duncan(1972)은 [그림 8-1]과 같이 2가지 차원—단순-복잡(simple-complex)과 안정-동태(stable-dynamic)—에 의해 복잡성을 파악하고 있다. 이러한 2가지 차원은 환경평가를 위한 틀을 제공한다.

① 단순-복잡(simple-complex) 차원은 조직에 관련된 상이한 요인의 수를 언

급하는 것이다. 단순한 환경에서는 2 혹은 3개의 환경적 요인이 환경에 영향을 미친다. 예를 들면 지방소재의 약국이다. 반면에 대학은 다양한 요인(정부, 전문가집단, 동문회, 학부형, 설립자 등)과 상호작용을 한다.

② 안정-동태(stable-dynamic) 차원은 환경요인의 불안정 정도를 언급하는 것이다. 안정적 환경에서는 환경요인이 일정기간 동일하게 같다. 동태적 환경에서는 갑작스럽게 변화한다. 예를 들면, 컴퓨터회사는 동태적 환경에 직면한다.

또한 환경적 변동성(environmental volatility)은 조직환경이 변화하는 속도이다. 현대의 조직환경은 Alvin Toffler의 「미래충격(*Future Shock*)」과 「제3의 숨결(*The Third Wave*)」 그리고 John Naisbitt의 「메가트렌드(*Megatrends*)」에서 말한 것처럼 눈부신 속도로 변화하고 있다. 예를 들면, 의약품, 화학 및 전자산업의 기술적 환경과 경쟁적 환경에서의 변화율이 기계산업, 자동차부품산업, 과자제조업에 비해 매우 높다. 높은 변동적 환경을 가진 조직 혹은 하부부서는 내부적 변수와 관련하여 효과적인 의사결정을 하기 위해 보다 다양한 정보를 획득해야만 한다. 이처럼 환경적

[그림 8-1] Ducan의 조직환경의 유형

		환경의 복잡성(complexity)	
		단순(simple)	복잡(complex)
환경의 변화	안정 (stable)	1. 소규모의 유사한 외부요인 수 2. 요인이 느리게 변화 3. 예: 미용실 4. 낮은 불확실성	1. 다수의 상이한 외부요인 수 2. 요인이 느리게 변화 3. 예: 대학 4. 낮고-중간의 불확실성
	동태 (dynamic)	1. 소규모의 유사한 외부요인 수 2. 요인이 종종 변화 3. 예: 패션디자인 4. 높고-중간의 불확실성	1. 다수의 상이한 외부요인의 수 2. 요인이 종종 변화 3. 예: 전자회사 4. 높은 불확실성

출처: Ducan(1972); Narayanan & Nath(1993: 207 재인용).

181

변동성은 의사결정을 더욱 어렵게 한다.

Duncan(1972)은 조직이 직면하는 불확실성에 대해 2가지 예측을 제시하고 있다.

첫째, 불확실성은 환경이 단순하고 안정할 때 가장 낮으며, 반면에 환경이 복잡하고 동태적이면 가장 높다. 중간 정도의 불확실성은 단순-동태적인 환경과 복잡-안정적 환경에 있는 조직에서 경험할 수 있다. 이러한 환경은 비교적 예측하기가 쉽다.

둘째, 안정-동태적 차원(stable-dynamic dimension)은 불확실성을 결정하는 데 보다 중요한다. 복잡성은 역동성보다 관리자에 의해 보다 쉽게 다루어질 수 있다. 단순-동태적 환경이 복잡-안정적 환경보다 보다 더 불확실성을 야기한다. 또한 급격한 변화는 관리자에게도 불확실성을 조장한다.

Ducan은 이러한 논쟁을 뒷받침하는 연구를 [그림 8-1]과 같이 제시하고 있다.

2. 자원의존성

환경은 조직생존을 위한 가치 있는 자원의 원천이다. 조직의 모든 자원은 환경으로부터 온다. 투입과 산출은 환경에 의해 통제되는 자원이다. 즉 환경은 원천자재를 제공하고, 고객들에게 조직의 산출, 노동, 심지어 자본을 제공한다. 조직은 상당한 정도로 환경에 의존적이다.

자원의존이론가들은 조직의 대부분 자원은 다른 조직에 의해 통제되고 있다고 가정한다. 이들 이론가는 조직 사이의 관계에 우선적으로 초점을 둔다. 조직은 다른 조직과의 관계진전을 통해 자원결핍을 줄이기 위해 노력한다. 관리자들은 경영의 자유를 확보하는 것을 선호한다. 다른 한편으로 관리자들은 경영의 자유를 제한하는 자원을 확보하기 위해 조직 사이의 연계를 추구한다. 즉 조직 사이의 연계는 자치권과 자원 사이의 균형(trade-off)을 대변하는 것이다. 이와 같이 자원의

존이론가들은 자원의 영향에 초점을 둠으로써 조직환경 관계에 있어 정치적 관점을 적용한다.

특히 조직의 외부적 의존이 크고, 변화하려 한다면 조직은 이들 의존에 대처하는 조치를 취해야만 하고, 의존을 줄여야만 한다. 이리하여 조직은 2가지 대처기술을 가지고 있다. 하나는 내부적 변화이다. 조직은 외부적 환경에 적응하기 위해 조직구조, 내부적 업무패턴, 정책, 기획을 변경한다. 다른 하나는 외부적 환경에 접근하고 그에 대응하여 변경하는 것이다. 조직은 외부적 변화를 줄이기 위해 노력하거나 혹은 자신의 요구에 적합한 방향에서 외부적 조건을 변경할 수 있다 (Daft, 1983: 55).

3. 환경의 상호관련성 및 복잡성

많은 환경적 요인들이 조직에 영향을 미친다. Steiner와 Miner(1977)에 따르면, 과거의 관리자들은 경제적·기술적 환경에 관심을 집중했다. 하지만 현재의 관리자들은 사람들의 태도와 사회적 가치의 변화, 정치력, 법적 책임과 같은 환경적 영향력의 범위를 넓게 고려해야 한다.

환경의 상호관련성(environmental interrelatedness)은 한 요인의 변화가 다른 요인에 영향을 미치는 정도를 말한다. 즉 하나의 내적인 변수의 변화가 다른 내적인 변수에 영향을 미치는 것처럼, 하나의 외부적 요인의 변화는 다른 요인의 변화를 촉발하는 원인이 된다. 이러한 조직의 환경변수들 사이의 상호의존성이 증가됨으로써 환경의 복잡성은 더욱 증가된다.

여러 가지 환경적 요인의 상호관련성에 의한 영향은 현대 조직환경에 격동을 일으키고 있다. 관리자는 더 이상 환경적 요인을 독립적으로 고려할 수 없다. 관리자는 환경적 요인들이 서로 관련되어 있고, 변화한다는 사실을 인식해야만 한다. 이처럼 조직의 생존은 조직환경의 실체가 무엇인지를 아는 것에 중요하게 연계되어 있다.

[그림 8-2] 조직환경의 공간

		예측 불가능성(unpredictability)	
		낮음	높음
복잡성 (complexity)	높음	다양한 환경 (varied)	격동적 환경 (turbulent)
	낮음	안정적 환경 (calm)	지역적으로 격렬한 환경 (locally stormy)

출처: Burton, DeSanctis & Obel(2006: 43).

환경의 복잡성(environmental complexity)은 조직이 반응해야만 하는 외부적 요인의 수(the number of external factors)이고, 그리고 각 요인의 다양성 정도를 말한다. 또한 복잡성은 조직에 영향을 미치는 강력한 힘의 수를 일컫는다. 즉 정부규제기관, 노동단체와 빈번한 협상 몇몇 이익집단, 다양한 경쟁자, 급속한 기술발달의 영향을 받는 조직은 그렇지 않은 조직에 비해 보다 복잡한 환경이라고 할 수 있다.

또한 [그림 8-2]와 같이 조직환경을 기술함에 있어 2가지 차원-복잡성과 예측 불가능성-을 활용할 수 있다. 예측 불가능성(unpredictability)은 환경적 요인의 본질과 변화의 측면에서 환경에 대한 이해가 부족하거나 혹은 환경을 무시하는 것이다. 즉 예측 불가능성은 조직에 영향을 미치는 힘에 대한 불확실성의 정도이다. 이리하여 환경적 변화가 클수록 예측 가능성이 낮다는 것을 의미한다. 환경의 예측 불가능성이 높을수록 예측에 대한 정확성이 낮고, 미래에 관해 불확실한 관리의 가능성이 높아진다.

조직환경에 관한 기술에 있어 복잡성과 예측 불가능성의 2가지 차원을 적용한다면 [그림 8-2]와 같이 4가지 환경유형-안정적 환경, 다양한 환경, 지역적으로 격렬한 환경, 격동적인 환경-으로 구분할 수 있다. 조직이 안정적 환경에서 격동적 환경으로 이동할 때 일반적으로 정보과정에 대한 요구가 증가하게 된다. 조직환경의 복잡성과 예측 불가능성이 증가할수록 조직은 많은 것을 고려해야 하고, 조정해야 하는 이슈가 많이 발생한다.

1) 안정적 환경(calm environment)

안정적 환경은 낮은 복잡성과 낮은 예측 불가능성을 가진다. 이 환경은 단순하고 그리고 예상 밖의 것이 거의 없다. 이 환경은 정치적 이슈와 재정적 이슈가 관리에 중요한 도전이 아니며, 시장을 예측할 수 있다. 대부분 공공기관이 안정적 환경에 속한다.

2) 다양한 환경(varied environment)

다양한 환경은 고려해야 하는 요인이 많고, 이들 요인들이 상호의존하여 복잡하다. 하지만 이들 요인은 상대적으로 예측할 수 있고 제한적인 범위에서 변화하는 경향이 있다. 더욱이 환경에 있어 정치적 이슈와 재정적 이슈가 요인으로 추가될 수 있다. 미래환경에 대해 예측하는 기법으로 시장예측과 정치적 경향에 대한 분석이 적용된다.

3) 지역적으로 격렬한 환경(locally stormy environment)

지역적으로 격렬한 환경은 상당히 예측 불가능하지만, 아주 복잡하지는 않다. 상대적으로 상호의존적인 환경적 요인이 매우 적지만, 예측이 쉽지는 않다. 이런 환경은 농부가 비가 올 가능성을 0.5로 예측하는 것과 유사하다. 이런 환경에서 관리자는 조직에 영향을 미치는 예측 불가능한 환경적 요인에 보다 많이 관심을 가져야 한다.

이와 같이 복잡하지는 않지만 예측이 불가능한 환경은 지역적 기반에 따라 다를 수 있다. 다만 조직 전체에 대한 고려가 요구되지는 않는 환경이다.

4) 격동적 환경(turbulent environment):

격동적 환경은 높은 복잡성과 높은 예측 불가능성 모두를 가진다. 이 환경은 예측할 수 없는 상호의존적인 요인이 매우 많다. 예컨대 농부가 비의 확률을 예측할 수 없을 뿐만 아니라 곡물의 시장가격을 알 수 없는 상황에 직면한 상태이다. 즉 강우 확률과 곡물의 가격이 상호관계가 있고, 더욱이 두 변수 모두를 예측하기 어려운 환경이다. 이런 환경에서는 조직이 취할 행동대안을 신속하게 선택할 수 있도록 광범위하고 신속한 정보과정 능력을 갖추어야 한다.

▶ 조직환경의 복잡성과 예측 불가능성에 대한 질문
• 조직환경에 있어 핵심적 요인(critical factors)의 수는 얼마인가?
• 핵심적 요인을 작성하고, 그 핵심적 요인을 평가하라.
• 이들 핵심적 요인 사이의 전체적인 상호의존성은 무엇인가? 상호 관련된 요인의 전체적 등급을 선택하라(낮음, 중간, 높음).
• 조직환경에 포함된 핵심적 요인의 각각에 대해 예측 불가능성 측도에 점수를 부여하라(예측 불가능성이 낮으면 1, 높으면 5).

핵심요인의 상호의존성	조직환경에서의 요인들의 수				
	1~3	4~6	7~9	10~12	12 이상
낮음	1	1	2	2	3
보통	1	2	3	4	5
높음	3	4	4	5	5

출처: Burton, DeSanctis & Obel(2006: 48).

환경분석의 접근방법

조직은 환경에 대해 반응하고 적응함으로써 메커니즘의 레퍼토리(repertoire)를 가진다. 환경에 대한 반응은 다음의 3가지 유형으로 분류할 수 있는데, ① 적절한 전략의 선택, ② 내부구조와 과정, ③ 환경을 예측하고 이해하는 메커니즘 등이다.

이 점에서 관리자와 조직이 환경에 대해 어떻게 제대로 인식하는가에 따라 다음의 2가지 모델이 있다.

1. 주사형

Francis Aguilar는 조직환경을 매우 구조화된 것으로부터 매우 구조화되지 않는 것의 연속체 모형으로 배열하고 있다. 즉 Aguilar는 4가지 유형 - 목표가 불명확한 조망, 조건화된 조망, 비공식적 검색, 공식적 검색 - 을 제시하고 있다.

① 목표가 불명확한 조망(undirected viewing) : 특별한 목적을 가지지 않고 관리자의 정보를 노출하고 생각을 전달한다. 정보의 원천과 실체가 매우 다양하고, 전형적으로 많은 정보가 관심에서 쉽게 멀어진다.

② 조건화된 조망(conditioned viewing) : 관리자가 조건화된 정보를 수령함으로써 조직의 합목적성의 정도에 관여하게 된다. 관리자는 일련의 관심을 가지고, 이에 따라 어떤 유형의 정보를 수령한다. 이 모형은 반응적이다. 즉 관리자가 적극적으로 정보를 추구하지는 않지만, 활용할 수 있는 정보에는 반응한다.

③ 비공식적 검색(informal search) : 정보검색에 있어 적극적 성향(proactive orientation)이 포함되어 있다. 비구조화된 노력으로 구체적 목표에 대한 정보를 탐색한다.

④ 공식적 검색(formal search) : 구체적 목표에 대한 정보를 획득함에 있어 매우 적극적이고 구조화된 유형이다. 정보획득 과정에서 공식적 절차와 방법을 강조한다.

2. 주사시스템

Liam Fahey, William King, V. K. Narayanan(1981)은 환경분석에 있어 다음의 3가지 시스템 유형을 제시하고 있다.

① 불규칙적 시스템(irregular systems) : 조직은 위기상황 혹은 즉각적 결정(immediate decisions)을 함에 있어 구체적 사건을 이해하기 위해 특별한 기반(ad hoc basis)에서 환경분석을 행한다.

② 주기적 시스템(periodic systems) : 환경의 힘에 대한 분석은 전략적 기획목적을 위해 주기적으로 갱신한다.

표 8-2   환경에 대한 주사시스템(scanning systems)

특 성	불규칙적 시스템	주기적 시스템	연속시스템
주사의 이유	위기	문제/이슈	불시 기회(spotting opportunity)
주사의 범위	구체적 사건	선택된 사건	광범위한 환경범위
데이터	현재 결정을 위한 과거 데이터	짧은 기간의 결정을 위한 과거와 현재의 데이터	장기간을 위한 현재와 장래의 데이터
예측(forecasts)	예산	판매지향	사회경제적 예견을 위한 광범위한 범위
과정	특별한 연구(ad hoc studies)	주기적으로 갱신되는 연구(periodically updated studies)	구조화된 데이터(structured data) 수집과 분석
조직구조	특별한 팀(ad hoc teams)	여러 가지 막료기관	환경적 주사단위(environmental scanning unit)

출처: Fahey, King, and Narayanan(1981); Narayanan & Nath(1993: 215 재인용).

③ 연속시스템(continuous systems) : 광범위한 환경데이터는 해결할 문제를 위해 진행하는 기반(ongoing basis)에서 수집된다.

King 교수팀(1981)은 조직이 장기적 기획(long-term planning)을 위한 환경분석과 이해를 위해 무엇을 해야 하는가 하는 물음에 대해 연구했다. 이들 학자들은 12개 대기업의 관리자를 대상으로 자신들의 조직이 무엇으로 환경을 분석하는가 대해 인터뷰를 수행했다.

제 4 절 환경분석과정

환경분석의 과정은 4단계-주사, 모니터링, 예측, 평가-로 구성할 수 있다. 이들 4가지 분석과정은 모든 환경수준에서 적용할 수 있다. 특히 정확한 환경분석의 결과는 수집하는 데이터의 질과 활용되는 예측기술의 적절성에 의존한다.

1. 주 사

주사(scanning)는 잠재적 환경변화에 대한 조기신호의 식별을 위해 그리고 진행 중인 환경변화를 탐지하기 위한 환경요소에 대한 전반적인 감시를 말한다. 판단이 의사결정 정보의 질에 심각하게 영향을 미치기 때문에 주사는 매우 중요하다.

효과적인 주사는 [그림 8-3]과 같이 4가지 기본적인 구성요소를 가진다(Black & Porter, 2000: 86). 첫째 단계인 정의(define)단계는 살펴야 하는 정보유형은 무엇인지, 그리고 그 정보를 어디서 어떻게 확보할 계획인지를 결정하는 것이다. 둘째

[그림 8-3] 환경적 주사

| 정의
(define) | → | 인식
(recognize) | → | 분석
(analyze) | → | 적용
(apply) |

출처: Black & Porter(2000: 87).

단계는 인식단계(recognize)로 관련된 정보를 인식해야만 한다. 셋째 단계는 분석단계 (analyze)로 정보를 인식했다면, 그 정보를 분석하고 정보의 영향을 결정해야 한다. 넷 째 단계는 적용단계(apply)로 정보를 직무와 조직에 적용하는 것이다. 이 정보가 무슨 영향을 가지고 있는가, 어떻게 효과적으로 반응할 수 있는지에 대해 답해야 한다.

2. 모니터링

모니터링(monitoring)은 주사과정에서 밝혀진 환경의 경향과 사건을 체계적으로 추적하는 것이다. 모니터링과정에서 데이터는 관련된 환경변수의 영향에 관해 보다 명확하게 분석된다. 모니터링과정을 통해 환경적 경향이 구체화된다.

3. 예 측

예측(forecasting)은 환경변화의 방향, 범위, 속도, 강도에 대한 예상을 발전시키 는 것이다. 즉 환경변수의 분석을 통하여 미래에 있어 변수의 효과를 예측하는 것 이다. 예를 들면, 경쟁적인 조직의 가격할인이 어떠한 영향을 가져오는가? 예측은 모니터링과정에서 발견된 강력한 경향의 이유 혹은 세력을 탐지하는 것이 포함된 다. 예측력은 분석가들에게 미래에 있어 경향의 유형과 전개를 예측할 수 있게 한다.

4. 평　가

　평가단계(assessment)는 현재와 예측한 환경변화가 조직의 관리에 어떻게, 그리고 왜 영향을 미치는가를 인지하고 평가하는 것이다. 이러한 환경평가는 가능한 환경적 효과를 인식하고, 역기능적 효과(adverse effects)를 완화하기 위한 과정이다. 나아가 환경변화에 대응한 단·장기적 효과를 측정하는 것이다.

제 5 절　환경분석의 모델

　모든 관리기능은 각각의 환경분석을 위해 구체적인 모델을 전개한다. 예를 들면, 재무전문가들은 전형적으로 자금시장의 운영에 집중적으로 관심을 가진다. 또한 인적자원전문가들은 노동시장에 관심을 가진다.

　사람들이 업무하는 환경은 다양한 방식에서 자신들의 성과에 영향을 미친다. 이들 업무환경은 몇 가지 범주로 구분할 수 있다. 이 책에서는 거시적 환경과 산업/경쟁적 환경으로 대별하여 살펴보고자 한다.

1. 거시적 환경

　거시적 환경(mactro-environment) 혹은 일반적 환경(general environment)은 가장 광범위한 환경수준이며, 모든 조직에 영향을 미치는 여러 가지 사회적 경향이 포함된다. 이 단계의 환경은 매우 많은 요소들을 포함하기 때문에 매우 복잡하다. 이러한 복잡성을 다루기 위해 Fahey와 Narayanan은 거시적 환경을 4가지 영역－사회적 환경, 정치적/규제적 환경, 기술적 환경, 경제적 환경 – 으로 구분하고 있다.

1) 사회적 환경

　거시적 환경의 사회적 부분은 계층구조, 인구, 유동성 패턴, 라이프스타일, 사회적 이동과 전통적 사회제도(교육시스템), 종교적 실제, 직업 등에 연계되어 있다. 무엇보다 사회적 환경은 인구통계학적 유형의 이동 – 라이프스타일의 다양성, 한 사회에 일반적이거나 혹은 최근에 나타난 사회적 가치 – 에 초점을 둔다.

　인구통계학(demographics)은 한 사회의 인구에 대한 규모, 인구구조, 평균수명, 출생률, 교육수준, 지리학적 분포, 인종혼합(ethnic mix), 수입분포 등을 언급한다. 이것의 변화는 사회의 장기적 변화의 핵심이다.

　라이프스타일(life style)은 사람들의 삶의 패턴이다. 즉 가정의 방식, 일, 교육, 소비패턴, 휴가활동 등이다. 라이프스타일은 상품과 서비스의 요구에 영향을 미친다.

　사회적 가치(social values)는 활용할 수 있는 행동의 수단과 결과에 대한 선택에 영향을 미친다. 또한 사회적 가치는 사회질서(social order)에 대한 안정성을 설명하며, 행위에 대한 일반적인 안내를 제공한다.

2) 문화적 환경

　한 사회의 문화적 시스템이란 사회의 기본적인 신념, 태도, 역할정의와 상호작용을 일컫는다. 문화적 시스템에 있어 구체적인 제도에는 가족, 종교시스템 및 교육시스템이 포함되어 있다. 이들 제도는 문화를 한 세대에서 다음 세대로 전승한다. 하지만 이들 제도는 단지 문화를 전승만 하는 것이 아니라, 문화적 가치, 규범 및 역할패턴을 재정의하고 창조하기도 한다(Hodge & Anthony, 1979: 70).

　이와 같이 문화적 영역에서의 관심에는 역사, 전통, 행태에 대한 규범적 기대, 신념과 가치와 같은 이슈가 포함된다. 이러한 보편적 태도, 가치를 포함한 문화적 요인은 조직에 영향을 미친다. 예를 들면, 미국회사에 있어 문화적 영역의 경향은 계층적 권위에 대한 가치가 감소되고, 윤리적 경영과 인권에 대한 가치가 증대되고 있으며, 물질적 환경에 대한 보호가치가 강조되고 있다. 반면에 문화적 영역의 조건은 리더십, 기술적 합리성, 물질적 풍요 등을 강조하고 있다. 이러한 문화적 가치의 변화는 조직의 일반적 환경에 있어 법률적·정치적 부분에 영향을 미친다.

3) 정치적/규제적 환경

조직은 지속적으로 정치적/규제적 환경변화에 많은 관심을 가지고 있다. 정치적 환경(political milieu)은 상이한 이익집단이 자신의 가치, 이익 그리고 목표를 사전에 확보하기 위해 자원을 두고 경쟁하는 영역이다. 이들 집단은 자신의 바람을 일반화하기 위해 권한과 영향력을 추구한다. 이들 정치적 환경에는 행정부와 의회뿐만 아니라 사회 내의 다양한 이익집단이 포함된다.

정치적 부문은 경제적 부문과 매우 밀접하게 관련되어 있어 분리해서 각각의 영향을 분석하는 것은 어렵다. 예를 들면 경영단체의 압력에 의해 많은 정부들은 무역장벽을 완화하고, 국가의 자치권을 제한하는 다른 나라와 무역협정을 체결하기도 한다. 미국에 있어 지방, 주정부 및 연방에서의 총 정부지출은 국내총생산(gross domestic product)의 20%에 달한다. 이에 정부지출의 증가와 감소는 전체 경제에 중요한 영향을 미친다.

규제적(regulatory/legal) 환경은 조직관리에 직접적 혹은 간접적으로 영향을 미치는 법률과 규제로 구성된다. 규제기관은 규제하기 위해 다양한 메커니즘을 활용한다. 특히 법률적 영역의 경우, 조직이 수행하는 업무에 영향을 미치는 헌법과 법률(정부조직법, 기업법, 독과점법, 조세법, 외국투자법 등)이 있다. 이에 법률은 조직이 할 수 있는 것과 할 수 없는 것에 대해 틀을 구성한다. 예를 들면, 조세법은 기업에 근본적인 영향을 준다.

4) 기술적 환경

모든 조직은 어느 정도 기술을 활용한다. 조직의 성공은 조직이 기술혁신에 적응하는 능력과 활용하는 능력에 의해 측정된다. 기술은 산업영역에서 다루는 광범위한 지식과 정보를 언급하며, 제품과 분배에 요구되는 방식과 기법, 기구 등을 말한다. 기술부분은 새로운 지식을 창출하는 것과 관련한 활동과 제도를 포함한다.

기술의 변화는 사회에 있어 가장 가시적이고 널리 퍼져 있는 형태이다. 기술의 변화는 우리 주변의 모든 사회적 측면에 영향을 미친다. 즉 기술의 변화는 교통수단, 에너지 형태, 커뮤니케이션, 영화, 의료, 음식, 농업, 산업 등에 영향을 미친다. 또한 기술적 변화는 사회적 가치에도 영향을 미친다. 이처럼 기술적 영역의 변화는 사회적·경제적 영역에 많은 영향을 미친다.

기술적 혁신은 조직의 탄생과 성장을 초래하고, 다른 조직의 쇠퇴와 소멸을 가져온다. 기술적 환경이 매우 복잡한 경우 관리자는 생산 및 과정의 기술적 변화에 대해 지속적으로 관심을 가질 필요가 있다. 생산기술의 변화(product technology changes)는 새로운 상품특성, 능력 혹은 완전히 새로운 제품을 등장하게 한다. 과정기술의 변화(process technology changes)는 생산이 어떻게 이루어지는가 혹은 기업이 어떻게 관리되는가에 대한 교체와 관련되어 있다. 예를 들면, 경영정보시스템 기술은 관리자에게 매시간 제품의 추적을 가능하게 한다.

5) 경제적 환경

경제적 영역은 조직이 운영되는 경제의 본질과 방향을 언급하는 것이다. 경제적 환경은 노동시장, 자금시장, 상품과 서비스의 시장으로 구성된다. 이러한 경제적 환경은 조직의 운영에 영향을 미치며, 경제적 조건은 자본획득에 관련한 조직의 능력에 강하게 영향을 미친다.

특히 현재의 경제조건인 인플레이션 수준, 현재의 금리는 조직에 심대한 영향을 미친다. 나아가 산업의 구조적 변화는 경제활동의 현재와 미래에 큰 영향을 미친다. 예를 들면, 산업경제에서 서비스경제로의 이동은 다양한 측면에 영향을 미친다. 사람들이 작업하는 지역은 어디인가, 무슨 업무를 수행하는가, 그 업무에 요구되는 교육수준은 어떠한가 등에서 구조적 변화를 초래하게 된다.

또한 경제적 환경은 물질적·자연적 자원의 자본, 상품과 서비스가 지불에 의해 교환되는 모든 시장의 집합체를 포함한다. 경제적 영역은 모든 민간조직의 기능에 직접적으로 영향을 미친다. 이것은 수요, 가격 및 자본의 접근에 영향을 미친다. 또한 경제적 영역의 변화는 정치적 부문에 영향을 준다.

6) 물질적 환경

물질적 환경(physical environment)은 천연자원과 자연의 효과를 포함한다. 대부분 조직은 석탄과 석유의 비축, 접근 가능한 항구, 독자적으로 가능한 수송노선, 기후조건 등에 영향을 많이 받는다. 또한 지진과 같은 재앙은 지역의 경제에 많은 영향을 준다. 나아가 다른 환경적 영역 — 인구의 성장, 이주 관련 세금 등 — 도 물질적 환경에 영향을 미친다.

또한 물리적 작업환경은 일반적 작업조건과 구체적인 요소(예를 들면 도구, 기술 및 작업설계)와 관련되어 있다. 이들 물리적 요소들은 작업을 수행하는 사람들의 능력과 동기부여에 영향을 미친다.

2. 산업/경쟁적 환경

Michael Porter(1980)는 산업/경쟁적 환경을 분석하는 데 가장 보편적이고 포괄적인 모델을 제시했다. Porter는 산업의 상대적 내구성의 특성(enduring characteristics)이 조직이 전략을 수립하는 데 고려하는 가장 중요한 환경이라고 말한다. 산업에 있어 경쟁상태는 5가지 힘 — 진입의 위험, 공급자의 힘, 구매자의 힘, 대체물의 위험(threat of substitution), 경쟁의 강도(intensity of rivalry) — 에 의해 결정된다는 것이다.

표 8-3	세계적 복잡성과 환경적 영역의 요인
영 역	세계적 변화에 대한 기여요인
기술적 영역	개인용 컴퓨터 인터넷과 Wi-Fi 디지털 카메라와 HDTV 휴대폰(cell phone) 커뮤니케이션 위성 고속수송열차, 우주왕복선(space shuttles), 초대형 유조선
경제적 영역	글로벌 자금시장 기술교환 전 세계적 무역(worldwide trade) 초국가적 기업(transnational corporations) 국제경제기구(예를 들면, IMF, World Bank, WTO) 지역무역시스템과 글로벌 소매업
정치적/법률적 영역	민족국가(nation-state)의 권위 붕괴 영토적 경계의 침식 글로벌 거버넌스의 기구(UN, WHO, World Court)
사회/문화적 영역	글로벌 매스컴의 보도(global media coverage) (예를 들면, 음악, 패션 등) 과학, 정치, 비즈니스, 인터넷의 글로벌 언어로서 영어 물질주의와 소비지상주의(consumerism) 관광 다인종, 다문화와 다중언어(multi-lingualism)
물질적 영역	인구성장 생물다양성의 상실(loss of biodiversity) 유해폐기물(hazardous waste)과 산업재해 오염(pollution) 질병과 식품불안정(food insecurity) 유전자 조작식품(Genetically modified(GM) foods)

출처: Hatch & Cunliffe(2006: 76).

특히 조직이 자국의 경계를 초월해서 활동을 전개할 때 국제적 환경에 영향을 받는다. 더욱이 조직은 국제적 시장에서 운영되고 있는 경쟁업체에게 영향을 받고 있다.

결국 조직 자체는 〈표 8-3〉과 같이 다른 조직과 더불어 환경을 구성하기 때문에 환경으로부터 분리될 수 없다.

| 제6절 | 조직생태학 : 조직생명주기 |

조직은 모든 생물체시스템과 사회시스템과 같이 태어나고, 성장하고, 소멸한다. 조직의 생명주기(organization life cycle)는 [그림 8-4]와 같이 탄생, 성장, 성숙, 쇠퇴, 소멸의 5단계로 묘사할 수 있다. [그림 8-4]는 일반적인 조직의 생명주기이다. 즉 몇몇 조직은 매우 빠르게 성장하고, 다른 조직은 매우 느린 속도로 성장한다. 또한 몇몇 조직은 빠르게 소멸하고 혹은 매우 느리게 소멸하기도 한다(Hodge & Anthony, 1979: 120-123).

Daft(1983: 135-136))는 조직이 성장하는 이유로 조직의 자아실현, 경영진의 유동성, 경제적 요인, 생존을 들고 있다. 성장은 대부분 조직의 목표이다. 조직은 성장통(growing pains)을 경험하게 된다. 성장은 일련의 위기를 동반하게 된다. 성장을 지속하기 위해서는 위기에 대처해야만 한다.

① 조직의 자아실현(organizational self-realization) : 자아실현은 조직이 새로운 기능을 완전하게 수행하고 진전해야 한다는 관리자의 신념을 말한다. 관리자는 고객들이 완전한 서비스를 원하고 있다는 압력을 받고, 그리고 새로운 도전을 극복해야 한다는 압박을 느낀다. 이것이 성장을 위한 이유이다.

② 경영진의 유동성(executive mobility) : 성장하는 조직은 정체된 조직보다 관리자에게 보다 높은 위신과 봉급을 제공한다. 성장하는 조직은 작업을 하도록 자극한다. 종업원의 수가 증가할 때 도전과 승진의 기회가 많다. 조직이 안정적이고 쇠퇴한다면 최고의 경영진을 빼앗길 수도 있다.

③ 경제적 요인(economic factors) : 조직성장은 많은 재정적 이점을 있다. 규모의

경제 때문에 비용은 줄어들게 된다. 규모가 커짐으로써 시장적 지위가 강화되고 수입이 증가할 수 있다.

④ 생존(survival) : 생존은 성장에 있어 가장 중요한 이유이다. 조직이 팽창하지 않는다면 경영진은 축소된다. 경쟁조직이 시장적 지위를 강화하게 되면 경영진은 자리를 보존할 수 없게 된다.

한계성장(marginal growth)은 시간경과(월별, 분기별, 년 단위)에 따라 일어나는 성장이다. 어떤 시점에서 조직은 효과성이 상실되기 시작하고, 궁극적으로 악화되고 그리고 소멸한다. 하지만 모든 조직은 실질적으로는 소멸하지 않는다. 즉 다른 형태로 지속적으로 생존하기도 한다. 예를 들면, 정부기관의 프로그램과 서비스는 다른 것에 결합되기도 한다. 또한 최초의 조직은 존재하지 않지만, 새로운 정부기관에 의해 기존 조직의 프로그램과 서비스를 인계받기도 한다.

[그림 8-4]와 같이 조직의 성숙단계(maturity phase)가 가끔 가장 긴 국면일 수 있다. 조직의 성숙국면은 연도별로 매우 느리게 성장하며, 비교적 안정적이다. 이 기간은 성장의 분출과 짧은 소멸의 기간 사이에 배치되어 있다. 몇몇 조직의 경우 성숙국면에서 조직이 영원히 지속할 것인지 조짐이 나타난다. 하지만 조직은 궁극적으로 악화되기 시작하고 그리고 종국에 소멸할 것이다.

이와 같이 모든 조직은 동일한 기능과 동일한 산출물을 생산하지만 궁극적으로 변화한다. 그리고 최초의 조직을 구성했던 구성원들이 더 이상 그 조직에 머물러 있지 않더라도 조직은 생명주기를 따라 진행된다.

조직의 쇠퇴(decline)는 각 조직발달단계에서의 위기를 효과적으로 해결하지 못하는 조직실패(organization failure)의 부정적 결과이다. 쇠퇴의 정의는 조직환경에 대응하여 조직적 무능력 혹은 감소된 능력(reduced capacity)에 초점을 둔다. 쇠퇴의 궁극적 단계는 회복되지 않는 것이며, 조직이 궁극적으로 존재하는 것을 멈추는 것이다.

조직의 소멸을 측정하는 다른 방법은 조직의 법률적 지위를 검토하는 것이다. 예를 들면, 법적 실체로 더 이상 존재하지 않는다면 소멸했다고 할 수 있다.

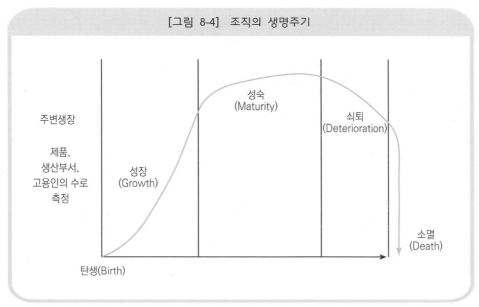

[그림 8-4] 조직의 생명주기

주변생장

제품,
생산부서,
고용인의 수로
측정

성장
(Growth)

성숙
(Maturity)

쇠퇴
(Deterioration)

소멸
(Death)

탄생(Birth)

출처: Hodge & Anthony(1979: 122).

　특히 조직은 환경의 요구에 대응하기 위해 존재한다. 환경은 또한 조직의 투입 혹은 조직자원의 원천이다. 조직과 조직환경의 연계시스템이 조직의 건강성과 성장을 유지하게 한다. 이러한 연계시스템은 조직환경과 더불어 조직의 생명선(organization's life line)으로서 기여한다. 또한 환경과 충분히 조화되지 않는 조직은 생존 자체가 매우 어렵게 될 것이다.

　이 점에서 조직관리자는 환경과 조화를 유지하기 위해 경계연계 전략(boundary-spanning strategies)을 검토해야 한다. 이에 따라 조직은 급변하는 조직환경에 대응하기 위해 경계연계 부서를 만들기도 한다. 경계연계 부서(boundary-spanning units)는 조직이 통제할 수 없는 상황과 제약에 직면하여 조직이 적응할 수 있도록 하는 부서이다. 예를 들면, 정부의 소송을 다루기 위해 고용된 법률회사가 그것이다. 또한 광고회사 혹은 채용기관도 경계연계 부서로서 활동한다.

제 9 장

조직문화

　조직 자체는 어떤 스타일, 특성, 일하는 방식과 같은 보이지 않는 질(invisible quality)을 가진다. 이것은 어떤 공식적 시스템 혹은 어떤 사람이 지시하는 것보다 강력할 수 있다. 조직의 영혼을 이해하려면 조직문화의 근본적인 세계에 대한 이해가 요구된다. 이처럼 조직문화는 조직에 있어 중요하게 구별되는 것을 이해하는 데 도움을 준다. 즉 조직문화는 무엇이 조직을 구별되게 하는가를 이해하는 것에 도움을 준다.

　이에 이 장에서는 조직문화의 의의와 유형, 조직문화의 논리, 조직문화의 기능과 수준, 조직문화 변화의 특성과 단계 등을 살펴보면서 조직문화의 본질을 이해하고자 한다.

제1절 조직문화의 의의와 수준

　조직이론에서 조직문화의 정의는 인류학의 영역으로부터 왔다. 인류학자들은 기업문화보다 큰 규모의 사회패턴에 관심을 가진다. 조직문화(組織文化, organizational culture)는 조직구성원이 공유하는 주요한 가치, 가정, 합의, 사고방식(ways of thinking) 으로 정의할 수 있다. 이에 구조가 조직의 뼈대라면, 문화는 조직의 영혼이다.

　이처럼 문화는 기본적인 믿음, 가치, 규범 및 전제(premises)로 구성된다. 문화는 한 사회의 구성원에 의해 학습되고 공유되며, 사회구성원의 행태에 강력하게 영향을 미친다. 따라서 문화는 모든 사회가 해결해야만 하는 문제에 대해 단초를 제공한다.

　조직문화는 조직이 운영되는 환경, 그리고 조직이 채용한 조직구성원과 복잡한 관계를 맺는다. 조직구성원은 조직에 채용되기 이전에 이미 문화적 제도(가족, 공동체, 교회 및 학교)에 의해 사회화가 되어 있다. 또한 조직구성원이 되면, 문화적 제도에 의해 영향을 받은 자신들의 가치, 정체, 기술은 조직의 문화(직업적, 전문적, 국가 및 지역적 문화)를 가진 다른 조직구성원 문화에 녹아들어 가게 된다.

　조직문화를 시스템 모델에 연계하여 이해하면, 조직문화는 시스템 모델 내에서 문화적 하부시스템으로 언급된다. 조직문화는 [그림 9-1]과 같이 두 가지 유형의 요소를 보여 준다.

　첫째, 조직구성원에 의한 가시적 요소(상징, 인공물 등)이다. 표면수준에서 가시적인 인공물, 즉 옷차림, 물질적 상징, 조직의 의식, 사무실 배열 등과 같이 조직구성원이 볼 수 있고, 들을 수 있고, 그리고 관찰할 수 있는 것들이다.

　둘째, 조직구성원에 의한 비가시적 요소(신념, 가치, 규범, 전제 등)와 논리가 서있지 않은 요소이다. 보다 깊은 문화수준에서는 사람들이 관찰할 수 없지만, 무엇을 하는 것에 대해 사람들이 어떻게 설명하고 그리고 정당화하는 것을 분별할 수

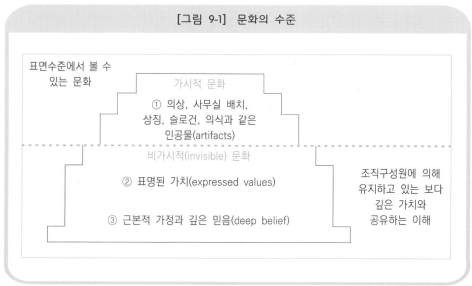

[그림 9-1] 문화의 수준

표면수준에서 볼 수 있는 문화

가시적 문화

① 의상, 사무실 배치, 상징, 슬로건, 의식과 같은 인공물(artifacts)

비가시적(invisible) 문화

② 표명된 가치(expressed values)

③ 근본적 가정과 깊은 믿음(deep belief)

조직구성원에 의해 유지하고 있는 보다 깊은 가치와 공유하는 이해

출처: Daft(1999: 184).

있는 명시된 가치와 믿음이 있다. 즉 조직구성원이 의식적 수준에서 유지하고 있는 가치들이다.

　가시적 요소(visible elements)는 일을 어떻게 해야 하는 것인지 구체적으로 구성되어 있다. 반면에 비가시적 요소(invisible elements)는 조직적 무의식으로 구성되어 있다.

▶ 상징(symbols)

　상징은 추상적 목표를 설정하고 이의 실현을 위해 다양한 집단이나 개인들을 통합시켜 주는 정서적 감정의 보편성을 담고 있다. 이런 점에서 정부는 상징을 통해 공공정책을 다양한 이해집단, 개인에게 호소한다. 이러한 상징은 그것의 외적인 맥락보다 보다 많은 감정적 의미(emotional meaning)를 전달한다. 예를 들면, 국기는 가치, 역사, 전통 및 감정을 구현하는 상징이다.

202

또한 문화적 가치는 자신들의 상징을 통해 의사소통한다. 조직이 복잡하고, 혼란하고, 불확실한 상태일 경우 상징이 조직구성원에 대해 의미와 방향성을 제공한다는 점에서 매우 중요하다.

이런 의미에서, 신화(myths), 의식, 격식, 스토리, 전설(saga)과 같은 상징은 조직구성원과 비구성원에 대해 불확실성을 줄여 준다. 즉 모든 문화에서 사람들은 불확실성으로부터 확실성을 창출하기 위해, 그리고 혼돈과 미스터리(mystery)로부터 의미를 창출하기 위해 상징(symbols)을 만들고 활용한다.

특히, 정치는 담화(politics is talk)라는 말처럼 상징은 사회구성원들의 정치적 동원화에 결정적인 역할을 수행한다. 즉 상징은 정치적 동원, 정당성, 사회결속 등을 위해 중요한 요소이다.

출처: Cooper, et al.(1998: 254); 조현수(2010: 205).

[그림 9-2]와 같이 문화적 전제는 조직에 선택적 정보(selective information)만을 허용하는 환경으로부터 데이터를 여과시킨다. 이리하여 조직은 조직이 이미 무엇을 믿고 있는지를 보여 준다. 환경에 대한 조직적 해석은 조직의 문화적 전제에 의해 색채가 입혀진다. 즉 문화는 조직구성원 사이에 공유되기 때문에 개개인의 행태를 표준화하는 데 강력한 통합력으로 작용한다. 문화의 기본적 초점은 구조보다는 과정에 있다. 즉 문화가 조직의 기능에 어떻게 침투되는가 하는 것이다.

문화에 관한 정의에 비추어 보면 조직문화는 조직구성원의 행태에 영향을 미

[그림 9-2] 조직문화의 초점

투입 → 문화적 하부시스템 / 전환 / 환경 → 산출

출처: Narayanan & Nath(1993: 449).

203

치고 있기 때문에 강한 문화는 조직행태에 강하게 영향을 발휘한다. 또한 문화는 조직구성원들에게 수용할 수 있는 행태의 코드(codes of acceptable behavior)에 대해 의사소통을 함으로써 비공식적으로 행태를 표준화시키며, 통제메커니즘(control mechanism)으로 작동한다. 이러한 문화는 다음과 같은 구성요소가 포함된다.

① 문화는 학습된다. 문화는 인간이 태어나면 부여받는 것이 아니라 인간의 창조물이다. 인간은 문화의 요소들을 학습하고, 구성하고, 전수한다.

② 문화는 집단에서 공유된다. 따라서 문화는 문화의 구성요소와 외부인 사이를 구별하게 한다. 또한 문화는 다른 사람과 의사소통할 수 있게 한다. 문화는 한 사회 내의 개인들 사이를 조정하게 한다. 문화는 사회를 함께 유지하게 하는 접착제이다.

③ 문화는 행태에 영향을 미친다. 조직문화는 구성원들의 행동을 형성하는 데 있어 통제메커니즘으로 기능한다. 이처럼 문화는 조직에서 조정메커니즘의 역할을 한다.

④ 문화적 상징과 의미는 밀접한 관계가 있다. 이를 문화의 패턴이라고 한다. 이리하여 한 요소의 변화는 관련된 요소 사이의 변화를 유도한다.

⑤ 문화는 도구적 요소와 표현적 요소(instrumental & expressive elements)를 포함한다. 문화는 조직의 가치가 확산되고 정착되게 한다. 도구적 가치는 목표에 대응한 수단을 다룬다.

개인이 문화를 학습하는 과정을 사회화(socialization)라고 한다. 사회화 과정을 보면, 첫 번째 사회화는 가족에서 일어나고, 그리고 보다 광범위한 사회에서 참여하는 동안에 일어난다. 개인이 보다 광범위한 사회경제적 세계에 참여하면서 관련된 부가적인 문화적 지식을 학습하는 동안에 두 번째 사회화를 학습하게 된다. 즉 변호사는 법률문화를 학습하고, 의사는 의료문화를 학습하게 된다. 세 번째 사회화(tertiary socialization)는 개인들이 특정한 조직 내에서 허용되는 행위규범(codes of conduct)을 학습하는 조직에서 일어난다.

▶ 조직을 제한하는 중요한 문화적 가치(cultural values)

• 관리자와 관리가 신뢰받지 못하고 있다(not be trusted).

• 상관의 요청(requests)이 부하들의 바람에 부합하지 못한다면, 상관을 따르지 않게 된다.

• 경력개발과 작업수행(career development and task accomplishment)은 크게 중요하지 않다.

• 사회적 지위(social standing)를 결정하는 데 생득권(birthright)이 성취보다 중요하다.

• 아들은 아버지의 발자국(father's footsteps)을 따라간다.

• 아들이 자신의 아버지보다 잘할 수 있다는 것을 기대하지 않는다.

• 상이한 사회적 기능에 기여하는 조직은 서로 경쟁한다.

• 부와 소득(wealth and income)이 바람직하지도 않고, 다른 것을 판단하는 데 활용되지 않는다.

• 생각과 감정(feeling and emotions)이 비용-편익분석보다 결정에 활용된다.

• 미래를 예측하는 시도는 크게 유용하지 않다.

• 안정(stability)이 변화에 비해 선호되고 있다.

출처: Farmer & Richman(1965).

제 2 절 조직문화의 논리

1. 역사적 기반

1930년대에 전통적인 영미 경제학은 경제활동에 대한 문화적 요인과 제도적 요인의 영향에 대한 관심이 중단되었다. 즉, 제2차세계대전 이후 미국의 경영방식의 성공은 미국에서 발달된 경영방식의 보편적인 적용에 대한 신념을 보다 강화하게 만들었다.

이후 미국에 기반을 둔 조직이 해외에 경영상품을 수출하기 시작했을 때 문

화의 중요성에 관심을 가지게 되었다. 특히 몇몇 나라에서의 다국적기업 경영현실
이 미국의 경영방식을 적용하는 데 어려움을 겪게 되었다. 이에 정부와 민간기업
의 관리자들은 외국에 소재하는 조직에 미국의 경영방식을 적용하는 데 의문을 가
지게 되었다.

무엇보다 1960년대 말과 1970년대 초에 일본경영시스템(Japanese management
system)의 성공이 조직문화의 역할에 대한 관리적 의식을 촉발하는 계기가 되었다.
이 당시에 많은 산업분야에서 일본기업의 경영성과가 전형적인 미국기업과 유럽
기업의 성과보다 앞섰다.

이 점에서 미국회사와 일본회사의 연구를 통해 William Ouchi 그리고 Anthony
Athos와 Richard Pascale 팀은 조직문화의 중요성을 밝혀냈다. 이들 학자는 문화가
조직시스템의 다른 국면보다 조직의 성공을 보다 많이 설명할 수 있다고 주장한
다. 특히 Ouchi는 Theory Z에서 시장 메커니즘과 관료제적 통제시스템에 대한 바
람직한 대안으로서 조직문화를 활용하고 있다. 즉 조직의 효과성과 경쟁력을 향상
시키는 데 유용한 것으로 조직문화를 기술하고 있다.

2. 철학적 기반

조직문화의 분야는 인류학과 정신분석(psycho-analysis)에서 발전되었다. 인류
학자들은 문화가 특정한 인간집단에 대한 연구와 연계되는 것으로 이해했다. 인간
집단과 문화의 연계는 특정한 그룹의 구별되는 특성 그리고 문화적 차이로 관심의
초점을 이전하게 했다.

인류학자에 따르면, 한 사회의 문화는 사회의 문제를 해결하기 위한 일련의
방식(set of arrangements)으로 구성된다. 조직문화는 독특하다. 또한 조직은 상징적
실체이다. 즉 조직은 조직에서의 언어, 신화 및 공유하는 의미의 코드에 대한 역할
을 강조한다. 따라서 문화는 가끔 지식의 시스템으로 간주된다.

공유된 상징시스템으로서 조직문화는 그 자체의 스토리, 신화, 언어를 나타낸

다. 또한 문화적 양태는 조직에서의 개인들 사이에 공유하는 의미의 코드(codes of meaning)를 포함한다.

정신분석에서 조직문화는 무의식의 요소이다. 이러한 조직문화는 실행을 통해 지속적으로 진화한다.

3. 이론적 기반

1952년 Elliott Jaques는 「변화하는 공장문화(*The Changing Culture of a Factory*)」에서 조직문화의 개념화를 시도했다. Jaques는 조직구조에 초점을 두는 것은 조직연구자들을 조직생활에 대한 인간적 요소와 감정적 요소를 무시하게 한다고 주장한다. Jaques는 조직에 문화의 개념을 적용함으로써 조직생활에서 이들 요소를 교정하고자 시도했다.

비교문화방법(cross-cultural method)은 문화유형 사이의 유사점과 차이점을 발견하도록 설계된다. 이러한 방법은 미국의 관리기법을 다른 나라에 이식하는 다국적기업과 정부로부터 일어난다. 또한 비교관리학자들은 조직에 있어 매우 약하게 통제하는 중요한 환경적 변수로 문화를 규정하고 있다.

네덜란드의 조직이론가인 Geert Hofstede는 1970년대 후반에 70개 나라에 소재하는 IBM에 대한 국가문화의 영향을 연구했다. Hofstede의 조직문화에 대한 접근은 조직은 보다 큰 문화시스템의 하부문화라는 사고에 기원을 두고 있다. 특히 Hofstede는 IBM 하부문화 사이에 국가문화적 차이로서 구별되는 패턴을 발견했다. 그는 IBM 조직문화 내에 작동되는 국가문화적 차이에 대한 5가지 차원 ― 권력의 거리감, 불확실성 회피, 개인주의와 집단주의, 남성과 여성, 장기적 정향과 단기적 성향[1] ― 을 보여 주고 있다. 이 연구에서 조직문화는 사회에 영향을 미치는 정문(portal)으로서의 역할을 하는 것을 보여 준다. 국가문화적 특성은 조직문화를 위한 맥락을 제공하는 의미의 망(the web of meaning)으로 보여 줄 수 있다.

―――――――――
1 이후 장기적 정향과 단기적 성향은 23개 나라에 대한 연구에서 추가된 국가문화적 차이변수이다.

제 3 절 조직문화의 기능과 유형

1. 조직문화의 기능

　조직문화를 연구하는 학자들은 조직문화의 역할에 대해서도 꾸준하게 연구해 오고 있다. 이들 학자들은 여러 가지 물음을 통해 조직문화의 역할을 탐색하고 있다. [그림 9-3]은 조직문화의 주요한 기능을 보여 주고 있다. ① 협업(cooperation) : 공유하는 가치와 가정을 제공함으로써 문화는 호의와 상호신뢰를 향상하고, 협력을 제고할 수 있다. ② 통제(control) : 문화는 어떠한 행태유형을 허용하거나 금지하는 등의 조직의 교묘한 통제시스템으로 작용한다. ③ 의사소통(communication) : 문화는 의사소통의 문제를 줄인다. 즉 말하지 않고도 통하게 한다. ④ 몰입(commitment) : 사람들은 문화와 함께 자신의 정체성을 확인할 때 조직에 몰입하게 된다. ⑤ 지각(perception) : 개인이 보는 것은 다른 사람과 공유하는 공통적인 경험에서 보는 것에 의해 조건화된다. ⑥ 행태의 정당화(justification of behavior) : 문화는 조직구성원

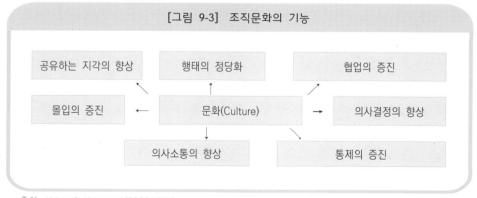

[그림 9-3] 조직문화의 기능

출처: Aldag & Kuzuhara(2002: 345).

에게 자신의 행태에 대해 정당성을 제공한다.

또한 문화가 조직기능에 어떻게 영향을 미치는가? 문화와 효과성은 어떠한 관계가 있는가? 효과적 조직에 대한 문화적 특성은 무엇인가? 리더가 문화를 어떻게 창조하는가? 문화가 구성원의 세대 간에 어떻게 유지하고 전달되는가?라는 시각에서 다음과 같이 문화의 기능을 이해할 수 있다.

1) 조직기능에 대한 영향

조직문화는 공유하는 기대, 가치, 태도를 포하하기 때문에 개인, 집단 및 조직과정에 영향을 미친다. 즉 개인에 대한 조직문화의 영향은 안정성을 제공하고 향상시킨다.

조직문화는 새로운 전략을 이행하는 데 조직능력을 향상시키거나 혹은 방해할 수 있다. 즉 조직문화를 통해 공유된 믿음과 가치는 구성원 사이에 일체감과 몰입을 증대시킨다. 하지만 조직문화가 새로운 경영에 적합하지 않다면 새로운 전

표 9-1	조직문화의 순기능과 역기능
조직문화의 순기능	조직문화의 역기능(부채, liabilities)
① 정체성의 원천을 제공(provides source of identity) : 조직구성원에게 정체성을 지각하게 한다. ② 안정성 향상(encourages stability) : 조직문화는 사회시스템의 안정성을 높여 주고, 조직구성원 사이에 일체감과 몰입을 증대시킨다. ③ 행태통제(behavioral control) : 조직구성원의 행동과 태도를 통제하는 메커니즘의 기능을 한다. 즉 조직문화는 조직구성원의 행태적 가변성(variability)을 통제한다.	① 변화와 향상에 대한 장벽(barrier to change and improvement) : 조직문화는 변화에 대해 저항한다. 조직문화의 가치와 조직변화에 갈등을 있을 때 변화에 대해 저항한다. ② 다양성에 대한 장벽(barrier to diversity) : 강한 조직문화는 조직구성원 사이에 행태의 일관성과 통일성(uniformity)을 일으킨다. 이러한 가치는 의사결정에 있어 다양한 관점을 고려하는 데 장애가 된다. 보다 다양한 의사결정 팀이 다양한 조직환경에 대해 보다 창의적(creative)일 것이다. ③ M&A에 대한 장벽(barrier to mergers and acquisitions) : 조직 혹은 부서의 합병은 단일의 단위에서 운영할 수 있는 조직문화를 요구한다. 이에 강한 조직문화는 두 조직 간의 합병에 있어 갈등을 초래하게 된다. 즉 조직 혹은 부서의 합병은 조직 간 문화가 얼마만큼 조화되는지가 중요한 과제이다.

략에 대한 이행 노력은 실패할 수 있다. 이런 맥락에서 새로운 전략을 이행하기 전에 문화변화 접근법을 활용하기도 한다.

2) 조직효과성에 대한 관계

Jay Barney(1986)는 다음의 조건을 만족시킨다면 조직문화는 상당히 높은 경제적 성과를 이끈다고 주장한다. ① 문화는 가치가 있어야만 한다. ② 문화는 진귀한 것이어야만 한다. 대다수의 조직에서의 문화가 공통적인 것이 아니어야 한다. ③ 문화는 불완전한 모방이어야만 한다. 이에 강한 문화는 경제적 성과에 기여한다. 이리하여 조직문화는 경쟁적 이점의 원천이며, 조직의 장기적 성과에 영향을 미친다.

3) 효과적인 조직의 특성

효과적인 조직의 문화적 특성은 다음과 같다. ① 행동에 대한 편의(a bias for action), ② 고객에 대한 접근(close to the customer) : 조직은 봉사하는 사람으로부터 학습한다. ③ 자율성과 기업가정신(autonomy & entrepreneurship), ④ 사람으로부터의 생산성(productivity through people) : 효과적인 조직은 조직구성원에 대한 인식에 있어 질과 생산성의 이점을 위한 원천으로 간주한다. ⑤ 직접 해봄, 가치지향적(hands-on, value driven) : 효과적인 조직은 조직의 성공에 있어 가치를 가장 중요한 것으로 생각한다. ⑥ 밀접하게 결합(stick to the knitting), ⑦ 단순한 방식, 구성원에게 의지함(simple form, lean staff) : 조직의 구조적 방식과 시스템은 단순하다. ⑧ 동시적으로 느슨하거나 긴축한 특성(simultaneous loose-tight properties) : 효과적인 조직은 집권화와 분권화를 모두 아우른다.

4) 리더십과 문화

문화는 어떻게 창조되는가? 문화는 어떻게 변화되는가? 이 문제에 대한 해답은 강한 리더야말로 조직문화의 창조와 변화에 내재되어 있는 힘이라는 것이다. 기업가정신 혹은 조직창설자는 조직의 문화에 영향을 미친다. 즉 이들은 자신들의 과거 경험뿐만 아니라 사회과정에서 학습된 가치를 조직에 불어넣는다. 예를 들면, 강력한 창설자로 IBM의 Tom Watson, Sony의 Akio Morita 등을 들 수 있다.

조직문화의 변화를 일으키는 리더를 변혁적 리더(transformational leaders)라 명명한다. Rosabeth Moss Kanter(1983)는 이들을 변화의 달인(change masters)라고 부른다. 변화의 달인은 적재적소에 적임자(the right people in the right place at the right time)라는 것이다.

또한 Peters와 Waterman(1982)에 따르면, 최고관리자의 직무는 가치를 명확하게 설정하고, 광범위하게 전달하며, 업무상황에서 문화빌딩(culture building)의 강화를 통하여 리더십을 보여 주는 것이다. 공식적 정책, 비공식적 이야기, 의식뿐만 아니라 규칙은 강한 문화를 만든다. 효과적인 문화는 명확하고, 통일되고, 조화롭고, 관리적으로 통합되어야 한다. 반면에 알력이 있고 갈등을 제공하는 다원적 문화(pluralistic cultures)는 역기능적인 것으로 간주되고, 비생산적인 지표이다. 가치를 분명하게 하는 강한 리더십이 반대를 극복할 수 있다. 이에 문화는 조직의 목적과 개인적 욕구와 함께 유지되는 접착제가 되어야 한다.

5) 문화의 유지와 전승

인적자원관리의 시각에 보면, 유지과정은 모집과 선발에 초점을 둔다. 이점에 있어 Benjamin Schneider는 강한 문화는 조직의 체계적인 모집에 의해 유지된다고 지적한다.

또한 새로운 조직구성원은 조직문화에 있어 심한 사회화의 기간을 겪는다. 나아가 조직연구에 있어 인류학의 영향은 문화가 전승되고 조직에서 강화되는 것

에 있어 미디어와 배경에 관심을 둔다. 조직의 리더는 조직의 지배적인 가치와 신
념을 강화하기 위해서 의식을 도입한다. 의식은 특별한 이벤트로 구성된 면밀하게
계획된 활동이다. 이러한 의식은 사람들의 사이에 특별한 결속을 가져오게 하고,
공통적 이해를 조성하고, 그리고 핵심적 가치를 강화시킨다.

2. 조직문화의 유형

　하부문화(subculture)는 조직 내에 구별되는 그룹으로서 조직구성원을 확인할
수 있기 때문에 조직구성원들의 부분집합(a subset of an organization's members)이다.
이들 하부문화는 공유하는 전문가적 가치, 성별을 반영하고, 인종적, 민족 전통적,
혹은 직업적 정체를 반영할 뿐만 아니라 국가 혹은 지역문화의 영향을 반영한다.
이러한 하부문화는 조직구성원이 상호작용할 때 발달되는 친밀성에 기반하여 형
성될 수 있다. 나아가 조직구성원은 같은 조직에 소속하기 때문에 하부문화는 서
로 관계를 가진다.

1) Caren Siehl과 Joanne Martin의 분류

　Siehl과 Martin(1982)은 조직문화와 반문화(counterculture)에 초점을 두면서, 문
화메커니즘은 조직에 있어 최고관리의 목적을 지지할 뿐만 아니라 강조하는 것으
로 이해하고 있다. 문화는 통합적 기능에 기여할 뿐만 아니라 조직의 구성요소 사
이의 분화(diflerentiation)에 대한 욕구를 표출하고, 갈등을 표현하는 것이라고 주장
한다. 또한 조직의 하부문화에 대해 Siehl과 Martin은 다음의 4가지 방식으로 하부
문화는 서로 반응한다고 지적한다. 즉 조직의 하부문화와 기업문화 사이의 가능한
관계를 다음과 같이 정의한다.
　① 지배적 문화(dominating subcultures): 최고관리자가 내세우는 기업문화(corporate
culture)를 일컫는다.

212

② 지원적 하부문화(enhancing subcultures) : 조직문화를 열광적으로 지지한다.

③ 정사적 하부문화(orthogonal subcultures) : 지배적인 하부문화를 방해하지도, 그리고 찬양하지도 않는 독립적인 가치와 신념을 유지한다.

④ 반문화(countercultures) : 조직문화에 적극적으로 도전하는 가치와 신념을 유지한다.

2) 씨족문화, 관료주의 문화적응, 기업가문화, 시장문화

환경, 전략 및 가치 사이의 적합성(fit)은 [그림 9-4]와 같이 4가지 문화범주와 연계되어 있다. 이들 문화적 차이는 2가지 차원-① 외부적 환경(external environment)이 유연성 혹은 안정성을 요구하는 정도, ② 전략적 초점(strategic focus)이 내부적 혹은 외부적인가의 정도-에 기초한다(Daft, 1999: 193-195). 4가지 문화

[그림 9-4] 4가지 문화의 가치

		전략적 초점(strategic focus)	
		내부적 초점	외부적 초점
외부적 환경	유형성 (flexibility)	씨족문화 - 협력 - 배려 - 동의 - 공정 사회적 형평성	기업가(적응성) 문화 - 창의성 - 실험 - 위험 - 자율성(autonomy) - 반응성
	안정성	관료주의 문화 - 경제성 - 형식(formality) - 합리성 - 명령(order) - 복종(obedience)	시장(성취)문화 - 경쟁 - 완벽주의 - 공격성 - 근면 - 개인적 독창성

출처: Daft(1999: 194).

적 가치의 상대적 강조점은 조직적·전략적 초점과 외부환경의 요구에 의존한다. 환경적 조건이 변화함에 따라 리더는 조직이 새로운 요구에 대응하는 것을 돕는 새로운 문화가치를 불어넣어야 한다.

(1) 기업가 혹은 적응성 문화(entrepreneurial or adaptability culture)

기업가(적응성) 문화는 환경으로부터 새로운 행태반응에 대한 신호를 해석하고 전달하며, 조직적 능력을 지원하고 가치를 조장하는 전략적 리더에 의해 특징되어진다.

조직구성원들은 의사결정에 자율성을 가지고, 새로운 요구에 자유롭게 대처하며, 고객에 대한 반응성에 높은 가치를 부여한다. 리더는 창의성, 실험, 공격적인 기회탐색 및 위험감수를 조장하고, 보상을 통해 적극적으로 변화를 일으킨다. 이에 구성원은 동태적 변화, 개인적 창의성 및 자율성이 표준적 실체라는 것을 이해하게 된다.

(2) 시장(성취)문화(market or achievement culture)

시장(성취)문화는 조직목표의 분명한 비전에 의해 특징되어진다. 리더는 구체적 목표－성장, 이윤, 시장점유율－의 성취에 초점을 둔다. 조직구성원은 조직과 계약적 관계를 맺으며, 팀워크와 응집성의 감정이 적다. 조직은 외부환경에 있는 구체적인 고객에게 봉사하는 데 관심을 둔다. 급속한 변화는 시장(성취)문화에 적합하다. 이것은 결과지향(results－oriented)의 가치(결과를 성취하는 데 있어 경쟁, 공격성, 개인적 독창성, 자발성 등)이다. 승리에 대한 강조는 조직을 결속시키는 접착제이다.

(3) 씨족문화(clan culture)

씨족문화는 외부환경으로부터 변화하는 기대에 대응하기 위해 조직구성원의 관여와 참여라는 내부적 초점에 강조점을 둔다. 이 문화는 조직구성원의 요구에 대응하는 데 가치를 둔다. 이 조직문화는 일반적으로 친숙한 관계이며, 구성원을 한 가족으로 본다. 리더는 협력, 구성원과 고객 모두에 대한 배려를 강조하고, 지위적 차이를 배제한다. 또한 리더는 공평성과 다른 사람과의 동의를 중요하게 여긴다.

(4) 관료주의 문화(bureaucratic culture)

관료주의 문화는 내부적 초점과 안정적 환경을 일관되게 지향한다. 이 문화는 경영활동에 있어 질서정연하고, 합리적이고, 명령적인 방식을 지지한다. 관료주의 문화의 가치는 규칙을 따르고 절약하는 것이다.

3) Terrence Deal과 Allen Kennedy의 분류

Deal과 Kennedy(1982)는 조직환경이 조직구조에 강력한 영향을 미칠 뿐만 아니라 조직문화에서 가장 큰 영향을 미치는 변수로 이해한다. 즉 조직은 생존을 위해 충분한 자원을 획득하려면 어떻게 조직환경에 대응해야 하는지를 학습해야만 한다. 그리고 문화는 환경을 반영한다.

Deal과 Kennedy는 수백 개의 기업문화를 연구한 이후, [그림 9-5]와 같이 위기의 규모와 조직환경으로부터 환류되는 속도에 기초하여 4개의 문화를 제시하고 있다.

[그림 9-5] Deal과 Kennedy의 문화유형

	높은 위기의 환경 (high-risk environment)	적절한 혹은 작은 위기의 환경(moderate or low-risk)
환경으로부터 빠른 환류 (fast feedback)	무법자, 마초문화 (tough-guy, macho culture)	억척스러운 문화 (work hard, play hard culture)
환경으로부터 느린 환류 (slow feedback)	돈내기 문화 (bet-your-company culture)	과정문화 (process culture)

출처: Deal & Kennedy(982).

(1) 무법자, 마초문화(tough-guy, macho culture)

위기가 많고 속도가 빠른 활동환경에서 운영되는 조직에서의 조직구성원은 생존하기 위해 거칠고, 용감해야 하는 문화를 발전시켜야 한다.

마초문화의 사례로 건설, 화장품, 벤처캐피탈, 엔터테인먼트산업을 들 수 있으며, 이들 문화환경은 성공 혹은 실패가 매우 빠른 프로젝트에 대규모 자금의 투자를 요구한다.

이 유형의 문화에서 영웅은 기꺼이 위험을 무릅쓰는 사람과 책임지고자 하는 사람이다. 실패의 비용이 가끔 크기 때문에 전설은 여러 번의 성공과 실패를 경험한 사람에 의해 이루어진다.

마초문화에서 짧은 기간의 성공은 장기적인 계획에 있어 가치가 있다. 이 문화의 가치는 실수로부터 학습되는 방식이다. 마초문화는 Steven Spielberg, Lee Lacocca, Helena Rubenstein와 같은 스타로부터 형성된다.

(2) 억척스러운 문화(work hard/play hard culture)

이 문화는 피드백이 빠르지만 위기가 크지 않는 환경에서 번창한다. 기본적인 가정은 성공이란 많이 문을 두드리는 것으로부터 오고, 많은 에너지의 양이 성공의 기준이 된다는 것이다.

이 문화의 사례는 부동산, 패스트푸드 프랜차이즈, 방문판매 등의 대규모 시장판매에 관련된 대부분 환경이 포함된다.

이 유형의 문화에서 영웅은 엄청난 에너지와 다변가, 대규모 판매가이다. 팀플레이가 매우 중요하다. 열심히 노력하고, 그리고 어떠한 장벽도 극복할 수 있다는 신념의 팀플레이가 대회, 모임, 집회에서 조장된다.

(3) 돈내기 문화(bet-your-company culture)

이 문화는 대규모의 자금과 시간의 투자가 요구되고, 투자가 성공인지 혹은 실패인지에 대한 확인에 있어 수년간의 시간이 요구되는 조직환경이다. 이 문화의 사례는 석유회사, 우주항공산업, 제약회사, NASA와 같은 환경을 들 수 있다. 이들 조직은 R&D에 대규모 자금을 투자해야 하고, 실험에 대한 검증과 정부규제에 있어 몇 년을 소요해야 한다.

이들 문화는 경험에 높은 가치를 부여하고 미래에 대해 매우 강조한다. 영웅은 풍부한 기술적 전문성, 끈질김 및 참을성을 가진 사람이다. 의사결정은 매우 신중하고 느리다. 그리고 전문가적 권력과 합법적 권력을 존경한다.

(4) 과정문화(process culture)

이 문화는 대부분 조직기능이 비교적 차분한 환경(sedate environment)이다. 즉 위기는 좀처럼 크지 않고, 피드백은 느리고 혹은 좀처럼 일어나지 않는다. 이들 문화의 사례는 학교와 대부분의 정부조직이다.

과정문화는 세부적인 사항과 서류작업에 많은 관심을 가진다. 또한 이 문화의 가치는 철두철미, 루틴, 순응 및 표준이다.

4) 강한 문화와 약한 문화

[그림 9-6]과 같이 강한 문화적 가치와 약한 문화적 가치에 관한 사고는 2가지 차원인 문화가 집단구성원 사이에 넓게 공유되는 정도와 깊게 박혀 있는 정도에 따라 문화를 개념화할 수 있다. 대체로 조직문화가 강할 때 집단 내 대부분의 사람들은 그 문화에 동의한다. 반면에 조직문화가 약할 때는 사람들은 문화에 대해 동의하는 것이 적다.

(1) 넓은 공유와 깊은 유지문화(강한 문화)

문화적 가정, 가치 혹은 규칙이 넓게 공유되고 깊게 박혀 있는 것은 상당한 보상 혹은 처벌이 동반되는 문화이다. 이들 문화에서 가치와 규칙은 조기에 학습할 가치가 있다. 강한 조직문화는 조직을 이끄는 가치에 대해 조직구성원이 강력하게 동의하며, 조직 외부에서조차도 인식될 수 있을 정도로 강렬하게 형성된 조

[그림 9-6] 문화강도의 매트릭스

깊음	좁은 공유와 깊은 유지 (narrowly shared/deeply held) 이 가치에 대한 위반은 보통 비공식적이지만 중요한 제재(sanctions)가 초래된다.	넓은 공유와 깊은 유지 (widely shared/deeply held) 이 가치에 대한 위반은 보통 공식적이고 중요한 제재가 초래된다.
↑		
가치의 유지	좁은 공유와 낮은 유지 (narrowly shared/shallowly held) 이 가치에 대한 위반은 보통 일관성이 없는(inconsistent) 제재가 초래된다.	넓은 공유와 낮은 유지 (widely shared/shallowly held) 이 가치에 대한 위반은 보통 미미한 제재 혹은 다시 한 번의 기회(second chances)를 준다.
↓		
낮음	좁음 ← 가치의 공유(valued shared) → 넓음	

출처: Black & Porter(2000: 105).

직문화이다(황규대 외, 2011: 550).

　　이런 문화에서 행태는 변화하기가 매우 어렵다. 이것을 핵심가치(core value)라 부른다. 조직의 신입직원이 조직의 핵심가치와 자신의 가치를 합치시킬 수 있다면 프리미엄의 위치에 놓이게 될 것이다. 이리하여 강한 조직문화는 조직의 응집력과 구성원의 몰입을 제고하는 긍정적 효과가 있으나, 조직의 환경대응력을 약화시킬 수도 있다.

　　예를 들면, UPS(미국 우체국)에 있어 고객서비스에 대한 가치는 광범위하게 공유되고 깊게 박혀 있는 것으로 보인다. 조직의 매뉴얼에 구체적으로 규정하지 않았지만, 고객을 만족시키기 위해 조치를 취한 UPS 직원의 행동에는 보상과 인정이 주어진다. 이러한 보상과 인정은 조직문화의 가치로서 고객만족(customer satisfaction)의 강도를 높여 주고, 그러한 가치를 더욱 강화시킨다.

(2) 적은 공유와 낮은 유지문화(약한 문화)

가치가 깊게 박혀 있지만 넓게 공유되지 않는 사례는 무엇인가? 그것은 하부
문화로 정의된다. 하부문화는 전체 조직문화보다는 보편적일 수 있다. 하부문화는
전체 조직의 합법성을 가지고 있지는 않다. 하부문화규범에 대한 위반은 비공식적
보상과 처벌이 이루어진다.

(3) 넓은 공유와 낮은 유지문화

넓게 공유하지만 깊게 박혀 있지 않는 가치에서 규칙에 대한 위반은 가끔 획
일적이지만 오히려 가벼운 처벌이 이루어진다. 많은 경우에 이 규칙에 대한 드문
위반은 전혀 처벌이 이루어지지 않는다.

5) 국가문화의 분류

Geert Hofstede는 작업장에서의 가치가 문화에 의해 어떻게 영향을 받고 있
는지에 대한 포괄적인 연구를 수행하였다. 1967년에서 1973년 사이에 IBM에 수집
된 종업원의 가치척도에 대한 데이터베이스를 분석하였다. 이 데이터는 IBM이 진
출해 있던 70개 이상의 나라를 포괄하고 있으며, Hofstede는 가장 많은 응답자가
있는 40개 나라의 자료를 활용하였다. 이후 50개 나라의 자료로 확대하였다
(Hofstede, et. al., 2010).

Hofstede는 국가문화를 4개의 차원으로 구분하고 있다. 이들 4개의 차원은 권
력의 거리감, 개인주의와 집단주의, 남성성과 여성성, 불확실성 회피 등이다. 이후
1991년 Michael Harris Bond가 5번째의 차원으로 유교주의 사고(Confucian thinking)
에 기반을 둔 장기적 성향(Long-Term Orientation: LTO)을 추가하고 있다(이인석, 2014:
493-497; http://geert-hofstede.com/national-culture.html).

(1) 권력거리(Power Distance: PDI)

권력거리는 조직 혹은 제도에 있어 가장 권한이 적은 구성원이 권한이 불평등하게 배분되어 있다(power is distributed unequally)는 것을 수용하고, 기대하는 정도이다. 이 지표는 불평등성을 대표하는 것이다.

사회적 불평등성의 수준은 추종자뿐만 아니라 리더에 의해 지지된다. 짧은 권력거리의 의미는 제도나 조직에서 권력이 평등하게 배분되어 있는 상태를 사람들이 선호하고 있음을 의미한다.

이 연구에서 아시아 대부분의 국가와 동유럽은 상대적으로 권력거리가 긴 것으로 밝혀졌으며, 반면에 북미는 비교적 권력거리가 짧았다. 특히 긴 권력거리의 문화를 가진 조직(Braizil, Singapore, Arabic Countries)은 계층제에 상당히 의존적이다. 이 조직은 결핍된 경제적 상태와 불평등한 권위의 분배를 포함하고 있다.

(2) 불확실성의 회피(Uncertainty Avoidance: UAI)

불확실성의 회피는 불확실성과 모호성에 대한 사회적 인내(society's tolerance)를 다루는 것이다. 이 지표는 어떤 문화가 비구조화된 상황에서 구성원들이 편안한가 혹은 불편한가(uncomfortable or comfortable)를 느끼는 정도이다.

불확실성 회피문화는 엄격한 법률과 규칙, 안전과 안정의 측정에 의해, 그리고 절대적 진리에 대한 믿음과 관련한 철학적·종교적 수준에서 불확실성 상황의 가능성을 최소화하기 위해 노력한다.

또한 불확실성에 대한 낮은 회피문화에 사는 사람들은 창의적 아이디어, 다른 의견, 기발하고 이탈적인 행태를 보다 많이 수용한다. 반면에 불확실성에 대해 높은 회피문화에 사는 사람들은 이들에 대해 저항적이고, 심지어 금지하는 법을 제정한다.

불확실성의 회피수준이 높은 사회에서는 사람들이 높은 불안감과 공격성을 나타내는 경향이 두드러진다. 이 연구에서 그리스, 포르투갈, 벨기에, 일본 등이 불확실성 회피 정도가 큰 국가로 나타난 반면에, 덴마크, 스웨덴 등 북유럽 국가와 북미, 싱가포르, 홍콩 등은 불확실성의 회피 정도가 낮은 나라로 나타났다.

(3) 개인주의-집단주의(Individualism versus Collectivism: IDV)

개인주의는 개인들이 집단에 통합되는 정도인 집단주의에 대한 반대의 측면이다. 개인주의 사회에서 개인들 사이의 유대는 느슨하다. 반면에 집단주의 사회에서 집단 내 사람들은 응집성이 매우 강하며 통합되는 경향이 있다. 즉 집단주의는 내집단(ingroup)과 외집단(outgroup)을 분명하게 구분한다. 내집단이 자신을 돌보아 줄 것을 기대하고 그 대신 집단에 충성해야 할 것으로 믿는다. 특히 개인주의에서는 개인의 이익이 집단의 이익 때문에 희생되어서는 안 된다고 여긴다. 이 연구에서 개인주의 정도가 높은 국가는 미국, 호주, 영국을 비롯하여 대부분의 서유럽 국가와 북유럽 국가였다.

(4) 남성성-여성성(Masculinity versus Femininity: MAS)

남성성과 여성성은 성(genders) 사이의 감정적 역할의 배분을 언급하는 것이다. 여성의 가치는 남성의 가치보다 사회 내에서 보다 적게 구별된다. 나라 사이의 남성적 가치(men's values)는 공격성과 경쟁성의 차원에 있어 여성적 가치(women's values)와 차이가 있다.

남성적 가치는 남에 대한 배려와 애정, 삶의 질적인 측면보다 공격성과 경쟁성에 더 많은 관심을 가진다. 남성적인 국가에서는 남성과 여성 간 역할구분이 명확하며, 적극적이고 모험적인 행동을 찬양한다. 반면에 여성지배의 문화는 개인 간의 관계, 서비스와 물리적 환경의 보존, 조직구성원의 삶의 질과 직관력에 관련된 업무목표를 선호한다. 이 연구에서 일본이 가장 남성적인 국가로 나타났으며, 반면에 스웨덴, 덴마크, 노르웨이 순으로 가장 여성적인 국가로 나타났다.

(5) 단기적-장기적 성향(Short-term vs. Long-term Orientation: LTO)

이들 변수는 절약과 인내심에 대한 선호와 전통에 대한 존경에서의 문화적 차이를 기술하는 것이다. 장기적 성향의 사회는 미래적 보상에 대한 실용적인 미덕(pragmatic virtues)을 조장한다. 즉 변화하는 상황에 대해 저축, 인내와 적응을 강조한다. 반면에 단기적 성향의 사회는 국가적 프라이드, 전통에 대한 존경, 체면의 보존, 사회적 의무감의 이행과 같은 과거와 현재에 관련한 미덕을 조장한다.

(6) 관용-규제(Indulgence versus restraint: IVR)

이 지표는 6번째의 차원으로 93개 나라에 대한 Minkov(2007)의 세계가치조사

표 9-2   Hofstede의 국가문화 비교지표

국 가	PDI	IDV	MAS	UAI	LTO
말레이시아	104	26	50	36	
필리핀	94	32	64	44	19
멕시코	81	30	69	82	
중 국	80	20	66	40	118
인 도	77	48	56	40	61
싱가포르	74	20	48	8	48
브라질	69	38	49	76	65
프랑스	68	71	43	86	
홍 콩	68	25	57	29	96
태 국	64	20	34	64	56
대한민국	60	18	39	85	75
타이완	58	17	45	69	87
일 본	54	46	95	92	80
이탈리아	50	76	70	75	
미 국	40	91	62	46	29
네덜란드	38	80	14	53	44
호 주	36	90	61	51	31
독 일	35	67	66	65	31
영 국	35	89	66	35	25
노르웨이	31	69	8	50	20
스웨덴	31	71	5	29	33
뉴질랜드	22	79	58	49	30

출처: http://www.clearlycultural.com/geert-hofstede-cultural-dimensions/power-distance-index/

데이터(World Values Survey data)에서 기초한 것이다. 이 지표는 한 사회의 구성원들이 자신의 욕망충동을 통제하는 데 노력하는 정도를 말한다. 관용은 한 사회에서 삶을 즐기고 재미있게 하는 것과 관련한 기본적이고 자연적인 인간욕구에 대해 자유로운 만족감을 허용하는 것을 대변하는 것이다. 규제란 한 사회에서 욕구의 만족감을 억압하는 것과 엄격한 사회적 규범(strict social norms)으로 만족감을 규제하는 것을 말한다.

제4절 조직문화 변화의 특성과 단계

1. 조직문화 변화의 특성과 유형

1) 조직문화의 창조와 변화의 특성

(1) 조직문화의 창조

조직문화는 조직구성원의 행태를 안내하기 위한 메커니즘이다. 오늘날 조직은 보다 복잡하고 동태적인 환경에 직면하고 있다. 조직은 동태적인 환경에서 가능한 모든 상황에 대한 구체적인 전략을 구상하기 위한 노력이 필요하다. 이런 환경에서 조직문화는 조직의 보상과 성과시스템과 같이 중요하다.

조직문화는 조직의 최종결과(bottom line)에 중요한 영향을 미치기 때문에 관리자는 일련의 특별한 조직문화와 가치를 강화할 필요가 있다. 이 점에서 관리자는 효과적인 문화를 창조할 수 있는가? 혹은 환경에 부합하는 데 비효과적인 조직문화를 어떻게 변화시킬 것인가 하는 과제에 대해 적절한 전략이 요구된다. [그림 9-7]은 조직문화를 효과적으로 관리하기 위한 5가지 중요한 전략이다(Black & Porter, 2000: 107-109).

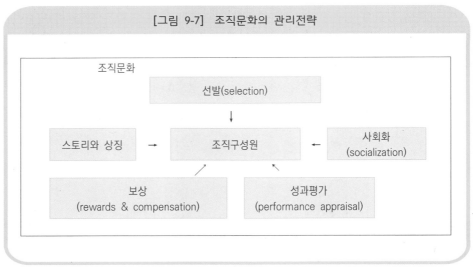

[그림 9-7] 조직문화의 관리전략

조직문화

선발(selection)

스토리와 상징 → 조직구성원 ← 사회화(socialization)

보상(rewards & compensation)   성과평가(performance appraisal)

출처: Black & Porter(2000: 108).

① 선발(selection) : 조직문화를 창조하고 혹은 변화시키기 위한 하나의 방법은 조직문화에 이미 부합되는 가정, 가치 및 행태를 가진 사람을 선발하는 것이다.

② 사회화(socialization) : 신입직원에 대한 선발이 이루어지면, 사회화를 통해 새로 채용된 조직구성원에게 적절한 문화적 가치를 안내하고 강화하는 것이다. 이러한 노력에는 초기의 오리엔테이션, 훈련, 경험 많은 조직구성원과의 상호작용의 장을 마련하는 것이 포함된다. 특히 재직하고 있는 구성원이 신입구성원에게 가치, 가정 및 태도를 전달하는 것이다. 개인들도 조직문화에 대한 정보를 적극적으로 수집하고 학습하기 위해 노력한다. 이러한 사회화 과정은 다양한 개인적 경력단계를 통해 진행된다. 사회화 과정은 선행적 사회화, 순응, 역할관리로 구성된다(Gibson, et al., 2006: 41-44).

첫째, 선행적 사회화(anticipatory socialization)는 조직구성원들이 조직에 채용되기 전에 혹은 동일한 조직에서 다른 직무를 담당하기 전에 맡는 모든 활동을 포함한다. 이 활동의 중요한 목적은 새로운 조직 혹은 새로운 직무에 관련한 정보를 획득하는 것이다.

둘째, 순응(accommodation)은 개인이 조직구성원이 된 이후 혹은 새로운 직무를 담당하기 전에 일어난다. 이 단계에서 구성원은 조직과 직무와 관련하여 실제적인 것을 보게 된다. 다양한 활동을 통해 구성원은 조직에서 활동적인 참여자 혹은 직무에서 유능한 성취자가 되기 위해 노력한다. 이 단계에서 개인들은 새로운 사람들 사이의 관계를 설정하고, 직무를 수행하는 데 요구되는 업무를 학습하며, 조직에서 자신의 역할을 명확하게 하고, 직무요구와 관련하여 만족 정도를 평가하게 된다.

셋째, 역할관리(role management)는 보다 광범위한 이슈와 문제를 다룬다. 이 단계에서 갈등이 일어난다. 즉 개인적 업무와 가정에서의 역할 사이, 혹은 작업집단 사이에서도 갈등이 일어난다. 구성원이 자신의 갈등을 해결할 수 없을 경우 직장을 떠나게 되거나 직무성과가 매우 낮게 된다.

③ 성과평가(performance appraisal) : 조직의 신입직원에게 보다 명확한 표시는 조직이 그를 어떻게 측정하고 평가하는가에 관한 사항일 것이다. 예를 들면, 조직이 조직구성원을 평가함에 있어 시간엄수보다 고객서비스에 가치를 둔다면 신입직원은 고객만족을 향상시키기 위한 문화를 학습하게 될 것이다.

④ 보상(rewards and compensation) : 보상은 신입직원에게 조직이 바람직한 행태에 대한 가치와 강화를 표시하는 가장 강력한 수단 중 하나이다. 이에 고객서비스 가치를 강화하는 방법으로 조직구성원에게 서비스를 받은 고객을 대상으로 한 서비스 평가를 통해 이루어질 수 있을 것이다.

⑤ 스토리와 상징(stories and symbols) : 조직문화는 다양한 상징을 통해 창조되고 강화된다. 스토리는 조직가치를 의사소통하는 강력한 수단이 될 수 있다. 기본적으로 조직 스토리는 조직구성원에 대해 무엇을 하고 혹은 무엇을 하지 말 것인지를 안내한다. 물리적 배치(physical layout)와 같은 상징은 조직문화의 구체적인 가치에 대해 의사소통을 하고 그리고 강화한다. 의식도 조직문화에 대한 상징적 의사소통에 있어 중요한 역할을 한다. 예를 들면, 일본의 경우 대규모 기업은 대학을 졸업한 신입직원을 대상으로 공통적인 의식(common rituals)을 가진다. 이러한 사례로, 신입직원의 대표가 신입직원을 대표하여 조직에 대해 충성을 맹세하는 선언식

을 한다. 신입직원의 부모대표가 자녀들을 향해 회사의 입장에서 최선을 다할 것을 요구하는 연설을 한다. 이러한 의식은 소속과 충성의 핵심가치를 강화한다.

(2) 조직문화 변화의 특성

문화를 이해하는 데는 상당한 시간이 요구된다. 이와 더불어 문화를 변화시키려는 시도는 부가적인 시간이 요구된다. 문화변화를 의도적으로 시도하는 것은 현실적으로 매우 어렵다. 더욱이 사람들은 새로운 문화에 대한 변화에 본질적으로 저항한다. 하지만 용감한 관리자는 문화에 개입하고 변화시킬 수 있다고 믿는다. 이러한 문화변화의 주요한 특성은 다음과 같이 인지할 수 있다.

① 변화: 변화는 환경적 혼란과 내부적 분열에 의해 가속화된다. 즉 변화는 3가지 혼란(산업의 단절, 제품의 라이프사이클 변화, 내부조직의 역학관계)에 대한 반응이다.

② 혁명적 변화(revolutionary change) : 문화변화는 조직의 많은 부분과 구성요소에서 갑작스러운 변화에 관련되어 있다. 문화변화는 동시에 새로운 전략방향에 대한 지지로 변화되는 것을 요구한다.

③ 새로운 조직화의 패러다임(new organizing paradigm) : 문화변화를 겪는 조직은 전적으로 새로운 방식의 조직화와 행태를 고안한다.

④ 고위 집행부와 계통관리에 의한 주도(driven by senior executives and line management) : 문화변화의 주요한 특성은 모든 변화과정의 국면에서 고위 집행부와 계통관리자의 활동이 주도적인 역할을 한다는 것이다. 이들은 조직의 전략적 방향과 운영에 책임이 있으며, 그리고 변혁을 적극적으로 유도한다.

⑤ 지속적인 학습과 변화(continuous learning and change) : 문화변화가 불확실하고 위험이 있기 때문에 보다 많은 혁신과 학습이 요구된다. 조직구성원은 새로운 방향에 대한 이행에 있어 요구되는 새로운 행태를 어떻게 규정하는가에 대해 학습해야만 한다.

2) 문화변동의 전략과 유형

Gagliardi(1986)는 모든 조직의 최우선 전략은 조직의 가정과 가치를 창출하고, 조직을 유지하는 조직정체성(organizational identity)을 보호하는 것이라고 주장한다. 조직은 최우선 전략을 위해 2차적 전략을 개발하고 이행한다.

2차적 전략(secondary strategies)이란 도구적 전략과 표현적 전략이다. 도구적 전략(instrumental strategies)은 본질적으로 가동적인 것이다. 이 전략은 구체적으로 측정 가능한 목적을 달성하는 데 관심을 가진다. 표현적 전략(expressive strategies)은 상징적 영역에서 운영된다. 그리고 표현적 전략은 그룹구성원에 의해 공유된 의미에 대한 안정성과 일관성을 보호하고, 외부세계에 대해 정체성을 알 수 있도록 하는 것이다. 이러한 2차적 전략은 표현적 전략과 도구적 전략 모두가 가능하다. 예를 들면, 광고는 외부 고객에 대해 조직정체성을 표현하도록 설계될 수 있고, 그리고 조직의 상품을 판매하는 데 도움을 줄 수 있다. 행태, 기술, 상징 및 구조에서의 변화는 2차적 전략의 이행을 통해 일어난다. Gagliardi의 견해에 의하면, 전략은 문화적 가정과 가치에 기반이 되고 그리고 제한되기도 한다. 가장 효과적인 전략은 문화적 정체성에 기반을 둔 표현이다.

문화변동이 어떻게 일어나는가에 대해 Gagliardi(1986)는 3가지 유형을 기술하고 있다. Gagliardi는 상이한 전략적 이동은 조직문화에 다른 효과를 가져온다고 주장한다. 전략이 조직의 가정과 가치와 나란히 진행할 때 문화는 변화하지 않는다. 반면에 전략이 조직의 가정과 가치에 갈등을 일으킬 때 문화는 대체 혹은 파괴됨으로써 전복된다. 그럼에도 문화는 전략에 저항하는가 하면 전략이 전혀 이행되지 않게도 한다.

(1) 명백한 변화(apparent change)

명백한 변화는 문화가 중요한 방식에서 변화하지 않지만, 문화 내에서 일어난다. 새로운 문제는 조직문화와 정체성에 의해 허용되는 2차적 전략의 범위로부터 선택적 상황에 직면하게 된다. 이러한 2차적 전략의 이행은 문화적 인공물의 수준에서 변화를 초래하게 된다. 이러한 문화변화는 피상적이다. 조직은 단지 현존하는 정체성의 범위 내에서 적응한다.

(2) 혁명적 변화(revolutionary change)

혁명적 변화란 문화적 가정 및 가치와 양립할 수 없는 전략이 조직에서 강요되는 것이다. 이러한 혁명적 변화는 과거의 상징을 파괴하고 새로운 상징을 창조하려는 외부인사가 조직에 유입됨으로써 일어난다. 이 변화는 조직설립자가 성공했을 때 혹은 조직이 합병(merged or acquired)되었을 때 일어날 수 있다. 이것은 과거의 조직이 소멸하고 새로운 조직이 탄생하는 것이다.

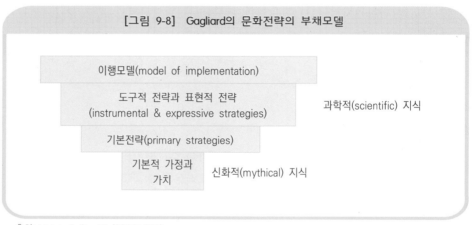

[그림 9-8] Gagliard의 문화전략의 부채모델

이행모델(model of implementation)

도구적 전략과 표현적 전략
(instrumental & expressive strategies)

과학적(scientific) 지식

기본전략(primary strategies)

기본적 가정과 가치   신화적(mythical) 지식

출처: Hatch & Cunliffe(2006: 208).

(3) 점진적 변화(incremental change)

점진적 변화는 문화적 가치와 가정의 깊은 수준에 접근하는 유형이다. 양립할 수 없는 것은 아니지만 상이한 가치를 의미하는 전략은 조직문화에 대해 옛날 가치와 동시에 새로운 가치를 포함하게 하는 것이다. 새로운 전략이 성공한다면, 이 전략이 가져오는 변화는 조직의 당연한 가정에 포함될 수 있을 것이다.

2. 문화변화의 지렛대

1) 조직문화의 요소

조직문화의 5개 요소(인공물, 신념, 규범, 가치, 전제)는 [그림 9-9]와 같이 표면적 요소(surface elements)로부터 깊은 요소(deeper elements)로 연속체로 배열될 수 있다. 즉 인공물은 표면에 위치하기 때문에 매우 용이하게 변화되는 반면에, 전제와 같은 깊은 요소들은 변화하는 것이 매우 어렵다. 대부분의 문화변화 접근법은 인공물, 신념, 규범과 같은 문화의 표면적 요소에 초점을 둔다. 또한 표면적 요소를 변화시키는 지렛대는 의식, 스토리, 언어, 그리고 상징이다. 이와 같이 조직에서 유지되는 문화유형은 다음과 같다.

① 인공물(artifacts) : 인공물은 가시적인 문화의 징후이다. 이것은 조직의 구조, 시스템, 절차, 규율 및 물리적 양상뿐만 아니라 조직구성원에서 관찰할 수 있는 행태이다.

② 신념(beliefs) : 조직은 아이디어, 지식, 구전지식, 미신, 전설과 같은 모든 인식을 포함한 가정을 일반적으로 공유한다.

③ 규범(norms) : 문화적 규범은 행태를 규제한다. 이것은 조직에 의해 수용되

[그림 9-9] 문화변화의 지렛대(levers)

용이한 변화	인공물	표면적 요소(surface elements)
↑ │ ↓	신념 규범 가치	
어려운 변화	전제	깊은 요소(deeper elements)

출처: Narayanan & Nath(1993: 471).

는 규율 혹은 표준이다. 규범은 적절한 행태 혹은 부적절한 행태에 관한 사항을 구체화한다. 또한 규범은 적절한 행태에 대한 보상과 부적절한 행태에 대한 처벌을 구체화한다.

④ 가치(values) : 가치는 바람직하고 혹은 좋은 것, 당연한 것 등을 포함하는 조직구성원에 의해 유지되는 구체적인 신념의 분류이다. 긍정적 가치는 바람직한 것이고, 반면에 부정적 가치(negative values)는 바람직하지 않다는 것이다.

⑤ 전제(premises) : 조직문화는 말로 되지 않고 남아 있는 세계에 관한 많은 전제를 포함한다. 조직문화는 외부 관찰자에 의해 분석적 작업 혹은 직관적인 추측에 의해 드러난다. 이를 조직적 무의식(organizational unconscious)이라고 한다.

2) 조직문화의 수준

Edgar Schein(1977)은 문화를 조직구성원에 의해 공유되는 깊고 기본적인 가정과 믿음으로 정의한다. 문화는 표면에 표출되지 않고, 감추어져 있고 때로는 무의식적이라는 것이다. Schein은 [그림 9-10]과 같이 문화의 수준을 3가지로 구분하고 있다.

(1) 1단계(Level 1): 인공물

1단계는 인공물(artifacts)로 대표된다. 문화의 가시적 부분(visible portions)은 인공물과 행태를 말한다. 이 단계는 빌딩의 물리적 구조와 건축양식, 유니폼, 내부설계와 같은 가시적인 조직적 특징을 포함한다. 이 수준은 쉽게 관찰될 수 있지만, 조직문화에 관한 모든 것을 드러내 보이지는 못한다. 이것은 조직구성원들의 의식 속에 내재된 가치와 기본가정이 반영되어 나타난 것이다.

또한 인공물은 가치와 규범을 생산하고 유지하는데, 이는 문화적 핵심(cultural core)에 관한 징후이고 표현이다.

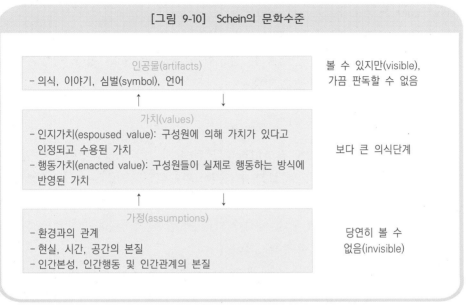

[그림 9-10] Schein의 문화수준

| 인공물(artifacts)
- 의식, 이야기, 심벌(symbol), 언어 | 볼 수 있지만(visible),
가끔 판독할 수 없음 |

↑ ↓

| 가치(values)
- 인지가치(espoused value): 구성원에 의해 가치가 있다고
인정되고 수용된 가치
- 행동가치(enacted value): 구성원들이 실제로 행동하는 방식에
반영된 가치 | 보다 큰 의식단계 |

↑ ↓

| 가정(assumptions)
- 환경과의 관계
- 현실, 시간, 공간의 본질
- 인간본성, 인간행동 및 인간관계의 본질 | 당연히 볼 수
없음(invisible) |

출처: Hatch & Cunliffe(2006: 118).

(2) 2단계(Level 2): 가치

2단계 수준은 가치를 언급한다. 가치는 도덕적 판단에 영향을 미치고, 다른 사람에 대해 반응하고, 조직의 목적에 몰입하는 데 영향을 미치는 뿌리 깊은 개인적 기준이다. 가치는 무엇을 해야 하는가? 혹은 해서는 안 되는가에 대한 개인의 내면적인 신념을 의미한다. 이것은 조직구성원이 조직문제에 대해 논의할 때 표출되는 규범과 믿음을 포괄하는 비가시적인 문화국면이다. 동등한 고용기회에 대한 선언이 이 단계의 수준이다.

이처럼 문화적 가치는 조직구성원이 믿는 사회적 원리, 목표 및 기준이며, 고유의 가치를 가진다. 이것은 문화적 구성원의 우선순위에 의해 나타난다. 문화적 가치는 조직구성원이 무엇이 옳고 혹은 잘못된 것인가에 대한 평가를 하는 데 기준이 되기 때문에 행태에 영향을 미친다. 이처럼 문화적 가치는 때때로 도덕률

(moral code)과 동등하다.

또한 규범(norm)은 가치의 표현이다. 규범은 조직구성원들이 다양한 상황에서 자신들에게 기대하는 것을 알게 하는 불문법(the unwritten rules)이다. 규범은 다양한 유형의 사회적 행태에 관해 기대하는 것을 전달한다.

(3) 3단계(Level 3): 가정

인공물과 표출된 가치에 감추어진 기본적인 가정이 3단계 수준에서 발견된다. 기본적 가정은 진실 혹은 문화적 구성원이 자신이 사실이라고 믿는 것으로 대표된다. 기본적 가정은 가장 추상적인 문화수준이다. 가치와 행태는 기본적 가정으로부터 발달된다. 가정에 대해 이해가 없다면, 변화를 이해하고 새로운 문화를 창조하는 데 많은 실수를 하게 될 것이다.

이러한 보편적인 가정은 명확하게 표출되지 않지만, 조직구성원의 행태를 안내하는 구성원의 세계관, 믿음, 규범을 공유하는 것이 기본적인 가정이다. 비가시적인 의사결정과정을 형성하기 때문에 가장 중요하게 영향을 미치는 수준이다. 이러한 기본적 가정은 조직구성원들의 가장 내면에 자리 잡고 있는 믿음이며, 외부세계에 대한 인식과 사고방식, 그리고 행동에 대한 지침을 제공한다(황규대 외, 2011: 548).

대부분 학자들은 모든 그룹에 있어 대표되는 보편적인 가정의 범주가 있다는 것에 동의한다. 이에 Douglas McGregor는 「기업의 인간적 측면(*The Human Side of Enterprise*)」이라는 저서에서 모든 관리자는 사람에 대한 일련의 가정에서 행동한다고 주장한다. 즉 Theory X 관리자와 Theory Y 관리자는 보통의 사람 본질에 대해 상이한 가정을 한다. Theory X 관리자는 사람은 본질적으로 업무를 싫어하고 가능한 회피하려고 한다고 가정하고, Theory Y 관리자는 사람은 자신이 수행하는 목적 달성을 위해 스스로 방향을 결정하고, 자제력을 발휘한다고 가정한다.

3. 문화변화의 과정

　　문화적 역학이론(cultural dynamics theory)은 가정, 가치 및 인공물의 요소에 초
점을 두는 것이 아니라, 이들 요소를 연결하는 과정에 초점을 둔다. 문화역학모델
은 인공물, 가치, 상징 혹은 가정에서의 변화가 다른 요소들에 어떻게 영향을 미치
는가를 설명한다. 문화역학모델에 의해 기술되는 과정은 [그림 9-11]과 같이 진
행되고 서로 밀접한 관계를 가진다. 변화를 의도적으로 유도하고자 시도하는 것은
다른 문화와 접촉하여 새로운 아이디어가 소개될 때 실현과정과 상징화 과정과 더
불어 시작된다. 특히 상징이 현재의 조직가정을 지지할 때 변화는 상대적으로 쉽
게 이루어질 수 있다.

1) 징후과정(manifestation process)

　　이 과정은 조직의 가정과 가치가 행동을 안내하는 이미지를 산출하는 세계에
관한 기대를 일으킨다.

[그림 9-11] Hatch의 문화역학모델

	가치 (values)	
／ 징후과정 ／		＼ 실현과정 ＼
가정 (assumption)		인공물 (artifacts)
＼ 해석과정 ＼	상징 (symbols)	／ 상징화 과정 ／

출처: Hatch & Cunliffe(2006: 210).

2) 실현과정(realization process)

문화가 가치를 표출함으로써 행동에 영향을 미치면, 가치기반행동(value-based action)은 문화적 인공물을 산출한다. 이러한 인공물의 산출을 실현과정이라 한다. 이 과정에 의해 조직의 가정과 가치에 기반을 둔 이미지는 유형적인 형태가 된다.

3) 상징화 과정(symbolization process)

이 과정은 인공물로부터 상징이 이루어지는 과정이다. 예를 들면, 아름답게 새로 개장한 사무실 건물을 최고관리자가 조직의 이미지를 의사소통하기 위해 활용할 수 있을 것이다.

4) 해석과정(interpretation process)

선택된 상징에 부여된 해석은 사람들이 조직에 대해 무엇을 믿고 가정하는가에 영향을 미친다. 해석과정은 2가지 방향에서 이루어진다. 가정은 상징의 의미를 결정하는 데 도움을 주며, 또한 상징이 현재의 가정을 유지하게 하거나 혹은 도전하게 한다. 가정에 대한 유지는 해석이 이미 기대하는 것을 지지할 때 일어나며, 반면에 해석은 때때로 기대에 역행한다. 문화변화의 가능성은 가정이 해석과정에서 상징적으로 도전할 때 일어난다.

이와 같이 문화변화활동의 목적은 강한 문화를 창조하는 데 있다. 이러한 문화변화는 중요한 환경적 변화와 내부적 변화가 있을 때 일어나며, 고위 계통관리자에 의해 추진된다. 문화변화는 지속적인 학습과 쇄신이 포함된다. 이런 문화변화는 다음의 2개의 단계―진단과 변화―를 거치게 된다.

첫째, 진단단계(diagnosis) : 문화변화 개입(culture change interventions)은 현재의 전략과 제안된 경영전략의 적합성을 평가함에 있어 조직에 존재하는 문화를 진단하는 것으로부터 시작된다. 부적응의 정도가 평가되면, 이러한 평가가 변화노력을 위한 시작의 기초가 된다.

둘째, 변화단계(change) : 문화진단에 기초하여, 조직은 문화변화를 취할 것인가를 결정한다. 문화변화의 옹호는 일반적으로 규범과 같은 표면적 문화요소에 초점을 둔다.

또한 광범위한(large-scale) 문화변화는 다음과 같은 몇몇 조건들이 요구된다. 이들 조건은 다음과 같다. 조직문화가 환경에 적합하지 않다, 조직이 매우 경쟁적이다, 조직이 보통 이하의 수준이다, 조직이 막 대규모로 성장하려고 노력하는 경우이다 등이다.

>>> 제10장 조직구조
    제11장 조직설계
    제12장 직무설계

제3편 조직구조와 조직 및 직무설계

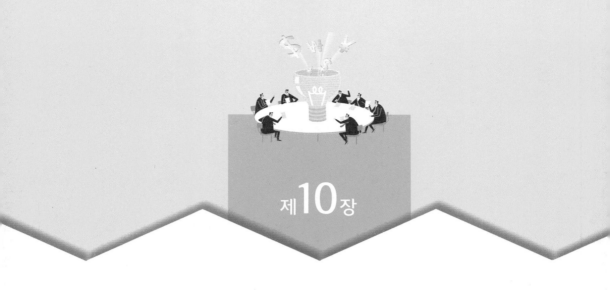

조직구조

　　모든 조직은 직무의 구조를 가진다. 구조의 존재는 조직을 구별하게 한다. 이러한 조직구조는 조직을 구성하는 개인과 집단의 행태에 영향을 미친다. 이 점에서 조직이 전략을 집행하고, 환경과 상호작용하고, 조직목적을 효과적으로 달성하기 위해 조직구조를 어떻게 설계할 것인가 하는 것은 중요한 과제일 것이다.

　　이 장에서는 조직구조의 의의와 변수, 조직구조의 유형, 조직설계의 논리, 조직설계의 유형 등을 살펴보고자 한다.

제1절   조직구조의 의의와 변수

1. 조직구조의 의의

조직구조는 조직의 목표로부터 발생되고, 조직목표에 의해 변화해야만 한다. 이 점에서 조직처럼 조직구조도 그 자체로 목적이 분명하고, 목표지향적(goal-oriented)이다. 조직구조는 조직의 하나의 국면이다.

조직구조(組織構造, organizational structure)란 조직이 구별되는 업무에 노동을 분할하고, 이들을 조정하기 위한 방식의 총합으로 정의된다. 즉 조직구조는 조직 내 노동의 분업, 전문화, 관계의 조정을 규정하는 시스템이다. 이러한 조직구조의 개념은 조직의 목적과 목표의 존재를 설명하는 것이고, 관리는 조직효과성에 기여하는 의미에서 구조를 생각한다. 조직구조의 설계를 통하여 관리는 개인과 집단이 조직목적을 성취하는 것에 대한 기대를 설정한다.

조직구조는 조직구성원의 활동과 상호작용을 정의하고 규제하는 규칙, 절차, 정책, 의사소통 네트워크로 구성된다. 이러한 조직구조는 조직을 구성하는 개인과 집단의 행태에 영향을 미친다. Lawrence와 Lorsch는 효과적인 조직성과는 조직의 사회적 구조와 조직환경 사이의 적합에 의해(by the fit) 결정된다고 주장한다. 특히 가장 성공적인 조직은 분화의 정도와 통합의 수단이 환경의 요구에 잘 부합한다.

조직도(organizational charts)는 조직구조의 중요한 측면을 표현하지만, 조직구조와 동등한 것은 아니다. 왜냐하면 조직구조는 가시적인 조직의 물리적 구조(physical anatomy)보다 훨씬 복잡하다. 따라서 조직도에 묘사할 수 있는 것보다 조직구조가 더욱 복잡하다.

특히 고전적 조직이론가들은 사람, 지위 및 작업단위의 구조적 배열(structural arrangement)을 통해 조직의 설정된 목적 혹은 목표를 성취하기 위한 최상의 방법

을 찾고자 노력하였다. 하지만 어떻게 조직구조를 가장 잘 정의할 것인가에 대해
동의는 없었다. 고전적 관리학자들이 정의하는 조직구조의 특성은 Weber의 관료
제에서 잘 표현되고 있다.

> ▶ 조직구조의 정의에 관련된 4가지 구성요소
> • 조직구조는 조직에 있어 개인과 부서에 대해 업무의 할당과 책임(allocation of tasks and responsibilities)을 기술한다.
> • 조직구조는 관리자와 감독관의 통솔범위와 계층제의 수 등이 포함된 공식적인 보고관계(formal reporting relationships)를 명시한다.
> • 조직구조는 부서 내 개인들의 그룹핑과 전체 조직에서의 부서의 그룹핑을 확인하게 한다.
> • 조직구조는 수직적, 수평적 방향에서 효과적인 의사소통, 조정, 통합(effective communication, coordination, and integration)을 보장하기 위한 시스템의 설계를 포함한다.
>
> 출처: Daft(1983: 202).

2. 조직구조의 변수

조직구조는 관리자의 선택에 의존하고 다양하다. 조직구조에 대한 선택은 다음과 같은 4가지 변수 – 노동의 분업, 권위의 위임, 부서화, 통솔의 범위 – 에 대한 고려에 의해 이루어진다.

1) 노동의 분업

노동의 분업(division of labor)은 조직 내 작업업무의 할당과 책임의 분배(distribution of responsibilities)로 정의된다. 노동이 적절하게 분업될 때 작업업무의 결합이 바람직한 조직산출을 생산할 수 있다. 이에 노동의 분업은 직무가 전문화

240

된 정도를 의미한다. 관리자는 조직의 전체 업무를 수행하는 종업원을 규정하는 활동에 연계하여 구체적인 직무로 분류한다. 구체적인 직무로 노동을 분리하는 것의 경제적 이점이 조직 탄생의 역사적 이유이기도 하다.

2) 권위의 위임

권위의 위임(delegation of authority) 혹은 권위계층제(hierarchy of authority)는 조직에 있어 권위의 배분을 말한다. 즉 권위의 계층제는 각 관리자에 대한 통솔의 범위를 말한다. 관리자는 각 직무와 각 직무담당자에게 권위를 얼마나 할당할 것인지를 결정한다. 권위(authority)는 상위 관리계층의 승인 없이, 그리고 다른 사람에게 의존함이 없이 의사결정을 하는 개인의 권리를 말한다.

위임된 권위의 정도는 권위의 국면에 따라 높거나 혹은 낮다. 비교적 권위의 위임은 전문적 관리자의 발달을 촉진한다. 즉 의사결정의 권위를 하부계층으로 위임하면, 관리자들은 중요한 의사결정에 참여할 기회를 가지고, 의사결정의 기술을 학습하게 된다.

또한 권위위임을 많이 할수록 조직 내 경쟁적 분위기를 이끌 수 있다. 나아가 비교적 많은 권위를 가진 관리자들은 많은 자치권을 가지며, 문제해결에 참여하고자 하는 열망을 만족시키게 될 것이다. 이러한 자치권은 조직발전과 상황적 적응에 있어 관리적 창의성과 독창성을 초래한다.

이와 같은 권한위임에는 효과적인 의사소통이 요구된다. 즉 권한위임이 적절하게 이행되기 위해서는 부하들이 상관이 무엇을 원하는지 정확하게 이해해야만 한다. 권한위임에는 또한 동기부여, 영향력 및 리더십이 포함되어 있다.

▶ William Newman이 지적하는 관리자들이 권한위임을 꺼리는 이유
• 나는 자신의 오류를 나름의 방식으로 잘할 수 있다(The I can do it better myself fallacy). 관리자는 직무를 잘 수행할 수 있기 때문에 부하 대신에 그것을 한다.

- 업무지시에 대한 능력의 부족(lack of ability to direct). 업무흐름에 대한 장기적인 전망을 파악할 수 없다면, 관리자는 부하들의 직무분할의 중요성을 깨닫지 못한다.
- 부하에 대한 신뢰의 부족(lack of confidence in subordinates). 부하에 대한 신뢰가 부족하다면, 부하가 정확하게 일을 수행하는지 종종 확인의 필요성을 느낄 것이다.
- 위기에 대한 혐오감(aversion to risk). 관리자가 직무위임으로 인해 대답해야만 하는 문제를 야기할 것이라는 공포를 느낄 때 권한위임이 어렵게 된다.
- 절박한 난제의 관리를 경고하는 데 있어 선택적 통제의 부족(absence of selective controls to warn management of impending difficulty). 관리자는 권위에 대한 권한위임에 따라 관리 시 부하들의 결과에 대한 환류를 제공받기 위해 효과적인 통제수단을 만들어야 한다. 통제가 효과적이지 않다면, 부하들에게 권한위임한 것이 걱정을 일으키는 원인이 될 것이다.

출처: Newman(1956).

3) 부서화

부서화(departmentalization)는 유사한 혹은 밀접하게 관련된 활동을 조직의 하부단위로 그룹핑하는 것이다. 또한 부서화는 조직을 하부단위로 분할하는 과정이다. 직무를 그룹핑하는 논거(rationale)는 직무를 조정하기 위한 필요성 때문이다. 또한 직무의 활동과 권위를 규정하는 과정은 분석적이다. 조직의 전체적 업무는 연속적인 소규모 업무로 분할된다. 그리고 관리는 분할된 업무를 집단 혹은 부서로 통합해야만 한다. 이에 관리자는 조직의 목표를 효과적으로 성취하기 위해서 부서화에 의해 만들어진 하부단위를 감독해야 한다.

(1) 기능적(functional) 부서화

기능적 부서화는 때론 전통적 혹은 고전적 부서화하고 부른다. 기능적 부서화는 조직을 구별되고, 상이한 업무와 책임(distinct, dissimilar tasks and responsibilities)을 가진 단위부서로 분할하는 과정이다. 기능적 부서화는 종업원이 수행하는 광범위한 직무에 따라 종업원을 그룹핑하는 것이다.

관리자는 조직의 기능에 따라 직무를 결합할 수 있다. 조직에서 필요한 활동이 곧 조직의 기능이다. 예를 들면, 병원의 필요한 기능에는 외과의사, 정신의사(psychiatry), 시설관리과(housekeeping), 약국, 간호사, 직원 등이 포함된다. 이들 기능의 각각은 구체적인 부서가 될 수 있다.

이러한 기능적 부서화의 장점은 〈표 10-1〉과 같이 효율성에 있다. 특별한 분야에 있어 전문가로 구성되는 부서라는 점에서 논리적이다. 반면에 단점은 자기 분야에 전문성과 관심을 가진 전문가들은 조직의 목표보다 자기 부서의 목표를 선호하는 경향이 있다는 것이다.

표 10-1 기능적 부서화의 장단점

장 점	단 점
- 업무/기술 전문화가 향상된다. - 기능적 영역 내에 노력과 자원의 중복을 줄인다. - 기능적 영역 내에 조정을 증가시킨다.	- 부서화는 전체적인 목적보다는 오히려 하부단위 목적에 보다 많은 관심을 가진다. 이것은 기능적 영역 사이에 잠재적 갈등을 증가시킨다. - 조직이 대규모라면, 명령통일이 너무 지연된다.

출처: Mescon, Albert & Khedouri(1988: 355).

(2) 지역적(territorial) 부서화

조직이 광범위한 지리적 지역(예를 들면, 국제적 영역)으로 운영될 때는 지역적 부서화가 바람직하다. 즉 부서화의 다른 방식은 지리적 영역에 기초하여 집단을 분류하는 것이다. 지역적 부서화는 장소에 의해 조직화(organizing by location)하는 것이다.

논리적 근거는 한 지역의 모든 활동은 특정한 지역에서의 모든 운영에 대한 책임을 한 사람의 관리자에게 할당하는 것이다. 지역적 부서화는 관리직 인원에 대한 훈련의 기반이 된다.

(3) 생산적(product) 부서화

조직이 다양한 산출물로 인하여 확대되면 여러 가지 기능적 부서를 조정하는 데 어려움을 겪게 된다. 이에 따라 중요한 생산라인을 책임지는 부서로 조직화할 때 생산적 부서화가 필요하다. 즉 생산단위에 기초하여 부서를 조정하는 것이 효율적이다.

이런 형태의 조직은 직원들을 연구, 판매, 생산라인 배분 등에 있어 총괄적인 전문가로 발전시키는 데 도움을 준다. 또한 구체적인 생산부서에 있어 권위, 책임 및 책무의 집중화는 최고관리층이 활동을 조정하는 데 효과적이다. 생산기반 조직은 관리자에게 이익 창출에 필요한 자원을 부서에 제공해 줌으로써 창의성과 자율성을 촉진시킨다. 하지만 부서구조가 어느 정도의 가외성을 포함하고 있다. 이로 인하여 조직은 가외성이 얼마나 필요한지를 결정하는 어려운 과제에 직면하게 된다.

(4) 고객(customer) 부서화

고객 부서화는 고객그룹으로 부서를 조직화하는 것이다. 고객(customers and clients)은 직무를 그룹핑하는 데 기초가 될 수 있다. 고객기반 부서를 가진 조직은 비고객 요인에 의한 부서화되어 있는 조직보다 고객의 인지된 욕구를 보다 잘 만족시킬 수 있다. 단지 하나의 고객그룹에 집중하는 조직이 된다.

이런 형태의 조직 사례로 대규모 출판사는 부서를 성인도서, 청소년 일반도서(juvenile trade books), 대학교재, 초·중·고등학교 교재 등으로 구분한다. 이들 고객지향적 부서의 각각은 본질적으로 독립된 조직으로서 운영된다.

(5) 혼합 및 변화(mixed and changing) 부서화

조직도는 목표의 이동에 따른 스냅촬영(snapshot)으로 간주될 수 있다. 시간이 지남에 따라 조직은 조직부서화의 기반을 혼합하여 활용한다. 즉 어떤 시점에는 기능적 부서화, 다른 시점에는 생산 부서화, 지역 부서화, 고객 부서화로 조직도를 변화시킨다. 이와 같이 부서화는 조직설계에 있어 핵심적 결정체이다.

4) 통솔의 범위

통솔의 범위(span of control)는 한 사람의 상관이 효과적으로 통제할 수 있는 부하의 수를 의미한다. 또한 통솔의 범위는 한 사람의 상관에게 얼마나 많은 부하들이 직접 보고하는가를 말한다. 따라서 직무의 종류에 의해 설정되는 부서화에 대한 적절성의 결정기준은 통솔범위의 문제이다. 이 문제는 한 사람의 관리자가 얼마나 많은 사람을 감독할 수 있는지에 대한 결정이다. 통솔의 범위를 넓게 혹은 좁게 하는가 하는 결정은 부서관리자가 처리할 수 있는 개인 간의 관계의 범위에 대한 결정이다.

통솔의 범위는 조직의 고층(tallness) 혹은 저층(flatness)의 정도를 결정한다. 즉 통솔의 범위가 좁으면 조직의 계층 수가 많아지며, 키가 큰 조직(tall organization)이 된다. 또한 통솔의 범위가 좁으면 상관이 부하를 보다 근접하게 감독할 수 있지만 많은 관리자가 요구되고 비용이 많이 든다. 반면에 통솔의 범위가 넓으면 평면조직(flat organization)이 된다. 나아가 통솔의 범위가 넓으면 효과적으로 감독할 수 없어 조직구성원이 어떠한 업무를 수행하고 있는지, 관리자는 무엇이 진행되었는지(what was going on)에 대해 알지 못한다(정우일 외, 2011: 169).

통솔의 범위는 공식적으로 부하를 할당하는 것뿐만 아니라 관리자에게 접근하는 사람을 정하는 것이다. 관리자의 통솔범위를 결정하는 데 중요한 고려는 잠재적 관계의 수가 아니라 실질적 관계의 빈도수와 강도이다.

이러한 통솔의 범위에 관한 연구는 7명이 적절하다고 주장하기도 한다. 대량생산공장의 몇몇 감독자는 40명에서 50명의 부하를 성공적으로 관리할 수 있다. 공학관리자(engineering managers)는 일반적으로 5명에서 10명의 부하를 관리할 수 있다고 한다(Webber, 1979: 356-357).

이와 같이 수용할 수 있는 통솔의 범위는 다음의 상황에서 줄어든다(Webber, 1979: 357). ① 예측할 수 있는 업무요구가 보다 적은 경우, ② 부하에게 보다 많은 자유재량을 허용하는 경우, ③ 보다 높은 직무 책임성: 결정의 검토 혹은 결과 사이의 시간적 길이에 의해 측정되는 것, ④ 결과에 대한 낮은 가측성, ⑤ 부하들 사이의 높은 업무 상호의존성 등이다. 반면에 부하들이 단순하고, 반복적이고, 프로그램화되어 있고, 쉽게 측정될 수 있는 업무를 수행하는 곳에서는 통솔의 범위가 매우 넓어진다.

제 2 절 조직구조의 차원

구조적 차이를 측정하는 공통적인 차원은 가능하지도 바람직하지도 않다. 영국의 Aston 대학교 연구자들은 52개 조직을 대상으로 조직의 사회적 구조와 관련하여 6차원에 대해 양적인 측정을 전개했다(Pugh, Hinings & Turner, 1968). 이들 6개 조직구조의 차원은 전문화의 정도, 표준화, 공식화, 집중화, 배치, 유연성 등이다.

표 10-2 조직차원과 조직결정

차원(dimensions)	결정(decisions)
높은 공식화	– 높은 전문화 – 위임된 권위(delegated authority) – 기능적 부서화 – 광범위한 통솔범위(wide spans of control)
높은 집중화	– 높은 전문화 – 집중화된 권위(centralized authority) – 기능적 부서화 – 광범위한 통솔범위
높은 복잡성	– 높은 전문화 – 위임된 권위 – 지역, 고객 및 생산부서화 – 좁은 통솔범위(narrow spans of control)
분화와 통합	– 높은 전문화 – 기능적 부서화 – 높은 상호의존성(통합)

출처: Ivancevich & Matteson(1990: 445).

이 연구는 규모가 조직구조에 영향을 미치는 요인이라면서 조직의 규모가 클수록 전문화와 집중화의 정도가 높다고 밝히고 있다.

본서에서는 4가지 차원-공식화, 집중화, 복잡성, 분화와 통합-으로 조직구조를 이해하고자 한다(〈표 10-2〉 참조).

1. 공식화

공식화(公式化, formalization)란 조직에서 서류문서(written documentation)의 양을 말한다. 즉 공식화는 업무와 관련한 수단과 목적에 관한 기대가 명시되고 기록되어 있는 정도를 의미한다. 문서는 절차, 직무기술, 규제 및 정책매뉴얼이 포함된다. 이처럼 공식화는 조직구성원의 행태, 활동 및 관계가 규정, 정책, 그리고 통제시스템에 의해 규제되고 있는 정도를 말한다. 공식화가 높은 조직에서 규칙과 절차는 각 개인이 무엇을 해야 하는가를 구체적으로 규정한다.

이러한 조직은 기록된 표준적 운영절차, 구체적 방향, 그리고 명확한 정책을 가진다. 공식적인 시스템은 조직 내에 명확한 권위라인을 명시한다. 즉 누가, 누구에게 보고하는가에 대해 명확하게 명시한다. 강한 공식화를 가진 조직은 의사결정, 의사소통 및 통제에 있어 지휘계통(chain of command)에 의존한다. 지휘계통은 사람들에게 정보와 의사결정이 누구를 통해 흐르는지에 대한 순서를 명확하게 한다.

이러한 공식화는 조직의 규모가 증가한 결과물이다. 조직의 공식화가 증가할수록 개인에 대해 특정한 기여를 인정하기가 보다 어렵게 된다. 이리하여 공식화는 개성(individuality)의 개념과 반대되는 것으로 표출된다(Hodge & Anthony, 1979: 361).

▶ 조직의 공식화 측정지표
1. 조직도의 사본(a copy of organization chart)이 누구에게 주어지는가?
ⓐ 아무도 없음(no one)

ⓑ 오직 조직부서의 장

ⓒ 조직부서의 장과 한 사람의 다른 고위상사

ⓓ 조직부서의 장과 대부분의 고위상사

ⓔ 조직부서에 있는 모든 조직구성원

2. 문서화된 운영지침에 따르면 비관리직(nonsupervisory) 구성원이 몇 %인가?

   ⓐ 0~20%   ⓑ 21~40%   ⓒ 41~60%   ⓓ 61~80%   ⓔ 81~100%

3. 문서화된 직무기술 혹은 위임사항(terms of reference)은 누구에게 주어지는가?

   ⓐ 조직부서의 장   예 ____ 아니요 ____

   ⓑ 고위상사   예 ____ 아니요 ____

   ⓒ 비관리직 구성원   예 ____ 아니요 ____

4. 활용할 수 있는 규칙과 규제에 관한 안내서가 있는가?

   ⓐ 예   ⓑ 아니요

5. 활용할 수 있는 문서화된 정책명세서(statement of policies)는 있는가?

   ⓐ 예   ⓑ 아니요

6. 활용할 수 있는 문서화된 업무흐름 스케줄(work flow schedule)이 있는가?

   ⓐ 예   ⓑ 아니요

7. 귀 부서에 있는 조직구성원의 몇 %가 정규적으로 문서화된 보고서를 돌려보고 있는가?

   ⓐ 0~20%   ⓑ 21~40%   ⓒ 41~60%   ⓓ 61~80%   ⓔ 81~100%

출처: Osborn, Hunt, & Jauch(1980: 308-309).

2. 집권화와 분권화

집권화와 분권화는 의사결정이 조직의 최고계층에 이루어지는지 혹은 낮은 계층에서 이루어지는지에 대한 정도를 말한다. 또한 집권화와 분권화는 조직 내 권한의 배분(distribution of power)을 언급하는 것이며, 상대적인 용어(relative terms)이다. 즉 공공조직의 집권화 혹은 분권화의 정도는 조직의 가치, 업무 그리고 구조와 밀접하게 관련되어 있으며, 또한 기관의 정치적·행정적·경제적, 그리고 기술적 요인에 의해 영향을 받는다.

집권화는 모든 중요한 결정이 조직의 최고관리자에 의해 이루어지는 것이며, 반면에 분권화란 하위계층의 조직구성원들이 의사결정에 개입하는 것이다. 집권화된 조직체계에서는 최고관리자가 상당한 통제력을 유지하고 있다.

따라서 집권화로부터 분권화에 이르기까지의 범위는 하나의 연속체이다. 이에 어떤 조직은 몇몇 기능에서 상대적으로 집권화되어 있고, 반면에 다른 조직은 몇몇 기능에서 상대적으로 분권화되어 있다고 주장할 수 있다. 집권화와 분권화의 기준은 아래의 질문과 같이 의사소통의 용이성과 비용(ease and cost of communication), 필요한 정보에 대한 접근, 급속한 반응의 필요성(necessity of rapid response) 등이다.

▶ 집권화 혹은 분권화가 효과적인지를 결정하는 질문
- 누가 결정에 토대가 되는 사실을 알고 있는가(Who knows the facts on which decisions will be based?).
- 누가 가장 신속하게 정보를 얻을 수 있는가(Who can get the information most readily?).
- 누가 올바른 결정을 하는 데 능력과 지식을 소유하고 있는가(Who has the ability and knowledge to make sound decisions?).
- 지역적 조건에 부합할 수 있게 신속하게 결정해야만 하는가(Must speedy decisions be made to meet local conditions?).

- 지역적 결정이 다른 활동과 면밀하게 조정되어야만 하는가? 혹은 지역적 단위가 상당히 독립되어 있는가(Must local decisions be carefully coordinated with other activities, or are local units fairly independent?).
- 최고관리자가 얼마나 바쁜가? 누가 계획 대비 경영결정에 대해 시간을 가지고 있는가(How busy are top-level executives? Who has the time to plan versus making operating decisions?).
- 분권화에 의해 독창성과 사기가 향상될 수 있는가? 이것이 조직에 도움을 주는가(Will initiative and morale be improved by decentralization? Will this help the organizations?).

출처: Webber(1979: 380).

1) 집권화

집권화(集權化, centralization)는 조직의 상위계층에 의사결정 권위의 소재(the location of decision-making authority)가 집중되어 있는 것을 말한다. 이 개념은 조직에 있어 직무들 사이에 이루어지는 권위의 위임(delegation of authority)을 말한다. 연구자들은 의사결정과 통제의 의미로 집중화를 이해한다.

집중화된 조직에서 의사결정은 최고관리층에 의해 이루어지고, 이러한 결정은 의심 없이 수용되기를 기대한다. 이리하여 낮은 계층의 조직구성원으로부터의 참여가 최소한의 수준에서 이루어진다. 반면에 분권화된 조직에 있어 의사결정은 상황에 가장 가까운 조직구성원에 의해 이루어진다. 즉 분권화된 조직은 의사결정 과정에 있어 많은 조직구성원의 참여에 의존한다.

이에 집권화는 의사결정 권위의 집중화로 인해 결정자는 과도한 시간을 투자해야 한다. 또한 집권화는 조직의 유연성을 줄여 위협 혹은 기회에 대해 신속하게 대응하기 어렵게 된다.

이러한 집권화의 장점은 다음과 같다. ① 조직에 대한 공통적인 정책을 이행하기가 쉽다. ② 하부단위 부서가 너무 독립적인 것을 방지할 수 있다. ③ 조정하기가 쉽다. ④ 규모의 경제를 향상시키고 간접비용(overhead costs)을 줄일 수 있다. ⑤ 분파된 기관 때문에 결정과 타협의 결과가 지연될 수 있는 데 이를 줄이고 결정을 향상시킬 수 있다. ⑥ 고객에 대해 공평하고 균일한 대우를 보장할 수 있다 (Lawton & Rose, 1991: 50).

집권화는 전략적 결정 시 참여의 정도와 관련하여, 조직 내 다양한 집단에 의해 참여하는 계층이 많을수록 덜 집권화되어 있다(Hage, 1980). 조직 내 의사결정에 관한 권위의 소재(locus of decision making authority)라는 측면에서 대부분의 결정이 계층적으로 이루어질 때 조직단위는 집권화되어 있으며, 중요한 의사결정의 소재가 하위계층의 관리자에게 위임되어 있으면 분권화된 조직이다(Van de Ven & Ferry, 1980).

또한 집권화에 관한 연구들에 따르면 집권화와 복잡화는 역의 관계를 가진다는 것이다. 즉 높은 공식화는 집권화와 밀접한 관계가 있다.[1] 이런 측면에서 집권화는 전문인들의 업무활동에 도움이 되지 못하는 경향이 있다(정우일, 2005: 213).

2) 분권화

분권화(分權化, decentralization)는 분권화된 구조를 통해 분권적 통제(decentralized control)로 관리되는 것이다. 따라서 분권화된 조직체계에서는 조직구성원들에게 많은 정도의 권한위임(empowerment)이 이루어지고, 의사결정의 권위가 하위계층의 조직구성원들에게도 부여되어 있다.

집권화된 구조에서 분권화된 구조로 전환함에 있어 보통의 절차는 계층의 수를 줄이고 통솔의 범위를 확장하는 것이다. 이렇게 함으로써 적용의 접점에서 의사결정을 할 수 있다는 것이다. 또한 집권화와 분권화는 조직 내 운영영역의 측면에서 편익이 고려되어야 하며, 한 조직체 내에서도 집권화와 분권화가 공존할 수 있다.

이러한 분권화의 장점은 다음과 같다. ① 업무의 운영단위 수준에서 결정이 이루어질 수 있다. ② 동기부여를 조장하고 사기를 제고할 수 있다. ③ 서비스와 고객

---

1 복잡성(複雜性, complexity)은 조직 내에 존재하는 분화의 정도를 말하며, 조직의 복잡성은 하위부서의 수, 계층의 수 및 한 조직 내의 세분화에 의해서 측정할 수 있다. 공식화(公式化, formalization)는 조직의 업무가 표준화되어 있는 정도를 말한다. 업무의 공식화가 높을수록 직무명세서가 명확하고, 조직의 규정과 규칙이 많다. 업무의 표준화는 자유재량을 최소화한다(정우일, 2005: 201-206).

에 대해 대응성을 향상시킬 수 있다. ④ 관료제적 절차를 극복할 수 있으며, 변화에 유연성을 가진다. ⑤ 책임감을 향상할 수 있다. ⑥ 참여를 조장하기 때문에 정치적 고려(political awareness)를 제고할 수 있다(Lawton & Rose, 1991: 50).

> ▶ 이 조직이 다른 조직에 비교하여 얼마만큼 분권화된 것인가?
> • 낮은 계층에서 이루어지는 결정의 수(Number of decisions made at lower level). 부하 관리자에 의해 이루지는 결정의 수가 많을수록 조직은 보다 분권화된다.
> • 낮은 계층에서 이루어지는 결정의 중요성(Importance of decisions made at lower level)
> • 낮은 계층에서 이루어지는 결정의 영향(Impact of decisions made at lower level). 부하 관리자가 하나의 기능 이상에 영향을 미치는 결정을 할 수 있다면 그 조직은 분권화된다.
> • 부하를 견제하는 양(Amount of checking on subordinates). 상당히 분권화된 조직에 있어 최고관리층은 좀처럼 부하 관리자의 일상적 결정(day-to-day decisions)을 평가하지 않는다.
> 출처: Mescon, Albert & Khedouri(1988: 368).

(1) 정치적 분권화

정치적 분권화는 정책이 가능한 한 낮은 계층(풀뿌리, grass roots)에서 전개되도록 하는 것이다. 이 점에서 정치적 분권화(political decentralization)는 주정부, 지방정부, 카운티와 같은 지역에 따라 권한의 할당을 기술하는 것이며, 하부단위 혹은 하부지역에서 상당한 정도의 자유재량권을 가지게 되고, 통제와 가이드라인에 대한 제한을 최소화한다. 이리하여 정치적으로 분권화된 체제는 참여, 접근성 및 책임감, 유연성과 민주주의를 증진하며, 또한 연방정부의 가이드라인의 유연성을 허용함으로써 선거구민들의 요구에 맞추어 지방공무원들의 능력을 제고할 수 있다. 하지만 다양한 정부활동에 대한 수직적인 통합의 어려움을 겪게 된다.

(2) 행정적 분권화

행정적 분권화(administrative decentralization)는 같은 부서 혹은 기관 내에서 하부부서(기관)로 권한을 위임할 때 일어난다. 행정적 분권화는 행정조직이 정책을 집행하면서 하부 단위조직에서 정책을 해석하고 그리고 적용하는 데 보다 많은 자율성과 책임감을 부여하는 것이다. 행정적 분권화는 기관의 기능을 이행함에 있어 기능, 전문성 그리고 권위의 라인을 강조한다. 행정적으로 분권화된 체제는 정부 활동의 수평적 통합에서 어려움을 겪게 된다(Berkley & Rouse, 1984: 85-88).

3. 복잡성

복잡성(複雜性, complexity)이란 조직 내 활동 혹은 하부시스템의 수를 말한다. 복잡성은 업무를 분담하고 부서를 만드는 것의 직접적 결과물이다. 이 개념은 명백하게 상이한 직무 타이틀(job titles)의 수, 직업의 그룹핑, 명백하게 상이한 단위 혹은 부서의 수를 언급하는 것이다. 즉 직무와 단위에 있어 서로 다른 유형이 많은 조직은 관리적 문제와 조직적 문제가 매우 복잡하다는 것이다.

복잡성은 직무와 단위부서 사이의 분화와 관련되어 있다. 이에 분화(differentiation)는 복잡성의 동의어로 가끔 사용된다. 이에 Hall(1972)은 복잡성의 3가지 구성요소를 지적하기도 한다.

1) 수평적 분화(horizontal differentiation)

수평적 분화는 과업을 같은 계층에 있는 사람들 사이에 분할하고 할당할 때 발생한다. 이에 수평적 분화는 같은 계층에 있는 서로 다른 단위부서의 수를 말한다. 수평적 분화는 계층제에 따른 업무의 전문화 정도이다. 또한 수평적 분화는 업무를 조직구성원에 따라 나누는 방식이다. 조직의 작업을 나누는 과정은 위임에 의해 수행된다. 수평적 분화의 특징은 전문화와 부서화에서 찾아볼 수 있다.

2) 수직적 분화(vertical differentiation)

관리계층 사이의 감독책임(supervisory responsibilities)의 분할과 할당은 수직적 분화를 산출한다. 수직적 분화는 조직에서의 계층의 수를 말한다. 즉 수직적 분화는 계층제의 깊이이다. 이것은 단순히 구조의 최고층에서 최하위층의 계층의 수로 계산한다. 계층의 수가 증가할수록 복잡성은 증가하고, 또한 의사소통이 왜곡될 가능성이 높아진다.

이러한 수직적 분화는 조직규모의 성장에 따른 결과로 일어난다. 즉 조직구성원에 대한 조정에 있어 관리자의 통솔의 범위를 초과할 때 발생한다. 즉 통솔의 범위가 증가하면 궁극적으로 관리자가 추가된다.

3) 공간적 분화(spatial differentiation)

공간적 분화는 조직의 업무가 서로 다른 물리적 지점에서 수행될 때 발생한다. 그러므로 공간적 분화는 업무활동의 지리적 분포(geographical distribution)이다. 조직이 한 지역 이상에서 운영될 때 조정의 문제가 발생한다.

이와 같이 상이한 지역에서 활동하는 조직구성원의 활동은 조정하는 데 어려움이 있다. 특히 상이한 정치적 경계에 분산되어 있는 복잡한 조직은 활동을 조정하기 위해 특별한 구조적 유형이 요구된다.

이와 같이 조직의 복잡성은 [그림 10-1]과 같이 수평적 분화, 수직적 분화 그리고 공간적 분화로 이해할 수 있다. 이들 3가지 복잡성의 조건은 위임과 상호관계를 가진다. 따라서 관리를 위임할 때는 이러한 사실을 고려해야 한다.

특히 조직의 규모가 산술적으로 증가할 때 복잡성과 통합의 문제가 기하급수적으로 증가한다. 이처럼 규모와 복잡성은 매우 밀접한 관계가 있다. 그리고 조직구성원이 높은 정도의 분산된 업무를 수행한다면 높은 수준의 통합이 요구된다.

[그림 10-1] 조직의 복잡성

조직의 복잡성(organizational complexity)
⇧
수평적 분화 + 수직적 분화 + 공간적 분산 (spatial dispersion)

출처: Hodge & Anthony(1979: 360).

이와 같이 조직의 복잡성은 조직의 업무관리와 관련한 수평적 분화, 수직적 분화 그리고 공간적 분화의 정도이다. 특히 조직의 수평적 분화와 수직적 분화의 정도에 대한 선택은 [그림 10−2]와 같이 4가지 조직복잡성의 유형이 도출된다 (Burton, DeSanctis & Obel, 2006: 70-73).

[그림 10-2] 조직복잡성의 공간

수평적 분화
(horizontal differentiation)

	낮음	높음		
	고층구조 (tall)	대칭적 구조 (symmetric)	높음	수직적 분화 (vertical differentiation)
	방울구조 (blob)	저층구조 (flat)	낮음	

출처: Burton, DeSanctis & Obel(2006: 70).

(1) 방울(blob)구조

조직이 하부부서로 작업업무를 공식적으로 분할하지 않는 경우이다. 조직이 분화되지 있지 않다. 즉 조직이 수평적 분화와 수직적 분화 모두 매우 낮다. 방울구조는 업무와 관련하여 전문화가 거의 없다. 조직은 계속 진행 중인 변화에 대한 반응이 빠르고 매우 신축적이다. 직무기술은 매우 느슨하거나 혹은 거의 존재하지 않는다. 이리하여 경영진이 요구하는 것을 누가 할 것인가에 대한 규정이 부족하다.

(2) 고층(tall)구조

이 구조는 수평적 분화가 낮고 수직적 분화가 높다. 이러한 조직은 정보과정에 초점을 둔 대규모의 중간관리층을 가진다. 다수층의 중간관리층은 전문화된 업무수준으로 경영진에 연계되어 있다. 중간관리층은 하위계층에서 무엇이 발생한지를 요약하고, 계층제의 상위관리층에게 전달한다. 즉 중간관리층은 올라가는 정보를 집약한다.

(3) 저층(flat)구조

저층구조는 수평적 분화는 높고, 수직적 분화는 낮다. 조직에서 최고관리층과 하위계층 사이를 조정하는 중간관리자가 매우 적다. 이 구조에서 중간관리자는 시간과 관심을 세부적인 운영에 초점을 두는 것이 아니라, 자원할당, 일반적인 정책, 재정에 초점을 둔다. 정보는 집약되고 양이 매우 적다. 하부단위의 조직업무 범위가 매우 다양하지만, 운영의 연계가 없다. 정보흐름의 초점이 세부적인 운영에 있는 것이 아니라 정책에 초점을 두기 때문에 통솔의 범위가 넓다.

(4) 대칭적(symmetric) 구조

대칭적 구조는 수평적 분화와 수직적 분화 모두 높다. 조직의 업무가 작업 전문분야로 매우 많이 나뉘어져 있고, 수직적으로 보고하는 단계가 매우 많다. 중간계층은 효율성을 산출하기 위해 업무를 조정하는 역할을 한다. 수평적, 수직적으로 조정의 요구가 높기 때문에 정보처리과정에 대한 요구가 매우 높다.

4. 분화와 통합

1) 분 화

모든 조직은 조직의 작업을 구체적인 업무로 나누어야 한다. 이것을 분화라고 한다. 분화(differentiation)란 공식화의 정도이다. 또한 분화는 전문화된 기술을 가진 개인에 의해 수행되는 정도와 업무가 하부업무로 나누어지는 정도를 말한다. 따라서 분화의 주요한 이점은 보다 많은 전문화이다.

분화는 조직의 부서에 따라 다양하게 나타난다. 판매부서는 고객만족에 초점을 두며, 그리고 고객과 장기적 관계를 설정하려고 한다. 생산부서는 일일 산출목표 혹은 주간 산출목표에서 보듯이 업무지향적이다. 이들 부서는 대규모의 표준적 생산에 관련된 사람과 장비의 효율성에 초점을 둔다. 생산부서는 산출의 양을 증가시키고, 그리고 불량률(defect rates)과 생산과정의 변환시간을 줄이는 데 관심을 둔다.

수평적, 수직적 분화의 관점에서 조직이 복잡할수록 의사소통에 압박이 증대되고 협력과 통합의 요구가 많아진다.

① 안정적 환경에서 운영되는 부서(생산부서)는 불안정 환경(연구개발부서)보다 공식화, 계층적이며, 보다 빈번한 성과검토가 이루어진다.

② 업무 불확실성(task uncertainty)이 많은 부서(판매부서)는 보다 관계지향적이고, 반면에 업무 불확실성이 낮은 부서(생산부서)는 보다 업무지향적이다.

③ 부서의 시간정향(time orientation)은 다양하다. 판매와 생산부서는 단기적 정향(short-term orientation)이며, 결과에 대한 빠른 환류를 요구한다. 반면에 연구개발부서는 장기적 정향(long-term orientation)이다.

④ 목표정향(goal orientation)의 관점에서 부서들은 차이가 있다. 생산부서는

고객이슈에 관심을 갖고, 생산부서는 비용과 과정효율성에 관심을 둔다.

2) 통 합

분화와 반대로 통합(integration)은 조직의 여러 부서가 서로 협력하고 상호작용하는 정도를 말한다. Lawrence와 Lorsch(1967)는 통합을 노력의 통일성을 성취하는 데 요구되는 협력으로 정의하고 있다. 이러한 통합의 주요한 이점은 바람직한 조직목표를 위해 다양한 사람과 활동에 대한 동작의 조정이다. 통합의 추진력은 상호의존성에 있다. 상호의존성은 개인 혹은 조직단위가 요구된 업무를 수행함에 있어 다른 사람 혹은 다른 조직단위에 의존하는 정도이다. 이러한 상호의존성에는 3가지 유형이 있다(Black & Porter, 2000: 266-267).

① 공동관리의 상호의존성(pooled interdependence) : 공동관리의 상호의존성은 여러 집단이 자신들의 기능에서 주로 독립되어 있지만, 공통의 산출에 대해 공동으로 기여해야 할 때 일어난다. 예를 들면, 2개의 생산부서가 동일한 고객에 대해 고객의 전체적 요구에 대응하기 위해 상품을 송부하는 경우이다.

② 순차적인 상호의존성(sequential interdependence) : 순차적인 상호의존성은 한 집단의 산출이 다른 집단의 투입이 될 때 존재한다. 즉 구매부서에 의해 제공되는 원자재가 생산부서에 투입되는 경우이다.

③ 상호 간의 상호의존성(reciprocal interdependence) : 상호 간의 상호의존성은 두 집단 혹은 그 이상의 집단이 투입에 대해 서로 의존할 때 존재한다. 예를 들면, 신제품개발부서는 조사에 관련된 아이디어를 시장연구부서에 의존하고, 시장연구부서는 신제품에 대한 고객에 대한 조사를 위해 신제품개발부서에 의존한다.

통합의 필요에 영향을 미치는 다른 요인은 불확실성이다. 조직의 불확실성은 미래의 투입, 전환과정 및 산출요인을 정확하게 예측할 수 없는 정도를 말한다. 이들 요인에 대한 예측이 어려울수록 조직이 직면하는 불확실성은 커질 것이다. 불확실성이 클수록 통합과 조정에 대한 요구는 많아질 것이다.

표 10-3	통합기법
구 분	환경유형
규칙, 절차, 스케줄(schedules), 관리계층제	- 시장, 기술 및 경쟁적 변수에서 느리게 변화하는 특징을 가진 비교적 안정적이고 예측가능한 환경(stable and predictable environment) - 보통 대량생산기술, 반복적 업무(repetitive tasks)에 의해 특징되는 조직 혹은 하부부서
연락(liaison)관계, 통합위원회(integrating committees), 복합기능팀(cross-functional teams), 프로젝트 팀, 부서 간 회의	- 시장, 기술 및 경쟁적 변수에서 급변하게 변화하는 특징을 가진 변덕 스러운 환경(volatile environment) - 단위 혹은 과정 기술, 보다 다양한 업무, 보다 공식적으로 교육을 많 이 받은 노동자로 특징되는 조직 혹은 하부부서

출처: Mescon, Albert & Khedouri(1988: 373).

가장 보편적인 통합메커니즘은 관리자가 활동을 조정하고, 문제를 해결하는 데 있어 관리자에 대해 공식적인 보고관계인 계층제이다. 또한 부가적인 통합메커니즘은 권위의 계층제를 보완하는 장치인 규칙, 절차, 스케줄 등이다.

특히 적절한 통합기법은 〈표 10-3〉과 같이 조직이 운영되는 환경에 의존하는 것이다. 즉 행정관리학자들이 옹호하는 기법은 규칙과 절차를 만드는 것이다. James Thompson에 따르면, 이러한 통합기법은 조직환경이 비교적 안정적이고 예측가능할 때 효과적이다. 반면에 환경이 비교적 빠르게 변화하는 조직에서의 통합은 개인 간의 연락관계, 위원회 및 프로젝트 팀(task forces)의 활용 및 부서 간 회의를 통해 성취될 수 있다.

Lawrence와 Lorsch는 환경적 안정성과 내부적 구조(internal structure) 사이의 관계를 조사했다. 이들 학자는 이러한 조사를 위해 비교적 다양하고 불안정한 조직환경인 포장식품산업(packaged food industry)과 안정적 조직환경인 컨테이너산업(container industry)을 선택했다. 이들 학자의 결론은 높은 성과조직은 조직환경에 대한 적절한 분화 정도를 가지고, 그리고 분화된 활동에 대한 조정요구에 일치하는 통합방식을 활용한다는 것이다. Lawrence와 Lorsch는 적절한 분화 정도와 통합방식은 특정한 조직과 조직환경에 따라 다양하다고 결론을 내리고 있다. 또한 이들 학자는 다음과 같은 사실을 발견했다.

첫째, 다양하고 복잡한 요구에 대응하기 위해 불안정한 환경은 안정적 환경보다 높은 분화 정도를 요구한다.

둘째, 안정적 환경과 불안정한 환경 모두는 높은 정도의 통합을 요구한다. 하지만 통합의 수단은 차이가 있다. 안정적 환경에서는 계층제와 집중화된 조정이 보다 적절하며, 불안정 환경에서는 계층제에 있어 낮은 단계에게 의사결정을 유도하는 것이 필요하다. 조직문제는 관련된 지식을 소유한 조직구성원 사이의 직접적인 의사소통을 통해 다루어야 하기 때문이다.

제 3 절   조직구조의 영향요인

일반적으로 조직을 구조화하는 데 최상의 방법은 없다. 조직구조의 전개와 설계에 영향을 미치는 요인으로는 [그림 10-3]과 같이 조직임무와 전략, 조직이 활용하는 기술, 조직이 작동하는 환경, 핵심적인 조직구성원의 특성 등이 관련되어 있다(Reitz, 1987: 518-515).

1. 임무와 전략

조직의 임무(mission)는 조직의 존재이유이다. 예를 들면, 경찰조직은 법률을 집행하기 위해 존재하고, 병원은 보건을 향상하고 건강을 회복시키기 위해 존재한다. 조직의 전략(strategy)은 조직의 임무를 수행하기 위해 시도하는 전반적인 정책이다. 전략은 '유리한 조건에서 적에 대처하기 위한 무력의 개발(the development of forces so as to meet the enemy under advantageous conditions)'이라는 의미를 가진 그리스

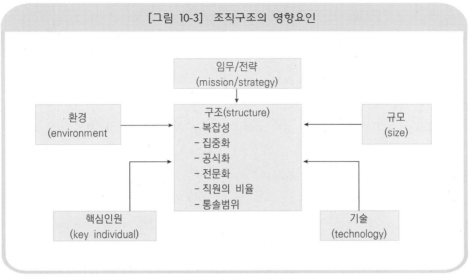

[그림 10-3] 조직구조의 영향요인

임무/전략
(mission/strategy)

환경
(environment)

구조(structure)
- 복잡성
- 집중화
- 공식화
- 전문화
- 직원의 비율
- 통솔범위

규모
(size)

핵심인원
(key individual)

기술
(technology)

출처: Reitz(1987: 524).

군사용어에서 유래되었다. 전략은 조직의 임무와 조직환경에 의존한다.

2. 기 술

기술(technology)은 조직이 투입에서 산출로 전환하는 데 활용하는 과정이다. 기술과 구조 사이의 관계에 관련한 Woodward(1965)의 연구에 의하면, 기술이 복잡할수록 수직적 분화가 증가하고, 관리계층제가 고층구조로 증가하며, 라인계통의 노동자에 대한 관리자와 감독자의 비율이 보다 증가한다.

또한 기술이 증가하면서 조직이 직면하는 문제의 복잡성과 그것을 다루는 불확실성이 증가하는 경향이 있다. 나아가 수직적 분화, 집권화, 통솔의 범위는 기술에 의해 강하게 영향을 받는다.

261

3. 규 모

조직은 보통 소규모로 시작한다. 조직이 성공하면, 규모가 증가하고, 성장에 수반되는 복잡성에 대응하기 위해 구조에 있어 변화가 요구된다.

대규모 조직은 소규모 조직보다 전문화, 공식화, 그리고 분권화된다. 전문화는 효율성을 제고하고, 성장을 촉진시킨다. 성장은 가능한 한 전문화를 확대하게 한다. 이처럼 규모와 전략은 조직의 구조를 변화시킨다.

또한 조직규모(organizational size)는 몇 가지 조직의 특성에 관한 총체적인 평가 (a gross estimate)를 제공한다. 대체로 조직규모는 전임구성원(full-time employees)의 숫자로 정의한다. 규모가 큰 조직일수록 보다 복잡한 행정적 틀로 전문화된다. 대규모 조직은 소규모 조직보다 위험, 권력, 영속성을 가진다고 생각된다(Starbuck, 1971).

조직규모에 따른 업무형태를 보면, 50개 부서를 관리하는 업무는 1,000개의 부서를 가진 조직보다 훨씬 수월하다. 반면에 얼굴 없는 관료제(faceless bureaucracy) 와 같은 대규모 조직은 조직구성원과 외부인을 사람보다는 숫자로 취급하는 경향이 있다.

특히 Caplow(1957)의 연구에 의하면, 2개에서 50개 부서의 조직에서 근무하는 개인들은 서로 상호작용하는 기회를 가진다. 반면에 50에서 200개 부서를 가진 조직구성원들은 다른 구성원과 매우 제한된 접촉기회를 가진다. 200개에서 1,000개의 부서단위를 가진 조직에서 근무하는 개인들은 다른 구성원과 접촉하는 것이 매우 어렵다. 모든 구성원은 핵심적인 중심인물만 인식할 수 있다.

4. 환 경

조직환경은 조직과 상호작용하는 물리적·사회적·정치적·경제적 세계를 포함한다. 조직은 노동·자본·정보 그리고 다른 자원형태의 투입을 환경에 의존하며, 또한 재화와 서비스의 산출을 소비하기 위해 환경에 의존한다.

　　Burns와 Stalker(1961)의 연구에서와 같이 안정적이고 예측 가능한 환경에서 운영되는 조직은 기계적 구조에 의해 잘 실행되며, 반면에 변화하는 기술을 가진 동태적 환경의 조직은 보다 복잡한 동태적 구조를 요구한다.

5. 핵심적 인원

　　핵심적인 인원(key individuals)의 선호와 기술은 조직구조의 형성과 성공에 영향을 미친다. 예를 들면, 조직의 기술에 있어 높은 수준의 기술을 보유한 경영진은 분권적 구조가 허용하는 것보다 의사결정에 직접적으로 관여하기를 원한다.

　　나아가 핵심적 인원이 조직구조와 관련하여 무엇을 신뢰하는가에 따라 구조에 관련한 결정에 영향을 미친다. 예를 들면, 집권화된 구조가 모든 환경에서 최상이라고 믿는 경영진은 조직이 복잡하고 동태적 환경에 직면하더라도 구조의 변경을 꺼린다.

제 4 절　공식적 조직구조와 비공식적 조직구조

1. 공식적 조직구조

　　공식적 조직구조(公式的 組織構造, formal organizational structure)는 조직에서의 지위와 기능에 기초하고, 조직도(organizational chart)로 나타난다. 공식적 조직구조는 정보가 공식적으로 이루어지고, 공식적인 의사소통시스템으로 기여한다. 공식적 조직은 구체적인 조직목표를 성취하기 위해 조직화되며, 업무활동을 위해 조정에 관심을 가진다.

이와 같이 조직은 공식적으로 허가된 구조-공식적 조직 혹은 법률상의 조직 (de jure organization)-를 만든다. 공식적 조직구조는 효과적으로 목적을 성취하는 것과 관련된 구성요소들의 유형화된 관계(patterned relationships)를 설정하는 계획된 구조이다. 공식적 조직은 인위적인 형식적 절차와 제도화에 의하여 만들어진다(윤재풍, 1991: 263).

2. 비공식적 조직구조

조직의 완전한 구조는 공식적으로 문서화된 것만이 아니다. 조직에는 비공식적 차원이 존재한다. 의사결정, 의사소통 및 통제에 대한 비공식적 구조는 조직도에 나타나 있지 않다. 즉 조직은 공식적 조직도 이외에 조직에 의해 필연적으로 허가되지 않은 비공식적 관계 혹은 사실상의 관계(de facto relationships)가 존재한다. 조직에 있어 많은 의사결정, 의사소통 및 통제는 공식적 보고관계를 거치지 않는 사람들 사이의 비공식적인 면대면 회의를 통해 이루어진다. 일본에서는 이러한 과정을 네마와시(nemawashi)라고 말한다.

비공식적 조직구조(非公式的 組織構造, informal organization structure)는 조직구성원의 비공식적 활동과 관심의 결과로 발전되는 관계유형을 말한다. 즉 조직구성원의 활동과 상호작용에 의해 비공식 조직구조는 자발적으로 형성된다. 이러한 비공식적 조직구조는 자연적으로 발전되며, 비밀정보망(grapevine)으로 기여한다.

비공식적 조직의 중요성은 호손의 연구(Hawthorne experiments)의 결과에서 중요하게 인식되었다. 즉 비공식집단의 규범이 공식적인 업무관계에 있어 매우 중요하며, 심지어 개개 조직구성원이 승진을 거부할 정도로 구성원들에게 영향을 미친다. 또한 조직에 있어 사회적 관계의 변화가 작업의 생산성에 영향을 미친다. 이 점에 있어 전통적 조직이론가들은 공식적 조직구조에 초점을 두었지만, 인간관계 이론가들은 개인 간의 관계에 주된 관심을 가졌다.

제5절 계선과 막료조직

　의사가 환자를 수술하는 동안 숙련된 간호사가 한 팀이 되어 돕는다. 이와 같이 계선조직은 조직의 재화와 서비스를 직접적으로 배분하는 사람들이며, 막료조직은 조직의 주요한 기능(primary functions)의 이행을 돕는 기관이다.

1. 계선조직

　계선조직(係線組織, line organization)은 조직의 목표성취에 직접적으로 기여하는 조직체이다. 계선조직은 조직의 주된 사업의 생산과 분배에 직접적으로 관련된 업무를 수행하는 조직이다. 즉 계선조직은 조직의 산출에 관하여 직접적인 책임을 지며, 근본적인 권위의 원천을 부여한다. 계선조직은 ① 결정을 하고, ② 책임을 지며, ③ 정책을 해석하고 방어한다. ④ 운영을 계획하고, ⑤ 경제적이고 효율적인 생산수준을 유지한다(McKinney & Howard, 1998: 224). 그러므로 계선조직은 조직의 운영과 성공에 있어 매우 중요한 조직체이다. 이러한 계선조직은 관리자가 각 직원의 활동에 대해 많은 시간을 소비할 필요가 없는 보다 작은 규모의 조직에서 발견된다.

　이 점에서 좋은 계선관리자는 행동지향적이고(action-minded) 결과지향적(results-oriented)이어야 한다. 이러한 계선관리자는 일반관리자이며, 전통적인 지원기능(supportive functions)인 인사, 회계, 질의 통제를 처리할 수 있는 능력을 갖추어야 한다.

　반면에 계선-막료 딜레마(line-staff dilemmas)의 불확실성은 전문화가 계층제를 파괴하는 경향이 있다는 기본적인 원리에 놓여 있다. 더욱이 계선(일반가)과 막

265

료(전문가)의 상이한 업무할당은 조직에서 갈등과 긴장을 일으킨다. 때론 계선조직의 직원들은 책임감을 공유하지 않는 막료조직의 직원들에 대해 불평하거나 골칫거리로 여긴다. 더욱이 계선조직의 직원들은 막료조직 직원의 침입에 대해 분개하거나 혹은 방해를 하기도 한다. 계선조직의 직원들은 막료조직 직원의 활동이 지원적(supportive)이기보다는 파괴적(subversive)이라고 종종 간주한다(Berkley & Rouse, 1984: 83).

2. 막료조직

조직의 규모가 커지고, 조직이 수행하는 업무의 복잡성이 증가하면 계선조직은 막료조직을 필요로 하게 된다. 즉 조직이 성장함으로써 2차적 운영업무(secondary operative work)를 처리하기 위해 지원적 막료가 추가된다. 1차적 업무와 2차적 업무의 조정이 복잡해짐에 따라 조직은 분리된 막료직위를 만들게 된다.

막료조직(幕僚組織, staff organization)은 계선조직의 구성원들에게 특별한 충고와 협력을 제공하는 조직체이다. 막료조직은 계선관리자의 운영을 편리하게 하기 위해 존재한다. 이러한 막료직위는 조직의 규모와 복잡성이 증대되고 개선인력의 업무량이 관리할 수 있는 능력을 초과할 때 나타난다. 이러한 업무량 때문에, 개선인력의 직무를 보다 효율적으로 수행하기 위해 새로운 막료직위가 신설된다.

역사적으로 막료의 개념은 Alexander 황제(336-323 B.C.)의 군대에 의해 체계적으로 처음 사용되었다. 군대는 전쟁을 수행함에 있어 전략을 계획하는 전문가적 군인과 전투에서 병사들에게 명령을 내리는 군인으로 구분된다. Alexander 군대는 기획가에게 명령을 내리는 권위를 부여하지 않고, 계선조직의 고위계층의 사람을 지원하는 전문가로 임무를 할당했다(Mescon, Albert & Khedouri, 1988: 331-332).

이와 같이 막료조직은 공공정책의 전개, 집행 및 평가에 있어 집행부와 계선조직에 도움을 준다. 막료조직은 조직의 목표성취에 직접적으로 기여하지 않으며, 계선조직에 도움을 제공한다. 막료업무의 본질은 상상력, 진상조사, 기획이다. 막료조직은 계선조직에 도움을 제공할 때 3가지 역할을 수행한다.

　　① 충고와 상담(advisory or counseling) 역할: 조직의 문제를 분석하고 해결책을 제공한다. 막료들은 자신의 전문영역에서 계선기관에 자문하는 역할을 한다.

　　② 서비스 역할: 조직구성원의 교육훈련과 같이 몇몇 계선조직에 의해 필요로 하는 유사한 서비스를 하나의 참모조직이 담당하는 것이 보다 효율적이고 합리적인 경우이다.

　　③ 통제(control) 역할: 계선조직은 조직계획의 질과 효과성을 평가하는 데 참모조직의 도움에 의존한다. 참모조직은 예산편성, 정책개발, 조직의 규정과 운영절차에 대해 계선조직에 도움을 제공한다(Stieglitz, 1974).

　　3가지 막료의 역할에 비추어 막료조직도 3가지 유형으로 구분할 수 있다.

　　① 자문막료(advisory staff): 자문막료는 특별한 교육 혹은 훈련이 요구되며, 계선 관리자보다는 젊다. 자문막료의 전문가들은 계선관리자가 자문을 요청할 때 상담한다. 의사소통의 흐름에 있어 자문막료는 권위를 소유하지 않고 단지 조언을 제공한다. 이들 자문막료는 법률적인 자문, 기타 기술적인 서비스에 관한 가치 있는 정보를 조직에 제공하며, 전형적인 예로는 예산분석가나 관리직 전문가 등이 있다.

　　② 개인참모(individual staff, personal staff): 조직의 최고관리자에게 직접적으로 개인적 도움을 제공한다. 최고관리자에 대한 개인적 충성에 기초하여 선발된다. 최고관리자에 대한 지속적인 접근이 개인참모들의 영향력이다. 개인참모는 상관이 원하는 한 무엇이든지 수행한다. 개인참모는 조직에서 상관과 독립된 공식적 직위와 권위를 가지지 않지만, 강력한 권력을 행사할 수 있다. 이들은 조직에서 활동하는 다른 구성원이 상관에게 접근하는 것을 통제할 수 있다.

　　③ 보조참모(auxiliary staff): 전체로서 조직에 봉사하고, 각 보조참모는 자신의 임무를 가진다. 계선이 수행하는 업무의 영역에 기능적인 권위를 행사하고, 구별되는 재화를 생산한다. 예를 들면, 인사담당관, 재무관 등이 있다.

　　조직의 역할과 부서의 활동에 따라 계선조직과 막료조직을 구별했던 전통적 조직기능은 점차 모호해진다. 즉 조직규모의 축소에 따라 막료조직은 조직성과에 대한 책임감을 보다 많이 수용하게 된다. 다른 한편으로 급변하는 조직환경, 조직의 복잡성 증가와 관리적 전문성에 대한 요구, 그리고 급속한 기술의 발달은 전문적 막료의 역할이 중요해짐에 따라 계선조직과 막료조직의 관계에 대해 수정을 요구한다. 즉 막료조직이 조직에 있어 권위와 영향력의 원천으로 간주되기도 하며,2 이들 관계가 보다 유연한 관계로 발전하기를 요구하고 있다(Kast & Rosenzweig, 1985: 240).

제 6 절   조직의 물리적 구조

조직의 물리적 구조(physical structure)에 관한 관심은 일반적으로 Hawthorne의 실험에서 수행되었던 일련의 연구에서 추적할 수 있다. 즉 Elton Mayo가 주관한 Hawthorne 연구자들은 작업장의 물리적 배경에 대한 변화가 노동자의 생산성에 어떻게 영향을 미치는지 이해하기 위해 일련의 현장관찰과 실험을 수행한 바 있다.

조직의 물리적 구조가 문화와 권력과 같은 조직현상을 만들기 때문에 가장 유형적인 것이 물리적 구조이다. 조직의 사회적 요인 사이의 관계가 조직의 사회적 구조(예를 들면, 권위의 계층제, 노동분업, 조정메커니즘)를 규정한다. 또한 조직의 물리적 요인 사이의 관계는 물리적 구조를 규정한다. 조직이론가들이 가장 많이 관심을 두고 있는 물리적 요인들은 조직의 지리, 레이아웃, 조경, 설계와 실내장식(decor) 등이다.

---

2 이 점에 있어 Etzioni(1964: 81)는 연구실험실, 병원, 대학과 같은 조직유형에서는 막료조직과 계선조직의 역할이 역전된다고 지적한다. 즉 전문적 조직(professional organizations)에서의 행정가는 전문가들이 수행하는 주요한 활동에 대한 수단을 관리하는 부차적인 활동(secondary activities)에 책임이 있다.

1. 조직의 지리(organizational geography)

조직의 지리의 개념은 조직의 공간적 분포(spatial distribution)의 정도뿐만 아니라 조직이 운영되는 지역적 특성에 초점을 둔다. 조직활동이 넓게 분포될수록 조직의 지리적 정도가 보다 넓다. 그러므로 조직구성원이 조직의 복합활동을 조정하고 의사소통하는 데 보다 많은 시간이 소요된다. 또한 영향력 있는 고객에 가까이에 위치하는 것은 중요한 환경적 의존요소를 관리하는 데 조직에게 이점을 제공한다.

조직의 소재에 관한 지리적 특성은 조직활동의 많은 영역에서 영향을 미친다. 따라서 조직이 소재한 지역의 지리적 특성(기후, 지형, 천연자원)을 분석할 필요가 있다.

2. 레이아웃(layout)

레이아웃은 물질(physical objects)과 인간활동의 공간적 배열을 말한다. 어떤 특정한 빌딩 내의 레이아웃은 대상의 내부적 배치(벽, 큰 규모의 가구, 장비, 구성원)를 포함한다. 이러한 공간적 배열은 어떤 빌딩의 내부공간을 한정하는 데 도움을 준다. 특히 대학캠퍼스의 배열은 수 개의 빌딩으로 구성되어 있고, 통로와 조경지역의 설계에 의해 시각적으로 함께 묶여져 있다.

현대 사상가들(modernists)은 조직레이아웃의 많은 측면-근접성, 개방성, 접근가능성, 프라이버시-을 측정한다. 근접성은 개인과 작업집단의 배치지역 사이의 거리 정도이다. 근접성이 클수록 거리가 짧다. 개방된 사무실은 문이 없는 낮은 칸막이이나 파일 캐비닛을 활용한다. 프라이버시를 중시하는 사무실은 바닥에서 천장까지(floor-to-ceiling) 벽으로 구성된다. 개방성은 작업지역 내에 물리적 경계가 없는 것을 말한다. 접근가능성은 개방성과 긍정적 관계가 있는 반면에, 프라이버시와는 부정적 관계가 있다. 접근가능성은 배치된 작업지역 내에서 다른 사람들과 얼마나 쉽게 상호작용할 수 있는가로 측정된다.

　이와 같이 레이아웃은 개인과 집단이 자신의 작업노력을 조정하고 의사소통
하는 방식에 영향을 미친다.

3. 조경(landscaping), 설계와 실내장식(decor)

　온도, 공기의 질, 조명, 소음 정도, 냄새는 조경, 설계와 실내장식의 효과이다.
바람직한 이미지를 전달하기 위해 몇몇 조직은 어떤 복장을 고집한다. 의사들의
흰옷은 조직 혹은 직업적 정체성을 전달한다.

제**11**장

조직설계

　조직구성원들을 어떻게 부서에 그룹핑하는가? 조직에 어느 정도의 계층을 설계하는 것이 합리적인가? 조직은 어떻게 구조화하는가? 이러한 물음에 대한 해결책을 탐색하는 것이 조직설계에 관한 연구이다.

　이러한 조직설계의 연구는 사회학, 경제학, 전략적 관리 등 여러 다른 학문에서 이루어지고 있다. 관리자들은 여러 가지 조건하에 조직을 어떻게 구조화할 것인지에 대해 이해하는 것이 중요하다.

　이 장에서는 조직설계의 의의와 특징, 조직설계의 논리, 조직설계의 진단과 모델 등을 살펴보고자 한다.

제1절　조직설계의 의의와 관점

1. 조직설계의 의의

조직설계(組織設計, organization design)란 조직의 직무를 조정하고 통제하기 위한 구조와 과정을 결정하는 데 목적을 둔 관리적 의사결정을 말한다. 즉 조직설계는 조직의 전략적 목적과 환경적 요구를 평가하고, 적절한 조직구조를 결정하는 과정이다. 이러한 조직설계는 기획에 기초해야만 한다.

결국 조직설계결정의 결과는 조직의 구조 혹은 틀(framework)이다. 또한 조직설계는 조직을 권위의 수준으로 만드는 수직적 분화(vertical differentiations)와 기능, 프로젝트, 생산 및 지리와 같은 기준에 기초하여 만드는 수평적 분화(horizontal differentiations)에 초점을 두는 것이다.

이와 같이 조직설계는 무엇보다 조직구조를 결정하는 데 관심을 가진다. 조직구조는 전형적으로 조직차트(organization chart)에 반영되어 있다. 조직구조는 다음과 같이 4가지 주요한 구성요소를 가진다.

① 조직구조는 조직에서의 개인과 부서에 대해 업무와 책임의 할당(the allocation of tasks and responsibility)을 기술한다.

② 조직구조는 공식적 보고관계(formal reporting relationship)를 표시한다. 조직구조에는 계층의 수와 관리자, 최고관리자의 통솔범위가 포함되어 있다. 즉 조직구조는 관리자의 통솔범위(the span of control)를 결정한다.

③ 조직구조는 부서 내의 개인들을 공동운명체로 인식하게 하고, 전체 조직 내에서 부서를 그룹핑한다.

④ 조직구조는 조정의 메커니즘(mechanisms of coordination)과 노력의 통합을 포함한다.

조직설계의 관점에서 조직은 상사-부하의 피라미드 관계이다. 이런 피라미드를 계층제(hierarchy)로 명명한다. 개인이나 부서가 계층제에서 높은 단계일수록 권위가 보다 높다. 고층구조 혹은 저층구조는 계층제에서 몇 개의 계층으로 이루어지고 있는지에 의존한다. 따라서 저층구조일수록 통솔범위가 넓고, 반면에 고층구조일수록 통솔범위가 좁다.

조직설계는 부서화(departmentation)와 조정에 기초하여 적절한 조직형태에 이르는 과정이다. 이러한 과정은 다음의 3가지 주요한 아이디어에 기초한다.

① 조직설계는 조직의 장기적 성공에서 매우 중요한 요인이다. 설계의 영향이 단기적이기보다는 장기적으로 미치기 때문에 장기적 관점이 중요하다. 조직의 장기적 성과에 영향을 미치기 때문에 조직설계는 주요한 관리기능으로 고려된다.

② 조직설계는 계속적인 과정이다. 조직의 환경과 전략이 변화하기 때문에 새로운 조직설계가 단계적으로 진행된다. 그러므로 조직설계의 적합성을 지속적으로 평가할 필요가 있다.

③ 모든 시대 모든 조직에 적용할 수 있는 보편적인 조직설계는 존재하지 않는다. 특별한 설계의 적절성은 조직의 맥락에 의존한다.

2. 조직설계의 논리적 관점

조직은 목표성취를 가능하도록 설계한다. [그림 11-1]과 같이 조직구조는 목표를 성취하는 데 편리하도록 하기 위해 업무흐름을 조직한다. 이에 조직정책(organization policy)은 업무흐름이 향상되도록 전개한다.

조직설계는 조직의 몇몇 내부적 특성을 다룬다. 시스템관점에 비추어 보면, 조직설계는 조직의 전환과정에 초점을 두며, 조직의 투입 혹은 산출에 대한 처방을 시도하지 않는다. 투입과 산출에 대한 설계는 전략적 기획과정에서 다룬다.

조직설계는 산출의 최적 전달에 가장 부합하는 내부적 조직시스템을 창출하기 위한 시도이다. 이리하여 합리적 관리모델에 있어 조직설계는 환경분석과 전략

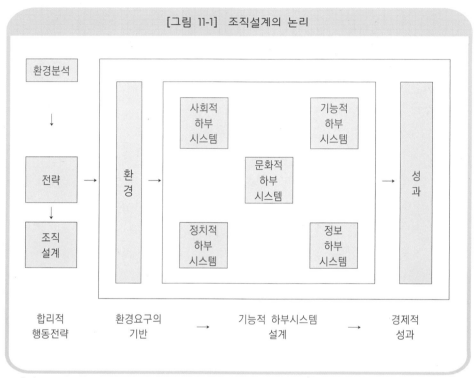

[그림 11-1] 조직설계의 논리

환경분석

↓

전략 →

↓

조직
설계

환경 →

사회적
하부
시스템

기능적
하부
시스템

문화적
하부
시스템

정치적
하부
시스템

정보
하부
시스템

→ 성
과

합리적   환경요구의   →   기능적 하부시스템   →   경제적
행동전략   기반   설계   성과

출처: Narayanan & Nath(1993: 308).

기획에 따른다.

하지만 조직설계가 조직의 모든 내부적 특성을 다루지는 않는다. 업무에 초점
을 둔다면, 조직의 기능적 하부시스템을 우선적으로 다룰 것이다. 기능적 하부시스
템은 환경에 대한 조직 적응의 도구로서 간주된다. 반면에 사회적, 정치적 요인의
역할로 인식한다면 조직의 공식적 측면에 우선적으로 초점을 둘 것이다.

현대 조직설계이론가들은 조직의 기능적 하부시스템이 조직의 전략과 환경
에 부합되어야 한다고 주장한다. 조직 내 부서들 사이의 상호의존성은 적절한 조
정메커니즘을 설치함으로써 관리될 수 있을 것이다. 또한 이들 학자는 조직의 환
경과 전략이 시간이 지남에 따라 변화하기 때문에 조직이 재설계되어야 한다고 강

조한다. 이처럼 설계는 지속적인 과정이다.

제2절 조직설계의 논리

1. 역사적 기반

행정조직에 대한 조직설계의 기반은 Max Weber에 의한 관료제로 구체화된다. Weber에 따르면, 관료제는 대규모 조직이 합리적이고 효율적으로 설계되기 위한 행정적 특성의 틀이라고 주장한다.

Weber의 모델은 부분적으로 산업화 초기의 문제점(예속, 연고주의, 불공평, 주관적 판단)을 다루기 위해 발전되었다. Weber에 의하면, 자본주의 시장경제가 공식적 행정사무가 정확하고, 분명하고, 지속성 있게, 가능한 빠르게 진행되는 것을 요구한다는 것이다. 이런 맥락에서 Weber는 정부와 민간경제에 모두에 효율적인 조직기능을 확보할 수 있는 일련의 관료제적 특성을 제시했다. 관료제가 증가되는 복잡한 사회에서 빈약한 자원의 할당을 용이하게 한다. 즉 관료제 조직이 다른 어떠한 조직형태보다 기술적으로 뛰어나다. 관료제는 상당한 정도의 공식화(formalization), 표준화(standardization), 전문화(specialization)로 특징된다. Weber가 인식한 가장 중요한 조정메커니즘은 법률과 계층제이다.

대량생산의 이점을 확보하기 위해서 조직은 기능적 형태를 채택하기 시작했다. 이러한 조직형태에 있어 부서(시장부서, 생산부서, 연구개발부서)의 기반이 기능이다. 부서 내에서 업무단위는 기능에 기초하여 세분화된다. 예를 들면, 생산부서는 유지, 제조, 질 통제(quality control) 등과 같이 보다 세분화된다.

1) 기능조직

기능조직(functional organization)은 상당히 집권화되어 있다. 가장 중요한 조정 메커니즘은 계급의 계층제이다. 기능적 책임자는 자신의 업무를 조정하기 위해 중앙 책임자에게 의존한다. 최고계층은 전략적 방향과 운영의 조정에 우선적으로 책임이 있다. 중간관리단계는 조직을 운영하는 데 책임이 있다. 하위관리단계는 판매 혹은 용접과 같은 활동을 수행한다. 조직은 효율성을 위해 전문화와 표준화의 이점을 확보하는 데 초점을 둔다.

기능적 조직구조는 전통적 기능적 부서-회계, 재무, 판매, 운영 등-에 따라 조직을 조직화하는 것이다. 이러한 조직구조는 수평적 분화를 통해 각 기능적 영역의 전문화된 지식을 분리하고, 조직의 핵심적인 상품 혹은 서비스를 위해 지식을 연결한다. 이에 기능적 조직의 이점은 기능적 전문화가 허용된다는 점이다. 즉 계선관리자에 대해 기능조직은 최고의 전문화, 참모 전문가에 의해 이루어진 조언을 따르도록 강요하는 구조라는 것이다.

기능적 조직은 단지 몇몇 상품을 다루는 회사 혹은 단일 산업을 운영하는 회사에 잘 부합된다. 또한 비교적 안정적인 조직환경에서 잘 운영된다. 조직환경이 안정적일 때 업무는 표준화된다. 이러한 환경의 조직은 기능적 조직에 의해 통제되어야 한다.

하지만 기능에 초점을 두기 때문에 전체적인 조정의 책임은 최고관리자에게 부과된다. 더욱이 환경이 불안정하게 될 때 혹은 생산라인이 확장될 때 계층제의 최고관리자는 과도한 의사결정과 조정의 압력에 과부하가 걸린다. 또한 낮은 계층은 목표에 대해 제한된 관점을 가지게 되기 때문에 관리자가 조직의 전반적인 관점을 발전시킬 수 있는 기회가 매우 적다. 이리하여 조직은 시장의 변화에 대해 매우 느리게 반응하게 된다(〈표 11-1〉 참조).

표 11-1 기능조직의 장·단점

장 점	단 점
- 본부와 하부조직 간의 갈등을 줄일 수 있다. - 모든 관리자에 대해 국제적 성향을 향상시킬 수 있다. - 기능 내 조정을 편리하게 한다. - 시장요구(market demands)가 비슷할 때 효과적이다.	- 수평기능 조정(cross-functional coordination)에 있어 문제가 발생한다. - 구체적인 시장변화에 반응이 느리다. - 국제적 시장요구가 다를 때 비효과적이다.

출처: Black & Porter(2000: 271).

2) 부서조직

　　조직의 부서형태(divisional organization)는 1930년대에 GM과 Du Pont과 같은 회사의 기관혁신으로 나타났다. 최고관리자는 부서관리자를 감독한다. 부서관리자는 자기 부서의 전체적 성과에 대해 책임을 진다. 각 부서의 구조는 기능적 조직과 유사하다. 즉 부서조직은 일반적으로 생산구조의 확장이다. 이에 부서조직구조에 있어 모든 기능적 활동은 한 부서 내에 놓여 있다.

　　부서 형태에서 최고관리자는 부서관리자에게 기능을 분권화함으로써 몇몇 조정기능을 부여한다. 최고관리자는 부서들 사이의 조정과 조직의 전략적 기능에 대해 책임을 진다. 각 부서는 다소간 자립된 단위이다. 조직구성원들은 자신의 기능보다는 생산라인에 일체감을 가지게 된다. 각 생산라인이 분리된 사업처럼 운영되기 때문에 예산과 기획이 이윤의 기반이 된다. 생산부서의 책임자는 상당한 정도의 영향력을 가진다.

표 11-2 부서조직의 장·단점

장 점	단 점
- 자원의 중복(resource duplication)을 줄인다. - 교차상품(cross-product) 조정을 편리하게 한다. - 횡단적 지역조정(cross-regional coordination)을 편리하게 한다.	- 횡단적 부서조정(cross-divisional coordination)을 억제할 수 있다. - 세계적 경제규모(global economic of scale)를 모호하게 할 수 있다.

출처: Black & Porter(2000: 274).

부서조직은 독특한 시장에 대해 많은 유연성과 책임성을 제공한다. 부서구조 (divisional structure)는 많은 생산라인과 서비스를 가진 대규모 조직에 가장 잘 부합된다. 다만 이런 부서조직은 규모의 경제에 대한 이점을 상실할 수 있다(〈표 11-2〉 참조).

2. 철학적 기반

조직설계에는 3가지 비판적인 가정이 놓여 있다.

첫째, 조직구조-개인과 업무단위를 어떻게 함께 그룹핑하는가-는 조직성과에 있어 차이를 만든다.

둘째, 조직설계는 조직에 있는 개인의 행태에 영향을 미친다. 조직설계는 관리자가 장악하는 통제를 위한 메커니즘이다. 즉 인간행태가 조직구조의 설계와 선택에 있어 매우 중요한 고려사항이다. 예를 들면, 관료제적 구조는 조직목표를 간과한 채 사람들을 절차에 집중하게 한다.

셋째, 조직설계는 본질적으로 효율성의 이슈에 관심을 가진다. 업무활동에 대한 구조화는 투입에서 산출로 전환되는 비용을 줄인다. 조직설계의 초점은 기능적인 하부시스템에 있다.

3. 이론적 기반

사회학의 기반에서 조직설계의 관련성은 명확하게 나타나지 않는다. 경제학자와 관리학자들은 조직의 내부구조에 관심을 두어 왔다.

조직은 무엇 때문에 구조를 재설계하는가? 조직전략과 조직구조 사이의 관계는 무엇인가? 조직설계가 경제적 차이점을 만드는가? 조직설계와 환경 사이는 무슨 연계가 있는가? 조직설계의 원리는 무엇인가? 이러한 물음들은 조직연구의

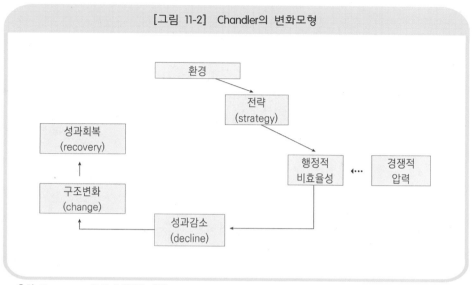

[그림 11-2] Chandler의 변화모형

출처: Narayanan & Nath(1993: 318).

결과로서 문헌에 나타나기 시작했다.

Alfred Chandler는 구조는 전략을 따르고, 가장 복잡한 구조유형은 몇몇 기본적인 전략에 대한 연결의 결과라고 주장한다. Chandler에 따르면, 변화하는 기술, 인구통계 및 시장에 직면하여 조직은 자원과 보다 많은 이익을 활용하기 위한 전략을 새로 구상한다. 조직은 새로운 전략에 부합하기 위해 행정적 구조를 개조한다. Chandler는 미국 기업에 대한 연구를 통해 [그림 11−2]와 같이 조직설계의 배경을 설명하고 있다.

하지만 전략적 변화만이 구조에서의 변화를 가져온다는 설명은 충분하지 않다. 조직설계는 경쟁적 압력에 잘 부합되어야만 한다. 결국 경쟁력 압력이 구조변화를 취하도록 하는 동인이 된다.

일반적인 조직설계의 과정은 [그림 11−3]과 같다. 조직설계의 출발점은 환경에 대한 이해와 조직전략의 형성이다. 이것은 관리에 대한 합리적 접근과 일치한다. 환경에 대한 분석과 전략이 형성된다면, 조직설계는 부서에 대한 기초를 형성

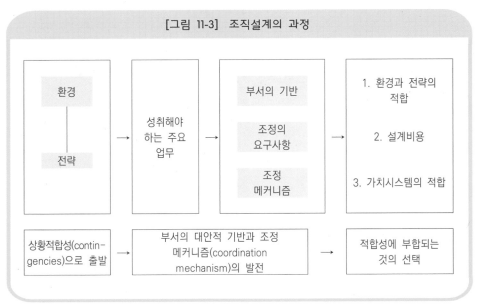

[그림 11-3] 조직설계의 과정

출처: Narayanan & Nath(1993: 334).

하고, 필수적인 조정메커니즘을 구성한다.

　　이에 대안적인 조직설계는 ① 환경과의 적합성(congruence), ② 전략과의 적합성, ③ 조직설계의 비용, ④ 최고관리자의 가치시스템 등의 관점에서 평가된다. 특히 가장 중요한 기준은 환경과 전략의 적합성이다. 비용과 가치시스템과의 적합성은 실용적인 기준이지 특정한 조직설계의 선택에 있어 최우선시되는 이유는 아니다.

　　성공적인 조직은 조직구조의 적절성을 정규적으로 평가한다. 그리고 환경변화에 따라 조직구조를 변화시키는 것이다. 또한 바람직한 조직설계에 대한 검증은 다음과 같은 3가지 질문에 답해야 한다.

　　첫째, 조직설계가 조직전략을 수행하기 위해 적합한가? 전략과 환경의 적합성은 좋은 조직설계의 중요한 결정요인이다.

　　둘째, 조직설계가 조직이 환경에 적절히 기능하게 할 수 있는가?

셋째, 조직설계의 여러 가지 요소―부서의 기반과 조정―가 서로 일치하는가? 부서의 기반과 조정은 전략과 환경에 부합해야 하고, 각 요소들은 내부적으로 잘 일치되어야만 한다.

▶ 조직설계의 단계
- 조직을 광범위한 하부단위로 수평적으로 분할하라((Horizontally divide the organization into broad subunits). 활동을 계선조직과 참모조직에서 어떻게 할당할 것인지를 결정하라.
- 지위 사이의 권위관계를 설정하라(Establish authority relationships between positions). 관리는 명령계통(the chain of command)을 설정한다.
- 직무에 어떤 업무를 포함할 것인지 설계하라. 그리고 개인에게 이들 업무를 위임하라(Design jobs comprised of certain tasks and delegate these tasks to individuals). 관리는 구체적인 업무를 설계하고, 만족한 성과를 얻기 위해 누가 책임을 맡을 것인가를 결정하는 것이다.

출처: Mescon, Albert, and Khedouri(1988: 350).

제3절 조직설계의 진단

조직설계과정을 시작하면, 조직설계의 진단은 최고관리층에서부터 최하위층까지 종속접근법(cascade approach)을 활용할 필요가 있다. 즉 조직의 최고관리층에서 5단계(① 목표, ② 전략, ③ 환경, ④ 구조, 과정과 인원, ⑤ 조정과 통제)의 설계과정을 통하여 진행한다. 그리고 각 부서에 대해 이런 과정을 반복한다. 특히 목표단계에서 조직의 범위를 구체화하고 효율성과 효과성의 면에서 목표를 명시한다. 나아가 조직의 현재 위치를 검토하고, 위치에 알맞은 비전과 임무 상태가 잘 부합되는지를 점검한다. 또한 조직의 현재 위치에 대해 일반적인 동의가 있는지를 검토한다.

이와 더불어 조직설계과정은 2가지 중요한 질문으로 구성된다. 당신은 어디에 소속하는가(Where are you?), 당신이 소속하기를 원하는 곳은 어디인가(Where do you want to be?)가 그것이다. 또한 조직목표의 관점에서 조직단위분석에 있어 2가지 사항을 고려해야 한다. 즉 조직이 [그림 11-4]의 어디에 위치하고 있는가, 조직설계에 있어 조직이 어디에 위치하기를 원하는가 하는 것이다.

이와 같이 조직이 [그림 11-4]와 같이 효율성/효과성의 도표에 어디에 위치하고 있는가를 점검한다. 즉 조직의 근본적인 2개의 목표-효율성과 효과성 — 에 대한 상대적 평가를 시작한다(Burton, DeSanctis & Obel, 2006: 11-14).

특히 효율성과 효과성은 2개의 차원이다. 즉 단일측도의 끝이 아니다. 2가지 목표차원으로 조직에 대해 비율을 매긴다. 2개 차원의 모델에서 [그림 11-4]와 같이 4가지 상이한 유형의 목표상태가 가능하다.

Quadrant A: 이 조직은 효율성과 효과성 모두 상대적으로 낮다. 이 조직은 활용되는 자원에 대한 초점이 적고 보다 높은 수준에 관련한 구체적인 목표가 미흡하다. 이것은 독점(monopoly)의 경우이다. 이 조직은 조기에 착수할 수 있다.

Quadrant B: 조직의 제품과 서비스를 산출하는 데 필요한 가장 적은 양의 자원에 대한 효용성(utilization)에 초점을 두는 조직이다. 이 조직은 과거에 수행한 것을 지속하고, 지속적인 향상을 위해 개선한다. 이 조직은 안정적인 환경에서 잘 유지된다.

Quadrant C: 이 조직은 효율성에 초점이 낮지만, 효과성에 보다 높은 초점을 둔다. 즉 조직이 조직목표에 초점을 두는 반면에, 자원의 효율적 활용에 대한 관심이 적다. 이 조직은 매우 급변하는 환경에서 혹은 새로운 아이디어를 지속적으로 발전시켜야 하는 상황에 적합하다.

Quadrant D: 이 조직은 효율성과 효과성 모두에 강조점을 둔다. 이 조직은 경쟁적이고, 복잡하고 그리고 급변하는 환경에 직면해 있다. 이런 환경은 상품의 혁신과 낮은 가격으로 성공적으로 경쟁할 수 있는 조건이 요구되는 조직이다. 이런 조직은 동일한 힘(equal vigor)으로 효율성과 효과성의 2가지 목표를 추구한다.

[그림 11-4] 조직목표의 평가

		효과성(effectiveness)	
		낮음	높음
효율성	높음	Quadrant B	Quadrant D
(efficiency)	낮음	Quadrant A	Quadrant C

출처: Burton, DeSanctis & Obel(2006: 11).

▶ 조직설계의 진단질문

1. 단계적 접근(step-by-step approach)을 위한 분석단위가 무엇인가?

2. 조직이 무엇을 하는가? 조직의 주요한 작업활동은 무엇인가?

3. 조직의 효율성에 대한 점수는 얼마인가? (① 매우 낮음 - ⑤ 매우 높음)

4. 조직의 효과성에 대한 점수는 얼마인가? (① 매우 낮음 - ⑤ 매우 높음)

5. [그림 11-4]의 효율성/효과성 표에서 조직을 구획하라.

6. 당신의 조직은 [그림 11-4]의 효율성/효과성 표에서 어디에 위치하는가?

출처: Burton, DeSanctis & Obel(2006: 14).

제4절 조직설계의 모델

　　Burns와 Stalker는 전자공학과 연구개발산업에 관련된 많은 조직을 연구했으며, 이들 학자는 조직의 운영에 있어 안정-불안정 환경에 의해 규정되는 연속체의 정반대에 있는 기계적 조직과 유기적 조직을 확인했다.

　　이들 학자에 의하면, 안정적 환경에서는 기계적 조직이 유기적 조직보다 더

[그림 11-5] 조직구조의 변수

노동의 분업	전문화(specialization)	
	높음	낮음
권위	위임(delegation)	
	높음	낮음
부서화	기반(basis)	
	동종	이질
통솔범위	수(number)	
	적음	많음

출처: Ivancevich & Matteson(1990: 432).

좋은 결과를 산출한다. 반면에 불안정 환경에서는 유기적 조직이 보다 성공적이라는 것이다. 즉 급변하는 환경변화에 있어 조직은 생존하기 위해 혁신이 필요하고, 환경변화에 빠르게 반응할 수 있는 지식을 갖춘 종업원 팀이 필요하다는 것이다.

특히 수정된 전통적 형식이 조직을 구조화하는 데 가장 보편적인 방식이며, 다른 조직의 형식은 특정한 상황에 보다 적절하다. 대부분 조직들은 기계적 특성과 유기적 특성을 병행한다. 예를 들면, 대부분 대학행정업무는 기계적 방식으로 이루어지지만, 연구활동은 유기적 방식으로 이루어진다.

조직설계는 [그림 11-5]와 같이 조직구조의 변수에 기초하여 2가지 유형으로 이해할 수 있다. 즉 왼쪽의 조직구조는 고전적, 형식주의, 구조화, 관료제, 시스템 1(system 1), 기계적(mechanistic) 특성을 가진다. 반면에 오른쪽의 조직구조는 신고전적(neoclassical), 비형식주의(informalistic), 비구조화(unstructured), 비관료화(nonbureaucratic), 시스템 4, 유기적(organic)의 특성을 가진다.

1. 기계적 모델

20세기 초기의 조직이론가들−Fayol Follet, Max Weber 등−의 연구는 관리자의 업무수행을 안내하는 원리를 발견하는 것이었다. 이들 학자는 동일한 유형의 조직을 설계했다. 즉 가장 효율적인 방식으로 조직의 목표를 성취하기 위한 기계와 같이 기능하는 조직이었다.

기계적 조직(mechanistic organizations)은 예측가능성(predictability)과 효율성을 제고하기 위해 설계된 구조이다. 기계적 조직은 광범위한 규칙과 절차, 집중화된 권위, 높은 전문화를 활용하여 높은 수준의 생산과 효율성을 성취하는 것을 강조한다. 기계적 조직은 안정적이고 비교적 동질적인 환경에 적절하다. 기계적 조직의 특성을 가진 조직사례는 대학도서관, 우체국, 정부조직 및 전화회사 등이다.

이들 기계적 모델은 구조적 특성−노동의 전문화, 권위와 책임의 집중화, 기능의 공식화−에 기인하여 높은 효율성을 성취하는 것이다. 반면 높은 계층제적 통제, 명확하게 정의된 역할과 업무로 특징되는 기계적 조직은 유연성과 창의성을 방해한다.

① 활동은 명확하게 규정된 직무와 업무로 세분화된다. 이러한 조직특성은 혁신(innovation)을 제한하게 된다.

② 높은 직위의 사람이 낮은 직위의 사람보다 조직이 직면하는 문제에 대한 지식을 보다 많이 가지고 있다. 해결하지 못하는 문제는 계층제의 상위계층으로 전달된다.

③ 표준화된 정책, 절차 그리고 규칙은 조직에 있어 대부분의 의사결정을 안내한다.

④ 보상은 감독관으로부터 지시에 대한 순응을 통해 이루어진다.

2. 유기적 모델

동태적이고 이질적인 환경에 직면한 조직은 관료제와 같은 기계적 조직이 부적절하다. 유기적 조직(organic or adaptive organization)은 끊임없이 변화하는 환경에 적응할 것을 요구한다. 즉 유기적 모델은 변화에 대응하기 위한 능력과 유연성을 향상시키기 위해 설계된 구조이다.

조직설계의 유기적 모델(organic model)은 기계적 모델과 반대이다. 기계적 모델은 계층과정(scalar process)을 통해 조정하지만, 유기적 모델은 구성원의 상호작용을 통해 지속적인 재조정에 의해 통합된다. 또한 기계적 조직은 상관으로부터의 지시와 결정에 의해 운영되지만, 유기적 조직은 의사소통된 정보와 조언에 의존한다.

이에 유기적 조직은 기계적 조직보다는 낮은 수준의 전문화, 공식화 및 계층제의 특성을 가지고 있다. 이 조직은 상당한 정도의 수평적 의사소통과 조정을 활용하고 있다. 이처럼 유기적 조직의 최고 가치는 수평적이고 대각선적인 상호작용(lateral and diagonal interaction)에 있다. 이들 유기적 조직특성을 가진 조직사례는 병원응급실, 연구소 등이다.

이처럼 유기적 모델에 내재한 조직의 특성과 실재는 기계적 모델에 내재하는 것과 상당히 차이가 있다. 두 모델의 가장 큰 차이는 각 모델이 추구하는 최고의 가치인 효과성 기준에 있다. 기계적 모델은 생산과 효율성을 극대화하는 것을 추구하지만, 유기적 모델은 유연성과 적응성(flexibility and adaptability)을 극대화하는 것이다.

유기적 조직은 변화하는 환경요구에 유연하고 적응적이다. 이에 유기적 조직설계는 보다 많은 인간의 잠재력 활용을 격려하는 것이다. 따라서 관리자는 인간의 성장과 책임성을 강조하는 직무설계를 통해 인간의 동기부여를 충분하게 발휘하도록 한다. 의사결정, 통제와 목표설정과정은 분권화되어 있고, 조직의 모든 계층에 공유되어 있다. 의사소통은 명령통일의 원칙에 의해 단순히 톱다운 방식이

표 11-3	기계적 조직과 유기적 조직의 비교

기계적 구조(예측가능성, 설명가능성)	유기적 구조(유연성, 적응성, 혁신)
높은 수평적, 수직적 분화(differentiation) : 권위와 통제의 계층제적 구조(hierarchical structure)	높은/복잡한 수평적, 수직적 통합(horizontal and vertical integration) : 업무의 지식에 기초한 권위와 통제의 네트워크
높은 공식성(high formalization) : 역할, 책임성, 명령 및 직무방법의 정의가 지속성이 있음	낮은 공식화(low formalization) : 업무와 책임은 상황에 의존하여 재정의됨
집중화(centralization) : 계층제의 상부에서 이루어지는 결정	분권화(decentralization) : 지식을 갖춘 사람에 의한 결정
성문화된 규칙, 절차, SOPs에 의한 표준화(standardization)	상호관련된 문제해결과 상호작용을 통한 업무와 방식의 재정의와 상호조정(mutual adjustment)
직위에 기반한 권위와 위신에 의한 밀접한 감독(close supervision)	감독 없이 개인적 전문지식과 창의성(personal expertise and creativity), 전문지식에 부합한 위신
명령 형식에 의한 수직적 의사소통(vertical communication)	빈번한 수평적 의사소통(lateral communication), 가끔 상이한 부서의 사람들과 상담형식으로 수평적 의사소통
객관적 선발기준과 객관적인 보상시스템(objective reward system) 강조	주관적 선발기준과 주관적 보상시스템(subjective reward system) 강조
공식적이고 비개인적인 것이 개입되지 않음(impersonal)	비공식적이고 개인적(informal and personal)임

출처: Reitz(1987: 518); Hatch & Cunliffe(2006: 111).

아니라 조직 전체를 통해 이루어진다. 이러한 조직구조는 조직 내에 모든 상호작용과 관계가 극대화되도록 격려한다. 또한 조직구조는 개인적 가치와 중요성을 유지하도록 지원적이다. 이러한 유기적 모델의 특징은 다음과 같다.

① 직무기술과 전문화에 대해 경시한다. 사람들이 문제를 해결하기 위한 지식 혹은 기술을 함양했을 때 사람이 문제해결에 관여한다. 업무수행에 대해 조직 구성원에게 보다 많은 정도의 자유재량권을 부여한다.

② 높은 직위에 있는 사람이 낮은 직위에 있는 사람보다 필연적으로 보다 유익한 정보를 지니고 있는 것은 아니다.

③ 수직적 관계보다 수평적, 측면적(horizontal and lateral) 조직관계에 보다 많

은 관심을 가진다.

④ 지위와 계급 차이(status and rank differences)가 덜 강조된다.

⑤ 조직의 공식적 구조가 덜 항구적이며, 보다 변화적이다. 시스템과 조직구
성원이 변화하는 환경에 보다 예방적이고 적응적이다. 또한 비공식적 특성을 가진
유기적 조직은 부서 간의 높은 정도의 협력이 요구된다.

3. 매트릭스 조직설계

1) 매트릭스 조직의 의의와 특징

매트릭스 조직설계(matrix organization design)는 기계적 설계와 유기적 설계의
장점을 극대화하고 단점을 최소화하기 위해 시도한다. 매트릭스 조직의 특성은 생
산구조(product structure)와 기능적 구조(functional structure) 모두가 조직에서 동시적
으로 이행되는 혼합물(hybrid)이며, 기능적 전문화와 프로젝트에 기반하는 이중적
명령구조(dual-command structure)이다. 즉 매트릭스 조직은 기능적 구조와 생산구
조의 절충안이다. 매트릭스 구조는 지위의 유연성을 향상시키며, 운영방식 면에서
는 임시적 조직이다. 즉 프로그램이 종결되면, 조직구성원들은 이전의 직위로 되
돌아가거나 혹은 새로운 프로그램 관리자로서 임무를 받게 된다.

이러한 매트릭스 조직형태에서 몇몇 구성원들은 고전적 관리원리(명령통일의
원리)에 위반되게 2인의 상사를 두게 된다. 이리하여 매트릭스 조직(행렬조직)은
[그림 11-6]과 같이 2개의 명령구조(command structure) - 하나는 기능구조(프로젝트
구조), 다른 하나는 부서구조-를 가지게 된다. 즉 매트릭스 구조는 조직에 있어
수직적, 수평적 단위부서를 가로질러 가는 단위부서를 포함하는 구조이다. 최고관
리자는 두 구조의 책임자이며, 두 구조 사이의 권한균형을 유지하기 위한 조정책
임을 보유하게 된다.

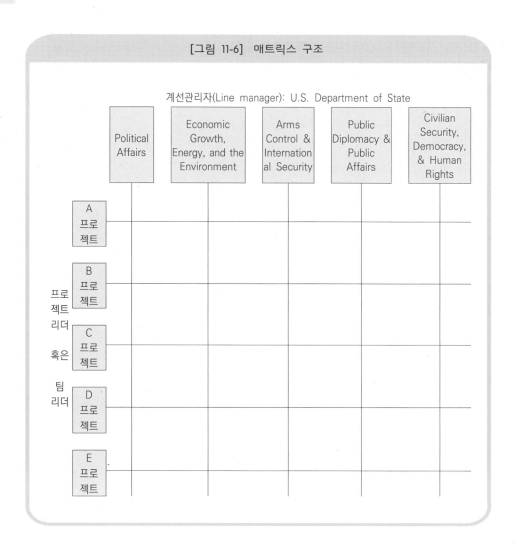

[그림 11-6] 매트릭스 구조

계선관리자(Line manager): U.S. Department of State

| | Political Affairs | Economic Growth, Energy, and the Environment | Arms Control & International Security | Public Diplomacy & Public Affairs | Civilian Security, Democracy, & Human Rights |

A 프로젝트

프로젝트 리더 혹은 팀 리더

B 프로젝트

C 프로젝트

D 프로젝트

E 프로젝트

매트릭스 보스는 자신의 부하들에게 완전한 통제력을 행사하지 못한다. 또한 매트릭스 보스의 활동은 구성원들과 활동함에 있어 상당한 정도의 시간, 커뮤니케이션, 인내심, 기술 등이 요구된다. 나아가 매트릭스 조직에서 프로젝트 관리자는 프로젝트에 관련된 활동과 자원을 통합하기 위한 책임을 진다. 프로젝트 관리자는

표 11-4	메트릭스 조직의 환경적 특성과 내부시스템
환경적 특징	- 환경적 불확실성(environmental uncertainty): 높음 - 지배적인 경쟁적 이슈: 이중적 - 생산/기능, 지리/기능
내부시스템	- 하위목표(sub-goals): 생산과 기능 - 기획과 예산: 이중적 시스템 - 기능과 생산라인 - 영향: 기능적 책임자와 생산적 책임 사이의 결합 - 승진: 기능적 전문지식 혹은 통합적 기술에 기반 - 정보와 연결: 매트릭스 인원 사이의 직접적 접촉

출처: Daft(1983: 242).

또한 프로젝트 기획, 특별히 업무스케줄에 대한 책임을 진다. 기능관리자도 업무성과를 감독한다.

매트릭스 조직은 과정에 의한 부서화와 목적에 의한 부서화 사이를 균형적으로 결합하는 것이다. 이처럼 매트릭스 조직은 한쪽 극단의 기계적 조직과 다른 극단에 위치한 유기적 조직의 연속체 중간에 위치한다. 그러므로 조직은 기계적 조직에서 매트릭스 조직으로, 혹은 유기적 조직에서 매트릭스 조직으로 이동할 수 있다.

이러한 매트릭스 조직은 1950년대에서 1960년대에 중간 규모의 항공기 제조업체(aerospace companies)에서 시도되었다. 즉 과학자와 엔지니어와 같은 전문가들이 복잡한 프로젝트 혹은 프로그램을 수행하기 위해 고용되는 기술적 조직에서 나타났다.

또한 매트릭스 구조는 기술과 시장과 같은 환경의 급격한 변화에 대응이 요구되는 조직이다. 이러한 환경은 높은 정보과정이 요구되는 불확실성에 직면한 조직이며, 재정적 자원의 제약과 인적자원의 제약을 다루어야만 하는 조직이다. 공공부문의 이러한 사례는 보건과 사회복지기관이 포함된다.

2) 매트릭스 조직의 조건과 장·단점

(1) 매트릭스 조직의 조건

매트릭스 조직과 같이 이중의 계층제(dual hierarchy)는 조직설계에서 특이한 방법 가운데 하나이다. 매트릭스 조직은 다음과 같은 조건일 때 올바른 구조라고 할 수 있다(Daft, 1983: 237-239). 다만 이들 조건은 기능적 구조 혹은 생산적 구조 어느 것에도 충분하지 않다는 것이다. 또한 수직적 권위와 수평적 권위라인에 동등한 인정이 주어져야만 한다. 즉 이중적 권위구조가 창조되고, 이들 사이의 권한의 균형이 동등해야 한다.

첫째, 환경적 압박(environmental pressure)은 기능과 생산 혹은 기능과 지역과 같은 2가지 이상의 중요한 분야로부터 온다. 이러한 압박은 권력의 균형이 조직 내에 요구되고, 이중적 권위구조가 환경적 압박을 반영하는 데 필요하다는 것을 의미한다.

둘째, 조직의 업무환경은 복잡하고 불확실하다. 부서 사이의 빈번한 외부적 교환과 높은 상호의존성은 극단적으로 수직적 방향과 수평적 방향에서 효과적인 연계를 요구한다.

셋째, 내적 자원의 활용에 있어 규모의 경제가 필요하다. 조직은 전형적으로 중간 규모이며, 적절한 수의 생산라인을 가지고 있다. 조직은 사람과 장비의 공유와 유연한 활용에 대해 압박을 느낀다.

(2) 매트릭스 조직의 장·단점

매트릭스 조직은 다음과 같은 이점이 있다(Ivancevich & Matteson, 1990: 448-450).

① 자원의 효율적 활용: 매트릭스 조직은 보다 전문화된 직원과 장비의 활용을 가능하게 한다. 각 프로젝트 혹은 생산단위는 다른 단위와 전문화된 자원을 공유할 수 있다. 나아가 매트릭스 조직은 비교적 다양한 업무범위를 수행하는 조직에서 유용하다.

② 변화와 불확실성 조건하에의 유연성: 매트릭스 구조는 프로젝트 단위와 기능적 부서의 구성원 사이에 끊임없는 상호작용을 조장한다. 사람들이 기술적 지식을 교환하는 정보, 그리고 경쟁적 조건에 빠르게 대응하기 위한 정보가 수직적으로 그리고 수평적으로 흐른다.

③ 기술적 우월성(technical excellence): 기술적 전문가와 프로젝트에 할당된 다른 전문가와 상호작용함으로써 아이디어의 상호교류를 격려한다.

④ 장기적 기획을 위해 최고관리자에게 자유를 제공: 매트릭스 조직은 최고관리자에게 진행 중인 의사결정을 위임할 수 있게 한다. 이리하여 장기적 기획을 실행하기 위해 최고관리자에게 보다 많은 시간을 제공할 수 있다.

⑤ 동기부여와 몰입의 향상: 매트릭스 조직에 있어 집단 내의 의사결정은 계층제의 배경보다 참여적이고 민주적이다. 중요한 결정에 참여하는 기회는 동기부여와 몰입의 높은 수준을 조성한다.

⑥ 개인적 발달(personal development)을 위한 기회 제공: 매트릭스 조직에서 구성원들은 자신들의 기술과 지식을 발달시킬 수 있는 기회를 상당히 많이 가진다. 다양한 부서를 대표하는 사람들로 구성되는 매트릭스 구성원들은 전체 조직에 대해 보다 잘 알 수 있고, 그리고 다양한 관점에서 조직을 이해할 수 있다.

이와 같은 매트릭스 조직의 장점에도 불구하고, 몇 가지 문제점이 제기되고 있다. 즉 매트릭스 조직이 모든 구조적 문제에 대한 해결책은 아니다. 다음과 같은 문제점으로 인해 많은 조직에서 매트릭스 조직을 도입하고 유지하는 것이 쉽지 않다.

첫째, 매트릭스 조직의 주요한 단점은 복잡성에 있다. 많은 문제점은 명령통일의 원리를 위반하는 수평적 권위와 수직적 권위가 중첩되는 것에 기인한다. 이러한 중첩이 갈등을 일으킨다.

둘째, 프로젝트가 일시적인 매트릭스 조직의 프로젝트 관리자는 직위를 불안하게 하는 문제에 직면하게 된다. 이 문제점은 관리자가 위치하는 직위에 기인된다. 관리자는 프로젝트 그룹과 모 조직(parent organization) 사이의 경계에 놓여 있다. 또한 몇몇 사람들은 자신과 동일시할 수 있는 항구적 부서가 없는 상실감을 느낀다.

| 표 11-5 | 매트릭스 조직의 장·단점 |

장 점	단 점
– 환경으로부터 이중적 요구에 대처할 필요가 있는 조정을 성취할 수 있다. – 생산을 위해 인적자원의 유연한 활용 – 불안정한 환경에서의 빈번한 변화와 복잡한 결정에 적합하다. – 조직을 통해 정보흐름(information flow)을 증가시킨다. – 균형적인 방향(balanced orientation)	– 잠재적 갈등을 증가시킨다. – 권위의 모호성(ambiguity of authority) – 시간소모(time consuming): 빈번한 회의와 갈등해소 시간 – 조직구성원은 좋은 대인관계 기술이 요구되고, 이에 따른 광범위한 훈련이 요구된다. – 프로젝트가 일시적인 매트릭스 조직의 프로젝트 관리자는 직위를 불안하게 하는 문제에 직면하게 된다.

출처: Daft(1983: 242); Black & Porter(2000: 276).

셋째, 프로젝트 관리자는 자신이 통솔하는 직원들의 욕구와 기대를 다루는데 곤란(troublesome)을 겪는다. 더욱이 프로젝트 관리자는 자신이 통솔하는 직원에 대해 승진과 보수 증액과 같은 직접적인 보상을 할 수 없다. 대부분 모 조직의 관리자가 이러한 특권을 가지고 있다.

넷째, 매트릭스 조직에서는 직원들의 재배치를 요구하기 때문에 행태적 트라우마(behavior traumas)를 일으키게 한다. 즉 새로운 업무와 교우관계 그룹을 형성하고, 해체하고, 가끔 가족이 이사를 해야 하고, 상호신뢰의 기반에서 일하다가 새로운 상사-부하의 관계를 형성해야 하는 정신적 손상을 경험하기도 한다.

▶ 프로젝트 팀(기동부대, task force)

급격한 시장변화에 대한 능동적인 대응이 요구되는 환경에서 조직은 기능적 부서로부터 차출된 프로젝트 팀을 구성할 수 있다. 이들 프로젝트 팀이 문제를 해결하면 이들 팀원은 최초의 기능적 부서로 재배치된다. 즉 프로젝트 팀은 명확한 목적을 성취하기 위해 구성되고, 임무가 성공한 후 해체되는 임무지향적(mission-oriented) 조직이다.

프로젝트 팀은 매트릭스 조직의 선행이다. 프로젝트 팀의 개념은 참모유형의 문제해결 팀(staff-type troubleshooting team) 및 기업에서의 특수임무부서(task force)와 유사하다. 예를 들면, 군대와 우주 프로젝트에서 프로젝트 관리자는 프로그램을 수행하는 데 필요한 모든 활동에 대해 전적인 권위를 가진다. 이는 프로젝트 조직 내에 역할관계로 구조화된다.

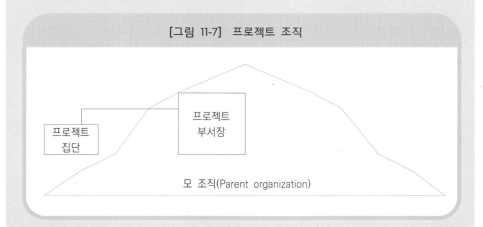

[그림 11-7] 프로젝트 조직

프로젝트
부서장

프로젝트
집단

모 조직(Parent organization)

프로젝트 조직은 여러 조직계층에서 상당한 기능을 가진 직원 사이에 유동적인 상호작용(fluid interaction)이 일어난다. 하지만 프로젝트는 [그림 11-7]과 같이 모 조직의 지정된 상관(designed boss)에게 보고해야만 한다. 이리하여 프로젝트 팀은 모 조직으로부터의 지시, 통제 및 보상을 지향하는 경향이 있다.

이러한 프로젝트 팀의 특성으로 인하여 프로젝트 팀의 일원들은 프로젝트가 끝날 때 고용상실(loss of employment)을 우려한다. 즉 업무가 단계적 철수기간(the phaseout period)에 이르게 되면 다른 프로젝트 혹은 직무를 얻기 위해 상당히 걱정하고 좌절감도 느끼게 된다.

▶ 팀(team)

팀은 항구적인 기동부대(permanent task forces)이다. 부서 사이에 활동에 지속적인 조정이 요구될 때 하나의 팀이 가끔 해결책이 될 수 있다. 일시적인 프로젝트 팀이 비효과적이라면, 각 기능적 부서로부터 차출된 대표 조직인으로 구성된 항구적인 팀(permanent teams)을 만들 수도 있다. 이 팀이 정기적으로 부서 간의 이슈를 해결하고 조정을 성취할 수 있다. 또한 특별한 프로젝트 팀은 조직이 중요한 혁신 혹은 새로운 생산라인과 같은 대규모 프로젝트를 실행할 때 활용된다.

▶ 팀(team) 연계집단(linked groups)

연계집단은 [그림 11-8]과 같이 기능적 영역과 계층적 단계로부터 선발된 작업그룹의 상호작용

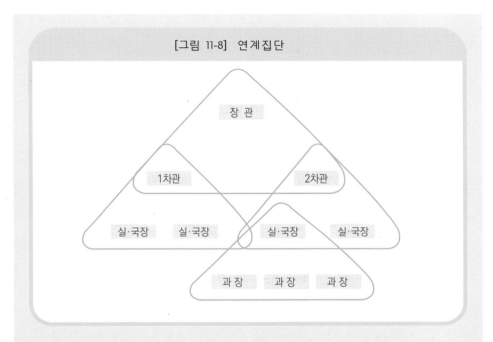

[그림 11-8] 연계집단

을 촉진시키기 위해 그룹 사이에 중첩(overlap)을 제공하는 방식이다. 관리자 A와 B는 연결침 (linking pin) 구조에서 중요한 역할을 발휘한다. 이들 관리자는 부하 팀과 상관 팀을 연결할 뿐만 아니라 다른 두 부하 팀과 상관 팀을 연결하는 중요한 역할을 담당한다. 연결침 관리자는 정보를 공유하고 조정하는 업무를 수행해야 한다.

이러한 조직설계에서 상관은 두 집단 혹은 그 이상의 집단에서 동시적인 직원(simultaneous memberships)을 보유하게 된다. 따라서 상관은 하부그룹에게 자신들의 활동을 통합할 수 있도록 그리고 차선의 상태(suboptimization)를 줄이기 위해 연계활동을 수행해야 한다. 이 조직에서는 관리자에게 조직의 업무를 통합하는 데 역할을 발휘하는 수직적, 수평적 연계역할을 강조한다. 상관은 중첩되는 직원을 가진 유일한 사람이기 때문에 통합의 전체적인 짐을 맡아야 한다.

이러한 매트릭스 형태가 중첩적인 구성원에게 그룹으로부터 조직에 이르기까지, 그리고 조직에서부터 그룹에 이르기까지 보다 좋은 대표성을 제공한다. 즉 중첩적인 그룹 구성원은 의사결정에 있어 조직의 모든 요소로부터 대표성을 보장하는 데 도움을 준다.

다만 연결침 구조도 명령통일의 원리를 위반할 가능성 때문에 약점이 있다. 즉 연결침 관리자는 2인의 상관에게 보고해야 하는 갈등을 경험하기도 한다.

▶ 조직특성의 진단표

기계적 조직과 유기적 조직의 연속체에서 조직이 어디에 위치하는지 〈표 11-6〉의 설문지를 활용하여 결정할 수 있다. 10개의 설문문항에 대한 응답점수는 다음과 같은 판정표에 따라 조직의 특성을 규정할 수 있다.

10	20	30	40	50
상당히 유기적 조직		혼잡조직		상당히 기계적 조직

표 11-6   조직특성에 관한 설문지

설문문항	매우 그렇다 ↔ 전혀 그렇지 않다				
이 조직은 모든 사람이 엄격하게 따르기를 기대하는 명확한 규칙과 규정을 가지고 있다.	5	4	3	2	1
이 조직의 정책은 수행되기 이전에 정책에 영향을 주는 사람들에 의해 검토된다.	5	4	3	2	1
이 조직에서 주요한 관심은 모든 사람이 자신의 능력과 재능을 개발하는 것이다.	1	2	3	4	5
이 조직에서의 모든 사람들은 자신의 직접적인 상관이 누구인지를 안다. 보고해야 하는 관계가 명확하게 규정되어 있다.	5	4	3	2	1
이 조직에서의 직무는 명확하게 규정되어 있다. 모든 사람들은 어떤 구체적인 직무 직위에 있는 사람들에 대한 기대가 무엇인지를 명확하게 알고 있다.	5	4	3	2	1
직무집단(work groups)은 이 조직에서 전형적으로 일시적이고(temporary), 가끔 변화한다.	1	2	3	4	5
이 조직에서의 모든 결정은 상위계층의 관리에 의해 검토되고 승인된다.	5	4	3	2	1
이 조직에서 강조하는 것은 끊임없이 변화하는 환경에 효과적으로 적응하는 것이다.	1	2	3	4	5
이 조직에서의 직무는 보통 상당히 전문화되어 있고 소규모 업무로 나누어진다.	5	4	3	2	1
이 조직에서의 표준적 활동은 명확한 절차에 의해 항상 다루어진다. 이 절차는 모든 사람들이 따르기를 기대하는 활동의 순서로 규정된다.	5	4	3	2	1

출처: Ivancevich & Matteson(1990: 461).

4. 위원회 구조

위원회 구조에서는 계층적으로 구조화된 조직에서와 같이 엄격한 방식의 명령통일 원리를 관찰하기가 어렵다. 이러한 비계층적 구조(non-hierarchical structures)는 업무에 있어 보다 창의적이고 유연한 접근을 촉진하기 위해 각 구성원들에게 한 사람의 상관에게 엄격하게 보고하게 하는 체제가 아니라는 점에서 활동이 자유롭다.

대부분 조직은 여러 가지 목적—의사결정, 조정, 정보흐름의 향상, 교육, 추천 활동, 아이디어 수집 등—을 위해 위원회를 가지고 있다. 즉 이러한 위원회 구조(committee form)는 의사결정에 있어 다양한 경험과 배경을 가진 참여자가 필요할 경우, 또는 한 사람이 조직을 이끌어 나가기 어려운 상황일 때 자주 활용된다.

▶ 위원회가 바람직할 때
- 집단으로서 관리자의 부하들이 상관이 하는 것보다 구체적인 문제에 대해 보다 많은 경험(more experience)을 가지고 있을 때
- 필수적인 조직활동에 대한 권력(power over a vital organizational activity)을 한 개인에게 부과할 수 없을 때. 그러한 권력은 한 개인이 소유하는 것보다 많은 지식을 요구하고, 이슈에 대해 전적으로 공평한 견해(a totally unbiased view)가 요구되는 매우 중요한 것이다.
- 어렵고 인기 없는 결정(difficult and unpopular decision)에 대해 책임감을 공유할 필요가 있을 때
- 적정한 규모일 때(the right size). 위원회의 규모는 여러 가지 이익집단에 의해 대표되는 정치적 고려에 영향을 받기 때문에 종종 위원장의 통제를 초월한다. 연구에 의하면, 바람직한 집단규모는 5명에서 7명이다.

출처: Webber(1979: 217-218).

위원회가 다른 조직화된 시스템과 구별되는 것은 집단적 의사결정(group decision making)을 한다는 점이다. 위원회는 보드(boards), 프로젝트(task forces), 커미션(commissions) 혹은 팀(team)으로도 명명되기도 한다.

위원회는 일반적으로 2가지 유형—특별위원회와 상설위원회—이 있다(Mescon, Albert & Khedouri, 1988: 479-481). 위원회 조직은 임시적 혹은 영구적 조직일 수 있다. 특별위원회(ad hoc committee)는 특정한 목적을 위해 형성된 일시적 집단(temporary group)이다. 즉 임시적으로 위원회 조직을 활용할 때 구성하며 특정 과제에만 집중한다. Ad hoc는 라틴어 용어로 '이것을 위해(for this)'를 의미한다. 의회의 경우 종종 특정한 문제 혹은 민감한 문제를 다루기 위해 특별위원회를 구성한다.

상설위원회(standing committee)는 특정한 목적을 수행하기 위해 조직 내에 항구적인 집단으로 구성된다. 가장 보편적인 상설위원회는 중요성이 지속되는 영역에서 조직에 대해 자문하는 것이다. 민간기업에서 보편적인 상설위원회는 이사회 제도(the board of directors)이다. 또한 감사위원회(audit committee), 재정위원회(finance committee) 등이 있다. 나아가 대학교 등 비영리적 조직은 위원회 형식을 많이 활용한다. 상설위원회는 중요한 정책과 운영방식의 결정을 수행한다.

▶ 위원회가 잘못 활용되는 경우
• 위원회에 대한 권위와 책임성의 규정이 미흡(Lack of definition of the committee's authority and responsibilities)한 경우 : 위원회를 형성하기 전에 관리는 위원회의 목적이 무엇인지를 명확하게 결정해야만 한다.
• 잘못된 조직규모(wrong size) : 개인의 순수한 기여에 의해서가 아니라 정치적 편의(political expediency)에 의해 위원회 구성원을 추가하는 경향이 있다. 위원회의 최적 규모는 5명에서 10명이다.
• 시간 낭비(Time wasting) : 위원회는 하찮은 문제에 대해 끊임없이 입씨름하고, 정작 중요한 결정은 몇 분 만에 처리한다.
• 의사결정과 집행을 지연(Delay in decision making and implementation)하는 경우
• 타협으로 인해 평범한 결정(Mediocrity resulting from compromise)을 하는 경우 : 어떤 이슈에 대한 집단투표는 거의 만장일치가 없다.
• 과도한 비용(Excessive cost) : 집단적 결정에 대한 인력비용은 개인적 선택에 비해 훨씬 많은 비용이 든다.

• 집단사고(Groupthink) : 위원회의 순응(conformity)은 아이디어를 비판적으로 평가하는 데 실패한다. 집단은 어떤 프로젝트에 대해서는 너무 열광적이고 다른 프로젝트에 대해서는 너무 신중하다.

출처: Mescon, Albert & Khedouri(1988: 485-486).

제5절 인터페이스 네트워크와 조직설계

조직환경이 조직설계에 미치는 영향을 요약하면 [그림 11-9]와 같이 표현할 수 있을 것이다(Hodge & Anthony, 1979: 142-145).

업무환경에서 두 가지 주요한 변수가 구조에 상당한 영향을 미친다. 이들 변수는 두 개의 연속체에서 존재한다. 첫 번째의 연속체는 환경에서 발견되는 동질성-이질성(homogeneity-heterogeneity)의 정도이다. 이는 조직에 의해 서비스를 제공하는 사람이 매우 비슷하거나 혹은 매우 다른 정도이다. 원자재를 제공하는 원천이 비슷하거나 혹은 실질적으로 차이가 있는가 정도이다. 또한 인적자원에 대한 공급원이 동질적인가 혹은 이질적인가 하는 것이다.

두 번째의 연속체는 환경의 안정성(environmental stability) 정도이다. 안정성 이슈는 환경에서 발견되는 변이범위의 명확성(certainty of the range of variation) 정도로 정의할 수 있다. 즉 조직이 변이범위를 예측하거나 알 수 없을 때 조직은 불안정한 환경에 직면하게 된다.

또한 환경적 영향은 조직설계의 3가지 측면-① 조직의 복잡성(organizational complexity) 정도, ② 규칙설정과 기획(rule making and planning)의 강조, ③ 분권화(decentralization) 정도-에 영향을 미친다.

[그림 11-9] 안의 ①, ②, ③, ④의 내용을 좀 더 자세히 설명하면 다음과 같다.

① 안정적 환경에 직면한 조직 혹은 동질성의 조직은 복잡하지 않고 집권화

[그림 11-9] 조직의 환경적 인터페이스(environmental interface)

		환경	
		안정(stable)	변동(shifting)
환경	동질 (homogeneous)	① • 낮은 복잡성 • 집중화 • 규칙의 강조	② • 중간 정도의 복잡성 • 분권화 • 기획의 강조
	이질 (heterogeneous)	③ • 보다 많은 복잡성 • 부서단위의 전문화 • 규칙의 강조	④ • 가장 높은 복잡성 • 보다 많은 분권화 • 기획의 강조

출처: Hodge & Anthony(1979: 144).

하는 경향이 있다. 또한 활동에 대한 규칙을 강조하는 경향이 있다.

② 조직이 동질적 환경에 직면했지만 업무환경이 변화하는 상황이다. 조직은 이러한 불안정에 대처하기 위한 방법을 개발해야 한다. 이에 환경변화에 쉽게 대응할 수 있도록 낮은 계층에 보다 많은 권위를 부여하는 분권화 방식을 개발해야 한다. 이런 변화를 예측하기 위해 기획부서를 만들 필요가 있다.

③ 조직의 업무환경이 안정적이지만 상당히 차별적 업무환경의 상황이다. 많은 환경적 구성요소를 다루기 위해서 조직은 규칙을 개발해야 한다.

④ 조직의 업무환경이 안정적이지도 않거나 혹은 동질적이지도 않은 상황이다. 이런 동태적이고 이질적인 환경은 조직에 대해 가장 높은 도전이기도 한다. 매우 적은 규칙이 구비되어 있기 때문에 기획에 의존하게 된다.

결국, 조직의 업무환경이 동질적이고 안정적일수록 조직의 복잡성에 대한 요구가 낮아지고 규칙설정을 보다 많이 활용하게 된다. 또한 업무환경이 이질적이고 변화할수록 조직의 복잡성, 기획 그리고 분권화가 많아진다.

제12장

직무설계

    효과적인 직무성과의 중요한 요인은 직무설계이다. 즉 각 조직구성원이 수행해야 할 업무를 명확하게 규정하는 것이다. 이에 조직관리자는 직무설계를 통해 각 조직구성원의 직무와 권위를 결정한다. 이처럼 조직을 설계하는 임무는 조직에서 필요한 결정과정을 보다 효과적으로 수행하는 방식을 허용하기 위한 조직적 배경에서 진행된다.

    이 장에서는 조직설계의 의의와 직무분석, 직무범위의 재설계 등을 살펴보고자 한다.

제1절   조직설계의 의의

　　조직은 상당히 상이한 직무유형을 가지고 있다. 직무를 어떻게 구조화하고 설계하는가에 따라 조직성과에 영향을 미친다. 직무설계(職務設計, job design)는 직무의 객관적 특성(objective characteristics)을 기술하는 것이다. 즉 직무설계는 업무가 수행되는 것, 업무가 어떠한 방식으로 완성되는 것, 직무에 연계된 기대, 책임감, 그리고 권위를 결정하는 것이다. 따라서 직무설계는 조직목표의 달성과 동시에 각 직무 해당자의 개인적 욕구충족을 도모하기 위한 직무내용, 직무기능 및 직무 간의 상호작용과 연결된다.

　　전통적 직무연구는 직무를 중심으로 사람을 어떻게 적응시키도록 하느냐 하는 직무분석, 직무평가를 그 중심 연구대상으로 삼았다. 반면에 근대적 직무연구는 사람을 중심으로 직무를 어떻게 디자인하느냐의 직무설계를 중심 연구대상으로 삼고 있다(김성국, 1999: 428).

　　이러한 직무설계는 ① 조직구성원과 조직의 가장 중요한 욕구를 명확하게 하는 것이며, ② 이들 욕구를 좌절시키는 작업장의 방해요인을 제거하기 위한 시도이다. 직무설계를 통해 관리자는 중요한 개인적 욕구를 충족시키고, 직무가 개인, 집단 그리고 조직효과성에 기여하는 것이기를 기대한다.

　　불충분한 직무설계는 결근과 퇴직을 증가하게 하고, 동기부여와 직무만족을 낮게 하는 등으로 조직비용을 증가하게 한다. 이 점에서 행정관리자들은 조직구성원들이 직무를 잘 수행할 수 있도록 동기부여를 제공하고 조직구성원들에게 의미있는 직무를 제공해야 하는 과제를 안고 있다.

　　이러한 과제에 대처하기 위해 직무단순화, 직무순환, 직무확장, 직무확충 등의 조직설계 기법들이 있다. 직무설계에는 [그림 12-1]과 같이 조직구성원의 능력, 조직구성원의 개인적 성장욕구, 기술, 작업장의 물리적 배치, 법률적 제약요인,

302

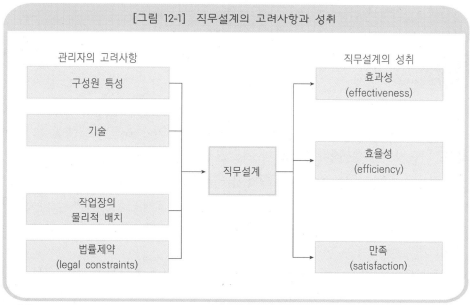

[그림 12-1] 직무설계의 고려사항과 성취

출처: Reitz & Jewell(1985: 85).

업무내용에 대한 만족수준 등이 중요하게 고려되어야 한다(Hackman & Oldham, 1980). 이런 의미에서 직무설계의 목적은 생산성과 성과를 향상하는 것이며, 노동자의 노동생활의 질(quality of working life)과 직무만족을 향상시키는 것이다(Kast & Rosenzweig, 1985: 229).

　　직무의 재설계가 가치가 있는 것인지를 결정하는 데 활용되는 질문은 다음과 같다. 이들 질문에 대한 대답이 모두 예(yes)라면, 직무재설계는 가치가 있다는 것이다(Aldag & Brief, 1979: 63).

　① 직무가 단순하고, 간단한 기술이고, 단조로운(monotonous) 것인가?

　② 직무를 수행하는 노동자가 자신의 임금과 업무조건에 대해 비교적 만족하는가?

　③ 재설계가 경제적으로, 그리고 기술적으로 가능한가?

　④ 노동자가 직무재설계에 대해 준비되어 있는가? 그들은 보다 다양하고, 보다 많은 책임에 대해 환영하는가? 그들은 필요한 기술과 지식을 습득할 수 있는가?

제 2 절 직무분석

직무설계는 직무분석의 결과이다. 직무분석(job analysis)은 업무적 요인, 인적 요인, 기술적 요인을 직무설계로 바꾸는 결정과정이다.

직무분석방법에서 가장 많이 활용되는 기능적 직무분석(functional job analysis: FJA)은 업무적 요인과 기술적 요인에 관심의 초점을 둔다. 각 직무 혹은 직무수준 (class of job)에 대해 다음과 같은 직무활동과 직무성과의 4가지 측면에 관심을 가진다.

직무를 구성하는 활동, 방법, 기구를 정의하는 것에 부과하여 FJA는 직무에서 수행하는 개인이 무엇을 생산하는가를 정의한다. FJA는 성과의 기준을 정의하기 위한 기반이 된다.

직무활동	① 종업원은 데이터, 사람 그리고 직무에 관련하여 무엇을 하는가? ② 종업원이 활용하는 방법과 기술은 무엇인가? ③ 종업원이 활용하는 기구, 도구 그리고 장비는 무엇인가?
직무성과	④ 종업원이 생산하는 자재, 상품, 주제(subject matter), 서비스는 무엇인가?

또한 직무분석은 3가지 직무특성 – 범위, 깊이, 관계 – 을 명시하는 것이다.

① 직무의 범위(job range) : 직무담당자가 수행하는 직무의 수이다. 이때 수행해야 하는 업무의 수가 많을수록 직무를 완성하는 데 걸리는 시간이 길다.

② 직무의 깊이(job depth) : 개인이 직무활동과 직무결과를 결정해야 하는 자유재량의 양이다. 직무의 깊이는 개인적 영향뿐만 아니라 위임된 권위와 관계가 있다.

③ 직무관계(job relationships) : 부서화의 기반과 통솔의 범위에 관련된 관리자의 결정에 의해 이루어진다. 집단의 응집력 정도는 업무에 할당된 직무담당자의 개인 간 관계의 종류와 질에 의존한다. 의사소통의 기회가 없다면 사람들은 응집력 있

는 작업집단을 구성할 수 없을 것이다. 통솔의 범위가 넓을수록 친구관계와 관심의 관계를 설정하는 것이 보다 어려워진다.

제3절 직무범위의 재설계

1. 직무단순화

직무단순화(職務單純化, job simplification)는 직무를 보다 소규모 단위로 분할하고, 부수적으로 전체 직무에 따라 근로자를 배치한다. 직무단순화는 교육훈련이 요구되지 않는 직무에 대해 비숙련 근로자가 저렴한 비용으로 담당할 수 있고, 각 근로자가 분할된 소규모 단위의 업무를 담당하기 때문에 직무진행의 속도가 빠르다는 장점이 있다. 반면에 직무단순화는 근로자들에게 지루함, 욕구불만, 이직, 낮은 동기부여와 직무만족 등으로 생산성이 저하되어 조직의 비용이 증가될 수 있다(Singer, 1992: 87).

2. 직무순환

직무순환(職務循環, job rotation)은 조직구성원의 경험을 넓히기 위해 조직 내에서 다양한 직무를 경험하도록 조직구성원을 체계적으로 순환시키는 것이다. 직무순환은 직무의 범위를 넓히고, 다양한 직무내용에 대한 지각을 증대시킨다. 직무순환의 전제는 근로자에 의해 수행되는 여러 가지 과업이 호환성이 있으며, 근로자의 작업흐름에 큰 지장을 주지 않고 이 과업에서 저 과업으로 순환이 가능해야 한다는 것이다(김성국, 1999: 432).

305

직무순환은 단순한 업무를 담당하는 근로자가 경험하게 되는 지루함과 욕구
불만을 해소하기 위해 활용된다. 조직구성원은 직무순환을 통하여 직무 간의 상호
관계를 학습할 수 있는 기회를 가지게 된다. 직무순환은 조직구성원에게 문제해결
능력과 의사결정의 기술을 증대하는 기회를 제공한다.

3. 직무확장

직무확장(職務擴張, job enlargement)은 하나의 직무를 수행하는 데 업무의 수를
증가시키는 것이다. 즉 종업원이 수행하는 직무의 수를 늘리는 것이다. 부가적인
업무제공은 조직구성원이 수행하는 직무내용을 보다 바쁘게 하고, 이로 인하여 지
루함을 경험하지 못하도록 하며, 나아가 직무에 책임감과 의미를 갖게 한다. 즉
근로자가 담당하는 업무에 있어 과업의 수를 증가시켜 책임감을 부여하고, 과업의
다양성을 증대함으로써 직무내용을 변화시키는 것이다. 이러한 직무확장은 근로자
들에게 수평적으로 부가적인 담당업무를 추가하는 것으로 수평적 직무팽창이라고
할 수 있다.

직무확장에 대해 연구한 Walker와 Guest(1952)는 많은 노동자들이 상당히 전
문화된 직무와 관련하여 불만족하고 있다는 것을 발견했다. 또한 이들은 직무범위
(job range)와 직무만족 사이에 긍정적인 관계가 있는 것을 발견했다. 즉 직무범위
를 증가시키면 직무만족이 증가할 것이라는 사실이다. 나아가 직무를 확장하는 것
은 보다 장기적인 훈련기간이 필요하지만, 지루함을 줄이기 때문에 직무만족이 증
대된다.

4. 직무충실화(직무확충)

직무깊이(job depth)를 재설계하기 위한 자극은 Herzberg의 2요인 이론에서 제

기되었다. 이 이론에서 핵심은 심리적 성장(psychological growth)을 위한 개인적 욕구를 충족시키는 요인－책임감, 직무 도전, 성취－이 자신의 직무특성이어야 한다는 것이다. Herzberg 이론의 적용이 직무확충이다. 직무확충의 실행은 직무깊이의 직접적 변화를 통해 실현된다.

　　직무충실화(職務充實充, job enrichment)는 직위에 연관된 근로자의 책임성 범위를 확대하는 수직적 직무팽창(vertical expansion of jobs)이다. 직무충실화는 과학기술의 고도화에 따라 점차적으로 단순화되고 구조화되어 가는 과업내용과 직무환경을 배제하고, 개인의 동기를 유발시키고 개인의 능력이 충분히 발휘될 수 있는 인간 위주의 과업내용과 과업환경을 설계하는 것이다(김성국, 1999: 435).

　　직무충실화는 조직구성원들이 직무를 수행하는 데 보다 많은 자율성과 통제력을 제공함으로써 업무에 대한 책임감, 범위, 그리고 도전을 증가시키는 것이다. 또한 조직구성원들의 담당업무와 의사결정에 대한 책임감과 권위를 확대함으로써 업무성과를 향상시킬 수 있을 것이다(Hersey & Blanchard, 1993).

　　이와 같이 직무충실화에는 관리자 행태의 본질과 스타일을 변화시키는 일이 포함되어 있다. 직무의 재설계를 포함하는 직무충실화의 양상은 수직적 직무 추가

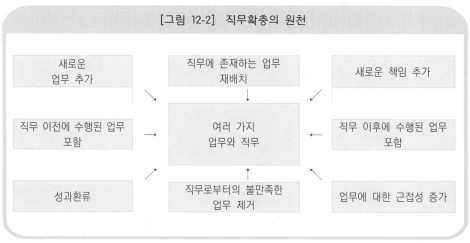

[그림 12-2]　직무확충의 원천

새로운 업무 추가	직무에 존재하는 업무 재배치	새로운 책임 추가
직무 이전에 수행된 업무 포함	여러 가지 업무와 직무	직무 이후에 수행된 업무 포함
성과환류	직무로부터의 불만족한 업무 제거	업무에 대한 근접성 증가

출처: Webber(1979: 81).

부담이다. 이러한 직무 재설계에는 [그림 12-2]와 같이 ① 보다 많은 책임감, ② 보다 많은 자율성, ③ 개인 혹은 집단에 대한 보다 즉각적인 환류(immediate feedback), ④ 업무의 근접성 증가(부하에게 보다 많은 상관의 활동의 이전) 등이 포함된다. 즉 관리자는 권위를 기꺼이 위임시켜야 한다. 이러한 지원적 업무환경이 직무충실화 노력을 위한 전제조건이다. 직무충실화와 직무확장은 경쟁적인 전략이 아니다. 직무충실화는 필연적으로 직무확장을 동반한다.

>>> 제13장   전략적 기획
    제14장   조직정보와 통제시스템
    제15장   통제시스템, 평가시스템 및 성과평가

제4편 조직관리과정

제13장

전략적 기획

기획은 조직목표와 관련하여 조직과 의사소통하는 문서이기도 하다. 즉 기획은 조직이 어디로 가야하는지, 기획과정을 설계함에 있어 필요한 활동은 무엇인지, 기획이 성공한 것인지를 어떻게 아는지를 명확하게 하는 것이다. 이 점에서 기획은 조직의 생존과 성장을 위해 필수적이다. 이러한 기획은 쉬운 일이 아니다. 때론 기획은 상당한 정도의 지연(procrastination)이 일어나기도 한다. 또한 기획은 상대적으로 변화하기 쉬운 활동(vulnerable activities)이다.

이 장에서는 기획의 의의와 특성, 기획과정 및 바람직한 기획을 위한 전략 등을 간략하게 점검하고자 한다.

| 제 1 절 | 전략적 기획의 의의 |

1. 기획과 전략적 기획의 의의

기획(企劃, planning)은 조직의 목적을 달성하기 위한 행동과정을 전망하는(look ahead) 것이고, 조직관리의 최상위 기능(supreme function)이다. 즉 기획은 성취하고 자 하는 목적을 정의하고, 규정한 목적을 성취하기 위한 적절한 수단(appropriate means)을 결정하는 과정이다. 기획은 의사결정을 위한 관리적 기능에 관련되어 있 으며, 문제를 해결하는 데 활용된다.[1] 기획은 의미 있는 목표의 범위를 고안하고, 목표성취를 위한 행동의 대안을 선택하는 것이 포함된다. 즉 기획은 목표의 결정 이고, 목표를 성취하기 위한 수단의 명세화이며, 특정한 기간에 미리 결정한 행동 과정이다.

또한 기획은 미래의 비전(vision)을 포함하고 있으며, 미래의 사건에 대한 변화 의 영향을 줄이는 것이며, 나아가 낭비와 가외성을 최소화하는 것이다. 이런 의미 에서 Simon(1976)은 기획과 의사결정으로 행정업무를 관찰할 수 있다고 지적한다.

이와 같이 기획은 조직이 어디로 갈 것인가뿐만 아니라 어떻게 목적지에 도 착할 것인가를 명확하게 하는 것이 포함된다. 이에 기획의 정의에는 ① 미래 - 미 래의 비전 혹은 미래사건에 대한 예측, ② 대안, ③ 합리적 선택 등이 포함된다. 즉 기획의 본질은 현재의 상태를 평가하고, 미래의 상황이 무엇이 될 것이라는 것 을 예측하고, 미래의 상황에 도달하기 위해 무엇을 해야만 하는 가를 결정하는 것

---

1 조직의 목적(organizational objectives)은 관리자가 목표로 하는 최종상태 혹은 대상(the end states or targets)이다. 계획(plans)은 관리자가 바람직한 대상에 도달하기(to hit the desired tar- gets)를 희망하는 수단이다. 반면에 기획(planning)은 본질적으로 조직의 미래에 초점을 둔 의사결정 과정이다. 조직목적을 설정하는 것이 조직계획을 전개하는 것에 선행한다. 즉 목적 혹은 대상 없는 계 획은 의미가 없다. 목적은 방향설정에 도움을 주고, 행태를 안내하고, 그리고 진행을 평가하는 데 도움 을 준다. 이에 목적과 기획은 조직성공을 위해 매우 중요하다(Black & Porter, 2000: 174).

이다(Shafritz, et al., 2007: 346).

이런 맥락에서 조직이 미래의 사건을 정확하게 기획한다면 성공적일 것이다. 이 점에 있어 Harmon과 Jacobs(1985)는 기획이란 조직의 목적을 명확하게 하는 것이고, 의사결정은 기획을 성취하기 위한 의지를 제공하는 것이라고 주장하고, 결정과 연결되지 않는 기획은 단순한 사색이고, 기획하지 않고 이루어진 결정은 충동적이라고(impulsiveness) 지적한다.

기획은 행정관리자가 불확실한 환경조건에 대해 반응적일 수 있도록 도움을 준다. 또한 시간과 자금을 낭비함이 없이 업무를 수행하도록 도움을 준다. 나아가 기획은 규정된 목표를 달성하는 데 조직활동의 조정을 용이하게 한다. 기획은 정책, 절차, 법률의 3가지 구성요소를 가지고 있다. 절차는 정책을 이행하는 데 필요한 업무의 연속적인 단계이다. 규칙은 정책이나 절차보다 엄격하고, 유연하지 않고, 일탈 없이 따라야만 한다(Miller, Catt, & Carlson, 1996: 145).

반면에 전략적 기획(戰略的 企劃, strategic planning)이란 조직의 목표와 조직목표를 성취하기 위한 수단을 공식화하고 수행하는 과정이다. 이러한 전략적 기획은 조직의 경제적 목표(economic goals)를 다루며, 목표를 달성하기 위한 수단과 전략을 다룬다. 이 점에 있어, 전략적 기획은 조직이 운영되는 산업의 선택을 반영하는 것이며, 조직이 산업체에서 경쟁하는 방식을 반영하는 것이다.

전략적 기획의 옹호자들은 조직의 생존에 최고의 필요조건은 조직의 경제적 건강성(economic health of an organization)이라고 주장한다. 건강성을 보장하기 위해, 조직전략은 환경적 위협에 대처해야 할 뿐만 아니라 환경적 기회를 활용해야 한다.

2. 시스템 모델과의 연계

전략적 기획은 조직과 조직환경 사이를 어떻게 부합시킬 것인가에 관심을 가진다. 시스템이론의 관점에서, 전략적 기획은 조직의 바람직한 산출을 위한 선택

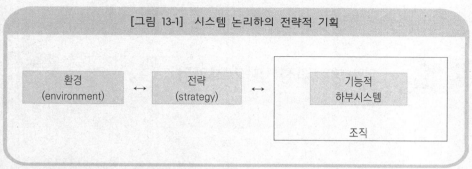

[그림 13-1]   시스템 논리하의 전략적 기획

출처: Narayanan & Nath(1993: 245).

에 관심을 가지며, 바람직한 산출을 성취하는 투입과 전환과정의 조화에 관심을 가진다.

이에 조직의 내부적 특성-구조, 과정, 조직인-은 전략을 집행하는 도구로 간주된다. 이때 내부적 특성이 채택한 조직전략과 일관성을 가진다면 조직을 위해 적절한 판단을 했다고 할 수 있다.

조직이 환경과의 인터페이스(interface)를 관리하는 데 적용하는 전략적 기획은 2가지 방식에 초점을 둔다. 하나는 환경의 선택(choice of environment)이고, 다른 하나는 조직에 의한 내부적 적응(internal adaptation)이다. 전략이 방향을 결정하기 때문에 내부적, 외부적 상호의존성을 관리하는 메커니즘이 된다. 이와 같이 시스템 논리에서의 전략적 기획은 [그림 13-1]과 같이 환경과 조직의 기능적 하부시스템의 연계에 초점을 둔다. 조직의 기능적 하부시스템(조직구조, 보상 등)은 전략을 이행하기 위해 설계된다. 이에 기능적 하부시스템은 조직의 전략에 따라 결정된다.

제2절 전략형성과정 및 기획과정

1. 전략형성과정

　　전략의 이행(strategy formulation)은 2가지 행태적 요인(지각하는 환경에 대한 관리자의 특성, 조직의 내부적 특성에 대한 관리자의 가치)에 의해 진행된다. 이들 2가지 요인을 기초하여 Miles와 Snow(1978)는 전략형성과정을 〈표 13 – 1〉과 같이 4가지로 유형화하고 있다. 이들 학자는 실제적인 전략형성과정은 행태적 요인에 의해 결정된다고 주장한다.

1) 옹호자(defenders)

　　옹호자는 조직환경을 안정적인 것으로 지각한다. 옹호자는 지속적으로 자신들의 시장점유(market share)를 보호하고, 내적 효율성에 가치를 부여하며, 엄격한 운영통제를 시도한다.

2) 탐색자(prospectors)

　　탐색자는 습관적으로 환경을 동태적인 것으로 해석하고, 새로운 시장기회를 지속적으로 탐색한다. 이들은 위험을 추구하며, 혁신과 유연성(innovation and flexibility)에 가치를 부여한다. 안정보다 성장을 강조한다.

3) 분석가(analyzers)

분석가는 옹호자와 탐색가 사이의 중간 영역을 취한다. 이들은 차별화된 방식으로 환경을 바라본다. 몇몇 영역은 변화하지만, 다른 영역은 비교적 안정적이다. 이들은 합리성과 분석(rationality and analysis)에 가치를 부여한다.

4) 반응자(reactors)

반응자는 폐쇄적 시스템 관점을 채택하고, 어떤 환경적 상황이 발생할 때 반응한다. 이들은 전략가가 아니라 당면한 상황(immediate circumstances)에 초점을 둔다.

표 13-1 Miles과 Snow의 전략유형

구 분	전략유형			
	옹호자	탐색자	분석가	반응자
환경에 대한 지각	안정	중간 정도의 변화	동태적이고 성장하는(dynamic & growing) 환경	모름 (none)
전략	시장 유지기능	유지기능, 선택적으로 혁신기능	새로운 기회의 발견과 활용	일관성 있는 전략이 없음
	영역보호 (protect turf)	선택적으로 기회를 인식	공격적으로 기회를 인지	환경에 대한 반응
기본적 가치	효율성 (efficiency)	효율성과 유연성(flexibility)의 혼합	유연성	정의된 가치가 없음
운영의 초점	가격통제, 기계적 조직(mechanistic organization)	가격통제와 혁신	혁신, 팽창, 유기체적 조직(organic organization)	당면한 상황(immediate circumstance)에 의존

출처: Miles & Snow(1978); Narayanan & Nath(1993: 268 재인용).

317

2. 기획과정과 도구

1) 일반적 기획과정

기획은 행정가가 수행하는 업무의 일부분이다. 이러한 기획은 5단계의 과정으로 구성되어 있다.

첫째 단계는 목표를 결정한다. 목표는 조직이 성취하고자 희망하는 것이다. 목표는 명확하게 기술되어야 한다.

둘째 단계는 현재의 상태를 검토한다. 바람직한 목표와 현재의 상태 간에 차이가 있다면 기획활동은 갭을 줄이기 위해 고려해야 한다. 현재의 상태에 대한 지속적인 평가가 필요하다.

셋째 단계는 제약요인을 인식한다. 과거의 기록은 미래를 예상하는 기초로 활용할 수 있다. 기획에 영향을 미치는 잠재적인 제약으로는 인적자원, 재정상태, 설비 등이 있다.

넷째 단계는 계획을 개발한다. 계획을 형성하기 위해서는 대안을 고려하고, 업무를 구체화하고, 우선순위를 설정하고, 책임을 할당해야 한다.

다섯째 단계는 계획을 이행한다. 계획을 행동으로 구체화하는 것이 최종단계이다. 이 단계에서는 의사소통이 중요하다. 계획을 이행하기 위해서 참여자들은 업무에 관하여 누가 책임이 있는가를 알고 있어야 한다.

2) 의사결정모형에 따른 기획과정

[그림 13-2]와 같이 합리적 모델(rational model)에 의존하는 의사결정의 흐름에 따라 전략적 기획과정을 이해할 수 있다. 즉 합리적 의사결정은 조직이 목적을 성취하기 위해 필요로 하는 결정 사이클로 구성된다.

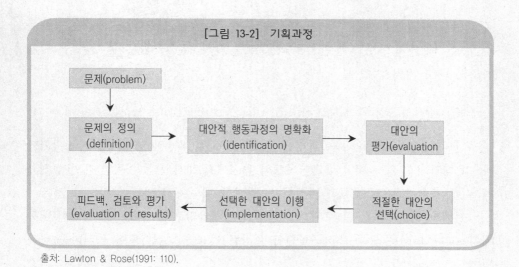

[그림 13-2] 기획과정

출처: Lawton & Rose(1991: 110).

(1) 진단(diagnosis)

진단은 환경분석과 함께 조직의 현재의 성과를 평가하는 것이다. 이 과정은 전략적 문제와 기회를 탐지하는 것이다. 관리자가 환경평가에서 활용하는 기본적인 도구 중 하나가 전망이다. 전망은 관리자가 사실상 조직에 영향을 미치는 중요한 요인으로 구성될 수 있다. 또한 환경의 불확실성 정도가 전망의 유용성에 영향을 미친다. 따라서 이에 환경의 불확실성이 높을수록 기획이 보다 유연성을 가질 필요가 있다.

기획은 조직이 고려해야 하는 문제와 이슈를 명확히 정의하고 인식하는 것으로 시작된다. 이 과정에서 목표와 전략(수단) 사이의 인과관계를 포괄적으로 발견하게 된다.

(2) 전략적 대안의 발전(strategic alternative development)

체계적이고 포괄적 진단에 기초하여 의사결정자는 문제와 기회를 다루기 위해 광범위한 대안을 전개한다. 이에 의사결정자는 문제를 해결하기 위해 가능한 한 행동과정을 명확화하는 것이 요구된다. 이 단계에서 중요한 활동은 예측이다.

319

즉 대안들의 결과를 예상하는 데 도움을 주는 것이 예측활동이다. 예측은 목표를 수정하는 데 가치가 있을 뿐만 아니라 목표를 달성하는 데 활용되는 수단을 구체화하는 데도 가치가 있다.

(3) 대안의 평가와 선택(evaluation of alternative and choice)

관리자는 각 대안의 행동과정을 평가함으로써 대안적 행동과정을 명확화한다. 각 대안의 결과는 최고의 관리목표의 관점에서 평가된다. 적절한 대안을 선택하는 것 자체가 종종 정치적 과정이다. 적절한 대안이 선택되면 정책이 된다.

선택한 최종대안은 곧 구체적인 행동의 전개과정으로 이어진다. 이러한 행동계획(action plans)은 모든 조직구성원이 설정된 목표를 성취하도록 독려하는 군대의 행군명령과 같다.

(4) 집행(implementation)

행동계획이 결정되면 계획에 대한 집행이 이루어진다. 집행의 질은 계획 자체의 질만큼 실질적 결과에 영향을 미친다. 집행의 성공은 기획과정의 이전단계를 따라 확인된다.

선택된 대안에 대한 집행은 논리적인 선택에 따른다. 조직구조는 재설계되며, 자원이 할당되고, 보상과 인센티브 시스템이 바람직한 행태를 위한 동기부여의 장치로 설치된다. 성과를 모니터링하기 위해 통제와 평가시스템이 구축된다.

이전의 기획과정이 잘 이루어졌다 할지라도 기획진행과정에 대한 모니터링이 필요하다. 관리자가 계획을 잘 준비하고, 적절한 동기부여를 활용하는지, 적기에 필요한 행동을 취하고 있는지, 바람직한 질적 수준을 유지하고 있는지 등에 대한 집행과정의 모니터링이 필요하다.

특히 전략이 형성되었다면, 바람직한 결과를 위해 효과적으로 집행되어야만 한다. 전략적 집행(strategy implementation)은 전략의 형성과 마찬가지로 똑같이 중요하다. 가장 광범위하게 활용하고 있는 전략집행 틀은 가장 잘 알려진 전략컨설팅 회사인 McKinsey Consulting에 의해 개발된 것이다. McKinsey는 새로운 전략을

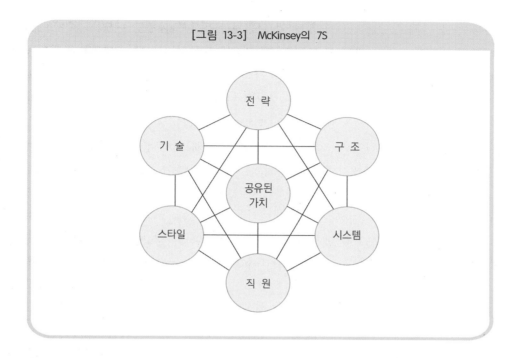

[그림 13-3]   McKinsey의 7S

이행할 때 옛날의 구조, 공유된 가치, 시스템, 기술, 스타일, 직원으로 집행하기 때문에 잘못된다고 지적한다. 조직의 과거 측면은 새로운 전략과 맞지 않는다는 것이다. 옛날의 틀은 새로운 전략을 반대하거나 무력화한다는 것이다. 이에 McKinsey는 전략적 계획에 관한 이행을 위해 [그림 13-3]과 같이 7S 틀을 고안했다. 이들 7개 요소는 경성요소와 연성요소로 구성되어 있다. 경성요소(hard elements)는 물리적으로 볼 수 있는 것으로 전략, 구조, 시스템이다. 연성요소(soft elements)는 실제로 볼 수 있는 것으로 공유된 가치, 기술, 직원, 스타일이다.

① 전략(strategy) : 명시된 목표를 달성하기 위해 조직자원을 할당하는 행동과정 혹은 계획

② 구조(structure) : 사람과 업무가 서로 관계하는 방식. 관계와 활동을 보고하기 위해 기본적으로 그룹핑하는 것. 조직의 분리된 실체를 연결하는 방식

③ 공유된 가치(shared values) : 조직에 대해 목적과 의미를 부여하고 가치를 공

321

유하는 것

④ 시스템(system) : 관리통제시스템, 성과측정과 보상시스템, 기획과 예산시스템을 포함하는 공식적 과정과 절차

⑤ 기술(skills) : 조직에 속해 있는 조직능력(organizational competencies). 개인의 능력, 관리적 관행, 기술적 능력, 기타 역량이 포함됨

⑥ 스타일(style) : 관리의 리더십 스타일과 조직의 전체적 운영스타일

⑦ 직원(staff) : 조직에서 구성원의 채용, 선발, 개발, 사회화 및 승진

(5) 결과의 평가(evaluation of results)

정책이 집행되면 정책의 효과를 검토하게 된다. 즉 통제시스템이 성과를 모니터링한다. 이것은 집행단계가 교정되는 동안 기대한 결과와 편차를 조정하는 장치이다. 이 과정이 미래의 조직진단에 관련된 자료로 제공된다. 나아가 정책집행으로 어떤 문제가 해결되면, 이것 또한 해결할 필요가 있는 미래의 문제로 대두되는 사이클적 본성을 가진다.

대부분 기획과는 달리 예측하지 않았던 결과가 도출된다. 이러한 결과에 대한 모니터링은 가치 있는 학습 자원이 된다. 기획과정의 개시에서 설정한 목표와 결과가 매치되는가를 모니터링하는 것은 중요한 정보가 된다. 이러한 정보를 기획과정과 관련한 모든 요인에 환류하는 것은 조직의 미래전략에 있어 중요한 자산으로 활용된다.

따라서 대부분의 조직은 분기별 혹은 연간 단위로 조직성과평가를 수행하고 있다. 조직성과평가는 바람직한 결과에 기여한 노력을 강화하는 데 활용된다. 이러한 성과평가의 결과는 조직의 최고관리층에게 전달된다.

이와 같이 기획과정은 문서화된 계획보다 중요하다. 기획과정은 연속적이다. 기획이 문서화되었다고 기획이 끝나는 것은 아니다. 행정관리자는 기획, 측정, 그리고 수정을 통하여 계속적으로 기획해야 한다.

3) 기획도구: 예산

관리자는 다양한 기획도구(planning tools)를 활용한다. 이때 광범위하게 활용

하는 도구가 예산이다. 즉 조직목표를 달성할 수 있도록 조직의 하부시스템에 대해 인적자원, 물적자원 및 기타 자원을 적기에 할당하는 중요한 도구가 예산이다.

예산(budgets)은 구체적 활동에 대해 수량화를 한 후 자원을 할당하는 것이다. 다양한 자원은 예산에서 수량화될 수 있다. 조직에서 활용되고 있는 몇몇 예산유형은 다음과 같다.

자본지출예산(capital expenditure budget)은 장기적으로 사용하는 구체적인 아이템에 지출되는 자금의 정도를 명시한다. 이러한 아이템에는 장비, 대지, 빌딩 등과 같은 것이 포함된다.

지출예산(expense budget)은 각 부서 혹은 조직이 자금을 지출하고자 계획하는 모든 활동을 포함한다. 또한 각 아이템을 위해 할당하는 자금이다. 모든 조직은 기획과 통제목적으로 지출예산을 활용하고 있다.

제출예산(proposed budget)은 자금이 얼마만큼 필요한지에 대한 계획으로서 상관 혹은 예산검토위원회에 제출된 예산이다. 제안된 예산이 제출되고 검토 후 확정되면 예산이 승인된다. 확정예산(approved budget)은 관리자가 얼마만큼 자금을 지출할 것인지에 대해 실질적으로 권위가 부여되는 것이다.

제 3 절   기획유형과 SWOT분석

1. 기획유형

1) 전략기획, 중기적 기획 및 운영기획

기획은 시간적 배경과 관련된 관리수준에 따라 〈표 13-2〉와 같이 전략적 기획, 중기적 기획, 운영기획으로 유형화할 수 있다. 기획은 시간적 범위에 따라 단

표 13-2 기획의 유형

유 형	전략적 기획	중기적 기획	운영 기획
구체화(detailed) 정도	대략적 기술	다소 구체화	매우 구체화
범위(scope)	가장 넓음, 전체 조직에 초점을 둠	전략적 사업단위보다 넓음	매우 좁음, 조직의 소규모 단위
경영/경제적 조건	매우 불확실함	다소 불확실함	불확실 정도가 낮음
시간적 요인	5년 이상	몇 개월에서 2년 이내	1년 이내
영향(impact)	조직의 성쇠(fortunes)와 성장에 극단적인 영향을 미침	전체 조직의 성쇠가 아닌 구체적인 사업에 영향을 미침	구체적인 부서 혹은 조직단위에 한정된 영향을 미침
상호의존성 (interdependence)	높은 상호의존성, 전체 조직과 외부환경의 자원과 능력을 고려해야 함	중간 정도의 상호의존성, 조직 내 몇몇 단위부서의 자원과 능력을 고려해야 함	낮은 상호의존성, 기획은 보다 높은 수준의 전략기획과 연계됨
관리자의 수준	최고관리자	중간관리자	하위관리자

출처: Miller, Catt, & Carlson(1996: 152); Black & Porter(2000: 175).

기적 기획은 구체성이 증가되는 반면에 기획의 시간범위는 줄어든다.

(1) 전략적 기획(戰略的 企劃, strategic plan)

전략적 기획은 의도한 결과를 성취하고자 하는 의지의 연합(coalition of the willing)이고, 5년 이상의 장기적인 시간범위에 초점을 두며, 최고관리자의 영역이다. 장기적 전략적 기획은 권한의 핵심에서 일어난다. 전략적 기획은 정책을 수행하기 위한 전략 혹은 수단이다. 이처럼 전략적 기획은 조직의 광범위한 미래와 조직의 비전에 초점을 둔다. 전략적 기획은 관리자가 조직의 장기적 목표를 성취하는 데 필요한 내부적 자원과 외부적 환경요구를 포함해야 한다.

이 점에서 전략적 기획은 조직의 장기적 방향을 제공하기 때문에 전체 조직에 영향을 미친다. 전략적 기획에는 중요한 조직변화와 함께, 자원할당에 관한 변경의 가능성을 포함하고 있다. 즉 전략적 기획은 어떤 목적과 수단의 근본적인 방

향수정을 포함하고 있고, 조직의 구조와 전략을 결정할 수 있다.[2]

이러한 장기적 계획(long-term planning)은 공공영역의 활동에서는 피할 수 없으며, 새로운 국가 소유의 전력시설, 수자원시설, 교통시설을 계획하고 운영할 때 활용된다. 장기적 기획은 전통적인 정부부서에서 활용되는 단기적 기획보다는 사고하고, 계획하고, 운영하는 데 있어 보다 자유롭다.

이러한 전략적 기획은 정책이 아니다. 전략적 기획은 특정한 서비스와 관련한 정책에 따라 설계된다. 즉 전략적 기획은 정책의 구체적인 목적성취를 위한 논리적 수단에 관련된 의식적인 설계이다.

(2) 중기적 기획(中期的 企劃, intermediate plan)

중기적 기획은 중간관리자의 영역이며, 시간적 범위는 몇 개월에서부터 2년 정도이다. 중기적 기획에서 중간관리자는 조직의 목표에 관한 지식을 소유해야 하고, 조직의 목표를 성취하기 위해 구체적인 계획을 이행해야 한다.

중기적 기획은 전술적 기획(tactical planning)으로 불리기도 한다. 전략적 기획이 조직을 위한 방향을 개발하는 데 관심을 가지는 반면에, 전술적 기획은 동의한 목적지에 도달하는 루트를 계획하는 것이 포함된다. 이에 전술적 기획은 전략적 기획보다 훨씬 구체적이다.

이러한 중기적 기획은 전략적 기획을 조직부서의 구체적인 목표로 전환시킨다. 이에 중기적 기획은 전체적인 전략기획을 보완한다. 나아가 중기적 기획은 조직의 일반적인 구조와 전략을 수용하는 반면에, 투입, 산출, 사람, 물질 및 자본의 양을 인위적으로 바꿀 수 있다.

---

2 McKnney와 Howard(1998: 201)는 전략적 기획의 과정을 다음과 같이 제시한다. ① 비전, 임무, 목표를 설정한다. ② 내·외부적 환경에 대한 위협과 기회를 평가한다. ③ 임무, 목표, 목적, 전략적 이슈를 검토함으로써 전략적 방향을 명확하게 한다. ④ 중요한 구성요소 사이의 일체감과 조정을 조장하고, 부채(liabilities)를 최소화하고, 이윤을 극대화한다. ⑤ 계획을 평가하고, 그리고 채택한다. ⑥ 명확하게 집행과정을 설정한다. ⑦ 성과를 평가한다. ⑧ 전략과 전략과정을 검토한다.

(3) 운영기획(運營企劃, operational plan)

운영기획은 하위관리자의 영역이며, 1년 이내의 단기적 시간적 범위에 초점을 둔다. 운영기획은 관리자들에게 가까운 미래의 사건을 다루도록 이끈다. 이러한 운영기획은 중기적 기획을 조직의 소규모 단위를 위한 행동과 구체적인 목표로 전환하는 것이다. 즉 운영기획은 전술적 기획에서 동의했던 선택을 매일 혹은 매주간 이행한다. 이러한 운영기획은 구체적인 활동에 대한 스케줄에 있어 자원과 기술의 적용을 인위적으로 바꿀 수 있다.

정부에 있어서 운영기획 혹은 단기적 기획은 매년 예산안을 편성하는 데서 나타난다. 예산절차는 단기적 사고를 강화하는 경향이 있다. 운영기획의 실패는 상위수준의 목표에 대처할 수 있는 조직의 능력에 부정적으로 영향을 미친다. 운영기획을 발전시키려면 의사소통이 매우 중요하다.

2) 장기적 범위의 기획과 단기적 범위의 기획

첫째, 성공적이고 책임성 있는 기획을 시도하기 위해서 행정가는 미래에 대해 자신들의 비전으로 대응해야 할 뿐만 아니라 고객과 선거구민들의 욕구를 명확하게 파악해야 한다. 이때 장기적 범위의 기획(long-range planning)은 관리적 기획을 위한 가이드라인을 제공한다.

이런 의미에서 장기적 범위의 기획은 ① 무엇을 해야만 하는가?-명시적인 목적(stated goals)의 준비, ② 현재 어디에 와 있는가?-현재의 운영과 경향에 대한 내부적 평가(internal assessment), ③ 다른 사람은 비슷한 상황에서 어떻게 하는가?-기관에 의해 채택한 대안적 접근방법에 대한 비교, ④ 선택하는 대안에 대해 우리에게 무엇을 공개하는가?-기관을 위해 실행 가능한 운영의 범위에 대한 검토, ⑤ 어떠한 과정(course)을 따르는가?-자원할당에 대한 결정, ⑥ 누가 무엇을 언제 할 것인가?-주요한 사건에 대한 계획, ⑦ 우리가 얼마나 잘 하고 있는지를 어떻게 알 수 있는가?-환류와 평가에 대한 배열 등에 관한 사항이 포함되어야 한다.

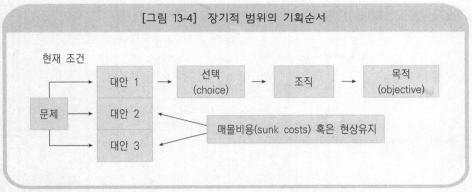

[그림 13-4]　장기적 범위의 기획순서

현재 조건

문제 → 대안 1 → 선택(choice) → 조직 → 목적(objective)

문제 → 대안 2

문제 → 대안 3

매몰비용(sunk costs) 혹은 현상유지

출처: McKinney & Howard(1998: 200).

[그림 13－4]와 같이 장기적 범위의 기획은 현재의 문제에 대한 가장 적절한 대안으로 대안 1이 선택된다. 반면에 현상유지(status quo) 혹은 매몰비용(sunk costs) 때문에 대안 2와 대안 3은 선택되지 않는다. 이들 대안은 변화가 바람직한 것을 산출하지 않을 것이라고 여기기 때문이다.

둘째, 단기적 범위의 기획(short-range planning)은 1년 이내에 일어나는 사건들에 주로 관심을 가진다. 단기적 범위의 기획은 장기적 범위의 기획과 관련하여 하나의 집행 국면으로서 장기적 범위의 기획범위에 부합되어야 한다. 최고관리자는 장기적 범위의 기획을 지배하는 반면에, 중간관리자들이 단기적 범위의 기획에 주된 영향력을 행사한다.

정부에 있어 가장 대표적인 단기적 범위의 기획은 연간예산(annual budget)의 준비에서 일어난다. 단기적 범위의 기획은 프로그램 혹은 활동에 대한 수단과 작전에 보다 많은 강조점을 둔다.

2. SWOT 분석

조직의 장점, 약점, 기회 및 위협을 고려하는 SWOT(strengths, weaknesses,

327

표 13-3	SWOT의 진단문항
S: 장점 (strength)	– 조직에서 강한 장점이 존재한다는 것을 인지하는 능력이다. – 당신의 조직에서 핵심적인 강점(core strengths)은 무엇인가? – 무슨 특유의 자원(unique resources)을 활용할 수 있는가? – 무슨 강점을 확보할 수 있는가?
W: 약점 (weakness)	– 약점은 바람직한 결과를 성취하는 가능성에 부정적으로 영향을 미치는 것이다. – 지각된 약점(perceived weaknesses)은 무엇인가? – 무슨 자원이 불충분한가? – 무슨 약점을 극복할 수 없는가?
O: 기회 (opportunity)	– 기회는 조직의 목표를 성취하는 영역과 조직의 효과성을 증진할 수 있는 영역을 명확하게 하는 것이다. – 현재의 기회에 관한 가치는 무엇인가? – 가치(value)가 진화되고 있는 시장기술조건에 의해 향상되는가? – 가치가 당신 조직의 핵심강점에 의해 향상되는가?
T: 위협 (threat)	– 위협은 잠재적 방해요인이며, 나쁜 경제적 상황, 고객 선호의 변화, 과도한 경쟁체계 등과 같은 조직상황이다. – 가치를 줄이는 시장기술조건(market-technology conditions)이 있는가? – 경쟁수준(the level of competition)이 무엇인가? – 당신의 약점이 성공을 제한하는가?

opportunities and threats) 분석은 조직의 경쟁적 지위를 평가하는 데 중요한 도구이다. 또한 [그림 13-5]와 같이 SWOT 분석은 전략적 생존능력(viability)을 검토하는데 활용되는 기법이다. 프로젝트 기획과 관련하여 SWOT 분석을 활용할 때 〈표 13-3〉의 진단문항에서 도출되는 프로젝트의 점수는 강점, 약점, 기회, 위협에 영향을 받는다(프로젝트 점수＝강점－약점＋기회－위협).

장점과 약점에 관한 분석은 능력의 문제에 초점을 둔다. 반면에 기회와 위협은 조직생존의 기회와 약탈적 측면에 관심을 둔다. 이리하여 SWOT 분석은 경쟁적 조직에 대비하여 상황적 감사와 조직성과에 대한 평가를 위한 분석이다. 최고관리자는 SWOT 분석을 통하여 조직의 내적 강점을 최대화하고 약점을 최소화해야 한다.

이와 같이 중앙정부 또는 지방정부의 현재 상태에 대하여 환경적인 정밀조사와 강점, 약점, 기회 및 위협으로 구성된 SWOT 분석이 수행되어야 한다.[3] SWOT

---

3 이 모형을 적용함에 있어서 기본 전제조건은 정책과정이란 상황적응적 과정이라는 것이다. 즉 주어진

분석에서는 다음과 같은 것을 고려해야 한다.

첫째, 고객의 욕구와 바람이 무엇인지가 가장 중요한 구성요소이다.

둘째는 미래를 조망하는 것이다. 중앙정부 또는 지방정부는 환경적인 정밀조사와 SWOT 분석에서 2년 동안의 전략적 우선순위를 결정해야 한다.

셋째는 어떻게 목표에 도달할 것인가를 선택한다(choosing how we get there). 정부는 몇 가지의 전략적 우선순위를 성취하기 위한 실행계획을 확정한다. 각각의 전략적 우선순위에 대해 업무성과를 측정하는 핵심적 의도결과(key intended outcomes, KIOs)를 개발한다. KIOs는 각 시(정부) 부서에 대한 목적을 설정하고, 각 구성원의 성과목표에 대한 계획을 설정하는 데 활용된다.

넷째는 목표가 수행되도록 하는 것이다. 성공을 위한 주요한 노력은 결과를 성취하기 위한 조직적인 노력에 초점을 둔 과정, 절차, 활동 및 서류를 모두 통합하는 것이다. 특히 전략적 우선순위와 연간 사업계획과 연계된 KIOs와 연계하고, 나아가

[그림 13-5] 미국 우체국의 SWOT 분석사례

강점(strengths)	약점(weaknesses)
- 가능한 한 모든 고객이 접근할 수 있는 전달 네트워크 구축 - 모든 중요한 지역에 설치된 우체국 지점 - 매일 핵심임무(우편배달)를 완수하는 업무능력	- 핵심적인 최고 관리분야의 빈약 - 부족한 동기부여와 소외된 작업장 - 질적 서비스를 지속적으로 유지하는 데 어려움을 가진 대규모 조직 - 대규모 무능력으로 인식된 국민적 시각
기회(opportunities)	위협(threats)
- 잠재적 고객으로서 모든 시민 - 새로운 기술을 서비스에 확충 - 민간 배달기관의 협력	- 의회에 의한 민영화의 강요 - 민간기관(연방 익스프레스, UPS 등)과의 경쟁체계 - 악의적인 노동조합

출처: Shafritz & Russell(1996: 334).

시간과 공간에 따라 정책의 유용성이 달라지는 경향을 보임에 따라 이미 형성된 정책이 시간의 흐름에 따라 집행되는 시점이나 집행되는 과정에서 정책형성의 전제조건이 오류가 발생할 수 있기 때문에 이를 집행과정에서 수정 또는 보완해야 한다. SWOT 분석에 대한 상세한 내용은 김형렬(2000: 403-411) 참조.

[그림 13-6] SWOT분석에 따른 전략

구 분		외부환경 분석	
		기회(opportunity)	위협(threat)
내부 역량분석	강점(strength)	SO 전략 : 적극적 확대전략	ST 전략 : 전략적 대응전략
	약점(weakness)	WO 전략 : 전략적 대응전략	WT 전략 : 적극적 철수전략

출처: Shafritz & Russell(1996: 334).

연간 예산 및 자금계획과 통합한다. 또한 만족의 수준을 결정하기 위해 정기적으로 고객만족도 조사를 한다. 더욱이 구성원에게 자신들의 업무에 대한 태도를 정기적으로 조사하며, 자신들의 직무를 보다 효과적으로 수행하기 위한 욕구를 조사한다.

조직관리자는 SWOT 분석을 적용하면서, 첫째, 조직의 강점과 약점을 명확하게 해야 한다. 또한 조직의 바람직한 산출물을 적기에 고객들에게 제공하는지, 조직의 운영과정, 재무 및 회계상태, 연구개발(R&D) 분야, 인적자원 상태에 관한 강점과 약점을 명확하게 인식해야 한다. 둘째, 조직의 기회와 위협을 인식해야 한다. 조직관리자들은 조직운영에 영향을 미치는 요인들에 대해 반응적이어야 한다. 이들 환경적인 요인으로는 사회경제적 부문, 기술적 부문, 고객부문, 공급적 부문, 경쟁적 부문, 국가 간 부문 등이 있다.

이와 같은 SWOT 분석을 통하여 [그림 13-6]과 같이 각 조직은 4가지의 영역에 따른 적절한 대응전략을 수립해야 할 것이다. SWOT 분석에 따른 전략은 조직에 대해 긍정적 영향을 최대화하고, 부정적 영향을 최소화하는 방식을 활용하는 것이다. SWOT 분석결과를 전략으로 어떻게 전환할 것인지에 대해, 강점·기회의 전략은 기회를 극대화하는 방식으로, 강점·위협의 전략은 위협을 최소화하는 방식으로 전략을 개발하는 것이다. 또한 약점·기회의 전략은 약점을 최소화하는 방식으로, 약점·위협의 전략은 위협을 피하는 방식으로 전략을 개발하는 것이다.

　　더욱이 외부환경의 변화에 따라 기회와 위협요인도 변화하며, 또한 내부환경
의 변화에 따라 강점과 약점도 변화한다. 이에 전략과제의 달성을 위해서는 지속
적인 점검과 개선의 노력이 병행되어야 한다.

제14장

조직정보와 통제시스템

　　정보기술의 발달은 정보와 통제시스템(information and control system)에 혁명을 가져왔다. 정보는 알리고(to inform), 통제하고(to control), 계획하는(to plan) 목적을 위해 활용된다. 이에 최고관리자는 조직의 경쟁력을 제고하기 위해 끊임없이 정보시스템과 관련한 다양한 이슈들을 체계적으로 이해할 필요가 있다.

　　이러한 점에서 이 장에서는 조직정보와 통제시스템의 의의와 논리, 조직정보와 통제의 수준 등을 간략하게 살펴보고자 한다.

제1절 조직정보와 통제시스템의 의의

1. 조직정보와 통제시스템의 의의

정보(information)는 모든 조직에서 중요하다. 조직의 모든 활동에는 정보과정이 포함되어 있다. 특히 의사결정을 위해 정보를 수집하고, 조직의 전략과 운영을 통제하기 위해 정보가 필요하다. 이처럼 어떠한 조직이든지 의사결정자와 운영책임자는 효과적으로 업무를 수행하기 위해 정보를 필요로 한다. 의사결정자는 이용할 수 있는 자원에 대한 정확한 정보가 필요하다. 또한 적절한 조직업무를 수행하기 위해 정보가 필요하다.

이와 같이 조직의 의사결정자는 자원이용 가능성에 관한 정보, 조직의 산출물과 서비스에 대한 요구에 관련한 정보, 조직경쟁자에 대한 정보, 규제기관에 관한 정보, 고객의 특성에 관한 정보 등 다양한 정보가 필요하다.

조직 내 정보 하부시스템(information subsystem)은 조직의 전략과 구조를 지원하기 위해 설계된다. 합리적 관리전략에 따르면, 정보 하부시스템 설계는 환경분석, 전략기획, 조직설계의 순서를 따른다. 이에 정보 하부시스템은 관리자가 전략을 수행하고, 그리고 필요하다면 교정활동을 취할 수 있도록 한다. 정보 하부시스템은 조직 내에 부적 환류(negative feedbacks)가 존재하도록 보장해야 한다. 또한 합리적 전략에 있어 정보 하부시스템은 우선적으로 조직의 기술적 요인에 초점을 둔다.

정보시스템은 조정 및 통제와 더불어 조직의 핵심적인 기반시설의 구성요소이다. 조정과 통제시스템은 업무가 어떻게 수행되는가를 관리하는 방법인 반면에, 정보시스템은 의사결정자에게 의미 있는 데이터를 제공하기 위한 방법이다.

> ▶ 정보와 지식이란?

정보(information)란 이용 주체와 외부 객체 사이의 상황을 알려 주는 것이다. 즉 정보는 받아들이는 사람에게 의미가 있는 형태로 처리된 자료이다. 좁은 의미의 정보란 아직 평가되지 않은 단순한 여러 가지 사실인 자료(data)를 특정 목적을 달성하기 위해 처리·가공한 것이다.

자료(knowledge)은 자료로부터 정보를 만들어 내는 일련의 규칙이며, 일반적 상황에서 평가된 출처를 의미한다. 일반적 상황에서 그 내용과 가치를 인정받았으므로 널리 사용될 수 있는 보편타당한 것이다.

지식은 중장기적으로 영향을 미치며 항상적인 의미를 지니는 데 비해, 정보는 지식보다 용이하게 항상 새로운 정보에 의해 대체될 수 있는 가능성을 지닌다. 이에 정보는 자료+특정상황에서의 평가인 반면에, 지식은 자료+일반적 상황에서의 평가이다.

출처: 권태환·조형제 편(1997: 35); 하미승(1998: 97).

2. 정보시스템 설계의 변수: 정보의 양과 정보의 충분성

정보시스템의 설계에서 중요한 것은 정보의 두 가지 특성인 정보의 양과 정보의 충분성이다.

1) 정보의 양

정보의 양(information amount)은 조직구성원에 의해 수집되고 해석되는 활동에 관한 데이터의 양이다. 조직구성원이 불확실한 조건에서 활동하기 때문에 정보의 양은 중요하다. 또한 조직구성원은 외부환경에 대해 완전하게 이해할 수 없으며, 조직 내에서 일어나는 문제에 대해서도 완전하게 이해할 수 없기 때문이다. 이와 같이 업무가 불확실할 때 보다 많은 정보전달이 요구된다. 나아가 관리자는 의사결정에 관한 정보를 획득하고 문제를 해석하기 위해 보다 많은 시간과 에너지가 필요하다. 반면에 조직이 불확실성을 경험하지 않을 때 정보과정의 양은 매우 적다.

2) 정보의 충분성

정보의 충분성(information richness)은 데이터의 정보수행능력(information-carrying capacity)과 관련되어 있다. 정보의 충분성은 의사소통하는 매체에 의해 영향을 받는다. 면대면 의사소통은 가장 풍부한 매체이다. 이것은 음성 메시지, 보디랭귀지(body language), 얼굴표정과 같이 몇몇 정보단서를 동시에 전달한다. 특히 면대면 의사소통에서 전달되는 93%의 의미는 목소리의 말투와 얼굴의 표정에서 나타난다(Daft, 1983: 301).

반면에 전화는 정보의 풍부성이 다소 낮으며, 서면보고서는 제한된 정보로 의사소통을 한다. 왜냐하면 환류가 매우 느리고 단지 문서화된 정보만 전달되기 때문이다. 가장 빈약한 정보의 풍부성은 수많은 보고서를 통해 전달되는 것이다.

특히 정보의 충분성은 관리적 문제에 대한 분석가능성에 관련되어 있기 때문에 중요하다. 관리자의 업무 혹은 문제를 분석할 수 없을 때, 그것은 관리자의 업무와 문제를 둘러싼 요인들이 명확하지 않고, 빈약하게 파악되고 있다는 것이다. 관리자가 적절하게 반응하기 위해서는 중요한 관리업무와 문제에 대해 정확하게 이해하고 있어야 한다. 만약 관리자가 서면보고나 수많은 서류와 같은 빈약한 미디어에만 의존한다면 문제 혹은 해결책을 지나치게 단순화할 수 있다.

제 2 절 조직정보와 통제시스템의 논리

1. 역사적 기반

조직에 활용되었던 초기의 정보 및 통제시스템의 형태는 회계와 예산시스템이 었다. 기술의 발전과 더불어 조직에 있어 정보시스템은 다양한 변화를 가져왔다.

첫째의 국면은 사무업무의 기계화와 더불어 시작되었다. 소프트웨어가 아직 발명되지 않았고, 데이터 관리절차는 컴퓨터시스템에 연결된 통제판 형태의 하드웨어 내에 설치되었다. 이러한 첫 번째 정보혁명(first information revolution)으로 거대한 양의 데이터를 빠르고, 효율적으로 관리할 수 있게 되었다.

두 번째의 정보혁명은 1940년대 후반에 일어났다. 이때 새롭고 보다 큰 규모의 메모리 능력을 갖춘 기계가 데이터를 관리할 목적으로 설계된 프로그램과 더불어 메모리 내에 위치한 자료의 주소록을 관리할 수 있게 되었다. 이것은 데이터를 프로그램에 독립적으로 저장할 수 있게 하고, 데이터 활용에 있어 운영의 유연성을 가져왔다. 이리하여 저장된 프로그램 시대(stored programming era)가 출현하게 되었다. 즉 데이터와 데이터 조작절차가 함께 기계 내에 저장되어 언제든지 검색할 수 있게 되었다. 이에 반복적인 서기활동의 기계화로부터 과학적 활동(scientific activities)에 대해 지원이 이루어지게 되었다. 이 당시에 컴퓨터는 변환처리(transaction-processing)와 같은 통상적인 계산에 주로 적용되었다.

세 번째 국면은 1970년대 중반에 시작되었다. 이 시대에 경영분석가와 운영연구자(operations researchers)가 경영모델을 활용함에 있어 데이터를 활용하기 시작하였다. 거래활동자료는 경영기능에 보다 풍부한 정보를 제공한다고 인식되었다.

이리하여 데이터베이스 기술이 소개되었고, 경영에 광범위하게 활용하게 되었다. 인공지능(artificial intelligence)과 전문가시스템(expert systems)이 구체적 문제해결에 있어 복잡한 인간문제의 해결행태를 실험하는 데 활용되었다. 이 국면이 진정한 경영정보시스템(Management Information Systems: MIS) 탄생의 증거이다. 이 국면에서의 결점은 조직에 있어 데이터프로세스 부서가 정보시스템의 설계와 수행을 완전하게 통제하게 되었다는 것이다. 이에 따라 조직의 의사결정자들이 정보욕구에 있어 이들에게 전적으로 의존해야만 했다.

1970년 중후반에는 의사결정지원시스템(Decision Support System: DSS)이 소개되었다. DSS는 'what-if'와 같은 유형의 문제에 대한 해결책을 의사결정자에게 제공할 수 있게 되었다. DSS는 의사결정자 또는 그의 참모가 직접 컴퓨터와 대면하여 수시로 원하는 자료에 접근하거나 필요한 정보분석작업을 할 수 있게 해 주는 대화지향적(dialogue-oriented) 시스템이며, 비구조적·비정형적인 의사결정 문제를 다루는 데 효과적이다(하미승, 1996: 368).

나아가 1980년대 초반 하드웨어기술의 혁명과 함께 경영조직에 개인용 컴퓨터가 광범위하게 소개되었다. 하드웨어 가격이 떨어지고, 사용자 친화적인 워드프로세서, 데이터베이스, 스프레드시트(spreadsheet) 등이 시장에 폭주하게 되었다. 이러한 현상을 네 번째 정보혁명(the fourth information revolution)이라고 부른다. 이리하여 사용자들은 자신이 사용하는 기능에 관련한 컴퓨터 애플리케이션이 보다 많이 제공되면서 더 이상 데이터 처리부서에 전적으로 의존할 필요가 없어졌다.

더욱이 컴퓨터는 개별적인 정보처리기에만 그치는 것이 아니라 통신 네트워크와 연결되면서부터 의사소통의 새로운 매체로 등장하였다. 더욱이 문자와 음성, 영상 및 데이터 등이 디지털 신호로 통합되어 전달·교류됨으로써 정보교류의 새로운 장을 열어가고 있다. 또한 매체의 디지털화는 한 매체의 생산물을 다른 여러 매체에서 활용 가능하도록 하며, 쌍방향 또는 대화형 매체로 발전시키고 있다(권태환·조형제 편, 1997: 34). 나아가 소셜네트워크서비스(social network service: SNS)가 활성화됨에 따라 SNS로 인한 실시간 혹은 온라인을 통해 조직구성원 간의 소통과 참여의 기회가 확대되었다. 반면에 책임성 없는 글과 선동적인 의사표시가 여과 없이 전달되어 갈등을 조장하는 부정적인 영향도 발생하고 있다(이창원·최창현·최천근, 2012: 293).

표 14-1	정보화에 따른 정부기능의 변화	
구 분	산업사회의 정부	정보사회의 정부
정책기조	독점과 시장보호	자유화와 규제완화
권력구조	관료적 통제	고객지향서비스/지역사회 강화
행정기능	고립적 행정기능	통합적 자료서비스
정보기술	분산적 정보기술	통합적 네트워크 솔루션
민주주의	정기적인 통치자 선거	실시간, 참여적 민주주의
인프라스트럭처	물적 인프라스트럭처: 도로, 철도, 항만	새로운 인프라스트럭처: 정보고속도로
표준화	정태적 표준화: 물적 재산권	동태적 표준화: 지적재산권
연구개발	일부 군수산업만 지원	주력산업의 지원
사회복지	사회적 약자의 보호: 보편적 서비스 실현	선택적 혜택: 보편적 서비스 재규정·축소

출처: 권태환·조형제 편(1997: 118, 142).

특히 1990년대에 들어 주요 선진국들은 정보통신시장을 개방하는 동시에 정보고속도로(information superhighway) 건설에 힘을 쏟았다. 정보고속도로 정책은 정부가 정보통신기반을 획기적으로 확충하고자 추진하는 인프라스트럭처 정책이다. 이와 같이 급속도로 진행되는 정보화는 〈표 14-1〉과 같이 정부기능을 변화시키고 있다. 또한 정보기술이 쌍방향적으로 발전함에 따라 기술적으로 정보를 종합하고 피드백하는 것이 쉬워졌고, 정부정보에 대한 시민들의 공공적 접근이 확대되었다. 이에 따라 정부정책의 투명성이 향상되고 있다.

2. 철학적 기반

초기의 시스템 설계자들은 두 가지 절대적 가정을 가지고 있었다. ① 사람은 빈약한 정보프로세서이다. ② 하향으로 흐르는 정보는 통제되어야만 한다.

이러한 사고는 1960대 후반에서 1970년대 초반에 변화하기 시작했다. 이에

Chris Argyris(1971)에 의하면, MIS가 설계자의 가장 높은 수준의 열망(합리성)을 성취할 수 있다면, 의사결정자는 자신의 일일목표를 결정하는 세계가 일어날 것이다. 이것은 경영진이 자유롭게 이동하는 공간을 줄이는 조건이 될 수 있다.

급속하게 진행되는 정보화는 현대 조직사회에서 민주적 가능성과 감시의 가능성을 함께 보여 주고 있다(권태환·조형제 편, 1997: 149-154).

1) 민주적 가능성(democratic potential)

정보사회로의 이행은 정치과정에 대해 다음과 같은 낙관적 전망을 제시하고 있다.[1]

첫째, 직접민주주의의 부활이다. 컴퓨터와 통신기술이 광범위하게 활용되는 사회가 도래함에 따라 시민들의 직접 참여에 의한 원격민주주의, 분산화된 정치권력, 이에 따른 사회적 평등이 실현될 것으로 예견된다. 즉 정보사회는 대의제민주주의를 불가피하게 했던 기술적 문제를 제거하고, 직접민주주의를 도래하게 할 것이다.

둘째, 정보접근과 정치참여의 확대가 가능하다. 정보통신기술의 쌍방향성은 좀 더 손쉬운 참여방식을 제공함으로써 시민참여를 활성화할 수 있다. 이러한 사례로 온라인 토론을 통해 시민은 정부정책에 대한 상호학습의 기회를 갖게 되고, 공무원은 시민의 경험과 전문성을 이용하여 정책결정에 필요한 좋은 정보를 얻을 수 있다. 시민이 온라인으로 행정에 참여하는 기회가 활성화되면 행정의 민주화가 확대될 수 있다(김찬곤·노승용, 2008: 23).

2) 감시의 가능성(surveillance potential)

새로운 정보통신기술은 다음과 같은 비판적인 전망을 초래할 것이라고 우려

---

1 정보통신기술이 현대 대중사회에서는 불가능하게 여겨졌던 직접민주주의를 가능케 하는 기술적 수단을 제공함으로써 고대 그리스의 '아고라'(agora: 고대 그리스 도시국가에서 모든 시민들이 참여했던 정치집회)를 부활시키리라는 전망이 제시되고 있다(권태환·조형제 편, 1997: 148).

되고 있다.[2]

첫째, 정보 과부하와 오락성 정보의 증가를 초래한다. 정보홍수의 시대는 일반 시민들의 정치적 무력감과 방관자 의식을 증대시킬 수 있다는 우려도 제기되고 있다. 시민들이 정치적 정보를 기피하고 가벼운 오락성 정보만을 선호하게 되는 문제점을 초래할 수 있다는 것이다. 또한 과도한 정보는 정보에 대한 피로도를 높임으로써 분석능력을 마비시키고, 의사결정을 왜곡할 수 있다(이창원·최창현·최천근, 2012: 309).

둘째, 정보격차(information gap)의 심화를 초래한다. 정보격차란 정보의 접근 및 이용이 여러 사회집단 간에 동등한 수준으로 진행되지 않는 현상을 말한다. 이러한 정보격차는 정보를 가진 자와 정보를 갖지 못한 자의 측면(digital divide)뿐만 아니라 인터넷 이용의 내용적 측면에서의 차이를 반영한 정보차이(digital differentiation)를 포함한다(서진완 외, 2013: 49).[3]

이처럼 정보사회에서는 정보획득에 필요한 경제력이나 정보해독력 등에 따라 개인이 습득할 수 있는 정보량에 심각한 불균등이 나타날 수 있다. 또한 정보격차의 주체에 따라 성별 간, 계층 간, 지역 간 정보격차가 존재할 수 있다. 경보격차에 따라 개인들의 정치적 영향력의 불균등 문제가 더욱 심각해질 수 있다. 나아가 정보인식에 대한 조직구성원의 차이로 인해 갈등이 발생할 수 있다.[4]

---

2 정보통신기술에 따른 사회통제능력의 향상은 결국 전사회적인 '전자 판옵티콘(panopticon: 감시자는 피감시자를 볼 수 있지만, 피감시자는 감시자를 볼 수 없는 구조 때문에 항구적인 자기감시효과를 발생시키는 원형감옥)을 만들어 내리라는 비판적인 예견을 한다(권태환·조형제 편, 1997: 148).

3 이러한 정보격차(information divide)는 정보격리(information apartheid), 정보부자와 정보빈자(information haves and information havenots), 정보문해자와 정보문맹자(computer literate and computer illiterate), 디지털격차(digital divide) 등 다양하게 정의된다. 정보격차는 접근격차와 활용격차로 나누어진다. 접근격차(access divide)는 컴퓨터 구매가 어려워 컴퓨터 접근성이 떨어지는 것을 말한다. 활용격차(skills divide)는 컴퓨터를 다룰 수 있는 기술능력의 문제이다. 즉 하드웨어를 다룰 수 있는 기술력과 소프트웨어를 다룰 수 있는 정보력을 말한다.

4 정보격차를 해소하는 방안으로 컴퓨터 단말기의 보급확대, 공공이용시설의 증대, 제도교육기관에서의 체계적인 정보화 교육을 통한 보편적 접근(universal access)/보편적 서비스(universal service)의 확대를 제시하기도 한다. 특히 정보통신에 대한 보편적 서비스의 확대는 전체 사회구성원에 대한 공동체적 일체감과 계급·계층 간 문화적 통합을 증대시키는 효과가 있다. 또한 네트워크에 접속하고 참여하는 사람이 많을수록 사회 전체 차원에서 정보자원을 더욱 효과적으로 이용할 수 있게 됨으로써 사회 전체적으로도 경제적 효율성을 높이는 데 기여한다는 것이다(권태환·조형제 편, 1997: 235).

새로운 사회문제로 대두되고 있는 정보격차의 해소는 국가경쟁력 향상과 사회복지 측면 모두에서 중요한 정책영역이라 할 것이다. 더욱이 사회통합의 차원에서 정보격차를 해소할 수 있는 노력이 필요할 것이다.

셋째, 감시와 통제가 강화될 수 있다. 정보통신기술의 장점들은 그것이 소수의 수중에 독점될 때 강력한 감시와 통제의 수단으로 활용될 수 있다. 이리하여 George Orwell이 「1984」에서 지적한 '대형(Big Brother)'이 현실화될 수 있다는 것이다.[5]

3. 이론적 기반

조직정보와 통제에 관한 학문분야로는 회계학, 인간행태, 조직이론, 컴퓨터공학, 관리과학과 운영연구, 미시경제학, 인식심리학, 전략적 기획 등을 들 수 있다.

정보란 무엇이며, 정보활용은 무엇인가? 정보시스템의 요소는 무엇인가? 정보시스템의 설계를 결정하는 요인은 무엇인가? 경영진 행태를 통제하는 데 있어 보상시스템을 어떻게 설계하는가? 통제의 문제점이 무엇인가? 통제메커니즘은 무엇인가? 이러한 물음이 곧 조직정보와 통제시스템의 이론적 기반이다.

① 정보와 정보활용: 정보는 다양한 조직수준에서 의사결정을 위해 필요하다. 조직이 정보를 활용하는 목적은 조직의 일상적 운영에 대한 관리, 관리통제, 전략적 기획, 경쟁적 이점을 성취하기 위해서이다.

② 정보시스템(information system)의 요소: 정보와 통제시스템의 요소는 4가지로 구성된다. 발신자(sender)는 시스템에 관련된 정보를 발생하는 원천이다. 채널(channel)은 정보가 전달되는 매체(medium)이다. 수신자(receiver)는 발신자와 같이 사람, 집단, 자동처리(automatic process) 혹은 시스템이다. 환류(feedback)는 정보에

5 「1984」는 Orwell이 전제주의 감시국가에 대한 묘사를 기술한 공상과학소설이다. 이 소설에서 활용되는 기술은 CCTV와 감시카메라(surveillance cameras) 이상을 생각하게 되며, 쌍방간의 의사소통을 허용하는 텔레비전의 스크린을 포함한다. 이리하여 정부는 움직이는 모든 것을 볼 수 있으며, 법을 준수하는 시민들에게 무서운 미래를 보여 준다.

대한 수신자의 평가(receiver's evaluation)이다.

③ 정보시스템을 인도하는 요인: 정보는 환경과 구조라는 상황적 변수에 의해 영향을 받는다. 환경이 안정적일 때 혹은 조직이 관료제와 같이 조직화될 때 조직은 내부적, 재무적, 사후적 유형(ex post type)의 정보를 요구한다. 반면에 환경이 동태적일 때 혹은 조직이 유기적인 선(organic lines)에 따라 구조화될 때 조직은 외부적, 비재무적, 사전적 유형(ex ante type)의 정보를 요구한다.

④ 통제의 수단으로서의 보상시스템(reward system): Malcolm Salter(1973)는 행태에 영향을 미치는 인센티브 메커니즘의 6가지 요인을 제시하고 있다. 이들 요인들은 재정적 기구(현금보너스 대 주식배당), 성과측정(질적 측정 대 양적 측정), 보상할당에 있어 자유재량권의 정도, 보상의 규모와 빈도, 분할의 균일성 정도, 자금원천 등이다. Salter는 현금보너스, 성과의 양적 측정, 빈번한 인센티브는 단기간일 때 적절하다고 주장한다.

⑤ 통제의 문제(problems of control): 주인-대리인 이론(principal-agent theory)에 따르면, 주인(고객, shareholder)과 대리인(관리자, manager) 사이의 계약의 본질은 관리자가 자기 잇속만 차리는 행태를 보이는 정도를 결정한다. 대리인문제와 관련한 2가지 주요한 메커니즘은 모니터링과 유대이다.

모니터링(monitoring)은 관리자의 행태에 관한 질을 유지하는 것이다. 고객의 최상의 이익을 위해 봉사할 수 있도록 보장하는 최고관리자의 행태를 모니터링하는 메커니즘은 재무회계상태, 이사회, 노동시장 등이다.

유대(bonding)는 관리자의 이기심을 고객의 욕구와 맞추는 방법에 있어 보상시스템을 구축하는 것과 관련되어 있다. 즉 관리자가 자신의 이익을 위해 행동할 때 자동적으로 고객의 이익을 고양하게 하는 것이다.

⑥ 통제메커니즘(mechanisms of control): 통제이론가들은 최고관리자가 정보의 비대칭(information asymmetry)을 줄이고, 목표의 일치(goal congruence)를 유도하기 위한 과정에 초점을 둔다. 통제의 성취를 위한 주요한 4개의 과정이 있다. 이는 전략적 기획시스템, 모니터링, 통제 및 학습시스템, 인센티브 시스템, 충원시스템 등이다. 최고관리자는 부서관리자와의 정보비대칭(情報非對稱, asymmetric information)을

줄이기 위해 기획 및 정보시스템을 설계하는 작업을 한다.

제3절 조직정보와 통제의 수준

조직은 합리적 의사결정을 하는 데 관련된 정보를 활용한다. 조직에서 활용되고 있는 정보활용시스템은 〈표 14-2〉와 같이 조직의 계층에 따라 시스템의 성격, 사용목적 및 지향성에서 차이가 있다.

표 14-2 EDPS, PMIS, DSS와의 관계

구 분	EDPS (Electronic Data Processing System)	PMIS (Public Management Information System)	DSS (Decision Support System)
정 의	컴퓨터를 이용하여 사무나 경영관리를 위한 데이터를 처리하는 시스템	행정가의 업무수행이나 정책결정, 분석과 평가를 지원하도록 정보통신기술을 이용하여 인공적으로 설계된 인간과 기계의 통합체	조직의 의사결정자가 비구조적이거나 반구조적인 문제에 대한 의사결정을 하는 데 있어 데이터와 분석모형을 사용하여 대화식으로 해결하도록 지원하는 컴퓨터를 기반으로 하는 시스템
대상업무	단순·반복업무	정형화된 보고서	비정형화된 보고서
사용자	실무담당자	중간관리자	최고관리자
사용목적	인력 및 경비 절감	운영의 합리화	전략적 기획
시스템 성격	Data focus	Information focus	Decision focus

출처: 권기현(2007: 129-132).

이와 같이 조직에서의 정보와 통제시스템은 조직의 상이한 계층제적 수준에서 다른 기능을 수행한다. [그림 14-1]에서와 같이 전략통제는 관리통제에 대한

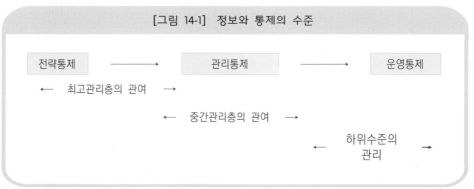

출처: Narayanan & Nath(1993: 367).

가이드라인을 설정하고, 관리통제는 운영통제에 대한 가이드라인을 설정한다. 최고관리자자는 전략적 통제시스템 및 관리통제시스템에 대한 설계와 관련되어 있고, 하위수준의 관리는 주로 정보시스템의 설계에 관여한다.

1. 운영통제

　　운영적 수준에서 정보와 통제시스템의 역할은 구체적인 업무가 효율적이고 효과적으로 수행되도록 보장하는 것이다. 통제는 조직이 오늘의 활동을 다루는 근시일의 청사진(near-term blueprints)에 관련된 업무로 생각할 수 있다.

　　운영통제는 시스템 모델에서 부정적 환류루프(negative feedback loop)의 과정과 비슷하다. 운영통제시스템의 주된 구성요소는 조직구성원들이 운영적 결정을 할 수 있도록, 그리고 계획으로부터 편차를 교정할 수 있도록 정보시스템을 설계하는 것이다.

2. 관리통제

관리통제(management control)는 중간관리층이 조직의 관리전략을 효율적, 효과적으로 수행하도록 보장하는 과정이다. 이것은 전략적 계획의 맥락에서 전략을 어떻게 이해할 것인지를 다룬다.

운영통제가 매일 행해지는 활동을 다루는 반면에, 관리적 통제는 일반적으로 집행을 다룬다. 따라서 관리통제는 환경이 관리계획에 어떻게 작용하는지를 평가하는 데 초점을 둔다.

3. 전략통제

전략통제는 조직 자체의 환경적 맥락에서 기본적 전략방향을 설정하는 것을 다룬다. 즉 조직과 관련된 중요한 환경적 요인들이 최초의 전략방향에 어떻게 영향을 미치는가를 이해하는 데 초점을 둔다. 따라서 전략통제는 중요한 환경적 요소의 추정(environmental assumptions)과 변화의 후속조치(follow-up)를 다룬다.

제15장

통제시스템, 평가시스템 및 성과평가

조직이 경쟁적 이 점을 갖추기 위해서는 모든 조직구성원의 행태와 결과에 대한 체계적인 통제메커니즘, 평가 및 성과관리 등이 요구된다. 즉 조직구성원의 활동과 산출물이 조직목표와 일치하는지에 대한 체계적인 점검이 요구된다. 이들 통제 및 평가시스템은 조직구성원의 성과를 관리하는 데 매우 중요한 수단이기도 하다. 이들 시스템은 관리자가 수행해야 하는 행정적 의무와 책임감이기도 하다. 나아가 이러한 통제 및 평가시스템은 협력과 협업(collaboration and cooperation)을 증진하게 한다.

이에 이 장에서는 통제의 의의와 필요성, 통제유형, 평가시스템의 의의, 통제시스템의 과정 및 기준, 성과평가의 의의와 방법을 살펴보고자 한다.

<table>
<tr><td>제1절</td><td></td></tr>
</table>

제1절　통제시스템

　　통제(control)라는 단어는 부정적으로 들린다. 통제란 규제하고(restraints), 제약하고(constraints), 체크하는 것을 의미할 수 있다. 이것은 분명히 행동의 자유를 제약하는 것과 연관되어 있다. 하지만 통제전략은 조직성과에 있어 매우 중요하다. 또한 통제전략은 매우 어렵고 불편한 관리적 기능이다. 조직의 맥락에서 통제의 의미를 살펴보고, 조직효과성 향상에 통제가 어떻게 관련되어 있는지를 검토하는 것은 중요한 과제일 것이다.

1. 통제의 의의와 필요성

1) 통제의 의의와 특징

　　통제(統制, controlling)란 활동과 행태를 규제하는 것과에 관련되어 있다. 통제라는 말 자체가 부정적인 뜻을 내포하고 있는 듯하다. 통제는 규제, 제한 혹은 견제한다는 의미이다. 조직맥락에서 통제는 목적에 적응하거나 혹은 순응하는 것을 의미한다. 이처럼 통제는 조직활동의 근본적인 특징이다. 이런 의미에서 Kast와 Rosenzweig(1985: 508)는 통제는 다음의 4가지 의미를 포함하고 있다고 지적한다. ① 통제는 대조하거나 혹은 입증하는 것이다, ② 통제는 규제하는 것이다, ③ 통제는 표준과 비교하는 것이다, ④ 통제는 억제하거나 혹은 제지하는 것이다.

　　이에 관리자에 의한 통제 책임은 사람들의 자유를 규제하는 것과 관련되어 있다. 또한 통제란 조직의 계획과 목표가 바람직하게 달성될 수 있도록 도움을 제공하는 과정이다. 따라서 통제는 조직이 균형상태의 조건을 유지하는 데 필수불가

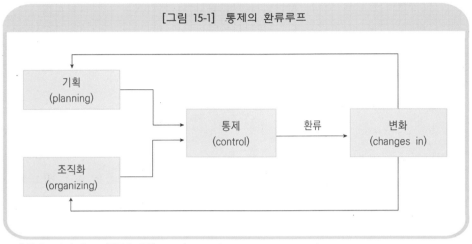

[그림 15-1] 통제의 환류루프

출처: Black & Porter(2000: 477).

결하며, 변화하는 조직환경에 적응하는 데 필요하다.

　　통제란 계획된 성과(planned performance)와 실질적인(actual) 성과에 관한 비교
이며, 기대 이하의 성과를 교정하는 절차적 과정이고 환류과정이다. 또한 통제는
계획된 목표를 달성하는 활동을 유지하고 관리하는 조직과정에의 실질적인 개입
이다. 통제의 기능은 조직의 효과성을 확보하기 위해 기획, 조직화, 충원 등의 관
리적 기능을 감시하는 것이다.

　　특히 통제와 기획기능은 밀접한 관계를 맺고 있다. 관리자는 조직활동에 관
한 정보를 수집하고, 조직목표를 수행하기 위해 활동을 설계하고, 바람직한 결과
와 활동을 비교하고, 결과가 달성되지 못할 상황이라면 현재의 계획을 수정해야
한다. 어떠한 조직이라도 효과적인 통제시스템 없이는 바람직한 결과와 목표를 달
성하지 못할 것이다.

　　이러한 조직의 통제시스템은 [그림 15-1]과 같이 조직의 기획과정을 알려
주고 향상시키는 것이다. 통제시스템은 기획과 조직화의 환류루프(feedback loops)
의 부분이다. 좋은 통제시스템은 내적 혹은 외적 환경이 변화할 때 현재의 운영방
식이 목적을 달성하기 위해 적절하게 대처하고 있는지를 관리자가 알 수 있게 하

는 것이다(Black & Porter, 2000: 476).

환류루프에는 폐쇄적 루프와 개방적 루프가 있다(Lundgren, 1974: 171-172). 폐쇄적 루프(closed loop)는 이미 일어난 편차(deviations)를 측정한다. 따라서 폐쇄적 루프 통제의 목적은 필요한 교정활동을 위해 일련의 기준으로부터 편차를 측정하는 것이다. 즉 폐쇄적 루프 통제는 뒤떨어진 오류(error after a lag)를 교정하는 것이다. 자기규제적 시스템(self-regulating system)은 단지 폐쇄루프 통제에 의해 가능하다.

반면에, 개방적 루프(open loop)는 건전한 기획과 조정을 통해 편차를 방지하기 위해 시도한다. 따라서 개방적 루프 통제는 현재 활동에 의해 미래의 오류를 교정하거나 혹은 변화된 조건에 적응하는 기준을 조정함으로써 미래의 오류를 교정하는 것이다.

2) 통제의 필요성

관리자는 목적을 설정한 다음 그 목적을 달성하려는 순간부터 통제기능을 수행하기 시작한다. 이처럼 통제는 조직이 성공하기 위해 필수적이다. 통제의 필요성을 몇 가지 측면에서 살펴보면 다음과 같다(Mescon, Albert & Khedouri, 1988: 413-416).

① 불확실성(uncertainty) 극복: 조직환경의 변화를 예측하고 반응하기 위해 조직은 조직에 대한 변화영향을 평가할 수 있는 효과적인 메커니즘이 필요하다. 또한 대부분의 조직업무는 사람에 의해 수행된다. 컴퓨터와 달리 사람은 완벽하게 업무를 수행하도록 프로그램할 수 없다.

② 위기 방지(crisis prevention): 미래 예측에 대한 잘못된 판단, 내부변수의 문제점, 혹은 사람에 의한 실수를 빠르게 교정하지 않는다면 그 영향이 심각할 것이다. 또한 조직의 상호의존성이 높을수록 조직에 있어 복합적인 실수의 잠재성은 매우 높을 것이다. 관리자는 위기에 도달하기 전에 문제를 인지하고 즉시 교정하는 통제기능을 수행해야 한다.

③ 성공의 조장(encourage success) 통제과정의 긍정적 측면은 좋은 것을 향해 이

동하기 위해 필요한 조치라는 것이다. 통제의 중요한 역할은 조직활동이 전체적 목적달성에 효과적으로 기여하고 있는지를 찾아내는 것이다. 또한 조직의 성공과 실패를 인지함으로써 동태적인 환경의 요구에 조직이 빠르게 적응할 수 있게 한다.

　　④ 통제의 침투성(pervasiveness of controlling) : 통제는 관리과정에서 가장 기본적인 요소이다. 모든 관리자는 자기 직무의 구성요소로서 통제를 활용한다. 기획, 조직화, 동기부여는 통제로부터 전적으로 분리할 수 없는 기능이다. 이들 기능은 조직의 전반적인 통제시스템의 구성요소이다.

2. 효과적인 통제시스템과 통제과정

1) 효과적인 통제시스템

　　바람직한 통제시스템은 조직목표가 달성하지 못한 이유에 관한 정보를 관리자에게 제공한다. 통제활동은 직접적으로 전략적이고 운영적인 계획과 관련되어 있다. 나아가 통제시스템의 성공은 계획된 목표와 성취한 목표 사이의 일치성의 정도에 의해 결정된다.

　　효과적인 통제시스템은 관리자에게 적기에 적절한 정보를 제공할 뿐만 아니라 조직활동에 따라 조직구성원이 가지는 부정적 감정과 반작용이 발생하지 않도록 한다. 좋은 통제시스템은 다음과 같은 특징을 갖추고 있어야 한다(Miller, Catt, & Carlson, 1996: 305-290).

　　① 통제는 조직과 업무의 특성에 부합되어야 한다. 즉 통제는 조직이 설정한 전반적인 우선순위를 반영하고 지원해야만 한다.

　　② 통제시스템은 적기에 정확한 정보를 제공해야 한다. 통제가 효과적으로 작동하기 위해서는 시기적절해야 한다. 통제의 목적은 결함이 심각해지기 전에 교정하는 것이다. 즉 위기가 발생하기 전에 적절하고 정확한 정보를 조직구성원에게 전달하는 것이다.

③ 통제시스템은 통제와 관련된 활동과 내용이 조직구성원들에게 명확하게 전달될 수 있도록 구성되어야 하고, 또한 조직구성원들이 그것을 이해하고 수용할 수 있어야 한다. 즉 조직구성원들이 통제시스템이 무엇을 측정하는지, 그리고 조직이 통제에 관한 정보가 왜 필요한지 등에 대해 충분히 이해할 수 있어야 한다.

④ 통제시스템은 비용-효과적(cost-effective)이어야 한다. 즉 통제는 경제적이어야 하고, 이익이 통제시스템의 비용을 초과해야만 한다. 통제시스템의 전체적인 비용이 잠재적인 손실에 비추어 낮게 측정되어야 한다.

또한 통제시스템이 보다 경제적이기 위해서는 단순한 통제(simple control)여야 한다. 통제시스템이 복잡하다면, 통제시스템을 이해하고 지원과 관련하여 상호작용해야 하는 사람들에게는 효과적일 수 없게 된다.

⑤ 통제시스템은 전략적인 경영요소들을 감시해야 한다. 통제시스템은 시간과 인적인 측면에서 가장 중요한 전략적 영역, 잠재적 손실이 중대한 영역, 비용을 증가하게 되는 영역에서 이루어져야 한다.

⑥ 통제시스템은 변화를 충분히 흡수할 수 있도록 유연성(flexibility)을 가져야 한다. 충분한 정도의 유연성이 없다면, 통제시스템은 각종 상황에 바로 대응할 수 없게 된다.

⑦ 통제시스템은 조작되지 않도록 해야 한다. 관리에 관한 정보원으로서 상향적 의사소통이 촉진되어야 한다. 부적절한 통제는 중요한 정보를 드러내 보이는 것이 아니라 감추는 것이다.

2) 통제과정

통제는 조직이 목표를 달성하도록 보증하는 과정이다. 따라서 통제는 기획과 조직화의 환류루프 부분이다. 통제는 관리자가 변화하는 상황과 조건에 적응하는 데 도움을 준다. 특히 효과적인 의사소통시스템이 통제시스템의 핵심이다.

특히 통제는 기준을 설정하고, 실질적 성과를 측정하고, 성과가 기준으로부터 중대하게 벗어나게 될 때 교정활동을 취하는 것이 포함된다. 이러한 통제과정은

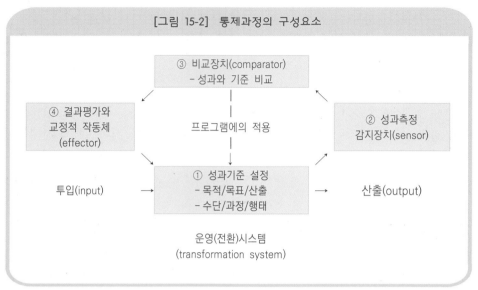

출처: Kast & Rosenzweig(1985: 510).

조직의 상태에 따라 다양할 것이다. 통제과정은 빙산(iceberg)과 비슷하다. 즉 통제 과정의 대부분은 공개적 관점이 아니다. 조직에 있어 중요한 통제는 다른 관리적 기능 내에 감추어져 있다.

실제적인 통제과정은 4가지 활동으로 구성되며, 이들 통제시스템의 구성요소 들은 [그림 15-2]와 같이 연속체로 이루어진다(Kast & Rosenzweig, 1985: 510-511; Miller, Catt, & Carlson, 1996: 286-290).

(1) 성과기준(performance standard)의 설정

모든 통제기준은 조직의 다양한 목적과 전략으로부터 도출된다. 특히 시간적 한계와 구체적인 기준은 완성된 업무를 비교하는 데 매우 중요하다. 즉 성과기준 은 명확하고, 구체적이고, 측정할 수 있어야 한다. 몇몇 직무와 목표는 계량적인 용어로 성과기준을 설정하기가 어렵다.

관리가 기대하는 것을 문서화한 명세서는 통제의 모든 단계에서 매우 중요하다. 전체 조직에 대한 전략적 비전과 목표가 없다면 관리자는 의미 있고 동의할 수 있는 성과기준(performance yardsticks)을 개발하는 것이 어려울 것이다. 이에 모든 직무와 목표를 위해 성과기준을 설정하여야 한다.

성과기준을 설정함에 있어 두 가지 이슈가 일어난다. 하나는 누가 성과기준을 설정하는가에 관한 이슈이다. 다른 하나는 기준 자체가 안고 있는 난이성에 관한 이슈이다. 좋은 성과기준은 도전적이지만 성취될 수 있는 것이어야 한다.

(2) 성과의 측정(measuring performance)

관리자는 무슨 정보가 필요한지, 어떻게 정보를 수집하고, 얼마나 자주 정보를 수집해야 하는지를 결정해야 한다. 즉 성과특징을 측정할 수 있는 감지장치(sensory device)가 있어야 한다. 정보는 개인적인 관찰, 기록된 보고서, 컴퓨터에 의한 보고서 등에 의해 수집할 수 있다.

특히 성과측정에 있어 쉽게 양화할 수 있는 기준이 존재하지 않는다면, 성과가 공정하게 평가될 수 있는 방법에 관해 가능한 한 많은 동의를 얻는 것이 중요하다. 즉 성과측정방법에 관해 동의를 얻으면 측정된 결과에 대해 불평을 줄일 수 있을 것이다. 또한 측정하는 것은 조직의 목표와 관련성이 높아야 한다.

(3) 성과와 기준의 비교(compare performance against standards)

통제과정은 설정된 기준과 실질적인 성과를 비교하는 것이다. 이 과정은 관리자가 결과가 기대에 얼마나 잘 부합한지(how well results have lived up to expectations)를 결정하는 것이다. 또한 관리자는 기준으로부터 얼마만큼의 편차를 허용할 것인지(how much variation from standards is permissible)를 결정해야 한다. 관리자는 수집된 정보와 성과기준을 비교할 수 있다. 이러한 비교는 객관적인 측정뿐만 아니라 주관적 측정이 포함되어야 한다. 즉 관리자는 수용할 수 있는 편차를 설정해야 한다.

이 과정에서, 관리자는 기대했던 성과와 실질적인 성과를 비교할 필요가 있다. 또한 관리자는 성과기준과 실제적인 결과를 비교하고, 차이점을 평가할 수 있는 수단을 가지고 있어야 한다. 나아가 관리자는 비교의 패턴을 어떻게 해석할 것인지와 적절한 결론을 어떻게 도출할 것인가에 대해 알아야 한다. 그렇지 않으면 하나의 부정적인 비교를 다수의 긍정적인 비교보다 훨씬 중요하게 여길 수 있다.

(4) 결과의 평가와 교정적 활동(corrective action)의 개시

결과를 평가하고 행동을 취하는 것은 전체 통제과정에서 가장 어려운 관리적 업무이다. 실제의 성과가 기대했던 성과와 편차가 있다면, 얼마만큼의 편차를 수용될 수 있는 것인지에 대한 판단은 편차의 중요성과 규모에 대한 평가로 이루어져야 한다.

또한 기대했던 성과로부터 편차의 규모와 패턴이 중요하다고 판단하면, 무슨 행동을 취할 것인지(what action to take)가 중요한 과제일 것이다. 이에 관리자는 편차의 원인에 관한 지식이 필요하다.

관리자는 [그림 15-3]과 같이 성과와 기준 간의 차이가 발생한 상황의 원인이 무엇인지에 대한 물음을 통하여 교정활동을 취한다. 즉 기대했던 것보다 좋은 성과를 수행한 종업원에 대해 인정과 보상을 증대한다면 뛰어난 성과를 강화할 수

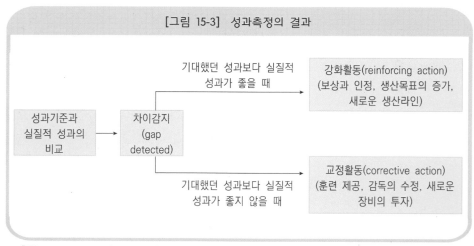

[그림 15-3] 성과측정의 결과

출처: Black & Porter(2000: 483)

있을 것이다. 그렇지 않은 종업원에 대해서는 업무와 관련된 훈련을 제공하거나, 감독방식을 수정하거나 직무환경을 개선하기 위한 노력이 요구된다.

이와 같은 교정활동은 미래의 문제에 대한 가치 있는 통찰력을 제공할 것이다. 이러한 정보의 흐름(information flow)이 환류의 본질이다. 만약 원인 자체가 관리자의 통제범위를 초월한다면 성과기준을 수정해야만 한다. 또한 계획이 변경될 때마다 성과기준이 검토되어야만 한다. 기준은 계획에 기초해야 하기 때문이다. 더욱이 달성하기가 너무 어려운 기준은 노동자와 관리자의 성취욕구를 따라서 좌절시킬 수 있다

3. 통제의 범위와 통제유형

1) 통제범위: 전략적 통제, 전술적 통제, 운영적 통제

통제가 이루어지는 범위는 광범위하다. 이것은 통제단계가 실질적으로 어떻게 활용에 투입되는가에 따라 영향을 받는다. 3가지 통제범위 – 전략적 통제, 전술적 통제, 운영적 통제 – 가 논의되고 있다.

(1) 전략적 통제

전략적 통제(strategic control)는 하나의 전체로서 조직이 외부환경에 어떻게 대응하는지 그리고 조직의 장기적 범위의 목적과 목표에 어떻게 부합하고 있는지에 초점을 둔다. 이리하여 전략적 통제시스템은 조직의 목적과 목표가 얼마나 잘 대응하고 있는지를 결정하기 위해 설계된다.

전략적 통제를 형성하는 데 따르는 도전은 전략적 목적이 광범위하고 장기적이라는 사실이다. 그리고 이러한 목표가 특별한 부서의 목표보다 전형적으로 추상적이라는 것이다.

또한 전략적 통제시스템을 설정하고, 이것이 효과적인지 판단하는 데 영향을

[그림 15-4] 전략적 통제의 접근법

정확한 전략목적을 명시하고 측정할 수 있는 능력

		높음	낮음
환경의 격변	높음	전략적 통제시스템이 가치 있음, 하지만 엄격하게 관리할 수 없음	전략적 통제시스템이 문제를 일으킴
	낮음	전략적 통제시스템이 가치 있음	동기부여보다 과정을 추적(tracking process)하기 위한 전략적 통제

출처: Black & Porter(2000: 487).

미치는 중요한 요인은 조직이 운영하고 있는 외부환경에 대한 예측 불가능성 (unpredictability)이다. 이것은 통제의 기준 개발을 어렵게 만든다. 조직의 환경이 불확실할수록 집중화된 통제는 비효과적일 것이다. 동태적인 조직환경에서는 통제의 책임성을 부서에 많이 위임해야만 한다. 이처럼 전략적 통제는 정확한 측정이 어려울 때, 그리고 조직환경이 급격하게 변동할 때 유용하다.

결국 [그림 15-4]와 같이 성과가 전략적 목표에 얼마나 잘 부합하는지에 대한 정확한 측정이 가능한지의 정도와 조직환경의 불확실성과 동태성의 정도가 전략적 통제시스템의 가치에 영향을 미친다.

(2) 전술적 통제

전술적 통제(tactical control)는 전략의 이행에 초점을 둔다. 이 단계는 조직의 근본적인 통제방식을 포함한다. 전술적 통제는 심장을 형성한다. 즉 전술적 통제는 조직의 전체적인 통제장치의 영혼이다.

전형적으로 전술적 통제시스템은 재무통제, 예산통제, 감독구조, 인적자원의 정책과 절차 등을 포함한다. 재무통제와 예산통제는 전략적 통제시스템과 전술적 통제시스템의 요소를 포함하고 있다. 즉 전체적 조직에 초점을 둘 때는 전략적 통제시스템이고, 반면에 조직 내 부서단위에 초점을 둘 때는 전술적 통제시스템이다.

　① 재무통제(financial control) : 가장 중요한 재무통제가 활용하는 데이터는 기본적인 비용-편익분석이다. 이것은 관리자가 통제하는 동안 어떠한 행동을 취할 것인지에 대한 정보를 제공해 준다. 민간조직에서 손익분기점(break-even point: B-E P)은 통제에 활용되는 재무적 측정이다.

　② 예산통제(budgetary controls) : 예산통제는 전략이 얼마나 잘 이행되는가에 초점을 둔다. 이것은 전형적으로 제한된 시간의 틀(보통 12개월 혹은 3개월)을 다룬다. 예산은 지출을 예측하고 계획하는 행태에 영향을 미친다.

　③ 감독구조(supervisory structure) : 조직의 감독구조는 가장 광범위한 전술적 통제시스템이다. 감독구조는 조직의 규모와 성격에 따라 다양하다. 즉 대학실험실의 감독구조와 관료제의 감독구조는 서로 상이하다.

　④ 인적자원 통제(human resource controls) : 인적자원의 정책과 절차는 조직에 근무하는 모든 구성원에게 영향을 미치는 전술적 통제이다. 즉 조직구성원을 선발하고, 교육훈련을 제공하고, 근무성적평가와 평가방법, 보상체계는 조직구성원의 행태에 영향을 미친다.

(3) 운영통제

　운영통제(operational control)는 조직이 고객에게 제공하고 산출하는 재화와 서비스에 활용되는 활동과 방법을 규제한다. 이것은 또한 투입을 산출로 전환하는 데도 적용되는 통제시스템이다. 즉 운영통제는 투입, 전환과정, 산출의 3가지 국면에서 분석될 수 있다. 전환 이전에 일어나는 운영통제는 사전적 통제(precontrol), 전환과정에서 일어나는 운영통제는 동시적 통제(concurrent), 전환이 일어난 이후의 운영통제는 사후적 통제(postcontrol)이다. 이와 같이 투입이 산출로 전환되는 과정에 따른 시간에 기초한 통제유형은 3가지로 이해할 수 있다.

　① 실행 전 통제(feed-forward control) : 사전적 통제(preliminary control)이며, 본질적으로 예방을 목적으로 설계된다. 실행 전 통제의 목적은 필요한 자원이 공급되는가 그리고 생산과정의 잠재적인 문제를 예측할 수 있는지 등을 확인하는 것이

다. 즉 산출과정에서의 투입에 관한 특성을 양과 질에 초점을 두어 통제하는 형태
이다. 이 통제는 생산에 관한 문제를 사전에 방지하는 것에 도움을 준다.

　　② 동시적 통제(concurrent control) : 예측하지 못한 환경을 보충하는 데 도움을 준
다. 이 통제는 생산과 서비스가 전개되는 과정을 평가한다. 즉 전환과정의 질에
대해 실시간 평가(real-time assessment)를 하는 것이다.

　　동시적 통제인 부하업무에 대한 정규적인 점검, 문제영역에 대한 논의 및 업무
향상을 위한 제안은 조직에 심각하게 작용하는 유해한 편차를 방지하는 데 도움을
준다. 이러한 통제유형의 사례로는 조직의 생산과 서비스를 관리자가 직접 관찰하거
나, 고객에게 전화설문으로 성과 및 서비스에 대해 모니터링하는 것을 들 수 있다.

　　③ 사후활동의 통제(post-action controls) : 조직의 생산과 서비스가 완성된 후에 결
과를 평가하는 것이다. 즉 사후활동의 통제는 업무가 완성된 이후 환류에 활용된
다. 사후활동의 통제는 조직구성원들에게 각자의 직무를 얼마나 잘 수행했는가 하
는 환류정보를 제공한다. 또한 실질적 결과와 바람직한 결과를 비교한다. 이러한
통제정보는 적기에 조직구성원들에게 의사소통을 위해 전달되어야 한다.

　　이러한 사후활동의 통제는 2가지 중요한 기능을 한다(Mescon, Albert & Khedouri,
1988: 419). 하나는 조직에서 비슷한 활동이 미래에 수행된다면 사후활동의 통제정
보는 기획데이터로서 경영에 참고할 수 있는 자료로 제공할 수 있다. 관리자는 실
제적 결과정보를 통해 조직의 계획이 얼마나 현실적인가를 보다 잘 판단할 수 있

[그림 15-5] 운영통제

출처: Black & Porter(2000: 498).

다. 다른 하나의 기능은 사후활동의 통제는 동기부여에 대한 지원이다. 사후활동의 통제에 따른 성과측정과 적절한 보상은 실제의 결과와 보상 사이의 밀접한 관계에 관해 미래의 기대를 발전시키는 데 필요하다.

2) 직접통제와 간접통제

(1) 직접통제

조직구성원의 활동과 행태를 직접적으로 통제하는 방법은 많다. 조직은 문서화된 절차, 방식, 표준화된 측정을 통해 제도화를 시도한다. 따라서 직접통제는 기준으로부터 편차를 정확하게 측정할 수 있다. 대부분 직접통제시스템은 동시적 통제이다. 반면에 결과와 과거 성과에 대한 평가와 같은 통제는 사후통제(postcontrol)이다.

이러한 직접통제의 기법에는 양적 방법과 성과평가 등이 있다. ① 양적 방법(quantitative methods) : 양적 방법으로 광범위하게 적용되고 있는 것으로는 재고통제(inventory control), 생산통제, 질적 통제(quality control) 등이 있다. ② 성과평가(performance evaluation) : 개인적 성과에 대한 평가도 직접통제의 하나의 형태이다.

(2) 간접통제

직접통제가 대체로 동시적 통제와 사후통제의 형태를 취하지만, 간접통제(indirect control)는 지배적으로 사전통제(precontrol)의 형태를 취한다. 이것은 효과에 있어 오래 지속되며, 효능에서는 교육과정 혹은 조절과정에 의존한다. 이에 간접통제는 기준으로부터의 편차를 측정하는 것보다 오히려 기준을 설정하는 데 보다 많이 영향을 미친다. 즉 간접통제는 기준으로부터 편차를 정확하게 측정하는 것이 어렵다.

간접통제의 예로는 경영철학(management philosophy)이 있다. 새로운 조직구성원은 경영철학에 의해 조절되어야 한다. 즉 조직의 가치에 부합하는 책임감을 이행해야 한다. 다만 이들 철학으로부터의 편차는 명백하게 측정할 수 없다.

3) 피드백 통제와 피드포워드 통제

(1) 피드백 통제

피드백 통제시스템(feedback control system)은 과거의 성과에 관한 정보를 제공하고, 그 성과가 미리 설정된 기준에 따라 통제가 이루어지고 있는지를 보여 주는 것이다. 예를 들면 속도감시시스템(speed monitoring system)이 있다. 또한 과거 6개월 혹은 12개월의 조직구성원의 성과에 관한 정보를 제공하는 성과평가시스템도 전형적인 피드백시스템이다(Reitz, 1987: 536).

(2) 피드포워드 통제

피드포워드(feedforward, 실행 전에 결함을 예측하고 행하는 피드백 과정의 제어) 통제시스템은 통제로부터 성과를 유지하기 위한 노력에 있어 미래에 관한 정보를 제공한다. 미래의 조건 혹은 성과를 예측하는 데 기반이 되며, 어떠한 교정활동이 통제시스템에 유지되어야 할 필요가 있는지를 보여 준다. 이것은 통제 자체를 조정하는 것이라고 말할 수 있다. 목표, 예산 및 계획은 피드포워드 통제의 전형적인 사례이다. 피드포워드시스템은 피드백시스템보다 일반적으로 많은 노력과 사전숙고가 요구된다(Reitz, 1987: 536).

제 2 절   평가시스템

1. 평가시스템의 의의

평가(評價, evaluation)는 무엇의 가치나 장점에 대해 판단하는 것이다. 평가는 사업이나 정책을 개선하기 위하여 그 운영이나 결과를 일정한 기준에 의해 체계적으로 사정(查定, assessment)하는 것이다. 또한 평가는 정책결과에 관한 학습이다. 이에 각 기관은 기관이 계획한 목표에 대비하여 프로그램 성취(산출)를 평가하기 위해 시도한다. 또한 평가는 어떤 프로그램이 명시적 목표(explicit goals) 혹은 암묵적 목표(implicit goals)를 어느 정도 달성하고 있는지에 대해 판단하는 것이며, 어떤 프로그램이 어느 정도의 편익을 성취하고 있는가에 대해 판단하는 과정이다(Birkland, 2001: 219).

이와 같이 평가는 〈표 15-1〉에서와 같이 과정보다는 결과에 초점을 둔다. 프로그램 성과는 시민과 고객에 대한 영향의 맥락에서 측정된다. 이 점에서 평가는 특정한 프로그램이 대상집단과 지역사회의 조건을 변화시켰는지에 대해 정보를 제공한다. 조직성과와 조직의 프로그램 영향에 관한 정보는 불확실한 환경에 대처하는 행정가에게 매우 중요하다.

평가연구(評價研究, evaluation research)는 조직과 불확실한 조직환경 혹은 끊임없이 변화하는 환경 사이의 관계에 관한 매우 중요하고 필요한 정보원이다. 평가연구는 조직의 성과와 조직 프로그램에 관한 평가정보를 제공하기 위해 이론, 연구설계 및 연구방법을 활용하는 응용연구이다. 평가연구의 주요한 목적은 행정가가 조직과 프로그램이 얼마나 잘 작동하고 있는지 평가하는 데 도움을 주는 것이다. 이러한 평가연구는 1940년대부터 공공조직의 성과와 프로그램의 평가에 적용되었으며, 1960대에는 사회개혁 프로그램(범죄, 가난, 교육, 도시개발 등)에 관해 사회과학자들이 광범위하게 평가연구를 수행하였다.

또한 프로그램 평가(program evaluation)는 정부가 수행한 활동에 대해 단·장기적 기간의 효과를 측정하기 위한 체계적인 조사이다. 즉 프로그램 평가는 공공조직이 집행하는 프로그램을 평가하는 것이며, 주된 초점은 전체적인 프로그램의 목적과 영향에 있다. 프로그램 평가는 프로그램의 구조, 과정, 산출 및 영향에 관한 명확하고 입증할 수 있는 자료를 수집하는 것이다. 나아가 프로그램 평가는 조직이 변화하는 환경과 불확실한 환경에 적응하도록 환류정보를 제공하는 것이다.

표 15-1	감사관과 평가관
감사관(監査官, auditor)	평가관(評價官, evaluator)
소속기관의 모든 업무운영 실태를 파악하기 위해 모든 단계에서의 적정 운영 여부와 담당직원의 수행실태를 체계적으로 검토하여 재무정보의 신뢰성, 회계의 건전성 및 청렴성을 향상시키는 활동	조직의 미래에 대한 기획과 의사결정에 관련한 정책집행활동을 체계적으로 점검함. 즉 당초 조직이 설계한 정책목적에 대한 이행 정도와 관련하여 최고관리자에게 객관적인 평가정보를 제공함
-과정(process)에 보다 많은 관심을 가짐 -평가에 있어 보다 명확한 기준을 적용함 -평가관보다 기관의 리더로부터 보다 독립적임 -평가관보다 획일적, 전문가적 사전준비를 함 -조사를 위해 재무관리지식과 기법을 활용함	- 영향(impact)에 보다 많은 관심을 가짐 - 문제를 표출하기 위해 사회과학연구(social science research)를 활용함

출처: Newcomer(1994: 148)를 보완함.

2. 평가시스템의 목적, 과정 및 문제점

1) 평가시스템의 목적

프로그램의 투입, 생산활동, 산출물, 그리고 결과 간의 관계를 설명할 목적으로 프로그램의 운영 측면이나 환경요소에 대해서 검토하는 프로그램 평가의 목적은 다음과 같다.

① 어떤 프로그램이 실질적으로 추구하는 목적을 달성하였는가에 관한 정보를 제공한다. 이 점에서 프로그램 평가는 학습의 도구로서 공헌한다. 과거의 성과정보는 미래의 성과를 향상하는 데 도움을 준다.

② 프로그램 집행에서 의도하지 않은 결과에 관해 행정가와 정책결정자에게 정보를 제공한다. 프로그램은 기대하지 못했던 긍정적 혹은 부정적인 결과를 산출한다. 평가정보는 관리자에게 책임감을 성취하고 프로그램 향상을 시도하는 데 도움을 준다.

③ 프로그램 결과에 관한 시민들의 만족수준과 프로그램에 대한 시민들의 지

지 정도에 관한 정보를 제공한다. 프로그램 평가를 수행하는 과정은 조직에는 자기반성의 기회를 제공한다. 조직구성원들은 프로그램 목표에 대한 관심을 새롭게 하고, 프로그램이 얼마나 잘 진행되고 있는지에 관심을 가지는 계기가 될 수 있다. 이 점에서 프로그램 평가에 있어 조직구성원의 참여적 관리가 매우 중요하다.

2) 평가시스템의 과정

공공서비스에 관한 측정에는 2가지 질문-공공서비스의 성과를 왜 측정하는가? 성과측정을 어떻게 하는가?-이 놓여 있다. 이러한 질문은 관리과정의 공통적인 관점을 대변한다. 공공서비스에 대한 평가시스템은 [그림 15-6]과 같이 투입-산출의 전환이론으로 이해할 수 있을 것이다. 전환과정은 산출과 결과로 범주화된다.

① 산출(outputs): 산출은 전환과정의 유형의 결과물이다. 프로그램의 산출은 프로그램 참여자에게 전달하는 생산품 혹은 서비스를 말한다. 이에 산출의 측정은 서비스를 받는 고객의 수와 같은 것이다. 이러한 예로 치료받은 환자의 수, 시험에서 어떤 점수를 취득한 학생의 수 등이 있다.

② 결과(outcomes): 결과는 프로그램 혹은 기관이 성취하고자 노력하고 있는 것(what the programme or agency is trying to achieve)을 반영한다. 즉 결과는 어떤 활동의 결실(results)이다. 이것에는 가치가 부가되어 있다. 결과는 산출보다는 훨씬 분산되어 있다. 결과의 예로는 보다 건강한 인구, 서비스를 받은 개인들의 건강 향상, 보다 좋은 교육을 받은 사회 등이 있다. 결과는 발생 순서대로(in a chronological sequence) 일어난다(Poister, 2003).

평가는 다음과 같은 평가연구의 단계를 따른다. ① 프로그램의 목적을 결정한다. ② 목적을 성취하는 데 취하는 활동을 기술한다. ③ 프로그램의 효과를 측정한다. ④ 변화로 비교되는 기준점(baseline points)을 설정한다. ⑤ 통제집단 활용을 통해 관련 없는 요인(extraneous factors)을 통제한다. ⑥ 예견하지 못한 결과(unanticipated consequences)를 탐지한다.

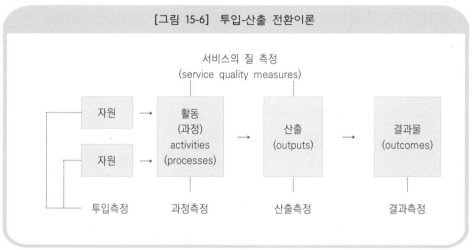

출처: Pidd(2012: 16).

이러한 평가단계와 더불어 평가체계의 과정은 다음과 같다. ① 평가를 위한 프로그램 선택 : 프로그램 평가가 선택되는 이유로는 기대에 비교하여 낮은 운영 결과인 경우, 프로그램 향상을 위해 정보가 필요한 경우, 성공적인 프로그램을 확산시키려는 경우, 새로운 기술에 대한 평가정보가 필요한 경우, 프로그램의 필요조건이 만족되었는가를 판단하기 위해, 프로그램 지원을 얻기 위해서, 지출된 예산을 정당화하기 위해, 고객과 지역사회에 책임성을 제공하기 위한 경우 등이다. ② 평가의 수행, ③ 평가결과에 대한 보고와 의사전달 : 평가정보를 정책결정자에게 환류한다. ④ 평가결과에 대한 제언과 이행 : 이 단계는 대안적 정책을 위한 제안을 다룬다. 사회적 프로그램에 대한 평가는 본질적으로 정치적이기 때문에 프로그램에 대한 지지자와 반대자가 있다. 이리하여 이 단계에서는 정치적 통찰력이 요구된다(Franklin & Thrasher, 1976: 72).

3) 평가시스템의 문제점

프로그램 평가에 관한 문제점은 다음과 같이 지적되고 있다. ① 프로그램 평가는 프로그램에 대한 행정가와 평가자 사이에 긴장을 표출한다. ② 프로그램의 결과와 영향에 관한 측정은 매우 어렵다. ③ 프로그램 평가는 유용한 정보를 많이 산출하지 않을 수도 있다(Cayer & Weschler, 1988: 111-118).

특히 미국의 몇몇 지방정부와 주정부는 프로그램 평가를 활용하기 위해 일몰규정을 가지고 있다. 일몰법(日沒法, sunset law)은 의회에 의해 기관과 프로그램에 관한 자동적인 검토를 요구한다. 일몰법으로 의회의원과 행정가 모두에게 진행되는 프로그램에 관해 평가할 수 있는 권한이 주어지며, 이는 또한 프로그램 평가의 활용을 증진시킨다.

특히 성과지향 평가연구의 뿌리 중의 하나는 예산개혁이다. 이 점에서 성과지향 예산은 행정가에게 각 기관이 자원을 어떻게 활용하는지 결과는 어떠한지에 대한 관심을 갖게 한다. 나아가 감축관리(cutback management)는 기획과 예산의 측면에서 구성원의 성과에 대해 평가하도록 인센티브를 제공한다. 자원고갈과 관련하여 행정가는 직원들의 성과와 업무부담에 대해 관심을 가져야 한다.

3. 평가시스템의 유형, 방식 및 기준

1) 평가시스템의 유형

(1) 사전적 평가와 사후적 평가

프로그램 평가에는 다양한 유형이 있으나, 그 중에서 사전적 평가와 사후적 평가를 살펴보고자 한다.

① 사전적 평가(ex ante evaluation): 사전적 평가는 프로그램이 집행되기 전에 프로그램의 결과와 영향을 평가하는 것이다. 이러한 유형으로는 환경영향평가가 있다.

② 사후적 평가(ex post evaluation, postmortem, debriefing) : 사후적 평가는 프로그램이 집행된 이후에 프로그램 혹은 프로그램 운영을 검토하는 것이다. 이 평가는 프로그램의 활동이 반복되는 성격을 가지고 있을 경우 적절성이 있다.

(2) 과정평가와 산출(영향)평가

① 과정평가(process evaluation) : 과정평가는 프로그램이 무엇인지, 대상 수령인에 대해 의도했던 서비스를 제공한 것인지 혹은 그렇지 않은지를 입증하는 것이다. 단, 여기서 과정평가는 수령인에 대한 프로그램의 효과를 평가하는 것이 아니다. 프로그램 관리자에게 프로그램 성과에 관한 정보를 제공하는 것이다.

② 산출(영향)평가(output or impact evaluation) : 영향평가는 개입이 실질적으로 의도했던 효과를 산출한 것인지를 찾아내는 것이다. 영향평가는 프로그램이 광범위한 범위로 확대되기 전에 기대했던 효과를 거두고 있는가를 보여 주는 것이다. 모든 영향평가는 비교하는 것이다. 영향의 정도를 판단하려면 다른 것과 비교해 보아야 한다. 이리하여 평가자는 참여자와 비참여자에 대한 결과와 관련하여 정보비교를 통하여, 그리고 개입 전후 참여자에 대한 반복적인 측정을 통하여 사회적 프로그램의 효과를 평가한다. 영향평가의 목적은 개입의 순수한 효과(net effects)를 측정하는 것이다(Rossi, et. al., 1998: 235-236).

2) 평가의 방식

정부 각 기관은 자신들의 프로그램에 관한 효과성을 검토하면서 다음과 같은 평가방식을 활용하기도 한다(Dye, 2008: 336).

① 공청회와 보고(hearing and reports) : 가장 보편적인 프로그램 검토방식은 공청회와 보고이다. 정부기관은 자신의 프로그램 성취에 관련하여 관련된 기관에 대해 증언을 하거나 연례보고서로 제출한다. 행정가에 의한 증언이나 보고서는 프로그램 평가에 대한 자신들의 편익을 과장하거나 혹은 프로그램에 대한 비용을 최소화하는 경향이 있다.

② 현장방문(site visits) : 의회 의원이나 고위관리자는 기관을 방문하거나 혹은 현장에서 프로그램이 어떻게 운영되었는지에 대해 조사활동을 하기도 한다.

③ 프로그램 측정(program measures) : 정책의 산출을 측정하는 것이다. 예를 들면, 여러 가지 복지 프로그램에 대한 수령자의 수, 전 종업원의 훈련 프로그램에서 참여자의 수, 공공병원의 이용할 수 있는 베드의 수 등이다. 하지만 이러한 프로그램 산출에 관한 측정은 이들 숫자가 사회에서 어떤 영향을 미치는지 전혀 보여 주지 못한다.

④ 전문적 기준과의 비교(comparison with professional standards) : 정부의 활동영역에 있어 전문가 집단은 심사표준(standards of excellence)을 개발한다. 이들 기준은 바람직한 수준의 산출을 표현하는 것이다. 즉 실질적인 정부산출을 이상적인 산출과 비교하는 것이다.

⑤ 시민불평에 대한 평가(evaluation of citizen's complaints): 프로그램 평가에 관한 보편적인 접근법은 시민들의 불평을 분석하는 것이다. 이에 행정가들은 시민들의 불평이 무엇인가? 시민들이 만족하지 않는 것은 무엇인지를 알기 위해 프로그램에 관련된 사람들을 대상으로 설문지(questionnaires)를 개발한다. 하지만 설문지가 프로그램에 관련된 고객들의 삶에 미친 실질적인 영향을 검증할 수 있는 것은 아니다.

3) 평가기준

프로그램에 대한 일반적인 평가기준으로는 ① 합법성, ② 효율성, ③ 효과성/적절성 등이 적용된다(Shafritz & Russell, 1997: 573-575).

(1) 합법성(合法性, compliance)

합법성 평가기준은 행정적 규제와 입법적 의도가 얼마나 잘 성취되고 있는가에 대한 판단이다. 즉 정부활동이 법률에 따라 수행되었는가 하는 물음이다. 구체적으로 모든 재무적 거래가 입법적·행정적 규제에 따라 집행되었는가? 재무적 기록과 상태가 규정된 회계기준에 따라 이루어졌는가? 재무적 기록과 상태가 정확하고 거짓이 없는가? 등으로 구성된다.

(2) 효율성(效率性, efficiency)

효율성 평가기준은 자원의 투입(기술, 자금, 자재)과 성취한 자원의 산출(재화와 서비스)을 직접적으로 비교하는 경제적 성과의 수준과 관련되어 있다. 즉 행정기관이 최적의 생산성을 산출하기 위해 자원지출이 이루어졌는가 하는 물음이다. 나아가 구체적인 업무에 대한 책임성이 명확하게 위임되었는가? 조직인은 업무를 수행하기 위해 적절한 자격을 갖추고 있는가? 자원에 대한 낭비가 없었는가? 등으로 구성된다.

특히 비용-편익분석(cost-benefit analyses)에서는 프로그램 결과를 금전적 용어로 표현한다. 즉 비용-편익분석은 어떤 프로그램에 유·무형의 편익과 프로그램 집행과 관련한 직·간접적인 비용의 추정을 요구한다. 이리하여 비용-편익분석은 평가자에게 프로그램 대안의 경제적 효율성을 비교할 수 있게 한다. 예를 들면, 금연 프로그램 평가와 관련하여, 비용-편익분석은 금연 프로그램(anti-smoking program)에 지출된 비용과 금연 프로그램으로 인한 건강관리상의 절감비용과의 차이점에 초점을 둔다. 반면에 비용-효과성분석은 금연 프로그램이 한 사람의 흡연자를 금연자로 전환하였는가 하는 데 초점을 둔다(Rossi, et. al., 1998: 366-367).

(3) 효과성(效果性, effectiveness)

효과성/적절성(relevance) 평가기준이란 정부가 구체적인 목적을 위해 집행한 자원지출이 목적성취에 충분히 기여하고 있는지에 대한 물음이다. 효과성은 사회적 목표 혹은 성과목표에 대한 성취도로 측정된다. 구체적으로 어떤 프로그램에 포함된 여러 가지 목적이 양립할 수 있는지? 문제를 얼마나 감소시켰는지? 프로그램에 대한 추가적인 자원투입이 목적에 대해 중요한 진전을 초래했는지? 만약 프로그램이 존재하지 않았다면 무엇이 초래되었을 것인가? 등으로 구성된다. 효과성 평가는 일반적으로 양화하기 어렵다. 하지만 공공 프로그램에 대한 시민들의 태도조사를 통하여 양적인 효과성 기준으로 활용하기도 한다.

비용-효과성분석(cost-effectiveness analyses)은 결과를 가치화하는 데 논란이 많은 성질의 평가에 적절한 기법이다. 비용-효과성분석은 프로그램의 결과를 실질적인 용어(substantive terms)로 표현한다. 이리하여 비용-효과성분석은 다수의 목표와 약분할 수 없는 목표(noncommensurable goals)를 가진 프로젝트에 대한 비용-편익분석의 연장으로 간주할 수 있다.

특히 비용-효과성분석은 유사한 결과를 가진 프로그램을 평가하는 데 좋은 방법이다. 즉 단위당 비용을 명확하게 함으로써 비슷한 서비스를 제공하는 상이한 프로그램의 효율성을 비교할 수 있게 한다. 이처럼 비용-효과성분석은 상대적 효율성의 관점에서 비슷한 목표를 가진 프로그램을 비교할 수 있게 한다. 따라서 어떤 프로그램에 대한 상대적 효율성의 차이를 분석하는 데 활용할 수 있다. 또한 비용-효과성분석은 비용과 편익과 관련한 공통분모(common denominator)를 줄일 수 있다는 것을 요구하지 않는다. 즉 비용-효과성분석은 어떤 목표를 달성하기 위한 비용의 관점에서 혹은 상이한 목표달성 정도를 요구하는 투입의 관점에서 프로그램을 비교할 수 있다(Rossi, et. al., 1998: 366-367).

제 3 절 성과평가

1. 성과평가의 의의

관리자의 가장 중요한 업무 중 하나는 조직구성원의 성과에 대한 평가이다. 조직구성원의 성과를 측정하는 것은 조직의 성공을 위해 필요한 정보를 관리자에게 제공한다. 이것은 개인에 대한 강점과 약점을 드러내 보이며, 교육훈련 혹은 채용이 필요한 영역을 제시해 준다.

성과평가(performance evaluation)는 관리자가 조직구성원의 성과에 영향을 미치고, 감독하는 데 도움을 준다. 또한 성과평가는 조직구성원에게 활동의 방향을 제시한다. 나아가 성과평가는 조직구성원이 자신의 성과를 위해 투자하는 노력의 정도에 영향을 미칠 수 있다.

성과평가는 궁극적으로 보상과 관련되어 있다. 즉 성과평가는 조직구성원의 성과와 조직적 보상 사이의 연계를 명확하게 한다. 명확한 성과측정이 없다면, 조직적 보상은 실수, 행운, 정실, 동정 혹은 성과의 다른 측면에 대한 불공정한 보상으로 전락할 수도 있다. 조직적 보상이 효과가 발휘하기 위해서는 조직구성원이 성과와 보상 사이의 연계를 지각해야만 한다. 정확하고 시기적절한 성과평가는 이러한 지각을 형성하게 하는 데 중요한 기반이 된다.

특히 부정확한 성과평가는 조직구성원에게 무슨 행태가 좋은 것인지 혹은 무슨 행태가 바람직한 것인지에 대해 혼란을 초래할 수 있다. 이리하여 불공평하다는 감정은 좋은 성과를 산출한 조직구성원 사이에 불만족과 이직을 일으킬 수 있다. 즉 모호하고 부정확한 측정은 바람직하지 못한 행태에 대해 보상하고, 정작 아이러니하게도 바람직한 행태를 처벌하는 것과 같은 모순을 초래한다.

또한 성과평가는 2가지 관점 - 평가자와 평가를 받는 피평가자 - 에서 이루어진다. 성과평가는 피평가자로부터 공평하고 정확하다는 인정을 받을 때 성과와 노력에 효과적으로 영향을 미칠 수 있다.

2. 성과평가의 방법

성과평가방법은 일반적으로 비교에 의한 평가와 절대적 기준에 의한 평가로 구분되며, 이들 방법을 보완하기 위해 행태기준 평정척도법, 목표기초평가, 동료평가 등이 활용된다(Reitz, 1987: 120-123).

1) 비교에 의한 평가(evaluation by comparison)

성과평가방법 중 하나는 각 사람을 다른 사람과 비교에 의해 평가하는 것이다. 이 방법의 변형은 몇몇 차원에 따라 피평가자(appraisees)의 순위를 정하는 것이다. 각 조직구성원은 부서에 대한 지각된 기여도에 따라 순위가 정해진다. 다른 하나의 변형은 각 조직구성원의 성과에 대해 상대적 범주로 할당하는 것이다. 각 평가계층에 따라 A, B, C 등으로 등급화한다.

순위를 등급할 조직구성원이 많지 않다면 이 방법은 시간을 줄일 수 있다. 비교는 보편적인 평가체계를 설정하는 데 투자하는 노력을 줄일 수 있다. 하지만 조직구성원이 많으면 순위를 매기는 것이 어렵다. 또한 이 방법은 귀속성향(attributional tendencies) 혹은 후광효과(halo effect)를 줄일 수 없고, 상이한 평가자에 의한 순위와 상이한 피평가자 집단의 순위를 비교하기가 어렵다.

2) 절대적 기준에 의한 평가(evaluation against absolute standards)

개인적 성과는 일련의 절대적 기준에 의해 비교할 수 있다. 이 방법의 장점은 사람을 하나의 전반적인 특징보다 오히려 몇몇 기준으로 평가할 수 있다는 것이다. 또한 평가방법에 있어 유연성이 있다.

3) 행태기준 평정척도법(behaviorally anchored rating scales)

행태기준 평정척도법은 평가에서 모호성을 줄이기 위해 설계된 시스템이다. 기본적으로 평가자가 피평가자가 어떤 자질을 소유하고 있는 정도를 판단하는 데 도움을 준다. 또한 피평가자가 각 성과에 부응하여 얼마나 잘 과업을 수행했는지를 판단하는 데 도움을 준다.

예를 들면, 조직이 몇몇 관리자가 승진할 수 있는 정도를 평가하는 경우, 〈표 15-2〉와 같이 평가자가 1점 척도(확실하게 승진할 수 없는 경우)에서 9점 척도(늦은

표 15-2		행태기준 평정척도법의 사례: 관리자의 승진가능성
승진의 장기연체	9	
승진에 대한 준비	8	최근 다른 직업의 제안을 받았음: 최고 5% 연령대의 보수
내년에 승진할 가능성	7	작년에 부서에서 승진한 사람이 2인 이상이었음
다음 1~2년에 승진할 가능성	6	2년 연속 평균 이상의 부서임
승진에 대한 불확실성	5	최근에 평균 이상의 부서: 현재의 담당업무가 1년 미만임
다음 1~2년에 거의 승진할 수 없음	4	혼자 처리할 수 있는 프로그램에 대한 도움을 청하고 있음
내년에 확실히 승진할 수 없음	3	계속해서 과업을 달성하기 위해 지속적으로 초과근무함
가까운 미래에 거의 승진할 수 없음	2	과거 3년 동안 개발 프로그램에 참여하지 않았음
현 보직을 능가할 진전이 없을 것임	1	평균 이하의 부서: 5년 이상 현재 업무를 수행함

출처: Reitz(1987: 122).

승진)로 각 관리자의 승진가능성을 평가하도록 요청한다.

　이 평정척도법의 장점은 인성보다 오히려 행태와 성과에 초점을 둔다는 것이다. 따라서 평정자가 피평정자를 평가한 결과에서 일치도(interrater agreement) 정도가 매우 높게 나타난다. 이 방법은 자신의 평가를 향상시키기 원하는 피평가자에게 좋은 환류를 제공한다.

4) 목표기초평가방법(goal-based evaluation methods)

　이 방법은 사전에 결정된 목표에 대응하여 개인적 성과를 평가하는 것이다. 전형적으로 관리자는 각 부하들에 대한 목표를 설정하고, 그 목표를 평가기간 동안 성취한 정도로 부하를 평가한다. 목표기초시스템의 특징은 부하들이 설정된 목표와 평가에 따라 영향을 받는다는 것이다.

5) 동료에 의한 평가(evaluation by peers)

　동료평가(peer assessment)는 집단구성원이 서로 자질 혹은 행태를 평가하는 것이다. 이 방법은 상관보다 피평가자인 동료에 의해 보다 많이 관찰될 수 있는 행태를 평가한다는 점에서 적절하다. 이 방법은 피평가자 동료들이 성과의 중요한 측면을 관찰할 수 있고, 평가할 수 있는 능력을 요구한다.

　동료평가는 2가지 조건이 요구된다. ① 동료가 서로의 성과와 관련한 중요한 측면을 관찰할 수 있는 기회가 빈번해야 한다. ② 동료가 서로의 성과를 정확하게 그리고 공평하게 평가할 수 있어야 한다. 그러나 많은 장점에도 불구하고 동료평가는 다른 평가방법보다 상대적으로 활용도가 낮은 도구이다.

>>> 제16장 개인행태

제17장 지 각

제18장 학습이론

제19장 성 격

제20장 동기부여

제21장 스트레스와 직무소진

제5편

개인의 행태과정

제16장

개인행태

조직에서 사람들이 소유하고 있는 기대하지 않은 결과(unanticipated conse-quences)는 무엇인가? 각 개인들은 조직구성원에 대해 왜 상이하게 반응을 보이는가? 행태에 있어 유사성이 있는가? 행태에 있어 유사성과 차이점(similarities or difference)은 성격에서의 유사성 혹은 차이점에 의존하는가? 성격은 무엇인가? 성격은 어떻게 측정되고 해석하고 있는가?

이를 알아보기 위해, 먼저 이 장에서는 개인적인 행태의 의의와 특징, 조직의 행태관리, 행태의 접근법, 개인의 행태변수 등을 살펴보고자 한다.

제1절   개인행태의 의의

1. 행태의 의의와 특징

효과적인 관리적 실제는 조직구성원의 개인적 행태 차이를 인정하는 것이다. 조직관리자는 개인적 차이를 이해하기 위해 ① 개인의 차이점을 관찰하고, 인정해야만 한다. ② 개인의 행태에 영향을 미치는 변수들 사이의 관계를 연구해야만 한다. ③ 이들 변수들의 관계를 발견해야만 한다.

이에 관리자가 조직구성원의 태도, 지각, 정신적 능력이 어떠한가를 알고 있다면, 그리고 이들 변수들이 어떻게 관계되어 있는지를 알고 있다면 최적의 의사결정을 할 수 있을 것이다. 조직구성원의 개인적 차이점을 관찰하고, 관계를 이해하고, 관계를 예측할 수 있는 능력이 있다면 그때 비로소 관리자는 성과를 향상시키기 위한 관리적 시도가 가능하게 될 것이다.

행태란 [그림 16-1]과 같이 사람이 무엇을 하는가에 관한 어떤 것(anything that a person does)이다. 이러한 행태는 다양한 변수에 의해 영향을 받는다. 즉 행태는 개인이 행동하는 특성과 행태가 일어나는 환경의 함수이다([Behavior=f(Personal characteristics×Environmental setting)]. 이것은 사람과 환경이 직·간접적으로 행태를 결정한다는 것이다(Reitz, 1987: 21).

인간행태에는 기본적으로 2가지 유형이 있다. 하나는 유전적인 행태(inherited behavior)이다. 인간이 보이는 행태적 반응 혹은 반사적 행동(reflexes)은 유전적 자질(genetic endowment) 혹은 자연도태의 과정에서 기인된다. 다른 하나는 학습된 행태(learned behavior)이다. 생존에 있어 자연도태를 보충하는 과정을 학습된 행태 혹은 조작적 행태(operant behavior)라고 명명한다. 유기체는 환경을 변화시킨다.

또한, [그림 16-1]과 같이 개인행태(individual behavior)는 개인적 변수(능력과

377

기술, 배경, 인구학적 특성), 조직변수(자원, 리더십, 보상, 구조, 직무설계), 심리적 변수 (지각, 태도, 성격, 학습, 동기부여)의 함수로 규정할 수 있다. 즉 개인의 행태(B)는 개인적 변수(I), 조직적 변수(O), 심리적 변수(P)의 함수[B=f(I, O, P)]이다.

특히 개인적 변수는 [그림 16-1]과 같이 능력과 기술, 배경, 인구학적 특성으로 분류할 수 있다. 이들 각 변수는 행태와 성과에 있어 개인적 차이를 설명하는 데 도움을 준다.

능력과 기술은 개인적 행태와 성과에 주요한 역할을 발휘한다. 능력은 사람이 정신적 혹은 신체적으로 어떤 것을 할 수 있는 특성(trait, 선천적이거나 혹은 학습된 것)이다. 반면에 기술은 컴퓨터나 선반을 조작할 수 있는 기술과 같은 업무 관련 능력이다.

관리자는 능력과 기술을 가진 사람을 직무요구(job requirement)에 따라 잘 배치해야 한다. 이에 직무분석은 배치과정(matching process)에 많이 활용되는 기술이다.

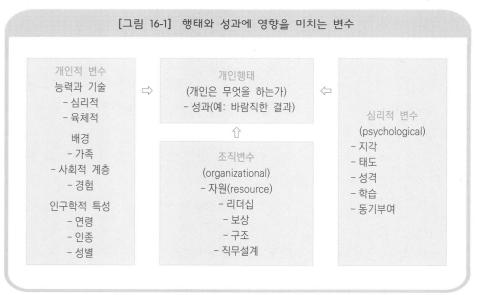

[그림 16-1] 행태와 성과에 영향을 미치는 변수

출처: Ivancevich & Matteson(1990:70).

▸ Type A 혹은 Type B Behavior

심장병전문의인 Meyer Friedman과 Ray H. Rosenman은 1974년 저서 「Type A 행태와 심장 (*Type A Behavior and Your Heart*)」에서 Type A 행태는 흡연, 운동부족, 좋지 않은 다이어트, 비만(obesity)보다 오히려 심장병과 관련한 강력한 예측변수라고 제안하고 있다.

① Type A Behavior: Type A 사람은 상당히 주도적이고, 경쟁적이고 그리고 성급한(impatient) 사람이다. 이들은 조급함을 느끼며, 압박감을 느끼고 있다. 이들은 빠르게 먹고, 걷고, 이야기한다. 또한 이들은 한 줄로 늘어설 때 상당히 짜증을 낸다. Type A는 같은 지능의 Type B보다 높은 등급과 보다 많은 돈을 번다. 하지만, Type A는 Type B보다 다양한 육체적인 질병의 위험이 높다.

② Type B Behavior: Type B 사람은 Type A보다 쉽게 안정을 취하는 사람이다. Type B 사람은 야망과 성급함이 조금 적다. 이들은 서두르거나 급히 달리는 것(scurry)보다 오히려 자기자신의 페이스로 간다. 이들은 보다 높은 삶의 질에 초점을 둔다. 이들은 혈청콜레스테롤(serum cholesterol)이 보다 낮으며, 그리고 심근경식(heart attacks)이 보다 적다.

출처: Rathus(1984: 396-397).

2. 조직행태의 의의와 조직의 행태관리

1) 조직행태의 의의

조직행태(組織行態, organizational behavior)는 조직배경에서 개인의 행태와 집단의 행태를 연구하는 것이다. 조직행태는 조직에서 인간행태를 관리하기 위한 도구, 기술, 아이디어, 전략을 제공한다. 이에 조직행태의 시각은 공무원이 조직목표를 보다 효과적으로 성취하고, 그리고 시민에 대해 보다 책임감 있게 봉사하도록 도움을 주는 중요한 사고와 행동의 방식을 제공한다.

조직행태의 연구와 조직이론 사이의 구별은 모호해질 수 있다. 어떤 학자들은 조직행태는 보다 큰 영역인 조직이론 내의 하나의 시각이라고 제안하고, 다른 학자들은 조직행태는 구별된 연구영역으로서 뚜렷한 정체성을 가지는 것으로 인

식하고 있다. 즉 사고방식 및 행동방식으로서 그리고 하나의 연구분야로서 조직행
태의 가치와 정체성이 있다는 것이다(Denhardt, Denhardt, and Aristigueta, 2013: 5).

　　조직행태의 출발점은 사람(the person)이다. 따라서 조직행태는 조직구조와 조
직가치보다 오히려 인간행태와 개인적 가치를 강조한다. 조직행태는 실제로 조직
과 관리의 모든 측면을 다룬다. 공공관리의 맥락에서 조직행태는 조직에 있어 조
직구성원의 개인적 가치와 민주주의 정부에 있어 공공서비스를 안내하는 가치를
포함한다.

2) 조직의 행태관리

　　조직에서의 성과는 개인과 환경적 특성의 함수이다. 특히 개인의 성과는 개
인적 특정과 물리적, 사회적 환경에 의한 동기부여에 영향을 받는다. 나아가 개인
의 행태는 다음과 같은 조직환경에 의해 영향을 받는다(Reitz, 1987: 87-89).

　　① 채용, 선발 및 교육훈련(recruitment, selection, and training) : 관리자는 채용, 선발
및 교육훈련을 통해 조직의 능력에 영향을 미친다. 성과를 향상시키기 위한 하나
의 접근법은 보다 능력 있는 사람을 채용하는 것이다. 이 접근법은 조직에 의해
가장 요구되는 능력에 대한 인정이 필요하다. 특히 정부는 선발절차에서 인종집단
(ethnic group) 혹은 인구층(demographic group)에 대해 차별할 수 없다.

　　교육훈련은 능력수준의 향상을 통해 성과를 제고할 수 있는 방법이다. 교육
훈련은 다양한 프로그램(조직 자체, 외부 컨설턴트에 의한 프로그램, 외부조직에 의한 훈
련 프로그램, 학위과정)을 통해 이루어질 수 있다. 교육훈련은 필요한 기술에 대한
식별이 요구되며, 이들 기술을 수용할 수 있는 사람을 선발하는 것이 포함된다.

　　② 보상시스템(reward system) : 조직구성원이 자신의 직무에 대한 노력을 강화시
키는 접근법 중 하나가 보상시스템을 개발하는 것이다. 관리자는 조직구성원에게
가능한 한 정확하게 담당직무의 본질과 구체적인 보상시스템에 대해 설명해야 한
다. 이러한 정보에 기초하여, 조직구성원은 직무에 대해 보다 현실적인 기대를 갖
게 될 것이다.

③ 과업설계(task design) : 성과를 향상시키는 명확한 방법은 조직구성원에게 직무를 수행하는 데 필요한 정보와 보다 좋은 도구를 제공하는 것이다. 즉 성과를 방해하는 환경적 장애를 명확히 하고 그것을 제거함으로써 향상될 수 있다. 예를 들면, 직무기술을 통해 불필요한 활동을 제거하는 것이다. 조직에 있어 구성원의 성과와 만족을 향상시키고, 시간손실, 실수, 결근, 이직을 줄이기 위한 과업설계가 요구된다. 과업설계의 첫 단계가 직무분석이다.

제2절 행태의 접근법

행태는 [그림 16-2]와 같이 사람과 환경 사이의 상호작용의 기능이다. 즉 사람과 환경이 행태를 결정한다. 이러한 행태를 이해하는 데 있어 인식접근법과 강화접근법이 있다. 인식이론가와 강화이론가는 행태는 자극에 의해 시작된다는 것에 동의하고 있다. 하지만 이들 접근법은 개인과 환경에 대한 강조점에서 차이가 있다(Reitz, 1987: 22-32).

[그림 16-2] 행태의 함수

출처: Reitz(1987: 23).

1. 인식접근법

인식접근법(cognitive approach)은 행태가 사람과 환경의 함수[B＝f(P×E)]라는 점에서 P(사람)의 역할을 강조한다. 이 접근법은 의식적인 정신활동(생각하고, 이해하고, 정신적 개념인 태도, 신념, 기대)이 인간행태의 주요한 결정요인이라고 주장한다. 즉 인식접근법은 사건에 대한 개인의 반응은 의식적인 정신활동에 의해 결정된다고 주장한다. 이 접근법에 따르면 행태는 물질적·정신적·감정적 구성요소들로 구성되어 있고 복잡하다.

인식접근법은 은밀한 반응(covert response)에 대한 행태적 효과에 많은 관심이 있다. 즉 태도, 가치, 신념은 볼 수 없기 때문에 중요한 행태의 결정요인을 측정하려면 간접적 수단을 활용해야만 한다. 설문지와 태도조사는 인식접근법의 중요한 도구이다.

인식접근법에 따르면 모든 행태는 조직화된다. 개인들은 자신의 경험을 자신의 인식구조에 적합하도록 인식을 조직화한다. 인식시스템의 정확한 본질은 인식을 시작하게 하는 자극의 특질과 개인의 경험에 의존한다.

2. 강화접근법

강화접근법(reinforcement approach)은 뛰어난 두 사람의 심리학자(Ivan Pavlov와 Edward Thorndike)에 의해 행태에 대한 실험적 분석으로 발달하게 되었다.

강화접근법은 B＝f(P×E)의 방정식에서 E(환경)를 강조한다. 인식접근법은 개인의 내적 요인에 대한 중요성을 강조하고, 강화접근법은 개인의 외부적 요인(자극과 결과, 보상과 처벌)에 대한 중요성을 강조한다. 강화접근법은 관찰자가 접근할 수 있는 자극, 반응, 결과에 대해 직접적으로 측정할 수 있는 과정에 관심이 있다. 따라서 강화접근법은 다음의 같이 기술할 수 있다.

| S(Stimulus) | ⇨ | R(Response) | ⇨ | O(Output) |

자극(stimulus)은 개인의 행태를 변화시킬 수 있는 어떤 것이다. 자극은 물질적이고, 관찰할 수 있고, 그리고 측정할 수 있어야만 한다. 모든 자극은 개인에 대한 환경에서 발견된다. 반응은 개인의 행태에 있어 어떤 변화이다. 반응은 자극 때문에 일어난다.

표 16-1 인지접근법과 강화접근법

구 분	인지접근법	강화접근법
강조점	사고와 판단 같은 내적인 정신적 과정을 강조함	인간행태에 있어 환경의 역할을 강조함. 환경이 행태반응을 강화하고 생산하는 자극의 원천으로 봄
행태의 원인	행태에서의 변화는 인지구조에서의 불균형 혹은 불일치(inconsistencies)로 일어남	행태는 환경적 자극(environmental stimuli)에 의해 결정됨
행태를 결정하는 데 있어 과거의 중요성	인지접근법은 역사와 관계가 없음(ahistoric). 과거의 경험이 인지구조를 결정함. 하지만 행태는 사람의 현재 인지시스템의 상태에 대한 기능임	강화이론은 역사적임(historic). 어떤 자극에 대한 개인적 반응은 자신의 강화역사의 기능임
의식의 단계	인지접근법에서 여러 단계의 의식이 존재하지만 가장 중요한 것은 의식적인 정신활동임	강화이론에서는 의식과 무의식 사이에 구별이 없음. 정신적 활동은 다른 유형의 행태로 고려됨

출처: Reitz(1987: 34)의 이론을 재정리한 것임.

제 3 절   행태의 예측변수: 태도와 업무태도

1. 태 도

1) 태도의 의의와 특징

태도(態度, attitudes)는 심리적 대상에 대한 긍정적 혹은 부정적 영향에의 강도이다. 태도는 어떤 대상에 대해 특정한 방식으로 느끼고, 처신하며, 지속되는 성향(persistent tendency)이다. 또한 태도는 경험을 통해 학습되고 조직화되어 준비된 정신적 상태(a mental state of readiness)이다. 이러한 정의에서 태도는 2가지 측면이 강조된다. ① 태도는 지속되고, 그리고 오래간다. 변화에 대한 추동이 없다면, 어떤 대상에 대한 개인적 태도는 동일하다. 물론 태도는 변화한다. 즉 태도는 학습되어진다. ② 사람의 태도는 어떤 대상을 지향한다. 즉 감정과 믿음을 가진다. 태도는 다른 대상의 반응에 대한 자신의 성향(predisposition)이다.

이러한 태도는 지각, 성격 그리고 동기부여에 연결되기 때문에 행태의 결정요인이다. 즉 태도는 행태를 예측하는 데 활용할 수 있다. 또한 태도는 사람 간의 관계와 다른 사람의 인지에 대한 감정적 기반을 제공한다. 태도는 조직화되어 있고 성격의 핵심과 밀접하다. 즉 성격은 사람들의 성격의 본질적인 부분이다. 몇몇 태도는 지속적이며 항구적이다.

2) 태도의 구성요소와 척도

태도는 개인적 세계의 관점에서 동기부여, 감정적, 지각적 그리고 인식적 과정의 항구적 조직이다. 또한 태도는 [그림 16-3]과 같이 인식, 정서, 행태를 결정한다. 나아가 사람들의 행태와 태도는 상호간에 영향을 미친다.

　　첫째, 태도의 인식적 구성요소는 사람들의 지각, 의견, 믿음으로 구성되어 있다. 인식은 합리성과 논리를 특별히 강조하는 사고과정이다. 인식의 중요한 요소는 사람이 지닌 평가적 믿음이다. 평가적 믿음은 어떤 사람이 다른 사람 혹은 대상에 대해 가지는 좋아하거나 싫어하는 표현의 형태로 나타난다.

　　둘째, 정서(affect)는 태도의 감정 혹은 느낌(emotional or feeling)의 구성요소이다. 감정적 구성요소는 어떤 사물에 관한 사람들의 느낌이 포함된다. 이것의 구성요소는 강도에 있어 약한 것으로부터 강한 것에 이르기까지 매우 다양하다. 정서는 부모님, 선생님, 동료집단 구성원으로부터 학습된다.

　　셋째, 행태(behavior)는 사람들이 어떤 사람 혹은 어떤 것에 대해 특정한 방식으로 행동하는 성향이다. 즉 사람은 어떤 사람에 대해 친근하게, 따뜻하게, 공격적으로, 적대적으로 혹은 무관심하게 행동할 수 있다. 이러한 행동은 태도의 행태적 구성요소로 조사·측정되고 평가될 수 있다.

　　관리자의 견지에서 종업원의 태도를 이해하고, 종업원의 태도를 구성하는 인식과 정서를 이해하는 것은 행태를 예측하고, 태도를 수정하는 데 매우 중요하다.

[그림 16-3] 태도의 구성요소

출처: Ivancevich & Matteson(1990: 78).

385

그림 16-4 의미척도법의 척도

당신은 교회에 관해 어떻게 느끼는지 아래의 각 척도에 따라 응답하시오.

좋은(good)						나쁜(bad)
	(+2)	(+1)	0	(−1)	(−2)	

비판적 (unfavorable)						호의적 (favorable)
	(−2)	(−1)	0	(+1)	(+2)	

즐거운 (pleasant)						불쾌한 (unpleasant)
	(+2)	(+1)	0	(−1)	(−2)	

부정적 (negative)						긍정적 (positive)
	(−2)	(−1)	0	(+1)	(+2)	

출처: Spear, Penrod & Baker(1988: 765).

태도의 가장 보편적인 척도 유형은 [그림 16-4]와 같이 의미척도법(semantic differential)이다. 의미척도법은 반대되는 형용사로 정의된 양극척도(bipolar scales)에 의한 단어와 개념에 자극되는 사람의 반응을 측정하는 것이다. 의미척도법은 사람이 어떤 대상에 대해 우호적인 태도를 가지고 있는지를 점검하는 데 활용될 수 있다. 이 절차에서 사람들은 일련의 양극형용사(bipolar adjectives, 좋은-나쁜, 많고-적고 등)에 대한 상태를 비교하도록 요청받는다. 사람들의 반응은 세 가지 차원의 태도-① 평가적 차원(evaluative dimension, 좋은-나쁜), ② 효능차원(potency dimension, 약하고-강하고), ③ 활동차원(activity dimension, 빠르고-느리고)-로 나타난다.

3) 태도의 기능

어떤 대상과 관련하여 감정적 느낌으로 표현되는 태도는 개인에 대해 다음과 같이 4가지 상이한 기능을 한다(Reitz; 1987: 205-206).

① 지식기능(knowledge function): 태도는 어떤 사람이 자신의 지식, 경험 및 믿

음을 조직화하고, 이해하는 데 도움을 준다. 이것은 참조의 틀(frame of reference) 혹은 기준으로서 기여하기 때문에 자신이 지각하는 것에 대한 명확성과 안정성을 제공한다.

② 도구적 기능(instrument function) : 태도 혹은 태도의 대상은 보상을 획득하거나 혹은 처벌을 회피하는 것을 돕는 도구적 역할을 한다. 어떤 경우에 태도는 목적에 대한 수단이다.

③ 가치-표현 기능(value-expressive function) : 태도는 자신의 핵심가치 혹은 자아이미지에 대해 긍정적 표현을 한다. 예를 들면, 개인의 자유를 핵심적 가치로 가진 사람은 조직에 있어 권위의 분권화에 대해 매우 긍정적인 태도를 표현한다.

④ 자아방어 기능(ego-defensive function) : 태도는 자신 혹은 자신의 환경과 관련하여 불쾌하거나 위협적인 지식으로부터 자아를 보호하는 데 기여한다. 위협적인 정보에 대한 수용은 불안을 초래할 수 있다. 그러한 태도가 계속되면 정보를 왜곡하거나 차단할 수 있다.

2. 업무태도

행태과학자들은 태도와 행태 사이의 직접적인 연계가 존재하지 않는다고 가정하지만, 개인의 행태는 자신들의 태도와 일관성을 갖는다고 믿는다. 태도와 행태 사이를 연계하는 행태의도 모델(behavioral intentions model)은 어떤 방식으로 처신하는 사람의 의도에 초점을 두는 것이 행태를 보다 정확하게 예측할 수 있다는 것이다. 의도는 행태에 관련한 태도와 규범에 의존한다는 것을 보여 준다. 이 모델에 의하면 어떤 행태에 관련한 개인의 믿음이 태도와 규범에 영향을 미친다.

1) 직무만족

직무만족(職務滿足, Job satisfaction)은 업무 혹은 직무에 대해 가지는 일반적인 태도(general attitude)이다. Lawler III(1977: 43)에 따르면, 총체적인 직무만족(overall job satisfaction)은 개인이 직무로부터 받았다고 느끼는(feels) 모든 것과 실제로(actually) 받은 모든 것에 대한 차이에 의해 결정된다. 이리하여 직무의 어떤 국면은 다른 국면에 비해 총체적인 직무만족에 보다 많은 영향을 미칠 것이다. 또한 총체적인 직무만족은 국면의 만족(facet satisfaction)과 국면의 중요성(facet importance)의 곱의 총합계로 나타낼 수 있다[overall job satisfaction = Σ (facet satisfaction × facet importance].

　　직무만족에 관련한 대부분의 연구는 1930년대 작업조직에 관심을 가진 심리학자들에 의해 이루어져 왔다. 직무만족의 용어는 직무에 대한 개인적 영역에서 감정적 태도(affective attitudes) 혹은 정향을 언급하는 것으로 사용되었다(Lawler III, 1977: 39). 직무만족에 관련된 대부분의 연구들은 직무만족이 생산성에 영향을 미치기 때문에 중요하다는 것을 보여 주기 위한 바람에 자극받았다. 또한 직무만족은 조직에 있어 매우 중대한 결근이나 이직과 관련되어 있다. 이것은 조직이 직무만족에 대해 관심을 가지는 실질적이고 경제적인 이유이다. 이런 맥락에서 직무만족에 영향을 미치는 요인과 원인을 이해하는 것은 조직구성원의 직무만족을 향상시키기 위한 활동의 전제이기도 하다. 즉 직무만족을 연구하는 주요한 이유는 조직구성원의 태도가 얼마나 중요한 것인가에 대한 아이디어를 관리자에게 제공하는 것이다.

　　이와 같이 조직구성원의 직무만족이란 자신의 직무와 관련한 태도이며, 자신의 직무 혹은 직무경험에 대한 평가로부터 도출되는 즐겁거나 혹은 긍정적인 감정상태(pleasurable or positive emotional state)이다. 또한 직무만족은 자신들의 직무와 관련한 총체적인 지각반응(overall perceptual response)과 전체적인 태도(general attitude)를 의미한다(Rainey, 1997).

　　이러한 직무만족의 주요한 특성으로 Gibson과 동료학자들은 직무와 관련한 다양한 요인이 지각으로부터 초래된다고 지적하고, 중요한 특성으로 보수, 직무(직무의 흥미, 학습의 기회, 수용할 수 있는 책임성의 제공), 승진기회, 감독자, 동료와의 관계(친근감, 능력 및 지원의 정도) 등을 들고 있다(Gibson, et al., 2006: 108-109). Osborn과 동료학자들은 직무 자체, 보수, 승진, 인정, 편익, 업무조건, 감독, 동료, 조직과

388

관리(종업원에 대한 관심, 보수와 편익정책) 등을 들고 있다(Osborn, Hunt & Jauch, 1980: 81). 또한 직무만족의 수준은 기대와 현재 담당 직무 사이의 갭이라는 방정식이라는 것이다. 이 점에서 조직구성원의 연령, 교육, 성별, 문화적 배경이 직무만족의 중요한 결정요인이다(Jung, et al., 2007: 127).

2) 조직몰입

조직몰입(組織沒入, organizational commitment)이란 조직에 있어 조직구성원의 관여(involvement)와 인지(identification)의 강도를 말한다. 또한 조직몰입은 조직에 대한 심리적 귀속감 혹은 애착 정도(Mathieu & Zajac, 1990), 한 개인이 자기가 속한 조직에 대해 얼마나 일체감을 가지고 몰두하느냐 하는 정도(Williams & Anderson, 1990), 또한 조직과 개인을 묶어 주는 심리적인 상태(Meyer & Allen, 1991)를 말한다.

따라서 조직몰입이 강한 구성원들은 조직이 추구하는 가치를 내재화하고, 조직활동에 적극적으로 참여한다. 나아가 조직의 목표와 가치에 대해 강한 동의와 신뢰, 조직을 위해 헌신하려는 노력과 조직구성원으로 잔류하려는 욕구가 강한 구성원은 조직몰입이 강할 것이다. 이 점에서 연구자들은 조직몰입과 이직의도 사이의 관계에 관심을 가진다(Cohen, 1993). 조직몰입이 강한 조직구성원은 직장을 그만두는 경향이 적다는 것이다. 또한 조직몰입이 강한 구성원은 결근율이 낮으며, 목표지향적인 경향이 있기 때문에 상대적으로 생산성이 높다는 것이다.

Meyer와 Allen(1991)은 조직몰입을 정서적 몰입, 지속적 몰입, 의무에 기반을 둔(obligation-based commitment) 규범적 몰입으로 구분한다. Angle과 Perry(1991)는 조직구성원이 조직에 남아 있으려는 욕구인 근속몰입(commitment of stay)과 조직에 대한 자부심을 가지고 조직목표를 수용하며 조직을 위해 노력하려는 의사를 가진 가치몰입(value commitment) 등으로 구분하고 있다.

조직몰입이 높은 사람은 ① 조직목표와 가치에 대해 강한 믿음과 높은 수용성을 가진다. ② 조직에의 믿음에 기초하여 상당한 정도의 노력을 발휘하려는 자발심을 가진다. ③ 조직의 멤버십(membership)을 유지하려는 강한 욕구를 가진다.

직무만족과 같이 조직몰입의 원천은 사람들 사이에 다양하다. 그러므로 조직에 대한 구성원의 초기 몰입(intial commitment)은 개인적 특성(성격과 가치)에 의해 결정되며, 직무에 대한 자신의 기대가 실제의 직무경험과 얼마나 잘 부합되는가에 따라 영향을 받고, 직무경험에서 경험하게 되는 보수, 상사와 동료와의 관계, 작업조건, 승진기회 등에 의해 영향을 받는다(Hellriegel, Slocum & Woodman, 1995: 58-59).

3) 조직시민행동

조직시민행동(組織市民行動, organizational citizenship behavior: OCB)은 조직에 의한 공식적인 보상체계에 의하여 직접적으로나 공식적으로 인식되지는 않으나, 조직전체의 효과적인 기능을 종합적으로 촉진시키는 자발적인 행동을 의미한다. 조직시민행동은 조직구성원이 조직기능을 수행함에 있어 조직이 규정한 역할을 뛰어넘는 혁신적이고 자발적인 행동이다. 이에 조직시민행동은 동료들과 조직의 생산성을 향상시켜 주며, 팀의 효과적인 조정과 관리에 도움을 주고, 변화에 적응하는 역량을 제고시킴으로써, 조직의 효율성에 기여한다(Podsakoff & MacKenzie, 1997; 류두원 외, 2012).

이러한 조직시민행동을 친사회적 행동(prosocial behavior) 혹은 역할 외 행동(extra-role behavior) 등으로 표현하기도 한다(조윤형·최우재, 2010: 406). 조직시민행동이 조직의 공식적 직무기술서에 의해서가 아니라 조직구성원 스스로의 의지에 의해 발생한다. 즉 조직시민행동은 행동의 여부가 전적으로 개인의 자유로운 선택행위에 의해 결정된다. 이러한 조직시민행동의 구성요소로 Organ (1988)은 이타주의, 양심, 예의, 공익성, 스포츠맨십 등을 제시하고 있다.

첫째, 이타주의(altruism)는 조직에 관련된 과업이나 문제가 있는 동료에게 도움을 주는 사려 깊은 자유재량적인 행동을 말한다.

둘째, 양심(conscientiousness)은 조직구성원에게 최소한의 범위 안에서 어떤 역할을 수행하도록 하고, 고용조건(예를 들면, 출근, 규칙 및 규정을 준수하는 행위, 휴식시간 등)에 어긋나지 않는 범위 내에서 작업에 참여하며, 청결의 유지와 향상을 위해 노력하는 행동을 말한다.

셋째, 예의(courtesy)은 업무와 관련하여 다른 사람과 생길 수 있는 문제를 예방하려는 개인의 자유재량적인 행동을 말한다. 즉 의사결정이나 몰입에 영향을 주는 당사자들의 행동과 조직 내에서 발생하기 쉬운 문제들을 사전에 막으려는 행동이다.

셋째, 시민정신(civic virtue)은 자신이 몸담고 있는 조직에 관심을 가지고 적극적으로 참여하거나 관심을 쏟는 행동을 말한다. 즉 조직의 정치적 활동에 적극적으로 관여하고, 책임지는 행동이다.

다섯째, 스포츠맨십(sportsmanship)은 이상적이지 못한 상황에서도 불평불만 없이 기꺼이 일하려는 의지를 말한다. 즉 불평, 불만, 고충 등을 자발적으로 참고 승복하는 행동이다.

4) 공공봉사동기

공공봉사동기(公共奉仕動機, public service motivation: PSM)는 Perry에 의해 그 개념이 구체적으로 척도화된 이후, 많은 학자들이 그 개념을 공공부문에 다양하게 인용하고 있다.

첫째, 공공봉사동기는 공공기관 혹은 공공영역에서 나타나는 독특한 동기로 파악되고 있다. 이런 시각에서 공공봉사동기는 공공기관에서 우선적으로 혹은 독특하게 나타나는 동기에 반응하려는 개인의 성향(Perry & Wise, 1990: 368), 타인에게 도움이 되는 그래서 사회적 복리를 향상하는 공공영역에서의 공통된 동기와 행태(Perry & Hodeghem, 2008: 3)로 정의할 수 있다.

둘째, 공공기관 혹은 공공영역을 넘어 인간의 이타심과 친사회적 행태와 연관된 보편적인 동기로 파악하여, 지역공동체, 국민, 그리고 국가 및 인류를 위해 봉사하려는 일반적인 이타적 동기(Rainey & Steinbauer, 1999: 23), 개인이 갖고 있는 이타적 동기, 친사회적 행태, 그리고 사회의 안녕을 우선시하는 가치 및 신념체계 등으로 정의하기도 한다(최무현·조창현, 2013: 344).

　　Perry와 Wise(1990)는 〈표 16−2〉와 같이 공공봉사동기를 합리적 차원, 규범적 차원, 감성적 차원으로 구성하고 있다. 첫째, 합리적 차원에서의 공공봉사동기는 정책과정에 참여하여 사회적으로 의미 있는 일을 수행하고 싶은 동기를 일컫는다. 이 차원의 동기는 공공정책 결정에 대한 호감도(attraction to public policy making)를 의미한다. 둘째, 규범적 차원에서의 공공봉사동기는 일반적인 공공선을 증진시키고, 공동체에 속한 시민으로서의 의무를 성실히 수행하고자 하는 동기를 의미한다. 이 차원의 동기는 공익실현을 위해 얼마나 노력하느냐를 설명하는 공익에의 몰입(commitment to public interest)으로 공익에 봉사하려는 봉사욕구이다. 셋째, 정서적 차원에서의 공공봉사동기는 본인이 사회적으로 반드시 필요하다고 믿는 기능과 정책에 헌신하고자 하는 동기를 의미한다. 이 차원의 동기는 선행에 대한 지지나 약자에 대한 보호에 기여하게 된다.

　　Perry(1996)는 이들 3가지 차원을 바탕으로 4가지 공공봉사동기의 구성개념인 정책입안에 대한 호감도, 공익에 대한 몰입, 동정심, 자기희생 등을 제시하고 있다.

　　① 정책입안에 대한 호감도(attraction to policymaking) : 공공정책의 형성·집행과정에 적극 참여하여 희소자원의 배분과정에서 발생하는 문제점들을 더 큰 사회적 공공선의 실현과정으로 인식하는 정도로 측정된다.

　　② 공익에 대한 몰입(commitment to public interest) : 개인의 사익에 우선하여 공익

표 16-2　공공봉사동기의 구성개념

차 원	특 징	하위 구성개념
합리적 차원	- 정책형성 과정의 참여 - 공공정책에 대한 동일시 - 특정 이해관계에 대한 지지	정책입안에 대한 호감도(attraction to policymaking)
규범적 차원	- 공익봉사의 욕구 - 국가 및 사회에 대한 충성 - 사회적 형평성 추구	공익에 대한 몰입(commitment to public interest)
정서적 차원	- 정책의 사회적 중요성에 기인한 　정책에 대한 몰입 - 선(good)의 애국심	동정심(compassion), 자기희생(self-sacrifice)

을 추구하려는 노력으로 측정된다.

③ 동정심(compassion) : 사회적 약자에 대한 동정심, 사회적 문제해결에 대한 관심 등으로 평가된다.

④ 자기희생(self-sacrifice) : 금전적인 보상과 무관하게 공익과 관련된 문제를 해결하려는 노력과 이를 통한 만족 등으로 평가된다.

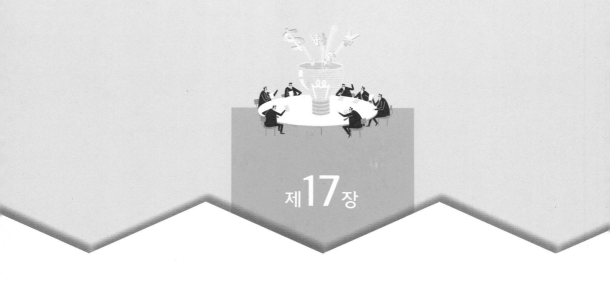

제17장

지 각

우리가 보는 것이 사실이라고(what we see is the truth) 믿는 것이 사람의 성향이다. 심지어 실제로 그렇지 않지만, 많은 사람들은 자신들이 원하는 것으로 지각하는 경향이 있다. 우리 모두는 지각필터(perceptual filters)를 소유하고 있다. 이와 같이 세계에 관한 지식은 우리의 감각시스템(sensory system) — 보고, 듣고, 시음하고, 건드리고, 냄새 — 을 통해 우리의 두뇌에 전달된다. 이처럼 지각은 감각자극을 의미 있고 일관성 있는 그림의 세계를 선택하고, 조직화하고, 해석하는 복잡한 과정이다.

이 장에서는 이러한 복잡한 과정인 지각에 대한 의의와 과정 및 'Johari의 창'에 대해 살펴보고자 한다.

제1절 지각의 의의와 과정

1. 지각의 의의

지각(知覺, perception)은 사람에게 의미 있는 경험을 제공하기 위한 환경적 자극에 대한 선택과 조직화이다. 지각은 정보를 찾고, 보유하고, 그리고 전달하는 것을 포함한다. 지각은 환경으로부터 정보를 수집하기 때문에 심리적 과정이다.

지각은 지각하는 대상에 의해 영향을 받는다. 인간의 지각에 있어 가장 기본적 특징 가운데 하나는 선택적 조직화(selective organization)이다. 지각은 개인적 자극을 알아볼 수 있거나 친숙한 패턴으로 서로 관련되어 있는 것을 지각하도록 조직화한다.

표 17-1 사실과 추론의 차이

추론(inferences)	사실(facts)
우리가 사실일 것이라고 알고 있거나 혹은 가정하는 정보로부터 도달하는 결론	우리 모두가 사실일 것이라고 동의하는 어떤 것 (anything that we all agree to be true)
- 관찰하기 전, 관찰하는 동안 그리고 관찰한 이후 이루어진다. - 우리가 관찰하는 것을 초월한다. - 단지 몇몇 가능성의 정도를 묘사한다. - 종종 불일치가 일어난다. - 숫자상으로 무제한적이다.	- 관찰하거나 혹은 경험한 이후에 설정된다. - 우리가 관찰한 것에 한정한다. - 어떤 사람이 갖게 되는 확실성에 가깝다. - 동의하는 경향이 있다. - 숫자상으로 제한적이다.

출처: Drafke(2006: 32).

2. 지각과정

사람들은 선택적으로 지각하는 것과 지각한 것을 어떻게 조직화하고, 해석하는가에 따라 상황을 다르게 지각한다.

[그림 17−1]과 같이 지각과정은 최초의 관찰단계에서 최종 반응단계로 구성되어 있다.

① 자극(stimuli) : 몇몇 자극들은 진행되기 위해 선택되어야 한다. 우리는 가장 중요한 자극만을 선택한다. 하지만 많은 요인들이 선택에 영향을 미친다. 즉 자신의 욕구와 성격에 기초하여 서로 다른 자극을 선택하게 된다. 예를 들면, 배고픈 사람은 중국요리점의 광고에 있는 음식에 초점을 둔다.

② 관찰(observation) : 사람들은 오감(미각, 후각, 청각, 시각, 촉각)을 통하여 환경으로부터 자극을 받는다.

③ 지각적 선택(selection) : 사람들은 환경의 몇몇 측면에 대해 선택적으로 관심을 기울인다. 감각적 지각(sensory perception)을 여과하고, 가장 관심을 끄는 것을 결정하는 데 외부적 요인과 내부적 요인 모두와 관련한 선택과정이 있다.

④ 지각적 조직화(perceptual organization) : 각 개인들은 자극에 대해 의미 있는 유형을 선택하여 조직화한다. 즉 자극이 선택되면, 유용한 틀에서 자극은 조직화되어야만 한다.

⑤ 해석(interpretation) : 사람들은 지각하는 것을 매우 다양하게 해석한다. 즉 우리가 선택하고 조직화한 자극을 해석하는 방식은 현재의 상황, 우리 자신의 특성, 지각한 사물의 특성 등에 의해 영향을 받는다. 예를 들면, 손을 흔드는 것도 상황에 따라 친근한 제스처로 혹은 위협적인 몸짓으로 해석한다. 따라서 조직에서 관리자와 구성원들은 어떤 사건에 대해 자신들의 지각을 부정확하게 해석할 가능성에 직면하게 된다.

⑥ 반응(response) : 감각적 자극에 대한 사람들의 해석은 반응−명시적 반응(행동) 혹은 은밀한 반응(동기부여, 태도, 감정)−에 이르게 한다. 각 사람들은 감각적 자극을

다르게 선택하고 조직화한다. 이리하여 다른 해석과 반응을 가지게 된다.

이와 같이 지각적 차이는 사람들이 같은 상황에서 다르게 처신하는 이유를 설명하는 데 도움을 준다. 즉 사람들은 가끔 같은 것을 다른 방식으로 지각한다.

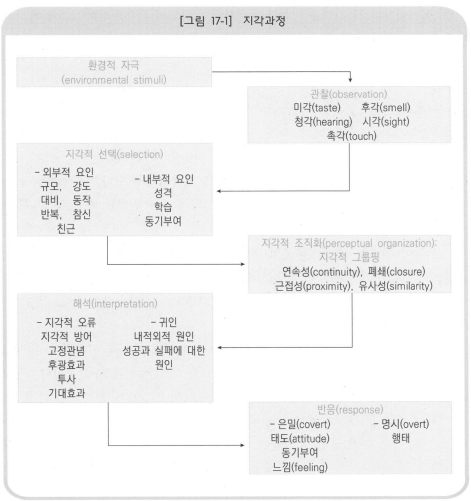

[그림 17-1] 지각과정

출처: Hellriegel, Slocum, Woodman(1995: 72).

이처럼 어떻게 지각하는가에 따라 각각 다른 행태적 반응을 보인다.

1) 지각적 선택

지각적 선택(perceptual selection)은 사람들이 대부분의 자극을 여과하는 과정
이다. 이러한 지각적 선택은 지각자의 내부적인 요인과 외부환경적인 요인에 의해
영향을 받는다.

(1) 외부적 요인

외부적 지각요인은 자극을 알아차리는 데 영향을 미치는 특성들이다. 이들
요인으로는 규모, 강도, 대비, 동작, 반복, 새로움과 친근 등이 있다.

① 규모(size) : 외부적 요인으로서 규모가 클수록 지각하기가 보다 쉽다.

② 강도(intensity) : 외부적 요인이 강할수록 지각되기가 쉽다(강렬한 불빛, 큰 소
리 등). 상관이 부하에게 명령하는 언어는 강도의 원리를 반영할 수 있다. '즉시 내
사무실에서 보고하라' 등이 그 예이다.

③ 대비(contrast) : 배경으로부터 뚜렷이 드러나는 외부적 요인을 보다 쉽게 인
지할 수 있다. 배경의 반대편에 있는 물체를 어떻게 인지하는지에 영향을 미친다.

④ 동작(motion) : 움직이는 요인이 정지된 요인보다 지각하기가 쉽다. 전쟁터에
서 군인은 이러한 원리를 빨리 학습한다.

⑤ 반복(repetition) : 반복되는 요인은 단일의 요인보다 쉽게 지각된다. 마케팅
책임자들은 잠재적 고객의 관심을 얻기 위해 이러한 원리를 활용한다. 광고
(advertisement)는 핵심적 아이디어를 반복한다.

⑥ 신기함과 친밀감(novelty and familiarity) : 환경에 있어 신기하거나 친밀한 요인
이 주의를 끈다. 예를 들면, 사람들은 도시의 거리를 어슬렁거리는 코끼리를 쉽게
지각한다.

(2) 내부적 요인

내부적 지각요인(internal perception factors)은 지각선택에 영향을 미치는 지각자의 측면이다. 이러한 내부적 요인에는 성격, 학습, 동기부여 등이 포함된다.

① 성격(personality) : 성격은 사람들이 어떻게 지각하는가에 대해 영향을 미친다. 즉 성격은 개인이 다른 사람을 어떻게 지각하는가에 강하게 영향을 미친다. 예를 들면, 필드 의존(field-dependent)이 강한 사람은 외부의 환경적 신호에 보다 많은 주의를 기울인다. 반면에 필드에 독립적인 사람(field-independent person)은 감각(sensations)에 의존한다. 필드 의존적인 사람은 필드 독립적인 사람보다 인근의 환경 혹은 상황설계에 의해 보다 많이 영향을 받는다.

② 학습(learning) : 학습은 지각 갖춤새의 발달을 이끈다. 지각 갖춤새(perceptual set)란 비슷한 자극에 대한 과거의 경험에 기초한 지각의 기대이다. 조직에 있어 관리자와 구성원의 과거 경험과 학습이 지각에 강하게 영향을 미친다.

③ 동기부여(motivation) : 동기부여는 사람이 지각하는 것을 결정하는 데 중요한 역할을 발휘한다. 동기부여와 같은 내부적 요인이 감각정보(sensory information)의 해석에 영향을 미친다.

2) 지각적 조직화

지각적 조직화(perceptual organization)란 사람들이 환경적 자극을 인식할 수 있는 패턴으로 그룹화하는 과정이다. 사람들은 들어오는 정보를 하나의 의미 있는 전체(a meaningful whole)로 조직화한다. 지각적 그룹핑(perceptual grouping)은 개인적 자극을 하나의 의미 있는 패턴으로 형성하는 경향이다.

이에 대해 독일 심리학자들은 게슈탈트(Gestalt)[1]로 체계화하는 경향이 있다는 사실에 주목했다. 즉 지각에서 전체는 부분의 합을 넘어선다는 것이다.

① 연속성(continuity) : 물체를 연속적인 패턴(continuous patterns)으로 지각하는

---

1 게슈탈트(Gestalt)는 '모양'이나 '전체'를 의미하는 독일어 단어이다.

성향이다. 반면에 연속적인 패턴의 경향은 특이한 것을 지각하거나, 변화를 탐지하는 데 무능력을 초래할 수 있다. 경제적 전망에 있어서 보통 연속성의 오류(continuity error)는 미래가 현재 경향의 연속성이라고 가정하는 것이다.

② 폐쇄성(closure) : 하나의 전체적 물체(a whole object)로 지각하는 능력이다. 사람들은 아이디어와 정보를 다룰 때 폐쇄성의 원리(closure principle)의 관점에서 자신의 지각을 조직화한다.

③ 근접성(proximity) : 가깝게 접근한 자질들을 집단화한다. 대상에 대한 그룹을 서로에 대한 접근성(nearness)과 관련하여 지각하는 것이다. 조직구성원들은 물리적 근접성 때문에 하나의 팀으로 부서 내에 함께 일하는 다른 구성원을 지각하게 된다.

④ 유사성(similarity) : 서로 유사한 자질들을 집단화한다. 즉 대상 혹은 아이디어가 같을수록 공동그룹으로 지각하는 성향이다. 예를 들면, 조직구성원들은 파란색의 사원용 명찰을 부착하고, 반면에 사무실을 방문하는 외부인들에게는 노란 명찰을 부착하게 함으로 쉽게 인식하게 하는 것이다.

3) 지각자의 특성

지각자(perceiver)는 다른 사람의 특성과 행태에 대한 지각에 있어 자신의 문화적 경험, 태도, 가치의 관점에서 해석한다. 이들 요소는 가끔 문화적 차이 때문에 사람의 행태와 성격에 관한 판단에서 부적절하게 이루어질 수 있다.

① 지각적 방어(perceptual defense) : 지각적 방어는 위협적인 아이디어, 목적 혹은 상황으로부터 자기자신을 보호하려는 성향이다. 세상을 보는 개인적 방식(individual's way of viewing the world)은 변화에 대해 상당히 저항적이다. 따라서 사람들은 불안감을 주는 환경에 대해 심리적으로 청각장애 혹은 맹인이 될 수 있다.

② 고정관념(stereotyping) : 고정관념은 사람들이 놓여 있는 범주에 기초하여 사람들의 속성을 결정하는 성향이다. 새로운 상황에 직면할 때 고정관념은 사람을 분류하는 데 도움을 주는 가이드라인을 제공한다. 하지만 고정관념이 잘못된 가정

에 기초한다면 상황을 왜곡시키게 된다. 연구에 의하면, 작업조직에 있어 고정관념은 소수집단 구성원, 나이 많은 노동자, 여성에 대해 불리하게 작용한다(Aldag & Kuzuhara, 2002: 99).

③ 후광효과(halo effect) : 후광효과는 호의적이거나 비호의적인 감정 중에서 하나의 속성에 기초하여 다른 사람을 평가하는 것이다. 후광효과로 인해, 각각 특성에 대해 독립적으로 평가하여 판단하지 않는다. 예를 들면, 결근율이 전혀 없는 종업원은 높은 생산성, 양질의 노동력, 근면할 것이라고 확신하는 것이다.

④ 투사(projection) : 투사는 사람들이 다른 사람에서 자기자신의 특성을 바라보는 성향이다. 즉 사람들은 다른 사람에 대해 자기자신의 감정, 성격, 태도 혹은 동기를 투사한다. 즉 근심이 있는 사람은 똑같이 걱정스럽게 다른 사람을 바라본다.

⑤ 초두성 효과/신근성 효과(primacy/recency effects) : 우리가 자극을 받은 시간이 그것에 주어지는 비중에 영향을 미친다. 우리가 받은 최초의 정보가 최종의 인상에 매우 중요하게 영향을 미친다. 이것을 초두성 효과라 한다. 우리가 최근에 받은 정보가 매우 중요한 영향을 가질 때 신근성 효과라 한다.

⑥ 기대효과(expectance effects) : 지각과정에서의 기대효과는 이전의 기대가 사건, 목적, 그리고 사람에 대한 지각에 있어 편견(bias)을 가지게 하는 성향이다.

⑦ 피그말리온 효과(pygmalion effects, 선입관에 의한 기대가 학습자에게 주는 효과) : 지각의 준비성(perceptual readiness)이 우리가 선택한 자극에 영향을 미친다. 이것은 우리가 자극을 해석하는 방식에 영향을 미친다. 피그말리온 효과는 신화에서 유래되었다. 그리스신화에서 조각가 피그말리온은 매우 아름다운 여성의 조각을 창작하고 사랑에 빠진다. 피그말리온은 그 조각을 처녀 갈라테아(maiden Galatea)로 명명했는데, 기도 끝에 사람으로 변신한 그녀와의 사이에 아들 파포스(Paphos)를 가진다. 이처럼 피그말리온 효과는 우리가 가지고 싶은 이미지의 어떤 것을 창작하는 것이다. 즉 지각의 준비성이 우리의 기대에 기초하여 우리의 지각에 대해 색칠을 하는 것이다(Aldag & Kuzuhara, 2002: 99).

3. 지각적 오류의 방지

지각은 우리의 행태를 결정하는 데 중요한 역할을 발휘한다. 자기자신의 특성을 알고 있는 사람들은 다른 사람을 지각하는 데 있어 오류를 줄일 수 있다. 그리고 덜 흑백논리(black-and-white term)로 세상을 볼 것이다. 또한 자기 자신을 덜 투사하게 된다.

이와 같이 지각적 오류를 방지하려면 관련 정보에 관심을 갖고, 실제상황을 검증하려는 의식적인 노력이 필요하다. 즉 우리의 지각이 정확한 것인지 혹은 그렇지 않은지에 대해 증거를 활발하게 찾는 노력이 요구된다. 또한 다른 사람에 대한 자신의 지각을 비교하고, 지각에 어떠한 차이가 있는지 알아보려고 노력해야 한다. 즉 지각과 관련한 객관적인 척도를 찾아야 한다.

| 제 2 절 | Johari의 창 |

Johari의 창(Window)은 1955년 미국의 심리학자 Joseph Luft와 Harrington Ingham이 개발한 개념이며, 이후 Joseph Luft(1970)가 더욱 발전시켰다. Johari Window는 개인이 자기자신에 대한 지각에 있어 보다 많은 것을 발견하는 데 도움을 준다. 이 개념은 개인이 자아와 다른 사람의 관계를 보다 잘 이해하는 데 도움을 준다. 이것은 체험적 경험으로서 자조집단(self-help groups)과 공동의 배경(corporate settings)에 주로 활용되었다.

이 개념은 생활의 많은 수수께끼에 대한 해답을 탐구하는 데 도움을 준다. 우리의 생활에서 일어나는 것은 우리가 우리 내면에 존재하는 것에 대해 실질적으로 얼마나 알고 있는가와 동시에 다른 사람이 진정한 의미에서 그것에 대해 얼마나 알고 있는가에 의존한다.

Johari의 창은 자아인식(self-awareness)과 한 집단 내 개인들 사이의 상호이해(mutual understanding)를 묘사하고, 향상시키는 데 매우 유용한 도구이다. 또한 이 모델은 한 집단과 다른 집단의 관계를 평가하는 데 활용할 수 있다. 나아가 Johari의 창은 심리적 접촉 안에서 고용주와 종업원의 관계를 이해하는 데 도움을 준다.

Johari의 창에 의하면, 우리가 우리 자신의 지각에 대해 보다 많이 알아볼수록 우리는 우리가 생각하고 행동하는 방식을 보다 많이 변경하고, 향상시키고, 지원할 수 있다. Johari의 창을 통해 갈등상황에 대처하기 위해서는 심문자 영역을 줄이고, 이상형 영역을 늘려 나가야 한다.

이것을 실행할 때는 대상에 대해 56개의 형용사 목록을 제시하고([부록 1] 참조), 그리고 자기자신의 성격을 기술하는 것으로 생각하는 형용사 5개 혹은 6개를 선택한다. 그 대상에 대해 동료에게도 같은 목록을 주고, 대상을 기술하는 5개 혹은 6개의 형용사를 선택하게 한다. 그러고 나서 이들 형용사를 그리드에 연결시킨다. Charles Handy는 이 개념을 4개의 방을 가진 Johari House라고 명명한다 (http://en.wikipedia.org/wiki/Johari_window).

① 이상형(Open Area): 이 방은 나 자신에 대해 나도 볼 수 있고 다른 사람도 볼 수 있는 것이다. 즉 이 사분면은 나 자신과 동료 모두가 알고 있는 대상의 특성

[그림 17-2] Johari의 창

| | | 자아(Self) | |
		내 자신에 대해 아는 것	내 자신에 대해 모르는 것
타인 (Others)	나에 대해 다른 사람이 아는 것	Open Area (Public)	Blind Area
	나에 대해 다른 사람이 모르는 것	Hidden Area (Façade, Private)	Unknown (Dark)

출처: Luft(1970).

403

을 대표한다. 따라서 개방적이고, 교류가 활발하며, 방어기제가 일어나지 않는 상황이다. Johari의 창에서 준 가장 중요한 단서는 'Open' 국면을 발전시킬수록 우리의 생활에서 보다 많이 편안하고 그리고 성공적일 수 있다. 'Open' 국면을 확대하게 하는 지속적인 작업은 다음과 같다.

- 우리의 자질(qualities)을 강화하고, 그리고 그것을 적극적으로 활용하라.
- 자기평가에 대해 보다 자기성찰(introspective)을 하고 그리고 개방하라.
- 자신의 약점을 극복하라.
- 깊게 감추어진 자질을 깨닫고, 깊게 뿌리내린 공포를 극복하기 위해 다양한 도전유형을 수용하라.

② 고삐 풀린 황소(Blind Area, Bull-in-China-Shop) : 이 방은 나 자신에 대해 다른 사람은 볼 수 있지만, 내가 알 수 없는 것이다. 이 사분면은 나 자신에 대해 알지 못하지만, 다른 사람이 알고 있는 대상의 정보를 대표한다. 다른 사람이 이 사각지대(blind spots)에 대해 나에게 알릴 것인지 혹은 어떻게 알릴 것인지를 결정할 수 있다.

③ 심문자(Hidden Area, Interviewer) : 이 방은 나 자신에 대해 나는 알지만 다른 사람으로부터 숨겨진 개인적 영역이다. 즉 이 사분면은 동료가 모르는 나 자신의 정보를 대표한다. 이러한 형태의 의사소통과 행동은 상대방을 화나게 하며, 거부감을 주고, 불신을 야기한다.

④ 거북이(Unknown, Turtle) : 이 방은 나 자신에 대해 나 자신과 다른 사람도 볼 수 없는 무의식적 혹은 잠재의식 영역(subconscious part)인 가장 비밀스러운 방(mysterious room)이다. 이 사분면은 이들 특성에 대한 존재에 대해 집단적 무지(collective ignorance)를 대표한다. 이 국면은 우리 인간의 잠재력(human potential)이다. 이 방은 Freud 관점에서 무의식 세계에 해당된다. 이 국면의 지각은 정의하고 해석하는 것이 매우 어렵다. 또한 'Dark' 국면이 가장 중요한 생활의 국면이다. 우리의 가장 뿌리깊은 공포 혹은 깊게 묻혀 있는 재능이 'Dark' 국면에 놓여 있다.

부록 1: Johari Window의 56개 형용사

able	accepting	adaptable	bold	brave	calm	caring
cheerful	clever	complex	confident	dependable	dignified	energetic
extroverted	friendly	giving	happy	helpful	idealistic	independent
ingenious	intelligent	introverted	kind	knowledgeable	logical	loving
mature	modest	nervous	observant	organized	patient	powerful
proud	quiet	reflective	relaxed	religious	responsive	searching
self-assertive	self-conscious	sensible	sentimental	shy	silly	smart
spontaneous	sympathetic	tense	trustworthy	warm	wise	witty

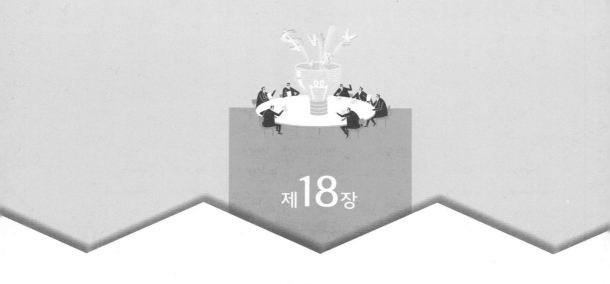

제18장

학습이론

　　학습은 희망을 갖게 해 준다. 우리는 새로운 학습을 통해서 이미 학습된 것들을 변화시킬 수도 있다. 이런 시각에서 학습이론은 인간본성이 나쁘지도 혹은 좋지도 않다고 가정한다. 학습이론가들은 인간은 다른 사람과 환경에 단순히 반응하는 존재(reactive being)이라고 가정한다. 또한 학습이론가들은 행태를 객관적이고 측정할 수 있는 용어로 평가하려고 노력한다. 이에 학습심리학자들은 S－R단위가 어떻게 획득되는가 혹은 어떻게 학습되는가를 발견하고자 한다.

　　이 장에서는 학습의 의의와 유형, 학습이론에 관련한 몇 가지 실험과 사회적 학습에 대해 살펴보고자 한다.

제1절 학습의 의의와 유형

1. 학습의 의의

학습(學習, learning)은 구체적인 개인의 행태 발생빈도에 있어 비교적 항구적인 변화(permanent change)를 말한다. 학습하는 능력이 사람에게 생존의 가치를 가지게 한다. 학습하는 능력은 유전적(inherited)이다. 학습은 변화에 대해 융통성 없고 저항적인 행태패턴에 상당한 유연성을 부여한다. 이런 정의에서 학습은 경험에 기초한다. 학습은 유기체의 변화를 낳는다. 그리고 이러한 변화들은 비교적 영속적이다.

학습은 다소간 항구적이기 때문에, 피로와 같이 단명하는 영향력 때문에 변화하는 행태와는 차이가 있다. 학습은 모든 경우에 실질적 행태에 영향을 미치지는 않는다. 또한 학습은 개인적 경험으로부터 초래된다. 학습은 대체로 성숙과 같은 물리적 변화(physical change)의 기능이 아니다(Spear, Penrod, & Baker, 1988: 240).

2. 학습의 유형

1) 습관화

학습의 가장 단순한 형태는 습관화(habituation)이다. 유기체가 어떤 자극에 대해 반복적으로 반응하기 때문에 자극에 대해 익숙해진다. 이러한 과정이 습관화이다. 이에 습관화는 새로운 자극 혹은 갑작스러운 자극에 대해 관심이 적다. 하지만 습관화의 가치는 사람들이 새롭지 않거나 중요하지 않은 자극을 무시하게 된다는 것이다.

2) 민감화

민감화(sensitization)는 동물 혹은 사람이 어떤 종류의 고통 혹은 불쾌한 사건을 동반하는 자극에 노출되었을 때 일어난다. 민감화의 효과는 훈련의 정도에 따라 몇 분에서 몇 주간 지속될 수 있다. 민감화의 효과는 습관화의 효과와 반대일 수 있다.

제 2 절   자극에 따른 학습

1. 고전적 조건형성: Pavlov의 실험

고전적 조건형성(classical conditioning)은 개인이 반사적인 행태(reflex behavior)를 학습하는 과정이다. 반사작용(reflex)은 개인의 의식적 통제에서 일어나는 것이 아닌 자기도 모르는 반응 혹은 자동적 반응(involuntary or automatic response)이다. 즉 고전적 조건형성은 중성적인 자극이 어떤 반응을 자연히 일으키는 자극과 짝지어진 이후에 특정 반응을 일으킬 때를 말한다.

이에 관한 대표적인 연구로 1890년대 러시아 심리학자 Ivan Pavlov (1849-1936)는 개의 소화작용(digestion)을 조사했다. 개가 음식을 받아먹기 전에 침을 흘리는(salivate) 이유를 이해하기 위해 노력했다.

첫째, Pavlov는 학습되지 않는 반응(침)을 이끌어 내는 자극(음식)과 침을 이끌어 내지 않는 자극(벨)과 짝을 이루는 결정을 했다. 개가 음식을 만났을 때 침을 흘리는 것을 무조건적 반응(unconditioned stimulus response: UR)이라 명명한다. 학습되지 않는 무조건적 반응인 반사작용이 나타난다. 반사작용은 어떤 자극의 범위에 의해 이끌리는 것이다. 자극(stimulus)은 환경에서의 변화로 정의할 수 있다.

둘째, Pavlov는 개가 침을 흘리지 않는 자극(벨)과 음식을 동시에 제공하는 자극을 했다. Pavlov는 음식을 제공하는(unconditioned stimulus: US) 동시에 벨을 울릴 때 침(unconditioned response: UR)을 발견했다.

셋째, Pavlov는 벨과 음식을 동시에 지속적으로 제공한 후, 음식을 제공하지 않고 벨을 울렸을 때 침을 흘리는 것을 발견했다. 벨은 개가 예측하는 방식에서 반응하는 자극이 되었다. 이때 벨을 조건적 자극(conditioned stimulus: CS)라 한다. 벨에 대한 반응을 조건적 반응(conditioned response: CR)이라 한다. 벨이 조건적 반응을 이끌어 내는 힘을 가지는 것을 강화(reinforcement)라고 한다. 무조건적 자극(음식)은 음식과 연계됨으로써 조건적 자극(벨)을 강화시킨다. 즉 두 개의 조건이 짝을 이룰수록 음식은 보다 벨을 강화시킨다. 이러한 학습절차를 고전적 조건형성(classical conditioning)이라고 한다.

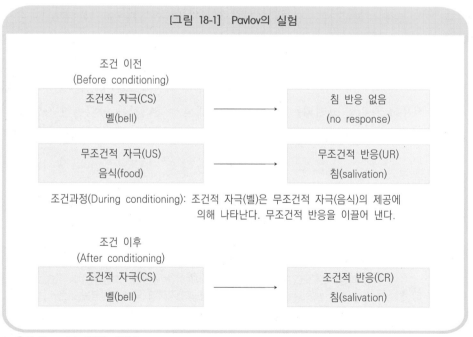

[그림 18-1] Pavlov의 실험

조건 이전
(Before conditioning)

조건적 자극(CS)
벨(bell)
→
침 반응 없음
(no response)

무조건적 자극(US)
음식(food)
→
무조건적 반응(UR)
침(salivation)

조건과정(During conditioning): 조건적 자극(벨)은 무조건적 자극(음식)의 제공에 의해 나타난다. 무조건적 반응을 이끌어 낸다.

조건 이후
(After conditioning)

조건적 자극(CS)
벨(bell)
→
조건적 반응(CR)
침(salivation)

출처: Dworetzky(1985: 183).).

이와 같이 Pavlov는 반사작용은 자극에 대해 단순하고 학습되지 않는 반응이지만, 반사작용이 연계를 통해 학습되어지거나 혹은 조건화된다는 것을 발견했다.

Pavlov의 학습연구의 결과는 동물은 CS와 US의 두 자극이 시간적으로 멀리 떨어져 있다면 CS와 US 사이의 연계를 학습하지 못한다는 것이다. 즉 CS(소리)를 계속 제시하고 US(음식)를 제공하는 것을 멈춘다면 침 흘리는 것을 멈추게 된다. 이런 과정을 소거(extinction)이라고 한다. 소거란 CS가 더 이상 US를 신호하지 않을 때 반응이 감소하는 것을 말한다. 또한 시간이 경과함으로써 조직체는 자발적 회복(spontaneous recovery)을 보여 준다. 즉 자발적 회복은 휴지기간 후에 소거되었던 조건반응이 다시 나타나는 현상이다.

이에 Pavlov는 짧은 자극 간 간격(short interstimulus interval)의 중요성을 인식했다. 만약 US가 CS에 선행한다면, 즉 반대방향의 조건이라는 절차라면 동물은 거의 학습하지 못한다. 또한 연구자들은 CS – US 관계가 등위성(equipotentiality)에 의해 특징된다고 주장한다.

이와 같은 고전적 조건형성은 일상의 조직생활에서 일어나는 다양한 행태를 설명하는 데 도움을 준다. 반면에 관리자의 관점에서 고전적 조건형성은 보통의 작업 배경에 적용하기 위해 고려되는 것은 아니다. 대신에 관리자는 종업원의 자발적 행태에 관심을 가지고, 이들 행태가 어떻게 영향을 받고 있는지에 관심을 가진다.

표 18-1

무조건적 반응(UR)	파블로프식 조건형성에서 먹이가 입에 들어올 때 침을 흘리는 것처럼, 무조건적 자극(US)에 대해서 자연스럽게 나타내는 반응
무조건적 자극(US)	파블로프식 조건형성에서 무조건적으로-자연스럽고 자동적으로-반응을 촉발시키는 자극
조건반응(CR)	파블로프식 조건형성에서 이전에 중성적이었던(현재는 조건화된) 자극(CS)에 대한 학습된 반응; 무조건반응과 유사하나 조건자극에 의해 생성되는 반응
조건자극(CS)	파블로프식 조건형성에서 무조건적 자극과 연합된 후에 조건반응을 촉발시키게 된 자극; 처음에는 중성적이고 유기체에 어떤 신뢰할 만한 반응을 내지 못하는 자극

출처: 신현정·김비아 역(2008: 185).

2. 효과의 법칙: Thomdike의 실험

Pavlov가 개의 행태에 대해 연구하는 시대에 미국의 심리학자 Edward Thorndike (1874−1949)는 고양이의 행태를 관찰했다. Thorndike는 동물이 명령에 의해 앉아 있는 것 같은 익숙한 행동을 어떻게 수행하는가에 관심을 가졌다.

Thorndike는 고양이에게 음식을 주지 않고 퍼즐상자(puzzle box) 앞에 음식을 놓아두고, 지렛대를 활용하여 문을 열고 음식을 얻게 하는 실험을 진행했다. 고양이가 우연히 발톱으로 와이어루프를 내리쳐 자물쇠를 당겨서 상자문이 열리고 음식에 도달하게 된다. 고양이가 이와 같은 방식으로 먹이를 획득하는 방식을 인식하게 되어 가능한 한 빨리 상자문을 여는 방법을 학습하게 된다.[1]

이와 같은 시행착오 학습(trial−and−error learning)에 대한 Thorndike의 관찰은 어떤 행동의 결과가 행동을 일으키는 가능성을 결정하는 데 중요한 요인이 된다는 것을 고려하게 되었다. Thorndike의 효과의 법칙(law of effect)은 즐거운 결과와 연계한 반응은 반복되는 경향이 있는 반면에, 불쾌한 결과와 연계한 반응은 제거되는 경향이 있다. 이처럼 행동의 결과는 행동에 대한 반복 가능성을 결정한다. 즉 어떤 상황에서 보상에 의해 반응이 나타나지만, 처벌은 자극과 반응 사이의 연계를 근절시킨다. 즉 보상받은 행동은 재발할 가능성이 크다. Thorndike는 이와 같은 학습형태를 도구적 학습(instrumental learning)이라 명명했다.

3. 조작적 조건형성

고전적 조건형성에서 특정한 자극이 어떤 반응을 이끌어 낸다(Pavlov의 실험에서 벨이 침을 이끌어 냈다). 반면에 도구적 학습에서 반응은 반응을 강화하거나 혹은

---

1 이와 같이 고양이는 단 한 가지의 행동만이 자유와 음식을 얻게 되는 것을 학습하게 된다. 이리하여 시간이 지나면서 비효과적인(혹은 부정확한) 행동은 점점 줄어들게 된다(민경환 외 역, 2013: 285-286).

약화시키는 결과에 따른다.

　B. F. Skinner는 실험에서 쥐가 지렛대(lever)를 오른발, 왼발, 혹은 몸으로 누르는 것은 환경에 대한 동일한 효과를 가지기 때문에 동일한 반응으로 고려할 수 있다고 한다. 즉 [그림 18-2]와 같이 Skinner Box는 보다 자연적인 행태흐름을 조사하는 데 매우 적합한 실험실 환경이다. 즉 개개 동물은 작은 공간(chamber)에 강화물인 음식 혹은 물을 획득하기 위해 조작할 수 있는 지렛대가 있다. 또한 작은 공간에는 전기장치가 연결되어 있어 동물이 지렛대를 누르는 것을 기록할 수 있다.

　이와 같이 Skinner가 명명한 조작적 조건형성(操作的 條件形成, operant conditioning)은 정확하게 동일한 근육운동을 공유하는 것보다 환경에 대한 동일한 효과를 공유하는 도구적 반응에 대한 학습을 언급하는 것이다. 즉 조작적 조건형성은 개인이 자발적 행태를 학습하는 과정을 말한다. 또한 조작적 행태는 회피조건(avoidance conditioning)에 의해 학습될 수 있다. Skinner는 이러한 조작이 결과를 강화하는 것에 의해 따른 반응이라면 더욱 강하게 이루어진다고 주장한다.

　반응이 나타날 가능성은 환경에 대한 반응의 효과와 연계된 유기체의 과거경험에 의해 예측될 수 있다. 따라서 즐거운 결과를 가진 반응은 비슷한 상황에서

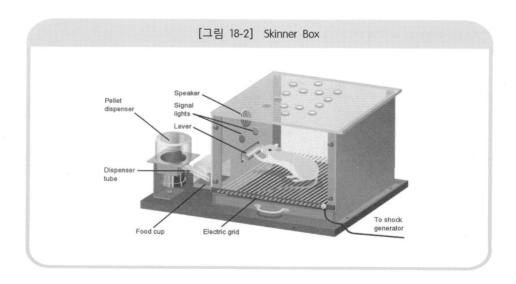

[그림 18-2] Skinner Box

더욱 많이 반복될 것이며, 불쾌한 결과를 산출한 반응은 더 적게 반복될 것이다.

이러한 조작적 조건형성은 고전적 조건형성과 비교하면 다음과 같은 몇 가지 측면에서 차이가 있다(Wittig & Williams, 1984: 158-159).

① 고전적 조건형성의 실험에서 계획은 반응의 원인이 되는 자극을 표출하는 실험자를 검증한다. 반면에 조작적 조건형성에서 대상자의 행태는 자극의 산물로 초래된다.

② 고전적 조건형성의 실험에서 각각의 자극은 대상자의 반응이 무엇인지 관계없는 문제에 대해 행동한다. 반면에 조작적 조건형성에서 자극을 강화하는 것은 주제의 반응에 달려 있다. 조작반응은 자극에 의해 부수되는 것이다.

③ 고전적 모델에서 실험은 자극이 조건을 촉발한다는 것이다. 즉 눈에 바람을 부는 것과 같다. 반면에 조작적 조건형성에서 조작을 앞서는 자극은 항상 알려진 것은 아니다.

④ 몇몇 고전적 조건형성의 실험에서 알려진 자극은 대상자의 행태를 선행할수 있다. 즉 차별적인 자극은 강화가 어떤 조작반응을 따를 것이라는 신호일 수있다. 하지만 이러한 단서가 필연적으로 행태를 이끌어 내지는 않는다.

이와 같이 조작적 조건형성의 중요한 측면은 행태의 결과로서 무엇이 일어나는가 하는 것이다. 결과는 조작적으로 조건화된 행태의 강도와 빈도를 결정한다. 이에 관리자는 종업원의 업무행태에 있어 다른 결과의 효과를 이해해야만 한다.

1) 강 화

조작적 반응의 강도(strength)는 소멸에 대한 저항(resistance to extinction)에 의해 측정될 수 있다. 조작적 반응을 강화하기 위해 반응을 보상해야 한다. 보통 언어적 보상은 금전, 사탕, 칭찬 등과 같은 것을 의미한다. 보통이라고 생각하는 보상의 어떤 것은 항상 조작적 반응을 강화하지 않을 것이다. 이런 이유로 심리학자들은 보상 보다 오히려 강화로 명명하는 것을 선호한다.

강화(強化, reinforcement)는 조작적 반응이 반복되는 가능성이 증가하는 것이다. 조작적 조건에서 강화는 이전보다 높은 수준의 반응을 유지하거나 혹은 표출하는 반응의 강도를 증가시키는 자극의 결과로 일어나는 산물로 정의된다.

긍정적 강화(positive reinforcement)는 유기체가 즐거운 결과의 발생을 이끌거나 혹은 결과를 강화하는 방식을 강화할 때 일어난다. 부정적 강화(negative reinforcement)는 유기체가 혐오적 혹은 처벌의 결과를 중단 혹은 회피로 이끄는 방식을 강화할 때 일어난다.

긍정적 강화와 부정적 강화가 동시에 일어날 수 있다. 예를 들면, 식사함으로써 긍정적 결과(충만감과 만족)를 느낄 수 있고, 동시에 부정적 상태(배고픔)를 회피할 수 있다.

일차적 강화물(primary reinforcer)은 음식, 물, 공기 혹은 잠과 같이 본질적으로 강화되는 자극이다. 즉 생리적으로 만족을 주는 자극이다. 이차적 강화물(secondary reinforcer)은 일차적 강화물과 연계되어 학습된 강화물이다.

후천적 강화물(acquired reinforcer)인 이차적 강화물은 금전, 지위, 관심 등과 같은 것이다. 그러므로 일차적 강화인자는 창조된(built) 것이고, 이차적 강화물은 학습된(learned) 것이다.

표 18-2   강화계획

고정비율계획 (fixed-ratio schedule)	조작적 조건형성에서 특정한 수의 반응이 일어난 후에만 반응을 강화하는 계획; 강화는 특정한 수의 반응이 만들어진 다음에 제공되는 조작적 조건형성 원리
변동비율계획 (variable-ratio schedule)	조작적 조건형성에서 예측 불가능한 반응 수 이후의 반응에 강화를 주는 계획; 강화의 제공이 반응들의 특정한 평균 수에 근거를 두는 조작적 조건형성 원리
고정간격계획 (fixed-interval schedule)	적절한 반응이 만들어진다면 강화가 고정된 시간 간격으로 제공되는 조작적 조건형성 원리; 조작적 조건형성에서 일정한 시간이 지난 후의 반응에 강화를 주는 계획
변동간격계획 (variable-interval schedule)	조작적 조건형성에서 예측 불가능한 시간경과 후의 반응에 강화를 주는 계획; 행동이 그 직전의 강화 이후 경과한 평균 시간에 기초해서 강화된다는 조작적 조건형성 원리

출처: 신현정·김비아 역(2008: 200-201); 민경환 외 역(2012: 291-292).

2) 처 벌

처벌(處罰, punishment)은 연계되어진 행태의 빈도를 억제하거나 감소시키는 회피적 사건(aversive events)이다. 처벌은 회피적 자극(aversive stimulus)에 의해 반응이 일어날 때 발생한다. 즉 반응이 최초에 일어나는 것보다 반응의 강도를 줄이거나 혹은 낮은 수준으로 반응을 유지하는 회피적 자극이다. 강화와 같이 처벌은 때때로 행태에 영향을 미친다. 또한 처벌은 극단적으로 강력할 수 있고, 처벌은 행태를 통제할 수 있다. 이처럼 강화는 행동을 증가시키는 반면에, 처벌은 행동을 감소시킨다. 즉 처벌은 해서는 안 되는 행동을 말해 주며, 강화는 해야 할 행동을 말해 준다.

연구 결과에 따르면, 처벌은 행태를 멈추는 가장 효과적인 수단이다(Azrin & Holz, 1966). 즉 처벌이 가혹하다면 이러한 결과는 확실하다. 또한 처벌이 고통을 수반한다면 처벌은 적개심과 공격성을 나타나게 할 수 있다. 비효과적인 처벌은 다른 바람직하지 않은 행태를 조장할 수 있다. 혹은 심지어 진압을 목표로 하는 행태를 도리어 강화한다.

▶ 처벌이 최대한 효과적으로 전달되기 위한 방안

- 처벌은 가능한 강도(intense)가 있어야 한다. 혹은 윤리가 허용하는 한 강력해야 한다. 처벌이 가혹할수록 행태가 보다 잘 억제된다(The more severe the punishment, the more the behavior is suppressed).
- 처벌은 목표행태(target behavior) 이후 가능한 한 빠르게 이루어져야 한다. 어떤 소년이 이웃집 창을 깼는데 1주일이 지나서 처벌하는 것은 효과적일 수 없다.
- 처벌은 초기적용(initial application)에 있어 강렬한 형태로 전달되어야 한다. 처벌자의 강도는 점차로 확대될 수 없다.
- 처벌은 확실해야(certain) 한다. 즉 피할 수 없는 것이어야 한다.
- 처벌된 반응은 어떠한 방식으로도 확실히 보상되지 않아야 한다.

• 처벌된 사람이 처벌된 행태보다 반드시 다른 방식으로 보상에 접근할 수 있다는 것을 보여 주어야 한다.

출처: Spear, Penrod, & Baker(1988: 262).

3) 소 멸

반응을 약화시키는 다른 방식은 소멸(消滅, extinction)이다. 조작적 조건에의 소멸은 반응을 유지하게 하는 강화물의 제거로 반응을 약화시키거나 혹은 제거하는 것이다. 소멸에 따른 반응에 있어 잠시 동안의 재발(brief recurrence)을 자발적인 회복(spontaneous recovery)이라 한다.

표 18-3	긍정적 강화, 부정적 강화 그리고 처벌	
긍정적 강화	부정적 강화	처 벌
- 전형적으로 즐거움을 초래하는 자극이 주어짐으로써 반응을 강하게 만든다. - 행태가 즐거운 결과를 일어나도록 이끈다. 혹은 행태가 결과를 강화한다. 이런 행태가 강화된다.	- 혐오적 자극을 감소시키거나 제거함으로써 반응을 강하게 만든다. - 행태가 불쾌한 느낌이나 혹은 처벌을 회피하거나 중단(termination)하게 이끈다. - 행태가 자극을 회피하게 하기에 이른다. 이런 행태가 강화된다.	- 행태가 혐오적(aversive)이거나 불쾌함에 이르게 한다. 이런 행태가 약화된다.

4. 사회적 학습

사회적 학습(社會的 學習, social learning)이란 우리가 다른 사람을 관찰하고, 모방으로부터 학습하는 행태를 말한다. 이러한 사회적 학습은 다양한 사회적 채널(예: 신문, 책, TV, 가족과의 대화, 친구 및 동료와의 대화 등)을 통해 일어나는 학습이다. 코칭과 멘토링은 사회적 학습의 중요한 조직적 사례이다. 사람들은 먼저 다른 사람을 관찰하고, 행태에 대해 마음속의 영상과 그 결과를 전개하고, 그러고 나서 스스로 그 행태를 모방하기 위해 노력한다. 결과가 긍정적이라면 우리는 그 행태를 반복할 것이고, 결과가 부정적이라면 그 행태를 반복하지 않을 것이다. 이러한 사회적 학습은 행태주의 원리의 기반이며, 행태를 설명함에 있어 강화의 중요성을 강조한다. 또한 사회적 학습은 우리가 소유하고 있는 지식에 대해 많은 것을 설명한다.

사회적 학습은 [그림 18-3]과 같이 모델링, 상징화, 자기조절을 통합시킨다. 사람들은 부모, 친구, 선생, 영웅, 다른 사람을 모방한다.

모델링(modeling)은 인지한 학습의 몇몇 근거를 공유한다. 또한 모델링은 고전적 조건형성의 과정에 영향을 미친다. 사람이 어떻게 처신할 것인가를 학습하는 가장 중요한 방식 중 하나가 다른 사람에 대한 모델링이다. 즉 다른 사람을 관찰하고, 그 사람의 행태를 모방하는 것이다. 모델링은 사람이 시행착오적 학습(trial-and-error learning)을 통해 복잡한 행태를 학습하는 방식이다.

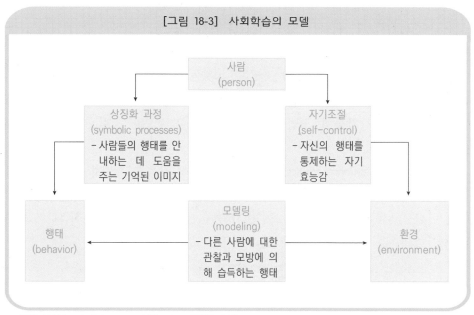

[그림 18-3] 사회학습의 모델

출처: Hellriegel, Solcum, and Woodman(1995: 142).

상징화 과정(symbolic process)은 행태를 위한 가이드라인을 산출한다. 또한 사람들은 어떤 행태와 연계됨으로서 나쁜 행태가 표출된다면 관계하지 않고자 하는 자제력을 보인다. 예를 들면, 사람들은 담배가 암에 연계되기 때문에 흡연을 중단하려는 자제력이 생긴다.

자기조절(self – control)은 다른 사람뿐만 아니라 자기자신의 행태를 평가할 수 있고, 바람직한 방향으로 자기자신의 행태를 변화하도록 강화하는 것을 의미한다. 자기조절의 첫 단계는 자기평가이다. 자기자신의 행태를 평가하는 것은 전형적으로 자신의 성과 혹은 결과에 대한 불만족에 의해 촉진된다.

Stanford대학교 심리학자인 Albert Bandura(1977)가 제시한 사회학습이론의 기본적 가정은 행태란 몇몇 중요한 결정요인 혹은 중요한 요소 사이의 지속적인 상호작용의 결과로 초래된다는 것이다. 이들 요인에는 모방, 대리적 학습(vicarious learning), 상징적 학습이 포함된다. 특히 학습자가 환경으로부터 자극을 인지적으로 선택하고, 조직화하고, 그리고 전달하는 데 중요한 역할을 수행한다.

Bandura(1977)는 다음과 같이 학습을 지배하는 4가지 과정이 있다고 주장한다.

① 주의과정(attentional process) : 사람은 모델적인 행태를 관찰할 수 없다면 학습할 수 없다. 어떤 모델에 대한 주의는 관찰학습의 몇 가지 요인에 의존한다. 이들에는 관찰자의 감각능력, 모델의 특성이 포함된다. 어린이는 삼촌보다는 아버지를 모방하기 쉽다.

② 보유과정(retention processes) : 학습자는 관찰한 것을 조직화하고 그리고 보유한다. 경험을 다시 체험하고, 정신적으로 미래의 경험을 시연한다. 학습자는 상상력과 언어를 통하여 인지이론에서의 인지지도(cognitive map)를 만들어 낸다. 지도는 상상력의 영역으로 팽창할 수 있다.

③ 운동재생산과정(motor reproduction processes) : 육체적 능력에 의존하여 학습자는 인지적 묘사(cognitive representations)를 행동으로 변환한다. 즉 영화에 대한 기억을 보유하여 영화에서 시청했던 것을 재생산한다.

④ 동기부여과정(motivational processes) : 모방된 행태에 대한 실질적 혹은 상상적

인 보상(imagined rewards)은 행태를 소멸할 것인가를 결정한다.

또한 사회학습이론의 핵심은 자기효능감의 개념이다. 자기효능감(self-efficacy)이란 자신이 어떤 상황을 적절하게 다룰 수 있다는 개인의 믿음(person's belief)을 말한다. 이것은 구체적인 업무를 수행하는 데 있어 자신의 능력에 대한 개인적 평가이다. 업무를 수행하는 데 능력이 많은 종업원일수록 자기효능감이 높을 것이다.

높은 자기효능감을 가진 종업원은 다음과 같은 것을 믿는다. ① 자신이 필요로하는 능력을 가지고 있다. ② 자신이 요구하는 노력을 수행할 능력이 있다. ③ 외부적인 사건이 자신이 작업을 잘 수행하는 것을 방해하지 못한다. 이처럼 자기효능감은 작업선택에 영향을 미치고, 사람들이 목표를 달성하는 데 있어 얼마나 오랫동안 노력할 것인가에도 영향을 미친다.

일반적으로 과거의 경험이 자기효능감에 많은 영향을 미친다. 작업장에서 관리자의 역할은 종업원이 성공적으로 자신의 업무에 반응할 수 있는 환경을 조성하는 것이다. 나아가 관리자가 높은 기대를 가지고 종업원에게 성공을 위한 적절한 훈련기회를 제공한다면 종업원의 자기효능감이 증대될 것이다. 또한 높은 자기효능감을 가진 사람은 낮은 자기효능감을 가진 사람보다 일반적으로 업무에 대해 자신의 관심을 집중하게 될 것이다.

제 19 장

성 격

　심리학자들은 사람들이 다른 사람과의 상호작용에서 일관성 있는 행태 패턴을 유지하는 사람들의 특성은 무엇인지, 성격이 내향적으로 혹은 외향적으로 지배되는지 또는 다양한 요인의 결합에 의해 통제되는지 등을 궁금해 한다. 성격은 환경적인 요인에 의해 형성되는가? 만약 그렇다면 환경적 변화가 극단적으로 변화한다면 성격도 극단적으로 변화될 것이다. 심리학자는 안정적인 성격을 어떻게 발견하는가, 무엇이 성격을 지배하는가, 행태를 예측할 수 있을까 등을 지속적으로 탐구하고 있다.

　이 장에서는 성격에 관련한 이들 질문에 해답을 찾고자 성격의 의의와 특성, 성격유형, 성격유형의 측정 등을 살펴보고자 한다.

제1절 성격의 의의와 성격차이의 원천

1. 성격의 의의와 특성

우리 개개인들은 생물학적(biological) 요인과 환경적인 요인의 결과로 특징지어진다. 이 점에서 Altman과 동료학자들(Altman, et al., 1985: 79-82)은 인간발달에 영향을 미치는 요인으로 유전자(genetics), 환경적 요인, 문화·사회학적 요인, 상황적 요인을 제시하고 있다. 더욱이 인간행태를 이해하기 위한 기초는 성격의 중요성을 아는 것이다. 또한 사람들은 기계와 달리 개개인의 성격을 소유하고 있다.

이런 시각에서 성격이론은 인간행태를 설명하고, 해석하고, 예언하기 위한 시도이다. 즉 성격은 한 사람의 행태성향을 설명하는 데 도움을 준다. 또한 성격은 사람이 어떻게, 왜 생각하고 처신하는지를 이해하는 데 중요하다. 더욱이 성격은 사람들이 무엇을 선택하고 업무를 어떻게 수행할 것인가를 결정하는 데 중요한 영향을 미친다.

성격(性格, personality)이라는 단어는 배우가 입는 가면(mask)의 의미를 가진 라틴어 persona에서 유래되었다. 고대 그리스 극장에서 가면은 캐릭터(characters)로 정의한다. 현대 극장에서 배우의 진짜 얼굴은 다양한 상황에서 반응하는 일관된 자신의 캐릭터이다.

이처럼 성격이란 사람들의 정체와 행태패턴을 결정하는 일련의 특성이다. 성격은 다양한 조건에서도 안정을 유지하는 사람들의 행태에서의 일관성이다. 또한 성격은 다양한 상황에서 일관성 있게 행동하는 기질의 패턴(the pattern of dispositions)이다. 심리학자들은 성격을 부분이 아닌 전인적 인간(the whole person)으로 이해한다. 성격은 지능, 동기부여, 감정, 학습, 비정상, 인식, 사회적 상호작용을 포함한다. 따라서 어떤 사람의 성격을 기술하기 위해서는 이들 영역에 대해 언급해야 한다.

심리학자들은 성격이란 각 개인의 특유성을 규정짓는 특성이고, 개인의 사고와 행태에 있어 일관성을 표출하는 특성이라고 정의하고 있다(Fincham & Rhodes, 2005: 95). 또한 Allport(1937)는 성격을 주어진 환경에 유일하게 적응하는 심리학적·물리학적인 동태적 시스템이라고 정의하고 있다. 즉 성격은 본질적으로 정태적인 것이 아니라 상황적인 변수라는 것이다. 이와 같이 성격은 사람들의 심리적 행태에 있어 공통성과 차이점을 결정하는 일련의 안정적인 특성과 기질이다. 성격은 어느 정도 지속성을 가진 개인적 특성이다.

이러한 정의에 있어, 첫째로 성격이론은 항상 모든 행태를 기술하거나 혹은 이해하기 위해 시도하는 일반적인 행태이론이다. 둘째로 공통성과 차이점(common-alities and differences)은 인간행태의 중요한 측면이라고 제안한다. 셋째로 성격에 관한 대부분의 정의는 성격은 어느 정도 안정적이고 지속성을 가진다고 언급한다. 개개인의 성격은 시간이 흐르면서 변화한다. 성격의 발달은 평생 동안 지속되며, 어린 시절에 가장 급격한 변화가 일어난다(Hellriegel, Slocum & Woodman, 1983: 41).

성격에 관한 연구자들은 사람을 유형으로 그룹화하기를 시도한다. 이에 어떤 성격이 왜 발달하는가에 관한 설명과 강조점으로 인하여 서로 상이하고 다양한 성격이론이 존재한다.

많은 심리학자들은 성격연구에 있어 빅 파이브 틀(big five framework)로 성격을 기술하기도 한다. 이들 모형은 작업장 행태를 이해하는 데 중요하게 기여한다. 즉 성격은 작업장에서 활동하기 위한 기회추구와 가장 잘 활동할 수 있는 조직배경(organizational settings)에 영향을 미친다. Presthus(1978)는 관료조직에 적응하기 위해서 사람들은 3가지 행태의 성격유형(상승형, 무관심형, 애매형)이 발생한다고 주장한다. 더욱이 관료제 조직은 생존과 발전을 위해 3가지 행태를 가진 사람들이 조직 내에 적절히 있어야 한다고 주장한다.

훌륭한 이론의 속성처럼 성격이론은 검증할 수 있고, 이로 인하여 성격과학이 발달할 수 있다. 확고한 성격이론은 가치가 있을 것이다. 또한 좋은 성격이론은 심리학자의 상담에 도움을 줄 것이다. 성격이론은 사람을 평가하는 데 유용하며, 사람들의 미래 행태를 예측하는 데 도움을 주고, 특정한 직업에 부합되는 성격을 발견할 수 있을 것이다.

하지만 성격은 행태가 일어나는 환경에 의해 끊임없이 영향을 받는다. 그러므로 인간행태를 정확하게 설명하고 예측하는 것은 매우 어렵다. 더욱이 변화하는 환경과 더불어 작업장에 관련된 복잡성으로 인하여 성격구조를 완벽하게 예측하기란 어렵다.

2. 성격차이의 원천

무엇이 개인적 성격을 결정하는가? 이 물음에 단일의 해답이 없다. 개인적 성격의 발달에 영향을 미치는 변수들이 너무 다양하기 때문이다. [그림 19-1]과 같이 성격의 차이를 설명하는 데 2가지 중요한 요소-유전적 특성과 환경 혹은 유전과 교육(nature and nurture)-가 있다. 이들 요소를 검토하는 것은 개인이 왜 차이가 나는가를 이해하는 데 도움을 줄 것이다.

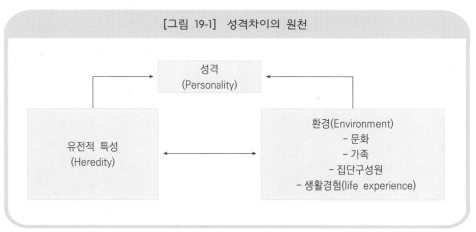

[그림 19-1] 성격차이의 원천

출처: Hellriegel, Slocum & Woodman(1983: 42).

423

1) 유전적 특성

유전적 요인(genetic factors)이 성격에 영향을 미친다는 것에 대해 성격이론의 유전－교육적 논쟁이 첨예하게 부딪히고 있다. 유전적 관점에서는 성격은 유전된 다는 것을 주장한다. 반면에 교육적 관점에서는 개인적 경험(person's experience)이 성격을 결정한다고 주장한다.

현재의 관점은 유전과 환경(경험) 두 가지가 성격의 결정에 있어 다른 요인들 보다 매우 중요하다는 것이다. 즉 몇몇 성격적 특성은 유전적 구성요소에 강하게 영향을 받지만, 다른 성격적 특성은 주로 학습되는 경향이 있다.

이와 관련하여 어떤 사람과 같은 유전인자를 더 많이 가질수록 그 사람과 성 격이 유사할 가능성이 더 높다. 유전인자는 모든 성격특성에 영향을 미치는 것으 로 보이며, 최근 연구결과에 의하면, 성격에서 유전적 성분의 영향은 그 추정치가 평균 .40~.60의 범위를 갖는 것으로 나타난다(민경환 외 역, 2012: 571).

표 19-1   빅 파이브 성격특성에 대한 유전 가능성 추정치(결정계수)

빅 파이브 성격특성 차원	유전 가능성
성실성	.38
동조성(친화성)	.35
신경성	.41
개방성	.45
외향성	.49

출처: 민경환 외 역(2012: 571).

2) 환 경

많은 행태학자들은 성격형성에 있어 유전적 특성보다 환경이 보다 큰 역할을 발휘한다고 주장한다. 환경적 구성요소에는 문화, 가족, 집단구성원, 생활경험 등 이 있다.

① 문화(culture) : 인류학자들은 문화가 성격형성에 중요한 역할을 발휘한다고 주장한다. 문화는 사람들 사이의 행태적 유사성 패턴을 결정하는 데 기여한다. 문화가 구성원의 성격발달에 영향을 미치지만, 모든 개인이 동등하게 문화적 영향에 반응을 보이는 것은 아니다.

② 가족(family) : 개인이 특정한 문화로 사회화하기 위한 최초의 수단이 가장 가까운 가족이다. 부모와 형제자매 모두가 개인의 성격발달에 중요한 역할을 발휘한다. 또한 가족적 상황이 성격차이에 있어 중요한 원천이다. 상황적 영향에는 가족의 사회경제적 수준, 규모, 인종, 종교, 지리적 위치, 부모의 교육수준 등이 있다.

③ 집단구성원(group membership) : 대부분 개인이 속하는 첫 번째 집단은 가족이다. 사람들은 생활하는 동안 여러 가지 집단에 참여하게 된다. 사람들의 성격을 이해하려면 그 사람이 과거와 현재에 소속한 집단을 이해할 필요가 있다.

④ 생활의 경험(life experiences) : 각 사람들의 삶은 구체적인 사건과 경험의 면에서 독특하다. 이들 삶의 경험은 성격에 있어 중요한 결정요인으로 작용한다.

제 2 절　성격유형

성격이론가들은 사람들이 구별되는 행태패턴을 어떻게 발전시키는가에 대해 설명하고자 노력한다. 또한 어떤 유형을 가진 사람이 생활의 요구에 대해 어떻게 반응하는가를 예측하고자 노력한다. 또한 성격이론은 사람들이 공통적으로 소유하는 있는 것이 무엇인지, 그리고 사람들을 구별하게 하는 것은 무엇인지를 기술한다.

1. Hippocrates의 연구

성격유형에 의해 사람을 분류하고자 노력했던 초기의 학자 중 한 사람이 그리스 의사인 Hippocrates(460-377 B.C.)이다. Hippocrates는 4가지 유형 – 우울증(melancholic, 슬픔, sad), 냉정(phlegmatic, listless and tired), 낙관(sanguine, content or optimistic), 다혈질(choleric, easy to anger)로 분류했다. 이러한 4가지 상이한 성격유형은 Hippocrates가 기질(humors)라고 명명한 4가지 체액(body fluids) 중 하나에 의해 원인이 된다.

우울증 기질(melancholic temperament)은 너무 많은 흑담즙(black bile)의 결과이다. 냉정한 기질은 너무 많은 가래(phlegm)의 결과이다. 낙관적 기질은 너무 많은 혈액(blood)의 결과이다. 다혈질 기질은 너무 많은 황담즙(yellow bile)의 결과이다.

2. Sheldon의 연구

현대 성격이론 가운데 미국 의사인 William Sheldon은 체격(physique, body type)과 성격 사이의 상관관계를 제시했다. 3가지 체격 – 내배엽형 사람(체형이 둥글고 지방이 많은 사람, endomorph), 외배엽형의 사람(ectomorph), 중간 체격자(타고난 체형이 살찌지도 마르지도 않고 근육이 많은 사람, mesomorph) – 으로 구분했다. Sheldon은 〈표 19-2〉와 같이 3가지 각 차원에 대해 7점 척도에 따라 대상을 측정했다.

체격과 성격이 상이한 유형을 학습하기 때문에 단순히 상관관계가 있다는 것이다. 예를 들면, 뚱뚱한 사람(overweight person) 혹은 내배엽형 사람은 열정적인 스포츠를 불편해 하고 회피하려고 한다. 반면에 중간 체격자는 스포츠에 뛰어나고, 사교적으로 참여하고자 한다. 또한 외배엽형의 사람은 다른 이보다 약하기 때문에 일찍 학습할 것이며, 결과적으로 두려워하고 내성적인 성격을 갖게 된다.

표 19-2	Sheldon의 신체유형
체 격	기질(temperament)
내배엽형 사람: 부드러운(soft), 원형, 지나치게 자란 소화내장(overdeveloped digestive viscera)	내장형(viscerotonic): 관대한(relaxed), 식사를 즐기고(loves to eat), 사회적(sociable)
외배엽형의 사람: 근육질(muscular), 직사각형(rectangular), 강함(strong)	신체형(근골이 발달한 사람에게 많은 활동적인 기질의, somatotonic): 정력적(energetic), 적극적(assertive), 용감함(courageous)
중간 체격자: 길고(long), 허약(fragile), 큰 두뇌(large brain), 민감한 신경시스템(sensitive nervous system)	두뇌(긴장)형(여윈 사람에게 많은 비사교적이고 내성적인 기질, cerebrotonic): 절제(restrained), 공포(fearful), 내성적(introversive), 예술적(artistic)

출처: Dworetzky(1985: 397).

3. Carl Jung의 유형

스위스 정신과의사이자 정신분석전문의인 Carl Gustav Jung(1875-1961)은 Freud의 꿈에 대한 관심을 공유한 Freud의 제자이다. Jung은 Freud가 성생활(sexuality)을 너무 강조한다고 생각했다. 이에 Jung은 성적본능의 중요성을 경시한다. 성적본능(sexual instinct)은 몇몇 중요한 본능 중 하나라고 보고 있다. Jung은 리비도(libido)는 일반적인 생활에너지로서 본다. Jung은 Freud가 지적한 인간의 성격은 내적인 갈등으로부터 구축된다는 것에 동의하고, 무의식의 중심적 역할에도 동의하고 있다(Spear, Penrod, & Baker, 1988: 591).

Jung은 성격은 3가지 부분으로 구성되어 있다고 생각한다. ① 자아(ego)는 경험에 있어 의식적인 나(conscious 'I')를 대변한다. 이것은 의식할 수 있는 모든 생각, 감정, 지각, 기억을 포함한다. ② 다른 사람의 눈에 비치는 모습(persona) 혹은 사회적 자아(social self)는 자아 주변에 있는 껍데기(shell)와 같이 발전한다. 사회적 자아(persona)는 다른 사람에 나타나는 자아(the self as presented to others)이다. ③ 다른 사람의 눈에 비치는 모습의 무의식(personal unconscious)은 억제되었거나 혹은 잊어버렸지만 언젠가 의식적인 경험을 하게 되는 것이다. 이 개념은 Freud의 전의식

표 19-3	내향성과 외향성의 특성
내향성(introversion)의 특성	외향성(extroversion)의 특성
- 집중하며 조용함을 좋아함 - 세밀한 것에 주의를 기울이는 경향이 있으며, 전반적인 설명을 싫어함 - 이름과 얼굴을 기억하기 어려워함 - 간섭받지 않고 오래 걸리는 직무의 담당을 꺼리지 않음 - 직무 뒤에 있는 아이디어에 관심이 있음 - 때로는 행동도 하지 않고 행동하기 전에 많은 생각하기를 좋아함 - 자기 만족하면서 혼자 일하기 좋아함 - 의사소통에 문제를 지니고 있음	- 다양성과 행동을 좋아함 - 빨리 처리하는 경향이 있으며 복잡한 절차를 싫어함 - 인사하기를 좋아함 - 흔히 오래 걸리고 느린 직무를 인내하지 못함 - 직무의 결과에 관심이 있음 - 때로는 생각도 하지 않고 빨리 행동함 - 주변에 많은 사람이 있는 것을 좋아함 - 통상 자유롭게 의사소통함

출처: 황규대 외(2011: 215).

(preconscious)과 거의 유사하다.

또한 Jung은 내성적인 사람과 외향적인 사람의 2가지 유형으로 성격이론을 발전시켰다. 내향적인 사람(introverts)은 사회적 접촉을 회피하는 경향이 있다. 반면에 외향적인 사람(extroverts)은 가능한 한 자주 사람들과 상호작용하기 위해 노력하고 사교적이다. 다른 사람과의 상호작용은 성격에 중요한 변수가 된다. 이에 우리가 내향적인가 혹은 외향적인가 하는 것은 우리의 존재에 강력한 영향을 미친다.

4. 특성접근법: Allport의 특성이론

특성적 접근법(trait approach)에서의 성격은 명확하게 인식할 수 있고, 조작화할 수 있고, 그리고 측정될 수 있다는 시각이다.

특성(特性, traits)이란 사람들의 생활을 통해 개인의 사고와 활동을 특징지우는 생물학적·심리적·사회적 영향을 일컫는다. 또한 특성은 사람에 있어 근본적이고 그리고 항구적인 기질(enduring qualities)이다.

Gordon Allport(1897-1967)는 특성은 직접적으로 관찰하거나 혹은 측정될 수 없지만, 행태를 추론할 수 있다고 인식했다. 특성은 개인의 신경계(nervous system)에 뿌리를 두고 있다. 즉 특성은 신경심리의 구조(neuropsychic structures)이다. 특성은 다양한 자극에 대해 유사한 방식으로 반응하기 위한 준비성이다. 이러한 특성은 사람을 여러 가지 상황에서 지속적으로 처신하도록 움직이거나 혹은 안내한다.

Allport는 체계적인 관찰을 통해, 심리학자는 특정한 행태패턴이 보여 주는 빈도, 행태를 표출하는 상황의 범위, 그리고 행태의 강도를 평가할 수 있다고 제안한다. 이러한 관찰은 신뢰할 수 있다고 강조한다. 또한 Allport는 각 사람은 어떤 일관된 모습을 가진다고 인식했다. Allport는 어떤 특성은 다른 것보다 항구적이고 일반적이라고 하면서 기본특성, 중심특성, 이차특성으로 구별하고 있다.

① 기본특성(cardinal traits) : 기본특성은 삶의 모든 측면에 만연하는 동기 혹은 열정이다. 기본특성은 가장 보편적이고 항구적이다. Allport에 의하면, 어떤 사람은 기본특성이 없는 경우가 있다고 지적한다. 예를 들면, Adolf Hitler의 기본특성은 증오감(hatred)이다.

② 중심특성(central traits) : 중심특성은 가장 보편적이다. 이것은 개인의 행태에 광범위하게 영향을 미치는 비교적 소규모의 기질을 대표한다. 중심특성이 행태를 지배하게 되면 기본특성(cardinal trait)이 된다. 중심특성은 기본특성보다는 덜 항구적이고 덜 보편적이다. Allport에 의하면, 중심특성은 성격을 구성하는 데 있어 기본적인 단위이다. 몇몇 중심특성이 사람의 본질을 파악하는 요소로서 충분하다.

③ 이차특성(secondary traits) : 이차특성은 중심특성보다 덜 항구적이고 덜 보편적이다. 이차특성은 선호와 반감의 형태를 취한다. Allport는 가끔 이차특성보다 태도라는 단어를 사용했다.

Allport는 두 사람이 정확하게 같은 특성을 가진 경우는 없다고 생각했다. 결과적으로 모든 성격은 독특하다. 그러면서도 많은 사람들이 비슷한 특성을 가진다. 그리고 이러한 특성은 사람들이 환경과 상호작용하는 방식에서 자신을 표출한다.

이러한 특성이론에는 비판이 있다. 특성이 가장 항구적이고 보편적이라는 사

실에 대해서 아직까지 명확하게 밝혀진 것이 없다는 것이다. 대부분의 성격특성은
상황에 의존적이라는 것이다. 즉 어떤 상황에서 지배적인 성격이 다른 상황에서는
순종적이다. 어떤 상황에서 솔직담백한 사람이 다른 상황에서 수줍어한다. 이리하
여 특성연구자들은 오늘날의 발달된 연구를 활용하더라도 모든 사람들의 성격을
특성이라는 하나의 잣대로 설명할 수는 없다고 주장한다.

5. 정신분석적 접근법

정신분석이론의 창시자인 Sigmund Freud(1856-1939)는 많은 환자의 관찰을
통해 자신의 시스템을 끌어냈다. Freud는 환자의 감추어진, 무의식적 생각
(unconscious thought) 혹은 욕구를 탐지하기 위해 개발한 기술의 도움을 받아 사람
의 성격을 연구했다. 이러한 기술은 상징적인 내용의 분석에 의해 꿈을 해석하는
것이었다.

Freud이론은 가끔 갈등모델(conflict model)이라고 명명한다. 성격에 대한 Freud
의 관점은 정신역학(psychodynamic)이다. Freud에 의하면 성격이란 역동적 투쟁
(dynamic struggle)에 의해 특징된다고 가르친다. 즉 Freud는 성격을 정신적 갈등
(psychological conflicts)을 해결하는 행태패턴으로 간주한다.

Freud는 성격이란 무의식에서 표출되는 사고와 행동으로 구성된다는 것이다.
이에 Freud는 3부분－이드, 자아, 초자아－으로 구분된 하나의 모델을 만들기 위
해 생물학과 사회적 경험의 지식을 활용했다.

Freud에 의하면, 심성(human mind)이란 [그림 19－2]와 같이 빙산(iceberg)과 같
다. 의식의 심상은 빙산의 끝부분과 같이 수면 위로 올라와 있다. 우리의 가장 깊은
이미지, 생각, 공포, 욕구 등 심성의 대부분은 의식적인 자각(conscious awareness)의
수면 밑에 남아 있다. 이 영역은 전의식과 무의식의 표면 아래로 펼쳐져 있다. 전
의식(preconscious) 심성은 현재 무의식중에 있는 경험의 요소를 포함한다. 무의식
(unconscious) 심성은 비밀에 가려져 있다. 이것은 생물학적 본능과 욕구를 포함한

430

[그림 19-2] Freud의 3가지 성격부분: 인간의 빙산

외부세계

의식(conscious)

전의식(preconscious)
(인식 밖에 있지만 접근 가능함)

무의식(unconscious)

자아(EGO)　　가시적
　　　　　　　성격

초자아　　　이드(ID)
(SUPEREGO)

출처: Dworetzky(1985: 401).

다. 무의식 영역이 심성의 가장 큰 부분이다(Rathus, 1984: 344).

1) 이드(원초아, id)

Freud에 따르면, 이드(라틴어 'it'의 의미임)는 모든 욕정과 본능(passion and instinct)을 포함한다. 이드는 Freud가 말한 무의식(unconscious)의 마음의 영역에 위치한다. 이드는 유기체에 있어 균형을 유지하도록 요구한다. 이드는 객관적인 현실지식이 없다.

이드는 유기체가 즐거움을 향해 잔인하고 무자비하게 이끌리게 한다. 이처럼 이드는 어떤 종류의 충동을 불문하고 즉각적인 만족을 추구하는 성향을 동기화하는 물불 가리지 않는 쾌락의 원리(pleasure principle)에 따라 작동한다. 즉 이드는 배고픔, 성, 공격과 같은 욕망에 의해 지배된다. 이에 이드는 통제되어야만 한다.

이드는 무자비하게 2가지 수단을 따른다. 하나는 반사적인 행동이다. 이드는 유기체에 대해 어떤 긴장 혹은 스트레스를 즉각적으로 다루도록 강요한다. 다른 하나는 1차 과정(primary process)이다. 1차 과정은 긴장을 완화하는 이미지를 제공

한다. 이드는 현실적으로 바람을 충족하는 방법인 이차적 과정을 필요로 한다.

2) 자아(ego)

자아(라틴어의 'I'의 의미임)는 이차적 과정(secondary process)을 위해 필요한 지시와 통제를 제공한다. 자아는 이드의 부분이다. Freud에 의하면, 자아는 말(id)의 기수(rider)와 같다. 기수는 자신이 말과 떨어질 수 없다면, 기수는 어디로 가길 원하는지 안내할 의무가 있다.

자아는 이성과 분별(reason and good sense)을 대표한다. 자아는 의식의 중심이다. 자아는 외부세계와의 접촉에서 발달되어 나오는 것으로서 현실적인 요구를 처리할 수 있게 해 주는 성격 부분이다. 즉 자아는 이드의 욕망이 만나는 현실을 다루어야만 하는 성격의 부분이다. 자아는 자신의 의식적 감각을 제공한다. 이에 자아는 현실원리(reality principle)에 따라 기능한다. 자아는 무엇이 실현 가능한 것인지를 설명한다. 예를 들면, 이드가 은행에 있는 모든 돈을 소유하기를 원한다면, 자아는 안전, 경비원(guards), 다른 상황적 현실을 다루어야만 한다.

3) 초자아(superego)

초자아는 사회적, 전통적 가치의 면에서 표현되는 아이디어의 내부적 대표이다. 초자아는 학습 혹은 문화의 결과로서 발전된다. 이것은 분명 유전적이거나 혹은 태어나면서 존재하는 것이 아니다.

대체로 양심(conscience)과 같은 초자아는 어린아이가 부모의 규칙과 아이디어를 학습하는 것처럼 형성된다. 어린아이들이 규칙과 기준의 분위기에서 성장함으로써 어린이 자신이 이들 아이디어를 취하게 된다. 이와 같이 초자아는 도덕적 원리(moral principle)에 따라 기능한다. 삶을 통해, 초자아는 자아의 의도를 모니터하고, 옳고 그름을 판단한다. 이처럼 초자아는 내면화된 문화적 규칙을 반영하는 심리시스템으로서 주로 부모가 그들의 권위를 행사하는 과정에서 학습된다.

| 표 19-4 | 원초아, 자아, 초자아 | |

원초아(id)	자아(ego)	초자아(superego)
- 생존하고 자손을 퍼뜨리고 공격하려는 기본 추동들을 만족시키고자 끊임없이 시도하는 무의식적 정신, 에너지의 저장고 - 쾌락원리에 따라 작동 - 즉각적 만족 추구	- 의식적인 성격의 집행자, 현실세계에 대처하는 방법 학습 - 현실원리에 따라 작동 - 현실적으로 고통보다는 쾌락을 초래하게 되는 방식으로 원초아의 요구를 만족시킴 - 원초아의 충동적 요구, 초자아의 규제 요구, 그리고 외부세계의 실생활적 요구를 중재하는 성격의 집행자	- 자아로 하여금 현실적인 것뿐만 아니라 이상적인 것도 고려하도록 강제하며, 어떻게 행동하여야 할 것인가에만 초점을 맞추는 양심의 소리 - 도덕적 원리에 따라 기능

이러한 가설적인 구성은 성격의 생물학(id), 정신적(ego), 사회적(superego) 측면에 대한 그림을 설계하는 것이다. Freud는 성격의 역학관계는 id, ego, superego 사이의 지속적인 갈등과 관련되어 있다고 한다. 이들 3가지 마음의 시스템들 간의 상호작용의 상대적 강도에 따라 한 개인의 성격의 기본구조가 결정된다는 것이다.

Freud는 각 개인은 어느 정도의 정신적 에너지, 즉 성욕(libido)을 가지고 있다고 생각했다. 그리고 성격의 세 부분 사이의 갈등이 이 에너지를 고갈시킨다고 생각한다. Freud의 관점에 의하면, 건전한 성격은 심각하게 초자아를 위반하지 않고, 이드의 요구 대부분을 충족시키는 방법을 발견한다. 또한 갈등을 종결시키기 위한 협상노력은 결코 쉽지 않다(Rathus, 1984: 347-348).

4) 심리 성적 발달단계(psychosexual stages of development)

Freud는 각 사람은 이드, 자아, 초자아가 발달하는 것과 같이 5개의 심리 성적 발달단계를 통하여 성장한다고 믿는다.

처음 3단계(구강기, 항문기, 음경기)는 육체적 만족에 관련되어 있고, 성감대(erogenous zones)의 가운데 있다. 이러한 것은 인생의 처음 6세까지 일어난다.

다음 단계(잠복기와 성기기)는 6세에서 성인 사이에 일어난다. Freud는 이 단계는 처음 3단계보다 덜 중요하다고 생각한다. Freud는 이들 단계의 이행이 자연스럽지 않다면 발달의 문제가 일어날 수 있다고 주장한다. 집착(fixation)은 어떤 단계에서도 일어날 수 있다. 예를 들면, 구강기 동안 충분한 만족을 얻지 못했다면 그것을 충분히 만족하게 느낄 때까지 그 단계를 넘어가는 것을 꺼린다. Freud에 따르면, 어른의 시기에 구강기의 만족 징후가 초래된 것이 부정적 집착(negative fixation)이라는 것이다. 반대로 이드(id)가 구강기 동안 너무 많은 만족감을 얻게 되면, 이드가 나중의 생활에서 구강기의 만족감을 보유하길 원하는 긍정적 집착(positive fixation)이 나타난다. 이러한 집착은 문제를 일으킨다. 예를 들면, 부모의 요구 때문에 어린이의 이드가 배변훈련 동안 만족하지 못했다면 어린이들은 과도한 지체를 통해 만족을 추구한다. Freud에 의하면 항문지체성격(anal retentive personality)은 이후 인생에서 인색하고, 이기적으로 표출된다는 것이다.

(1) 구강(구순)기(oral stage)

구강기는 출생 이후 18개월 동안 일어난다. Freud에 의하면, 이 나이의 어린이는 거의 완전한 이드(id) 그 자체이다. 그들은 자신과 외부세계와 구별할 수 없으며, 그들의 행태는 직감, 생물학적 충동에 의해 영향을 받으며, 본질적으로 이기적이다. 이 시기 동안 어린이들은 입술, 입, 혀, 잇몸의 자극으로부터 가장 많은 만족감을 얻는다. Freud는 빨아들이고, 그리고 씹는 것이 유아기의 중요한 즐거움의 원천이라고 규정한다.

(2) 항문기(anal stage)

거의 3세까지, 이 시기 동안 어린이들은 배설과 항문에 대한 통제를 통해 가장 큰 만족감을 얻는다. 이 단계에서 어린이의 정신은 배변(defecation)에의 이드의 충동적인 즐거움(id's impulsive pleasure)을 통제하기 위해 자아발달에 노력하게 된다. Freud는 항문기는 배변훈련(toilet training)이 성공적일 때 최고에 이른다고 믿는다.

(3) 남근(음경)기(phallic stage)

3세에서 6세까지, 이 시기 동안 어린이들은 생식기(genitals) 자극으로부터 가장 큰 즐거움을 얻는다. 어린이의 리비도 긴장(libidinal tensions)은 음경기에 집중된다. 어린이들은 건강하게 성숙한 어른으로 발전하는 중요한 단계이며, 같은 성의 부모를 인식하게 된다.

Freud에 의하면 남근기 동안에 소년들은 오이디푸스 콤플렉스(Oedipus complex, 아들이 어머니를 독차지하고자 하는 욕망에 근거하여 아버지에게 질투를 느끼는 복합적인 감정)를 경험하게 된다.[1] 오이디푸스 갈등은 발달과정에서 겪는 경험으로서 이 경험을 통해 아동의 이성 부모에 대한 갈등적인 감정은 동성 부모에 대한 동일시로 귀결되며 해소된다. Freud의 관점에서 유아기 남성의 이드는 양육하는 동안 엄마와 접촉을 통하여 충족감과 쾌락을 얻는다. 쾌락의 유대(pleasure bond)는 유아와 엄마 사이에 형성된다. Freud는 오이디푸스 콤플렉스를 해소하기 위해서 소년은 자신의 아버지를 확인해야만 한다. 이러한 인식은 약 6살 때에 일어난다.

소녀에게도 이에 상응하는 엘렉트라 콤플렉스(Electra complex, 어린 여자아이가 아버지에게 무의식적으로 애정을 갖게 되는 현상)를 겪게 된다. Freud는 소녀(girls)의 발달을 기술하면서 소년과 다른 견해를 가지고 있다. 즉 소녀는 자신의 아버지보다는 엄마와 더불어 쾌락의 유대를 형성한다. 소녀는 자신의 엄마를 죽이고자 하는 욕망과 같은 오이디푸스 콤플렉스의 거울에 비치는 상(mirror image)을 단순히 따르지는 않는다. Freud는 소녀는 소년이 가졌던 어떤 것이 부족하다고 깨닫게 되었을 때 불완전한 것을 느낀다. 소녀는 아버지가 욕망의 몸을 가졌기 때문에 자신의 아버지에 대해 매력을 느낀다는 것이다. Freud는 이러한 형태를 엘렉트라 콤플렉스(Electra complex)현상이라고 명명한다. Freud는 여성은 남성처럼 심리적으로 결코 완전하지 못한다고 주장한다. 이러한 Freud의 여성에 대한 개념은 많은 비판을 받고 있다.

---

1 오이디푸스(oedipus)는 자신이 누구인가를 깨닫지 못하고 아버지를 죽이고 자신의 모친과 결혼하는 그리스 왕이다. Freud는 모든 남자아이는 오이디푸스 콤플렉스가 생긴다고 믿는다. 이러한 콤플렉스는 건강한 성격이 성장함으로써 해소된다고 말한다.

(4) 잠복기(latency stage)

5세와 6세 사이의 어린이는 잠복기에 들어가서 12세 혹은 13세까지 지속된다. Freud는 성적 본능이 잠복기 동안 휴면기(dormant)라고 믿는다. 성적 본능이 사라지는 것은 아니지만, 일시적으로 억제된다. 이 시기 동안 어린이들은 일반적으로 색정감정(erotic feelings)에 대해 자유롭게 된다고 여겨지며, 대신에 문화와 사회기술을 습득하기 위한 노력을 한다. 잠복기에는 일차적인 초점이 지능, 창조성, 대인관계 및 운영기술을 발달시키는 것이다. Freud는 개인들의 전형적인 행태패턴은 5세에 수립된다고 믿는다. 즉 이 시기에 성격이 건강하게 발달한다고 주장한다.

(5) 성기기(genital stage)

사춘기에서 어른의 시기까지, Freud는 이 시기 동안 이성 간의 욕망을 깨닫게 되고, 어린이들은 정상적 생활을 향한 자신의 길을 간다고 믿는다. 즉 성격발달의 마지막 단계인 성기기는 상호 간에 만족스럽고 호혜적인 방식으로 타인과 사랑하고, 일하고, 관계를 맺는 성숙한 성인의 성격인 화해의 시기이다(민경환 외 역, 2012: 586).

표 19-5　　주요한 발달단계이론

연 령	Sigmund Freud: 심리성적 발달	관련 성격 특성	Erik Erikson: 심리사회 발달 (psychosocial development)	Jean Piaget*: 지적 발달 (intellectual development)
탄생~18개월	구강기	수다스러움, 의존적, 탐닉, 궁상	신뢰 vs. 불신	감각운동 (sensorimotor) – 기본적인 언어 습득
2~3세	항문기	질서, 통제, 무질서, 단정치 못함	자율 vs. 의심	
3~6세	남근기 (음경기)	바람기, 허영, 질투, 경쟁심	자주성 vs. 퀼트 (initiative vs. guilt)	가동 전(예비운전) (preoperational) – 단어와 상징의 사용

				- 자기중심적 사고
6~13세	잠복기	성적 감정의 잠복	근면 vs. 열등 (industry vs. inferiority)	구체적 조작 (concrete operational)- 성인의 논리능력 시작
청소년기	성기기	사랑과 일에의 진지한 투자, 건강한 성인적 대인관계 능력	자아정체 vs. 역할확산	공식적 조작 (formal operational) 사춘기(puberty) 시작 인식성숙의 단계 추상적으로 사고 - 가상적 세계의 발견
초기성인			친밀 vs. 격리	
중기성기			생식성 vs. 침체	
후기성인			자아정체 vs. 절망	

출처: Rathus(1984: 296); 민경환 외역(2012; 584).

* Piaget(1896~1980)는 프랑스 Binet Institute에서 어린이의 인식과정(cognitive processes)은 연속적인 순서, 즉 4개의 주요 단계로 발달된다고 가정하고 있다. 인간의 본질은 공식적인 정신분석적 사고(psychoanalytic thought)와는 상당한 차이가 있다는 것이다. 인식발달의 상태는 어린이에게서 관찰할 수 있는 행태로부터 추론할 수 있다.

제3절 성격유형의 측정

특성이론가들은 지배적인 특성과 이들 특성이 행태에 어떻게 영향을 미치는 지에 대해 알고 싶어한다.

1. 미네소타 다면적 인성검사(MMPI)

특성을 측정하는 데 사용하는 가장 잘 알려진 도구는 미네소타 다면적 인성 검사(Minnesota Multiphasic Personality Inventory: MMPI)이다. MMPI는 1940년대 미국의 미네소타 대학병원 임상심리학자인 Starke Hathaway와 정신과의사인 Jovian McKinley에 의해 비정상적인 행동을 객관적으로 측정하기 위해 만들어졌다. MMPI

시험에 관련된 주제는 진실, 거짓, 말할 수 없음으로 566개 응답 항목으로 구성되어 있다. 문장은 감정적 반응, 심리적 증후, 그리고 신념을 이용한다.

MMPI는 획득된 프로필로부터 수천 명의 사람들을 관리하기 때문에 표준화된 도구(standardized instrument)로 명명된다. 이리하여 응답자의 성격은 이미 조사되었던 다른 사람의 성격 그리고 알려진 행태와 사람의 관점에서 평가될 수 있다. 이처럼 MMPI 척도는 심리학적 이론보다는 오히려 실제적 임상데이터에 기초하여 경험적으로 구성된 것이다.

MMPI는 다음과 같이 10개의 기본적 척도가 있다. ① 건강염려증(히포콘드리아시스, hypochondriasis), ② 우울증(depression), ③ 히스테리(hysteria), ④ 반사회성(정신병적인 이탈, psychopathic deviate), ⑤ 남성성－여성성(masculinity－feminity), ⑥ 편집증(피해망상, paranoia), ⑦ 강박증(정신쇠약증, psychasthenia), ⑧ 정신분열병(schizophrenia), ⑨ 경조증(우울주기에서의 경증, hypomania), ⑩ 사회적 내향성(social introversion) 등으로 분류된다. 각 척도는 다른 특성을 측정한다.

부가적으로 3개의 타당성(validity, 통제) 척도－허위척도(lie scale, L), 빈도척도(frequency scale, F), 교정척도(correction scale, K)－가 있다.

① 허위척도(lie scale, L scale)는 좋은 자아상(fake a good self-image)을 가장하려고 노력하는 개인을 집어내기 위해 시도한다.

② F 척도(F scale)는 주제가 개인문제에 대한 감명을 과장하려고 노력하는 것을 검증한다.

③ K 척도(K scale)는 주제가 얼마나 방어적인가 혹은 개방적인가를 반영하는 것이다.

높은 L scale은 사실 사회적으로 매우 드문 바람직한 행태와 특성을 지닌 사람을 인식하는 것이다. 이것은 주제가 거짓의 좋은 반응을 시도할 때, 그리고 적절한 데이터를 제공할 수 없을 때 일어난다.

2. 에니어그램

에니어그램(Enneagram)[2]은 구르지예프(Gurdjieff)에 의해 상징으로 만들어지고, 이카조(Oscar Ichazo)와 나란조(Claudio Naranzo)에 의해 성격유형론과 결합되었다. 그리고 리소(Don Richard Riso)와 허드슨(Russ Hudson)에 의해 성격유형설문지(Riso-Hudson Enneagram Type Indicator: RHETI)가 만들어짐으로써 에니어그램 상징을 통한 성격유형의 검증이 이루어질 수 있게 되었다(Riso & Hudson, 1999; 김권수, 2007: 273 재인용).

에니어그램은 [그림 19-3]과 같이 원과 9개의 점, 그리고 그 점들을 잇는 선으로 구성된 도형이다. 즉 에니어그램의 상징은 원, 삼각형, 헥사드(Hexad)로 구성되어 있다.[3] 원은 우주이며 통합과 전체, 단일성을 의미하고, 원은 연속적인 시간의 흐름, 정삼각형은 안전과 균형을 상징하는 도형으로 개념화된다. 이는 세 가지의 법칙을 의미하며 능동적인 힘, 수동적인 힘, 중립의 힘이 서로 상호작용한다.

---

2 에니어그램은 희랍어의 Ennea(아홉)과 Gram(그림, 선, 도형)의 두 단어가 합해진 것으로 아홉 개의 점이 있는 그림을 뜻한다(이은하, 2007: 235).

3 헥사드는 '7의 법칙'을 상징하며, 그 의미는 존재하는 모든 것은 정체되어 있지 않고, 변화한다는 것이다. 헥사드는 방향성과 연속성을 의미하며, 9가지 성격유형이 항상 상호작용하고 변화한다는 것을 표현하는 것이다. 이에 헥사드는 기본적으로 인간의 다양성과 변화 가능성을 상징하고 안내하는 역할을 담당한다(최인숙·이영균, 2011: 134).

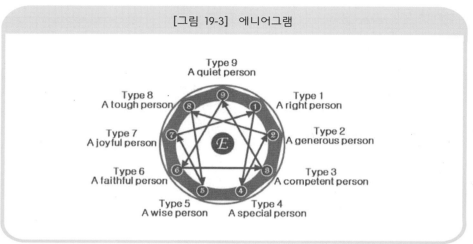

[그림 19-3] 에니어그램

출처: 모아라·이소희(2014: 45).

특히 원 중심을 이루고 있는 점 9, 6, 3은 정삼각형을 이루며 전체 에니어그램의 어떤 인식이나 관점을 제공해 준다. 점 1, 4, 2, 8, 5, 7은 좌우대칭적으로 놓여 있고 선으로 연결되어 육각형을 이루고 있다. 이것은 정적인 것이 아니라 심리적 성장과 퇴보를 의미한다.

에니어그램의 성격은 기본적으로 인간 성격의 근간을 장(배, 본능) 중심, 가슴(감정) 중심, 머리(사고) 중심으로 대별하고, 다시 그 안에 3가지의 유형을 포함하고 있어 총 9개의 유형으로 나누어진다. 이들 성격유형의 특징은 '힘의 중심'과 '사회적인 행동방식'에 의해 구분되어질 수 있다. 에니어그램에서의 성격유형은 힘의 중심에서 발휘되는 세 방향의 에너지의 흐름과 타고난 기질적 유형의 욕구결합을 의미한다(이은하, 2007: 236).

① 힘의 중심은 사람마다 가지고 있는 에너지의 원천을 의미한다. 힘의 중심에 의한 성격구분은 본능중심(8, 9, 1번 유형), 감정중심(2, 3, 4번 유형), 사고중심(5, 6, 7번 유형)으로 나눌 수 있다.

② 사회적인 행동방식은 자아가 세상을 인식하고 관계를 맺는 방법으로, 사

표 19-6		에니어그램 성격유형			
힘의 중심에 의한 성격구분	유형 번호	유형 별칭	사회적 행동방식	유형의 특징	기 능
감정중심 (가슴)	2 사랑	조력자	순응형	사람을 잘 보살피고 대인관계를 잘 하는 유형: 상냥한, 너그러움, 감상적인, 아첨하는	감정이입 이타주의
	3 성공	성취자	공격형	상황에 잘 적응하고 성공지향적인 유형: 야망적인, 활동적인, 주변을 의식하는, 일중독에 빠지는	자기존중 자기개발
	4 독특	예술가	움츠리는 형	낭만적이고 내향적인 유형: 정직한, 개인적인, 우울한, 방종하는, 자기연민적인	자의식 예술적 창의성
사고중심 (머리)	5 전지	관찰자 (사색가)	움츠리는 형	강렬하며 지적인 유형: 통찰력 있는, 독창적인, 독립적인, 고립된	열린 마음 독창적 사고
	6 안전	충성가	순응형	안전을 추구하는 유형: 근면한, 책임감 있는, 조심성 있는, 우유부단한	동일시와 사회협력
	7 행복	모험가	공격형	바쁘고 생산적인 유형: 긍정적인, 유쾌한, 변덕스런, 즉흥적인	열정 실용적 행동
본능중심 (배, 장)	8 힘	지도자	공격형	성격이 강하며 사람들을 지배하는 유형: 임기응변에 능한, 결단력 있는, 거만한, 위협적인	자기주장 지도성
	9 평화	조정자 (중재자)	움츠리는 형	느긋하고 잘 나서지 않는 유형: 원만한, 친절한, 수동적인, 고집스러운	수락성 수용성
	1 완전	개선자 (개혁가)	순응형	원칙적이고 이상적인 유형: 윤리적인, 양심적인, 비판적인, 완벽주의자적인	합리성 사회적 책임감

출처: 주혜명 역(2006: 23-25); 윤운성(2001: 136); 김권수(2007: 275) 재인용.

람들에게 대항하는 형인 공격형(3, 7, 8번 유형), 사람들에게 향하는 형인 순응형(1, 2, 6번 유형), 사람들로부터 물러나는 형인 움츠리는 형(4, 5, 9번 유형)으로 구분할 수 있다.

에니어그램의 9가지 성격유형은 정적인 것이 아니고 동적인 것으로 개인의 심리적 성장과 퇴보에 따라 성격의 통합(건강, 자기 확신)과 분열(병적인, 신경증)이 이루어지게 된다. 즉 건강해지거나 약해짐에 따라 기본유형에서 통합 또는 분열의 방향으로 진행하게 된다. 건강한 자아실현의 성격통합과정은 1→7→5→8→2→4→1과 9→3→6→9의 방향으로 움직인다. 반면에 병적이고 신경증적인 분열적 성격통합과정은 역방향인 1→4→2→8→5→7→1과 9→6→3→9의 방향으로 움직인다(윤운성, 2001: 135; 김권수, 2007: 274).

3. 빅 파이브(Big Five) 성격유형

Digman(1990)은 개인적 성격을 설명하는 수많은 연구들을 분석한 결과 5가지 독립요인들(외향성, 친화성, 성실성, 신경성, 경험에 대한 개방성)이 일관성 있게 개인 성격을 묘사하고 있다는 것을 발견했다. 즉 특성이론에 근거한 빅 파이브 성격이론은 5개의 기본적인 차원이 존재하고, 이것이 인간 성격의 많은 부분을 설명할 수 있다는 것이다. 이처럼 빅 파이브 모델은 광범위한 성격특성의 범주를 보여준다.

이들 5가지 각 요소는 잠재적으로 다수의 구체적인 특성 혹은 차원을 포함하고 있다. 즉 각 요소는 단일의 특성이 아니라 오히려 특성과 관련한 집합이다. 그러므로 빅 파이브 차원은 보편적이기 때문에 다양한 사람들의 성격특성을 평가하는 데 활용된다. 예를 들면 외향성이 높은 것으로 나타난 사람은 내향적인 사람에 비해 많은 사람들과 함께 시간을 갖는 것을 좋아하고 상대방의 눈을 더 잘 응시한다(민경환 외 역, 2012: 570).

이러한 빅 파이브 성격이론은 조직 내 개인행동을 정의하는 데 중요하다고 간주되는 근본적인 성격특징을 대표한다. 또한 어떤 사람들의 성격은 빅 파이브의 각 성격특성의 조합이다. 예를 들면, 매우 사회적(높은 외향성), 낮은 쾌활성, 높은 성실성, 낮은 감정적 안정성, 그리고 높은 수준의 창의성의 특성을 가질 수 있다.

[그림 19-4]와 같이 각 범주의 왼쪽에 가까운 특징이 조직환경에 보다 긍정적이라는 것이다(황규대 외, 2011: 210-212).

442

[그림 19-4] 빅 파이브 성격유형

따뜻한, 재치 있는, 배려하는	친화성 (agreeableness)	독립적인, 차가운, 무례한(nude)
계획적인, 단정한, 의존적인	성실성 (conscientiousness)	충동적인, 경솔한, 무책임한
안정적, 자신감 있는, 사실적인	신경성(emotional stability)	신경질적인, 자기회의(self-doubting), 기분
사교적인, 활동적인, 자기현시적인(self-dramatizing)	외향성(사교성) (extroversion)	수줍은, 내성적인(unassertive), 내향적인(withdrawn)
창의적인(imaginative), 호기심 많은, 독창적인	지적 개방성(intellecturalo penness)	둔한, 상상력이 부족한, 무미건조한(literal-minded)

출처: Hellriegel, Slocum, and Woodman(1985: 46).

① 친화성(agreeableness) : 친화성은 다른 사람과 어울리는 능력을 말한다. 친화성은 신뢰, 이타주의, 친절, 애착, 다른 친사회적 행동(prosocial behavior)과 같은 특성을 포함한다. 친화성은 대인관계를 개척, 유지하는 것이 중요한 업무에 효과적으로 도움을 줄 수 있다.

② 성실성(conscientiousness): 성실성은 의지할 수 있고, 조직화되어 있고, 철저하고 책임 있는 사람을 표현할 때 쓰이는 말이다. 또한 성실성은 높은 수준의 배려심, 충동조절과 목표지향적 행동과 같은 좋은 특성을 포함한다. 성실한 사람은 인내심이 강하고, 열심히 일하며, 일의 성취와 완성을 즐긴다.

③ 신경성(neuroticism) : 신경성은 감정적 불안정성, 걱정, 과민성, 슬픔과 같은 특성을 경험하는 경향이 있다.

④ 외향성(extroversion, sociability) : 외향성은 다른 사람과의 관계에서 편안한 정도를 말한다. 외향성은 사교적이고, 친화적이고, 적극적이며, 말을 잘 붙이고 능동적인 경향을 말한다. 특히 외향적 성격을 지닌 사람(extroverts)은 환경 속에서 자극을 필요로 하고, 단순하고 지루한 직무에는 부정적으로 반응하는 경향이 있으며,

| 표 19-7 | 빅 파이브 성격차원의 자아진단 |

빅 파이브 성격의 자아진단 문항	전혀 그렇지 않다 ↔ 매우 그렇다				
나는 매우 외향적(outgoing)이다.					
나는 다른 사람과 잘 지낼 수 있다.					
나는 나 자신을 지적인 사람으로 생각한다.					
나는 때때로 무례(rude)할 수 있다.					
나는 매우 따뜻한 사람이다.					
나는 수줍음을 많이 탄다.					
나는 아주 정력적이다.					
나는 나 자신을 신경질적(temperamental)인 것으로 묘사할 수 있다.					
나는 아주 부러워한다(envious).					
나는 냉철하다(philosophical).					
나는 일반적으로 아주 여유가 있다(relaxed).					
나는 때때로 경솔하다(careless).					
나는 상상력이 부족하다(unimaginative).					
나는 가끔 엉성하다(sloppy).					
나는 때때로 철회한다(withdrawn).					
나는 나 자신을 창의적인(creative) 것으로 묘사한다.					
나는 아주 실용적이다(practical).					
나는 매우 친절한 사람이다.					
나는 거의 질투하지(jealous) 않는다.					
나는 매우 조직적이다.					

출처: Aldag & Kuzuhara(2002: 91-92).

다양성과 예측 불가능성 및 흥분을 주는 작업환경을 필요로 한다.

⑤ 지적 개방성(intellectual openness) : 개방성은 사람의 믿음의 정도와 흥미의 범위이다. 또한 개방성은 창의성, 통찰력과 같은 특성을 포함한다. 개방성에는 변화를 받아들이려는 의지가 포함되어 있다.

4. MBTI 성격유형

  조직구성원의 성격에 관한 분석에 있어, 대부분 학자들은 MBTI 성격유형검
사를 많이 활용하고 있다. MBTI(Myers-Briggs Type Indicator)는 C. G. Jung의 심리유
형론을 근거로 하여 Katharine Cook Briggs와 그녀의 딸인 Isabel Briggs Myers에
의해 개발되었다. Myers와 Briggs는 MBTI를 개발할 때 Jung이 제시한 심리유형의
모델을 바탕으로 삼았으며, Jung의 심리유형이론에 내포되어 있기는 하지만 제대
로 확립하지 못한 판단(judgement: T)과 인식(perception: P)에 관한 척도를 추가하였
다(황임란, 2005: 326-327). 따라서 MBTI 심리유형은 Jung의 심리유형이론을 보다
쉽게 이해하여 일상생활에서 유용하게 활용할 수 있도록 개발된 것이다.

  심리유형에 대한 Jung의 포괄적 이론 중에서 가장 핵심적인 것은 인간은 누
구나 감각, 직관, 사고, 감정이라 불리는 4가지 기본적인 정신적 기능 또는 과정을
사용한다는 점이다. MBTI 모델은 [그림 19-5]와 같이 4가지 분명한 차원으로 구

[그림 19-5] MBTI의 4가지 선호 방향

외향 E (Extroversion)	에너지의 방향 / 주의 초점	내향 I (Introversion)
감각 S (Sensing)	인식기능 / 정보수집	직관 N (Intuition)
사고 T (Thinking)	판단기능 / 생활양식	감정 F (Feeling)
판단 J (Judging)	행동양식 / 생활양식	인식 P (Perceiving)

출처: Hellriegel, Slocum, and Woodman(1985: 46).

표 19-8 의사결정유형

구 분		자료유형	
		S(감각)	N(직관)
자료처리 방식	T (사고)	ST: 체계적 의사결정자 정보: 계량적 측정치 단서: 통계적 의미	NT: 이론적 의사결정자 정보: 미래의 가능성 단서: 변화에 대한 가정
	F (감정)	SF: 계량적 의사결정자 정보: 현재의 상황이나 정황 단서: 이해관계자들에 의한 수용	NF: 탐색적 의사결정자 정보: 현재의 가능성 단서: 경험과 판단

출처: 박영미(2008: 115).

성되며, 대비되는 선호에 따라 각각은 반대되는 두 쌍을 함유하고 있다. 첫 번째 차원은 사람의 주의의 초점인 에너지의 방향에 따라 외향형(extraversion: E)과 내향형(introversion: I)이다. 두 번째 차원은 인식의 기능에 따라 감각형(sensing: S)과 직관형(intuition: N)이다. 세 번째 차원은 판단의 기능에 따라 사고형(thinking: T)과 감정형(feeling: F)이다. 네 번째 차원은 행동양식에 따라 판단형(judging: J)과 인식형(perceiving: P)이다.

이러한 MBTI의 4가지 차원 중 2개 차원씩 결합하여 여러 가지 MBTI유형이 산출된다. 선호하는 자료유형(S-N)과 선호하는 자료처리방식(T-F)을 결합하면 〈표 19-8〉과 같이 4가지 의사결정유형이 범주화된다.

또한 개인 에너지의 지향성(I-E)과 외부세계에 대한 대응방식(J-P)이 결합되

표 19-9 행동유형

구 분		외부세계에 대한 대응방식	
		J(판단)	P(인식)
개인 에너지의 방향	E (외향)	EJ: 설득자 자료: 주장을 밀어붙일 수 있는 장점 단서: 행동의 당위성에 대한 이해	EP: 중재자 자료: 조직적 단서: 제재 메커니즘의 형성
	I (내향)	IJ: 영향력 행사자 자료: 조작능력 단서: 목적은 수단을 정당화	IP: 조율자 자료: 숨겨진 의미 단서: 상호이해

출처: 박영미(2008: 116).

표 19-10 6개 성격유형의 인지적 특성과 직업적 성향

구 분	감각형(Sensing: S)		직관형(Intuition: N)		내향형 외향형
	사고(T)	감정(F)	감정(F)	사고(T)	
판단형 (Judging: J)	ISTJ 실용적, 감각적, 단호성, 논리적, 의연, 투입지향 경영 및 행정	ISFJ 실용적, 구체적, 협조적, 예민성, 투입지향 교육, 의료, 종교	INFJ 통찰력, 상징적, 이상주의, 몰입적, 열정적, 투입지향 종교, 상담, 교육	INTJ 통찰력, 장기적 계획, 명확하고 합리적, 투입지향 과학, 기술, 전문기술 분야	내향형 (Introversion: I)
지각형 (Perceiving: P)	ISTP 의연, 논리적 문제해결, 실용적, 사실적, 과정지향 기술 및 기계 분야	ISFP 친절, 신뢰, 감수성, 관찰, 구체적, 과정지향 의료, 사업	INFP 감수성, 보살핌, 이상주의, 호기심, 창조적, 비전, 과정지향 상담, 작가, 예술	INTP 논리적, 호기심, 의연, 통찰력, 사변적, 투입지향 과학 및 기술 분야	
지각형 (Perceiving: P)	ESTP 관찰, 적극적, 합리적 문제해결, 단언적, 투입지향 마케팅, 사업, 기술직	ESFP 관찰, 구체적, 적극적, 동정적, 이상주의적, 온화, 투입지향 의료, 교육	ENFP 호기심, 창조적, 정력적, 다정, 협조적, 투입지향 상담, 종교, 교육	ENTP 창조적, 상상력, 이론적, 분석적, 합리적, 지식추구, 투입지향 과학, 기술, 경영	외향형 (Extroversion: E)
판단형 (Judging: J)	ESTJ 논리적, 단호성, 객관적, 비판적, 실용적, 체계적, 과정지향 경영 및 행정	ESFJ 사실적, 사교적, 협조적, 실용적, 단호성, 과정지향 교육, 의료, 종교	ENFJ 연민적, 충직, 상상력, 다양성, 선호, 지원적, 과정지향 예술, 종교, 교육	ENTJ 분석적, 단언적, 개념적, 사색, 혁신기획, 과정지향 경영 및 리더십	

출처: Wheeler, et. al.(2004); 박재용·박우성(2005: 101) 재인용.

면 〈표 19-9〉와 같이 4가지 행동유형이 범주화된다.

이와 같이 MBTI는 개인심리학과 분석심리학의 성격이론을 바탕으로 성격변인을 측정하기 위해 설계된 측정도구이다. MBTI는 분석심리학에 기초를 두고 있음에도 불구하고 개인의 성격에 있어서 인지적인 양식과 독특한 생활지각과 관련된 유용한 정보를 제공한다(정민·노안영, 2003). 또한 MBTI는 사람들이 가지고 있는

성격유형상의 차이를 미리 예견하여 보다 건설적으로 대처할 수 있게 해 준다(김정택·심혜숙·재석봉 역, 1995). 이에 MBTI를 활용할 경우 대인관계 패턴 등에 대한 좀 더 자세한 정보를 제공할 수 있으며(심혜숙·곽미자, 1996), 개인의 선호도와 직업의 성격이 얼마나 잘 조화를 이룰 수 있는가를 점검하는 데도 활용할 수 있다. 나아가 MBTI는 효율적인 인적자원관리 차원에서 적극적으로 사용되고 있으며, 조직문화적 측면에서 조직구성원 및 조직에 대해서도 유용하고, 자기자신과 자신의 행동을 이해하여 자신을 효율적으로 운용할 수 있도록 하는 데 도움을 주며, 개인차를 건설적으로 이용하여 타인을 인정하고 타인과의 효율적인 상호작용을 하는 데 도움을 준다(김명선·전인식, 2002).

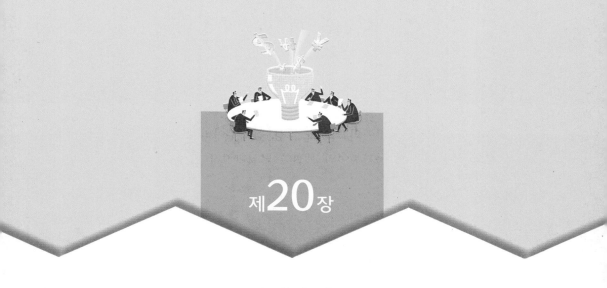

제20장

동기부여

    심리학자들은 어떤 행태가 왜 일어나는지(why a behavior occurs) 알고 싶어 동기부여를 연구한다. 그들은 행태를 작동시키는 기본적인 과정을 이해하고 싶어한다. 사랑과 미움에 내재한 힘이 무엇인가? 어떤 사람이 권력을 추구하게 하는 동기는 무엇인가? 배고픔 혹은 목마름과 같은 동기는 어떻게 우리의 행태에 영향을 미치는가?

    이 점에 있어 관리자는 종업원을 동기부여시키기 위해 활동적인 역할을 수행해야만 한다. 동기부여이론은 다음과 같은 결론을 제시하고 있다. ① 관리자는 종업원의 동기부여 상태에 영향을 미칠 수 있다. ② 관리자는 종업원의 욕구, 능력, 목표에의 변화(variation)에 대해 민감해야 한다. ③ 종업원의 욕구, 능력, 목표 및 선호에 대한 지속적인 모니터링은 관리자의 책임이다. ④ 관리자는 종업원에게 업무의 도전성, 다양성 그리고 욕구만족을 위한 다양한 기회를 제공하는 일을 수행해야만 한다.

이 장에서는 동기부여의 의의와 과정, 동기부여의 이론적 배경과 관련된 이론 등의 학습을 통해 동기부여의 본질을 탐색하고자 한다.

제1절　동기부여의 의의와 과정

1. 동기부여의 의의와 특징

동기부여는 목표를 성취하는 열쇠이다. 동기부여를 이해하는 것은 개인 간의 관계를 긍정적으로 발전시키는 데 중요한 변수이다. 동기부여(動機附輿, motivation)란 사람들의 결핍, 욕구, 그리고 바람이 만족되는 내적인 과정(internal process)이다.[1] 또한 동기부여는 행태에 활기를 북돋우고, 지향하게 하고, 유지하게 하는 일련의 힘이다. 이러한 힘은 그 사람(자신)으로부터, 소위 내적인 힘에서 오고, 또한 사람들을 둘러싸고 있는 환경, 즉 외적인 힘에서 온다.

특히 인적자원은 조직에서 생산성을 증가하고, 경쟁력을 제고하고, 양질의 제품을 생산하고 서비스를 향상하는 데 매우 중요하다. 이 점에서 관리자들은 조직구성원들에게 무엇이 중요한 요인인지를 지각해야만 한다. 즉 조직관리자는 조직의 목표와 개인의 목표를 성취하는 데 있어 조직구성원에게 동기부여를 제공해야 하는 도전에 직면한다. 변화하는 조직업무에 대해 조직구성원들에게 도전적 기회를 제공하고, 업무의 중요성을 인식하게 하고, 경력발전 프로그램을 제공하며, 노력에 대한 보상 및 조직구성원에 대한 존경과 성과를 인정하는 인사관리가 중요하다.

동기부여에 관련된 4가지 C를 이해하는 것이 조직구성원의 행태에 관한 통찰

---

1 영어단어 motivation은 motivum에서 유래되었다. 라틴어 motivum은 어떤 것이 움직이게 하는 이유(to the reason something has moved)를 의미한다.

력을 제공할 것이다(Miller & Catt, 1989). ① 신념(confidence) : 어떤 것을 행하는 것에 관련하여 사람의 능력에 대한 확신감(sureness)이다. ② 능력(competence) : 업무를 완성하는 데 필요한 수단을 소유하는 정도이다. ③ 몰입(commitment) : 업무를 완성할 때까지 업무에 대한 지구력과 집착력이다. ④ 도전(challenge) : 업무할당 혹은 목표를 완성하려고 노력하는 열망이자 새로운 기술과 보다 많은 지식을 획득하려는 자세이다.

상당히 동기부여된 조직구성원들은 목표달성에 매우 헌신적이다. 이를 위해 많은 조직은 조직구성원을 문제해결과정에 참여시키고, 또한 의사결정과정에 보다 많은 권한을 부여하고 있다. 조직관리자들이 인적자원을 동기부여시키는 데 적용하는 몇 가지 기술은 다음과 같다(Miller, Catt, & Carlson, 1996: 338–342).

1) 자발적인 동기부여

긍정적인 결과에 초점을 두는 것이 장애요인과 실망스러운 것을 극복하는 데 도움을 준다. 경험을 통한 학습의 자발성과 지구력이 성취와 만족에 기여한다. 자발적인 동기부여(self–motivation)는 자신의 결핍, 욕구 및 관심을 조사한다. 또한 어떤 업무에 대해 자신과 계약하는 것도 자신을 동기부여시키는 요인이 된다.

2) 조직구성원에의 임파워먼트

임파워먼트(권한위임, empowerment)는 모든 조직계층에 대해 중요한 결정에 있어서 조직구성원의 지식, 신념, 권위를 활용하도록 배려하는 것이다. 조직구성원들에게 권한이 위임된다면, 관리자의 역할이 명령지시의 입장과 의사결정자의 입장에서 코치의 역할과 조언자의 역할로 변화한다. 교육훈련이 임파워먼트의 중요한 요인이며, 임파워먼트도 종업원의 직무만족을 증진하고, 조직비용을 줄이는 데 가치 있는 원천이 된다.

3) 목표설정

목표설정(目標設定, goal setting)은 특정한 목표를 성취하는 데 의식적인 노력을 하게 하는 과정이다. 목표설정과정은 조직구성원들에게 조직에 관한 의문사항을 질문하고, 의견을 표명하고, 비판을 하고, 환류를 받는 기회를 제공한다. 조직구성원이 수용하는 도전적이고 구체적인 목표가 높은 동기부여를 유발하게 한다. 조직구성원이 동기부여를 유지하기 위해서는 조직구성원이 목표가 가치 있고 혹은 바람직한 것으로 인지되어야만 한다.

4) 조직적 도의의 설정

조직적 도의(組織的 道義, organizational morale)는 조직구성원이 조직 혹은 직무 관련 요인에 대해 가지는 일반적인 태도이다. 높은 조직적 도의는 업무의 공헌이 존중받을 만한 것으로 인식하는 감정이다. 조직구성원들이 협동적으로 업무를 수행하고, 그리고 자신들의 업무성취에 자부심을 가질 때 조직적 도의가 강화된다. 관리자의 행위가 조직적 도의에 중요한 역할을 발휘하며, 도의(morale)는 비교하는 준거 틀에 영향을 받는다.

2. 동기부여의 과정

동기부여의 과정은 [그림 20-1]과 같이 첫째, 욕구결핍에 대한 인식에서 출발한다. 욕구(欲求, needs)는 물질적 결핍(physical deprivation)의 상태이다. 욕구는 어떤 개인이 특정한 시점에 경험하게 되는 어떤 가치에 대한 결핍이다. 이러한 욕구는 동기(drives)를 일으킨다. 욕구는 행태반응의 방아쇠(trigger) 혹은 활력제이다. 동기수준은 결핍된 시간적 길이와 더불어 증가된다.

사람들은 욕구를 충족하기 위해 행동을 시작한다. 욕구결핍이 있을 때 개인

[그림 20-1] 동기부여과정

욕구에 대한 인식
욕구결핍(need deficiencies)

욕구를 충족하기 위한 행동
(욕구를 만족하기 위한 방법의 탐색)

욕구충족

만족

욕구 미충족

좌절
(스트레스, 긴장)

출처: Miller, Catt, & Carlson(1996: 321).

은 관리자의 동기부여 노력에 보다 민감하다. 이러한 욕구는 심리적·생리적·사회적 결핍(deficiencies)에 대한 지각이다.

두 번째 단계는 조직구성원이 욕구결핍을 인식하게 되면, 욕구를 충족하기 위해 행동을 개시한다. 조직구성원이 욕구를 충족했다면 만족할 것이고, 충족하지 못한다면 욕구에 대한 불만족이 남아 있고, 나아가 좌절이 일어날 것이다. 이처럼 동기부여과정은 목적지향적이다. 조직구성원이 추구하는 목표 혹은 결과는 개인을 끌어당기는 힘으로 간주할 수 있다. 바람직한 목표의 성취는 결과적으로 욕구결핍을 감소시킨다.

불만족한 욕구(unsatisfied needs)는 스트레스 혹은 긴장을 일으킨다. 굶주릴 때는 육체적 스트레스를 겪게 된다. 즉 사람들은 욕구를 만족하는 데 동기가 일어나며, 욕구만족으로부터 스트레스가 해소된다. 여러 가지 욕구에 대한 강도는 사람마다 다르다. 어떤 사람은 강렬한 자기중심적 욕구를 만족하는 데 동기가 부여되지만, 다른 사람은 가입욕구의 만족을 위해 동기가 부여된다.

또한 동기부여는 조직의 배경에서 [그림 20-2]과 같이 개인에게 노력을 확장시키는 힘이다. 동기부여는 개인에 의해 관찰할 수 있는 노력의 수준을 초래한

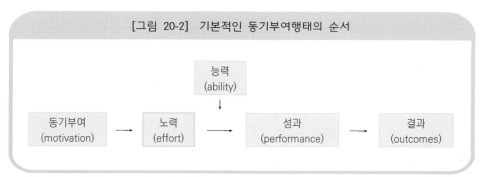

[그림 20-2] 기본적인 동기부여행태의 순서

출처: Ivancevich & Matteson(1990: 148).

다. 노력 자체만으로 충분하지 않다. 즉 성과는 개인이 발휘하는 노력과 개인이 소유하는 능력의 수준(기술, 훈련, 정보 등)의 결합에서 도출된다. 따라서 노력은 주어진 성과수준을 산출하기 위한 능력과 결합한다. 성과의 결과로서 개인은 어떤 목표를 달성한다.

결과 혹은 보상(rewards)은 2가지 주요한 범주로 구성된다. 하나는 개인이 환경으로부터 결과를 획득한다. 개인이 주어진 수준을 이행했을 때, 개인은 상관, 동료, 조직의 보상시스템 등으로부터 긍정적 혹은 부정적 결과를 얻을 수 있다. 이러한 환경적 보상은 개인에 대한 결과의 원천이 된다. 다른 하나는 결과의 원천이 개인이다. 이것은 순전히 업무 자체에 대한 성과(성취감, 개인적 가치 등)로부터 일어나는 결과이다.

이리하여 사람들의 동기부여는 ① 노력에 대한 성과의 기대(effort-to-performance expectancies), ② 성과에 대한 결과의 기대(performance-to-outcome expectancies), ③ 결과에 대해 지각된 유인값(perceived valence of outcomes)의 함수이다.

제 2 절 　동기부여의 이론배경

1. 본능이론

　　본능이론(本能理論, instinct theory)은 Darwin의 자연도태이론(natural selection theory)에 영향을 받아 유기체의 행태와 생리는 자신의 환경에서 생존하기 위해 알맞을 정도로 생존하고, 번식한다고 가정한다. 유기체는 생존과 번식을 하기 위해 자식에게 유전자(genes)를 전승한다. 자식은 일반적으로 자신의 부모의 행태적·생리적 특성을 물려받는다.

　　이런 시각에서 미국의 심리학자 William James(1890)와 William McDougall(1908)은 대부분의 인간과 동물의 행태는 본능적이라고 가정한다. 유기체는 종족의 생존과 재생산을 추구하기 때문에 음식, 물, 성욕을 추구하는 기질을 부모로부터 물려받는다.

　　James는 모든 유기체는 먹고, 자식을 낳는 것과 같은 기본적인 본능을 공유하고 있고, 인간도 역시 사회화, 동정, 경쟁 및 사랑을 위해 본능을 소유하고 있다고 믿는다. 또한 James와 McDougall은 본능은 어떤 자극이 있을 때 일반적으로 특정한 태도로 행동하도록 결정하는 성향이라고 믿는다. James와 McDougall에 의하면, 본능적 성향은 학습에 의해 수정될 수 있다. 특히 학습은 초기의 본능적 행태 발생에 관련되어 있다.

　　이와 같이 본능이론가들은 인간행태는 동물의 행태와 같이 본능적으로 결정된다는 것이다. 인간의 복잡한 동기부여는 인간이 하급동물보다 보다 많은 본능에 의해 영향을 받는다는 사실에 기인한다.

　　본능이론은 다음과 같이 몇 가지 점에서 비판을 받고 있다. 첫째, 핵심적 본능(core instincts)을 명확하게 할 수 없다. 예를 들면, James는 적어도 50개의 인간본능을 제시했지만, 1920년대 학자들은 거의 6,000개 본능의 존재를 제안했다. 둘째,

본능이론은 본능이 행태에 어떻게 영향을 미치는지 드러내 보이지 못하고 있다.

2. 동인이론

　동인이론(動因理論, drive theory)의 핵심은 욕구(need)의 개념이다. 욕구는 어떤 유기체의 생물학적 요구로부터 일어난다. 동인은 활성화(activation)와 각성(arousal)을 의미한다. 동인은 유기체가 자신의 욕구를 만족시키는 어떤 목표를 추구하는 데 동원된다.

　동인이론은 다음과 같이 몇 가지 점에서 본능이론과 차이가 있다.

　첫째, 동인이론은 행태에 연료를 주는 메커니즘으로서 동인 혹은 육체적 자극을 가정한다. 이것은 동인을 실질적인 육체적 과정으로 간주하기 때문이다. 이에 동인이론은 과학자들은 동기부여의 중심된 과정을 연구할 수 있고, 동기부여된 행태를 관찰함으로써 동기부여를 추론할 필요가 없다는 것이다. 대신에 과학자들은 동인을 측정함으로써 동기부여의 단계를 결정할 수 있다는 것이다.

　둘째, 동인이론의 다른 장점은 동인의 핵심적 결정요인으로서 욕구의 확인이다. 욕구는 결핍(deprivation)의 기능을 하기 때문에, 과학자들은 결핍을 일으킴으로써 동인을 다룰 수 있다.

　이와 같이 동인이론가들은 동기부여된 행태를 활성화하는 메커니즘으로서 동인을 제안할 뿐만 아니라 동인의 구체적인 분류를 초래하는 과정을 제안한다.

　그리고 이러한 과정을 항상성(homeostasis)이라고 한다. 항상성은 균형상태(equal state)이다. 프랑스 생리학자 Claude Bernard(1813-1878)는 동물은 생존하기 위해 안정적 내적 환경을 유지해야만 한다고 최초로 관찰했다. 동물은 적절하게 기능을 하기 위해 자신의 내적 온도, 자신의 혈액 속에 공기의 양, 혈당(blood sugar)의 수준을 통제해야만 한다(Spear, Penrod & Baker, 1988: 461-462).

　예일대학교 심리학교수 Clark Hull(1884-1952)에 따르면, 결핍이 유기체 내 요구상태를 산출할 때 다음과 같은 2가지-① 동인이 증가하고, ② 유기체가 내적인

수령자를 통해 욕구상태를 탐지한다-가 일어난다. 이때 내적 감각(internal sensations)
이 특정한 반응에 대해 단서로 작용하기 때문에 중요하다.

　　Hull은 욕구는 자동적으로 동인을 산출하지만, 동인을 줄이는 행태는 주로 학
습된다고 이론화하고 있다. Hull은 동기부여는 동인과 학습(습관이라고 언급한다)
의 결합기능이라고 제안하고 있다.

동기부여(Motivation) = 동인(Drive) × 습관(Habit)

　　또한 Hull은 동기부여는 습관과 결핍에 의해 영향을 받을 뿐만 아니라 이용할
수 있는 목표의 특성에 의해 영향을 받는다고 주장한다. 나아가 Hull의 이론에 의
하면, 어떤 동물이 특별히 동기부여된 행태에 대해 보상이 많을수록 그것의 동인
은 커지며, 동기부여된 행태는 보다 많이 일어난다. 이 점에서 Hull은 동기부여를
다음과 같이 재정의하고 있다.

동기부여(Motivation) = 동인(Drive) × 습관(Habit) × 인센티브(Incentive)

3. 인센티브 이론

　　인센티브 이론가에 의하면, 사람들의 행태는 욕구가 산출하는 내적인 상태
혹은 항상성의 불균형(homeostatic imbalance)에 의한 것보다 오히려 자극의 질과 바
람직한 상황에 의해 동기부여된다는 것이다. 동기부여된 행태는 강력한 동기부여
자극 혹은 인센티브의 존재에 강하게 의존한다는 것이다(Spear, Penrod & Baker,
1988: 471-472).

　　프라이밍(priming, 기폭제, 작은 양의 인센티브 자극)은 유기체에게 인센티브 자극
을 보다 많이 추구하도록 자극한다. 프라이밍이 동물에게 자극에 대한 즐거운 혹
은 불쾌한 질을 기억하게 하기 때문에 프라이밍 자극은 분명 효과적이다.

457

이에 인센티브 이론가들은 욕구가 행태에 영향을 미친다고 인식한다. 이들은 동인보다는 인센티브 자극을 보다 많이 강조한다. 이 점에서 동인이론가는 행태를 동인이 끌어당기는 것으로 보는 반면에, 인센티브 이론가는 행태를 인센티브가 끌어당기는 것으로 간주한다.

인센티브 이론(incentive theory)은 동기부여의 중요한 결정요인은 자극이 즐겁거나 혹은 불쾌할 것이라는 동물의 기대라고 주장한다. 기대가 학습되기 때문에 학습은 인센티브 동기부여에서 중요한 역할을 발휘한다.

이와 같이 인센티브는 사람의 행태에 영향을 미친다. 이전의 학습은 가끔 목표에 대한 기대를 일으킨다. 그러한 기대는 동기부여된 행태에 강력한 영향을 가진다. 나아가 인센티브 이론가들은 동기부여는 복잡한 인식과정을 일으키며, 그러한 인식과정을 동기부여이론에 결합시킨다.

4. 각성이론

동인이론가에 의하면, 동인 혹은 각성은 항상 회피적인 것이다. 동기부여의 기초는 불쾌한 동인의 동물적 회피(animal's avoidance)이다. 반면에 각성이론가(arousal theorist)에 따르면, 동인 혹은 각성의 즐거움은 자극의 유형에 의존한다. 각성(arousal)은 빠른 뇌파(brain waves), 심장박동수(heart rate)를 증가시키는 피부전도계수(skin conductance)와 행태를 의미한다.

각성이론가들(Bindra, 1959; Hebb, 1966)은 동기부여된 행태에 대한 최적의 각성수준이 있다는 Yerkes-Dodson 법칙을 활용하고 있다. Yerkes와 Dodson(1908)은 동물들은 동기부여 수준에 있어 높은 수준보다는 오히려 중간수준(moderate)에서 최선을 다한다고 지적한다. 이들 학자는 동기부여의 높은 수준은 쉬운 업무를 수행하는 데 최적이며, 반면에 동기부여의 낮은 수준은 어려운 업무의 수행을 최적으로 이끈다는 것을 발견했다. Yerkes-Dodson 법칙처럼, 각성의 높은 수준은 가끔 약하게 동기부여된 행태 혹은 무질서하게 동기부여된 행태와 연계되어 있다.

458

영국의 심리학자 Jeffrey Gray는 보상과 처벌 모두가 각성을 증가시키지만, 2개의 경우에 각성은 매우 다르다는 것이다. Gray 모델은 어떤 자극은 한 유형의 각성을 증가시키지만, 다른 유형의 각성은 그렇지 않다는 것을 설명하는 데 도움을 준다. 보상 혹은 보상에 대한 기대는 보통 심장박동수를 증가시키지만, 처벌 혹은 처벌에 대한 기대는 보통 고문이 된다. 즉 행동활성화시스템(behavioral activation system: BAS) 각성은 심장박동수를 증가시키지만, 행동억제시스템(behavioral inhibition system: BIS) 각성은 고문을 증가한다. 이와 병행하여 인센티브는 사람의 심장박동수를 증가시키고, 증가의 크기는 인센티브의 규모에 의해 결정된다.

① 행동억제시스템(behavioral inhibition system: BIS) : 처벌에 의해 작동되는 각성시스템이다. 작동된 BIS는 사람들이 하는 것을 멈추게 하는 원인이 된다. BIS 각성은 불쾌(걱정 혹은 공포로 분류됨)한 것이다. 사람들에게 BIS 활동을 증가하는 자극을 회피하도록 돕는다.

② 행동활성화시스템(behavioral activation system: BAS) : 보상에 의해 작동되는 각성시스템이다. 또한 기대했던 처벌의 부재에 의해 작동되는 각성시스템이다. BAS가 활성화될 때 행태가 증가한다.

제3절 동기부여이론

동기부여를 설명하기 위해 학자들은 다양한 이론을 제시하고 있다. 〈표 20-1〉과 같이 사람들을 어떻게 동기부여시키는가에 관련된 이론은 크게 ① 내용이론, ② 과정이론, ③ 강화이론으로 구분할 수 있다. 이들 각 이론은 관리자가 작업장에서 동기부여를 이해하는 데 도움을 준다. 또한 이들 각 이론은 작업환경에서 동기부여를 설명하는 데 연관된 주요한 변수를 조직화하기 위해 적용된다.

표 20-1	동기부여이론	
구 분	초 점	이 론
내용 이론	– 행태를 일으키고, 지향하고, 유지하고, 멈추게 하는 사람들의 내적(within) 요인들에 초점을 둠 – 개인이 충족하고자 시도하는 개인적 욕구(personal needs) – 개인의 요구를 만족시키는 직무환경에서의 특성 – 무슨 결핍이 바람직한 성과를 일으키는가를 기술함 – 이들 요인은 단지 추론(inferred)될 수 있음	– Maslow의 욕구계층이론 – Alderfer의 ERG이론 – Herzberg의 2요인이론 – McClelland의 성취동기이론
과정 이론	– 행태를 어떻게 일으키고, 지향하고, 유지하고, 멈추는가를 기술하고, 설명하고 그리고 분석하는 데 초점을 둠 – 상이한 변수들이 개인에 의한 노력의 정도에 영향을 미치는데 어떻게 병행할 수 있는가를 기술함 – 사람들이 어떻게 동기부여되는가를 기술함 – 동기부여는 상황에 따라 다양함	– Vroom의 기대이론 – Adams의 공평이론 – Locke의 목표설정이론
강화 이론	– 행태의 결과를 통하여, 예견적인 방식(predetermined ways)으로 행태를 동기부여시킴 – 행태적 변화(behavior modification)와 조건적 조건형성(operant conditioning)을 활용함	– Skinner의 강화이론

1. 내용이론

동기부여의 내용이론(內容理論, content theory)은 개인을 동기부여시키는 구체적인 내적 욕구를 명시하는 데 관심을 가진 이론이다. 내용이론은 욕구로 언급되는 내적인 드라이브를 인식하는 것에 관련되어 있다. 내용이론은 행태를 일으키고, 지향하게 하고, 유지하고 그리고 멈추게 하는 사람의 내적인 요인에 초점을 둔다. 이러한 내용이론은 사람들을 동기부여시키는 구체적인 욕구를 결정하기 위해 시도한다. 즉 내용이론은 사람이 충족하고자 노력하는 욕구가 무엇인가(what needs a person is trying to satisfy)에 초점을 둔다.

이와 같이 내용이론은 공통적인 인간의 욕구를 구체적인 범주로 분류하고자 노력한다. 이러한 내용이론에는 Maslow의 욕구계층이론, Alderfer의 ERG이론,

Herzberg의 2요인이론, Argyris의 성숙-미성숙이론,[2] McClelland의 성취동기이론 등이 있다. 이들 이론은 각각 약간 다른 관점에서 행태를 설명하기 위해 시도한다. 어느 이론도 동기부여를 설명하기 위한 유일한 토대라는 것에 동의하지 않는다. 하지만 이들 이론은 행태와 성과에 관해 관리자에게 좋은 자료를 제공한다.

1) Douglas McGregor의 Theory X와 Theory Y

McGregor(1906-1964)는 인간 본성을 이론화하고 있다. McGregor(1960)에 의하면, 관리자가 가진 조직구성원에 대한 가정이 조직구성원의 행태에 영향을 미친다. McGregor는 인간본성에 관한 기본적 가정에 기초하여 관리업무에 관한 2가지 견해를 제안하고 있다.

(1) Theory X

순자의 성악설(性惡說)과 같은 의미의 Theory X는 복종에 대한 통제를 강조하는 전통적인 관리접근법이다. Theory X에 따르면, 관리자는 다음과 같이 몇 가지 가정을 한다.

① 부하들은 업무를 싫어하며, 따라서 업무를 회피하려고 한다.

---

2 Chris Argyris(1957)는 어린아이에서부터 어른에 이르기까지 행태적 차이(behavior differences)를 분석하였다. 성숙한 인간(mature individuals)으로 발전하려면 7가지의 기본적인 인성의 변화가 필요하다. 특히 관료제적 가치체계(bureaucratic value system)의 배경을 가진 조직은 종업원을 미성숙한 어린아이(immature children)로 취급한다.

미성숙한 행태(immature behavior)	성숙한 행태(mature behavior)
- 수동적 활동(passivity)	- 능동적 활동(activity)
- 단순한 행태양식	- 다양한 행동양식
- 다른 사람의 의존성(dependency)	- 비교적 독립성(independency)
- 변덕스럽고(erratic), 얕은(shallow) 관심	- 사려 깊고, 보다 도전적인 것에 관심
- 단기적 조망, 주로 현재에 초점을 둠	- 장기적 조망, 과거·현재·미래에 초점을 둠
- 관련된(가족, 사회) 계층제의 종속적 지위	- 관련된 계층제의 대등 혹은 우월의 지위
- 자아인식(self awareness)의 부족	- 자아의식, 노력의 결과에 대한 자기통제

② 종업원은 책임감을 갖지 않거나 혹은 책임감을 수용하지 않으려고 한다.

③ 종업원은 야망이 없다.

④ 종업원은 변화에 대해 본래 저항적이다.

⑤ 조직의 목표를 성취하기 위해서는 종업원을 엄밀하게 감독하고 통제해야 한다.

활동적인 관리적 개입이 없다면, 종업원은 조직적 욕구에 수동적이고, 심지어 저항(resistant)할 것이라는 것이다. Theory X의 관리자는 생산성이 낮은 종업원에 대한 설득, 보상, 처벌, 통제를 활용해야 한다. 또한 관리자는 일방적인 하향적 의사소통을 하며, 업무환경은 관리자와 종업원 간의 상호작용을 매우 최소화해야 한다.

(2) Theory Y

맹자의 성선설(性善說)과 같은 의미의 Theory Y는 권위에 대한 위임과 종업원의 투입을 강조한다. Theory Y에 따르면, 관리자는 다음의 몇 가지를 가정한다.

① 종업원은 일(work)을 원하며, 일은 자연스러운 활동이다.

② 종업원은 자발적으로 책임감을 수용하려고 한다.

③ 종업원은 목표성취에 대해 야망과 창도력이 있다.

④ 사람들은 조직적 요구에 본래 수동적 혹은 저항적이지 않다. 그들은 조직에서의 경험결과로서 그렇게 된다.

⑤ 종업원은 목표를 성취하는 데 긍정적인 동기부여에 의해 격려된다.

⑥ 관리의 본질적 업무는 사람들이 조직목적을 향해 자신의 노력을 지향함으로써 자신이 목표를 성취할 수 있도록 조직적 조건과 운영을 처리하는 것이다.

Theory Y의 관리자는 종업원으로부터 아이디어를 얻고, 종업원에게 책임을 위임한다. 또한 의사소통이 다방향으로 이루어지며, 관리자와 종업원 간에 긴밀한 상호작용이 있다.

2) Abraham Maslow의 욕구계층이론

Maslow(1908-1970)는 인간은 공통적인 욕구를 가지고 있고, 이 욕구들은 계층적으로 배열되어 있다는 욕구계층이론을 제시하고 있다. Maslow(1954)는 인간이란 지속적인 결핍의 동물(wanting animal)이라고 보고, 인간욕구를 5개의 단계로 구분하고 있다.

욕구계층이론(欲求階層理論, hierarchy of human needs)은 다음과 같은 몇 가지 사항을 강조한다.

① 욕구계층이론의 본질은 개인은 가장 기본적인 욕구를 충족하는 데 동기부여된다. 일단 기본적인 욕구가 만족되면 다음 단계의 욕구로 이동한다. 또한 몇몇 욕구가 개인적 배경에 의존하여 다른 욕구보다 더욱 강력하다. 굶주린 사람의 경우 음식을 찾는 동기부여가 사랑을 찾고, 소속감, 존경의 동기부여보다 보다 근본적이며 강력하다. 즉 굶주린 사람은 안전 이전에 음식을 찾는 데 동기부여가 될 것이라는 것이다.

이처럼 인간욕구는 계층적 순서(階層的 順序, hierarchical order)로 배열되며, 낮은 순위의 욕구가 충족되어야만 상위 순위의 욕구에 대해 동기부여가 일어난다. 보다 높은 수준의 동기부여는 기본적인 욕구가 만족되었을 때만 발휘된다.

나아가 Maslow는 사람은 성장하고 발달하는 데 대한 욕구를 가지며, 사람은 욕구만족의 관점에서 계층제로 상승하기 위해 끊임없이 노력한다고 가정한다.

② 만족된 욕구는 더 이상 동기부여되지 않는다(a satisfied need no longer motivates). 일단 만족한 욕구는 더 이상 동기요인이 아니며, 행태를 결정하는 데 영향을 미치지 못한다. 이 이론에 비추어, 관리자는 변화하는 조직구성원의 바람을 끊임없이 탐구해야 하고, 욕구결핍을 교정하기 위해 노력해야 한다.

③ 만족되지 않는 욕구(unsatisfied needs)는 좌절, 갈등 그리고 스트레스의 원인이 될 수 있다. 관리자의 관점에서 만족되지 않는 욕구를 가진 종업원은 바람직하지 않은 성과결과로 이어지기 때문에 위험하다.

Maslow는 사회의 전형적인 성인은 생리적 욕구의 약 85%, 안전의 욕구의 70%, 소속·사회적·사랑의 욕구의 50%, 존중욕구의 40%, 자기실현욕구의 10%를 만족해야 한다고 제안하고 있다. 이들 5개 욕구는 [그림 20-3]과 같이 계층적으로 구성되어 있다.[3]

(1) 생존 혹은 생리적 욕구(survival or physiological needs)

이 욕구는 인간생활의 가장 기본적인 본질에 관한 욕구이며, 생존의 본질이다. 이 욕구에는 인간생활에 필수적으로 고려되는 의·식·주에 관한 욕구가 포함된다. 육체적 생존에 관련되어 있기 때문에 다른 욕구보다 선행한다. 생리적 욕구를 만족할 때까지 상위 순위의 욕구를 성취하는 데 동기부여되지 않는다.

이와 같은 생존 혹은 생리적 욕구는 가장 지배적인 욕구이며, 일차적 욕구(primary needs)라고 한다. 이들 욕구는 종족(species)의 생존과 재생산에 관련되어 있다.[4]

(2) 안전욕구(safety & security needs)

노동자는 물리적 위협과 경제적 위험으로부터 자유로울 권리를 가지고 있다. 안전욕구는 위험과 좌절로부터 벗어나려는 생리학적 욕구이다. 안전욕구는 환경에 있어 물리적·심리적 위협에 대한 보호의 욕구이다.

---

3 Maslow의 5단계 욕구계층이론은 1960년대와 1970년대 동안 발전을 통해 8단계로 확장되었다. 이들 8단계의 욕구계층은 ① 생존 혹은 생리적 욕구, ② 안전욕구, ③ 소속 혹은 사랑욕구, ④ 존경욕구, ⑤ 인지욕구(cognitive needs)-지식, 의미 등, ⑥ 심미적 욕구(aesthetic needs)-미, 균형, 품을 위한 추구와 감상(appreciation), ⑦ 자아실현욕구, ⑧ 초월욕구(transcendence needs)-자아실현을 성취하기 위해 다른 사람에 대한 도움 등이다(http://www.vectorstudy.com/management-theories/maslows-hierarchy-of-needs).

4 일차적 욕구는 본래 생리적(physiological)이고 일반적으로 타고난(inborn) 것이다. 일차적 욕구가 만족되었을 때 이차적 욕구(secondary needs)가 나타난다. 이차적 욕구는 본래 심리적(psychological)이며, 가입욕구(affiliative needs)와 자기중심적 욕구(egoistic needs)로 구성되어 있다. 권력, 지위, 위신(prestige), 존경은 이차적 욕구의 하위분류에 속한다(Lundgren, 1974: 272). 일차적 욕구가 유전적으로 결정된 것이라면(genetically determined), 이차적 욕구는 경험으로부터 학습된다. 개인들이 상이하게 학습된 경험을 가지고 있기 때문에 사람들 사이에 이차적 욕구는 일차적 욕구보다 더욱 다양하다.

안전욕구를 만족시키기 위해 조직이 취하는 것은 안전 프로그램, 좋은 작업환경을 위한 직무안정성, 보상과 훈련에 관한 공정한 정책 등이 있다. 예를 들면, 직업안전 건강법(Occupational Safety and Health Act)등과 같은 입법은 안전하고 건강한 작업장을 촉진한다.

(3) 사회적 혹은 소속의 욕구(social or belongingness needs)

사회적 욕구는 가입의 욕구(need for affiliation)로 명명되며, 이 욕구는 다른 사람으로부터 사랑받고, 상호작용하고, 관계하고자 하는 욕구이다. 노동자들은 다른 사람과 협력하려고 하고, 소속감 등의 가치를 추구하려는 욕구를 가진다. 이 욕구에는 우정, 협력, 상호작용 그리고 사랑에 관한 욕구가 포함된다.

이러한 사회적 욕구가 좌절되면, 사람들은 적대감, 비협조, 그리고 일반적으로 반조직적 태도(anti-organization attitudes)의 반응을 보인다.

(4) 존경(자아)의 욕구(esteem or ego needs)

존경의 욕구는 자아(self-esteem)를 향상시키려고 하고, 다른 사람으로부터 자신의 가치(one's own worth)를 인정받고자 하는 욕구이다. 이런 욕구는 지식, 성취, 능력, 인정, 다른 사람에 대한 존경 등에서 도출되며, 개인의 발전과 성장에 중요한 요소이다.

존경의 욕구에 대한 만족은 자신감과 자립의 감정을 산출하게 된다. 조직에 있어 낮은 계층에서 수행하는 많은 직무는 존경에 대해 경험할 수 있는 기회가 매우 적다.

(5) 자아실현의 욕구(self-actualization needs)

자아실현의 욕구는 한 개인으로서 자신의 잠재력과 성장에 대한 자기실현과 관련되어 있다. 이 욕구는 최상의 욕구로서 성장과 성취를 위한 최고의 가능성에 도달하려는 욕구이다. 또한 자신의 잠재력(능력, 재능, 창의성)을 충분히 발휘하기 위한 욕구이다. 빌 게이츠(William Gates, III)와 같이 몇몇 사람만이 자아실현의 욕구

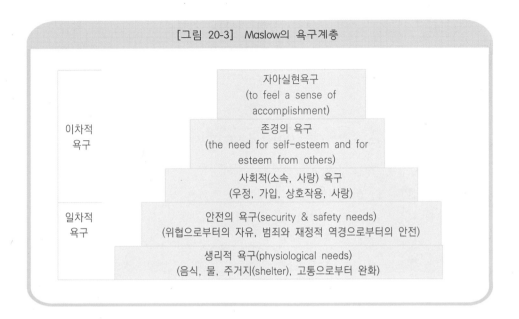

[그림 20-3] Maslow의 욕구계층

이차적 욕구 / 일차적 욕구

자아실현욕구
(to feel a sense of accomplishment)

존경의 욕구
(the need for self-esteem and for esteem from others)

사회적(소속, 사랑) 욕구
(우정, 가입, 상호작용, 사랑)

안전의 욕구(security & safety needs)
(위협으로부터의 자유, 범죄와 재정적 역경으로부터의 안전)

생리적 욕구(physiological needs)
(음식, 물, 주거지(shelter), 고통으로부터 완화)

를 실현한다.

　　Maslow의 동기부여이론은 연구에 의해 늘 지지받고 있는 것이 아니며, 많은 의문이 제기되기도 한다. 첫째, Maslow의 욕구계층이론을 검증하는 것은 매우 어려운 작업이다. 예를 들면, Gandi와 같은 사람은 보다 높은 자기인식을 성취하기 위해 금식(fast)을 했다. 더욱이 모든 사람들이 동일한 욕구계층을 가지고 있지도 않고, 모든 인간에게 5가지 욕구가 계층적으로 항상 고정되어 있는 것도 아니다. 둘째, 두 가지 이상의 욕구가 복합적으로 작용해서 행동으로 나타날 수 있으며, Maslow의 자아실현욕구 개념도 너무 모호하다(정우일, 2005: 424; 이창원·최창현, 2005: 172- 173). 셋째, Maslow의 이론은 특이한 상황에서 복잡한 인간행태와 동기부여를 예측하는 데는 적합하지 않다(Dworetzky, 1985: 287).

　　또한 욕구계층이론은 개인의 연령, 지위, 재직기간, 교육수준과 관계없이 조직의 모든 사람에게 적용할 수 있을지에 대해 의문이 제기된다. 이에 대한 연구결과는 욕구만족은 성공의 정도, 재직기간, 개인의 경력단계에 따라 다양하다는 것이다. 나아가 욕구만족에 대한 기회는 사람들이 처한 상황에 의존하게 된다(Lundgren, 1974: 284).

이처럼 Maslow의 욕구계층이론은 사람들의 행태를 예측하는 데 일정한 한계가 있지만, 사람들의 행태양상을 설명하는 데는 매우 유효한 이론이 되고 있다.

3) Clayton Alderfer의 ERG 이론

Alderfer는 Maslow의 이론을 수정하여 ERG 동기부여이론을 발전시켰으며, Maslow의 5단계 욕구범주를 3가지로 수정하였다. Alderfer의 모형이 Maslow의 욕구계층이론보다는 실질적인 인간행태의 특성을 보다 더 구체적으로 기술하고 있다(Miller, Catt, & Carlson, 1996: 329).

Alderfer에 따르면, [그림 20-4]와 같이 상위욕구(higher order needs)를 만족하는 데 실패한다면, 이전의 하위욕구(lower order needs)를 만족하기 위해 노력한다. 즉 욕구의 퇴보(退步, regress)가 발생한다. 이처럼 욕구계층제에서 어떤 욕구를 만족하는 데 무능력할 때 퇴보가 초래된다. 즉 성장욕구를 만족할 수 없게 된다면, 관계욕구로 후퇴(drop back)하게 된다. 이와 같이 ERG 이론은 만족-진전접근법뿐만 아니라 좌절-퇴보(frustration-regression)의 과정도 포함한다. 성장욕구의 좌절은 관계욕구로 더 많은 욕구가 작용한다.

또한 Alderfer는 문화적 배경 혹은 경험이 어떤 욕구를 다른 욕구보다 중요하게 만든다는 것이다. 몇몇 욕구는 사실상 만족할 수 없다고 주장한다.

(1) 존재욕구(existence needs)

Maslow의 생리적 욕구와 안전의 욕구에 포함된 욕구로 의·식·주에 관련된 기본적으로 필요한 욕구들이다. 이 욕구는 생존을 위한 기본적 욕구이다.

(2) 관계욕구(relatedness needs)

Maslow의 사회적 욕구와 관련된 것으로 다른 사람과의 관계 및 다른 사람으로부터 긍정적인 인정을 받고자 하는 욕구가 포함된다.

(3) 성장욕구(growth needs)

Maslow의 존경욕구 및 자아실현의 욕구에 포함된 욕구로 창의적으로 업무에 기여하기 위해 노력하고, 조직에 전심으로 헌신하려는 욕구가 포함된다.

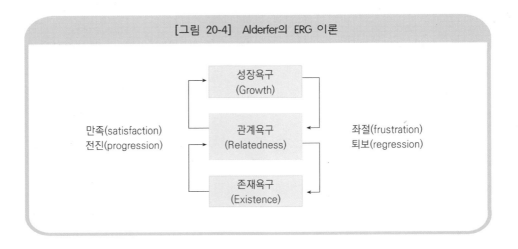

[그림 20-4] Alderfer의 ERG 이론

4) Frederick Herzberg의 2요인 이론

Herzberg(1966)는 작업장 자체에 연구의 초점을 두었으며, 노동자의 만족과 불만족은 필연적으로 반대적인 것이 아니라고 설명한다. 즉 직무만족은 일차원성의 개념이 아니라는 것을 가정한다. Herzberg 이전의 동기부여 연구들은 일차원성 개념으로 직무만족을 간주했다.

Herzberg는 203명의 엔지니어와 회계사를 표본대상으로 각자의 직무에 있어서 좋은 감정과 나쁜 감정에 관한 설문조사를 분석하였다.[5] Herzberg의 동기부여

---

5 Herzberg는 다음의 두 가지 질문에 대한 인터뷰 반응을 활용하였다. ① 당신의 직무에서 예외적으로 좋았다(exceptionally good)고 느꼈을 때를 상세하게 기록하십시오. ② 당신의 직무에서 예외적으로 나빴다(exceptionally bad)고 느꼈을 때를 상세하게 기록하십시오.

[그림 20-5] Herzberg의 2요인 이론

높은 만족	만족영역 (satisfaction)	동기요인(Motivators) - 성취 - 인정 - 책임감 - 업무자체(work itself) - 개인적 성장	동기요인은 만족수준에 영향을 미친다.
중립(neutral)			
높은 불만족	불만족 영역 (dissatisfaction)	위생요인(Hygiene) - 작업조건 - 보수와 직무안전 - 조직의 정책 - 감독 - 개인 간의 관계	위생요인은 불만족 수준에 영향을 미친다.

이론은 경영현장에 영향을 미쳤다. 또한 2요인이론(two-factor theory)은 직무를 보다 의미 있게 하는 데 기여했고, 그리고 목표를 성취하게 하는 직무풍요화의 기초를 제공했다(Miller, Catt, & Carlson, 1996: 331).

[그림 20-5]에서 계층의 중앙은 노동자가 만족하지도 않고 그리고 불만족하지도 않는 중립이다. Herzberg는 2가지 완전히 구별되는 차원이 작업장에서의 구성원의 행태에 기여한다고 믿었다. Herzberg는 직무만족을 증가하는 요인(motivators)과 만족을 증가하지는 않지만 불만족을 방지할 수 있는 요인(hygiene factors) 사이의 구별에 초점을 두고 있다. 직무특성은 만족을 발생시키거나 혹은 불만족을 발생하는 것으로 분류될 수 있다. 낮은 수준의 욕구(생리적 안전 및 사회적 욕구)는 직무에 있어 불만족을 방지하지만, 효과적인 업무행태를 동기부여시키지는 않는다.

(1) 동기요인(動機要因, motivator factors)

동기요인은 어떤 직무를 수행하는 것에 직접적으로 관련된 내재적 요인들이다. 동기요인은 업무 자체의 본질(the nature of work itself)에 관련되어 있다. 특히 직무에서 내재적 조건이 존재할 때 좋은 직무성과를 초래할 수 있는 높은 수준의 동기부여가 형성된다. 이러한 내재적 요인들은 직무의 내용(content of work)과 직무만족에 직접적으로 기여하는 요인이며, 조직원들이 조직의 산출에 기여하도록 격려하며, 동기를 일으키는 데 공헌한다.

이들 동기요인은 성취, 인정, 책임감, 승진, 업무자체(work itself), 성장의 가능성 등으로 구성되어 있다.

(2) 위생요인(衛生要因, hygiene factors)

위생요인은 직무를 둘러싸고 있는 조건(conditions surrounding the job)과 업무가 수행되는 환경에 연관되어 있다. 일련의 외생적인 조건(extrinsic conditions)이 존재하지 않을 때, 종업원 사이에 불만족을 초래한다는 것이다. 이들 요인은 직무의 맥락과 직무환경에 관련되어 있고, 직무 불만족의 잠재적인 원천이다. 위생요인은 조직원들을 좀처럼 동기부여시키지 않기 때문에 불만족 요인(dissatisfiers)으로 명명한다. 이것은 Maslow의 결핍욕구(deficiency needs) 개념과 유사하다. 좋은 위생요인은 불만족을 제거하지만, 그 자체가 사람을 만족시키는 원인이 아니며, 업무에 있어 동기부여시키는 원인도 아니다.

이들 위생요인은 보수, 직무안전, 작업조건, 지위, 회사의 절차, 기술적 감독의 질(quality of technical supervision), 동료·상관·부하와의 사람 간 관계 질, 조직의 정책과 행정 등으로 구성되어 있다.

Herzberg 이론에 대해 다음과 같은 몇 가지 비판이 있다.

첫째, 중요한 비판 중 하나는 Herzberg의 연구방법에 초점을 둔다. 우선 연구에 있어 제약된 표본에 대해 비판이 있다. 즉 제한된 표본은 다른 직업집단이나

표 20-2	내내적 동기와 외재적 동기
내재적 동기 (intrinsic motivation)	- 내재적 동기는 그 자체로 보상적인 행동을 취하고자 하는 동기이다. - 내재적 동기는 직무 자부심과 행복감, 직무수행에 대한 개인적 만족 등을 포함한다. - 내재적 동기는 개인 스스로의 업무달성으로부터 발생하는 자기만족과 관련이 있다.
외재적 동기 (extrinsic motivation)	- 외재적 동기는 보상으로 이어지는 행동을 취하고자 하는 동기이다. - 외재적 동기는 조직구성원들의 급여, 승진, 보너스, 여가 등의 만족도에 따라 달라진다. - 외재적 동기는 업무환경 및 보수와 같은 경제적 보상이 외재적 동기를 결정하는 중요한 원인이 된다.

출처: 김정인(2014: 262-264).

다른 나라에서도 이 이론을 일반화할 수 있을까 하는 의문을 갖게 한다(Gibson, et al., 2006: 140). 또한 다른 연구방법으로 이 연구결과를 재생산하는 데 실패한다는 것이다.

Herzberg의 주장과 다르게, 다른 연구에서는 금전이 직무성과에 대해 동기부여를 일으키는 요인으로 나타났다. 어떤 욕구요인이 어떤 사람에게는 직무만족을 일으키지만, 다른 사람에게는 직무 불만족을 초래한다는 것이다.

둘째, 조직참여자에 대한 복잡한 동기부여과정을 기술하지 못했다는 비판이 있다(Luthans, 1989: 243). 또한 Herzberg 이론은 상황적 변수를 충분히 고려하지 못했다. 즉 Herzberg의 이론은 너무 단순하며, 개인적 차이를 간과했다(Reitz, 1987: 78-79)는 것이다.

셋째, 이 연구는 중요사건기록방법(critical incident method)의 설문조사가 이루어졌기 때문에 표본의 최근 경험이 과대평가될 수 있다는 점이다.

5) David C. McClelland의 성취동기이론

McClelland(1962)는 학습의 개념과 밀접하게 연관된 학습된 욕구이론(learned needs theory)을 제안했다. McClelland는 많은 욕구는 한 사회의 문화로부터 습득된다고 믿는다. 이들 욕구는 자신의 환경에 대응하면서 학습되어진다. 각 개인들은 사회화(socialization)와 삶의 경험에 의해 하나의 욕구에 지배적인 편견이 일어나게 된다. 또한 사람들은 어떤 욕구를 소유함으로써 학습되어진다. 이리하여 욕구가 학습되어짐으로써 보상받은 행태는 보다 높은 빈도로 반복된다.

이런 시각에서 McClelland는 한 사회의 경제적 성장은 그 사회의 사람들에게 내재된 욕구성취의 수준에 기초한다는 것이다. 경제적으로 퇴보된 나라들은 사람들에게 성취욕구를 자극함으로써 향상시킬 수 있다는 것이다. 또한 McClelland에 의하면, 도전적인 목표를 성취하고자 하는 인간의 욕구는 유아기(early childhood) 때 발달된다는 것이다. 이 욕구의 발달은 부모에 의해 자녀의 자율성과 자립을 격려하고, 강화하는 것에 의해 초래된다.

McClelland는 사람들에게 제기되는 3가지 기본욕구로 성취욕구(achievement: n Ach), 권력욕구(power: n Pow), 제휴욕구(affiliation: n Aff)를 제시하고 있다.

(1) 제휴욕구(need for affiliation)

제휴욕구는 Maslow의 사회적 욕구와 비슷하다. 제휴욕구의 사람은 우정(companionship)에 관심을 가지며, 다른 사람과 사회적으로 상호작용하기를 바라고, 다른 사람을 돕는 데 관심을 가진다. 높은 제휴욕구를 가진 사람은 중요한 사람과의 관계 질에 관심이 있다. 이리하여 사회적 관계가 작업성취보다 앞선다.

(2) 권력욕구(need for power)

권력욕구는 다른 사람에게 영향을 미치려는 바람으로 표현된다. 높은 권력욕구를 가진 사람은 권력과 권위의 획득과 행사에 집중한다. 권력욕구를 가진 사람은 대담하게 말하고, 단호하고, 대결에 기꺼이 참여하려고 하는 행태를 표출한다.

(3) 성취욕구(need for achievement)

성취욕구는 성공의 징후에 의해 만족되는 것이 아니라 업무를 성공적으로 완성하는 과정과 더불어 만족하는 욕구이다. 이 욕구는 Maslow의 존경의 욕구와 자아실현의 욕구 사이에 속한다. 높은 성취욕구를 가진 사람은 작업환경에서 성공 혹은 목표달성을 위해 습관적으로 노력하는 사람이라는 것이다.

McClelland는 연구결과에 기초하여 높은 성취욕구를 반영하는 일련의 요인들을 발전시켰다. 높은 성취욕구의 사람들은 ① 어느 정도의 어려운 업무(moderate difficulty)를 수행하는 사람, ② 문제해결을 위해 책임감을 수용하기 좋아하는 사람, ③ 적절한 성취목표를 설정하고 계획된 위험(calculated risks)을 취하는 경향이 있는 사람, ④ 성과에 대한 환류를 바라는 사람 등이다. 이러한 높은 성취욕구는 기업가적 행태(entrepreneurial behavior)를 유발할 수 있다.

▶ 고성취를 가진 개인의 행태(behavior of individuals with high N Ach)

• 비슷한 학습능력의 사람에서 고성취의 사람이 저성취자(low n ach)보다 높은 등급을 얻는다.

• 고성취자는 비슷한 기회를 가진 저성취자보다 높은 봉급을 받고 그리고 승진한다.

• 고성취자는 수학문제와 수수께끼를 해결(unscrambling anagrams)하는 데 보다 잘 성취한다.

• 고성취를 가진 어머니는 자기 자녀에 대해 독립적으로 사고하고 행동하도록 격려하는 반면에, 저성취를 가진 어머니는 자기 자녀에 대해 보다 보호적이고 규제하는 경향이 있다.

• 고성취의 부모들은 자기 자녀에 대해 고성취를 격려하고, 자녀의 성취에 대해 많이 칭찬한다.

• 고성취의 대학졸업자 83%가 위험, 의사결정과 같은 직책을 담당하고 있고, 성공의 기회가 높은 직책을 담당하고 있었다.

• 고성취자는 도전을 선호하고, 자기목표를 성취하기 위해 적절한 위험(moderate risks)을 기꺼이 감수한다.

• 고성취자는 자기 운명(fate)은 자기 손에 달려 있다고 본다.

출처: Rathus(1984: 277).

McClellend 이론에 의하면, 특별한 욕구의 강도는 상황에 따라 다양하다고 주장한다. 또한 교육훈련 프로그램이 종업원과 관리자들에게 성취욕구를 증대하도록 도움을 준다. 특히 성취욕구는 관리자 혹은 기업가의 역할에 매력을 가지고 있는 사람에게는 보편적인 현상이라고 한다.

McClellend의 이론에 대해서도 몇몇 비판이 있다. 동기의 습득은 보통 어린시

[그림 20-6] 욕구이론의 상호관계

출처: Altman, Valenzi, & Hodgetts(1985: 164).

절에 일어나고, 성인기에 변경하는 것은 매우 어렵다는 것이다. 또한 욕구가 항구
적으로 습득될 수 있는가에 대한 근거에 의문이 제기되고 있다(Ivancevich &
Matteson, 1990: 130-131).

2. 과정이론

동기부여의 과정이론(過程理論, process theory)은 행태를 일으키는 욕구와 인센
티브에 주로 초점을 둔다. 이들 이론은 개인적 요인들이 어떠한 행태를 표출하는
데 상호작용을 하는지, 그리고 영향을 미치는지를 분석하기 위해 설계된 이론이
다. 과정이론은 종업원들이 자신들의 욕구를 충족함에 있어 어떻게 행태를 선택하
는가에 초점을 둔다(how employees choose behaviors to fulfill their needs). 따라서 내용

이론은 어떤 변수들이 동기부여에 영향을 미치는가의 이슈를 기술하지만, 과정이론은 변수가 동기부여에 어떻게 영향을 미치는가(how variables affect motivation)의 이슈에 초점을 둔다.

이처럼 과정이론은 어떻게(how) 행태가 일어나고, 지향하고, 유지하고, 멈추는가를 분석하는 것이다. 과정이론은 동기부여된 행태가 어떻게 일어나는가에 초점을 둔다. 과정이론에는 공평이론, 기대이론, 목표설정이론 등이 있다.

1) 기대이론

기대이론(期待理論, expectancy theory)은 Victor Vroom(1964) 그리고 Lyman Porter와 Edward Lawler(1968)에 의해 발전된 것이다. 기대이론은 사람들이 대안들 사이에 특정한 선택을 해야 하는 국면에 직면했을 때 활용하는 사고과정에 초점을 둔다. 기대이론은 어떤 과업을 수행하기 위한 동기부여는 노력, 성과 및 결과에 대해 개인적 기대 혹은 믿음의 함수라고 제안한다.

Vroom은 동기부여를 대안적인 자발적 활동형태 사이에 선택을 지배하는 과정(a process governing choices among alternative forms of voluntary activity)으로 정의한다. 이리하여 많은 행태는 사람의 자발적 통제 아래에 있으며, 그 결과로 동기부여된다.

기대(期待, expectancy)란 어떤 특정한 행태는 특정한 결과에 의해 수반될 것이라는 가능성(likelihood) 혹은 주관적인 개연성에 관한 개인적인 믿음(individual's belief)이다. 또한 기대는 어떤 사건이 일어날 것이라는 가능성에 대한 개인적 추정(individual's estimate)이다.

이와 같이 기대이론은 행태 선택을 위한 모델이다. 즉 개인이 다른 것보다 하나의 행태적 선택을 택하는 이유를 설명하는 모델이다. 그러므로 개인들이 가치가 부여된 목표를 성취하기 위해 어떻게 결정하는가에 초점을 둔다. 이처럼 Vroom의 기대이론은 Maslow와 Herzberg와 달리 욕구에 초점을 두는 것이 아니라 결과(outcomes)에 강조점을 둔다. 기대이론에 의하면, 조직구성원의 동기부여는 개인이 보상(유인가)을 얼마나 원하는가, 노력이 기대한 성과(기대)에 이를 것이라는 가능성, 성과는 보상(수단성)에 이를 것이라는 믿음의 결과이다. 즉 기대이론은 기대, 수단성, 유인가의 3가지 요소로 구성된다.

① 기대(expectancy) : 기대는 특정한 행태는 특정한 결과를 따를 것이라는 가능성(likelihood) 혹은 주관적 가능성(subjective probability)에 관한 개인적 믿음이다. 이것은 행태 때문에 일어나는 지각된 기회이다. 행태 혹은 행동 이후 결과가 일어날 것이라는 기회가 전혀 없을 때 0(zero)의 기댓값을 가진다. 반면에 특정한 결과가 어떤 행태 혹은 행동이 따를 것이라는 지각된 확실성이 있을 때 +1의 기댓값을 가진다.

② 수단성(instrumentality) : 첫 번째 수준의 결과가 두 번째 수준의 결과와 연계된다는 개인적 지각이다. 이것은 특정한 결과의 달성이 첫 번째 수준의 결과 혹은 두 번째 수준의 결과를 인도할(수단이 될) 것이라는 개인적 믿음의 강도를 언급한다. 수단성은 잘 성취했다면 유효한 결과에 이를 것이라는 믿음이다. 수단성에 연계된 보상은 보수증가, 승진, 인정, 성취감와 같은 형태이다.

③ 유인가(valence) : 유인가는 개인이 개인적으로 보상에 부과한 가치이며, 개인에 의해 보여지는 결과에 대한 선호(the preferences for outcomes)를 말한다. 유인가는 특정한 결과에 대한 개인들 선호의 강도이다. 이러한 유인가가 개인적인 욕구, 목표, 가치 그리고 동기부여의 원천의 함수이다.

결과를 선호할 때 긍정적인 유인가(positively valent)를 가지며, 반면에 선호하지 않거나 회피하고 싶을 때 결과는 부정적인 유인가(negatively valent)를 가진다. 또한 개인이 결과를 성취하는 데 무관심하거나 혹은 달성할 수 없을 때 0의 유인가(valence of zero)를 가지게 된다(Gibson, et al., 2006: 148).

기대이론은 동기부여를 구성하는 투입요인 사이의 관계에 관심을 가진다. 이 이론에 의하면, 업무성취에 대한 동기부여는 미래보상에 관한 개인적 믿음과 보상에 놓여 있는 가치를 곱한 방정식으로 이해될 수 있다. 즉 동기부여는 선호하는 결과(유인가, valence)에 대한 바람과 결과를 달성할 가능성(기대, expectancy) 사이의

표 20-3 기대이론의 관리적 적용

기대이론 개념	종업원에 대한 질문	관리적 행동
기대 (expectancy)	나는 바람직한 성과수준(the desired level of performance)을 달성할 수 있는가?	– 높은 능력을 가진 종업원을 선발하라 – 적절한 훈련을 제공하라 – 필요한 자원지원을 제공하라 – 바람직한 성과를 확인하라
수단성 (instrumentality)	나는 나의 성과결과로서 무슨 결과를 이룰 수 있는가(what outcomes will I attain)?	– 보상시스템을 명확하게 하라 – 성과-보상 가능성을 명확하게 하라 – 보상이 성과의 여부에 따른다는 것을 보장하라
유인가 (valence)	나는 유효한 성과결과에 무슨 가치를 두는가(what value do I place)?	– 결과에 대한 개인의 욕구와 선호를 확인하라 – 성과(결과)에 부합하는 보상을 하라 – 가능하고 실현 가능한 부가적 보상을 구성하라

출처: Ivancevich & Matteson(1990: 135).

관계에 영향을 받는다(동기부여 = Σ유인가×기대). 어떤 행태에 대한 기대의 범위는 0에서 1.0 사이에 놓여 있다. 가능성의 평가는 기대한 결과에 대한 지각에 기초한다.

　관리적 관점에서 기대이론은 관리자가 종업원의 사고과정에 대한 의식을 발달시켜야 하며, 이러한 의식에 기초하여 긍정적 조직결과의 달성이 가능하도록 이들 과정에 영향을 미치는 행동을 취해야 한다. 이리하여 〈표 20-3〉과 같이 관리자는 종업원의 기대, 수단성, 유인가에 영향을 미치는 데 있어 활발한 역할을 발휘할 수 있다. 효과적으로 이러한 관리활동을 하기 위해서는 좋은 의사소통과 청취기술, 종업원의 욕구에 대한 지식과 민감성이 요구된다.

　특히, Porter와 Lawler의 기대이론은 기술과 능력에 있어서 개인적 차이의 중요성을 인지하고, 개인의 역할 지각이 근무성과에 어떻게 영향을 미치는지를 고려한다. 이 이론에 따르면, 조직구성원의 동기유발과정은 조직구성원의 노력에 대한 잠재적 보상의 가치(보상의 유의성, valence)와 노력하면 보상이 있을 것이라는 기대감에 의해 결정된다.

　보상은 내재적 보상(성취감 등)과 외재적 보상(봉급, 승진 등)으로 구성된다. 또한 조직구성원의 근무성과는 그 직원의 능력, 특성 및 역할 지각의 수준에도 영향을 받는다. 관리자는 성과와 밀접하게 관련된 보상으로 동기를 자극할 수 있을 것이다. 동기부여된 성과가 일어나는 이유는 ① 많은 노력 대 높은 성과, ② 높은 성과 대 결과 기대, ③ 보상에 대한 높은 가치 등이다.

개인의 동기부여는 다음과 같이 E(effort) →P(performance) 기대와 P(performance) →O(outcome) 기대에 대한 결과의 유인가(V, valence)의 곱에 의해 결정된다(E→P×P→O×V).

> 동기부여(Motivation) = 기대(E → P) × 수단성(P → O) × 유인가(V)

[그림 20-7] 기대이론의 구성요소

출처: http://www.uri.edu/research/lrc/scholl/webnotes/Motivation_Expectancy.htm

첫 번째 수준의 결과와 두 번째 수준의 결과(first-level and second-level out-comes)-행태를 초래하는 첫 번째 수준의 결과는 직무 자체(job itself)를 수행하는 것에 연관된 것이다. 이것은 생산성, 결근, 이직, 생산성의 질을 포함한다. 두 번째 수준의 결과는 첫 번째 수준의 결과가 성과급 인상, 집단수용성 혹은 거절, 승진, 해고 등과 같은 것을 산출하기 위한 어떤 사건(보상 혹은 처벌)이다.

직무동기와 관련하여 기대이론은 3가지 요인을 강조한다. 이들 3가지 요인은 노력-성과(effort-performance), 성과-결과(performance-outcome), 결과의 유인가(valence of outcome) 등이다. 이들 연속적인 사건을 정리하면 다음과 같다.

① 노력-성과 기대(effort-performance expectancy: E-P) : 노력의 양과 성과(목적달성) 사이의 관계를 말한다. 성과에 대한 개인적 동기부여의 강도는 자신의 노력(얼마나 열심히 노력할 것인가)에 의해 직접적으로 반영된다. 이를 위해 개인이 직무를 잘 수행하기 위해 필요한 능력(abilities)을 소유하고 있어야만 한다. 또한 자신의 노력이 성과로 어떻게 전환되는가에 대한 개인적 지각이 있어야 한다.

② 성과-결과 기대(performance-outcome expectancy: P-O) : 어떤 결과는 성과 수준으로부터 도출될 것이라는 기대이다. 성과가 일어날 때 개인이 결과를 얻어야 한다. 내재적 결과(intrinsic outcomes)는 일반적으로 성과의 결과로서 일어난다. 외재적 결과(extrinsic outcomes)는 개인에게 축적되든지 혹은 그렇지 않을 수 있다.

③ 결과 혹은 보상의 유인가(the valance or value of the outcome or reward) : 유인가는 어떤 결과로부터 도출될 것이라고 기대한 상대적 만족 혹은 불만족이다. 얻은 결과로서, 그리고 획득한 결과의 상대적 가치에 대한 지각으로서 개인은 긍정적 혹은 부정적인 정서적 반응(affective response)을 가진다.

④ 이 모델은 일어나는 사건은 E → P, P → O, 그리고 V 지각을 변경함으로써 미래의 행태에 영향을 미친다는 것을 보여 준다. 이 과정은 실제 행태로부터 동기부여로 환류회로에 나타난다.

결국 [그림 20-8]과 같이 개인적 성과는 노력, 능력과 특성, 역할지각(role perception)-개인이 자신의 역할을 얼마나 명확하게 지각하고 이해하는가-등의 3

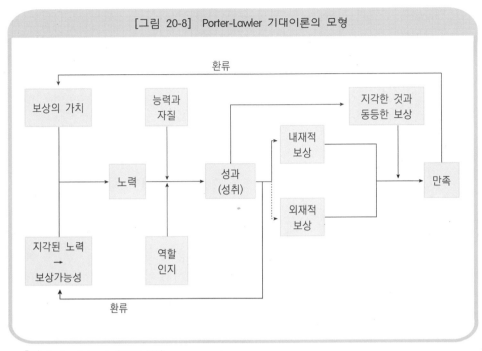

[그림 20-8]   Porter-Lawler 기대이론의 모형

출처: Porter & Lawler(1968: 165).

가지 변수에 영향을 받는다.

노력(effort)은 개인에 대한 보상 및 노력과 잠재적 보상 사이의 연계에 대한 개인적 기대에 의존한다. 바람직한 수준의 성과달성은 내재적 보상(성취감, 능력, 자존심)과 외재적 보상(관리자와 작업집단으로부터 칭찬, 보너스, 승진)에 의해 촉진된다.

[그림 20-8]에서 성과와 외재적 보상 사이의 점선(dotted line)은 성과와 획득한 보상 사이에 어떠한 관련성이 없다는 것을 표시하기 위해 사용된 것이다. 이것은 개인적인 관리자와 조직에 의해 제공된 보상에 대한 기회의 반영이기 때문이다.

지각된 공평한 보상(perceived equitable rewards)은 공평이론과 같이 개인이 성과에 대해 얼마나 공평한 보상이 이루어졌는가에 대한 자신의 지각을 표시한 것이다. 만족은 내재적 보상과 외재적 보상의 결과이다. 끝으로 이러한 만족은 미래

상황에서 보상에 대한 지각에 영향을 미친다.

이와 같이 기대이론은 동기부여 문제를 진단하기 위해 개인이 가지는 태도를 측정하는 데 유용하다. 이러한 측정을 통해 관리자는 종업원이 왜 동기부여되는지 혹은 왜 그렇게 되지 않는지, 조직부서에 대한 동기부여의 강도는 어떠한가, 성과에 대한 동기를 부여시키기 위해 효과적인 다른 보상은 있는가 등을 가늠할 수 있다. 또한 효과적으로 동기부여하기 위해서 관리는 성과와 보상 사이에 명확한 관계를 설정해야만 한다. 즉 관리는 효과적인 성과에만 보상을 주고, 비효과적인 성과에 대해서 보상을 보류해야 한다.

하지만 기대이론에 대해서는 다음과 같은 비판이 제기된다. 첫째, 이론과 구조가 너무 복잡해서 실증적 연구를 통해 여러 변수 간의 관계를 모두 측정하여 검증하기가 어렵다는 비판을 받는다(이창원·최창현, 2005: 212). 둘째, 기대이론은 모든 동기부여는 의식적이라는 것을 암묵적으로 가정하고 있다는 점이다. 하지만 개인들은 항상 자신들의 동기, 기대를 의식하지는 않는다는 것이다. 즉 잠재의식적인 동기부여(subconscious motivation)에 대해 기대이론이 설명하지 못하고 있다(Gibson, et al., 2006: 151).

2) 공평(공정)이론

J. Stacy Adams(1965)는 공평성(fairness)에 대한 개인적 지각에 관심을 가졌다. 다른 동기부여이론은 개인에 초점을 두지만, 공평이론(公平理論, equity theory)은 조직구성원이 자신을 비교함에 있어 다른 조직구성원(준거인물, comparison other)을 어떻게 지각하는가에 바탕한 집단이론이며, 교환(交換, exchange)에 기초한다. 공평이론은 개인은 자신의 상황과 다른 사람의 상황을 비교하고, 그러한 비교가 어떤 행태를 동기부여시킨다는 것이다. 공평이론에 따르면, 다른 사람과의 비교를 통해 개인은 긴장을 줄이고 혹은 균형상태를 회복하는 데 동기부여가 된다는 것이다.

이처럼 조직구성원은 공평하게 취급되기를 갈망한다. 공평(equity)은 투입과 산출의 비율이 비슷한 상황에 있는 준거집단과의 비교를 통하여 공정한 것으로 인

481

식될 때 일어난다. 만약 이 비율이 공평하지 않을 때는 불공평(inequity)이 존재한다. 지각된 불공평을 줄이기 위해 종업원은 다양한 행동유형 가운데서 어느 하나를 선택하게 될 것이다.

공평이론에 따르면, 개인은 상황에 대해 자신의 지각에 따라 〈표 20-4〉와 같이 다양한 투입과 산출을 저울질한다. 무게를 따져 보는 방법은 정확하지 않지만 대부분 상황이 복합적인 투입과 산출을 내포하고 있다. 이러한 공평이론은 분배적 정의(distributive justice)의 원리에 적용된다(Gibson, et al., 2006: 153).

표 20-4	조직에서의 투입과 산출의 예
투입(inputs)	산출(outcomes)
- 연령 - 출근상태 - 의사소통 기술 - 개인 간의 기술(interpersonal skills) - 직무노력(job effort, long hours) - 교육수준 - 과거경험 - 성과 - 외모(personal appearance) - 연공서열(seniority) - 사회적 지위(social status) - 기술적 기량(technical skills) - 훈련	- 도전적인 직무할당 - 부가급부(fringe benefits) - 직무특전(job perquisites, 주차공간, 사무실 위치) - 직무안정(job security) - 단조로움(monotony) - 승진 - 인정 - 책임감 - 보수 - 연공서열의 혜택(seniority benefits) - 지위의 상징(status symbols) - 업무조건

출처: Hellriegel, Solcum, and Woodman(1995: 157).

Adams의 공평이론은 다음과 같이 교환을 전제한다. 첫째는, 행태를 동기부여하게 하고, 만족을 제공하는 것은 지각된 공평이다. 둘째는, 개인 간에 갈등과 불만족을 일으키는 것은 지각된 불공평이다. 셋째는, 조직구성원들은 자신의 투입과 산출을 유사한 업무환경에 있는 다른 구성원과 주관적인 비교를 통하여 공평을 유지하기 위해 노력한다. 이 점에 있어 투입은 개인이 자신의 직무에 부여하는 것으로 지식, 기술, 능력, 훈련 등이다. 산출은 개인이 자신의 직무로부터 받는 것으로 보수, 편익, 승진의 기회, 인정 등이다. 준거인(reference person)은 자신의 투입에 대한 산출의 비율을 비교하는 대상인물을 말한다.

하지만 공평이론이 가지고 있는 문제점은 누구와 비교할 것인가, 즉 준거의 대상집단을 선정하는 데 어려움이 놓여 있다. 또한 초과급여로 초래되는 불공평이 지각되는 불공평으로 이어질 수 있는지에 의문이 있다. 종업원 자신이 초과급여를 받고 있다고 말하는 사람은 거의 없다는 것이다(Locke, 1968). 이러한 한계에도 불구하고, 공평이론은 보수에 대한 종업원의 태도를 설명하고, 예측하는 데 도움을 주는 통찰력 있는 모델이다. 또한 이 이론은 직무상황에서 비교의 중요성을 강조한다.

공평이론은 공평감(a feeling of equity)을 회복하기 위해 다양한 방법을 제안하고 있다. 조직구성원들이 불공평을 줄이기 위해서는 다음과 같은 방법을 활용할 수 있을 것이다.

① 투입에 대한 변경: 종업원은 직무에 대해 적은 시간 혹은 적은 노력을 투자하는 것으로 결정할 것이다.

② 산출에 대한 변경: 종업원은 생산단가 지불계획(piece-rate pay plan)이 활용됨에 따라 보다 많은 단위를 생산하고자 결정할 것이다.

③ 준거인에 대한 변경(changing the reference person): 다른 사람의 투입과 산출의 비율에 대한 비교를 통하여 준거인을 변경할 수 있다.

④ 준거인에 대한 투입 혹은 산출의 변경(changing the inputs or outputs of the reference person): 준거인이 동료집단이라면, 공평성을 회복하는 방법으로 자신의 투입 혹은 산출을 변경하는 시도를 할 수 있을 것이다.

⑤ 퇴 사: 최악의 경우 종업원은 직업을 바꿀 수 있을 것이다.

⑥ 태도의 변화(자아에 대한 지각의 변화): 투입 혹은 산출을 변경하는 대신에 종업원은 자신이 가지고 있는 태도를 단순히 변화할 수 있다.

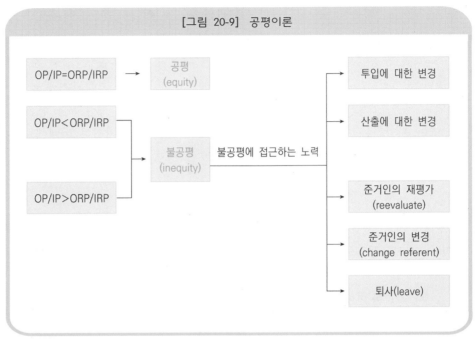

[그림 20-9] 공평이론

IP–자신의 투입; OP–자신의 산출; IRP–준거인의 투입; ORP–준거인의 산출
출처: Black & Porter(2000: 378).

3) 목표설정이론

Edwin Locke(1968)는 목표설정(goal setting)은 몇몇 실천적 유용성에 대한 인지과정이라고 주장한다. 또한 Locke는 개인이 지각한 목표와 의향은 주요한 행태의 결정요인이라고 본다. 목표설정은 개인을 도전하게 하는 대상을 개발하고, 협상하고, 설정하게 하는 과정이다. 목표가 명시적이든지 혹은 암시적이든지, 목표는 개인의 시간과 노력을 구조화하는 데 기여한다. 이처럼 목표설정이론은 동기부여된 행태를 설명하면서 지각하는 목표의 중요성을 강조한다. 따라서 개인에 의해 목표가 수용된다면, 어렵게 지각되는 목표가 보다 높은 성과수준을 초래할 것이라는 것이다.

484

이와 같이 목표설정이 동기부여와 성과에 긍정적인 효과를 미친다. 높은 성취와 동기부여된 종업원들은 목표설정에 지속적으로 참여한다. 목표성취이론은 구체적이고, 어려운 목표(specific, difficult goals)가 사람들을 동기부여시킨다고 주장한다(Latham, 2004).

목표는 행동을 위한 대상이다. 특히 Locke가 관심을 갖는 것은 목표의 명확성, 목표의 난이도, 목표의 강도이다.

① 목표의 명확성(goal specificity) : 목표의 명확성은 목표의 양적 정확성(quantitative precision)의 정도이다. 목표는 노력을 안내하기 위해서 명확하고 구체적이어야 한다.

② 목표의 난이도(goal difficulty) : 목표의 난이도는 추구하는 숙달의 정도(degree of proficiency) 혹은 성과의 수준이다. 목표는 도전적이어야 한다. 목표가 너무 쉬운 것이라면 개인은 목표를 지연시키거나 혹은 태만하게 접근하게 될 것이다.

③ 목표의 강도(goal intensity) : 목표의 강도는 목표에 어떻게 도달할 것인가를 결정하는 과정 혹은 목표를 설정하는 과정이다. 목표의 강도와 관계 있는 개념인 목표몰입(goal commitment)은 목표를 성취하는 데 활용되는 노력의 정도이다. 목표성취와 관련하여 기대되는 보상은 목표몰입의 정도에 있어 중요한 역할을 발휘한다. 이러한 사고는 동기부여의 기대이론과 비슷하다. 즉 종업원이 목표를 성취하지 못할 경우 처벌될 것이라고 기대한다면 목표몰입의 가능성은 높아질 것이다.

[그림 20-10]과 같이 관리적 관점에서 목표설정을 적용할 수 있다. 목표설정에 적용하는 주요한 단계는 다음과 같다. ① 준비성에 대한 진단, ② 종업원의 준비 : 개인 간의 상호작용, 의사소통, 훈련, 목표설정을 위한 행동계획, ③ 목표에 대해 관리자와 부하에게 강조되는 속성, ④ 설정된 목표에 필요한 적응을 위한 중간평가(intermediate review)의 실행, ⑤ 목표의 설정, 수정 그리고 이행을 점검하기 위한 최종평가(final review)의 수행 등이다.

이러한 목표설정은 종업원을 동기부여시키는 데 있어 매우 강력한 도구이다. 관리자는 목표설정 프로그램을 이해할 때 중요한 개인적 차이(성격, 경력, 훈련배경,

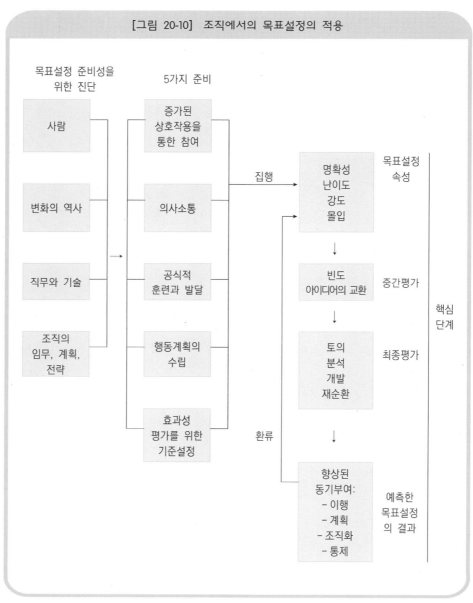

[그림 20-10] 조직에서의 목표설정의 적용

출처: Ivancevich & Matteson(1990: 140).

개인적 건강)를 고려해야 한다. 특히 관리자가 능동적으로 지원하고, 면밀하게 모니터링할 때 목표설정은 성과를 향상시킬 수 있다. 목표설정이나 다른 기법도 모든 문제를 교정하는 것은 아니다. 모든 성과문제를 해결하는 동기부여이론은 존재하지 않는다.

3. 강화이론

강화이론(強化理論, reinforcement theory)의 시각에서는 종업원을 동기부여시키는 데 있어, 종업원의 욕구를 인지하고 이해할 필요가 없으며, 또한 종업원이 욕구를 충족하는 데 있어 종업원들이 행태를 어떻게 선택하는지를 이해할 필요가 없다. 단지 모든 관리자들은 행태와 결과의 관계를 이해할 필요가 있으며, 바람직한 행태는 강화하고 바람직하지 못한 행태는 억제하는 상황적 조정이 필요하다.

강화는 중요한 조건화의 원칙(principle of conditioning)이다. 강화이론은 연속적인 행태에 대한 과거경험의 결과를 조사한다. 종업원의 행태에 대해 보상이 이루어진다면 행태가 반복될 것이다. 반면에 종업원은 보상되지 않는 행태를 반복하지 않으려고 학습할 것이다. 이 점에서 Skinner(1971)는 행태란 긍정적 결과와 부정적 결과의 경험을 통해 학습되는 것이라고 주장한다. 종업원들은 구체적인 행태에 대한 결과로서 바람직한 행태인가 혹은 그렇지 않은가를 학습한다.

이처럼 바람직한 행태에 대한 동기부여는 학습으로 이루어질 것이다. 학습된 동기(learned motives)는 보다 강력한 힘일 수 있다. 이러한 동기는 가끔 인센티브, 즉 우리가 소유하기 원하는 특별한 것과 관련이 있다. 학습된 동기부여는 생물학적 동기부여를 모방한다. 학습된 동기와 생물학적 욕구 사이의 상호작용은 서로 구별하는 것이 거의 불가능하기 때문에 복잡하다.

이러한 맥락에서 관리자들은 강화와 동기부여 사이의 관계를 인식할 필요가 있다. 동기부여의 도구로서 보상이 처벌보다는 효과적이다. 그러므로 관리자는 종업원의 바람직한 행태를 강화하는 것이 중요하다는 것을 인식하고, 적절한 강화

[그림 20-11] 강화유형

결과의 유형

		유쾌한 결과(+)	불쾌한 결과(-)
결과 부여 방법	결과의 부여	바람직한 행위의 증대 (긍정적 강화) S → R → C(consequence)+	바람직하지 못한 행위 감소 (처벌) S → R → C-
	결과의 철회	바람직하지 못한 행위감소 (소멸) S → R → (no C)	바람직한 행위의 증대 (부정적 강화) S → R → (no C-)

출처: 송계충·정범구(2005: 211).

프로그램을 선택해야 한다. 관리자는 계속적인 강화와 간헐적인 강화(intermittent reinforcement)의 유형을 인사관리전략에 적용할 수 있을 것이다.

강화이론은 [그림 20-11]과 같이 결과를 부여하는 방법과 결과의 유형에 따라 4가지 강화유형으로 구분할 수 있다. 이들 유형은 종업원들의 동기부여를 수정할 수 있는 방법이다. 특히 바람직한 행동을 반복시키기 위해서는 긍정적 강화와 부정적 강화가 필요하고, 바람직하지 못한 행동을 감소시키기 위해서는 처벌과 소멸이 필요하다.

1) 긍정적 강화(positive reinforcement)

긍정적 강화는 바람직한 행태에 대해 보상을 제공하는 유형이다. 긍정적 강화는 개인의 특정한 행태가 반복될 가능성을 증가시킨다. 긍정적 강화는 미래에 있어 바람직한 행태의 가능성을 강화시킨다.

예를 들면, 특별한 생산수준을 성취하는 근로자에 대해 보너스를 제공하는 것이다. 이처럼 관리자는 행태에 영향을 미치기 위해 가끔 긍정적 강화물(positive reinforcers)을 활용한다.

2) 부정적 강화(회피, negative reinforcement)

부정적 강화는 바람직하지 않은 결과를 회피하려는 행태에 초점을 둔다. 규칙은 종업원들이 어떤 행태를 회피하도록 하기 위해 설계된다.

3) 처벌(punishment)

처벌은 바람직하지 않은 행태를 최소화하기 위한 것이다. 처벌은 특별한 행태반응에 대해 불편하고 원치 않는 결과를 제공한다. 처벌의 유형에는 상관이 비판하거나, 특권을 취소하거나, 근신기간을 부여하거나, 벌금을 부과하거나, 강등하거나, 해고 등이 있다.

처벌은 특정 조건에서 보다 효과적이다. 처벌이 시행되는 시점이 매우 중요하다. 혐오적 자극(aversive stimulus)이 상대적으로 강렬할 때 효과적이다. 처벌이 일어나는 이유를 명확하게 제공하는 것이 중요하다. 처벌은 특정한 사람 혹은 일반적 행태패턴이 아니라 구체적인 반응에 초점을 두어야 한다. 처벌은 특정 개인과는 상관없는(impersonal) 것이 효과적이다.

4) 소멸(extinction)

소멸은 원치 않는 행태를 줄이는 것이다. 이전에 보상받았던 행태에 대한 인정을 멈추었을 때 소멸이 발생하고, 바람직하지 못한 행태가 줄어든다. 다른 측면에서, 상관이 좋은 성과에 보상하지 않을 경우 소멸의 원인이 된다. 즉 종업원의 좋은 성과를 무시하게 되면 종업원의 좋은 성과가 일어나지 않을 수 있다(Lussier & Achua, 2007: 90).

긍정적 강화와 부정적 강화는 근로자들의 바람직한 행태를 강화하기 위해 활

용되며, 처벌과 소멸은 바람직하지 않은 행태를 억제하거나 제거하기 위해 사용한
다(Baron & Greenberg, 1990: 40-41).

5) 강화 스케줄(reinforcement schedules)

조직에서 적절한 시기에 보상 혹은 처벌을 활용하는 것은 매우 중요하다. 이
러한 결과의 타이밍을 강화 스케줄이라 한다. 이런 스케줄에는 지속적인 강화와
간헐적 강화 스케줄이 있다. 조직배경에서 거의 모든 강화는 본질적으로 간헐적
(intermittent)이다.

간헐적 스케줄(intermittent schedule)은 모든 수용할 수 있는 행태 이후에 강화
가 일어나지 않는다 것을 의미한다. 이것의 가정은 올바른 행태에 대해 단지 어떤
시점에만 보상될 때 학습은 보다 항구적이라는 것이다. 간헐적 강화 스케줄은 [그
림 20-12]와 같이 강화물의 제공에 있어 고정 스케줄과 변동 스케줄인가에 따라
4가지 유형이 있다.

[그림 20-12]   강화스케줄 분류

	간격 스케줄	비율 스케줄
고정적	고정 간격법	고정 비율법
변동적	변동 간격법	변동 비율법

출처: 송계충·정범구(2005: 219).

① 고정 간격법(fixed interval): 고정 간격 스케줄에 있어, 강화가 제공되기 이전
에 상당한 정도의 시간이 지나야만 한다. 어느 정도 시간이 지난 이후 일어나는
첫 번째 행태는 강화가 확실하게 이루어진다. 다만 이러한 강화는 고르지 않은 행
태를 조장하는 경향이 있다.

② 변동 간격법(variable interval, 예를 들면 승진) : 강화 사이의 시간적 간격이 변경된다.

③ 고정 비율법(fixed ratio) : 고정 비율 스케줄은 강화되기 이전에 바람직한 행태가 몇 번이고 일어나야만 한다. 정확한 횟수는 명시된다. 고정 비율 스케줄에 의한 보상관리는 높은 반응을 보이며, 안정된 행태를 보인다.

④ 변동 비율법(variable ratio) : 변동 비율 스케줄에서 강화가 제공되기 이전에 몇몇 바람직한 행태가 일어나야만 한다. 행태의 수는 어떤 평균에 따라 달라진다. 관리자는 종종 칭찬과 인정으로 변동 비율 스케줄을 활용한다. 미국의 주(州)에서 발행하는 복권(state lotteries)은 사람들을 유혹하기 위해 이러한 강화 스케줄을 활용한다.

표 20-5　강화 스케줄의 비교

스케줄	보상의 형태	성과에 대한 영향	행태에 대한 효과
고정 간격	고정된 시간적 기반에서의 보상 - 주 단위 혹은 월 단위의 급료	평균 그리고 불규칙적인 성과를 초래	행태의 빠른 소멸
고정 비율	구체적인 반응의 수에 연계한 보상 - 생산단가 지불시스템	급격하게 높고 안정적 성과를 초래	비교적 완만한 속도로 행태의 소멸
간헐적 간격	가변 시간주기 이후 주어지는 보상 - 예고 없는 조사 혹은 무작위로 월별로 주어지는 보상	적절하게 높고 안정적 성과를 초래	행태의 느린 소멸
간헐적 비율	어떤 행태에 주어지는 보상 - X 판매거래에 연계된 보너스, 하지만 X는 지속적으로 변함	매우 높은 성과를 초래	매우 느리게 행태 소멸

출처: Hellriegel, Solcum, and Woodman(1995: 157).

제21장

스트레스와 직무소진

    스트레스(stress)는 보편적이며, 빈번하다. 우리 모두는 때때로 스트레스를 경험하기도 한다. 몇몇 스트레스는 보통이고 심지어 유용하다. 하지만 스트레스가 너무 자주 혹은 오래 지속된다면 나쁜 효과를 발생하게 한다. 즉 사소한 스트레스(minor stress)는 피할 수 없으며, 그리고 해가 없다. 개인과 조직에서 문제의 원인이 되는 것은 과도한 스트레스(excessive stress)이다.

    이와 같은 스트레스와 관련하여, 이 장에서는 스트레스란 무엇인지, 스트레스의 특징이 무엇인지, 스트레스의 원인과 해소방안은 어떻게 이해되고 있는지,[1] 직무소진이 무엇인지, 직무소진의 구성요소는 어떠한지 등을 살펴보고자 한다.

---

1 스트레스의 내용은 저자의 논문[이영균(2004), "스트레스의 원인과 대처방안에 관한 탐색", 한국정책과학학회보, 8(1): 59-79]에 기초하여 작성된 것임.

제1절 스트레스

1. 스트레스의 의의

스트레스는 환경에서의 어떤 변화에 대한 개인적 반응에 있어 일련의 생리적
이고 심리적인 변화(physiological and psychological changes)를 일컫는다. 이러한 스트
레스는 인간의 생활조건(human condition)의 일부분이며, 생활방식에 관련된 질병
의 일부분이다(Carwright & Cooper, 1997: 6).

조직구성원의 스트레스는 어떤 직무에서도 제기되는 보편적인 현상이며, 생
활의 하나의 양상이다. 특히 스트레스 요인이 지각되었을 때, 모든 조직들은 조직
전체의 목표에 손해를 끼치고, 긴장과 불안을 유발하는 스트레스 요인을 통제하기
위해 노력할 것이다. 조직관리자들은 적절한 스트레스를 유발하게 하기도 하고,
또한 스트레스를 적정하게 통제하는 전략을 통하여 조직의 생산성과 조직구성원
의 사기 및 직무만족을 증진하기 위한 인사관리전략을 도입하기도 한다.

스트레스에 지불되는 비용에 대해 British Heart Foundation Coronary
Prevention Group은 스트레스로 인하여 1년에 18만 명이 고질적인 심장질환으로
사망하며, 이것은 하루에 500명 이상이 심장질환으로 사망하는 것이고, 이에 따른
작업장에서의 손실비용이 7,000만 달러에 이른다고 발표했다. 뿐만 아니라, 불안
정과 생활스트레스는 이혼율을 증가시킨다. 이에 따른 이혼건수의 변동을 보면,
1961년에 2만 7,000명에서 1988년에 15만 5,000명으로 급증했다(Carwright & Cooper,
1997 : 10). 또한 Sullivan과 Bhagat(1992)에 의하면, 미국 국민에 대한 스트레스의 비
용은 약 GNP의 10% 정도일 것이라고 지적하고 있다. Landsbergis과 Vivona-
Vaughan(1995)은 스트레스로 인한 질병의 비용은 1,000억 달러 이상이라고 평가하
고, 스트레스에 관한 문제는 계속 증가하고 있다고 진단한다.

　　　나아가 조직성과와 관련하여 스트레스는 운영절차에 있어 잘못을 3배 이상 증가하게 하며, 스트레스적인 환경하에서는 업무를 완성하는 데 2배 이상의 시간이 소요된다(Idzikowski & Baddeley, 1983; Salas, et. al., 1996: 4 재인용). North-wester National Life가 행한 설문조사에서도 600명 노동자의 표본 중에 70%는 직무스트레스가 업무성과에 영향을 미친다고 응답하고 있다(Sullivan & Bhagat, 1992).[2]

　▶ 스트레스의 징후(symptoms of stress): 당신은 다음의 징후를 얼마나 자주 느끼거나 혹은 경험하십니까?

- 입안건조(dry mouth)
- 매우 빠르거나 혹은 불규칙적인 심장박동(heart beating)
- 침착하지 못하고 조바심하는 감정(feeling restless and fidgety)
- 요통과 근육통(backaches and tense muscles)
- 눈물 흘림(watery eyes)
- 숨이 가빠지거나 얕은 숨(hurried or shallow breathing)
- 심하게 땀이 나거나 혹은 너무 더운 느낌(perspiring heavily or feeling too warm)
- 두통(headache)
- 복통(stomach upset)
- 식욕상실(loss of appetite)
- 피로와 기진맥진(fatigue and exhaustion)
- 불안과 긴장(anxiety and tension)
- 차갑거나 땀에 젖은 손(cold or sweaty hands)
- 부은 목(lump in throat)

　　　　　　　　　　　　　출처: Denhardt, Denhardt, and Aristigueta(2013: 93).

---

　2 스트레스에 관한 기존연구는 주로 심리학 분야와 경영학 분야에서 활발하게 연구되고 있는 실정이다. 특히 이들 분야에서는 대체로 스트레스 요인을 유형화하거나, 대처전략에 관한 논의, 스트레스에 대한 동료 직원의 지지와 같은 사회적 지지가 어떠한 역할을 하는지, 그리고 직업의 유형에 따른 스트레스 대처방안은 어떠한가 등으로 다양하게 전개되고 있는 실정이다.

2. 스트레스의 개념과 특징

1) 스트레스의 개념

스트레스로 초래되는 중요한 영향 때문에 스트레스에 대한 학자들의 관심이 증대되고 있지만,[3] 정작 공통적인 개념 정의가 부족하고, 합의가 미흡하고 모호한 단어가 스트레스이다.[4]

스트레스(stress)의 어원은 라틴어 'strictus' 또는 'stringere'에서 유래되었으며, 그 의미는 '단단하게 당기다(to draw tight)'이고, '과세하다(taxes)', '긴장하다(strains)', '제한하다(restrict)' 등의 의미를 포함한다. 어원적으로 스트레스란 스트레스적인 상황을 동반하는 감정을 느끼는 것이다(Salas, et. al., 1996: 5; Jex, 1998: 2).

스트레스는 17세기에는 역경 혹은 고통을 기술하는 데 사용되었으며, 18세기 후반에는 힘(force), 압박(pressure), 긴장(strain), 강한 노력(strong effort)의 의미로 활용되었다(Hinkle, 1973). 이러한 스트레스는 물리학에서 빌려 온 개념이다. 물리학에서는 스트레스를 어떤 본체에 가하는 압박 혹은 힘으로 정의한다. 심리학에서 스트레스는 유기체(organism)가 조정하고, 대처하고, 적응하도록 요구하는 것이다. 스트레스는 Hans Selye가 명명한 적응의 질병(diseases of adaptation)이라는 생리적인 문제를 초래한다(Rathus, 1984: 388).

이 장에서는 Jex(1998)의 틀에 기초하여 학자들이 제시한 스트레스 개념 정의를 3가지 의미의 측면에서 살펴보고자 한다.

---

3 Salas와 동료학자들(Salas, et. al., 1996 : 2-4)은 스트레스에 대해 관심이 증대되는 이유를 다음과 같이 기술하고 있다. ① 우리가 매우 복잡하고 고도의 기술이 발전되는 세계에서 생활한다. 이로 인하여 대변동의 실수에 대한 잠재성이 증대되기 때문에 스트레스에 관한 관심이 증대된다. ② 스트레스가 성과환경과 생활환경에 영향을 미치기 때문에 관심이 증대된다. 특히 실수의 잠재력과 위험의 가능성이 있는 작업환경은 높은 수준의 스트레스가 놓여 있다. ③ 스트레스가 생리적 변화(physiological changes)를 초래하기 때문이다.

4 이점에 대해 Hogan과 Hogan(1982 : 153)도 스트레스에 관한 문헌은 용어의 바다에 파묻힐 정도이고, 연구자들은 공통적인 단어가 부족하기 때문에 개념적인 혼란을 초래한다고 지적하고 있다.

(1) 자극(stimulus)에 초점을 둔 정의

자극에 초점을 둔 정의로, Janis와 Mann(1977: 50)은 스트레스를 높은 정도의 불쾌한 감정을 초래하고, 정상적 정보흐름에 영향을 미치는 환경적인 변화로 정의한다.

또한 Singer(1992: 369)는 스트레스를 사람들에게 부정적인 결과와 긍정적인 태도를 유발하는 것으로 이해한다. 스트레스란 사람들이 스트레스 요인이라고 명명되는 환경적인 사건에 나타나는 육체적·심리적 반응이라고 정의한다. 이와 같이 자극에 초점을 둔 경우에, 스트레스는 조직구성원의 측면에서 볼 때 적응적 반응을 요구하는 환경에의 자극을 의미한다.

(2) 반응(response) 혹은 결과에 초점을 둔 정의

반응 혹은 결과에 초점을 둔 정의로, Levi(1967)는 스트레스란 유기체에 있어 심리적인 긴장으로 인한 반응이며, 환경적 자극으로 명명되는 다양한 스트레스 요인이 발생할 때 표출된다는 것이다.

Ivancevich와 Matteson(1982: 8)은 스트레스란 개인적 특성과 심리적 과정에 의해 게재되는 적응적 반응이고, 이는 외부적인 활동, 상황, 사건에 영향을 받으며, 또한 공간적·물리적 환경과 심리적인 요구에 영향을 받는다고 기술한다.

Altman과 동료학자들(Altman, et. al., 1985: 426)은 스트레스로 인한 결과에 초점을 두어 스트레스란 압박, 걱정 및 긴장에 관한 감정이라고 정의한다.

또는 Harris와 Hartman(2002: 400-406)은 스트레스를 지각된 위협에 대한 각 개인들의 반응으로 정의한다. 스트레스 요인들은 임박한 위험의 원인 혹은 원천으로 간주된다. 이와 같이 반응 혹은 결과에 초점을 둔 경우에, 스트레스는 직무요구에 대처할 수 있는 개인적 능력이 미흡할 때 경험하게 되는 감정을 의미한다.

(3) 자극-반응 및 환경적인 상황에 초점을 둔 정의

자극-반응(stimulus-response) 및 환경적인 상황에 초점을 둔 정의로, McGrath

(1978: 1352)는 스트레스란 환경적인 상황에 연계되어 있으며, 이는 개인의 능력과 자원을 초월하여 위협적인 요구로 지각되는 환경적인 상황에서 발생하는 것으로 이해하고 있다.

Quick과 Quick(1984: 3)은 스트레스란 개인과 조직상황의 요구에 의해 기인되며, 이들 요구를 관리하기 위한 자원(지식, 기술, 능력, 사회적 지지체계, 개인적 특성 등)과 불일치하여 발생하는 긴장이라고 기술한다.

Daniels(1996)는 스트레스란 환경에 대한 개인적 지각이 바라는 것과 상당한 차이가 있을 때 발생하는 심리적인 과정으로 정의하고 있다. 지각과 바람 사이의 차이가 심리적 불일치를 초래하여 스트레스가 유발된다는 것이다.

또한 Salas와 동료학자들(Salas, et. al., 1996: 6)은 스트레스란 어떤 환경적인 요구가 개인이 소유한 자원을 초과하여 바람직하지 못한 생리적·심리적·행태적·사회적 결과를 초래하는 과정이라고 한다. 즉 스트레스란 위협적이고 도전적인 것으로 평가되는 환경적인 사건에 대해 반응할 수 있는 각 개인의 능력을 초월하여 위험한 것으로 인지되는 부정적인 감정적 반응이라는 것이다. 이와 같이 자극-반응(과정적인 측면)에 초점을 둔 경우, 스트레스 요인은 조직구성원으로부터 적응적 반응이 요구되는 직무조건 혹은 조직상황을 의미하고, 스트레스는 직무요구가 조직구성원에게 영향을 미치는 전체적인 과정을 의미한다.

이상의 학자들의 정의에 비추어 본다면, 스트레스란 조직구성원의 내·외적 환경적인 사건으로 인한 스트레스 요인에 대해 반응하는 긴장과 불안에 대한 주관적인 감정(the subjective feeling of strain and anxiety)이며, 여러 가지 산출물을 수반한다.[5] 스트레스는 자극뿐만 아니라 각 개인의 내·외적인 측면에서 육체적·심리적 반응을 산출하는 전체 과정을 의미한다.

이러한 스트레스는 두 가지 측면을 공유한다. 스트레스는 회피하고 싶은 부

---

5 예를 들면, 심리적인 측면에서 스트레스는 가파른 가슴의 진동, 고혈압, 숨찬 호흡, 심리적 불안정, 우울, 수면불안정, 가족문제 등이 일어나며, 행태적인 측면에서는 흡연, 음주, 약 중독, 불규칙적인 식욕, 결근, 전직, 생산성 감소, 사기와 직무만족의 저하 등이 나타난다. 과도한 스트레스의 경우 그 결과로 피부질병, 심장병, 두통, 냉담, 신경쇠약, 암 등이 나타날 수 있다.

497

정적 함축(negative connotation)이 포함되고, 다른 측면에서 스트레스는 단순히 불쾌한 사건 혹은 경험이 아니라 흥분, 자극, 기쁨 등을 일으키는 긍정적인 면도 존재한다.

　　또한 Altman과 동료학자들(Altman, et. al., 1985: 426)의 지적처럼 조직활동에 있어 조직구성원의 스트레스는 스트레스 요인(stressors), 스트레스, 산출물, 결과 등으로 구성되어 있으며, 스트레스는 환경적 자극(stimulus), 개인적 반응(response), 개인과 환경의 상호관계(relationship)의 맥락에서 전체적 과정으로 이해하는 것이 바람직하다. 이런 의미에서 스트레스의 개념은 스트레스가 개인에게 어떠한 영향을 미치는지에 관한 연구에 영향을 받아 정립된 것이다.

2) 스트레스의 특징

　　Schuler(1984: 36-38) 및 Kast와 Rosenzweig(1985: 654-655)는 스트레스 특성을 몇 가지로 요약하고 있다.

　　① 스트레스는 개인의 내적 반응이며, 환경에 있어 스트레스 요인과 상호작용의 과정으로부터 초래된다. 즉 스트레스는 환경과의 상호작용의 결과이며, 물리적 조건과 사회심리적 조건에 관련되어 있다.

　　② 스트레스 상황도 개인 간의 차이로 인해 다른 사람에게는 일어나지 않지만 어떤 사람에게는 고통으로 연결될 수 있다. 또한 스트레스로 지각되는 사건의 수가 많을수록 스트레스 경험이 보다 크며, 긍정적인 사건이나 부정적 사건 모두 스트레스와 관련되어 있다.

　　③ 스트레스가 모두 나쁜 것은 아니다. 인내할 수 있는 범위 내에서의 스트레스는 기능적일 수 있고, 좋은 성과를 거두는 데에도 도움을 준다. 즉 스트레스는 성과를 향상시키고 조직의 이익을 증진시키도록 조직구성원들이 움직이고 반응하게 하는 동력이 된다. 조직활동에 있어 건강한 적응적 과정을 유발하게 하는 것을 유익 스트레스(eustress)라 한다. 즉 유익 스트레스는 스트레스 상황에서 조직구성원 개인의 스트레스에 대한 건강하고 적응적 반응을 의미한다.

표 21-1	유해 스트레스와 유익 스트레스의 대조
유해스트레스(distress)의 징표	유익(eustress)의 징표
- 불면증(insomnia)과 기타 수면장애 - 천식(asthma)과 다른 호흡이상 - 피부발진 - 식욕부진(anorexia) 혹은 기타 식사장애 - 매스꺼움(nausea) - 궤양(ulcers) - 크고 작은 장의 경련 - 높은 심장박동 혹은 고혈압 - 두통, 목 통증, 요통 - 구갈(dry mouth)	- 직무만족 - 업무와 삶에 대한 긍정적 태도 - 다른 사람에 대한 적극적인 경청 - 다른 사람에 대한 책임감 - 동료와 고객에 대한 공감(empathy) - 미소 - 유머감각 - 지식활용 - 창의성 - 높은 수준의 생산성

출처: Drafke(2006: 412).

④ 불균형(disequilibrium)이 인내할 수 있는 범위를 초과했을 때 과도한 스트레스가 일어난다. 과도한 스트레스에 대해 모든 사람들이 건강한 방식으로 반응하는 것은 아니다. 유해 스트레스(distress)란 조직구성원이 스트레스에 대한 반응에 있어 조직과 개인 모두에게 손해를 유발하는 유해한 태도와 행태를 말한다.

제2절   스트레스의 연구경향

스트레스가 조직구성원의 성과나 건강에 중요한 역할을 하기 때문에 다양한 학문적 배경에서 스트레스의 원인변수와 결과변수의 관계에 대한 연구가 진행되고 있다.

1. Hans Selye의 연구

스트레스에 관한 보다 과학적인 조사연구는 스트레스 연구의 아버지라고 불리는 Hans Selye(11907-1982)의 연구에서 시작된다. Selye는 1932년부터 사람과 동물에 대한 환경적 스트레스의 결과를 체계적으로 조사했으며, 적응적 메커니즘이 잘 작동하지 않을 때 부적응적 질병이 일어난다고 주장한다.[6] Selye는 스트레스를 구성하는 어떠한 요구에 대한 일반적인 신체적 반응(nonspecific response of the body)이 스트레스라고 정의한다. 이에 스트레스를 이해하기 위해서는 생리적 기반을 이해할 필요가 있다고 지적한다. 특히 Selye는 스트레스적 상황에 놓여 있는 사람들의 경험을 [그림 21-1]과 같이 3가지 단계로 기술하고 있다.

① 경고단계(alarm reaction) : 스트레스적 반응으로 정의되며, 개개인의 방어적인 메커니즘(defense mechanism)이 활동하는 단계이다. 즉 신체가 활동을 위해 준비한다. 반대의 충격에 따른 최초의 방어적인 단계이다.

② 저항단계(resistance) : 개개인들이 스트레스 요인에 대해 저항하는 단계이며, 많은 경우 자신과의 투쟁이다. 또한 저항은 최고의 적응적 단계이고, 성공적으로 균형상태로 돌아오는 단계이다.

③ 소진단계(exhaustion) : 적응적 메커니즘이 파괴되었을 때 일어나는 단계이다. 즉 신체가 스트레스 요인에 대해 더 이상 저항할 수 없게 되며, 생리적인 고장(physiological breakdown)이 발생하게 된다. 소진단계에서의 스트레스 효과는 노화, 신체장기의 회복 가능하지 않은 손상 혹은 사망에 이르게 된다.

하지만 Selye의 연구는 개인에 대한 스트레스의 심리적 영향을 간과하였고,

---

6 Selye는 쥐를 대상으로 연구하였으며, 쥐에게 열, 추위, 감염, 외상, 뇌출혈과 다른 만성 스트레스 요인을 제공한 결과 스트레스에 관한 많은 정보를 얻을 수 있었다. 스트레스를 받은 쥐들은 생리적 반응을 보이기 시작하였는데, 여기에는 부신피질의 확대, 흉선과 림프선의 축소와 위와 십이지장의 궤양이 포함되었다. 매우 다양한 스트레스 요인들이 유사한 생리적 변화를 초래한다는 점에 주목하였다. Selye는 이 생리적 반응을 일반적 적응증후군(general adaptation syndrome: GAS)이라고 불렀다 (민경환 외 역, 2013: 725).

[그림 21-1] Seyle의 일반적 적응징후군

경고단계(Alarm)
- 스트레스에 대한 육체적 징후(physical symptoms) 출현
- 신체가 행동을 위해 준비한다.
- 각성이 증가하게 된다.

⇩

저항단계(Resistance)
- 구체적인 스트레스 요인에 대처하기 위한 시도를 한다.

⇩

소진단계(Exhaustion)
- 지속되는 스트레스 원인을 극복하는 데 실패한다.
- 신체가 더 이상 스트레스 요인에 대해 저항할 수 없다.
- 생리적 고장이 일어난다.

그리고 스트레스를 인지하는 개인의 능력과 스트레스적 상황을 여러 가지 방법으로 변화시키는 개인의 능력을 무시하였다(Cartwright & Cooper, 1997: 4)는 비판도 있다. Cannon과 Selye의 연구는 교감신경체계와 내분비체계(endocrine system)에 관심을 가지고, 의학적·생리적 차원의 스트레스와 스트레스 반응에 주된 초점을 두었다(Quick, et. al., 1997 : 8)는 데 특징이 있다.

2. 미시간대학교의 연구

조직에서 스트레스에 관한 조사연구의 첫 번째 주요한 프로그램은 1960년 초 미시간대학교 사회조사연구소(Institute for Social Research: ISR)에서 수행되었다. 미시간대학교 ISR에서 개발한 사람-환경 적합모형(person-environment fit model: P-E fit 모형)은 [그림 21-2]와 같이 조직구성원의 지속적인 성향과 개인 간의 관계가 스

트레스 과정에 영향을 미친다고 전제하고, 스트레스의 과정을 크게 객관적인 환경, 심리적 환경, 반응, 육체적·정신적 긴장과 질병으로 구성하고 있다(Jex, 1998).

객관적인 환경(objective environment)은 조직구성원에 의해 지각하는 조직환경(사무실의 책상배치 등)이다. 심리적 환경(psychological environment)은 조직구성원이 객관적인 환경을 인식하는 과정을 의미한다. 조직구성원은 객관적인 환경을 평가한다. 조직구성원이 환경을 평가하고 나면, 직접적인 생리적·행태적·감정적 반응을 가지게 된다.[7] 스트레스 요인으로 인한 생리적·행태적·감정적 반응은 육체적·정신적 건강을 약화시킬 뿐만 아니라 질병을 유발한다.

특히 이러한 스트레스 과정은 조직구성원의 개인적 특성(유전학적·인구학적 특성)에 따라 객관적인 환경과 심리적 환경에 대한 자극과 반응에서 차이를 보인다. 또한 조직에서 다른 구성원과의 개인적 관계에 대한 차이는 직무환경에 대한 지각과 반응에 영향을 미친다.

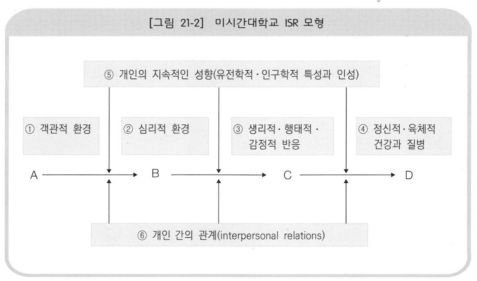

[그림 21-2] 미시간대학교 ISR 모형

출처 : Katz & Kahn(1978).

---

7 심리적 반응으로는 심장박동이 증가되고 혈압이 높아진다. 행태적인 반응은 작업에 대한 노력이 감소하고, 작업장으로부터 이탈한다. 감정적 반응으로는 직무만족도가 줄어들고 우울한 징후가 증가된다.

이와 같이 스트레스에 관한 선행연구들은 스트레스가 조직구성원들에게 어떠한 영향을 미치는가, 스트레스 요인과 성과에 미치는 영향은 무엇인지에 대해 체계적으로 안내한다. 이들 연구는 스트레스에 관해 다음과 같이 정리하고 있다.

① 스트레스는 변화의 원천이다. 조직구성원의 스트레스는 직무성과에 영향을 미친다.

② 조직구성원의 지각이 객관적인 작업환경에 영향을 미친다. 조직에서 스트레스 요인으로 작용하는 것은 조직구성원에게도 스트레스 요인으로 지각되는 것이 명백하다. 직무 관련 스트레스 요인에 대한 자체 측정에 있어 지각과정의 중요성이 반영된다(Jex, 1998: 8).

③ 조직구성원은 직업 스트레스 과정에서 능동적인 참여자이다. 조직구성원들은 직무환경에서 스트레스요인에 대해 어떻게 반응할 것인가를 결정하는 참여자이다(Beehr & Bhagat, 1985). 조직구성원의 반응은 작업환경을 변화시킨다.

④ 조직구성원 개인 간의 차이가 스트레스 요인에 대한 지각과 반응에 영향을 미친다. Harris와 Hartman(2002: 416)에 의하면, 각 개인들은 스트레스 요인에 대해 반응하는 능력이 매우 상이하다. 또한 이들 스트레스 요인은 각 개인들이 담당하는 업무와 관련된 독특한 특성을 지니고 있다.

⑤ 너무 낮은 수준의 목표치가 조직구성원을 지루하게 만들기 때문에 보다 높은 수준의 목표가 필요한 것처럼, 스트레스와 성과의 관계에서도 적절한 스트레스 정도에 관한 개념이 중요하다. 적정한 스트레스의 범위는 스트레스로 인해 성과에 부정적인 영향을 미치는 영역은 제외하고 성과에 긍정적인 영향을 미치는 영역까지일 것이다.

제 3 절 스트레스의 요인

스트레스에 관한 연구는 다차원적 차원에서 접근되고 있다. 이와 관련하여 스트레스 요인(stressors)에 관한 학자들의 시각도 매우 다양한 측면에서 제시되고 있다. 스트레스의 요인은 조직구성원의 개인적 지각과 바람이 현재의 상황과 불일치할 때 발생하는 것으로 이해할 수 있다(Daniels, 1996).

1. Singer와 Koslowsky의 모형

스트레스 요인에 대한 포괄적 이해를 위해 Singer와 Koslowsky가 제시하고 있는 스트레스 요인에 관한 모형을 살펴보고자 한다.

1) Singer의 모형

Singer(1992: 370-374)는 [그림 21-3]과 같이 스트레스 원인으로 조직적 스트레스 요인, 생활적 스트레스 요인, 개인적 스트레스 요인을 들고 있다. 이들 스트레스 요인은 만족을 감소시키고 생산성을 저하시킨다. 특히 조직적인 스트레스 요인과 관련하여, 직업적 스트레스는 직업의 특성에 따라 매우 다양하다. 항공관제사, 의사 등의 직업은 대학교수나 교사의 직업보다는 스트레스 징후를 보다 많이 표출하는 경향이 있다. 또한 과다한 업무, 불안과 지루함, 불공평하게 대우받는 느낌도 스트레스의 원인이다. 조직구성원이 업무 책임성을 수행하는 과정에 일어나는 역할모호성(role ambiguity)과 역할갈등(role conflict)도 스트레스의 요인이다.[8]

---

8 역할모호성(role ambiguity)은 재직자들이 직무에 대해 자신들에게 기대되는 행태에 혼란(confusion)

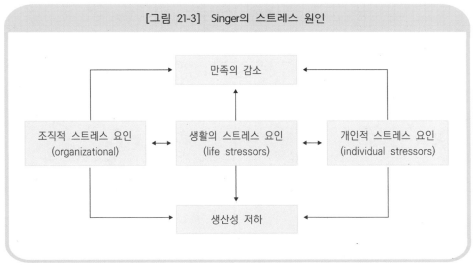

[그림 21-3] Singer의 스트레스 원인

만족의 감소

조직적 스트레스 요인
(organizational)

생활의 스트레스 요인
(life stressors)

개인적 스트레스 요인
(individual stressors)

생산성 저하

출처 : Singer(1992 : 374).

2) Koslowsky의 모형

Koslowsky(1998)는 스트레스와 긴장관계에 관한 설명을 통하여 일반적인 스트레스 요인을 [그림 21-4]와 같이 제시하고 있다. Koslowsky(1998: 30-64)는 스트레스 요인을 포괄적으로 3가지 집단(개인, 집단 및 조직, 조직 외적인 집단)으로 나누어 설명한다. 이들 3가지 차원에서의 스트레스 요인들은 지각된 스트레스에 영향을 미친다.

스트레스 결과로 고려되는 긴장(strain)은 생리적·감정적·행태적 차원으로 구성된다. 또한 긴장은 지각된 스트레스의 직접적인 결과로서 일어나며, 스트레스 요인의 간접적인 결과로서 일어난다. 매개(조정)변수(mediator, moderator, intervening)는 지각된 스트레스와 긴장에 연계되어 있고, 이 변수들은 조직 외적·조직적·개

을 경험할 때 존재한다. 즉 조직구성원이 기대되는 역할에 대한 불확실성 때문에 자신의 역할을 이행할 수 없게 되는 경우이다. 또한 역할모호성은 조직구성원이 자신의 직무역할, 목적 혹은 책임감이 명확하지 않을 때 발생한다. 반면에 역할갈등(role conflict)은 재직자들이 두 가지 이상의 직무역할에 직면하게 될 때 일어나는 것이다. 즉 갈등적인 역할요구로 인하여 실망을 경험하게 되는 경우이다(Kahn, 1964).

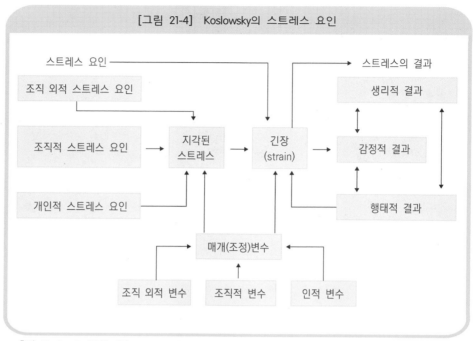

[그림 21-4]   Koslowsky의 스트레스 요인

출처 : Koslousky(1998 : 22).

인적 차원에서 영향을 받는다. 스트레스를 극복하기 위한 기술은 스트레스 요인과 지각된 스트레스와 긴장에 영향을 미치고, 이들 관계를 줄이거나 단절하는 데 초점을 둔다.

2. 종합적인 스트레스의 요인

학자들의 지적처럼 스트레스 요인은 매우 다양하게 구성되어 있다. Koslowsky (1998: 30)는 이러한 다양한 스트레스 요인은 스트레스에 관련된 연구들이 사용한 독립변수와 종속변수 사이의 구별에 대한 혼란성에 기인한 것이라고 지적한다. Jex과 동료학자들(Jex, et. al., 1992)도 조직행태에 관한 논문의 검토를 통하여, 약 논

506

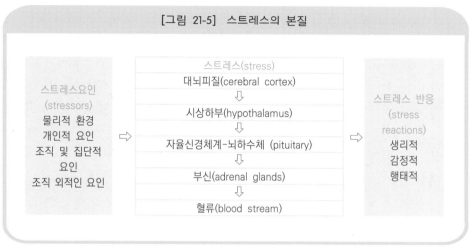

[그림 21-5] 스트레스의 본질

스트레스요인
(stressors)
물리적 환경
개인적 요인
조직 및 집단적
요인
조직 외적인 요인

스트레스(stress)
대뇌피질(cerebral cortex)
⇩
시상하부(hypothalamus)
⇩
자율신경체계-뇌하수체 (pituitary)
⇩
부신(adrenal glands)
⇩
혈류(blood stream)

스트레스 반응
(stress
reactions)
생리적
감정적
행태적

출처: Aldag & Kuzuhara(2002: 396-397).

문의 40% 이상은 스트레스를 부정확하게 혹은 모호하게 사용하고 있다고 지적한
다. 또한 이들 학자들은 자극과 반응 사이의 연계와 여러 가지 매개변수들이 대부
분의 스트레스 모형의 형성에 토대를 이룬다고 주장한다.

특히 스트레스를 효과적으로 다루기 위해서는 [그림 21-5]와 같이 스트레스
요인, 스트레스, 스트레스 반응을 이해해야 한다. 스트레스 요인은 스트레스를 일
으키는 환경적 요인이며, 스트레스는 스트레스 요인으로부터 도출되는 생리적 상
태이다. 스트레스 요인에 직면할 때 우리의 신체는 복잡한 반응을 겪게 된다. 스트
레스 반응은 스트레스에 대한 정신적이고 육체적인 반응이다.

이 절에서는 Singer의 스트레스요인 모형, 스트레스와 긴장관계에 기초한
Koslwsky(1998)의 스트레스 요인 모형 등에 기초하여 스트레스 원인을 ① 물리적
환경 스트레스 요인, ② 개인적 스트레스 요인, ③ 조직 및 집단의 스트레스 요인,
④ 조직 외적인 스트레스 요인으로 구분한다.

1) 물리적 환경 스트레스 요인

물리적 환경(physical environment) 스트레스 요인은 종종 육체노동자의 스트레스 요인(blue-collar stressors)으로 불린다. 이들 요인들은 육체노동자 직업에서 보다 많이 일어난다. 이러한 물리적 환경 스트레스 요인은 모든 작업장에서 발견된다. 육체노동자적 스트레스 요인으로는 소음, 밀도, 조명, 온도, 진동, 사무실 배치와 쾌적성, 통근시간과 거리 등이 대표적인 사례이다.

이와 같은 결핍된 작업조건(절대온도, 소음, 너무 밝거나 혹은 너무 어두운 조명, 실내공기, 장거리의 통근, 과도한 출장 등)은 직무성과를 나쁘게 한다. 이들 스트레스 요인은 시간이 지나면서 누적된다.

2) 개인적 스트레스 요인

개인적 스트레스 요인으로서, 객관적인 스트레스 요인은 인성, 직업유형(소방관, 경찰관 등 직무자체가 물리적 위험에 노출된 경우), 사업적인 여행, 인사배치와 퇴직 등이 고려된다. 반면에 주관적 스트레스 요인으로는 보수의 부적절성, 지각된 나쁜 환경, 직위의 불일치(status incongruity), 조직에서 요구되는 역할에 대한 갈등,[9] 역할모호성(role ambiguity), 업무의 과부하, 직업의 불안정, 직무의 질(job qualities)과 관련된 업무처리기간 등이며, 다른 사람에 대한 책임감과 직무수행에 있어 불명확한 정보가 제공될 때 불확실성이 증가되고 이에 따른 스트레스가 일어난다.

또한 개개인의 관계에서 조직구성원 간의 지지가 부족하거나, 담당직무에 대한 변화가 적거나, 경력발전(career maturity)이 부족하거나, 능력이 부족한 동료에게 높은 수준의 직무요구가 부여될 때 스트레스가 발생한다. 나아가 조직구성원의 승진이 너무 빠르거나, 너무 느려진 경우에 스트레스가 발생한다. 승진이 늦어진 경우는 다양성의 부족, 낮은 수준의 기술 활용, 낮은 수준의 업무요구, 적은 급여와 낮은 수준의 사회적 가치로 인하여 스트레스가 초래된다. 반면에 급속한 승진으로

---

9 역할갈등(role conflict)은 업무에서 개인의 역할에 대한 기대와 요구와의 차이에서 발생한다.

인한 스트레스는 과도한 업무부담, 어려운 과제의 수행 등에서 일어난다.

3) 집단 및 조직 스트레스 요인

집단은 조직에서 사람들의 행태에 엄청나게 영향을 미친다. 좋은 업무조건, 동료·부하·상관과의 상호작용은 조직생활에서 가장 중요한 부분이다. 이러한 것이 부족하다면 주요한 스트레스 원천이 될 수 있다.

(1) 집단 스트레스 요인(group stressor)

업무집단 구성원 사이의 좋은 관계(good relationships)는 개인적 행복에 있어 중요한 요인이다. 반면에 좋지 않은 관계(poor relationships)는 종업원이 직면하고 있는 문제를 다루는 데 있어 낮은 신뢰, 적은 지원, 그리고 불만을 청취하는 것에 관심이 적은 것이다. 또한 종업원 사이의 부적절한 의사소통과 낮은 직무만족은 높은 역할모호성과 밀접하게 관련되어 있다.

집단 스트레스 요인으로 가장 공통적인 것은 집단응집성의 결여, 부적절한 집단의 지원, 집단 내의 갈등(intragroup conflict), 집단 간 갈등(intergroup conflict), 리더십 스타일(권위적 리더십) 등이 있다.

(2) 조직적 스트레스 요인(organizational stressors)

의사결정에의 참여는 조직 내의 업무에 있어 중요한 국면이다. 몇몇 사람들은 참여적 의사결정과 관련된 지연으로 인하여 좌절감을 느끼게 된다. 이처럼 의사결정에의 참여는 때로는 스트레스 요인으로 작용한다.

조직구조도 또 다른 스트레스 요인으로 작용한다. 즉 저층구조(flat structure)가 고층구조(tall structure, 혹은 관료제 구조)보다 낮은 스트레스를 경험하며, 높은 직무만족을 초래한다. 또한 조직적 스트레스 요인은 업무의 전체적인 지각에 관련되어 있다. 가장 보편적인 요인은 조직분위기, 조직문화와 조직구조 등이다.

509

4) 조직 외적인 스트레스 요인

조직 외적인 스트레스 요인(extra-organizational stressors)은 조직구성원 개인에게 스트레스로 경험하는 조직 외적인 활동, 작업장의 가치와 기대, 상황 혹은 사건들이다. 이들 요인 중에서 가장 중요한 것으로 가족, 재정적인 문제, 그리고 가족의 재배치 등이 있다. 즉 작업장에서의 문제는 가정생활에 영향을 미치며, 또한 가정생활의 문제(가족구성원의 사망, 이혼, 자녀문제 등)는 작업활동에 스트레스의 원인으로 작용한다.

Hellriegel, Slocum과 Woodman(1995)은 업무 스트레스 요인과 비업무 스트레스 요인 사이의 구별은 명확하지 않다고 지적한다. 이에 이들 학자는 [그림 21-6]과 같이 업무와 가족 사이의 잠재적 갈등이 스트레스 요인으로 작용한다고 주장한다. 업무와 가족의 스트레스 요인은 업무-가족의 갈등(work-family conflict)을 야기한다. 한 영역에서의 스트레스는 다른 영역에서의 스트레스를 극복하기 위한 개인적 능력을 줄일 수 있다. 나아가 이러한 갈등은 우울증과 같은 문제로 이어진다.

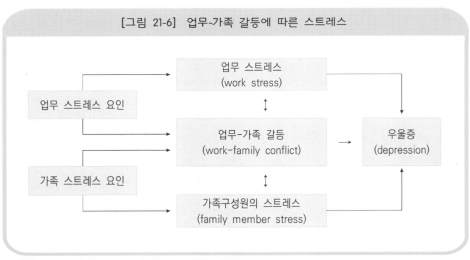

[그림 21-6] 업무-가족 갈등에 따른 스트레스

출처: Hellriegel, Slocum, and Woodman(1995: 245).

표 21-2 생활변화지표의 스트레스 점수

사 건	스트레스 지표의 점수	사 건	스트레스 지표의 점수
배우자 사망	100	임신	40
이혼	73	직업의 이전	36
가까운 가족구성원의 죽음	63	자녀의 출가	29
가족(중요한 사람)의 부상	53	상사와의 불화	23
결혼	50	학교의 이전	20
해고	47	휴가	13
퇴직	45	사소한 법률의 위반	11

출처: Holmes & Rahe(1967: 213-218).

　　Holmes의 생활변화지표(life change index scale)는 〈표 21-2〉와 같이 각 스트레스요인이 어떠한 영향을 주고 있는지에 대한 좋은 자료를 제공한다. 이 지표에 의하면, 부정적인 사건들(배우자의 사망, 재정적 문제 등)이 스트레스 요인으로 생각되는 반면에, 긍정적인 사건(휴가 등)도 스트레스 요인으로 작용한다(Harris & Hartman, 2002: 403). 〈표 21-2〉에 제시된 생활변화지표의 평균적인 스트레스 점수가 높을수록 개인들은 육체적 혹은 정신적 건강문제를 보다 많이 경험하게 된다.

제4절 　스트레스의 관리전략

　　현대 조직생활에서 스트레스의 관리는 매우 중요한 부분이다. 더욱이 노동생활의 질에 관한 복지, 육체적·정서적 건강, 생산성의 측면에서 조직구성원에 대한 스트레스 영향에 관해 관심이 증대되고 있는 실정이다. 특히 과도한 스트레스는 노동생활의 질(quality of work life), 건강 및 성과에 부정적인 결과를 초래한다. 특히 작업 관련 스트레스의 비용은 비효율성, 결근, 이직, 낮은 성과를 초래하게 된다. 이처럼 스트레스가 업무성과에 악영향을 미친다고 인식된다면, 업무에 있어 스트레스 사건을 제한하거나, 스트레스 대처방안을 강구하기 위한 스트레스 관리전략이 요구된다.

1. 주요 학자들의 스트레스 극복전략

1) Daniels의 관리전략

스트레스 관리전략에 대해 Daniels(1996)는 [그림 21-7]과 같이 직무수행에서 발생하는 스트레스는 5단계의 극복과정으로 이루어진다고 제시하고 있다.

① 스트레스 발생단계: 스트레스 사건이 발생하는 단계이다.

② 스트레스 사건에 대해 평가(appraisal)하는 단계: 각 개인들은 스트레적인 사건에 대해 스트레스적인가 혹은 그렇지 않은가를 평가한다.

③ 대처방안에 대해 선택하는 단계: 사건의 변화에 관련된 문제중심적 대처방법(problem-focused coping)과 개인이 사건에 대한 반응을 규제하는 감정중심적 대처방안(emotion-focused coping)으로 구분된다. 감정중심적 대처방안은 단기적 기간에 유용한 반면에, 문제중심적 대처방안은 장기적 기간에 유용하다. 특히 사회적 지원이나 작업통제에 있어 충분한 자원이 확보되지 않는 상황에서는 감정중심적 대처방법이 보다 효과적일 것이다. 또한 스트레스에 대해 어떠한 대처방안을 선택할 것인지는 사회적·조직적 환경에서 이용할 수 있는 자원의 활용과 개인적 특성에 의해 영향을 받는다.

④ 단기적인 측면에서의 복지영향과 재평가가 이루어지는 단계: 스트레스의 대처방안이 성공적이라면 스트레스 상황이 종결되지만, 그렇지 않으면 단기적인 영향이 나타난다. 이러한 영향으로 걱정, 분노, 슬픔, 자신감의 상실 등의 감정이 나타나며, 심한 경우에는 근심과 우울의 원인이 된다.

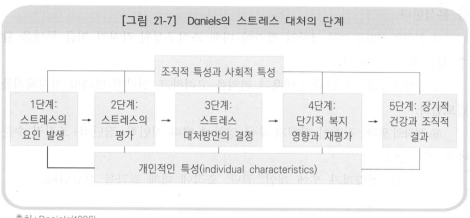

[그림 21-7] Daniels의 스트레스 대처의 단계

출처: Daniels(1996).

⑤ 장기적인 측면에서의 건강과 조직적인 결과가 도출되는 단계: 스트레스 상황이 보다 심각한 경우이다. 단기적으로 스트레스 상황을 극복하지 못하면 결근의 증가, 직원의 이직, 낮은 성과, 심각한 질병, 정신적 질병과 같은 장기적 결과가 초래된다. 특히 개인적 특성은 모든 단계에 영향을 미치며, 조직적인 특성과 사회적 환경은 스트레스 사건의 발생, 스트레스에 대처하는 방안의 결정, 장기적인 측면에서의 건강과 조직적인 결과에 영향을 미치는 것으로 이해되고 있다.

2) Schuler의 관리전략

Schuler(1984)는 스트레스 관리란 스트레스 경험에 연계되는 환경적 조건이나 지각된 특성을 분석하는 의도적이고 지각적 행동(intentional, cognitive act)이라고 규정하고, 조직에서 스트레스 관리전략의 과정을 7개의 단계로 제시하고 있다.

① 스트레스 대처의 시도

② 최초의 평가: 관련된 스트레스 요인은 무엇인가, 불확실성은 어디에 있는가, 이것이 진실로 중요한가 등에 초점을 둔다.

③ 2차 평가(secondary appraisal): 스트레스에 연관된 조직구성원의 요구와 가치

를 분석한다.

　④ 전략적 개발과 선택: 2차적 평가에 대해 조직구성원 각자가 지금 무엇을 할 수 있는지를 분석한다.

　⑤ 전략의 집행: 각 전략의 비용과 편익을 고려하고, 전략의 변화와 지지체계를 검토한다.

　⑥ 전략의 평가: 전략이 집행된 후에 영향에 대해 개인적·집단적·조직적 수준에서 평가한다.

　⑦ 환 류: 전략평가 후에 개인, 집단, 조직에 대해 결과를 환류한다.

3) Harris와 Hartman의 관리전략

Harris와 Hartman(2002: 408-410)은 스트레스를 극복하는 전략을 다음과 같이 제시하고 있다.

　① 각 개인은 휴게소 영역(comfort zone)을 확장함으로써 스트레스에 대한 개인적 인내를 증가할 수 있다.

　② 각 개인은 스트레스 요인의 강도를 줄이기 위한 방법으로 직무의 요구와 압박을 변화시키기 위한 노력을 할 수 있다.

　③ 각 개인은 스트레스 요인을 해소하기 위해 관리자와 동료직원으로로부터 도움을 구할 수 있다.

　④ 각 개인들은 조직 외부의 개인과 집단으로부터 업무와 관련된 스트레스를 극복하는 데 도움을 받을 수 있다.

2. 종합적인 스트레스 극복전략

학자들이 제시한 스트레스 관리기법을 토대로 종합적인 스트레스 극복전략을 설정하고자 한다.

1) 스트레스 사건을 평가하고 징후에 초점을 둔 전략

스트레스로 인하여 작업성과가 줄어들거나, 신체적·정신적으로 해로운 결과를 초래하기 전에 초기의 스트레스 징후(symptoms)를 인식하는 것이 보다 중요하다. 이를 위해서 스트레스 영향으로 고통받고 있는 개인에게 도움이 되는 것으로 조직구성원들의 건강에 관한 서비스를 제공하거나 상담서비스를 제공하는 방법 등이 있다.

2) 조직구성원 각 개인을 변화시키는 데 초점을 둔 전략

조직구성원의 취약점을 변화시키고, 대처기술을 향상시킴으로써 조직구성원에게 도움을 제공하는 접근법이다. 이러한 접근법에는 스트레스 자기관리방법(self-management)으로 보다 좋은 영양을 제공하는 것, 보다 많이 운동을 하는 것, 효과적인 시간관리, 명상(meditation), 휴식, 생체자기제어(biofeedback) 등이 있다.

이 점에 있어 Koslowsky(1998)는 [그림 21-8]과 같이 스트레스 요인에서 매개변수로 고려되는 변인을 강화함으로써 스트레스-긴장관계를 약화시킬 수 있을 것이라고 주장한다. 이를 위해 인성을 고양하기 위한 노력, 시간적 긴박성을 줄이기 위한 전략, 자체감시(self-monitors)의 환경을 제공하기 위한 노력 등을 제시한다.

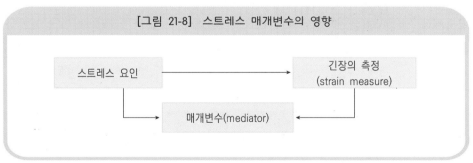

[그림 21-8] 스트레스 매개변수의 영향

출처 : Koslowsky(1998 : 112)

3) 팀 자원으로 각 구성원의 효과적인 활용에 초점을 둔 전략

조직구성원 개개인들은 조직 외부의 개인과 집단으로부터 업무에 관련된 스트레스를 극복하는 데 도움을 받을 수 있다. 특별히 교육받은 상담원이 조직구성원의 안락지대를 확장하는 데 도움을 줄 수 있으며, 가족구성원이나 친구들이 심리적·사회적 지지를 제공함으로써 부정적인 스트레스 결과를 극복할 수 있도록 도울 수 있다.

나아가 교육훈련은 조직구성원이 직면한 다양한 문제들을 다루는 데 창의적 방법을 제공한다. 각 조직구성원들이 직무와 관련된 기술에 대한 지식과 능력을 성취한다면 스트레스가 성과에 부정적 영향을 미치는 것을 줄일 수 있을 것이다. 더욱이 잠재적인 스트레스 환경을 다루기 위해 효과적인 개인 간의 대처기술을 교육할 수 있을 것이다. 또한 입법가는 생활의 질, 건강, 강제적 퇴직을 방지하는 등에 관련된 법을 제정할 수 있을 것이다.

4) 스트레스 원인 변경 및 위험적인 스트레스 요인 제거에 초점을 둔 전략

작업환경에 있는 스트레스 원인을 제거하거나 변화시킴으로써 기본적인 스트레스 원인을 치유하는 접근법이다. 이러한 전략으로 위험성을 제거하기 위해 사전에 물리적 작업환경을 재설계하거나, 역할모호성을 줄이기 위해 명확하게 직무기술서를 작성하거나, 역할분석과 직무의 재설계 및 참여적 관리를 도입하거나, 건전한 조직문화를 확산하는 방안 등이 있다(Quick, et. al., 1992). 조직문화를 변화시키거나 보편화된 관리스타일을 변경하는 것은 매우 어려운 접근법일 것이다.

▶ 과도한 스트레스를 겪는 사람이 스트레스에 대처하는 적절한 기법
• 자신의 업무에 대한 우선순위시스템을 개발하라(Develop a priority system for your work). 자신의 업무를 오늘 반드시 해야 하는 일, 이번 주에 해야 하는 일, 시간이 있을 때 해야 하는

일과 같이 속도를 정하라.

- 당신이 더 이상 어떤 업무를 할 수 없을 때의 시점에 도달할 때 '아니오'라고 말하는 것을 배워라 (Learn to say no when you reach a point at which you cannot take on any more work).
- 당신의 상관과 특별히 효과적이고 지원적 관계를 만들어라(Build an especially effective and supportive relationship with your boss).
- 모순되는 간청(역할갈등)을 요구하는 당신의 관리자 혹은 어떤 사람에 대해 맞서라(Confront your manager or anyone who appears to be making contradictory requests[role conflict]). 그러한 간청이 당신을 반대적인 방향으로 이끌게 한다는 것을 설명하라.
- 당신이 기대 혹은 평가기준이 명확하지 않은 것(역할모호성)을 느낄 때 당신의 관리자 혹은 동료에게 말하라(Tell your manager or coworkers when you feel that expectations or standards of evaluation are not clear[role ambiguity]).
- 지루함 혹은 빈약한 도전에 대한 느낌을 당신의 관리자와 논의하라(Discuss a feeling of boredom or lack of challenge with your manager). 불만스러운 태도를 보이지 말고, 도전적인 업무를 즐긴다는 것을 설명하라.
- 매일 초연하고, 휴식을 위한 시간을 찾아라(Find time every day for detachment and relaxation). 매일 아침과 오후에 5분 동안 문을 잠그고, 업무에서 벗어나 깊은 휴식을 취하라.

출처: Mescon, Albert & Khedouri(1988: 593-594).

제5절 스트레스와 성과의 관계

스트레스의 효과는 매우 다양하다. 몇몇 스트레스는 자발성(self-motivation), 열심히 근무하는 것에 대한 자극, 보다 좋은 삶에 대한 영감을 부여하는 등 긍정적인 자극으로 작용한다. 반면에 대부분 많은 스트레스는 생활에 지장을 주고 잠재적으로 위험하기도 한다.

스트레스와 관련하여 긍정적 측면과 부정적 측면은 스트레스와 성과의 관계에서 명확해진다. 이 점에 있어 Yerkes-Dodson의 법칙(Yerkes-Dodson law)은 성과와 각성은 ∩의 방향으로 묘사할 수 있다고 제안한다. 즉 각성의 관점에서 Robert

Yerkes와 John Dodson은 각성과 성과 사이의 ∩형(inverted U-shaped)의 기능을 예측하고 있다. 이 법칙은 포유동물의 복잡한 본성을 합리화하기 위해 설계되었다. 즉 어느 정도의 각성은 변화의 동인이 될 수 있다. 포유동물은 최적의 각성수준을 추구한다는 것이다(Yerkes & Dodson, 1908).

[그림 21-9]과 같이 낮은 수준의 스트레스는 종업원이 업무를 수행하는 데 충분한 경고와 도전을 제공하지 않는다. 즉 너무 낮은 스트레스는 무관심, 지루함, 감소주의를 초래한다. 이처럼 너무 적은 각성은 학습자에 대해 무기력한 영향을 미친다.

이 수준에서 스트레스를 약간 증가시키면 성과를 향상시킬 수 있다. 적당히 스트레스를 증가시키면, 사람들은 도전하고 기분이 들뜨게 된다. 사람들이 관심사에 보다 집중하게 되고, 감각이 보다 정확하게 된다.

최적의 스트레스 수준(optimal level of stress)이란 최상의 업무를 도출할 수 있

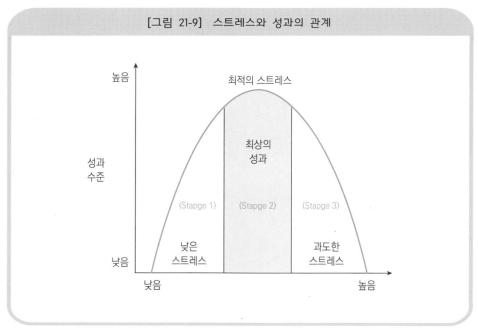

[그림 21-9] 스트레스와 성과의 관계

출처: Hellriegel, Slocum, and Woodman(1995: 250).

을 정도 범위의 스트레스이다. 최적의 스트레스 수준은 도전, 책임감, 그리고 보상에 대해 가장 적절한 균형을 유지한다.

하지만 스트레스가 지속적으로 증가하게 되면 성과는 감소하게 된다. 최적의 스트레스 수준을 초과한 스트레스는 종업원을 불안하게 하고, 최선을 다해 업무를 수행하는 것을 위협한다. 사람들은 스트레스에 대한 부정적인 신체적·정신적 징후를 경험하게 된다. 이처럼 너무 많은 각성은 과민한 영향을 초래하게 한다.

이와 같이 책임감을 부여하는 유형은 종업원들이 부담스럽게 느낄 수 있으며, 이는 스트레스 요인으로 작용한다. 관리자는 종업원의 스트레스 수준에 관한 정보를 획득하기가 매우 어렵다. 예를 들면, 종업원은 업무에 대해 지루하기 때문에(너무 낮은 스트레스) 혹은 과도한 업무 때문에(너무 과도한 스트레스) 가끔 결근을 할 수 있다.

특히 과도한 업무(work overload)는 양적 혹은 질적의 2가지 유형이 있다. 양적인 과도한 업무는 해야 하는 일이 너무 많거나 혹은 어떤 업무를 완성하는 데 시간이 충분하지 않을 때 일어난다. 질적인 과도한 업무는 종업원이 자신의 직무를 완성하는 데 필요한 능력이 부족함을 느낄 때 혹은 업무수행의 기준이 너무 높을 때 일어난다.

제6절 직무소진

1. 직무소진의 의의

직무소진(職務消盡, job burnout)은 과도한 직무요구로 인해 조직구성원이 겪게 되는 부정적인 심리적 징후이다. 직무소진은 스트레스 요인을 피할 수 없고, 스트레스 요인이 직무만족의 원천인 업무조건을 위협하는 부작용을 언급하는 것이다.

직무소진은 만성적 직무 스트레스 요인에 대한 긴장반응이기도 하다. 또한 직무소진은 감정적 소진(emotional exhaustion), 비개인화의 과정이며, 저하된 성취감, 낮은 직무만족, 효능감의 저하과정이다.

이러한 직무소진은 스트레스의 특수한 형태이지만 약간 구별된다. 스트레스는 일상적인 것이며, 부정적 기능과 함께 긍정적 기능도 포함하고 있다. 하지만 직무소진은 구성원이 스트레스에 대응하는 능력이 떨어졌을 때 비로소 소진의 길로 빠지게 된다. 즉 직무소진은 일의 완성과 기본적 목적 감각을 잃어버린 결과이다.

특히 조직에 있어 직무소진은 이직률 및 결근율 증가, 부정적 업무태도 형성, 생산성 저하 등 조직성과에 부정적인 영향을 미친다. 또한 직무소진을 지각하는 조직구성원들은 직무수행 능력이 떨어지거나 비인격화된 행동을 보이고, 개인적인 성취의식이 고갈되는 등의 현상을 보이게 된다. 그리하여 자신이 수행하는 직무에 대한 만족이나, 조직에 대한 몰입이 떨어지게 되는 등 조직에 미치는 영향이 크다(이인석·박문수·정무관, 2007). 이러한 직무소진은 지속적이고 강도 높은 대인접촉 업무를 수행해야 하는 직업에 많이 나타난다(김영조·한주희, 2008). 그러므로 조직관리자는 직무소진 현상에 많은 관심을 가져야 한다.

2. 직무소진의 구성요소

직무소진은 과도한 스트레스나 불만족에 대한 반응으로 전문직 종사자의 태도나 행동이 직무 스트레스로 인해 부정적인 상태로 변해 가는 과정이다. 직무소진은 정신적으로 지나치게 요구적인 상황에 장기간 동안 관여함으로써 발생하는 신체적·정신적·정서적 소진상태이다.

이러한 직무소진 현상은 전형적으로 3가지 구성요소인 정서적 소진, 비인격화, 성취감 저하 등을 포함하고 있다(Maslach, 1998; Lee & Ashforth, 1990).

① 정서적 소진(emotional exhaustion) : 정서적 자원이 고갈되고, 그 결과 정서적으로 과부화 상태를 경험하는 것이다. 정서적 소진은 스트레스 반응인 긴장과 유

사하며, 직무부담을 충족시키기 위하여 필요한 정서적 자원과 정신적 에너지의 고갈
을 말한다. 다시 말하면 직무수행에서 발생하는 긴장, 불안, 우울, 신체적 피로, 불면
증, 두통 등을 수반하는 증상으로 만성적인 스트레스에 대한 반응으로 볼 수 있다.

　② 개인에 대한 비인격화(depersonalization of individuals) : 다른 사람에 대한 부정적
이고 무감각한 반응을 보이는 것이다. 비인격화는 사람들에 대한 관점이 냉소적이
고, 냉담한 태도를 특징으로 한다. 또한 비인격화는 사람을 사물로 취급하는 것을
말한다. 즉 서비스나 보살핌을 받는 사람들(recipients)을 물건이나 실험대상 혹은
숫자처럼 여기며, 그들에 대해 부정적이고, 무감각하고, 냉소적이며, 혹은 거리를
두는 방식으로 소진대상과의 상호작용을 비인격화하는 것을 말한다.

　③ 개인적 성취감 저하(feelings of low personal accomplishment) : 비생산적이고 비효
율적인 상태이다. 개인적 성취감의 저하는 직무를 수행하는 과정에서 성취도 부족
으로 생기는 자신에 대한 부정적인 평가로, 자신의 능력감과 성공적인 성취감의
감소를 포함한다.

　이러한 직무소진은 개인적 특성과 직무상황의 결합으로 표출된다. 특히 소진
으로부터 시달리는 개인은 바람직한 목표를 성취하는 데 있어 자신의 직무와 능력

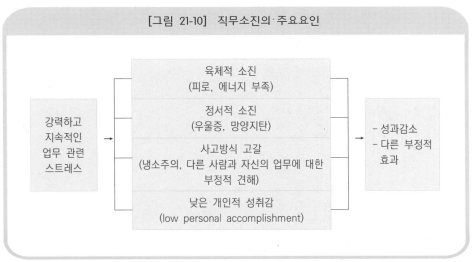

[그림 21-10] 직무소진의 주요요인

출처: Aldag & Kuzuhara(2002: 403).

과 관련하여 비현실적인 기대를 경험한다. 또한 극심한 스트레스적 업무조건은 [그림 21 - 10]과 같이 육체적·정신적·정서적 소진에 이르게 한다. 직무소진을 지각하는 조직구성원들은 직무수행 능력이 떨어지거나 비인격화된 행동을 보이고, 개인적인 성취의식이 고갈되는 등의 현상을 보이게 된다. 직무소진에 있는 개인은 직무요구에 대처할 수 없으며, 극단적으로 직무소진을 감축하고자 하는 의지력이 더 이상 일어나지 않는다.

또한 여성이 평균적으로 남성보다는 보다 높은 소진의 가능성에 직면한다. 소진의 가능성이 많은 사람은 이상주의적이고 자발성 성취자(idealistic and self-motivating achievers)인 경향이 있으며, 가끔 달성할 수 없는 목표를 추구한다. 나아가 이들은 직무 관련 스트레스 요인의 결과로서 상당한 스트레스를 경험한다(Hellriegel, et. al., 1995: 251). [그림 21 - 11]을 통해서 개인 간의 접촉강도와 접촉빈도에 따라 직무소진의 관점에서 직업을 이해할 수 있을 것이다.

또한 많은 연구들은 직무소진은 직무만족과 조직몰입에 부정적 영향을 미치는 반면에, 직무 스트레스와 이직의도에 긍정적 영향을 미치는 것으로 제시하고

[그림 21-11] 직무소진의 수준

개인 간 접촉의 강도(intensity)

	낮음	높음
높음	보통의 소진(Moderate Burnout) - 접수담당자(receptionist) - 영업담당자 - 사서(librarian) - 보험외판원	높은 소진(High Burnout) - 사회복지사(social worker) - 고객서비스상담원 - 학교 교사 - 간호사
낮음	낮은 소진(Low Burnout) - 연구물리학자 - 삼림감시원(forest ranger) - 석유정제업자 - 연구소 기술자	보통의 소진(Moderate Burnout) - 준의료 활동종사자(paramedic) - 국선변호사(public defender) - 소방관(fire fighter) - 형사(police detective)

개인 간 접촉 빈도율

출처: Hellriegel, et. al.(1995: 251).

| 표 21-3 | 직무소진의 설문문항 사례 |

직무소진	설문문항
육체적·정서적 소진	- 나는 자주 업무로 인하여 기진맥진한 것을 느낀다. - 나는 업무로 인하여 두통, 불면증, 소화장애를 지속적으로 경험한다. - 나는 하루 일을 마칠 때는 녹초가 되는 것을 느낀다. - 나는 일에 대한 의욕이 점차 줄어드는 것을 느낀다. - 나는 일에 대해 점차로 절망감을 느낀다.
비인격화	- 나는 동료에게 어떤 일이 일어나고 있는지 전혀 관심이 없다. - 나는 동료들을 사무적으로만 대하고 있다. - 나는 다른 사람들에게 어떤 일이 일어나든지 신경 쓰지 않는다. - 나는 직장생활 이후에 사람들에 대해 무감각해졌다. - 나는 일을 수행하면서 내가 점차 메말라가고 있다는 것을 느낀다.
성취감 저하	- 나는 직장생활을 통해 가치 있는 일들을 성취하고 있다고 느끼지 않는다. - 나는 직무와 관련한 감정적인 문제를 매우 차분하게 처리하지 못하고 있다. - 나는 직장생활을 하면서 점차 기운이 저하되는 것을 느낀다.

출처: 손해경·윤유식(2013); 진종순·남태우(2014)의 연구를 재구성한 것임.

있다. 이들 연구에서 활용하고 있는 직무소진의 측정항목은 〈표 21-3〉과 같다.

부록 1: 스트레스의 요인

연 구 자	스트레스의 요인
Cartwright & Cooper (1997)	① 업무에 내재된 요인(intrinsic factors) : ⓐ 모든 직업에 내재되어 있고 잠재적인 스트레스 환경적 원천인 업무조건(소음, 밝기, 냄새)과 작업장의 배치와 설계, ⓑ 작업 이동, ⓒ 장기적인 업무활동시간, ⓓ 여행(travel), ⓔ 새로운 기술(new technology), ⓕ 작업부담, ② 조직에서의 역할 : 역할모호성, 역할갈등, 다른 사람에 대한 책임성의 정도, ③ 업무에서의 관계(relationships) : 작업장에서 다른 사람들과 마주치는 직속상관과의 관계, 부하와의 관계, 동료직원과의 관계, ④ 경력발전(career development) : 직업 안전의 부족, 직업상실의 위협, 퇴화(obsolescence), 퇴직, 다양한 성과평가에 대한 긴장과 압박, ⑤ 조직구조와 분위기(organizational structure & climate) : 의사결정의 참여과정, 소속감의 부족, 자율성의 부족, ⑥ 가정-업무압박(work pressure) : 가족의 요구(family demand)
Jex(1998)	① 역할 스트레스 요인 : 역할모호성(role ambiguity), ② 업무부담(workload), ③ 개인 간의 갈등, ④ 상황적 제약요인(situational contracts), ⑤ 지각된 통제, ⑥ 외상적 직무 스트레스 요인
Koslowsky (1998)	① 개인적 스트레스 요인으로 ⓐ 주관적 스트레스 요인 : 지각된 스트레스, 보수의 적절성, 지각된 나쁜 환경, ⓑ 객관적인 구성원의 특징 : 직업유형, 통근시간과 거리, 사업적인 여행, 배치와 퇴직, ⓒ 직무 스트레스 요인으로 직무요구, 역할부담, 사람에 대한 책임성, 상관과의 관계, 과부담, 과소부담(underload), 단조로움, ② 집단과 조직적인 스트레스 요인으로 개인적 스트레스 요인에 대한 집단에 대한 노출, 문화, 조직구조, 업무조건에 대한 변화 등, ⓒ 조직 외적인 스트레스 요인(extra-organizational)으로 작업장의 가치와 기대(직업안정과 시간엄수), 환경(소음, 밀도, 온도, 공기오염, 평온), 가정과 가족(가족 사망, 결혼, 갈등)
Cartwright & Panchal (2001)	M&A에 초점을 둔 조직변화에 따른 스트레스 요인으로 ① 직업의 내재적 요인(intrinsic), ② 조직에서의 역할, ③ 작업에서의 관계, ④ 경력발전, ⑤ 조직구조/분위기, ⑥ 가정-작업장의 공유(interface), ⑦ 조직문화의 변화 정도, ⑧ 정보의 부족, ⑨ 정체성 상실
Harris & Hartman (2002)	① 각 개인의 인성적 특성(personality traits) : 신체조건, 자아에 대한 감정, 가족·친구·공동체와의 경험, 연령, 교육, ② 직무 관련 스트레스 요인 : 과도한 업무부담과 과소한 업무부담, ③ 기타 스트레스 요인 : 불확실성, 지각된 통제, 감정적 수준
Cooper & Marshall (1976)	① 직무의 내부적인 요인 : 직무 자체가 스트레스적인 요인, ② 조직 내의 개인적인 역할(role) : 조직에서 요구되는 역할에 대한 갈등과 직무수행에 있어 불명확한 정보가 제공될 때, ③ 개인 간의 관계와 요구 : 조직구성원 간의 지지(support)가 부족하거나, 능력이 부족한 동료에게 높은 수준의 직무요구가 부여될 때, ④ 경력발전(career development) 요인 : 조직구성원의 승진이 너무 빠르거나, 너무 느려진 경우, ⑤ 조직의 구조와 분위기(structure and climate), ⑥ 가정(이혼, 자녀문제 등) : 작업장의 공유영역(interface)

Quick & Quick (1984)	① 조직적 요구 : 업무요구, 경력과정, 업적평가, 직업 불안정, 역할요구, 역할갈등, 역할모호성, ② 물리적 요구 : 기온, 조명, 사무실 설계 등, ③ 개인 간 요구 : 직위불일치, 리더십 스타일, 집단압박, 사회적 밀도(social density), ④ 조직 외적 요구 : 결혼상태, 자녀관계, 사회적 책임, 자아에 강요된 책임(self- imposed responsibility)
Altman et. al. (1985)	① 물리적인 환경적 스트레스요인 : 조명, 소음, 온도, 진동 등, ② 개인적인 스트레스요인 : 역할모호성(role ambiguity), 역할갈등, 업무의 과부하, 다른 사람에 대한 책임감, ③ 집단적 스트레스 요인 : 집단응집성의 결여, 부적절한 집단의 지원, 집단 내의 갈등(intragroup conflict), 집단 간 갈등(intergroup conflict), ④ 조직적인 스트레스요인 : 조직분위기(organizational climate), 조직문화와 조직구조, ⑤ 조직을 초과한스트레스 요인(ex-traorganizational stressors) : 가족, 재정적인 문제, 그리고 가족의재배치
Kast& Rosenzweig (1985)	① 물리적 환경(physical environment) 요인 : 부적절한 조명, 과도한 소음, 부적정한온도, 공기오염, 불확실성, ② 직무의 질(job qualities)에 관련된 요인 : 업무의 속도(pace), 과도한 업무와 빈약한 업무(underload), 너무 다양한 업무 혹은 너무 단순한 업무, 업무의 압박(pressure), ③ 관리자에 높은 스트레스를 유발하는 요인 : 역할갈등(role conflicts)에 관련된 것으로 모호한 책임성, 과도한 성과평가, 기대 혹은 요구에대한 갈등
미국의 직업안정과 건강을 위한 국가연구소(1990)*	① 작업부담과 작업속도(work pace), ② 작업일정표, ③ 역할 스트레스 요인, ④ 직업안전 요인(career security), ⑤ 개인 간의 요인, ⑥ 직무내용
Singer (1992)	① 조직적인 스트레스 요인 : 직업적 스트레스(항공관제사, 의사 등)와 역할모호성(role ambiguity)과 역할갈등(role conflict), ② 생활의 스트레스 요인, ③ 개인적 스트레스 요인
Hellriegel et. al. (1995)	① 업무량(workload), ② 직업조건(job conditions), ③ 역할갈등과 모호성(ambiguity), ④ 경력발달, ⑤ 조직에서의 개인 간 관계(interpersonal relations), ⑥ 업무와 다른역할 사이의 갈등
Bowers, Weaver, Morgan (1996)	① 물리적 환경요인 : 오감으로부터 경험하게 되는 더움과 추위, 소음, 온도, 진동, 오염된 공기 등, ② 개인적 차원의 스트레스 요인 : 조직 내의 역할과 수행해야 하는 담당직무 사이의 요인으로 역할모호성, 역할갈등, 과부담, 경력목표의 불일치, 책임감, ③ 집단차원의 스트레스 요인 : 응집성의 부족, 집단 간의 갈등, 직위부조화(status incongruence), 집단 불만족, 붐비는 상태(crowding)와 경쟁, ④ 조직차원의 스트레스 요인 : 조직의 일반적 분위기와 근무조건으로 조직분위기, 기술, 관리유형, 통제체제, 조직설계, 직무설계, 직무의 특성, ⑤ 조직 외적 차원의 스트레스 요인 : 가족관계, 경제적 문제, 인종과 계층적 거주지(class residential)

* 미국의 직업안정과 건강을 위한 국가연구소(National Institute of Occupational Safety and Health)에 관한 사항은 Sauter, Murphy, & Hurrell(1990)에서 재인용한 것임.

>>> 제22장 집단행태
제23장 리더십
제24장 의사소통
제25장 갈등관리
제26장 협상관리
제27장 조직권력과 정치
제28장 의사결정

제6편 집단행태와 대인관계

집단행태

집단은 어디에나 존재한다. 집단은 어떻게 발생하는지? 공식집단과 비공식집단은 어떠한 특성을 갖고 있는지? 집단의 발달단계는 어떻게 전개되고 있는지? 집단은 조직성과에 어떻게 영향을 미치는지? 더욱이 집단사고는 어떠한지 등에 대한 체계적인 탐색은 관리자의 역량을 향상시키는 계기가 될 수 있다. 더욱이 집단은 개인보다는 어려운 문제(difficult problems)를 해결하고, 의사결정을 향상하는 데 보다 효과적이다. 하지만 집단은 문제해결에 있어 개인보다는 다소 시간이 소요된다. 나아가 집단 내 구성원들의 개인적 노력을 합리적으로 조정하는 문제 등이 남아 있다.

이런 시각에서 이 장에서는 집단의 의의와 특징, 집단유형, 집단의 발생원인, 집단의 발달단계, 응집력 및 집단사고 등을 간략하게 살펴보고자 한다.

제1절   집단의 의의

집단(集團, group)이란 어느 정도의 상호작용(interaction)과 공유된 목적(shared objectives)을 가진 제한된 사람(보통 3명에서 20명 정도)들로 구성된다. 집단은 ① 서로 면대면 상호작용을 하는 사람이며, ② 몇몇 공통된 이데올로기(common ideology)를 공유하고, ③ 자신들의 관계를 특별한 것으로 지각하는 두 사람 이상이 모인 것이다.

팀(teams)이 되기 위해서 집단은 전형적으로 단위 구성원이 된다는 것에 대해 높은 정도의 정체성을 가져야 한다.[1] 이에 모든 팀은 집단이다. 하지만 모든 집단이 팀은 아니다. 오늘날 많은 조직의 중요한 목적은 작업집단이 팀과 같이 처신하도록 하는 것이다(Black & Porter, 2000: 295).

하지만 보편적으로 수용되는 집단에 관한 정의는 존재하지 않는다. 이에 몇 가지 측면에서 집단의 정의를 살펴보면 다음과 같다(Ivancevich & Mateson, 1990: 257-258).

① 지각(perception)의 의미에서 집단: 집단구성원은 다른 사람에 대해 관계를 지각해야만 한다. 소규모 집단은 면대면 회의 혹은 일련의 모임과 같이 서로 상호작용(interaction)하는 몇몇 사람으로 정의된다. 각 구성원들은 다른 구성원과 구별되는 인상 혹은 지각을 갖는다.

② 조직(organization)의 의미에서 집단: 사회학자들은 조직적 특성의 의미에서 집단을 바라본다. 집단이란 몇몇 기능을 수행하기 위해 상호관계하는 두 사람 이상의 조직화된 시스템이다. 이들 시스템은 구성원들 사이에 일련의 표준화된 역할관계를 가지며, 집단과 각 구성원의 기능을 규제하는 일련의 규범을 가진다.

---

1 팀(team)은 다음의 부가적인 특징을 가진 집단의 하나의 유형이다. 이들 특징은 높은 정도의 상호의존성(interdependent), 통합된 상호작용(coordinated interaction), 구체적인 집단산출을 성취하기 위한 구성원의 강한 개인적 책임감 등이다.

집단에서 규범이 발달하는 과정을 살펴보면, 집단이 보다 효과적으로 기능을 수행하기 위해 필요한 행태가 무엇인가를 집단구성원이 학습함으로써 규범이 점차로 그리고 비공식적으로 발달된다. 대부분의 규범은 4가지 방식—상관 혹은 동료에 의한 명확한 진술, 집단의 역사에서 중요한 사건, 지위(primacy, 집단의 기대: 회의에서 사람들이 앉는 지위를 통해 전개된다), 과거 상황으로부터 이월된 행태(carryover behaviors)—중 하나에 의해 발달된다.

③ 동기부여(motivation)의 의미에서 집단: 구성원의 욕구를 만족시키는 데 실패하는 집단은 생존하기가 어렵다. 특정한 집단에서 자신의 욕구를 만족하지 못하는 구성원은 중요한 욕구만족에 도움을 주는 다른 집단을 찾을 것이다. 이런 시각에서 집단이란 개인에 대해 보상해 줌으로써 존재하는 개인들의 무리이다.

④ 상호작용(interaction)의 의미에서 집단: 상호의존의 형태에서 상호작용은 집단성(groupness)의 본질이다. 개인 간 상호작용을 강조하는 관점에서 집단이란 어떤 기간 이상 서로 의사소통하는 일련의 사람이다.

▶ 개인주의와 집단주의

• 개인주의(individualism): 개인주의에서의 문화적 신념은 집단 혹은 팀이 조직에서 가지는 영향력과 관련하여 불안을 일으킨다. 개인주의는 집단으로부터의 분리와 구별을 의미하며, 작업조직에서 있어 개인적 목적을 강조하고, 집단에 대해 보다 적은 관심과 감정적 애착을 보여 준다. 개인주의적 문화에서 조직구성원은 자신의 개인적 목적과 이익(personal goals and self-interest)에 기초하여 활동할 것이라고 기대한다.

• 집단주의(collectivism): 집단주의는 집단을 구성요소(integral part)로서 이해한다. 집단의 목적에 개인의 목적은 종속되는 것(subordinating)을 의미하고, 집단과의 강렬한 감정적 유대(intense emotional ties)를 느낀다.

이와 같이 개인주의와 집단주의의 구별은 집단에 적응하는 것(fitting into the group)과 집단으로부터의 구별되는 것(standing out from the group)으로 이해할 수 있다.

출처: Hellriegel, Slocum, & Woodman(1995: 269).

제2절 집단의 유형

집단은 크게 공식집단과 비공식집단으로 분류된다. 이들 집단의 주요한 차이점은 공식적 명령과 업무집단이 목적을 위한 수단으로써 공식적으로 조직이 설계되는가 하는 것이다. 비공식적인 이익집단과 교우관계집단은 자기자신을 위해 중요하다. 이들 집단은 인간의 기본적인 관계욕구를 만족시킨다. 집단유형은 다양하며, 또한 [그림 22-1]과 같이 중첩이 일어난다.

[그림 22-1] 집단 간의 중첩

출처: Lundgren(1974: 312).

1. 공식집단

대부분 조직구성원은 조직에서 자신들의 지위에 기초하여 집단의 구성원이 된다. 조직의 요구와 과정은 상이한 집단유형의 형성을 초래한다. 모든 집단들 사이에 상당한 중첩(overlapping)이 존재한다.

공식집단(公式集團, formal groups)은 조직도(organization charter) 혹은 관리활동에 의해 명확하게 규정되고 구조화되어 있는 집단이다. 공식집단은 구체적인 업무를 수행하기 위해 의도적으로(deliberately) 만들어진 것이다. 예를 들면, 학교의 학급은 공식적인 집단이다. 공식집단은 비공식집단처럼 내집단(ingroup) 혹은 외집단(outgroup), 회원 혹은 준거집단(reference group)일 수 있다. 공식집단에는 3가지 유형인 지휘집단, 업무집단, 기능집단이 존재한다.

1) 지휘집단(command group)

지휘집단(혹은 감독집단, supervisory group)은 감독 혹은 관리자 그리고 이들에게 보고하는 사람들로 구성되어 있다. 지휘집단은 조직도에 의해 구체화된다. 직속상관과 그에게 직접 보고하는 부하들로 구성되어 있다.

이들 지휘집단은 일시적이라기보다 비교적 항구적이다. 그리고 이들 집단의 구성원은 비교적 천천히 변화한다. 부서관리자와 상관 사이의 권위관계 혹은 수간호사와 보조간호사 사이의 권위관계가 지휘집단의 사례이다.

2) 업무집단(task group)

업무집단은 특정한 업무 혹은 프로젝트를 수행하기 위해 함께 협동하는 조직구성원으로 구성된다. 업무집단은 일반적으로 어떤 직무를 함께 수행하는 구성원들로 구성된다. 예를 들면, 세종시 건설본부는 특정한 업무를 수행하기 위해 구성된 집단이다. 또한 자동차 사고가 발생했을 때 보험회사의 사고처리팀은 요구된 업무를 수행하는 집단이다. 이처럼 특정한 프로젝트를 수행하기 위한 업무집단은 이 업무와 관련하여 처리하는 다른 집단과 서로 의사소통과 조정을 해야만 한다. 이와 같이 특정한 업무와 상호작용은 업무집단의 형성을 촉진하게 한다.

업무집단은 집단구성원 사이의 관계에 기초하여 3가지 유형으로 분류될 수 있다(Hellriegel, Slocum, Jr., Woodman, 1995: 271).

(1) 대응집단(counteracting group)

대응집단은 협상과 타협을 통하여 몇몇 갈등유형을 해결하기 위해 집단구성원이 상호작용할 때 존재한다. 노동자와 관리자가 협상하는 집단이 대응집단의 예이다.

(2) 협력집단(coacting group)

집단구성원이 단기적으로 비교적 독립적으로 자신의 직무를 수행할 때 협력집단이 존재한다. 예를 들면, 같은 교과목을 등록한 대학생들은 팀과제의 수행에 있어 다른 학생과 상호의존적으로 활동하지만 학습토의에서 서로 비교적 독립적으로 참여한다. 개개인의 노력에 있어 상대적으로 협력을 많이 요구하지 않을 때 협력집단이 효과적일 것이다.

(3) 상호작용집단(interacting group)

상호작용집단은 모든 집단구성원이 공유하는 업무를 완성해야만 집단목표가 성취할 수 있을 때 존재한다. 상호작용집단의 공통적 형태는 위원회, 프로젝트 팀, 자문위원회, 작업반(work crews), 검토위원회(review panels) 등이다.

특히 위원회(committee)는 위원회 존재의 수명에 따라 항구적이거나 혹은 일시적일 수 있다. 조직에 있어 위원회의 중요한 특성은 집단구성원은 단지 경우에 따라 만나며, 조직구조에서는 위원회가 관련한 조직책임자에게 보고한다. 즉 상호작용이 가끔씩 발생한다. 예를 들면, 예산자문위원회는 조직의 회기기간 동안 수회 만날 뿐이다. 하지만 위원회의 결정은 조직에 중요하게 영향을 미친다.

3) 기능집단(functional groups)

기능집단은 구체화되지 않은 시간적 틀(unspecified time frame) 내에서 구체적인 목표를 성취하기 위한 조직으로 설립된다. 기능집단은 현재의 목표와 목적을 성취한 이후에도 실체가 남아 있다. 기능집단의 사례로는 마케팅과, 고객서비스과, 회계과 등이 있다.

표 22-1 공식집단과 비공식집단

구 분	공식집단	비공식집단
의 미	- 공식집단은 조직목표를 성취하기 위한 조직으로 의도적으로 설립된다. - 공식집단은 요구된 시스템(required systems)이다. - 공식집단은 조직에서 어느 정도의 예측성과 질서를 제공한다. - 공식집단은 사람과 직위 사이의 논리적 권위관계를 설정한다.	- 비공식집단은 조직구성원 개인들의 공통된 이익과 공유된 가치에 반응하여 자연적으로 형성된다. - 비공식집단은 스스로의 규범과 역할이 있다. - 조직에 의해 임명되지 않은 집단이다. - 조직구성원은 시시때때로 다른 구성원을 초대할 수 있다.
생성배경	인위적, 제도적	자연발생적
규모	대체로 방대함	소규모
인간관계	관리적, 규범적	욕구에 기반함
가치지향	능률과 효과	감정과 심리
리더십	임명, 지명	자생적, 선출
질 서	전체적 질서	부분적 질서
사 례	지휘집단, 업무집단, 기능집단	이익집단, 교우관계집단, 준거집단

출처: 이인석(2014: 279)에 기초하여 재구성함.

2. 비공식집단

비공식집단(非公式集團, informal group)은 사회적 요구에 부응하여 작업환경에서 자연발생적으로 형성된 사람들의 무리이다. 이들 집단은 조직적 지시(organizational mandate)에 의해서가 아니라 자발적으로 상호작용하는 구성원들이다. 이들 비공식집단은 몇몇 업무성과에서의 상호작용을 통해 형성된다. 비공식집단은 개인들의 상호작용, 매력, 욕구로부터 일어난다. 그리고 조직구성원은 선임되지 않고, 자발적이며, 개인들의 상호 간 매력에 의존한다.

또한 비공식집단은 공식집단에 연계하여 존재한다. 비공식집단은 조직 내에 사회적 관계와 권한이 배분되어진 방식을 표출한다. 비공식집단은 누가 누구를 좋아하고, 혹은 그렇지 않은지, 누가 효과적인지 혹은 많은 것을 알고 있는지 등을 설명한다. 이러한 비공식집단은 공식적인 결합 프로세스(formal joining process)가 없지만, 이들 집단은 구성원과 비구성원 사이에 명확한 경계가 존재한다. 또한 비공식집단은 불문법(unwritten rules), 소위 규범을 가진다. 비공식집단의 규범은 구성

표 22-2 비공식집단의 장점과 단점

장 점	단 점
- 비공식집단은 몇몇 집단구성원의 직무만족을 증가시킴으로써 공식조직의 안정화(stability)에 기여한다. - 비공식집단은 복사하기가 어려운 방식으로 관리훈련(discipline)을 연습하게 한다. - 비공식집단은 유연성과 훈련(flexibility and training)을 제공한다. 비공식집단은 직무에서 실제로 수행되는 것을 사람들에게 가르침으로서 관료적 갭(bureaucratic gaps)을 보충한다. - 비공식집단과 비공식적 리더는 불만사항(grievances)을 교정하기 위한 수단일 수 있다. - 비공식집단은 조직구성원들의 감정과 심리에 안전장치 역할을 한다.	- 비공식적 기대는 관리적 목적과 충돌할 수 있다. 즉 공식집단과 추구하는 목표의 상충으로 인한 갈등발생 가능성이 있다. - 구성원의 순응(conformity)에 대한 압박은 야망을 막거나(block ambition), 높은 수준의 욕구만족을 좌절시키고, 보다 능력있는 사람들의 기여를 억제할 수 있다. - 비공식집단은 조직의 변화에 저항하고, 조직을 무력하게 한다.

출처: Webber(1979: 118).

원의 행태에 대한 가이드라인 역할을 한다. 이들 규범은 보상과 제재를 시행한다.

비공식집단은 의도적인 설계(deliberate design)에 의해 발생한 것이 아니라 사회적 상호작용에 의해 발전된 것이다. 그러므로 조직에서 발전되는 모든 비공식집단은 결코 동일하지 않다. 이러한 비공식집단에는 이익집단, 교우관계집단, 준거집단 등이 있다.

1) 이익집단(interest group)

동일한 지휘집단 혹은 업무집단의 구성원이 아닌 사람들이 몇몇 공동의 목적을 성취하기 위해 제휴한 것이다. 이들 집단의 목적은 조직의 목적에 관련된 것이 아니라 각 집단의 특정한 목적에 관련되어 있다.

2) 교우관계집단(friendship group)

연령, 정치적 신념, 인종적 배경과 같은 공통적인 것을 가진 사람들끼리 몇몇 집단이 형성된다. 또한 업무의 사회기술적 측면이 비공식적 교우관계집단을 형성하게 한다. 이들 교우관계집단은 일 이외의 활동(off-the-job activities)으로 상호작용 및 의사소통을 확장한다.

3) 준거집단(reference groups)

준거집단은 사람들이 자신을 평가하기 위해 활용하는 집단의 유형이다. 준거집단의 주요한 목적은 사회적 인정(social validation)과 사회적 비교이다. 사회적 인정은 개인들에게 자신의 태도와 가치를 정당화하는 것을 허용하는 것이다. 반면에 사회적 비교는 다른 사람과 비교함으로써 자신의 행동을 평가하는 데 도움을 준다. 준거집단은 구성원들의 행태에 강한 영향력을 가진다. 즉 다른 구성원과 자신을 비교함으로써 개인들은 자신의 행태가 수용될 수 있는 것인지, 그리고 자신의 태도와 가치가 올바른 것인지 혹은 그렇지 않은지를 평가할 수 있다.

　관리자는 비공식집단이 공식조직과 동태적으로 상호작용한다는 것을 인식하는 것이 매우 중요하다. 이 점에서 George Homans(1950)는 [그림 22-2]에서 비공식집단이 관리활동에서 어떻게 작용하는지를 보여 준다. Homans 모델은 비공식집단에 대한 관리의 필요성을 분명하게 보여 준다.

　Homans 모델에서, 활동은 사람이 수행하는 업무를 말한다. 사람들은 이들 작업을 수행할 때 상호작용한다. 이러한 상호작용(interactions)은 감정(sentiments) 혹은 서로에 대해 그리고 관리에 대해 긍정적 생각과 부정적 생각을 발전시킨다. 이 감정은 사람들이 자신의 활동을 수행하는 방식과 미래의 상호작용에 영향을 미친다. 집단적 감정이 상호작용과 작업 모두에 영향을 미치기 때문에 공식조직의 성과에도 영향을 미친다.

[그림 22-2] Homans의 모델

출처: Homans(1950).

▶ Scott와 Davis가 말한, 비공식집단을 활용하는 방법

• 비공식집단이 존재한다는 것을 인정하라(Recognize that the informal organization exists). 공식조직을 말살하지 않고는 비공식조직을 말살할 수 있는 것은 아무것도 없다.

• 비공식 리더와 집단구성원의 의견을 경청하라(Listen to the opinions of informal leaders and group members). 각 관리자는 어떤 집단에서 핵심적인 비공식 리더가 누구인지를 확인할 필요가 있고, 리더십을 격려하여 비공식 리더와 함께 업무를 수행하라.

- 어떤 행동을 취하기 전에 비공식집단에 미치는 부정적 효과를 고려하라(Consider possible negative effects on the informal organization before taking any action).
- 비공식집단에 의한 변화에 대한 저항을 줄이기 위해 의사결정에 있어 집단의 참여를 허용하라(To decrease resistance to change by the informal organization; allow the group to participate in decision making).
- 정확한 정보를 신속하게 제공함으로서 풍문을 통제하라(Control the grapevine by promptly releasing accurate information).

출처: Scott(1961); Davis(1977).

제 3 절 집단의 발생이론과 원인

1. 집단발생의 이론

집단이 왜 형성되는가 혹은 집단이 어떻게 형성되는가에 관한 이론으로는 사회교환이론, 사회인지이론, 근접성 이론이 있다.

1) 사회교환이론

사회교환이론(social exchange theory)은 집단발달을 위한 대안적 설명을 제공한다. 이 이론에 의하면, 개인은 신뢰를 기반으로 하는 상호 호혜적 교환에 대한 암묵적 기대에 토대를 두어 관계를 형성한다. 교환관계가 긍정적일 것이라는 지각은 개인이 집단에 매력을 느끼고 가입하게 하는 데 필요하다. 이처럼 구성원 간의 상호작용의 결과 투입과 산출 사이에 최소한의 증가가 이루어진다면 집단을 형성하고, 반대로 감소가 일어나는 경우 집단의 형성은 이루어지지 않는다.

538

2) 사회인지이론

사회인지이론(social identity theory)은 집단형성을 위한 설명을 제공한다. 이 이론에 의하면 개인들은 가장 중요한 집단(salient groups)의 멤버라는 것에 기초하여 자아정체감과 자존감을 갖게 된다는 것이다. 집단의 본질은 인구학적인 기반, 문화적인 기반, 혹은 조직적인 기반에서 형성된다. 개인들은 집단구성원으로서의 소속감과 자아존중감(self-worth) 때문에 집단에 소속되는 것에 동기부여된다.

3) 근접성 이론

근접성 이론(theory of propinquity)은 조직 내 구성원들이 서로 이끌리며, 상호작용을 하면서 집단을 형성하게 되는 것은 공간적·지리적으로 서로 가까이 있기 때문이라는 것이다. 이 이론에 의하면 강의시간에 서로 가까이 앉아 있는 학생들이 상대적으로 멀리 떨어져 있는 학생들에 비해 팀 프로젝트를 위한 집단을 형성할 가능성이 더 크다(이인석, 2014: 284).

2. 집단발생의 원인

많은 집단이 왜 존재하는가? 공식집단과 비공식집단은 다양한 이유로 형성된다. 이들 이유에는 욕구, 근접성, 매력, 유사성, 목적 그리고 경제적 이유 등이 있다(Reitz, 1987: 275-278; Ivancevich & Mateson, 1990: 260-262).

1) 욕구만족

사람들이 집단에 가입하는 중요한 이유 중 하나는 특정한 집단의 구성원이 되는 것이 자신의 중요한 욕구를 만족시키는 데 도움을 준다고 믿기 때문이다. 집단에 가입함으로써 만족할 수 있는 욕구들은 안전의 욕구, 사회적 욕구, 존경의 욕구 등이 포함된다.

조직의 집단구성원이 되는 것이 구성원과 조직시스템 사이의 완충제(buffer)로서 역할을 하기 때문에 안전의 욕구가 만족된다. 따라서 집단에 소속되지 않는다면 개인들은 관리적 요구와 조직요구에 직면했을 때 외로움을 느끼게 될 것이다. 또한 집단은 다른 사람과 상호작용하는 도구를 집단을 통해서 제공받음으로써 사회적 욕구를 만족시킬 수 있다. 나아가 성취하기 어려운 높은 지위의 집단 혹은 명망 있는 집단에 소속됨으로써 존경의 욕구를 만족시킬 수 있다.

2) 근접성과 매력

개인 간의 상호작용은 집단형성을 초래한다. 개인 간의 상호작용의 2가지 중요한 국면은 근접성과 매력이다. 근접성(proximity)은 직무를 수행하는 조직구성원 사이의 물리적 거리를 포함한다. 매력(attraction)은 지각, 태도, 성과 혹은 동기의 유사성 때문에 서로 사람에게 끌리는 것을 말한다.

업무관계에의 근접성과 접근성(closeness)은 집단형성의 중요한 요인이 된다. 사람들이 함께 업무를 수행할 기회를 가질 때, 관심과 경험의 유사성에 관한 학습이 가능할 수 있다. 이러한 유사성은 친밀감으로 발달하는 기반을 제공한다. 그리고 이것은 공식적 집단 내 비공식적 집단의 형성으로 이어진다.

또한 개개인이 서로 근접성이 높을수록 사회적 밀도가 높을 것이다. 사회적 밀도(social density)는 서로 도보거리(예를 들면 0m) 내에 있는 사람의 수에 대한 측정이다. 도보거리는 일어날 수 있는 상호작용의 중요한 예측변수이다. 가까이에서 근무하는 개인들은 직무뿐만 아니라 직무 이외의 아이디어, 생각, 사고방식을 교환할 수 있는 기회가 많게 된다. 또한 이러한 근접성은 다른 사람의 특성에 대해 학습할 기회가 많게 한다. 즉 상호작용과 관심을 유지하기 위해 집단이 형성되는 것이다.

540

3) 집단목표

조직의 목표와 목적은 공식적 집단의 본질에 직접적으로 영향을 미친다. 또한 집단목표(group's goals)는 개인이 그것에 이끌리는 이유가 된다. 예를 들면, 사람들이 자발적으로 근무시간 이외 집단(after-hours group)에 가입하는 것은 새로운 시스템(조직에서 활용하는 새로운 컴퓨터 프로그램 등)에 대한 학습이 조직구성원에 대해 필요하고 중요한 목표가 될 수 있다고 믿기 때문이다.

4) 유사성

배경과 태도에서의 유사성(similarities)은 대인관계의 매력과 집단형성에 영향을 미친다. 성(sex), 종교, 교육수준, 연령, 국적, 사회경제적 지위에서 같은 레벨의 사람들은 유사한 태도와 중요한 가치를 보다 많이 공유한다. 이러한 유사성이 많을수록 서로의 태도와 가치를 강화할 수 있다. 상호작용에 영향을 미치는 구체적인 유사성은 상황에 따라 다양하다.

5) 경제적 이유

개인들은 자신들의 직업으로부터 보다 많은 경제적 이익이 도출될 수 있다고 믿기 때문에 집단이 형성된다. 예를 들면, 집단의 생산성이 조직구성원의 임금을 결정하는 인센티브 기반이 된다면, 개인은 집단구성원으로서 작업하고, 협력하는 것이 개인의 경제적 이익을 높일 수 있게 된다. 이와 같이 경제적 동기는 집단형성을 유도한다. 노동조합이 없는 근로자들은 보다 많은 이익을 위해 최고관리자에게 압력을 가하기 위해 집단을 형성하게 된다.

제 4 절   집단의 발달단계

1. 집단성숙도(group maturity)에 따른 발달단계

집단과 팀은 5단계의 연속된 발전단계 – 형성, 폭풍, 규범, 실행, 조정해체기 –
로 진행된다. 각 집단은 어떤 단계에서 혹은 한 단계에서 다음 단계로 이동하는
동안 실패하거나 해체될 수 있다(Hellriegel, Slocum, Jr., Woodman, 1995: 274-276).

1) 형성단계(forming)

형성단계에서 집단구성원들은 자신의 업무를 수행하기 위해 목표를 정의하
고, 절차를 전개하기 위해 자신의 노력을 집중한다. 이 단계에서 집단발달은 리더
십과 다른 구성원을 알게 되고, 이해하는 것으로 나타난다. 개개 구성원들은 상황
을 알 때까지 자신의 감정을 유지하고, 실제로 느끼는 것보다 안전하게 행동하며,
기대했던 것에 대해 혼란과 불확실성을 경험하고, 즐겁고 예의바르게 행동하며,
집단에 관련된 개인적 비용을 개인적 편익과 비교하여 평가하려고 노력한다.

2) 폭풍단계(storming)

이 단계에서는 리더십 역할에 대한 경쟁과 목표에 대한 갈등이 지배적이다.
몇몇 집단구성원들은 제기되는 감정적 긴장으로부터 자신을 격리하기 위해 노력
한다. 이 단계에서 중요한 것은 갈등을 관리하는 것이다. 집단구성원들이 초기부
터 작업집단(team-building)과정을 활용한다면, 이 단계가 짧을 수 있고 또한 회피
할 수도 있다. 이 단계는 집단구성원이 부족한 의사결정, 개인 간의 기술과 기술적

542

기량을 발전시키는 것과 관련되어 있다.

3) 규범(norming)단계

이 단계에서의 업무지향 행태는 정보를 공유하고, 다른 의견을 수용하며, 타협이 요구되는 결정을 적극적으로 시도하는 것이다. 이 단계에서 집단은 운영하는 규칙을 설정한다. 관계지향 행태는 공감, 관심, 응집력을 일으키는 적극적 감정표현 등에 초점을 둔다. 이 단계에서는 집단구성원 사이에 협력과 책임의 공유를 발전시킨다.

4) 실행(performing)단계

집단 혹은 팀이 결과를 얼마나 효과적으로 그리고 효율적으로 성취할 수 있는가를 보여 준다. 개개 구성원들은 역할을 이해하고 수용한다. 구성원들은 상호의존하여 업무를 수행하고 서로서로 도움을 줄 때 집단구성원의 역할을 이해한다. 몇몇 집단은 보다 효율적이고 효과적으로 업무를 수행하기 위해 지속적으로 학습한다.

5) 조정해체기(중단, adjourning) 단계

업무행태의 종결과 관계지향 행태로부터의 일탈이 중단단계에서 일어난다. 즉 집단목표를 달성하였거나 집단구성원이 집단에 소속될 이유가 없어지면 일반적으로 집단은 해체된다. 특히 집단구성원의 편차(deviation)가 끊임없이 지속되거나 혹은 노골적일 때 집단은 일탈된 개인을 참여로부터 배제시킬 것이다. 집단은 자신들의 결속(solidarity)과 효과성을 유지하기 위해 필요한 행동을 고려하게 된다.

▶ 집단성숙성의 특징

• 집단성숙성(group maturity)은 집단을 자신의 자원으로 충분히 활용할 수 있도록 하기 때문에 집단효과성을 향상시킨다. 집단성숙성은 개방성(openness)과 사실성(realism)으로 특징되며, 다음과 같은 특성이 포함된다.

- 좋거나 혹은 나쁘거나 관계없이 개인적 차이(individual difference)를 수용한다.
- 갈등은 집단구조 혹은 과정에 관련된 감정적 이슈이기보다 오히려 집단업무와 관련된 현실적이고 실질적인 이슈이다.
- 결정은 합리적인 논의(rational discussion)를 통해 이루어진다. 힘에 의한 결정 혹은 거짓의 만장일치를 시도하지 않는다.
- 집단구성원은 집단과정을 알고 있고, 집단과정에서 자기자신의 관련 정도를 알고 있다.

출처: Reitz(1987: 285).

2. 집단학습에 따른 발달단계

집단은 개인이 하는 것과 같이 학습한다. 집단의 성과는 개인적 학습과 집단구성원이 서로 얼마나 잘 학습하는지에 의존한다. 집단학습은 다음과 같이 일련의 4가지 발달과정을 통해 전개된다. 하지만 모든 집단이 이들 4가지 단계를 순차적으로 답습하는 것은 아니다(Ivancevich & Mateson, 1990: 262-263).

1) 상호승인(mutual acceptance)

집단형성의 초기단계에서 집단구성원들은 서로 의사소통을 하는 데 주저한다. 즉 그들은 자신의 의견, 태도, 신념을 표명하는 것을 꺼린다. 집단구성원이 서로 신뢰하고 받아들이기까지 상호작용과 교실에서의 토의가 매우 미약한 상태이다.

2) 의사소통과 의사결정

집단이 상호승인의 시점이 지나면 집단구성원들은 서로 개방적인 의사소통을 시작하게 된다. 이러한 의사소통은 신념을 증가시키며, 집단 내 상호작용을 증폭시킨다. 논의는 과업의 문제해결에 보다 구체적으로 집중하게 되며, 그리고 업무를 달성하는 대안적 전략을 개발하게 된다.

3) 동기부여와 생산성

집단의 목표를 성취하기 위해 집단구성원이 노력하는 단계이다. 집단은 경쟁적인 단위가 아닌 협력의 단위(a cooperative unit)로서 작용한다.

4) 통제와 조직

이 시점에서 집단 가입이 가치를 발휘한다. 집단구성원들은 집단규범에 의해 규제된다. 집단의 목표가 개인의 목표를 우선하게 된다. 규범이 수용되며 혹은 제재가 일어난다. 최후의 제재는 집단의 목표 혹은 규범을 따르지 않는 경우 외면하는 것이다. 통제의 다른 형태는 집단으로부터 일시적인 격리 혹은 다른 집단구성원으로부터의 괴롭힘(harassment)이 포함된다.

제 5 절 집단의 규모와 구조

1. 집단의 규모

집단의 규모는 집단을 구성하고 있는 구성원의 수를 말한다. 다음의 공식으로 집단의 규모가 커짐으로써 가능한 관계의 수(possible number of relationship)가 어느 정도인지 알 수 있다. 계산 결과는 한 집단 내 개인 간의 잠재적 관계의 수를 제시한다(Osborn, Hunt, & Jauch, 1980: 414).

$$x = \frac{n^2 - n}{2}$$

x = 상호관계의 수(the number of mutual relationship)
n = 개인의 수(the number of individual)

이 공식에 의하면, 상호관계의 수는 집단구성원의 수보다 훨씬 빠르게 증가한다는 것을 알 수 있다.

또한 하부집단 사이의 관계, 그리고 개인과 하부집단 사이의 관계는 다음의 공식으로 표현된다.

$$x = \frac{1}{2}(3^n - 2^{n+1} + 1)$$

이 공식에서와 같이 집단규모가 증가할수록 잠재적 관계는 천문학적으로 증가함을 알 수 있다. 이러한 잠재적 관계의 증가로 인해 의사소통과 조정의 요구가 증가하게 된다.

2. 집단의 구조

집단구성원의 수에 따라 집단구조는 다양하다. 집단구조의 본질은 업무흐름 (work-flow)을 결정한다. 집단구성원은 그 배치에 따라 〈표 22-3〉과 같이 5개의 집단구조 중 하나이며, 그 집단구조에 의해 의사소통 방식에서 차이가 일어난다 (Osborn, Hunt, & Jauch, 1980: 418).

모든 채널 구조(all channel)가 가장 개방적인 의사소통을 한다. 모든 집단구성 원은 다른 모든 구성원과 의사소통이 허용된다. 반면에 바퀴모형(wheel) 구조가 의 사소통에 있어 가장 적게 개방되어 있다. 모든 의사소통은 중심인물(central person) 에 의해 제한되어 있다.

이와 같이 보다 개방적인 구조일수록(집권화 정도가 낮을수록) 리더십의 역할은 예측하기가 보다 어렵다. 또한 평균적으로 구성원의 만족도 수준은 보다 높다. 만 족도의 범위는 집권화된 구조인 Y형 구조와 바퀴모형보다 덜 집권화된 구조에서 낮다. 즉 집권화된 구조에서는 명확하게 설계된 중심인물이 의사소통과정을 통제 하는 경향이 있다. 나아가 보다 분권화된 구조일수록 만족도는 구성원들 사이에 보다 공평하게 분산되어 있다.

표 22-3 집단구조에 따른 조직구성원의 효과

구 분	모든 채널	원 형	체인형	Y형	바퀴형
집권화된 정도	매우 낮음	낮음	보통	높음	매우 높음
가능한 채널의 수	매우 높음	보통	보통	낮음	매우 낮음
리더십의 예측가능성(predictability)	매우 낮음	낮음	보통	높음	매우 높음
평균적 집단만족도 (group satisfaction)	높음	보통	보통	낮음	낮음
구성원 사이의 만족도 범위(range in satisfaction)	매우 낮음	낮음	보통	높음	높음

출처: Hellriegel & Slocum(1976).

제 6 절   응집력, 집단의 효과 및 집단사고

1. 응집력과 성과

공식집단과 비공식집단은 각각 태도, 행태, 성과에 대한 근접성 혹은 공통성을 보유하게 된다. 이러한 근접성(closeness)을 응집력이라 한다. 응집력은 전형적으로 힘으로 간주된다. 특히 비공식집단의 성공은 집단의 내적 강도(internal strength) 혹은 응집력의 중요성 정도에 의존한다.

응집력(凝集力, cohesiveness, cohesion)이란 집단에 잔류하려는 그리고 집단에 몰입하려는 구성원의 바람에 대한 강도이다. 그러므로 집단에 강하게 잔류하려는 바람을 가진 구성원과 집단의 목표를 개인적으로 수용하는 구성원들은 높은 응집력 집단으로 형성된다. 집단의 응집력이 높을수록 집단규범을 보다 잘 관찰할 수 있다.

이와 같이 응집력은 집단구성원을 하나의 집단 내에 잔류하도록 작용한다. 그리고 집단으로부터 구성원을 배척하는 힘보다는 잔류하게 힘이 보다 크다. 응집력 있는 집단은 집단구성원끼리 서로 이끌리고, 응집력이 낮은 집단은 집단구성원 사이에 느끼는 개인 간의 매력도가 낮다. 높은 응집력이 있는 집단은 효과적인 집단성과를 기대하게 한다. 일반적으로 작업집단의 응집력이 증가할수록 집단규범에 대한 순응수준이 증대된다.

응집력의 원천은 다양하며, 다음과 같은 몇 가지 요인이 포함되어 있다(Webber, 1979: 105-106).

① 균질성(homogeneity) : 이런 사례로는 집단구성원이 민족적 혹은 국가적 속성으로 구성된 집단을 들 수 있다. 민족적 유대(ethnic tie)는 매우 강하다. 민족적 유대로 형성된 집단은 안정적 가치와 지원적 기대를 유지한다.

② 안정성(stability) : 안정적인 집단구성원은 높은 응집력에 기여한다. 시간이 경과함에 따라 구성원은 서로 잘 알게 되고, 집단의 가치와 기대를 학습하고, 어떻게 처신해야 하는지를 학습하게 된다.

③ 의사소통(communication) : 하나의 집단이 되기 위해서 사람들은 서로 의사소통할 수 있어야 한다. 의사소통을 통해 자신들의 유사성과 공통의 관심사를 발전시킬 수 있다. 쉽게 의사소통을 하는 집단구성원은 보다 응집력을 강화할 수 있다.

④ 격리(isolation) : 다른 집단으로부터의 물리적 격리가 응집력을 만들어 내는 경향이 있다. 집단에 대한 단순한 물리적 경계는 응집력을 강화시키는 본질이다.

⑤ 작은 규모(small size) : 너무 많은 사람은 응집력 있는 집단으로의 발전을 방해한다. 집단의 규모가 클수록 의사소통이 방해되고, 균질성이 줄어들고, 소규모의 파벌(small cliques)을 파괴하게 된다. 즉 큰 집단보다 작은 집단일수록 집단구성원 사이에 밀집한 관계가 형성된다.

⑥ 외부의 압력(outside pressure) : 집단구성원은 스트레스 상황에서 함께 모이는 경향이 있다. 지속적인 외부의 압력은 높은 응집력을 산출하게 된다. 특히 외부적 위협은 응집력을 강화하는 효과적인 수단이 된다. 위협은 집단 외부에서 온다. 협력(cooperation)은 위협을 극복하거나 혹은 저항하는 데 도움을 준다. 실제로 외부의 압력으로부터 벗어날 수 있는 기회는 거의 없다.

⑦ 집단의 지위(status of the group) : 사람들은 가끔 높은 지위의 집단과 동일시하는 것을 선호한다. 사람들은 낮은 지위의 집단보다 높은 지위의 집단에 대해 충성심을 느낀다. 즉 높은 지위의 집단은 높은 응집력을 가진다.

⑧ 기타 매력적인 요인: 집단이 가지는 매력적인 요소에는 다음과 같은 것이 포함되어 있다. ① 집단과 집단구성원의 목표가 양립될 수 있고, 그리고 명확하게 구체화되어 있다. ② 집단이 카리스마 리더를 가지고 있다. ③ 집단의 명성이 집단작업을 성공적으로 수행하게 하는 지표이다. ④ 집단구성원이 서로의 의견을 경청하고, 다른 사람에 의해 평가할 수 있는 소규모의 구성원으로 구성된다. ⑤ 집단구성원이 서로 지원하고, 개인적 성장과 발전에 있어 장애와 방해요인을 극복하는 데 도움을 주는 방향으로 이끌린다(Cartwright & Zander, 1968).

표 22-4 집단응집력의 요인

집단응집력을 증가하는 요인	집단응집력을 감소하게 하는 요인
- 명성(prestige) - 높은 지위와 권한 - 집단에 대한 호의적 평가 - 다른 사람과의 증가되는 상호작용 - 집단구성원이 서로 협력한다. - 집단구성원이 공통된 위협(common threat)에 직면한다. - 집단구성원이 서로 유사해진다. - 소규모 집단 규모	- 집단 혹은 집단업무가 비판적인 이미지(unfavorable image)를 가진다. - 집단구성원에게 무리한 요구(unreasonable demands)를 한다. - 집단규모에 대한 불일치 - 다른 집단에 소속되는 경쟁 - 집단목표와 개인목표가 다르다(dissimilar). - 입회허가(gaining admission)가 너무 어렵다. - 집단 혹은 집단구성원에 대한 불쾌한 경험

출처: Drafke(2006: 217).

응집력의 개념은 조직 내 집단을 이해하고, 성과에 대한 집단의 영향력을 인식하는 데 중요하다. 한 집단 내 응집력의 정도는 집단의 목표가 공식조직의 목표와 얼마나 잘 조화되는가에 따라 긍정적 효과 혹은 부정적 효과를 나타낸다.

[그림 22-3]과 같이 응집력이 높고 집단이 공식적 조직목표를 수용하고 동의한다면 집단행태는 공식적 조직입장에 대해 긍정적일 것이다. 반면에 집단이 응집력은 매우 높으나 공식조직의 목표와 일치하지 않는 목표를 가진다면 집단행태는 공식적인 조직입장에서 대해서 부정적인 자세일 것이다. 이와 같이 응집력 있는 집단의 목표와 관리목표가 갈등이 일어날 때는 관리에 의한 개입이 필요하다.

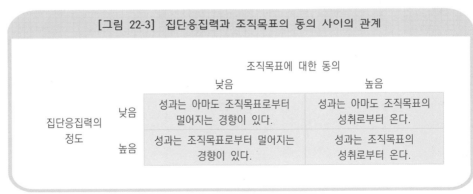

[그림 22-3] 집단응집력과 조직목표의 동의 사이의 관계

		조직목표에 대한 동의	
		낮음	높음
집단응집력의 정도	낮음	성과는 아마도 조직목표로부터 멀어지는 경향이 있다.	성과는 아마도 조직목표의 성취로부터 온다.
	높음	성과는 조직목표로부터 멀어지는 경향이 있다.	성과는 조직목표의 성취로부터 온다.

출처: Ivancevich & Mateson(1990: 269).

2. 집단의 효과성

집단의 성과를 어떻게 향상시키는지 이해하기 위해서는 무엇으로 효과적인 집단과 비효과적인 집단을 구별할 것인지 알 필요가 있다. 다음과 같은 3가지 지표에 의해 집단의 효과성(group effectiveness)을 평가할 수 있다.

① 집단의 산출(상품, 서비스 혹은 결정)을 활용하거나 받아들이는 사람들에게 어떠한 가치가 있는지?

② 집단구성원 사이의 협력을 위한 집단능력이 유지되는지 혹은 증가되는지?

③ 조직구성원이 집단구성원이 된 것으로부터 만족감, 성숙의 느낌(a sense of growth), 행복(well-being)을 얻고 있는지?

집단이 효과성을 지니기 위해서 집단은 구성원들에게 동기부여를 할 수 있는 업무와 목적을 명확하게 규정할 필요가 있다. 집단은 업무와 충분한 기술과 전문성을 갖춘 구성원을 위해 적절한 규모가 필요하다. 집단구성원이 자신의 리더가 직무를 잘 수행하려고 노력하는 데 있어 여러 가지 리더 역할 측면에 동의한다면 그 집단은 효과적으로 업무를 이행할 수 있을 것이다. 나아가 집단이 효과적으로 업무를 이행하기 위해서는 다음과 같은 것이 잘 이루어져야 한다.

① 수용할 수 있는 수준의 업무의 질과 양을 위해 집단업무 수행에서 충분한 노력이 발휘되어야 한다.

② 집단업무를 이행하는 데 충분한 지식과 기술을 확보한다.

③ 집단의 노력, 지식, 기술을 효과적으로 적용할 수 있는 적절한 전략을 활용한다.

▶ 집단리더를 위한 체크리스트(a checklist for leaders of groups)
- 당신은 집단구성원이 서로로부터 학습하도록 얼마나 잘 격려하는가?
- 당신은 집단구성원의 기여(contribution)에 대해 얼마나 잘 인정하고 그리고 칭찬하는가?
- 당신은 집단성과의 정보로부터 핵심적인 사람을 얼마나 잘 지키는가?
- 당신은 집단구성원에게 영향을 미치는 중요한 전개에 관해 구성원에게 얼마나 신속하게 알려 주는가?
- 당신은 중요한 결정을 하는 데 집단구성원에게 권위를 얼마나 부여하는가?
- 당신은 집단구성원으로부터 피드백을 얼마나 공개적으로 수용하고 그리고 반응하는가?
- 당신은 중요한 업무의 마무리에서 집단성과를 얼마나 잘 검토하는가?
- 당신은 집단구성원이 얼마나 향상할 수 있는지에 관해 얼마나 구체적이고 사실적인 제안을 제시하는가?
- 당신은 집단구성원이 열심히 노력하려는 동기를 얼마나 잘 이해하는가?

3. 집단규모의 효과

집단은 어디에나 존재하고 있다. 집단은 생산성과 사기에 영향을 미치는 중요한 역할을 한다. 또한 집단규모는 응집력과 구성원의 생산성과 같은 요인에 중요하게 영향을 미친다.

관리자는 집단의 역학관계를 이해하려는 노력이 필요하다. 집단규모에 관한 효과를 아는 것도 관리에 있어 가치 있는 일이다. 집단규모에 따른 효과는 다음과 같이 몇 가지 측면에서 이해할 수 있다(Lundgren, 1974: 313-314).

첫째, 구성원의 만족에 대한 규모의 효과는 무엇인가? 규모의 효과를 만족에 직접적으로 연결시키는 것은 어렵지만, 많은 연구들은 집단이 작을수록 구성원은 보다 만족한다는 것이다. 규모가 큰 집단은 참여에 충분한 시간을 제공하지 않는다. 반면에 작은 규모의 집단은 큰 집단보다는 긴장이 많다.

둘째, 업무의 본질이 집단규모와 생산성 사이의 관계에 영향을 미치는 중요한 조건이다. 예를 들면, 들판에서 완두콩을 채집한다면 집단구성원이 많은 큰 규모의 집단일수록 생산성이 높다. 하지만 다른 상황에서는 단순히 사람을 추가하는 것이 전혀 도움이 되지 않을 때도 있다. 이 점에서 관리자의 직무는 적정한 규모가 어느 정도인지를 결정하는 것이다.

셋째, 집단의 규모가 증가할수록 응집력은 감소할 것이다. 사람들은 작은 집단보다 규모가 큰 집단에 가입하고, 그러면서 집단구성원의 일원임을 유지하고자 하는 매력은 감소할 것이다. 이에 대한 하나의 이유는 집단규모가 증가할수록 필연적으로 보다 많은 조직과 규모를 전개해야 한다는 것이다. 나아가 구성원에게는 해야 할 구체적인 직무가 할당되고, 그리고 리더십이 보다 공식화될 것이다.

비교적 작은 규모의 집단(5명에서 12명의 구성원을 가진 집단)이 업무를 이해하고 수행하는 데 있어 최상의 관리기회를 제공한다. 그러한 집단은 응집력이 높다. 나아가 적절한 동기부여 기회를 가진다면 생산성이 높은 수준에 도달하고 유지된다.

4. 집단사고

집단사고(集團思考, groupthink)란 높은 응집력을 지닌 집단의 잠재적인 부정적 결과이다. Irving Janis(1982)는 정부리더에 의한 고위수준의 정책결정 연구에서 집단사고의 개념을 처음 논의하였다. 집단사고는 집단결속(group solidarity)의 관점에서 정신적 효율, 현실검사(reality testing), 정신적 판단을 악화시키는 것으로 규정된다. 집단사고는 조직구성원 사이의 동의에 대한 추구가 너무 지배적이어서 대안적 행동과정에 대한 사실적인 평가를 무효화하는 하나의 사고방식을 말한다. 이러한 집단사고는 응집력이 강한 집단의 조직행태에서 매우 중요한 힘을 발휘한다.

1) 집단사고의 징후

집단사고를 겪는 집단은 [그림 22-4]와 같이 몇몇 특성을 지닌다. 이들 특성은 다음과 같다. 이들 특징으로 인하여 집단응집력의 수준에서 문제를 솔직하게 지적하는 어떤 집단이 필요하다. 그러므로 강한 응집력이 항상 좋은 것은 아니다.

(1) 공격불능의 환상(illusion of invulnerability)

어떤 집단의 구성원들은 자신을 천하무적으로 믿는다. 예를 들면, 1961년 4월 일촉즉발의 쿠바 침공(피그만 침공) 시도 전야에 Robert Kennedy는 집단적 재능을 가지고 우리에게 도전하는 어떠한 것에 대해서도 상식과 치열한 노력, 그리고 대담하고 새로운 아이디어로 극복할 수 있다고 주장했다. 즉 집단구성원은 분명한 위험에 대해 가끔 스스로를 안심시키고, 너무 낙관주의(overly optimistic)가 된다.

(2) 설교하는 성향(tendency to moralize)

집단구성원은 집단에 대해 내재적 도덕률이 있다고 믿는다. 집단구성원은 자신들의 결정에 대한 윤리적 혹은 도덕적 결과를 무시한다. 집단연구는 미국을 자유세계의 리더로 간주하는 경향이 있다. 이러한 견해에 대한 반대는 집단구성원으로서 나약하고, 적대적이며 혹은 우둔한 것으로 간주된다.

(3) 만장일치의 감정(feeling unanimity)

대통령은 자신의 결정을 위원회 위원들이 지지했다고 보고한다. 하지만 이후, 몇몇 위원들은 결정이 이루어지는 시점에 있어 심각한 의심을 했다고 밝힌다. 이 같은 예는 집단결속에 대한 압박이 개개 구성원의 판단을 얼마나 왜곡하는지 잘 보여 준다.

(4) 순응에 대한 압박(pressure to conform)

집단구성원은 집단결정을 지지하는 주장의 타당성에 관해 의문을 일으키는 구성원에 대해 순응하도록 극단적인 압박을 가한다. 이런 사례로, 대통령은 가끔 집단구성원이 의문을 가진 문제에 대응하기 위해 전문가를 초빙한다. 이 목적은 다른 견해의 논의를 전개하는 대신에 전문가를 통해 비판을 잠재우기 위한 것이다. 대통령의 이러한 순응에 대한 비공식적 압박은 집행부와 참모집단에서도 활용된다. 이처럼 집단은 개개 구성원의 순응을 위해 많은 압박을 행한다.

(5) 반대되는 아이디어의 묵살(opposing ideas dismissed)

어떤 결정이나 정책에 반대하거나 혹은 비판하는 개인 혹은 외부집단은 집단으로부터 거의 관심을 받지 못한다. 심지어 타당한 아이디어와 명확한 주장도 종종 사전에 묵살된다. 이처럼 집단의 합의에서 벗어난 어떠한 행위에 대해서는 잠재적으로 억압이 뒤따른다.

(6) 자기검열(self-censorship)과 자기감시(mindguards)

집단구성원은 집단적 의견일치로부터 이탈을 방지하기 위해 자기검열을 활용한다. 집단구성원은 자신의 의심에 대한 심각성을 가끔 스스로 최소화한다. 자기검열 때문에 부분적으로 만장일치의 환상이 형성된다.

또한 집단구성원은 행동과정에 갈등을 일으키는 반대되는 정보로부터 리더와 집단의 다른 구성원을 보호하기 위해 스스로 자기감시자가 된다. 자기감시는 반체제인사(the dissident)란 집단사고에 지장을 주거나 혹은 비협조적인 사람이라는 것을 진단하게 한다.

2) 집단사고의 결과

집단사고는 [그림 22-4]와 같이 의사결정의 질에 대해 다음과 같은 부정적인 결과를 초래한다(Black & Porter, 2000: 249).

① 집단사고에 전염된 집단은 모든 가능한 대안보다는 오히려 한두 개의 대안에 대한 가능한 해결책을 추구한다.

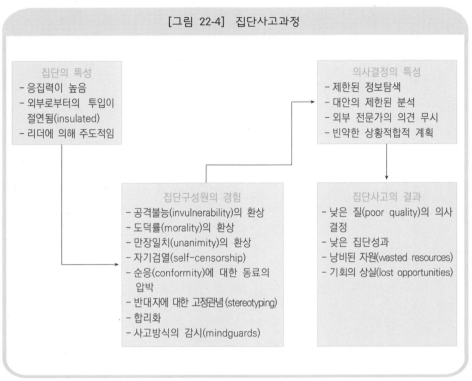

[그림 22-4]　집단사고과정

집단의 특성
- 응집력이 높음
- 외부로부터의 투입이 절연됨(insulated)
- 리더에 의해 주도적임

의사결정의 특성
- 제한된 정보탐색
- 대안의 제한된 분석
- 외부 전문가의 의견 무시
- 빈약한 상황적합적 계획

집단구성원의 경험
- 공격불능(invulnerability)의 환상
- 도덕률(morality)의 환상
- 만장일치(unanimity)의 환상
- 자기검열(self-censorship)
- 순응(conformity)에 대한 동료의 압박
- 반대자에 대한 고정관념(stereotyping)
- 합리화
- 사고방식의 감시(mindguards)

집단사고의 결과
- 낮은 질(poor quality)의 의사 결정
- 낮은 집단성과
- 낭비된 자원(wasted resources)
- 기회의 상실(lost opportunities)

출처: Black & Porter(2000: 248).

② 집단은 새로운 정보 혹은 사건이 행동과정에 대한 변경을 제안하더라도 종종 자신들이 선택한 행동을 재검토하는 데 실패한다.

③ 집단구성원은 대안적 행동과정에 대한 불분명한 이점을 고려하는 데 거의 시간을 할애하지 않는다.

④ 집단은 가끔 조직의 내·외부 전문가의 충고를 얻기 위한 시도를 거의 하지 않는다.

⑤ 집단구성원은 자신들이 선호하는 대안을 지지하는 사실에만 관심을 가진다. 반면에 자신들이 선호하는 대안과 관련하여 반대되는 사실에 대해서는 거의 무시한다.

556

⑥ 집단구성원은 자신들의 선택과 관련하여 가능한 장애물을 가끔 무시한다. 결과적으로 상황적합적 계획을 전개하지 않는다. 이러한 결과는 회고적 의사결정과 유사하다. 즉 결정이 이루어지고, 그러고 나서 결정을 지지하는 데이터를 선택한다.

3) 집단사고의 극복방안

집단사고는 조직에 심각한 부정적 결과를 초래한다. 이에 집단사고방식을 극복하기 위한 노력이 요구된다(Black & Porter, 2000: 249).

첫째, 집단리더는 각 집단구성원들이 제안에 대해 비판적으로 평가하도록 격려함으로써 집단사고를 줄일 수 있다. 또한 리더가 각 집단구성원에 대해 비판적 평가자의 역할을 할당할 수 있다. 나아가 리더는 집단이 자신들의 지위에서 규정하지 않는 광범위한 대안들도 고려하도록 격려해야 한다. 즉 개방적인 질문을 촉진시켜야 한다.

둘째, 집단사고를 방지하는 다른 전략은 실행 가능한 해결책을 위해 보다 많은 제안을 추구하는 노력을 하는 것이다. 이런 일은 상이한 두 집단에 대해 동일한 문제를 할당함으로써 이루어질 수 있다. 집단이 어떤 결정이 내리기 이전에 집단구성원들이 조직의 다른 집단으로부터 충고를 얻을 수도 있다. 나아가 집단회의에서 집단구성원의 견해에 도전적인 다른 외부 전문가를 초빙하여 다른 의견을 참고할 수도 있다.

셋째, 한 명 혹은 그 이상의 전문가를 임기별로 각 집단회의에 초대한다. 또한 외부 전문가로 하여금 집단구성원에게 도전적 견해를 제시하도록 한다.

넷째, 각 집단회의에 있어 어떤 구성원을 악마의 충고(devil's advocate)로서 헌신하도록 임명할 수 있다. 악마의 충고로 임명된 구성원은 다수의 입장(majority position)에 도전하는 역할을 수행하게 된다. 악마의 충고를 발휘하는 사람은 논리적 허점을 발견하기 위해 집단적 합의(group consensus)에 대항하거나 혹은 자신의 신념에 대항하는 주장을 하는 역할을 담당한다. 악마의 충고를 활용하면, 집단은 문제의 보다 정확한 묘사와 함께 문제의 근본적인 원인을 보다 정확하게 밝힐 수 있을 것이다. 이처럼 악마의 충고가 집단을 돕기 위해 정확하게 기능한다면, 집단적 위치에서 문제가 되는 약점들이 교정될 수 있을 것이다.

▶ 집단사고의 잠재성을 줄이기 위한 리더의 행동자세

- 집단구성원이 어떤 것을 논의하는 데 있어 정보, 의견 혹은 의심을 자유롭게 표현할 수 있도록 전달하라(Convey to group members that they should feel free to express any information, opinions, or doubts they have about anything being discussed).
- 하나의 구성원이 악마의 충고 역할을 할 수 있도록 임명하라(appoint one member to play the role of devil's advocate).
- 건설적인 비평처럼 상이한 의견과 비판을 수용하라(Be able to accept differences of opinion and criticisms as constructive comments).
- 아이디어의 일반화를 아이디어 평가로부터 구별하라(Separate idea generation from idea evaluation). 먼저, 모든 제안을 받고, 그러고 난 후 각 제안에 대한 장점과 단점을 논의하라.
- 회의를 부하들과 함께 한다면, 먼저 부하로부터 모든 아이디어와 견해를 얻어라(If the meeting is with subordinates, get all the ideas and views of subordinates first).

출처: Mescon, Albert & Khedouri(1988: 479).

자신이 속한 소집단의 집단사고를 측정·평가하기 위한 설문문항	매우 부정 ↔ 매우 동의				
	①	②	③	④	⑤
- 우리 집단구성원들은 다른 소집단에 비하여 대체로 올바른 의사결정을 한다고 생각한다.					
- 우리 집단구성원들은 다른 집단을 우리만 못한 '적'으로 생각한다.					
- 우리 집단은 무슨 프로젝트를 시작할 때, 너무 낙관적이고 실패의 위험을 과소평가한다.					
- 우리 집단은 일단 프로젝트를 시작하면 부정적인 피드백이나 경고신호를 무시하는 경향이 있다.					

– 우리 집단구성원들은 집단활동에 대하여 불만이나 의문이 있어도 집단응집력을 해칠까 봐 말하지 않는다.				
– 우리 집단구성원들은 나쁜 뉴스나 부정적인 정보가 있어도 집단응집력을 해칠까 봐 말하지 않는다.				
– 우리 집단구성원들은 집단을 지지해야 한다는 압력 속에서 반대의견을 제시하는 것은 배반행위라고 생각한다.				
– 우리 집단구성원들은 집단의견과 행동에 모두 찬성한다고 생각한다.				

출처: 이학종·박헌준(2005: 282).

제23장

리 더 십

     대부분의 미국인들은 공식적인 교육을 받지 않고도 대통령이 된 Abraham Lincoln의 이미지를 영원히 전하고 싶어한다. 오늘날 Lincoln의 리더십 스타일로부터 무엇을 배울 수 있는가? 리더십 연구에 놓여 있는 주요한 이슈는 무엇인가? 리더, 추종자, 그리고 조직상황에 따른 효과적인 리더십이 어떠한 유형인지 살펴보는 것은 조직의 목표달성을 위해 중요한 과제일 것이다. 분명 리더십 없이는 조직성과는 미미할 것이다. 이것이 리더십을 학습해야 하는 이유이기도 하다.

     이런 시각에서, 이 장에서는 리더십의 의의와 특징, 리더십 이론의 발달과정, 리더십 대체, 팔로워십, 팀 리더십 등을 살펴보고자 한다.

제1절 | 리더십의 의의

1. 리더십의 개념과 특성

조직은 성장과 생존을 위해 효과적인 리더십이 요구된다. 이리하여 모든 조직은 훌륭한 리더를 찾고 있다. 이처럼 조직의 목표를 달성하고, 건강성을 유지하기 위해 필수불가결한 리더와 관련하여 리더십은 어떻게 정의되고 있는가? 다음과 같이 매우 다양한 리더십 정의를 만날 수 있다.

Stogdill(1974)의 지적처럼, 리더십의 정의는 리더십 연구를 수행한 사람의 수만큼 많다. Hersey와 Blanchard(1982)가 정의한 것처럼, 본서에서는 리더십(leadership)이란 주어진 상황에서 조직목표 성취를 위해 노력함에 있어, 의사소통을 통하여 개인이나 집단의 행태와 활동에 영향을 미치는 과정(the process of influencing)으로 이해하고자 한다. 리더십은 사람들과 함께, 그리고 사람들을 통하여 조직의 목표를 성취하는 것에 관련되어 있다. 리더십은 어떤 목표를 달성함에 있어 다른 사람에게 영향을 미치기 위해 시도하는 것에 관련한 대인관계과정(interpersonal process)이다.

- 리더십은 다른 사람의 행태에 영향을 미치는 재능(gift)이다.
- 리더십은 한 집단의 구성원 사이의 상호작용(interaction)이다.
- 리더십은 개인에서 집단으로 전이(transition)하는 단계이다.
- 리더십은 조직의 일상적 지시에 기계적으로 순종하는 것 이상의 영향력 증대를 말한다.
- 리더십은 다른 사람의 업무를 지도하고 그리고 협력하는 데 있어 공식적 혹은 비공적인 권위의 행사이다.
- 리더십은 바람직한 목적을 성취하기 위해 사람들을 동기부여시키고, 그리고 조정하는 기술이다.
- 리더십은 조직구성원의 지각이나 기대 그리고 상황의 구조나 재구조화를

포함하는 집단에서 둘 이상의 구성원 간의 상호작용이다.

• 리더십은 공통적 목표(common goal)를 성취함에 있어 따르도록(to follow) 사
  람들에게 영향을 미치는 과정이다.
• 리더십은 집단의 목적을 위해 자발적으로 노력하도록(to strive willingly) 사
  람들에게 영향을 미치기 위한 활동이다.
• 리더십은 조직목표를 달성하기 위해 의사소통을 통하여 다른 사람들의 행
  태와 활동(activities)에 영향을 미치는 과정이다.
• 리더십은 조직의 목표를 효과적으로 달성하기 위하여 집단구성원으로 하
  여금 목표수행에 자발적으로 공헌할 수 있도록 유도·조정하는 리더의 행
  동 또는 과정이다.

이러한 리더십 정의에는 몇 가지 요인들이 포함되어 있다. ① 리더십은 사람
들 사이에서 일어난다. 리더십은 리더와 추종자에 의해 목표를 공유하고, 상호 간
에 일어난다. 즉 상관이 부하에게 영향을 미치며, 또한 부하가 상관에게 영향을
미친다. ② 리더십은 영향력의 활용(the use of influence)이 포함되어 있다. 영향력은
다방향적이고 그리고 비강압적이다. ③ 리더십은 의사소통과정의 중요성이 포함
되어 있다. 의사소통의 명확성과 정확성은 추종자의 행태와 성과에 영향을 미친
다. ④ 리더십은 목표달성에 초점을 둔다. 유능한 리더는 개인, 집단, 그리고 조직
목표를 다루어야만 한다. ⑤ 리더십은 현재의 상황(status quo)을 유지하는 것이 아
니라 변화를 일으키는 것이 포함된다. 변화추구는 리더의 지시에 의한 것이 아니
라 리더와 추종자에 의해 공유하는 목표를 반영한다. 또한 리더와 추종자는 바람
직한 미래를 향해 변화를 추구함에 있어 활동적으로 관계한다. 각 개인은 바람직
한 미래를 성취하기 위해 개인적 책임을 진다.

[그림 23-1] 리더십에 포함되는 것

영향력 (influence)		의향 (intention)	
추종자 (followers)	리더 (Leader)	개인적 책임감 (personal responsibility)	
공유된 목표 (shared purpose)		변화 (change)	

출처: Daft(1999: 6).

　특히 리더십의 과정은 리더(leader), 추종자(follower), 그리고 상황(situation)이라는 변수의 함수이다[$L= f(l, f, s)$]. 즉 리더십 과정의 보다 정확한 묘사는 3가지 렌즈(lenses)인 리더(인성, 지위, 경험 등), 추종자(가치, 규범, 응집력 등), 상황(업무, 스트레스, 환경 등) 모두를 활용해야 한다. 이러한 리더십 영향은 두 가지 원천에서 나온다. 하나는 특정한 직무에 부여되는 공식적인 권위인 리더의 지위에 따른 권한이다. 다른 하나는 추종자가 따르고자 하는 자발성이다(Altman, Valenzi, & Hodgetts, 1985: 284).

　리더십은 단지 상급자/부하와 같은 계층제적 관계를 가정하는 것은 아니다. 또한 리더십은 특별한 권한의 유형(a special form of power)이다. 즉 리더십은 권한(power)과 밀접하게 관련되어 있지만, 조직에 있어서 지위에 할당된 권한 이상의 의미를 가진다. 이 점에 있어서 리더의 개인적 특성에 기초한 능력이 광범위한 문제에 있어서 추종자를 자발적으로 따르게 한다(Etzioni, 1965). 즉 리더십은 집단의 구성원이 생각하는 것과 행동하는 것에 대한 영향력(influence)이다.

▶ 리더십과 헤드십(Headship)

• Holloman(1968)에 의하면, 리더십은 집단에 의해 부여되는 반면에, 헤드십은 집단에게 강요하는 것으로 이해하고 있다. Gibb(1969)는 헤드십의 특징을 다음과 같이 제시하고 있다.

• 헤드십은 집단과정과 관련하여 조직화된 시스템을 통하여 유지된다.

• 헤드십에 있어 집단의 목표는 집단관심에 따라 책임자(head person)에 의해 선택된 것이며, 집단 자체에 의해 내부적으로 결정되는 것이 아니다.

• 헤드십의 경우, 설정된 목표를 추구함에 있어 거의 공유하는 감정 혹은 연합작용(joint action)하는 것이 없다.

• 헤드십에 있어, 사회적 거리(social distance)를 유지하기 위해 노력하는 헤드와 집단구성원 사이 에는 사회적 격차(social gap)가 광범위하다.

• 리더의 권위는 집단구성원에 의한 자발적인 부여인 반면에, 헤드의 권위는 집단구성원을 지배하는 그룹의 권력(보상에 대한 기대보다 오히려 처벌에 대한 공포)으로부터 도출된다.

2. 리더십의 환경변화

조직은 끊임없이 변화한다. 오늘날 세계는 보다 심오하고 광범위하게 영향을 미치는 변화를 겪고 있다. 급속한 환경적 변화는 조직에 대해 극단적 영향을 가져오는 근본적인 변혁을 야기하며, 그것은 리더십에 대한 새로운 도전으로 나타난다. 이러한 변혁은 〈표 23-1〉과 같이 전통적 패러다임에서 새로운 패러다임으로의 이동으로 나타난다. 리더는 세계에서 일어나는 변혁에 조화하려는 신념을 가질 때 조직을 성공적으로 이끌 수 있다.

오늘날 세계는 끊임없이 이동함으로써 질서보다 오히려 무질서로 특징지어진다. 이리하여 새로운 패러다임도 무작위하고, 불확실성에 의해 특징지어진다. 사소한 사건이 때로는 거대하고 그리고 광범위하게 영향을 미치는 결과를 초래한다. 리더가 직면하는 새로운 패러다임을 간략하게 살펴보면 다음과 같다(Daft, 1999: 8-13).

564

첫째, 오늘날의 리더는 끊임없는 변화의 불가피성을 수용하고 '흐름에 맡기는 (go with the flow)' 것을 학습해야 한다. 또한 리더는 변화 자체를 잠재적인 에너지 원천으로 인식해야 한다. 변화를 어떤 것을 보다 좋게 하는 것의 기회로 이해해야 한다. 나아가 리더는 개개 노동자와 조직 자체의 안정보다 변화를 통해 계속 진행하여 발전한다는 가치관을 가지고 있어야 한다.

둘째, 권력분배에 관한 옛날의 가정은 오늘날 더 이상 타당하지 않다. 사람들은 자신의 직무와 관련하여 권한위임과 참여를 요구한다. 오늘날 리더는 권력을 비축하는 것보다 오히려 권력을 공유할 필요가 있다.

셋째, 권한위임으로의 이동은 경쟁과 갈등보다 협력을 강조하는 새로운 작업방식과 직접적으로 연계되어 있다. 이리하여 타협(compromise)이 약점이 아니라 강점의 징표가 되고 있다. 수평적 협력은 부서 사이의 경계를 제거하고, 조직에 있어 지식을 확산하는 데 기여하고 있다.

넷째, 조직 내 그리고 조직 사이의 협력의 증대는 사물에 대한 강조로부터 관계의 강조로 이동하는 근본적인 변혁을 초래하고 있다. 산업화 시대는 조직을 사물에 대한 집합(conglomeration)으로 간주했지만. 새로운 패러다임의 세상은 복잡하고 동태적인 시스템으로 인식한다. 리더는 예 혹은 아니요(yes or no), 흑백(black-or-white)의 기반으로 조직을 운영하는 것이 아니라 중간영역(gray areas)을 다루는 것을 학습해야 한다.

표 23-1   새로운 리더십 현실

옛날 패러다임(old paradigm)	새로운 패러다임(new paradigm)
산업화 시대(industrial age)	정보화 시대(information age)
안정(stability)	변화(change)
통제(control)	위임(empowerment)
경쟁(competition)	협력(collaboration)
사물(things)	사람과 관계(people and relationships)
획일성(uniformity)	다양성(diversity)

출처: Daft(1999: 9).

다섯째, 세계는 국가적 수준과 세계적 수준 모두에서 다양성으로 급속하게 이동하고 있다. 조직을 다양성으로 이동하게 하는 동력은 최상의 인적 재능을 끌어들이는 것이며, 광범위한 조직사고방식(organizational mind-set)을 발전시키는 것이다.

<h2>제 2 절 리더십과 관리</h2>

1. 관리의 본질

관리(管理, management)란 조직자원의 기획, 조직화, 충원 및 통제를 통해 효율적이고 효과적인 방식으로 조직목표를 달성하는 것으로 정의된다. 관리는 사람을 통해 수행되는 과업에 관한 예술(art)이다. 이러한 관리는 조직 내 공식적 권위(formal authority)와 관련되어 있다.

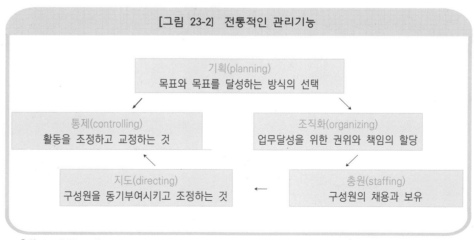

[그림 23-2] 전통적인 관리기능

기획(planning)
목표와 목표를 달성하는 방식의 선택

통제(controlling)
활동을 조정하고 교정하는 것

조직화(organizing)
업무달성을 위한 권위와 책임의 할당

지도(directing)
구성원을 동기부여시키고 조정하는 것

충원(staffing)
구성원의 채용과 보유

출처: Daft(1999: 16).

[그림 23 - 2]와 같이 전통적으로 제시되고 있는 관리기능인 기획, 조직화, 충원, 지도, 통제는 관리자의 성공을 위해 매우 중요하다. 또한 관리의 기능은 관리자가 수행하는 광범위한 활동에서 파악할 수 있다.

관리자가 이들 기능을 수행함에 있어, 업무를 숙고하고, 업무를 기획하는 데 시간을 쏟지 못하고, 대부분의 시간을 다른 사람과 대화하고 의견을 청취하는 데 소비한다. 관리자는 자신의 시간 80%를 다른 사람과의 언어적 상호작용(verbal interaction)을 하는 데 보낸다(Reitz, 1987: 10).

2. 리더십과 관리의 관계

리더십과 관리 모두는 조직을 위해 방향을 제시하는 데 관심이 있다. 때로는 리더십과 관리가 상호 교환적으로 사용된다. 하지만 리더십은 관리를 대치할 수 없다. 리더십은 관리에 부가될 수는 있다.

위임에 대한 선호와 불확실성 회피라는 2가지 차원에서 리더십과 관리에 관한 차이점을 이해할 수 있다. 위임에 대한 선호(preference for delegation)는 최고관리층이 낮은 계층의 관리를 격려하는 정도이다. 최고관리층이 낮은 계층의 관리자에게 의존하고, 낮은 계층의 관리자가 최고관리층의 승인 없이도 결정할 수 있다면 위임에 대한 선호가 높다. 반면에 불확실성의 회피(uncertainty avoidance)는 최고관리층이 주요한 위기에 관련된 선택이나 행동을 취하는 것을 회피하는 정도이다. 이에 최고관리층이 위기를 감수하는 경향이 있다면 불확실성의 회피는 낮다.

이와 같은 2가지 리더십 차원으로 [그림 23 - 3]과 같이 4가지 리더십 스타일 (마에스트로, 관리자, 리더, 생산자)로 구별할 수 있다(Burton, Desanctis & Obel, 2006: 137- 140).

① 마에스트로(maestro) : 마에스트로는 위임에 대한 선호가 낮고, 불확실성 회피가 낮다. 마에스트로는 자기자신의 바람과 부합하는 결정을 보장하기 위해 직접적으로 개입한다. 또한 마에스트로는 조직에 대한 장기적 결정의 불확실성을 회피하

567

[그림 23-3] 리더십 스타일의 공간

		위임에 대한 선호 (preference for delegation	
		낮음	높음
불확실성 회피 (uncertainty avoidance)	높음	관리자 (manager)	생산자 (producer)
	낮음	마에스트로 (maestro)	리더 (leader)

출처: Burton, DeSanctis & Obel(2006: 137).

지 않는다. 마에스트로 리더십 스타일은 소규모의 신규회사에 적합하다. 또한 마에스트로 리더십 스타일은 합병과 같은 주요한 변화 혹은 위기에 적절하다.

② 관리자(manager) : 관리자는 불확실성 회피가 높고, 위임에 대한 선호가 낮다. 관리자는 전략적 결정보다 운영통제에 보다 많은 초점을 둔다. 관리자는 부하를 관리하는 데 있어 의사결정의 권위를 위임하는 것이 아니라 대신에 공식화된 규칙을 활용한다.

더욱이 리더십에 대한 관리자 접근은 효율성에 관련한 혁신을 제외하고 조직의 기술에 위협이 될 수 있는 혁신에는 거의 관심이 없다. 이에 관리자 리더십 스타일은 장기적 관점에서 조직이 성공할 수 있는 이슈를 간과하고 단기적 지향을 보인다.

③ 리더(leader): 위임에 대한 선호가 높고, 불확실성 회피가 낮다. 리더는 조직을 위해 다른 사람들도 좋은 결정을 할 수 있다는 것을 확신한다. 리더는 장기적 불확실성을 회피하는 것이 아니라 전략적 결정에 보다 많은 관심을 가짐으로써 도전을 받아들인다. 리더는 자기자신과 부하들에게 새로운 아이디어, 진취성, 프로젝트를 격려한다. 또한 리더는 새로운 아이디와 행동을 탐구한다. 나아가 리더는 장기적 관점에서 전략적 고려에 보다 많은 초점을 둔다.

④ 생산자(producer) : 생산자는 위임에 대한 선호가 높고, 불확실성 회피가 높다. 생산자는 효율성과 효과성 모두에 초점을 둔다. 생산자는 새로운 제품과 서비스를 소개하고 발전시키는 것을 보장한다. 불확실성을 회피하기 위해 생산자는 사소한 감독은 위임하고, 그리고 장기적 관점의 전망과 기획에 초점을 둔다. 또한 생산자는 부하의 관리적 자원을 활용한다.

또한 리더십과 관리는 다음과 같이 몇 가지 점에서 중요한 차이점이 있다.
첫째, 관리는 여러 가지 목적을 성취하는 데 있어 인원, 장비, 정보를 활용하는 것이 포함되어 있다. 관리는 조직과 동의어이지만, 리더십은 조직 밖에서도 존재할 수 있다. 모든 리더십의 행태가 조직목표의 성취를 지향하는 것은 아니다. 어떤 조직에서 관리자가 조직의 목표보다는 개인의 목표를 성취하기 위해 노력하는 경우 관리보다 리더십에 종사하고 있다고 볼 수 있다. 이런 의미에서 리더십은 관리보다 포괄적인 개념이다(Hersey & Blanchard, 1982: 106-107).
둘째, 관리는 조직목적의 성취를 위한 주요한 변수인 리더십의 특별한 유형으로 생각할 수 있다. 또한 관리는 조직 내의 공식적인 권위에 관련되어 있다(Ackeman, 1985). 관리자는 부하(subordinate)를 가진다. 리더는 리더의 목표 추진력에 매력을 느끼거나 인정하는 추종자(followers)를 가진다.
셋째, 〈표 23-2〉와 같이 리더는 가치, 기대와 맥락(context)에 초점을 두는 반면에, 관리자는 추종자의 행태에 대한 통제와 결과에 초점을 둔다. 또한 리더는 현상에 대해 도전하고, 장기적인 관점을 취하는 반면, 관리자는 현상을 유지하고, 단기적 관점을 취한다. 즉 관리자는 정책 혹은 절차에 추종자들이 순응하는 것을 강조한다. 리더는 관리보다 집단구성원에 대한 성향에 있어서 보다 개인적(personal)이다(Hughes, Ginnett, & Curphy, 2006: 39).[1]

1 Lawton과 Rose(1991: 142)는 관리란 정치적 활동(political activity)이라고 규정하고, 이에 관리자의 역할은 ① 위기관리자(crisis handler), ② 자원할당자(resource allocator), ③ 권위부여자(authoriser), ④ 협상자(negotiator), ⑤ 조정자(monitor), ⑥ 평가자(evaluator)로 활동하는 것이라고 제시하고 있다. 또한 보편적인 관리능력에 기초한 일련의 포괄적인 관리기능(generic management functions)은 ① 고객의 요구에 대응하고, ② 사람들을 관리하고, ③ 재정자원을 관리하고, ④ 정보를 관리하는 것이라고 규정한다. Manning(1984)은 최고관리자에게 중요한 기능은 상담, 협상 그리고 회의를 주재

표 23-2　리더와 관리자

리 더	관리자
혁신(innovate)	행정가(administer)
추종자(followers)를 가짐	부하(subordinates)를 가짐
비전(vision)	계획(plan)
수입(revenues)	지출(expenses)
원본(original)	모방(copy)
발전(develop)	유지(maintain)
코치(coach)	훈련(train)
영감(inspire)	통제(control)
협력(synergy)	조정(coordinate)
사람중심(focus on people)	구조와 시스템 구축(focus on system & structure)
장기적 관점(long-term view)	단기적 관점(short-term view)
목적과 이유에 대한 물음(ask what and why)	방법과 시점에 대한 물음(ask how and when)
고안하다(originate)	시작하다(initiate)
현재 상태에 대한 도전(challenge the status quo)	현재 상태의 수용(accept the status quo)
옳은 일을 행하다(do the right things)	일을 올바르게 행하다(do things right)

출처: Hughes, Ginnett, & Curphy(2006: 39, 392)를 재구성한 것임.

제 3 절　리더십 이론

　　리더십 이론은 리더십의 다양한 측면을 설명하는 것이다. 이들 이론은 성공적인 리더십을 보다 잘 이해하고, 예측하고, 그리고 통제하는 데 활용된다. 이러한 리더십 연구는 1930년대부터 사회심리학과 조직행태 분야에서 주요한 연구과제가 되었으며, 1940년부터 1970년대까지 리더십 연구는 〈표 23-3〉과 같이 특성이론, 행태 혹은 기능적 시각의 이론, 상황(situational)이론 혹은 상황적합(contingency)이

하는 것이며, 중간관리자에게 중요한 기능은 집단작업과 팀을 구성하는 것이고, 하급관리자에게 중요한 기능은 구체적인 직무기술, 기술적 혹은 전문가적 능력이라고 주장한다.

표 23-3   리더십 연구의 흐름

연구방향	연구내용
리더십 자질(특성)이론 (20세기 초~1940년대)	- 리더를 중심으로 성공적인 리더의 특성을 연구하는 데 초점 - 리더는 태어남, 만들어지지 않음(Leaders are born, not made) - 성공적인 리더의 성격 및 신체적인 특성이 연구대상
리더십 행동이론 (1950~1960년대)	- 리더와 부하 간 관계를 중심으로 리더의 행동을 연구 - 리더의 행동유형과 리더십 효과에 관한 연구. - 독재적-자유방임적, 구조주도적-배려중심적, 생산지향적-인간지향적
리더십 상황이론 (1970~1980년대)	- 리더십 과정에서 작용하는 주요 상황을 중심으로 리더와 상황의 관계를 연구 - 리더에게 작용하는 환경적 상황요소와 리더십 효과성에 관한 연구(리더와 부하의 특성, 과업성격, 집단구조, 조직의 강화작용 등)
새로운 리더십 (1990년대 이후)	- 리더는 비전을 가져야 하며, 구성원들에게 강한 정서적 반응을 이끌어 냄 카리스마 리더십, 변혁적 리더십, 비전 리더십, 셀프 리더십, 서번트 리더십

출처: 이인서(2014: 310) 연구를 재구성함.

론으로 형성되어 왔다. 1970년 중반부터 학자들은 리더십 연구에서 리더가 복잡한 조직의 구조, 문화 및 성과뿐만 아니라 추종자의 감정, 동기, 선호, 갈망, 몰입에 어떠한 영향을 미치는가에 초점을 두고 있다. 이들 리더십 연구로는 카리스마 리더십 이론(House, 1977), 변혁적 리더십(Burns, 1978; Bass, 1985), 비전(visionary) 리더십 이론(Sashkin, 1988) 등이 있다.[2] 이들 리더십 연구들은 상징적인 리더의 행태, 비전적이고 영감적인 능력, 비언어적인 의사전달, 이상적인 가치의 호소, 부하들에게 권한위임 등을 강조한다(House & Podsakoff, 1994: 55).

특히 1970년 이후 많은 리더십 연구자들은 리더십 연구가 업무상황에서 너무 협소한 시각으로 리더와 부하 사이의 교환관계에 집중하고 있고, 상당히 양적인 모형과 분석을 강조하고 있다고 지적한다. 이리하여 몇몇 학자들은 리더십 연구에

[2] 비전적 리더십은 리더가 팔로워에게 조직의 미래에 대한 강력한 비전을 제시한다. 비전(vision)이란 조직의 가치 안에서 이상적인 조직의 미래상태를 표현한 것이다. 비전은 구성원들이 불확실한 상황에서 어떻게 행동해야 되는지에 대한 신념체계, 즉 무엇을 구성원들이 지향해야 되는지에 대한 지침이다. 비전적 리더십의 영향력을 발휘할수록 종업원들은 조직의 목적과 자신의 목적을 하나로 일치시키게 된다. 또한 비전적 리더가 제시한 고무적 비전을 함께 공유하는 구성원들 간에 유대감이 형성되어 서로를 도와주는 행위가 증가할 수 있고, 이러한 비전을 통해 하나가 된 조직에 대해 서로 이로운 행위가 발생할 수 있다(이수정·윤정구, 2012: 38).

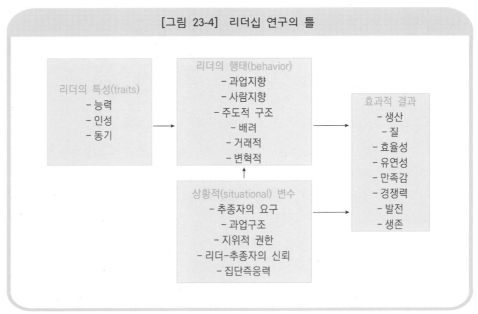

[그림 23-4] 리더십 연구의 틀

리더의 특성(traits)
- 능력
- 인성
- 동기

리더의 행태(behavior)
- 과업지향
- 사람지향
- 주도적 구조
- 배려
- 거래적
- 변혁적

상황적(situational) 변수
- 추종자의 요구
- 과업구조
- 지위적 권한
- 리더-추종자의 신뢰
- 집단즉응력

효과적 결과
- 생산
- 질
- 효율성
- 유연성
- 만족감
- 경쟁력
- 발전
- 생존

출처: Gibson, et al.(2006: 314).

있어서 정치적 분석과 역사적 분석과 같은 다른 원천에서의 리더십과 보다 폭넓은 이슈에 대한 관심, 그리고 인터뷰 조사와 사례연구와 같은 보다 질적인 연구에 관심을 가지게 되었다.

　　이와 같이 리더십 이론은 [그림 23－4]와 같이 특성이론, 행태유형, 상황적 변수에 의해 설명할 수 있으며, 리더가 곧 조직의 효과성(생산, 효율성, 질, 유연성, 만족감, 경쟁력, 발전) 측정에서 차이를 일으킬 수 있다고 한다(Gibson, et al., 2006: 290).

1. 자질(특성)이론

1800년대에서 1900년 초에는 위대한 리더는 만들어지는 것이 아니라 태어나는 것이라고 믿었다.[3] 특히 제1차 세계대전 말엽에서부터 제2차 세계대전 이후까지의 연구자들은 주로 리더십 특성이론에 초점을 두고 있었다. 위인설(the Great Man theory)로 알려진 리더십 자질이론(資質理論, trait theory)은 성공적인 리더에서 발견되는 중요한 자질을 인지하는 것이다. 즉 최상의 리더는 일련의 공통적 특성(a certain set of characteristics in common)을 소유하고 있다. 이러한 위인접근법은 리더가 소유하는 자질은 리더가 아닌 사람이 소유하고 있는 자질과 구별된다는 것이다.

리더십의 자질에 대해 몇몇 학자들은 다음과 같이 제시하고 있다. 첫째, 1948년 Stogdill은 124편의 리더십 연구에 대한 검토를 통해 리더십 능력을 가진 개인은 팔로워 혹은 부하보다 유창하고(fluent), 독창적이고(original), 적응적이고(adaptable), 반응적이고(responsible), 대중적이고(popular), 업무수행의 능력(capable)이 있다고 주장하고 있다.

둘째, Kossen(1983)은 리더십을 구성하는 자질로 ① 창의적으로 문제를 해결할 수 있는 능력, ② 의사소통하고 청취할 수 있는 능력, ③ 성취에 대한 강한 열망, ④ 다양한 관심과 사회성(sociability), ⑤ 부하들에 대한 긍정적이고 신중한 태도, ⑥ 자신감(self-confidence), ⑦ 열의(enthusiasm), ⑧ 자제력(self-discipline), ⑨ 태도(manner), ⑩ 정서적 안정 등을 제시한다. 이들 리더십의 특성은 학습될 수 있고, 발전될 수 있다고 주장한다.

셋째, McKinney와 Howard(1998: 281-282)는 리더십을 구성하는 자질을 다음과 같이 제시하고 있다. ① 목표성취를 위해 지속적으로 노력하는 성실성(single-

---

3 이 이론은 역사란 사람의 시녀라는 시각이었다. 이리하여 위대한 사람(great man)이 실제로 역사의 형성과 방향을 변화시키는 것으로 이해하였다. 위대한 사람은 뒤떨어진 개인(lesser individual)보다는 효과적으로 그리고 신속하게 역사적 장벽을 극복할 수 있다는 것이다(Van Wart, 2005: 5). 자질이론에 관한 자세한 내용은 이영균·김선홍(2006) 참조.

mindedness), ② 지적인 사고능력, ③ 육체적인 정열, ④ 균형적인 인성 – 리더는 개인적 욕구를 조직의 목표에 관련시켜야 한다. ⑤ 자신감(self-confidence) – 리더는 다른 사람을 공평하게 대하는 능력, 자제, 단호함을 소유해야 한다. ⑥ 정직 – 리더는 보다 높은 공익을 성취하기 위해 노력해야 한다.

> 아래의 뛰어난 리더들이 소유하고 있는 공통적인 개인적 자질과 특성은 무엇인가? 이들 리더가 공유하는 육체적 특성(physical traits), 지능과 성격적 특성은 무엇인가? 우리는 리더의 본질에 관해 무슨 결론을 내릴 수 있는가?

Jesus Christ	Martin Luther King, Jr.	Adolf Hitler	Napoleon Bonaparte
Mahatma Gandhi	Dwight D. Eisenhower	Moses	Mao Tse-Tung
Winston Churchill	Franklin D. Roosevelt	Golda Meir	Vince Lomardi
Abraham Lincoln	Margaret Thatcher	Robert E. Lee	Joan of Arc

출처: Reitz(1987: 467-468).

자질(traits)은 어떤 사람에게 상대적으로 오랫동안 영속하는 특성(enduring characteristics)이다. 이런 맥락에서 초기 자질이론의 학자들은 리더는 추종자의 특성과 구별되는 조합된 특성을 상속받았다고 생각했다. 리더십 자질에 관한 연구들은 [그림 23-5]와 같이 효과적인 리더십을 예측하기 쉬운 리더의 특성으로 드라이브, 리더하고자 하는 동기, 정직과 진실성, 자신감, 감정적 성숙성 등을 들고 있다.

① 드라이브(drive) : 목적추구에 있어 높은 수준의 에너지, 노력, 지구력. 드라이브를 가진 리더는 성취를 추구하고, 에너지와 끈기를 소유하고, 자신의 목표를 성취하는 데 야망과 진취력을 소유하고 있다.

② 리더하고자 하는 동기(motivation to lead) : 다른 사람에게 영향을 미치고자 하는 강한 열망, 다른 사람에게 편안하게 권력을 행사하는 사람

③ 정직과 진실성(honesty/integrity) : 신뢰, 개방성, 솔직담백함. 진실성은 언행의

일치가 있는 것이다. 이러한 미덕은 리더와 팔로워 사이에 신뢰의 토대가 된다. 정직과 진실성의 자질을 소유하는 것은 회의론(skepticism)을 최소화하고, 생산적 관계를 건설하는 데 필수적이다.

④ 자신감(self-confidence) : 자기 자신의 능력에 대한 강한 믿음, 자신과 다른 사람에 대해 높은 기대를 가지고 있는 사람, 장애를 극복하고, 목적을 성취함에 있어 낙관주의적 경향이 있는 사람. 긍정적 자아 이미지를 가진 리더, 그리고 자기자신의 능력에 관해 확신을 보여 주는 리더는 팔로워 사이에 신뢰를 발전시키고, 존경과 찬양을 얻을 수 있으며, 도전에 대처할 수 있다.

⑤ 감정적 성숙(emotional maturity) : 스트레스와 압박에 직면했을 때 평온하고 침착한 사람, 자기자신의 약점과 강점에 관한 자기인식이 정확한 사람, 비판에 직면했을 때 과도하게 방어적인 성향이 아닌 사람

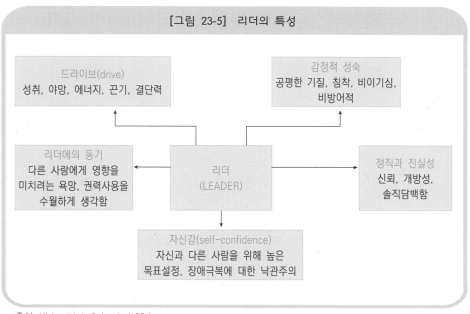

[그림 23-5] 리더의 특성

출처: Kirkpatrick & Locke(1991).

수백 건의 리더십 연구에서 불행하게도 연구자들은 위대한 리더로 변치 않게 구별할 수 있는 일련의 특성에 대한 합의에 도달하지 못했다. 이처럼 성공적인 리더의 특성에 초점을 둔 자질이론은 다음과 같은 문제점이 제기된다(이영균·김선홍, 2006: 25).

첫째, 리더십의 자질이 모든 직무에 동일하게 유지되는 것이 아니라, 직무요구에 의해 리더의 행태변화가 일어나야 한다.

둘째, 관리자가 소유하고 있는 리더의 자질이 자동적으로 관리의 성공을 보장하는 것은 아니다.

셋째, 리더십 상황에 관한 본질을 고려하지 못하였다. 즉 모든 리더십의 상황이 동일한 것으로 간주하고 있다.

넷째, 모든 성공적인 리더들이 정확하게 같은 자질을 가지고 있는 것은 아니다. 일련의 리더 인성이 리더와 비리더(nonleader)를 일관성 있게 구별하지 못한다. 즉 리더와 비리더를 구별하는 일련의 인성적 특성을 도출하는 데 실패했다. 나아가 개개인의 특성에 의한 리더십 이론은 리더와 추종자의 관계를 설명하지 못한다. 이처럼 인성의 특성은 리더십의 예측변수로서 일관성이 없다.

2. 행태이론

1940년 후반부터 리더십 연구자들은 사람이 어떻게 행동하는지가 그 사람의 리더십 효과성을 결정한다고 생각하기 시작했다. 즉 특성을 추구하는 대신에 이들 연구자는 행태를 조사하기 시작했으며, 추종자의 성과와 만족감에 대한 리더의 영향력을 탐구하기 시작했다.

행태이론(行態理論, behavior theory)에 따르면, 조직효과성을 결정하는 것은 리더의 특성이 아니라 리더가 추종자에 대해 실제로 처신하는 방식(how the leader behaves toward followers)이라는 것이다. 이와 같이 행태이론은 리더의 행태와 추종자에 대한 리더의 영향에 초점을 둔다. 즉 행태이론은 효과적인 리더와 비효과적인 리더를 구별하는 것으로 리더의 행태에 초점을 둔다. 행태접근법의 결과물은 리더십 유형을 분류하거나 혹은 행태의 패턴을 분류하는 것이다. 이러한 접근법은 리더십의 복잡성을 이해하는 데 유용한 수단이다.

이러한 행태이론의 근본적인 단점은 최상의 리더십 스타일이 있다고 가정하는 경향이 있다. 즉 행태학파의 학자들은 최상의 리더십 스타일로 민주적으로 처신하는 리더를 지각하는 경향이 있었다. 하지만 최상의 리더십 스타일은 존재하지 않는다. 효과적인 리더십 스타일은 상황의 본질에 의존한다.

리더십의 행태적 접근법에 공헌한 연구로 〈표 23-4〉와 같이 Lewin, Lippit 및 White의 연구, 오하이오주립대학교의 연구, 미시간대학교의 연구, 텍사스대학교의 연구 등이 있다.

표 23-4 리더행태 연구의 주제

구 분	사람지향 (People-Oriented)	과업지향 (Task-Oriented)
Lewin, Lippit & White	민주형	권위주의형
Ohio State University	배려	과업구조
University of Michigan	종업원 중심	직무 중심
University of Texas	사람에 대한 관심	생산에 대한 관심

1) Lewin, Lippit, White의 연구

Lewin, Lippit, White(1939)는 아이오와주립대학교(Iowa State University)에서 McGregor가 기술한 Theory X와 Theory Y 관리자에 대해 연구를 수행했다. 즉 소규모 연구집단을 대상으로 조직구성원의 성과와 만족에 관해 3가지 다른 리더십 효과를 평가하였다. 10세 소년들을 대상으로 장난감 만들기 작업을 시키는 과정에서 3개의 상이한 리더유형(초등학교 교사)을 적용하여 그 결과를 측정하였다. 매 6주마다 리더를 그룹 사이에 교대하고, 각 그룹에게 각 리더십 유형을 경험하게 했다. 18주 이후 참여한 소년의 행태와 생산성을 관찰한 결과, 권위주의 리더십과 민

577

표 23-5	참여적 의사결정의 범위	
권위형(autocratic) 집단은 의사결정에 참여하지 않는다.	관리자가 질문(questions)을 요청한다.	민주형(democratic) 집단이 많은 영역에서 의사결정을 발의하고 그리고 결정한다.
	관리자가 제안(suggestions)을 요청한다.	
	집단이 제한된 영역에서 사소한 결정을 한다.	

출처: Lundgren(1974: 337).

주적 리더십 유형은 [그림 23−6]과 같이 의사결정에서의 참여 정도에서 차이가 있었다.

(1) 권위주의형(權威主義型, authoritarian)

모든 정책은 지도자가 결정한다. 권한과 통솔이 집중되어 있는 강력한 리더형이다. 권위주의 리더십은 자유방임형 리더십과 같이 부하들과 상담하지 않고, 제안을 요청하지 않으며, 리더의 행동에 대한 어떠한 설명과 이유도 제시하지 않는다.

권위주의 리더십은 업무수행에 있어 보상과 처벌(reward and punish)에 관련된 자신의 능력에 의존한다. 동기부여의 기법은 주로 공포의 산물(production of fear)이다.

이러한 권위주의 리더십은 다음과 같은 상황에서는 적절하다. 행동을 매우 빨리 취해야 하는 상황(전투와 같은 상황 등)과 업무가 매우 루틴한 영역에서는 권위형 리더십이 보다 효과적일 것이다.

(2) 민주형(民主型, democratic)

모든 정책은 집단토론을 통해서 결정한다. 리더가 부하들에게 몇몇 권한과 권위를 위임한다. 민주형 리더십은 리더의 의사결정에 부하를 종종 참여시키는 지원적 리더십(supportive leadership)이다.

이러한 민주형 리더십은 권한공유(power sharing)와 참여적 의사결정으로 특정된다. 책임이 집중되는 것보다 분산된다.

(3) 자유방임형(自由放任型, laissez-faire)

리더가 조직의 계획이나 운영상의 결정에 관여하지 않고, 국외자와 같은 수동적 입장에서 행동하며, 조직구성원들에게 모든 일을 방임하는 자세이다. 즉 부하가 자신의 목적을 선택하고 그리고 자신의 업무를 모니터하는 데 전적으로 자유를 가지는 것이다. 이처럼 자유방임형 스타일에는 지시적 리더십(direct leadership)이 부재하며, 리더가 부하들을 활동하게 하는 가장 중요한 역할이란 조정자(coordinator)라는 것이다.

이러한 자유방임형 스타일은 대학구조에 발견된다. 대학교수들은 자신의 직무에 관한 계획에 있어 상당한 자유를 가진다. 하지만 대학에서도 강의계획표가 설정되며, 수용할 수 있는 연구결과의 질에 대한 상당한 압박이 있다.

이 연구의 실험결과는 ① 조직구성원들의 만족감은 민주형 > 권위형 > 자유방임형 리더 순으로 만족감이 높았다. ② 권위형 리더 밑에서는 현재적 공격성의 정도가 가장 높다. ③ 권위형 리더십이 민주적 리더십보다 많은 양을 생산하였다. 하지만 생산품의 질은 민주형 리더가 좋다. 권위형 리더십에서 보다 많이 의존적이고 그리고 순종적인 행태를 보였다. ④ 자유방임형 리더십은 낮은 생산성, 낮은 질의 생산, 보다 많이 놀고 있었다. ⑤ 일에 대한 흥미는 민주형 리더하에서 가장 높다.

2) 오하이오주립대학교의 연구

오하이오주립대학교(Ohio State University Studies)의 Fleisman과 동료학자들(1955)은 1945년에 시작한 연구에서 대략 2,000문항의 리더행태 목록을 수집한 다음, 중요한 리더십 기능을 기술한 것을 선택하여 최종적인 리더십 행태 150사례가 포함한 설문지인 리더행태기술설문지(Leader Behavior Description Questionnaire: LBDQ)를 만들었다. 이것을 수백 명의 조직구성원에게 적용하여 2가지 광범위한 리더행태 유형의 범주인 과업구조와 배려를 도출하였다.

579

(1) 과업구조(initiating structure)

과업구조는 리더가 과업지향의 정도와 목표성취를 위해 부하들의 과업활동을 지시하는 정도를 기술한다. 과업구조는 리더가 목표를 설정하고, 직무를 수행하기 위해 구조화하고, 조직구성원의 성과를 조정하는 데 행동을 취하는 것을 의미한다. 높은 과업구조의 리더는 목표와 결과에 초점을 둔다.

부하에 대해 과업구조에 초점을 둔 리더는 ① 사람들에게 특정한 과업을 할당한다. ② 회의 마감일(meeting deadlines)을 강조한다. ③ 부하들이 표준적인 관례를 따르기를 기대한다. ④ 경쟁에서 앞서 나가기를 강조한다(Reitz, 1987: 474).

(2) 배려(consideration)

배려는 리더가 부하에 대해 세심한 정도와 상호 신뢰를 수립하는 정도를 일컫는다. 배려는 리더의 행태가 조직구성원과의 관계에서 우정, 친근감, 존경, 상호 신뢰 등을 표출하는 것이다. 높은 배려를 가진 리더는 개방적 의사소통과 참여를 지지한다.

배려를 많이 보여 주는 리더는 다음과 같은 특징을 보인다. ① 개인적 문제를 가진 부하를 돕는다. ② 조직운영에 있어 부하들의 제안을 적용한다. ③ 부하를 동등하게 취급한다. ④ 부하를 옹호한다(Reitz, 1987: 473).

연구자들은 2가지 사항을 발견했다. 하나는 높은 과업구조의 리더는 높은 능력평가등급(proficiency ratings)을 갖지만, 종업원의 불평이 많다. 다른 하나는 높은 배려의 리더는 낮은 능력평가등급과 보다 낮은 결근과 관련이 있다.

또한 두 차원인 과업구조와 배려 수준을 어느 정도로 배합하느냐에 따라 [그림 23-6]과 같이 ① 낮은 수준의 과업구조와 높은 배려, ② 높은 수준의 과업구조와 높은 배려, ③ 낮은 수준의 과업구조와 낮은 배려, ④ 높은 수준의 과업구조와 낮은 배려 등의 4가지 리더의 행동으로 분류할 수 있다.

오하이오주립대학교의 모델에 대한 비판으로, 첫째, 이 연구는 단순성, 일반화의 부족 및 리더십의 효과성을 측정하는 설문지의 신뢰성에 대한 비판이 있다

[그림 23-6] 오하이오주립대학교의 리더십 스타일

		과업구조(initiating structure) 낮음	높음
배려 (consideration)	높음	낮은 과업구조 높은 배려	높은 과업구조 높은 배려
	낮음	낮은 과업구조 낮은 배려	높은 과업구조 낮은 배려

(Gibson, et al., 2006: 319). 둘째, 리더의 행태와 결과 사이의 관계에 영향을 미치는 상황변수를 고려하지 않았다는 점에 한계가 있다(정우일, 2005: 558).

이러한 비판에도 불구하고, 오하이오주립대학교의 연구는 효과적 리더십 행태를 이해하는 데 상당한 진보를 가져오게 했다. 특히 오하이오주립대학교 모델에 따라 자신의 리더십 스타일을 분석하는 설문지는 〈표 23-6〉과 같다. 이 설문에 대한 응답점수로 리더십 스타일을 고려할 수 있다.

① 1번 문항에서 12번 문항의 응답점수가 47점 이상이 되면, 당신은 높은 과업구조(initiating structure)로서 자신의 리더십 스타일을 기술할 수 있다.

② 13번 문항에서 22번 문항의 응답점수가 40점 이상이면, 당신은 배려적 리더(considerate leader)이다. 배려적 리더는 다른 사람에 대한 편안, 복지, 그리고 기여에 관심을 가진 사람이다.

표 23-6	리더십 스타일에 대한 자아진단(self diagnosis)					
설문문항	① 매우 그렇다 ↔ ⑤ 전혀 그렇지 않다					
1. 나는 직무가 어떻게 수행되어야 하는가를 설명하는 시간을 갖는다.	①	②	③	④	⑤	
2. 나는 동료가 집단에서 수행해야 하는 파트를 설명한다.						
3. 나는 다른 사람이 따라야 하는 절차와 규칙을 명확하게 한다.						
4. 나는 자신의 업무활동을 조직화한다.						
5. 나는 사람들에게 자신이 어떻게 잘할 수 있는지를 알게 한다.						
6. 나는 사람들에게 기대하는 것을 알게 한다.						
7. 나는 다른 사람이 따라야 하는 것에 대해 통일된 절차를 활용하도록 권장한다.						
8. 나는 다른 사람에 대해 나의 태도를 명확하게 한다.						
9. 나는 다른 사람에게 특별한 업무를 할당한다.						
10. 나는 다른 사람이 집단에서의 자신의 파트를 확실하게 이해하도록 한다.						
11. 나는 다른 사람이 하기를 원하는 업무를 편성한다.						
12. 나는 다른 사람이 표준적인 규칙과 규제를 준수하도록 요청한다.						
13. 나는 보다 즐겁게 직무를 수행하게 한다.						
14. 나는 다른 사람을 돕는 데 있어 나의 방식을 고집하지 않는다.						
15. 나는 다른 사람의 감정과 의견을 존중한다.						
16. 나는 다른 사람에 대해 사려 깊고 배려적이다.						
19. 나는 동등하게 다른 사람을 다룬다.						
20. 나는 다른 사람에게 변화에 대해 미리 알려 주고, 그 변화가 자신들에게 어떠한 영향을 있을 것이라고 설명한다.						
21. 나는 다른 사람의 복지를 내다본다.						
22. 나는 다른 사람에 대해 친근하고, 쉽게 접근하는(approachable) 사람이다.						

출처: Hellriegel, Slocum, and Woodman(1995: 381).

3) 미시간대학교의 연구

1947년 Rensis Likert(1961)는 바람직한 성과와 만족한 목적을 성취하는 데 개인의 노력을 관리하는 최상의 방법을 연구하기 시작했다. Likert의 영감을 받은 미시간 팀은 효과적인 리더십의 원리와 방식을 발견하기 시작했다. 연구자들은 여러 가지 직업현장에서 조직의 서베이(the Survey of Organizations)이라고 불리는 설문지로 초기 현장연구와 인터뷰를 통해 두 가지 구별되는 리더십 유형을 인식했다. 또한 이들 연구는 관리자의 리더십 스타일이 성과에서의 차이점을 설명할 수 있다는 것을 발견했다.

미시간대학교의 연구(University of Michigan Studies)는 [그림 23-7]과 같이 성공적인 리더에 연계되는 두 가지 행태의 연속체를 제시하고 있다.

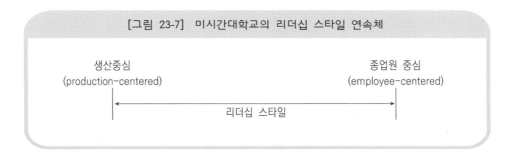

[그림 23-7] 미시간대학교의 리더십 스타일 연속체

생산중심
(production-centered)

종업원 중심
(employee-centered)

리더십 스타일

(1) 생산지향(production orientation)

생산지향은 생산에 대한 도구로서 업무가 완성되는데, 업무가 수행되는 구체적인 단계의 개발, 조직구성원에 대한 근접감독, 조직구성원에 대한 주시 등에 초점을 둔다. 생산지향의 리더는 구체적인 절차를 활용하여 종업원이 업무를 수행하게 하는 근접감독을 한다. 이러한 직무중심리더(job-centered leader)는 효율성, 경비절감, 일정관리로 직무활동을 지시한다.

업무지향(task-oriented)으로 언급되는 생산지향 리더는 업무설계와 생산성 증가가 가져올 보상개발에 주로 관심을 가진다. 이런 생산지향 리더는 오하이오주립대학교의 과업구조 리더십 모델과 유사하다.

(2) 종업원 지향(employee orientation)

종업원 지향은 조직성과의 이행을 위해 조직구성원과의 관계의 질을 가장 중요한 변수로 이해한다. 종업원 지향 리더는 인간관계 개선을 통해 성과를 향상시키는 데 초점을 둔다. 종업원 지향 리더는 자기 부하의 인간적 욕구(human needs)에 관심을 보여 준다.

종업원 중심의 리더는 지원적 업무환경(supportive work environment)을 부여하기 위해 의사결정을 위임하고, 지원적 관계를 강조하고, 종업원의 욕구만족에 도움을 준다. 이리하여 이 유형의 리더는 종업원의 개인적 발전, 성장 및 성취에 관심을 가진다. 이러한 종업원 중심의 리더십은 오하이오주립대학교의 배려 리더십 스타일과 일치한다.

이 연구 결과, 리더가 종업원 지향의 행동을 사용하는 것이 생산지향의 행동을 하는 것보다 생산성을 높이는 데 효과적이라는 것이다. 이 연구는 리더의 행태는 종업원 지향 리더십에서 생산지향 리더십에 이르는 선상에서 설명될 수 있다는 것이다. 또한 조직의 생산성 향상에 있어, 조직구성원을 의사결정 활동에 참여하도록 격려하고, 존경감을 가지고 대우하는 참여 리더십이 중요한 변수라는 것이다.

미시간대학교의 연구와 오하이오주립대학교의 연구는 리더십 행태의 광범위한 차원을 구별하기 위해 시도되었다. 이들 연구는 리더가 소유하고 있는 행태가 무엇인지에 대한 정보를 실무자에게 제공했다. 이들 지식은 리더십 업무를 수행해야 하는 개인들을 위한 훈련 프로그램의 설계에 기여하였다(Ivancevich & Matteson, 1990: 391).

4) Robert Blake와 Jane Srygley Mouton의 관리그리드

오하이오주립대학교의 연구와 미시간대학교의 연구에 기초하여 등장하는 것이 관리 그리드(Management or Leadership Grid)이다. 그리드(grid)는 포괄적 관리개발 프로그램의 목적을 보여 주기 위한 지도(map)로서 기여한다.

관리그리드는 가장 효과적인 관리자는 사람에 대한 관심과 생산에 대한 관심의 2가지 모두에 높은 관심을 갖는 것이라고 주장한다. 생산(production)은 조직구성원이 성취하고자 하는 산출물 혹은 결과를 말한다. 사람에 대한 관심(concern for people)은 리더가 종업원에 대해 어떻게 느끼고 그리고 대우하는가 하는 것이다.

Blake와 Mouton은 [그림 23-8]과 같이 사람에 대한 고려의 수직축(vertical axis)과 생산에 대한 고려의 수평축(horizontal axis)으로 조직을 특성화하였다. 각 축은 관심의 정도를 9점 척도로 분리하였다. 수직축은 지원적 접근(supportive approach)의 리더십이며, 수평축은 리더십의 업무지향, 구조주도형이다.

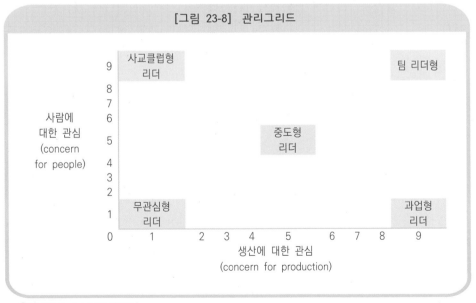

[그림 23-8] 관리그리드

출처: Black & Mouton(1985).

Blake와 Mouton은 가장 효과적인 리더십은 스타일 9.9(팀리더)의 행태라고 가정하고 있다. 관리그리드는 교육훈련 프로그램이 관리자를 스타일 7.7, 스타일 8.8, 스타일 9.9로 이동하게 조장하도록 안내한다. 즉 이 모형은 모든 관리자를 스타일 9.9로 이동하는 것이 바람직하다고 제안하고 있다. 이들 리더는 생산에 대한 관심과 비슷하게 자신의 부하에 대해 매우 높은 배려도 병행한다.

(1) 스타일 1.1(무관심형, 방관형, impoverished management)

이 스타일은 사람과 생산에 관심이 없는 무기력하고 무관심형(impoverished) 리더십이다. 관리자는 아무것도 아니다. 관리자는 책무를 다하지 못하는 사람이다. 이 관리자는 게으르고, 냉담하고, 그리고 무관심하기 때문에 효과적인 산출을 얻을 수 없다. 또한 건전하고 성숙한 관계를 형성하기가 어렵다.

(2) 스타일 9.9(팀 리더형, team management)

이 스타일은 사람과 생산에 대해 높은 관심을 가지는 팀 리더십이다. 이 유형은 바람직한 전형(desired paragon)이다. 생산은 조직목표를 향해 상호작용하는 통합된 시스템 속에서 과업요구와 인간적 요구의 통합으로부터 도출된다. 교육훈련 프로그램은 관리자를 팀 관리(9.9)로 이동하게 한다.

(3) 스타일 9.1(과업형, 권한-순응형, task management)

이 스타일은 인간적 요소들을 희생하면서 생산성을 강조하는 과업 혹은 권위형 리더십이다. 사람은 기계와 같은(just like machines) 원자재이다. 즉 사람을 목표달성의 수단으로 여긴다. 관리자의 책임은 부하들의 과업을 계획하고, 지시하고, 그리고 통제하는 것이다. 이 유형의 리더는 업무 지배적인 노예감시인(task-dominated slave driver)과 독재자이다.

(4) 스타일 1.9(사교클럽형, 컨트리클럽 관리, country club management)

이 스타일은 사람에 대해 강한 관심을 가진 시골 클럽 리더십이다. 이 관리자는 사람의 사기에만 관심이 있고, 성과에는 관심이 없다. 갈등과 좋은 유대관계 (fellowship)로 인하여 생산의 부족함이 따르기 마련이다.

(5) 스타일 5.5(중도형, middle-of-the-road management)

이 스타일은 중도적인 특성을 가진 타협형(organization man) 리더십이며, 목적달성과 개인적 만족 사이의 팽팽한 줄을 걷는 형이다(정우일: 2005: 559). 중도형 리더는 갈등을 피하고 적당한 정도의 생산활동과 대인관계를 유지하기 때문에 적당주의 리더 혹은 편의주의자로 묘사되기도 한다(김남현 역, 2013: 110).

3. 상황적합적 이론

자질이론과 행태적 접근법은 리더십과 관련하여 최상의 방법(one best way)을 발견하는 것에 중점을 두고 연구되었다. 즉 모든 상황에서 효과적인 행태유형과 특성을 인지하는 데 초점을 두었다. 즉 이들 이론은 만능인 이론(universalist theory)을 지향하고 있다. 하지만 리더십의 효과성은 리더십 상황의 본질에 관련되어 있는 다양한 요인들의 기능이다.

이에 1960년대 초에 리더십 연구자들은 리더, 추종자, 상황이 리더십 스토리텔링을 위한 본질이라고 생각했다. 즉 특정한 상황에서 리더십 과정의 결과를 결정하는 것은 이들 3가지 변수의 상호작용이라는 것이다.

리더십의 상황적합적 이론(狀況適合的 理論, situational theory)은 어떤 리더가 특정한 업무에 대해 적절한 리더십의 유형인가를 분석한다. 상황적합적 리더십 이론은 최상의 리더십 유형이 존재한다는 것을 부인한다. 즉 상황이 리더십 속성을 결정하며, 각 상황은 다른 리더십 능력을 요구한다. 리더가 조직의 요구에 부합되어야 한다. 리더는 상황에 최적으로 부합되는 것(what best fits the situation)에 의존한다.

이와 같이 리더십의 상황적합적 이론은 리더십 스타일과 구체적인 상황에서의 효과성 사이의 관계를 설명한다. 이러한 리더십에 관한 상황적 변수로는 ① 추종자의 기대, ② 성취해야 하는 업무에 관련된 기술, ③ 업무계획의 압박 정도와 서비스 배분의 환경, ④ 개인적 접촉의 요구 정도, ⑤ 조직발전의 정도 등이 있다 (McKinney & Howard, 1998: 287). 결국 상황적 접근법에서 리더는 내부적 압박과 외부적 압박에 대해 훌륭한 조정자이어야 한다.

1) Fred E. Fiedler의 상황적 리더십

Fiedler(1978)에 의하면, 리더에 대한 상황적 양호도(situational favorableness)는 3가지 리더십의 상황적 요인(리더와 부하의 관계, 업무구조, 리더의 지위권력)에 의해 결정된다. 이 모델은 [그림 23-9]와 같이 리더에 대해 매우 우호적인 상황에서부터 매우 불리한 상황으로 8개의 상이한 상황을 기술하고 있다. 이 모델에 기초하여, 매우 우호적인 상황(a very favorable situation)은 리더와 구성원의 관계가 좋고, 과업이 구조화되어 있고, 리더의 지위권력이 강한 것이다. 이처럼 적절한 리더십 유형(proper style of leadership)이란 리더의 인성과 리더에 대해 우호적인 리더십 상황이 어떠한가에 의존한다고 주장한다.

이런 맥락에서 집단의 성과는 리더십 스타일과 상황적 양호도 사이의 상호작용에 의존한다. 이 모형은 업무집단을 관리하는 데 있어 리더의 성공은 업무의 상황, 리더의 동기부여, 그리고 리더가 상황통제력과 영향을 가지는 정도 등에 달려 있다는 것이다. 즉 효과적인 집단성과는 부하와 상호작용하는 리더의 스타일 그리고 리더가 통제력을 발휘할 수 있는 기회가 주어지는 상황의 정도 사이의 조화(match)에 의존한다.

첫째, 리더의 인성(leader personality)이란 리더십 유형에 있어서 관리지향적인가 혹은 업무지향적인가 하는 것이다. 상황적 요인을 평가하기 위해 Fiedler는 〈표 23-7〉과 같이 가장 선호하지 않는 동료(the least-preferred coworker, LPC)에 관한 18개 항목의 설문지 도구를 개발하였다. LPC의 낮은 점수는 업무지향, 통제지향, 구조적 리더십 유형을 반영하는 것이다. 반면에 LPC의 높은 점수는 관계지향, 수동적, 배려적 리더십 유형과 관련이 있다.

특히 Fiedler는 〈표 23-7〉에서 나타난 LPC 점수에 따른 리더십 스타일을 제 안하고 있다.

① 당신의 점수가 64점 이상이면, 높은 LPC 사람이다. 높은 LPC 사람은 가장 선 호되지 않는 동료이다. 높은 LPC 사람은 관계에 동기부여하는 리더가 되어야 한다.

② 당신의 점수가 57점 이하이면, 낮은 LPC 리더이다. 이들 사람은 업무는 나 에게 매우 중요하다고 말한다. 낮은 LPC 사람은 업무(task)에 동기부여하는 리더가 되어야 한다.

③ 당신의 점수가 58점과 63점 사이라면, 동기와 목표가 혼합되어 있을 가능 성이 있다. 당신 업무에 동기부여되는지 그리고 관계에 동기부여되는지 자신을 결 정할 필요가 있다고 Fiedler는 주장한다.

표 23-7 LPC 점수

즐거운(pleasant)	8	7	6	5	4	3	2	1	불쾌한(unpleasant)
친근한(friendly)	8	7	6	5	4	3	2	1	비우호적인
거절(rejecting)	1	2	3	4	5	6	7	8	수용적(accepting)
긴장(tense)	1	2	3	4	5	6	7	8	여유 있는(relaxed)
거리가 있는(distant)	1	2	3	4	5	6	7	8	가까운(close)
차가운(cold)	1	2	3	4	5	6	7	8	따뜻한(warm)
지원적(supportive)	8	7	6	5	4	3	2	1	적의적(hostile)
지겨운(boring)	1	2	3	4	5	6	7	8	흥미로운(interesting)
다투기 좋아하는	1	2	3	4	5	6	7	8	사이가 좋은
우울한(gloomy)	1	2	3	4	5	6	7	8	쾌활한(cheerful)
개방적(open)	8	7	6	5	4	3	2	1	신중한(guarded)
험담(backbiting)	1	2	3	4	5	6	7	8	충성스러운
신뢰할 수 없는	1	2	3	4	5	6	7	8	신뢰할 수 있는
배려하는	8	7	6	5	4	3	2	1	배려하지 않는
못된(nasty)	1	2	3	4	5	6	7	8	멋진(nice)
기분 좋은(agreeably)	8	7	6	5	4	3	2	1	무뚝뚝한
진실되지 못한	1	2	3	4	5	6	7	8	진실된(sincere)
친절한(kind)	8	7	6	5	4	3	2	1	불친절한(unkind)

둘째, Fiedler는 바람직한 행태 혹은 결과를 산출하는 것과 관련된 3가지 부가적인 기준을 발전시켰다.

① 리더와 구성원의 관계(leader-member relations) : 이것은 부하에게 보여 주는 충성도의 정도가 포함된다. 이러한 충성의 정도는 집단구성원의 선호와 신뢰 정도 및 리더의 지시에 대한 자발적인 순응의 정도를 말한다. 리더와 구성원의 관계는 추종자가 리더에게 보이는 신임, 신뢰, 존경의 정도를 언급한다.

이 점에 있어 리더와 구성원 간의 관계가 좋은 것인가 혹은 나쁜 것인가 하는 것이 리더에 대해 얼마나 유리한 상황인가를 결정하는 데 중요한 고려요소가 된다.

② 과업구조(task structure) : 이것은 부하의 직무가 루틴화되고, 잘 정의되고, 구조화되고 있는 정도를 말한다. 이것에는 구체적인 업무절차와 표준화 정도, 추종자가 종사하는 업무의 구조화된 정도를 포함한다.

이와 같이 구조화된 과업의 특성은 다음과 같다(Reitz, 1987: 489). 과업에 관한 결정을 객관적으로 평가할 수 있다. 목표를 집단에 의해 명확하게 이해할 수 있다. 과업을 수행하는 방법 및 문제를 해결하기 위한 교정방법이 오히려 적다.

③ 지위권력(position of power) : 리더십 지위에 내재된 권력을 말한다. 이것은 리더 지위에 연계되는 합법적 권력의 양을 말한다. 이들 지위권력은 채용, 승진, 파면에 관련된 권한의 지위 정도 혹은 기관의 권위 등이다. 리더의 지위권력은 합법적 권력, 보상적 권력, 강압적 권력으로 구성되어 있다.

Fiedler는 이들 3가지 상황적 양호도 요인이 리더에 대해 어떻게 호의적인가를 결정하는 데 작용한다고 주장한다. 즉 좋은 리더-구성원의 관계, 높은 과업구조, 강한 지위권력이 가장 호의적인 환경을 구성한다. 반면에 좋지 않은 관계(poor relations), 낮은 정도의 과업구조, 약한 지위권력은 가장 낮은 수준의 호의적 환경을 표현한다.

셋째, Fiedler의 모델을 적용하여 리더와 상황을 조화시킬 수 있다. LPC 초점이 결정되면, [그림 23-9]와 같이 리더-구성원의 관계, 과업구조, 지위권력에 대한 평가에 기초하여 상황에 가장 잘 부합되는 리더십 유형을 선정할 수 있다.

이에 Fiedler의 모델은 어떤 특성을 가진 리더는 어떠한 상황에서 다른 리더

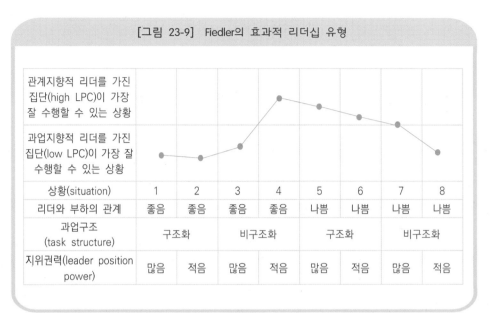

[그림 23-9] Fiedler의 효과적 리더십 유형

	상황(situation)	1	2	3	4	5	6	7	8
리더와 부하의 관계		좋음	좋음	좋음	좋음	나쁨	나쁨	나쁨	나쁨
과업구조 (task structure)		구조화		비구조화		구조화		비구조화	
지위권력(leader position power)		많음	적음	많음	적음	많음	적음	많음	적음

출처: Fiedler(1965).

보다 비교적 효과적일 수 있다고 예측한다. 즉 3가지 차원의 여러 가지 결합에서 8가지 잠재적 리더십 스타일이 산출된다. 업무지향적 리더 혹은 낮은 LPC를 가진 사람은 상황 1, 2, 3, 8이다. 반면에 관계지향적 리더 혹은 높은 LPC를 가진 사람은 상황 4, 5, 6이다. 업무지향적 리더이거나 관계지향적 리더인 것은 상황 7이 적절하다.

각 리더십 유형을 고정시키면 리더십 효과성을 향상하기 위한 두 가지 선택이 있다. 하나는 상황에 부합되기 위해 리더를 변경한다. 즉 야구게임에서 상황에 부합되는 투수로 교체하는 것과 같다. 다른 하나는 리더에 부합되게 조직상황을 변화시키는 것이다. 이러한 것으로 업무를 재구조화하거나 혹은 보수, 승진, 훈련과 같은 요인에 대한 리더의 통제권한을 증가하거나 줄이는 것이다.

Fiedler 모델에 대한 비판으로는 첫째, LPC 설문에 대한 조직구성원의 반응이 항상 일정하지 않다는 것이다. 즉 설문지의 타당성(validity)과 신뢰성(reliability)이 낮다. 둘째, Fiedler가 제시한 변수들의 의미가 명확하지 않다는 것이다. 즉 리더-구성원의 관계, 과업구조의 정도, 리더의 지위권력 등에 대한 평가가 매우 어렵다 (McKinney & Howard, 1998: 290-291).

이러한 비판에도 불구하고, Fiedler의 연구는 업무상황에서 리더십에 대한 과학적 연구를 자극하는 데 중요한 역할을 했으며, 리더십 과정의 복잡성을 지적했다(Gibson, et al., 2006: 326)는 데 의의가 있다.

2) Robert Tannenbaum과 Warren Schmidt의 리더십 연속체

Tannenbaum과 Schmidt(1973)는 상황적 리더십 개념의 발달에 중요한 영향을 미쳤다. 리더십 연속체(leadership continuum)란 관리자가 이용할 수 있는 몇 가지 상이한 리더십 행태를 말한다. 이러한 리더십의 유형에는 관리자가 결정을 하는 유형에서 부하들에게 중요한 책임을 위임하는 유형이 포함되어 있다. Tannenbaum과 Schmidt는 [그림 23-10]과 같이 연속체의 왼쪽에 있는 리더십 행태를 취하는 관리자는 상당히 권위주의자(authoritarian)이며, 상관중심적 리더(boss-centered leaders)라고 명명한다. 반면에 연속체의 오른쪽에 있는 리더십 행태를 취하는 관리자는 민주적 리더의 특성을 가지고 있으며, 부하중심적 리더(subordinate-centered leaders)라고 명명한다. 성공적인 리더십은 리더, 부하, 상황이라는 변수의 기능이라고 주장한다.

Tannenbaum과 Schmidt는 [그림 23-10]에서와 같이 관리자가 리더십을 결정할 때 고려해야 하는 요소로서 관리자의 힘, 부하들의 힘, 상황적 힘 등을 지적하고 있다.

첫째, 관리자의 힘(forces in the manager)에 작용하는 변수로는 ① 관리자의 가치체계, ② 관리자가 종업원에 대해 가지는 신념 정도, ③ 리더가 권력을 휘두르는 정도, 즉 종업원에 대한 권위의 행사 정도, ④ 모호성에 대한 참을성 정도 등이다.

둘째, 부하들의 힘(forces in the subordinate)에는 부하들의 인성이 중요한 변수이다. 종업원들이 의사결정에 관심을 가지지 않는다면 리더는 보스 중심의 리더십이 필요하다.

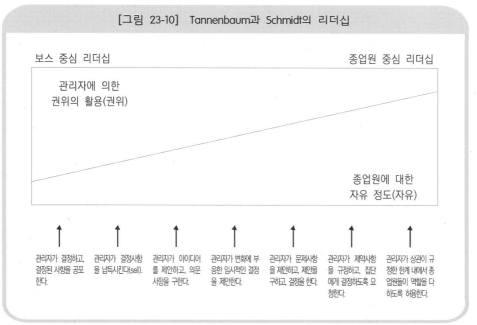

[그림 23-10] Tannenbaum과 Schmidt의 리더십

출처: Tannenbaum & Schmidt(1973).

셋째, 상황적 힘(forces in the situation)에 작용하는 변수로는 ① 조직의 가치와 전통, ② 집단의 효과성-종업원들이 하나의 집단으로서 얼마나 효과적으로 공동 업무를 수행하는지 정도, ③ 문제 자체의 난이도-관리자는 과제가 집단에 대해 너무 어려운지 쉬운지에 대한 결정, ④ 리더십 상황에 대한 적절성 등이 있다.

3) Robert House의 경로-목표이론

House(1971)는 동기부여의 기대이론에 기초하여 경로-목표(經路-目標, path-goal) 리더십 이론을 제안하였다. 경로-목표 모델은 상이한 상황에서 리더십 효과성을 예측하기 위한 시도이다. 리더의 역할이란 부하들의 노력을 성과로 전환시키면 바람직한 보상이 초래될 것이라는 부하들의 기대에 영향을 미치는 것이다. 이리하여 경로-목표이론에서 리더의 책임은 개인과 조직의 목표를 달성하기 위해 부하의 동기부여를 증가시키는 것이다. 이 이론은 리더의 행태가 부하가 바람직한 결과를 성취하는 데 도움을 줄 수 없다면 긍정적인 효과를 가질 수 없다고 말한다.

이 모델은 리더가 종업원의 직무만족감을 향상시키고, 성과수준을 증가시키기 위해서 리더 스타일을 선택해야만 한다고 제안한다. 이 이론은 리더가 업무목표에 대한 추종자의 지각, 자기개발 목표(self-development goals), 목표달성에의 통로에 어떻게 영향을 미치는가에 초점을 두기 때문에 경로-목표로 설계된다.

또한 경로-목표이론에 의하면, 관리자의 리더십 유형은 부하들이 자신들의 가치가 업무를 통하여 실현되는 것이라는 믿음에 의해 동기부여된다는 것이다. 이 이론은 [그림 23-11]과 같이 리더는 추종자들이 목표와 가치실현에 대한 보상을 획득하는 경로를 명확하게 보여 주어야 한다고 강조한다. 이와 같이 효과적인 리더는 부하들의 욕구와 기대가 자신의 직무성과를 통해 충족될 수 있다는 것을 부하들에게 이해시켜 준다. 이로써 부하들은 동기부여된다.

House는 관리자가 적절한 리더십을 선택할 때 고려해야 하는 것으로 부하들의 개인적 특성과 직무에 대한 환경적 압박이라는 상황적 변수를 들고 있다. House는 초기에 종업원 중심 혹은 관계지향적 리더십과 비슷한 지원적 리더십 그리고 직무중심 혹은 과업지향의 리더십과 비슷한 지시적 리더십의 2가지를 논의했다. 이후 연구에서 House는 부하와 정보를 공유하는 참여적 리더십 그리고 부하를 위해 도전적인 목표를 설정하는 것으로 특징되는 성취지향적 리더십을 제안했다. 이리하여 House는 부하들의 동기부여에 영향을 미치는 4가지 리더십의 유형을 다음과 같이 제안하고 있다. 이 이론은 4가지 리더십의 각각 리더십 효과성이 2가지 상황적 변수(부하의 특성과 상황적 특성)에 어떻게 영향을 받는가를 보여 준다.

① 지시적 리더십(directive leadership) : 관리자는 종업원에게 무엇을 기대하는 것, 어떻게 직무를 수행하는 것, 어떻게 평가할 것이라는 것에 대해 설명하는 리더십 유형이다. 직무요구가 모호할 때는 지시적 리더십이 효과적일 것이다.

② 지원적 리더십(supportive leadership) : 이 리더십은 종업원의 복지에 관심을 가

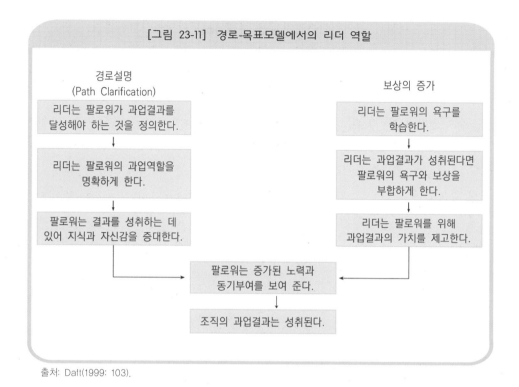

[그림 23-11] 경로-목표모델에서의 리더 역할

출처: Daft(1999: 103).

지며, 우호적이고 가까이 접근하고자 한다. 지원적 리더는 종업원을 동등하게 대우한다. 이 리더십은 종업원의 직무가 본질적으로 스트레스가 많고 실패적인 상황에서 보다 효과적이다. 즉 업무가 다소 불만족스러운 상황에서는 지원적 스타일이 보다 적절하다.

③ 참여적 리더십(participative leadership) : 이 리더십은 종업원을 의사결정과정에 참여시키며, 종업원에게 제안을 구한다. 즉 참여적 리더는 의사결정이 이루어지기 전에 부하들의 아이디어와 제안을 활용하고, 업무에 대해 의견을 교환한다. 이 리더십은 부하들이 의사결정과정에 관련되어 있다고 느낄 때 보다 적절하다.

④ 성취지향적 리더십(achievement-oriented leadership) : 이 리더십에 있어 리더는 종업원들에 대해 높은 도전적인 목표를 설정하고, 직무에 대해 최고의 노력으로

기여하기를 기대한다. 리더는 종업원들에 대해 높은 신뢰를 보여 준다. 이 리더십은 부하들이 높은 성과기준을 위해 노력하고, 도전적인 기준을 달성하기 위해 자신의 능력에 대해 신념을 가진 업무상황에서 적절하다.

House의 경로-목표 모형은 [그림 23-12]와 같이 2가지 유형의 상황적 변수(부하들의 개인적 특성 그리고 부하가 업무목표를 성취하고 만족을 추구하기 위해 대처해야만 하는 환경적 압력과 요구)를 고려해야 한다. ① 중요한 개인적 특성은 부하들이 자신의 능력에 대한 지각이다. 업무요구에 관련한 지각능력이 높을수록 부하들은 지시적 리더스타일을 보다 덜 수용한다. 또한 내적 통제의 소재(internal locus of control, 보상이 자신의 노력에 따라 이루어진다고 믿는 사람)를 가진 개인들은 참여형 스타일에 보다 많이 만족한다. 반면에 외적 통제의 소재(external locus of control, 보상이 개인적 통제를 벗어난다고 믿는 사람)를 가진 개인들은 지시형 스타일에 보다 많이 만족한다. ② 환경적 변수에는 업무, 조직의 공식적 권위시스템, 업무집단이 포함된다. 이들 환경적 변수들은 부하들을 동기부여시키고 혹은 제약한다. 환경적 힘은 성과에 대해 수용할 수 있는 수준의 보상에 기여한다.

또한 이 모형에 따르면, 업무구조(직무의 반복성 혹은 루틴성)가 높을 때, 지시적 리더의 형태는 만족과 부정적인 관계를 가질 것이다. 반면에 업무구조가 낮을 때 지시적 리더의 형태는 만족과 긍정적인 관계를 가진다. 또한 업무구조가 높을 때 지원적 리더십은 만족과 긍정적인 관계를 가지는 반면에, 업무구조가 낮을 때 지원적 리더십과 만족은 관계가 없다는 것이다.

하지만 비판적 평가자들은 이 모형과 불일치하는 연구결과가 도출되고 있다고 지적한다. 그러나 이들은 부하 직무에 있어 업무구조가 높을수록 지원적 리더 행태와 부하 만족도의 관계가 높다는 결과에 대해서는 동의하고 있다. 이러한 비판에도 불구하고, 경로-목표 모형은 특정한 유형의 리더십이 어떠한 상황에 최적인지에 대한 이유를 설명하는 데 기여한다. 또한 이 모형은 업무수행에 있어 동기부여에 영향을 미치는 요인을 보여 주고 있다. 나아가 이 모형은 리더의 형태와 결과를 조사함에 있어 상황적 요인과 개인적 차이를 설명하고 있다. 즉 이 모형은

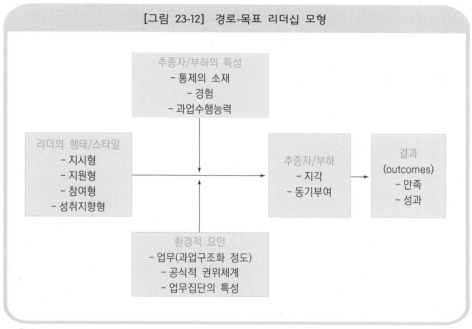

[그림 23-12] 경로-목표 리더십 모형

출처: Gibson(2006: 328).

리더의 행태와 결과(만족과 성과)를 검토함에 있어 상황적 요인과 개인적 차이 모두를 제시하고 있다(Gibson, 2006: 328).

4) Paul Hersey와 Kenneth Blanchard의 상황적 리더십

Hersey와 Blanchard(1993)는 오하이오주립대학교 리더십 연구에 기초하여 상황적 리더십 모형(situational leadership model)을 발전시켰다. 생명주기이론(life cycle theory)으로 명명되는 이 모형은 가장 효과적인 리더십 스타일은 종업원의 성숙도와 더불어 달라진다고 가정한다. 개인 혹은 집단의 성숙도(maturity)는 자신의 행태에 관한 책임을 맡는 능력, 성취를 위한 바람, 그리고 수행해야 하는 구체적인 업무와 관련한 경험 및 교육 정도를 말한다.

이와 같이 Hersey와 Blanchard의 모형은 상황의 중요한 요소로서 추종자의 특성에 초점을 두며, 결과적으로 이것이 효과적인 리더행태를 결정한다는 것이다. 이 모형은 리더십 상황에 따른 적절한 리더십 유형이란 종업원들의 즉응력 수준에 따른다는 것이다. 즉응력(realiness)은 특정한 업무를 수행하기 위한 종업원의 능력과 자발성(willingness) 수준을 말한다.

또한 상황적 리더십에서 활용할 수 있는 리더십 유형은 과업행태와 리더가 활용하는 관계행태에 대한 상이한 정도를 포함한다. 과업행태(課業行態, task behavior)는 종업원의 의무와 책임감을 구체적으로 표시하는 리더의 노력으로 정의된다. 관계행태(關係行態, relationship behavior)는 종업원의 의견을 경청하고, 조장하고, 그리고 지원적인 태도를 통하여 종업원과 개방적 의사소통을 유지하려는 리더의 노력으로 정의된다.

Hersey와 Blanchard는 과업행태와 관계행태를 조합하여 [그림 23－13]과 같이 관리자가 활용할 수 있는 4가지 상이한 상황적 리더십 유형을 제시한다.

① 지시리더십(telling style) － 높은 과업행태와 낮은 관계행태(high task and low relationship behavior) : 이 유형은 관리자가 종업원에게 해야 할 과업이 무엇인지, 그리고 역할이 무엇인지를 구체적으로 명시한다. 이러한 리더행태를 지시리더십 유형이라고 명명한다. 즉 관리자는 일방적이고 하향적인 의사소통에 의존한다. 특히 부하가 업무를 수행하는 데 능력이 없거나 혹은 의지가 없다면 구체적인 지시와 밀착된 감독이 요구된다.

② 상담리더십(selling style) － 높은 과업행태와 높은 관계행태(high task and high relationship behavior) : 이 유형은 관리자와 종업원 사이에 쌍방적인 의사소통을 가진다. 쌍방적인 상호작용을 통하여 관리자는 종업원에게 과업이 어떠한 방식으로 수행되어야 하는 것을 설득하기 위해 노력한다. 이러한 리더행태를 상담리더십 유형이라고 명명한다. 이러한 리더십 스타일은 부하가 의지는 있지만 자신의 업무를 수행하는 데 다소 능력이 없을 때 효과적이다. 이 스타일은 업무리더행태와 관계리더행태 모두를 제공한다.

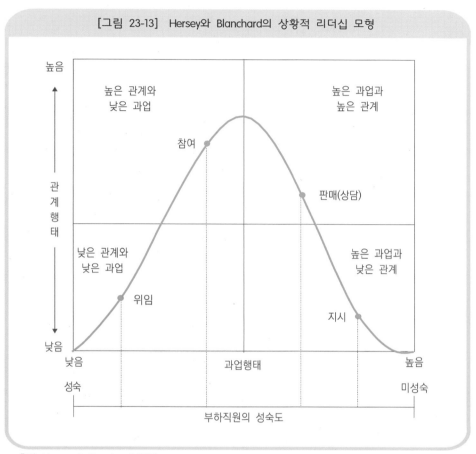

[그림 23-13] Hersey와 Blanchard의 상황적 리더십 모형

출처: Hersey & Blanchard(1993).

③ 참여리더십(participating style) – 낮은 과업행태와 높은 관계행태(low task and high relationship behavior) : 이 유형은 관리자가 의사결정과정에 종업원의 참여를 허용한다. 이러한 리더행태를 참여리더십 유형이라고 명명한다. 종업원이 목표설정과 과업수행에 대한 전략개발에서 중요한 역할을 한다. 이 리더스타일은 부하가 능력은 있지만 업무를 수행하는 데 자신의 능력에 대해 충분한 확신이 없을 때 가장 효과적이다.

④ 위임리더십(delegating style) – 낮은 과업행태와 낮은 관계행태(low task and low relationship behavior) : 이 유형은 관리자가 주고받기식의 접근법(hand-off approach)을 취한다. 종업원에게 의사결정에서 많은 책임감과 권위를 부여한다. 관리자가 중요한 목표를 설정하지만 종업원이 목표를 어떻게 수행하는가를 결정하는 데 많은 자유재량의 여지(leeway)를 부여한다. 이리하여 종업원이 업무를 어떻게 언제 할 것인가를 결정한다. 이러한 리더행태를 위임리더십 유형이라고 명명한다.

Hersey와 Blanchard의 생명주기 모형은 유연하고 적응적인 리더십 스타일(flexible, adaptive leadership style)을 권고한다. 이와 같이 Hersey와 Blanchard의 상황적 리더십은 리더십 스타일을 선택함에 있어 유연성이 있다는 아이디어가 많은 조직에서 호소력이 있었다. 특히 리더는 업무행태와 관계행태의 결합이 특정한 시점에 가장 적절한지를 결정하기 위해 종업원의 즉응력 수준(readiness level)을 끊임없이 점검해야만 한다. 이에 따라 경험이 없는 종업원도 리더의 지시와 밀접한 감독이 있다면 경험 있는 종업원과 같이 과업을 수행할 수 있을 것이다. 적절한 리더십 스타일이 종업원의 즉응력 수준을 향상시키는 데 도움을 줄 것이다.

이 모형은 몇 가지 한계가 있다(Hellriegel, Slocum, & Woodman, 1995: 360). 첫째는 각 팀 구성원이 다른 수준의 즉응력을 소유하고 있다면 리더가 가장 적절한 리더스타일을 어떻게 결정할 것인가 하는 문제이다. 둘째는 이 모델은 부하의 즉응력에만 의존하고 있다. 즉 상황, 시기, 업무, 다른 압박이 리더의 행태 선택에 영향을 미친다. 셋째는 성숙도를 측정할 수 있는 체계적인 방법이 부족하다. 넷째는 이 모델은 리더가 상황에 적합하게 자신의 리더십 스타일을 채택할 수 있다는 것을 전제하고 있다. 문제는 자신의 리더십 스타일에 어떻게 적응할 수 있는가 하는 것이다.

5) Vroom-Yetton-Jago의 의사결정 모델

(1) Vroom과 Yetton의 규범적 의사결정 모델

Vroom-Yetton의 규범적 의사결정 모델은 엄밀하게 말하면 리더십 모델은 아니다. 이 모델은 리더가 직면하는 중요한 이슈(부하가 의사결정에 참여하는 정도)를 제기한다. 이 모델은 특정한 상황에서 부하들의 참여를 얼마만큼 그리고 어떠한 유형으로 활용할 것인가에 대한 결정에 있어 리더에게 도움을 주기 위해 설계된 것이다. 이 모델은 의사결정을 위한 표준 혹은 규칙을 제공하기 때문에 규범적 모델(normative model)이라고 말한다(Vroom & Yetton, 1973). 즉 이 모델은 주어진 상황에 대해 최상의 리더십 스타일을 결정하는 데 따르게 하는 규칙(규범)인 일련의 연속적인 질문(a sequential set of questions)을 안내한다.

이 모델은 리더가 어떤 상황에 가장 부합되는 의사결정 스타일을 선택할 수 있는지를 묘사하고 있다. 이 모델은 의사결정의 효과성을 결정하는 2가지 변수-질과 수용성-에 초점을 둔다.

① 결정의 질(decision quality)은 선택하는 행동의 과정에 대한 우월성 정도와 장점을 말한다. 결정의 질은 결정의 결과가 중대한 것처럼 매우 중요하다. 그리고 결정의 질은 대안들 사이에 상당한 가변성이 존재할 때 더욱 중요하다.

② 결정의 수용성(decision acceptation)은 선택한 대안을 이행함에 있어 부하들의 몰입 정도를 말한다. 특히 부하들의 노력과 동기부여가 높은 정도로 필요할 때 중요하다.

Vroom-Yetton의 규범적 의사결정모델은 〈표 23-8〉과 같이 부하들이 의사결정에 참여를 허용하는 정도에 따라 리더가 활용할 수 있는 5가지 리더스타일(완전 독단적, 조장적, 개별 협의적, 집단 협의적, 위임적)이 있다. 이들 5가지 리더스타일은 독재적 의사결정 스타일(autocratic decision-making style, AI, AII)에서 상담적(consultative) 의사결정 스타일(CI, CII), 참여적 스타일(participative style, GII)에 이르는 연속체로서

표 23-8   Vroom-Yetton의 의사결정 스타일

리더유형		의사결정 스타일
독재적 스타일	AI (decide)	당신이 결정 당시 이용할 수 있는 정보를 활용하여 문제를 해결하거나 혹은 스스로 결정한다.
	AII (facilitate)	당신이 부하로부터 필요한 정보를 획득하고, 스스로 문제에 대한 해결을 결정한다. 당신은 부하로부터 획득한 정보에 무슨 문제가 있는지를 부하에게 말하거나 혹은 말하지 않는다. 의사결정에 있어 부하가 수행하는 역할은 대안적 해결을 제시하거나 혹은 평가하는 것보다 당신에게 필요한 정보를 제공하는 것이다.
상담적 스타일	CI (consult individual)	당신은 아이디어와 제안을 얻기 위해 개인적으로 관련된 부하와 문제를 공유한다. 당신은 당신 부하의 영향을 반영할 것인지 혹은 반영하지 않을 것인지를 결정한다.
	CII (consult group)	당신은 하나의 집단으로서 당신 부하와 함께 문제를 공유하고, 집단적으로 부하들의 아이디어와 제안을 얻는다. 그때 당신은 당신 부하의 영향을 반영할 것인지 혹은 반영하지 않을 것인지를 결정한다.
참여적 스타일	GII (delegate)	당신은 하나의 집단으로서 당신 부하와 함께 문제를 공유한다. 함께 당신이 대안을 개발하고 평가하며, 어떤 해결에의 동의에 이르고자 시도한다. 당신의 역할은 의장(chairman)의 역할이다. 당신은 집단이 당신의 해결책을 채택하도록 영향을 발휘하지 않는다. 당신은 전체 집단이 지지하는 어떤 해결책을 기꺼이 수용하고 이행한다.

제시하고 있다. 이들 의사결정 스타일의 각각은 상황 혹은 문제의 속성에 적절하게 의존한다.

첫째, 독재적 리더십은 의사결정이 다른 사람으로부터의 투입에 대한 고려 없이 리더에 의해 이루어진다.

둘째, 상담적 리더십은 다른 사람으로부터 정보를 추구하고, 리더가 그 정보를 수용할 것인지 혹은 거절할 것인지를 결정한다.

셋째, 참여적 리더십은 리더는 지배함이 없이 집단활동을 편리하게 하는 데 기여한다.

(2) Vroom-Jago의 리더십 모델

Vroom-Yetton의 규범적 의사결정 모델을 발전시킨 것이 Vroom-Jago의 리더십 모델이다. 이 모델은 Vroom-Yetton의 모델보다 성공적인 결정을 예측하는데 보다 높은 정도의 타당성을 가지고 있다(Black & Porter, 2000: 427).

Vroom과 Jago(1988)는 의사결정에 있어 리더가 발휘하는 역할에 초점을 두어 리더십 모델을 개발했다. Vroom-Jago의 리더십 모델은 참여적 의사결정(participative decision making)의 다양한 정도가 상이한 상황에서 적절하다고 지적한다. 이들 연구자는 리더는 매우 권위적인 것으로부터 매우 참여적인 것의 연속체에 따라 리더십 스타일을 선택할 수 있다고 가정한다.

Vroom-Jago의 리더십 모델을 이해하기 위해서는 3가지 중요한 구성요소를 고려해야 한다. 이들 3가지 요소는 ① 결정의 효과성을 판단하기 위한 기준의 명확화, ② 구체적인 리더의 행태 혹은 스타일을 기술하고 범주화하기 위한 틀, ③ 리더십 상황의 양상을 기술하기 위한 중요한 진단변수 등이다.

① 결정의 효과성(decision effectiveness)

결정의 효과성은 결정의 질, 수용성, 시기적절성에 의존한다.

첫째, 결정의 질(decision quality)은 상황을 다루는 방식이 바람직한 결정을 산출하는 정도를 언급하는 것이다. 즉 결정의 질은 결정이 직무수행에 영향을 미치는 정도를 언급한다. 생산목표를 설정하는 수준에 관련된 결정은 높은 결정의 질을 요구한다.

둘째, 결정의 수용성(decision acceptance)은 부하의 몰입을 가져오게 하는 정도이다. 부하의 몰입은 결정이 성공적으로 수행되기 위해서 부하가 그 결정에 몰입하거나 혹은 수용하는 것이 얼마나 중요하는지를 언급하는 것이다.

셋째, 결정 타임페널티(decision time penalty)는 사람들이 머뭇거리지 않고 결정이 시간적으로 적절한 방식으로 이루어져야만 한다는 것을 의미한다. 타임페널티는 리더가 의사결정하는 데 심각한 시간적 압박이 없을 때는 0(zero)의 가치를 가진다.

이처럼 결정의 질과 몰입의 고려에 부가하여 결정의 효과성은 시간적 고려에 의해 영향을 받는다. 결정의 질과 몰입에 관계없이 결정이 너무 장기간에 걸쳐 결정된다면 결정은 비효과적일 것이다. 또한 결정이 비교적 빨리 이루어졌지만, 많은 사람들이 관련하는 참여적 결정이라면 전체적 시간소비에 대한 비용이 많이 든다.

많은 관리자들은 자기 시간의 70%를 회의하는 데 소비한다. 시간은 항상 가치를 가진다. 시간의 정확한 비용은 시간을 얼마나 유용하게 활용하는가(how it is utilized)에 따라 다양하다.

> 결정의 효과성 = 결정의 질(decision quality) + 결정수용성(decision acceptance)-결정 타임페널티(decision time penalty)

결국 전체적 효과성(overall effectiveness)은 결정의 효과성뿐만 아니라 시간적 비용과 조직구성원 발전에 대한 편익(benefit)에 영향을 받는다.

> 전체 효과성 = 결정의 효과성(decision effectiveness)-시간적 비용(cost) + 종업원의 발전(development)

② 결정 스타일(decision styles)

Vroom-Jago 모형은 리더가 직면하는 2가지 유형의 결정상황 사이를 구별한다. 이들 유형은 개인과 집단이다.

개인적 결정상황(individual decision situation)은 리더 추종자들(leader's followers) 중에 한 사람만 영향을 받는 것이다. 몇몇 추종자에게 영향을 미치는 결정상황은 집단결정(group decision)으로 분류된다. 〈표 23-9〉와 같이 개인과 집단상황에 적합한 5가지 다른 리더십 결정 스타일이 활용된다.

5가지 리더십 스타일은 하나의 연속체로 나열되며, 리더는 상황에 의존하여

표 23-9	리더십을 위한 결정 스타일: 개인과 집단

A: 전제군주적 리더십 스타일(autocratic leadership style), C: 협의적 스타일(consultative styles),
G: 집단적 결정(group decision).

개인의 수준	집단의 수준
AI. 당신이 결정 당시 이용할 수 있는 정보를 활용하여 문제를 해결하거나 혹은 스스로 결정한다.	AI. 당신은 결정 당시 이용할 수 있는 정보를 활용하여 문제를 해결하거나 혹은 스스로 결정한다.
AII. 당신이 부하로부터 필요한 정보를 획득하고, 스스로 문제의 해결을 결정한다. 당신은 부하로부터 획득한 정보에 무슨 문제가 있는지를 부하에게 말하거나 혹은 말하지 않는다. 의사결정에 있어 부하가 수행하는 역할은 대안적 해결을 제시하거나 혹은 평가하는 것보다 간청한 구체적인 정보를 제공하는 것이다.	AII. 당신이 부하로부터 필요한 정보를 획득하고, 스스로 문제의 해결을 결정한다. 당신은 부하로부터 획득한 정보에 무슨 문제가 있는지를 부하에게 말하거나 혹은 말하지 않는다. 의사결정에 있어 부하가 수행하는 역할은 대안적 해결을 제시하거나 혹은 평가하는 것보다 간청한 구체적인 정보를 제공하는 것이다.
CI. 당신은 아이디어와 제안을 얻기 위해 관련된 부하와 문제를 공유한다. 이 결정은 당신 부하의 영향을 반영하거나 혹은 반영하지 않는다.	CI. 당신은 집단으로 아이디어와 문제를 함께 가져오지 않고 부하들의 아이디어와 제안을 얻기 위해 개인적으로 관련된 부하와 문제를 공유한다. 이 결정은 당신 부하의 영향을 반영하거나 혹은 반영하지 않는다.
CII. 당신은 당신 부하 중 한 사람과 문제를 공유하고, 함께 문제를 분석하고, 정보와 아이디어의 교환에 있어 자유롭고 개방적인 분위기에서 상호 만족한 해결에 도달한다. 당신과 부하 모두가 공식적 권위보다는 지식에 의존하여 각각 상대적 기여로 문제해결에 기여한다.	CII. 당신은 집단회의에서 당신의 부하와 문제를 공유한다. 이 회의에서 당신은 부하들의 아이디어와 제안을 획득한다. 그때 당신은 당신 부하의 영향을 반영하거나 혹은 반영하지 않는 결정을 한다.
GII. 당신은 당신 부하 중 한 사람에게 문제를 위임하고, 관련된 정보를 제공하고, 문제해결에 대해 책임감을 부여한다. 그 사람이 도달한 해결은 당신의 지지를 얻게 될 것이다.	GII. 당신은 하나의 집단으로서 당신 부하와 함께 문제를 공유한다. 당신은 부하와 함께 대안을 제안하고 그리고 평가한다. 하나의 해결을 위해 동의에 도달하기 위해 노력한다. 당신의 역할은 논의의 조정에 있어, 문제에 초점을 두는 데 있어, 중요한 이슈를 논의함에 있어 의장(chairman)의 역할이다. 당신은 집단에게 당신의 해결을 채택하도록 영향을 발휘하지 않는다. 그리고 전체 집단이 지지하는 해결을 이행한다.

출처: Ivancevich & Matteson(1990: 372).

하나를 선택한다. 상황이 명확하다면 리더가 혼자 결정하고(AI), 개인적으로 부하와 문제를 공유하거나(CI), 혹은 집단구성원이 결정하도록 한다(G).

③ 진단절차(diagnostic procedures)

주어진 상황에서 가장 적절한 의사결정 스타일을 결정함에 있어 Vroom과 Jago는 리더들이 상황적 진단을 수행해야 한다고 제안하고 있다. 상황을 진단하는 데는 8개의 진단질문이 사용된다. 이들 질문은 문제, 요구되는 결정의 질 수준, 결정에 대한 부하들의 몰입의 중요성을 다룬다. 각 문항에 대한 응답은 '예' 혹은 '아니다', '높다' 혹은 '낮다'이다.

질 요구(Quality Requirement: QR) : 이 결정에 대한 기술적 질(technical quality)이 얼마나 중요한가? 높은 질적 결정이 집단성과를 위해 중요하다면 리더는 능동적으로 관여해야만 한다.

몰입요구(Commitment Requirement CR) : 결정에 있어 부하들의 몰입(subordinate commitment)이 얼마나 중요한가? 집행이 부하가 결정에 몰입하는 것을 요구한다면, 리더는 결정에 있어 부하를 관련시켜야 한다.

리더의 정보(Leader's Information: LI) : 높은 질적 결정을 하기 위해 당신은 충분한 정보를 가지고 있는가? 리더가 충분한 정보 혹은 전문성을 가지지 못했다면, 리더는 그러한 정보를 획득하기 위해 부하를 관련시켜야 한다.

문제구조(Problem Structure: ST) : 결정문제가 잘 구조화되어 있는가? 문제가 모호하고 혹은 좋지 않게 구조화되어 있다면, 리더는 문제를 명확하게 하고, 가능한 해결책을 확인하기 위해 부하와 상호작용을 할 필요가 있다.

몰입가능성(Commitment Probability: CP) : 당신이 스스로 결정을 한다면, 당신 부하가 합리적으로 그 결정에 동의하는가? 부하가 리더가 결정한 것이면 무엇이든지 전형적으로 따른다면, 결정과정에서 그들의 관여는 중요하지 않을 것이다.

목표의 일치(Goal Congruence: GC) : 부하들은 문제를 해결함에 있어 조직목표를 공유하는가? 부하가 조직의 목표를 공유하지 않았다면, 리더는 집단에게 혼자 결정하는 것을 허용하지 않는다.

606

부하의 갈등(Subordinate Conflict: CO) : 선호하는 해결에 대해 부하들 사이에 갈등이 있는가? 부하들 사이의 불일치는 그들의 참여와 토의를 허용함으로써 해결될 수 있다.

부하의 정보(Subordinate Information: SI) : 부하들은 높은 질적 결정을 하는 데 충분한 정보를 가지고 있는가? 부하가 좋은 정보를 가지고 있다면, 그 결정에 대한 보다 많은 책임을 부하들에게 위임할 수 있다.

표 23-10   Vroom-Jago 모델의 기저를 이루는 주먹구구식

결정의 질(decision quality)을 향상하는 규칙:
1) AI의 사용을 회피하는 때:
   ⓐ 리더가 필요한 정보가 부족하다.
2) GII의 사용을 회피하는 때:
   ⓐ 부하가 조직목표를 공유하지 않는다.
   ⓑ 부하가 필요한 정보를 소유하지 않는다.
3) AII와 CI의 사용을 회피하는 때:
   ⓐ 리더는 필요한 정보가 부족하다.
   ⓑ 문제가 구조화되어 있지 않다(unstructured).
4) GII를 향해 이동할 때:
   ⓐ 리더는 필요한 정보가 부족하다.
   ⓑ 부하가 조직목표를 공유한다.
   ⓒ 선호하는 해결책(preferred solutions)에 대해 부하들 사이에 갈등이 있다.

의사결정 몰입(decision commitment)을 향상하는 규칙:
1) GII를 향해 이동할 때:
   ⓐ 부하들이 리더의 결정에 기꺼이 몰입하지 않는다.
   ⓑ 선호하는 해결책에 대한 조정에 있어 갈등이 있다.

의사결정 비용(시간)을 줄이기 위한 규칙:
1) 특별히 AI을 향해 이동하는 경우:
   ⓐ 엄격한 시간적 제약이 존재한다.
   ⓑ 문제가 비구조화되어 있다.
2) CII와 GII의 사용을 회피하는 경우:
   ⓐ 부하들이 지리적으로 분산되어 있다.
   ⓑ 선호하는 해결책에 대해 부하들 사이에 갈등이 존재한다.

출처: Ivancevich & Matteson(1990: 398).

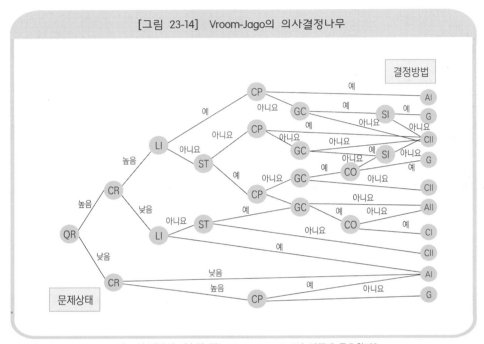

[그림 23-14] Vroom-Jago의 의사결정나무

QR(Quality requirement): 이 결정의 기술적 질(technical quality)이 어떻게 중요한가?
CR(Commitment requirement): 결정에 대해 부하의 몰입이 얼마나 중요한가?
LI(Leader's information): 당신은 양질의 결정(high-quality decision)을 하는 데 충분한 정보를 가지고 있는가?
ST(Problem structure): 문제가 잘 구조화되어 있는가?
CP(Commitment probability): 당신이 스스로 결정을 한다면, 부하가 그 결정을 수용할 것이라고 확신하는가?
GC(Goal congruence): 부하가 이 문제의 해결에 있어 달성해야 할 조직목표를 공유하는가?
CO(Subordinate conflict): 선호하는 해결책에 있어 부하들 사이에 갈등이 있는가?
SI(Subordinate information): 부하가 양질의 결정을 내리는 데 충분한 정보를 가지고 있는가?
출처: Vroom & Jago(1988).

　　Vroom-Jago 모델의 실제적인 적용은 복잡성, 정밀성, 특이성의 정도에 따라 매우 다양하다. 또한 의사결정의 욕구와 이 모형을 활용하기 위한 특별한 목적에 의존한다. 가장 단순한 형태에 있어 모형의 적용은 〈표 23-10〉과 같이 일련의 의사결정의 추단법(decision-making heuristics) 혹은 주먹구구식(rule of thumb)으로 표현된다.

　　Vroom-Jago 모델은 리더의 의사결정행태가 평가되는 4가지 기준(결정의 질,

종업원의 몰입, 시간, 종업원의 발달) 사이의 균형을 고려한다. Vroom-Jago 모델은 [그림 23-14]와 같이 의사결정나무(decision tree)로 나타난다. 8개의 문제속성 혹은 상황변수는 의사결정상황 사이의 차이점을 기술하는 데 유용하다. 상황에 관한 일련의 질문에 대답함으로써 리더는 효과적인 결정을 도출할 수 있는 절차를 선택할 수 있다. 즉 이 모델은 정보의 원천, 부하의 특성 등과 같은 문제의 본질에 관련하여 일련의 질문을 요청한다. 이들 문제에 대한 반응에 기초하여, 5가지 의사결정기법 중 하나를 권고한다.

Vroom과 Jago는 전제군주적 스타일(autocratic sytle)은 결정의 질 혹은 수용성을 감량함이 없이 시간을 절약할 수 있다는 것이다. 하지만 오늘날처럼 종업원들이 보다 많은 참여를 요구하는 변화의 작업장에 있어 리더는 가능한 한 의사결정에 부하들을 참여시키도록 노력해야 한다.

6) 상황적합적 리더십의 비교

가장 적절한 리더십 스타일을 선택하는 것은 매우 어려운 과제이다. 이제 조직에 있어 민주적이고 참여적 의사결정에 대한 선호는 보편화되어 있다. 이러한 리더십 스타일은 생산적이고 건강한 조직을 초래한다. 하지만 상황적합 이론가의 지적처럼 참여적 관리가 모든 상황에서 적절한 것은 아니다.

이러한 상황적합적 리더십 이론은 ① 리더십의 역학관계에 초점을 두고, ② 리더십에 대한 연구를 자극하고, ③ 측정의 문제, 제한된 연구검증, 모순된 연구결과 때문에 논쟁이 남아 있는 점이 여타 이론과의 유사점이다. 반면에 리더의 행태가 얼마나 성공적인가를 평가하기 위한 결과기준에 대해서는 다소 상이한 관점이 있다.

Fiedler는 리더의 효과성을 논의하고 있다. Fiedler는 리더는 자신의 리더스타일에 부합할 수 있는 상황을 선택하라고 권고하고 있다.

Hersey와 Blanchard는 상황적 변수로 종업원의 즉응력에 초점을 둔다. 리더스타일은 종업원의 즉응력 수준에 부합하기 위해 변화한다.

House의 경로-목표 모델은 리더가 자신의 방식에서 장애물을 제거함으로써

표 23-11	상황적합적 리더십 모델의 비교		
모 델	리더의 행태	상황변수	리더의 효과성 기준
Fiedler	업무지향: 낮은 LPC 관계지향: 높은 LPC	집단 분위기(atmosphere) 업무구조 리더의 지위권력	성과(performance)
Hersey & Blandchard	업무와 관계	팀 구성원의 즉응력 수준	성과와 직무만족
House	지원적 · 지시적 · 참여적 · 성취지향적 스타일	종업원의 특성 업무특성	종업원의 직무만족 직무성과
Vroom-Jago	권위적 스타일부터 참여적 스타일의 연속체	8개 문제의 속성(attributes)	종업원의 발전 시간 결정의 효과성 전체의 효과성

출처: Hellriegel, Slocum, and Woodman(1995: 370).

종업원의 직무만족과 성과를 향상시키기 위해 노력해야 한다고 주장한다. 리더는 지원, 참여적, 지시적 혹은 성취지향적 리더십 스타일을 선택할 수 있다. House는 상황변수로 업무구조와 종업원의 특성을 활용하고 있다.

　　Vroom과 Jago는 리더는 상당히 권위적 스타일에서부터 상당히 상담적 스타일에 이르기까지 다양한 리더십 스타일을 선택할 수 있다고 믿는다. Vroom과 Jago는 의사결정의 질, 추종자의 수용성, 결정의 시기적절성을 논의하고, 경로-목표 접근법은 만족감과 성과에 초점을 둔다(Ivancevich & Matteson, 1990: 402-403).

4. 귀인모델

　　귀인모델(歸仁模型, attribution model)은 종업원에 대한 리더의 판단은 종업원 성과에 관한 리더의 귀인에 의해 영향을 받는다고 주장한다. 종업원의 행태처럼 리더의 귀인(leader's attribution)이 리더가 종업원의 성과에 어떻게 반응하는가를 결정한다. 리더는 종업원의 업무를 종종 관찰함으로써 종업원의 행태에 관한 정보를 획득할 수 있다. 이런 정보를 토대로 리더는 각 종업원 행태의 귀인을 정리하고, 종업원 행태를 다루기 위한 행동을 선택한다. 이와 같이 귀인이론은 어떤 행동 혹은 어떤 말에 대한 이유에 대해 추론하는 것이다. 그러므로 리더십에 있어 귀인이론은 종업원에 관련한 특정 사건이나 행위의 원인에 대한 귀인에 따라 그 사건 또는 행위에 대한 평가가 달라질 수 있다는 것이다.

1) 리더의 귀인(leaders'attribution)

리더는 어떤 업무상황과 관련하여 개인적 요인 혹은 상황적 요인이 종업원의 행태에 원인인지 결정해야만 한다. 귀인은 [그림 23-15]와 같이 3가지 행태적 차원에 관련된 정보를 처리하는 리더의 행태에 기초가 된다.

① 특수성(distinctiveness): 행태가 이 업무에만 일어나는가?
② 일치성(consensus) : 이 성과수준은 다른 종업원에 대해서 보통인가?
③ 일관성(consistency) : 이 성과수준은 이 종업원에게 보통인가?

이들 3가지 질문에 대한 응답은 리더가 종업원의 성과에 대해 외부적(상황적) 원인이지 혹은 내부적(사람) 원인인지를 명확하게 하는 것이다.

귀인과정은 리더-종업원 관계에 있어 중요하다. 자신의 성공 혹은 실패를 개인적 기술 탓으로 돌리는 종업원은 자기가 통제할 수 없는 환경적인 요인 탓으로 돌리는 종업원보다는 리더와 다른 개인 간에서 좀 더 원활한 관계를 가질 것이다.

2) 종업원의 귀인(employees'attributions)

종업원은 자신의 리더행태와 관련하여 어떤 원인이 있다고 생각한다. 종업원은 자신의 리더가 자신의 성과에 영향을 미친다고 믿는 경향이 있다. 이리하여 자신의 리더에 관해 긍정적 태도 혹은 부정적 태도를 발전시킬 것이다. 종업원의 과거 성과는 때때로 리더의 효과성에 대한 순위에 영향을 미친다. 즉 종업원이 성공

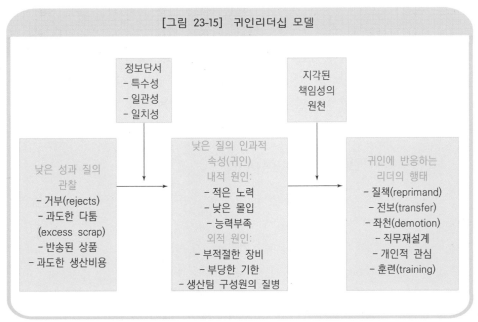

[그림 23-15] 귀인리더십 모델

출처: Michell & Wood(1979: 94).

적일 때 종업원은 자신의 리더와 관련한 효과성에 대해 평가하는 평가 경향이 있
다. 반면에 종업원이 성공하지 못할 때, 종업원은 자신의 리더로부터 멀어지기 위
해 노력한다. 이에 종업원은 자신의 리더를 비효과적으로 지각하고, 자신의 팀 혹
은 자신의 개인적 성과문제를 자기자신보다는 리더의 행동 탓으로 돌릴 것이다.

3) 리더에 대한 영향

리더는 종업원의 낮은 성과에 관해 내적 귀인(internal attribution)으로 편견을
가지는 경향이 있고, 때론 처벌행동으로 인도되는 경향이 있다. 어떤 문제에 대해
책임이 없다고 느끼는 종업원은 처벌행동에 분개하게 된다. 종업원에게 어떤 문제
를 돌리고 난 이후, 리더는 지지, 코칭(coaching), 그리고 자원을 적게 주는 경향이

있다. 리더들은 빈약한 성과의 원인을 다루기 위한 다양한 선택에 대해 알 필요가 있고, 그리고 그 원인의 중요성에 대해 이해해야 한다.

리더십의 귀인 모델에 따르면, 종업원의 성과가 내적인 원인 혹은 외적인 원인에 의해 일어난 것인지를 판단해야 한다. 이러한 귀인에 기초하여, 리더는 현재의 상황과 종업원의 성과를 변화시킬 수 있는 구체적인 행동대안을 선택할 수 있다. 귀인 모델은 리더들은 자신의 행동이 종업원의 행태에 관한 해석에 영향을 미친다는 것을 제안하고 있다. 이와 같이 귀인이론은 개인들이 사건에 대한 원인을 어디에서 찾는지, 그리고 결과로 도출된 귀인이 개인의 감정, 사고, 동기부여 및 행태를 어떻게 결정하는지를 명확하게 하는 것이다. 이처럼 리더십 귀인이론에서 리더십 모델은 상이한 환경적인 단서와 행태적 단서(behavioral cues)의 유형을 관찰하고 해석함으로써 리더십 능력을 추론할 수 있다고 가정한다.

5. 리더-멤버 교환이론

리더-멤버 교환이론(leader-member change(LMX) theory of leadership)은 리더가 다른 사람보다 몇몇 부하들을 다르게 대하는(treat) 원인이 어디에 있는지를 조사하는 것이다. 이 이론에 의하면, 리더는 각 추종자와 함께 1대 1의 관계(one-on-one relationship)를 설정한다. 이 관계는 교환의 질(quality of exchange)의 관점에서 다양하다(Aldag & Kuzuhara, 2002: 318).

이 점에서 기존의 리더십 연구는 리더가 구성원들 각각에 대해 동일한 리더십 스타일을 적용하는 것으로 가정하고 있다. 즉 리더십을 집단수준에서 일어나는 현상으로 가정한 평균적 리더십 유형(Average Leadership Style: ALS)을 적용한 것이다. 하지만 LMX 이론은 비현실적인 동일한 리더십 적용이라는 가정에 대한 반박으로, 리더와 구성원 간의 개별적인 교환관계에 관심을 기울이고 있다. 이에 리더-멤버 교환이론은 리더와 구성원 간의 1대1 또는 양자 간에 기초한 새로운 접근을 제기하고 있다. 리더의 행위나 특성에 초점을 두는 이론이 아니라 리더와 구성원 간의 상호작용을 중심으로 나타나는 과정을 개념화한 이론으로 수직짝 연계(Vertical Dyad Linkage: VDL)연구에 기초를 두고 발전한 이론이다(Graen & Uhl-Bien, 1995).

LMX 이론은 관리자와 부하들 사이의 모든 관계는 다음의 3가지 단계를 통해 진행된다고 규정하고 있다.

① 역할취득(role-taking) : 팀 구성원이 집단에 처음으로 가입할 때 일어난다. 관리자는 새로운 구성원의 기술과 능력을 평가하는 시기이다. 관리자는 팀 구성원이 인식할 수 있는 카리스마, 지능, 혹은 어떤 특성을 소유하고 있고, 업무를 수행하는 데 바람직한 사람으로 보여진다.

② 역할발달(role development)과 역할수행(role-making) : 새로운 팀 구성원이 팀의 부분으로서 프로젝트와 업무를 수행하기 시작한다. 업무가 역할유형을 규정하며, 노동분업의 필요를 일으킨다. 이 단계에서 관리자는 새로운 팀 구성원이 열심히 근무하고, 새로운 역할에 익숙하여 신뢰를 입증할 수 있을 것을 기대한다.

③ 관례화(routinization) : 팀 구성원과 팀 관리자 사이의 루틴이 설정된다.

특히 전형적으로 역할수행단계에서 집단구성원은 2가지 집단(내집단과 외집단) 중 하나로 분류된다. 내집단의 집단구성원은 관리자로부터 보다 많은 관심과 지지, 그리고 보다 많은 기회를 가진다. 반면에 외집단 구성원은 대면적 접촉의 기회가 매우 적으며, 그리고 대면적 접촉의 시간도 거의 없다. 즉 [그림 23-16]과 같이 내집단(in-group)의 몇몇 추종자들은 리더와 더불어 높은 질적 관계를 가지며, 상호신뢰, 애호 및 존경으로 특징된다. 이들 추종자는 자신에 대한 리더의 신뢰를 즐기며, 할당된 업무에 대해 흥미를 가지고, 그리고 도전적으로 수행한다. 반면에, 외집단(out-group)의 추종자들은 리더와 더불어 낮은 질적 관계를 가진다. 리더는 이들 추종자에 대해 동기부여, 능력 혹은 충성심이 적은 것으로 간주하는 경향이 있다. 이들 추종자와의 상호작용도 매우 적으며, 이들이 능력을 발휘할 수 있는 기회도 적게 제공한다.

이처럼 리더는 내집단의 추종자에 대해서도 긍정적 시각(positive eye)으로 본다. 반면에 외집단 구성원은 잘할 수 있는 기회 혹은 동기부여가 매우 미약하다.

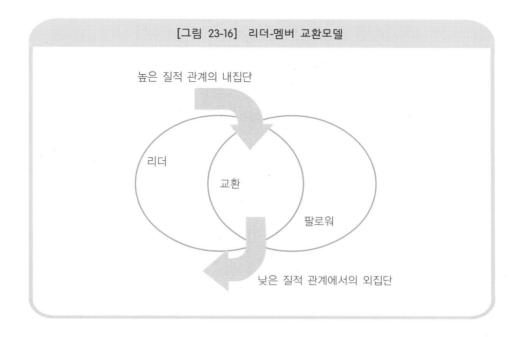

[그림 23-16]　리더-멤버 교환모델

이와 같이 리더-멤버 사이의 교환관계의 질 수준에 따라 리더로부터 신뢰와 접촉, 지원 및 공식적·비공식적 보상을 얻을 수 있는 부하들이 구별되는 것이다. 이리하여 리더-멤버 간 교환관계의 질은 성과와 같은 조직의 여러 가지 산출물에 영향을 미친다. 또한 리더-멤버 교환이론은 집단 혹은 조직 내에 내집단과 외집단의 실존을 인식하고, 리더와 조직구성원과의 양질의 교환관계와 양질의 협동관계를 발전시키는 것이 중요하다는 것을 일깨워 준다.

　이러한 점에서 리더-멤버 교환이론은 다음과 같은 강점을 가진다. 첫째, LMX 이론은 다른 리더십 이론과 달리 리더와 각 추종자 사이의 구체적인 관계에 관해 초점을 두고 이야기한다. 둘째, LMX 이론은 강력한 설명이론이다. 셋째, LMX 이론은 리더십에 있어 의사소통의 중요성에 대해 우리의 관심을 환기시킨다. 의사소통은 리더와 추종자를 발전시키고, 유익한 교환을 증진하고 유지시키는 매체(medium)이다. 이리하여 상호신뢰, 존경과 헌신과 같은 특징을 동반하는 의사소통은 리더십을 효과적으로 이끈다. 넷째, LMX 이론은 매우 타당하고 실현 가능한 이론이다.

하지만 리더-멤버 교환이론은 몇 가지 비판이 제기되고 있다(김남현 역, 2013: 235-237). 첫째, LMX이론은 공정(평등)성이라는 인간의 기본적 가치에 역행한다. 나아가 내집단과 외집단의 차별성을 강조하고 있다. 따라서 이 이론은 불공정하고 차별을 부추기는 이론으로 비치고 있다. 둘째, 양질의 리더-멤버 교환관계가 만들어지는 방식에 대해 충분히 설명하지 못하고 있다. 즉 양질의 교환(high-quality exchanges)이 어떻게 일어나는지에 대해 설명하지 못한다. 나아가 리더-멤버 교환관계에 영향을 미칠 수 있는 상황변수들을 적절하게 설명하지 못하고 있다는 것이다.

6. 변혁적 리더십

세계의 역사와 조직의 역사는 추종자의 믿음, 가치 및 행동을 성공적으로 변화시켰던 사람들로 채워지고 있다. 예를 들면, Abraham Lincoln, Franklin D. Roosevelt, John F. Kennedy, Martin Luther King, Adolf Hitler 등은 자신의 행동과 말로 전체 사회를 변혁시켰다. 이러한 변화를 이끈 사람을 카리스마 혹은 변혁적 리더로 기술한다.

변혁적(變革的) 리더십 이론(transformational leadership)은 Burns(1978)에 의해 제기되었다. James MacGregor Burns는 변혁적 리더십을 미시적 차원에서의 개인 간 상호영향력 행사과정으로 보고 있다. 이러한 과정은 조직계층에 관계없이 리더십의 발휘가 가능하다고 보고, 개인의 의사관계에 호소하는 거래적 리더십과 구별되며 또한 합법적 권한이나 규칙, 전통 등을 강조하는 관료적 권한체계와도 다르다.

이러한 변혁적 리더십은 개인적 가치와 리더에 대한 부하들의 확고한 믿음이나 신념을 유발시키고, 리더가 부하들에게 확실한 목표를 설정해 주고 모범을 보이며, 부하들의 욕구에 대한 세심한 고려와 적절한 자극을 통하여 조직 및 구성원들의 성과와 만족도를 제고할 수 있는 방향으로 이끌 수 있다. 변혁적 리더십의 본질을 카리스마 리더십 및 거래적 리더십과 비교를 통하여 살펴보고자 한다.

1) 카리스마 리더십과 변혁적 리더십

카리스마 리더십과 변혁적 리더십은 Weber의 연구에서 유래되었다. Bass
(1985)가 카리스마 리더십과 변혁적 리더십에 관한 보다 포괄적 이론을 통합하였
으며, 이러한 사고에 대해 과학적인 경험적 검증을 제공하였다. Bass는 카리스마
를 변혁적 리더십의 필수적인 구성요소로 이해한다. 변혁적 리더는 모든 조직수준
에서 발견되고 모든 상황에서 보편적으로 적절하다고 주장한다.

카리스마 리더십은 Weber의 사상에 강한 영향을 받았다.[4] 카리스마(charisma)
는 정치적 영역에서 대규모 사람들에게 특별한 영향력을 가진 사람에 대해 기술할
때 사용되고 있다. 예를 들면, Mahatma Gandhi, Winston Churchill, Martin Luther
King Jr., John F. Kennedy, Lee Iacocca, Sam Walton 등 역사적 인물에 대해 이야
기할 때 활용된다. 이후 카리스마의 개념은 조직의 리더십 조사에서 활용되었다.

Conger와 Kanungo(1998)는 카리스마는 귀인적 현상(attributional phenomenon)
이라고 전제하고, 리더의 카리스마 특성에 대한 부하들의 귀인은 리더의 행태, 기
술, 상황적 측면에 의해 결정된다고 주장한다. 카리스마 리더십은 일반적으로 추
종자에 대한 리더의 영향과 리더-추종자의 관계의 본질에 관한 의미로 정의된다.

카리스마 리더의 주요한 행태는 [그림 23-17]에서 보는 것처럼 권력에 대한
강한 요구와 높은 수준의 자신감 및 자신의 아이디어에 대한 강한 신뢰를 가지고
있다. 또한 바람직한 행태의 모델을 표출하며, 부하들의 성과에 대한 높은 기대감을
전달하고, 다른 사람들에게 관심을 표명하며 영향력과 감명을 주기 위해 노력하고,
아이디어, 가치, 고결한 목표를 강조한다. 나아가 조직의 중요한 변화에 대한 비전을
강조하고, 목표성취에 있어 혁신적이고 특이한 행동을 취하며, 조직을 위해 자기희
생을 보여 준다. 반면에 추종자는 리더에 대해 존경, 헌신, 복종, 몰입, 일체감을 가
지게 되며, 목표성취에 대한 리더의 능력을 신뢰한다(Yammarino, et. alt, 2002: 28).

---

4 카리스마(charisma)는 그리스어로, 그 의미는 기적을 이행하거나 혹은 미래의 사건을 예언하는 능력과
같은 '신에 의해 영감을 받은 선물(divinely inspired gift)'이다. Weber는 카리스마란 영향력의 한
형태로, 리더가 특별한 특성을 부여받았다는 추종자의 지각에 기초한 영향력이라고 말한다. 사회적 위
기가 존재할 때 카리스마가 일어난다.

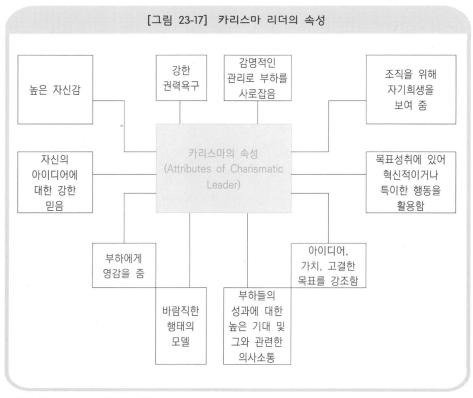

[그림 23-17] 카리스마 리더의 속성

높은 자신감

강한 권력욕구

감명적인 관리로 부하를 사로잡음

조직을 위해 자기희생을 보여 줌

자신의 아이디어에 대한 강한 믿음

카리스마의 속성
(Attributes of Charismatic Leader)

목표성취에 있어 혁신적이거나 특이한 행동을 활용함

부하에게 영감을 줌

바람직한 행태의 모델

부하들의 성과에 대한 높은 기대 및 그와 관련한 의사소통

아이디어, 가치, 고결한 목표를 강조함

출처: Black & Porter(2000: 431).

반면에, 변혁적 리더십은 추종자에 대한 리더의 행태와 영향으로 정의된다. 변혁적 리더들은 집단, 팀, 조직, 보다 큰 규모의 사회적 이익을 고양하는 데 있어 추종자의 개인적 이익을 초월하도록 추종자를 격려하고 돕는다. 이 점에서 카리스마 리더십은 개인적 고려, 영감적 동기부여, 지적 자극 등과 함께 변혁적 리더십의 구성요소이다. 하지만 변혁적 리더십의 주요한 구성요소로서 카리스마는 필수요인이지만 충분요인(sufficient element)은 아니다(Bass, 1990).

2) 거래적 리더십과 변혁적 리더십

Burns(1978)는 대통령과 사회운동의 저명인사와 같은 주요한 정치적·사회적 리더에 관심을 가졌으며, 거래적 리더십과 대조적인 것으로 변혁적 리더십을 이해하고 있다. 반면에 Bass(1985)는 변혁적 리더십과 거래적 리더십이 하나의 리더십 연속체의 반대편에 존재한다는 Burns의 주장에 반대한다. 이들 변혁적 리더십과 거래적 리더십은 실제로 독립적이고 보충적(complimentary)이라는 것이다. 변혁적 리더십은 거래적 리더십의 확장(expansion)으로 이해할 수 있다(Bass, 1998: 4).

(1) 거래적 리더십

거래적 리더십(transactional leadership)은 상황적 강화(contingent reinforcement)로 묘사된다. 강화는 리더의 약속과 보상의 행태 혹은 리더의 위협과 징계의 행동이다. 즉 좋은 성과에 대한 보상 혹은 저조한 성과에 대한 위협에 의한 거래 혹은 교환은 효과적 리더십으로 특징지어진다. 이처럼 거래적 리더십은 리더와 추종자 사이의 거래에 기초한다. 보상에 대한 약속 혹은 처벌에 대한 회피가 추종자들에게 동기부여로 작용하는 정도는 리더가 보상 혹은 처벌에 대한 통제력이 있는가와 추종자가 보상을 원하고 혹은 처벌을 두려워하는가 하는 정도에 의존한다.

이러한 거래적 리더십은 몇 가지 가정이 놓여 있다. 조직구성원은 보상과 처벌에 의해 동기부여된다. 부하들은 상관의 명령에 복종해야만 한다. 부하는 스스로 동기부여하지 못한다. 부하들은 자신들이 업무를 수행하기 위해 근접하게 감시되어야 하고 통제되어야만 한다.

거래적 리더십은 다음과 같은 일련의 행태를 가지고 있다.

① 보상연계(contingent rewards): 거래적 리더는 보상에 목표를 연계하고, 기대를 명확하게 하고, 필요한 자원을 제공하고, 상호 간 동의한 목표를 설정하고, 성공적인 성과에 대해 다양한 종류의 보상을 제공한다. 이들 리더는 자신의 부하에 대해 SMART(구체적이고, 측정할 수 있고, 달성할 수 있고, 실현 가능하고, 시기적절한) 목표를 설정한다.

② 예외에 의한 적극적 관리(active management by exception) : 거래적 리더는 자신들의 부하의 업무를 적극적으로 모니터하고, 규칙과 기준으로부터의 편차(deviations)를 주시하고, 실수를 방지하기 위해 교정적인 활동을 취한다.

③ 예외에 의한 수동적 관리(passive management by exception) : 거래적 리더는 기준에 부합되지 않거나 혹은 성과가 기대에 부합하지 않을 때만 개입한다. 이들 리더는 수용할 수 없는 성과에 대한 반응으로서 처벌을 활용한다.

④ 자유방임(laissez-faire) : 리더는 부하들이 의사결정을 할 수 있는 많은 기회를 얻는 환경을 제공한다. 리더 자신은 책임감을 거부하고, 의사결정을 회피한다. 이리하여 집단은 가끔 방향성을 결핍하게 된다.

이러한 거래적 리더십은 최고의 리더십 잠재력을 발전시키는 데는 불충분하지만 나쁜 것은 아니다(Insufficient, but no bad). 즉 거래적 리더는 비용을 감축하고 생산성을 향상하는 데 목적을 둔 효율적인 결정을 이끌어 낼 때 매우 효과적이다.

하지만 거래적 리더는 구체적이고 단기적 목표(detail and short-term goals), 표준화된 규칙과 절차를 지나치게 강조한다. 이들 리더는 추종자의 창의성과 새로운 아이디어의 발굴을 조장하기 위해 노력하지 않는다. 이러한 리더십은 조직적 문제들이 단순하고 명확하게 정의된 작업장에서 잘 활용된다. 이들 리더는 현존하는 계획과 목적에 적합하지 않은 아이디어에 대해서는 보상하지 않고 혹은 무시하는 경향이 있다. 또한 거래적 리더는 상당히 지시적이고 행동지향적이다. 거래적 리더에 있어 추종자와 관계는 일시적이고, 감정적 유대에 기초하지 않는 경향이 있다(http://managementstudyguide.com/transactional-leadership.htm).

(2) 변혁적 리더십

변혁적 리더십은 리더, 동료, 부하들 사이에 거래 혹은 교환을 강조한다. 변혁적 리더는 추종자들에게 공동체(community) 혹은 정체(polity)의 이익과 같은 목표를 추구하게 함으로써 보다 협소한 자기자신의 이기주의를 극복하도록 한다.[5] 또한

---

5 이러한 사례로 Martin Luther King은 보다 거대한 사회적 정의를 호소함으로써 지지에 대한 이익의

변혁적 리더십은 사기를 북돋우는 것으로 본다. 변혁적 리더십은 추종자의 초점을 낮은 수준의 욕구에서 높은 수준의 욕구로 전환시킨다. 변혁적 리더십은 자기자신의 이익이 지역공동체에 연계되거나 혹은 높은 수준의 욕구에 의해 충족된다는 것을 추종자에게 보여 줌으로써 추종자들에게 자기자신의 이익을 희생하도록 동기부여시킨다. 나아가 변혁적 리더십은 조직문화를 발전시키고 변화시킬 수 있으며, 변혁적 리더가 조직구성원들에게 자신이 그러한 능력을 가졌다는 것을 보여 주어야 한다.

나아가 변혁적 리더들은 다음과 같은 특징이 있다. ① 변화의 에이전트로서 자신을 간주한다. ② 사려 깊은 모험가(thoughtful risk-takers)이다. ③ 사람들의 요구에 민감하다. ④ 일련의 핵심가치를 포괄한다. ⑤ 학습에 대해 유연하고 개방적이다. ⑥ 훌륭한 분석적 기술을 가지고 있다. ⑦ 조직과 관련하여 자신들의 비전에 대해 상당한 정도의 확신을 가지고 있다.

〈표 23-12〉와 같이 거래적 리더십이 리더의 요구와 조직의 역할요구에 부합되게 추종자를 동기부여하는 교환과정(exchange process)으로 정의되는 반면에, 변혁적 리더십은 조직과 목표달성을 위하여 추종자 개인의 이익을 초월하도록 격려함으로써 추종자를 동기부여시키는 영향과정(influence process)이다.

거래적 리더십은 리더의 간청에 대한 추종자의 순응을 초래하는 교환과정이 포함되며, 작업목적에 대한 몰입과 열의가 일어나지는 않는다. 반면에 변혁적 리더십은 거래적 리더십보다는 추종자에게 동기부여와 성과를 증가시킨다. 변혁적 리더십을 통하여 추종자들은 최초에 기대했던 이상으로 동기부여되며, 리더에 대해 신뢰, 충성, 존경 등을 느낀다(Yammarino, et. al., 2002: 27).

거래적 리더십은 상례적인 변화와 절차의 이행(implementation of routine change and procedures)에 관련되어 있는 반면에, 변혁적 리더십은 중요한 변화를 시도(to make major change)함에 있어 부하들에게 동기부여시키는 것에 관련되어 있다.

교환을 제공하지 않은 리더였다. 많은 추종자들은 도덕적 정직(moral rightness) 때문에 반대할 수 없게 된다(Rainey, 1997: 270).

표 23-12	변혁적 리더십과 거래적 리더십	
구 분	변혁적 리더십	거래적 리더십
목표관리	고객목표(직원 및 외부고객)	조직의 재정적 측면에 초점
힘의 원천	하위 종사자로부터 나옴	직위로부터 나옴
리더십 방식	합리적 타당성 설명	명령 및 지시적
동기부여방식	영향과정(influence process)	교환과정(exchange process)
운영지침	가치와 비전 추구	이윤추구
시간관리	장기 및 장래 중시	단기 및 현재 중시
호소의 초점	조직과 공익의 관심	사리(self-interest)
리더십 방향성	대외적	대내적(조직 내부)
강화 구분	그룹별 강화	개별적 강화
계획된 변화의 유형	중요한 조직변화	상례적인 변화(routine changes)

출처: Black & Porter(2000: 434); 장석인(2009: 217)을 기초하여 재구성함.

3) 변혁적 리더십의 요인과 과정

Bass(1997)는 변혁적 리더십은 카리스마, 영감적 동기부여, 지적 자극, 개별적 배려 등의 4가지 요인으로 구성된다고 주장한다.

(1) 카리스마

부하들의 시각에서 리더가 카리스마를 가졌다면 변혁적 리더로서 지속하는 데 중요하다. 부하들은 카리스마 리더와 일체화되기를 원하고, 카리스마 리더에 대해 높은 정도의 신뢰와 자신감을 가지게 된다. 카리스마 리더는 부하들에게 특별한 노력으로 위대한 일을 성취할 수 있다는 영감과 자극을 줄 수 있다. 이 점에서 변혁적 리더는 부하들에게 역할모델로 행동해야 한다.

(2) 영감적 동기부여(inspirational motivation)

변혁적 리더는 부하들의 업무에 대해 도전과 의미부여를 제공하며, 부하들을 동기부여시키고 영감을 부여하는 방식으로 행동한다. 나아가 팀 정신이 일어나도록 한다. 리더는 부하들에게 매력적인 미래의 상태를 계획하는 데 부하들을 관련시킨다. 이런 맥락에서 카리스마 리더십과 영감적 동기부여는 결합된 하나의 요인으로 형성된다(Bass, 1998: 5).

(3) 지적 자극(intellectual stimulation)

지적 자극도 변혁적 리더십에 중요한 구성요소이다. 지적으로 자극하는 리더는 부하들에게 새로운 방식으로 문제를 보는 것을 보여 주며, 문제해결의 어려움을 보여 주고, 합리적인 해결을 강조한다. 나아가 변혁적 리더들은 부하 자신의 직무가 새로운 기회를 탐구하도록 허락하고, 조직문제를 진단하고, 그리고 해결책을 찾도록 각 부하들에게 지적으로 자극한다. 지적 자극을 하는 리더는 부하들이 새로운 접근방법을 시도하도록 격려하고, 리더의 사고와 차이가 있는 부하의 사고에 대해 비판하지 않는다.

(4) 개별적 배려(individualized consideration)

변혁적 리더들은 부하들 사이의 차이점에 보다 많은 관심을 가지며, 부하들이 성장하고 발전하는 데 도움을 주는 좋은 지도자(mentor)로서 행동한다. 또한 변혁적 리더들은 각 부하의 특별한 욕구에 대한 발전에 관심을 가진다. 이 점에서 변혁적 리더는 부하들을 각각 다르게 대하며, 부하들의 관점에서 사물을 바라보며, 부하의 욕구를 충족시켜 조직목표를 효과적으로 달성하려고 추구한다. 개별적 배려 리더는 조직성과를 효과적으로 성취함에 있어서 부하를 발전시키는 수단으로 업무를 위임한다. 개별적 배려 리더하에서 부하들은 감시받고 있다는 느낌을 전혀 갖지 않는다.

이러한 변혁적 리더는 다음과 같은 광범위한 특징을 드러내 보인다. 명확한 목적의식(clear sense of purpose), 가치 개입된(value driven, 핵심적 가치와 상황적합한 행태를 가진), 강력한 역할모델, 높은 기대, 지구력, 자각하고 있는, 끊임없는 학구력(perpetual desire for learning), 업무에 대한 애증, 일생의 학습자(life-long learners), 변

표 23-13	변혁적 리더행태를 위한 자아진단				
설문문항	① 전혀 동의하지 않는다 ↔ ⑤ 매우 동의한다				
1. 나는 어려운 이슈의 입장에 선다.	①	②	③	④	⑤
2. 나는 어려운 시기에 침착하게(calm) 유지할 수 있다.					
3. 나는 현상유지(status quo)에 도전하도록 다른 사람을 격려한다.					
4. 나는 개인으로써 다른 사람을 다룬다(I treat others as individuals).					
5. 나는 미래에 대해 낙관적으로 말한다.					
6. 나는 장벽은 극복될 수 있다고 다른 사람에게 확신시킨다.					
7. 나는 나의 신념과 가치를 지지한다.					
8. 나는 문제를 해결할 때 다양한 관점에서 조망한다.					
9. 나는 다른 사람들에게 자신들의 개인적 강점을 발전시키도록 코치한다.					
10. 나는 힘과 신념(power and confidence)의 기운을 내보일 수 있다.					
11. 나는 자신의 결정에 있어 윤리적이고 도덕적 관점에서 생각한다.					
12. 나는 다른 사람에게 추측(assumption)에 대해 질문하도록 격려한다.					
13. 나는 미래에 대해 명확하고 설득력 있는 비전을 제시한다.					
14. 나는 다른 사람의 특별한 욕구에 대해 나의 충고를 변경한다.					
15. 나는 새로운 시작에 대해 흥분하게 말한다.					

출처: Aldag & Kuzuhara(2002: 323).

화에이전트로서 자신의 지각, 열정, 다른 사람에게 영감을 줄 수 있고, 전략적이며, 효과적인 의사소통자, 정서적 성숙, 용기, 위험감수, 위험분담, 예지능력(anticipatory skills), 실패에 대한 두려움을 싫어하고, 조직구성원의 개인적 욕구에 대한 배려, 협동정신을 발전시키기 위해 모든 관점에 대한 청취, 모니터링, 복잡성·불확실성·모호성을 다룰 수 있는 능력 등이다.

하지만 변혁적 리더십이 만병통치약(panacea)은 아니다. 안정적 조직에서는 예외에 의한 관리(management-by-exception)가 보다 효과적일 수 있다. 반면에 격동의 상황에 직면한 조직체에 있어 수요에 대한 예상을 위해 유연성을 가지고, 새로운 요구와 변화에 능동적으로 대처하기 위해서는 변혁적 리더십이 보다 효과적일 수도 있다. 더욱이 유능한 리더들은 거래적 리더십과 변혁적 리더십 2가지를 결합하여 활용한다.

Yukl(2002: 263-266)은 〈표 23-14〉와 같이 변혁적 리더십에 관한 연구를 종합하여 변혁적 리더십을 위한 지침을 제시하고 있다. ① 호소력 있는 비전을 명확하게 한다. 현재의 비전을 강화하거나 혹은 새로운 비전에 몰입하게 한다. ② 비전이 어떻게 성취될 수 있는지에 관해 설명한다. 나아가 비전이 실현 가능하다는 것을 추종자들에게 확신시켜야 한다. ③ 자신감 있게 그리고 긍정적으로 행동한다. ④ 추종자들에게 신뢰를 표명한다. ⑤ 주된 가치를 강조하기 위해 극단적이고 상징적인 행동을 활용한다. 비전은 일관성 있는 리더십의 행태에 의해 강화된다. ⑥ 모범적인 행태(exemplary behavior)의 사례를 설정한다. ⑦ 비전을 성취하기 위해 추종자들에게 권한을 위임한다. 변혁적 리더십의 핵심적인 부분은 비전을 성취하는 데 있어 추종자들에게 권한을 위임하는 것이다.

변혁적 리더들은 조직을 구제할 수 있는 전환적 전략(turnabound strategies)을

표 23-14 　변혁적 리더십을 위한 가이드라인

- 명확하고 호소력 있는 비전(clear and appealing vision)을 전개하라.
- 비전을 달성하기 위한 전략(strategy)을 개발하라.
- 비전을 분명하게 표현하고 그리고 홍보하라.
- 자신감 있고 긍정적으로 행동하라.
- 추종자에 대해 신뢰를 표명하라.
- 신뢰를 형성하는 데 있어 조금씩 단계적으로 초기의 성공을 활용하라.
- 성공을 기념하라(celebrate success).
- 핵심가치(key values)를 강조하는 데 있어 극단적이고 상징적인 행동을 활용하라.
- 사례로 리더하라(lead by example).

출처: Yukl(1994).

| 표 23-15 | 변혁적 과정 |

단 계	구체적인 행동
변화를 강요하는 단계	- 환경적인 변화와 위협에 대해 민감성을 증대한다. - 현재 상태에 도전하고 그리고 변화를 시도한다. - 기회를 탐색하고 그리고 위기를 취한다.
공유된 비전을 고취하는(inspire) 단계	- 모든 구성원들에게 새롭고 보다 밝은 미래에 대한 사고를 고양시킨다. - 비전을 보고, 비전을 향해 움직이도록 다른 사람들을 관련시킨다. - 경제적인 용어가 아닌 이상적인 용어(ideological terms)로 새로운 비전을 표현한다.
전환(transition)을 인도하는 단계	- 변화를 위한 재촉감(a sense of urgency)을 관리자에게 주입시킨다. - 추종자들에게 위임하고, 지원하고, 협력을 조장하고, 그리고 강화한다. - 추종자에게 변화의 필요를 이해하도록 도움을 준다. - 추종자들의 자신감과 낙관(optimism)을 제고시킨다. - 재빠른 결정(quick fix)에 대한 유혹을 회피한다. - 변화에 저항하는 감정적인 요소들을 공개적으로 다루고 인식시킨다.
변화를 주입시키는(implant) 단계	- 추종자들에게 위대한 태도(greatness attitude, 성취에 대한 인정과 축하 등)를 강화하도록 한다. - 추종자들이 새로운 비전을 가지고 자기성취(self-fulfillment)를 발견하도록 도움을 준다. - 추종자들에게 집단적 이익을 위해 자기 이익을 초월하도록 도움을 준다. - 보상체계와 평가절차를 변화시킨다. - 팀 빌딩(team-building)의 개입과 개인적 변화를 이행하게 한다. - 모니터 과정에 특별한 팀(special task force)을 임명한다. - 최고 리더와 관리자에게 방식을 만들도록 격려한다.

출처: Lussier & Achua(2007: 327).

실행하기 위해 위기를 경험하기도 하고, 혹은 전반적인 와해를 초래하는 접근법을 채택하기도 한다. 이러한 과정에는 긍정적인 결과를 산출하기 위해 추종자들의 행동, 사고, 업무윤리에 대한 근본적인 변화를 포함하게 된다. 변혁적 과정에는 〈표 23-15〉와 같이 변혁적 리더의 능력이 요구된다. 이들 능력은 ① 현재 상황에 대한 도전과 변화를 확신하는 것, ② 미래에 대해 공유된 비전을 고취하는 것, ③ 전환하는 동안 효과적인 리더십을 제공하는 것, ④ 변화를 조직의 항구적이고 제도화된 국면으로 만드는 것 등이다.

7. 기타 리더십

조직의 상황변화에 따라 다양한 리더십이 요구된다. 예를 들면, 책임질 사람이 없거나, 리더십을 공유해야만 하는 상황에서 일련의 새로운 리더십 기술이 요구된다. 이런 맥락에서 스튜워드십, 서번트 리더십, 공유리더십, 긍정적 리더십, 윤리적 리더십 등에 대한 연구가 이루어지고 있다.

1) 가치기반 리더십: 스튜워드십과 서번트 리더십

최근 리더십 연구에 있어 리더십 정의에서 도덕과 가치의 중요성이 강조되고 있다. 스튜워드십과 서번트 리더십은 카리스마 리더십과 변혁적 리더십과 관련되어 있다. 이들 리더십은 조직목표를 수행하는 데 따른 리더십 행사에 있어 리더가 아니라 추종자에 대한 권한위임에 초점을 둔다. 이와 같이 리더십에 대한 현대적 시각은 사람과 조직에 대한 스튜워드와 서번트로서의 리더를 고려한다. 스튜워드십과 서번트 리더십은 추종자를 향한 리더십 패러다임 전이(paradigm shift)로 대표된다.

(1) 스튜워드십

스튜워드십(stewardship)은 의사결정을 하고, 추종자에 대한 통제에 있어 추종자에게 권한을 위임하는 리더십으로 종업원 초점의 리더십(employee-focused form of leadership)이다. 스튜워드십을 구체화하는 리더는 자신의 추종자에 대해 관심을 가지고, 개인의 목표와 조직목표 모두를 설정하고, 전개하고, 실현하는 데 있어 추종자를 지원한다. 따라서 스튜워드십은 적극적으로 인도하는 것(leading)보다 오히려 보다 많이 촉진하는(facilitating) 것이다.

스튜워드십 리더십은 다음의 몇 가지를 가정한다. 즉 리더십은 하나의 지위(a position)가 아니다. 조직은 학습과 협력(learning and collaboration)의 중심이 되어야만 한다. 리더는 신뢰의 중요성을 인식해야만 하고, 신뢰를 구축하기 위해 노력해야

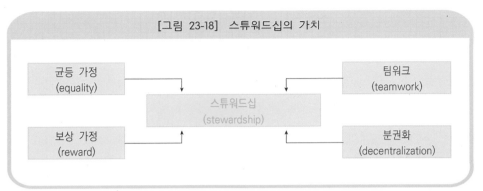

[그림 23-18] 스튜워드십의 가치

균등 가정 (equality) → 스튜워드십 (stewardship) ← 팀워크 (teamwork)

보상 가정 (reward) → 스튜워드십 (stewardship) ← 분권화 (decentralization)

출처: Lussier & Achua(2007: 329).

한다. 이에 리더십의 신탁적 본질(fiduciary nature)은 리더로서 행동에 대한 도덕적 목적을 발견하는 것이다. 리더는 명확한 도덕적 목적(moral purpose)을 소유해야만 한다. 도덕적 리더는 모든 사람에 대해 신중해야 하며, 개인적 자제력(personal restraint)을 발휘해야 한다.

　이러한 스튜워드십은 [그림 23-18]과 같이 4가지 가치-팀워크 지향, 분권화, 균등의 가정, 보상의 가정-을 가진다(Lussier & Achua, 2007: 329-330).

　① 팀워크 지향(team orientation) : 스튜워드십은 핵심적인 자율경영팀(self-managed teams)과 리더가 변화하는 조직환경에 대한 목표와 전략을 설계하기 위해 함께 작업하는 환경에서 가장 잘 작동한다. 리더의 역할은 지배적인 것이 아니라 보다 지원적인 과정이다.

　② 분권화(decentralization) : 스튜워드십은 권위와 의사결정이 분권화되어 있고, 업무의 진행이 하향적으로 진행되고, 구성원이 고객과 상호작용할 때 실현될 수 있다. 이런 환경에서 구성원에게 권한위임을 할 수 있고, 관리자와 추종자 사이에 보다 밀접하게 관계를 가질 수 있다.

　③ 균등의 가정(equality assumption) : 스튜워드십은 리더와 추종자 사이에 지각된 균등성이 존재할 때 가장 잘 실현될 수 있다. 스튜워드십은 리더-추종자의 명령 구조보다 균등의 파트너십이다.

④ 보상의 가정(reward assumption) : 스튜워드십은 조직구성원의 손아귀에 보다 많은 책임이 놓여 있다. 성공적인 스튜워드십을 실현하기 위해 조직은 실질적인 성과에 적합한 보상을 부여하는 보상시스템을 재설계해야만 한다.

(2) 서번트 리더십

Robert K. Greenleaf(1998, 2002)는 서번트 리더십의 개념에서 정신(the spirit and the spiritual)의 역할을 강조하고 있다. 서번트 리더십(servant leadership)에서 리더십은 잠재적 리더의 측면에 다른 사람에게 봉사하는 헌신으로 시작된다는 아이디어이다. 즉 리더는 자신의 사리사욕을 추구하는 것보다 다른 사람에게 봉사하는 데 우선적으로 관심을 가져야 한다.[6] 이처럼 서번트 리더는 첫째로 봉사하는 것을 원하는 자연스러운 감정으로 시작된다. 즉 다른 사람들의 최상의 우선순위 욕구에 먼저 봉사해야 한다는 것을 다짐한다.

서번트 리더는 집단의 의지뿐만 아니라 리더 자신의 마음의 목소리(inner voices)를 이해하기 위해 주의 깊게 청취하도록 충고한다. 서번트 리더는 다른 사람과 공감할 것을 촉구하고, 어긋난 관계와 상처난 정신(broken spirits)를 치유하는 데 관여하도록 촉구한다. 이처럼 가치기반 리더십은 리더가 자신을 변화시키는 것으로 시작되어야 한다는 것을 요구한다. 그리고 가치기반 리더십은 어떻게 하는 방식(how to do)이 아니라 어떻게 되어야(how to be) 하는 문제이다(Denhardt, Denhardt, and Aristigueta, 2013: 214).

이처럼 서번트 리더십은 강한 충성심과 영감을 불러일으키고, 조직발전에 기여하고, 그리고 인적자산을 보유하게 한다. 이 점에서 서번트 리더십 접근은 조직의 목표 및 가치와 갈등하는 개인의 문제를 해결해 줄 수 있으며, 목표추구에 있어 관심, 우선순위 혹은 긴급성이 주어지지 못하기 때문에 충족하지 못한 조직목표를 해결할 수 있는 장점이 있다. 더욱이 서번트 리더십 유형은 모든 구성원들이 조직에 대해 헌신적이고, 핵심적인 기술과 행태를 소유할 때 가장 효과적이다. 이처럼

---

6 서번트 리더십(servant leadership)을 섬김의 리더십으로 번역하기도 한다. 서번트 리더십의 대표적인 사례로 Mother Teresa를 들고 있다. Mother Teresa는 가난한 사람들을 위해 평생 동안 봉사한 결과 새로운 종교적 질서, 자선선교 단체들의 출현에 영향을 미쳤다(김남현 역, 2013).

서번트 리더십은 빠른 효과(a quick fix)를 거두지는 못하지만, 서번트 리더십의 진정한 장점은 장기간에서 보다 명확해진다. 단 서번트 리더십에 대한 가장 중요한 비판은 경쟁적 환경에 부적합한 연성접근(soft approach)이라는 것이다.

특히 서번트 리더는 못 가진 자들(have-nots)과 혜택을 덜 받고 있는 자들(less privileged)에 대해 관심을 가져야 할 사회적 책임이 있다. 서번트 리더십은 생산적인 조직시민성 행태(organizational citizenship behavior)를 성취하기 위한 수단으로 공평과 정의를 강조한다. 이러한 서번트 리더십은 다음과 같은 10가지 특성을 갖추고 있어야 한다(김남현 역, 2013: 312). 즉 리더로서 갖추어야 할 섬기는 자의 특성으로는 ① 경청(listening), ② 공감(empathy), ③ 치유(healing), ④ 자각(awareness), ⑤ 설득(persuasion), ⑥ 개념화(conceptualization), ⑦ 선견지명(foresight), ⑧ 청지기 정신(stewardship), ⑨ 인력성장에 헌신(commitment to the growth of people), ⑩ 공동체 및 지역사회의 구축(building community) 등이 있다.

2) 공유리더십

공유리더십(shared leadership)은 집단 혹은 조직의 목표를 성취하는 데 있어 목적이 서로 연결되어 있는 집단 내 개인들 사이의 동태적 상호영향과정(a dynamic interactive influence process)을 내포한다. 이에 공유리더십은 어느 때는 동료 혹은 수평적 영향이 포함되어 있고, 다른 때는 상향적 혹은 하향적 영향이 포함되어 있다. 더욱이 어떠한 경우에는 집단, 조직 혹은 사회구성원 사이에 광범위하게 분포되어 있다(Denhardt, Denhardt, and Aristigueta, 2013: 215).

이러한 공유리더십은 조직구성원에게 권한위임(empowering)을 함으로써, 그리고 조직구성원 자신들의 전문영역에서 리더십 지위를 갖게 하는 기회를 제공함으로써 조직에 있어 모든 인적자원을 최대화하는 것이다. 또한 공유리더십은 관련된 사람들의 능력과 상황의 요구에 의존하는 조직 혹은 집단구성원 사이에 리더십을 공유하거나 배분하는 활동이다.

이 점에 있어 Jean Lipman-Blumen(2000)은 결합리더십(connective leadership)은

다양한 사회에 있어 보다 많은 협력에 대한 욕구를 고려하는 것이라고 주장한다. 또한 리더의 역할은 반대적인 영향력으로부터 공생의 영향력(symbiotic forces)으로 상호의존적 그리고 포괄적으로 전환하는 것이다. 즉 결합 리더는 특정한 목표를 성취하는 데 있어 다양한 사람들 사이에 상호작용 및 공생을 최대화하도록 동기부여를 제공한다. 이러한 결합 리더는 리더십의 짐을 공유하기 위해(to share the burdens of leadership) 공동체를 건설하고, 권한을 다양한 사람들에게 위임해야 한다.

3) 긍정적 리더십

Kim Cameron(2008)이 전개한 긍정적 리더십(positive leadership)은 인간의 잠재력(human potential)을 지지하고, 인간적 조건을 최적화하도록 노력함으로써 예외적인 성과(extraordinary performance)가 가능하게 하는 데 목적이 있다. 이것은 리더가 자신의 집단과 조직에 있어 덕망과 긍정적 에너지(virtuousness and positive energy)를 어떻게 전개하는가에 초점을 둔다.

긍정적 리더십은 무엇이 개인과 조직을 고양하는가, 조직에 있어 무엇이 옳은 것인가(what goes right in organizations), 무엇이 생기를 불어넣는가(what is life-giving), 무엇이 좋은 것으로 경험하게 하는가, 무엇이 영감을 주는가 등을 강조한다. 따라서 긍정적 리더십은 역할(role)이 아닌 관계(relationships)에 초점을 둔다.

이러한 긍정적 리더십은 긍정적 심리학의 원리에 기반하여 리더를 훈련하기 위한 로드맵(roadmap)을 제공한다.[7]

4) 윤리적 리더십

리더십에 있어 윤리적 이슈는 중요한 과제이다. 이에 윤리는 리더십의 중심에 위치한다. 리더는 조직 내의 윤리적 환경을 확립하는 데 매우 중요한 역할을

---

7 긍정적 심리학(positive psychology)은 행복, 희망과 같은 긍정적 감정, 그리고 지혜와 사회지능과 같은 긍정적인 개인적 특성(positive individual traits)을 연구하는 것이다.

담당한다. 즉 리더는 조직의 가치와 공동체의 가치를 다루기 때문에 더 큰 윤리적 책임을 갖추어야 한다.

이점에 있어 Ronald Heifetz(1994)는 윤리적 리더십은 권한을 활용하여 구성원들로 하여금 빠르게 변화하는 작업환경과 사회문화 속에 나타나는 상충되는 가치에 대해 잘 대응해 가도록 도움을 주는 것이라고 지적한다(김남현 역, 2013: 600).

또한 도덕적 리더십(moral leadership)은 리더가 따르거나 혹은 무시할 수 있는 일련의 도덕적 원칙 또는 규칙에 기반을 두지 않는다. 리더가 직면하는 윤리적 선택에서 모든 상황과 환경에 항상 들어맞는 결정을 하는 것은 매우 어렵다. 윤리적 이슈를 지각하는 것은 도덕적 창의력(moral imagination)—좋은 윤리적 의식의 감각과 도덕적 과정과 결과를 증진하기 위한 창의력—이 요구된다. 도덕적 창의력은 도덕적 견지에서 다양한 선택에 대해 주의 깊고 사려 깊게 이해하고 그리고 평가하는 것이다(Denhardt, Denhardt, and Aristigueta, 2013: 224).

또한 윤리적 리더의 특징은 변혁적 리더십을 구성하는 영감적 행태, 지적자극적 행태, 비전적 행태 등을 포함한다. 특히 공공선을 발전시키기 위한 외적인 행동과 더불어 내적인 신념과 가치를 일치시키기 위한 틀로서 윤리적 리더십은 4-V Model를 권고한다. 윤리적 리더십의 4-V 모델은 공공선의 달성에 관련한 행태와 행동인 외부적 요인과 가치의 내부적 요인을 조정하는 틀이다.

① 가치(values) : 윤리적 리더십은 리더의 핵심적인 가치에 대한 이해와 몰입과 더불어 시작한다. 우리의 정체성과 동기요인의 핵심에 있는 가치를 발견함으로써 우리는 모든 수준의 의사결정에 고유의 가치를 통합하기 위한 과정을 시작할 수 있다.

② 비전(vision) : 윤리적 리더십은 다른 사람들에게 봉사하는 영역에 있어 해야만 하는 것(what ought to be)의 모습의 범위에서 우리들의 행동을 구축하는 능력을 요구한다.

③ 목소리(voice) : 윤리적 리더는 자신의 행동에 활기를 불어넣는 정통적 방식에서 다른 사람들에 대해 자신의 비전을 분명하게 할 수 있어야만 한다. 목소리가 공적인 맥락에서 비전을 제시할 때 조직은 정치에 관여하게 된다.

④ 선행(virtue) : 윤리적 리더는 옳은 것과 좋은 것을 하기 위해 노력한다. 공공

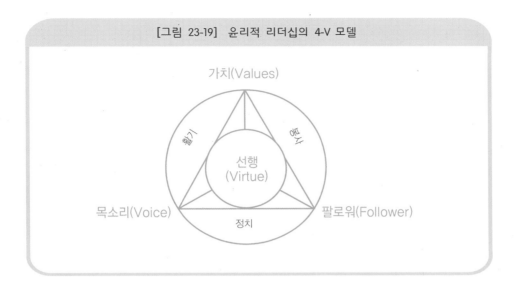

[그림 23-19] 윤리적 리더십의 4-V 모델

가치(Values)

배우기   세우

선행
(Virtue)

목소리(Voice)   팔로워(Follower)
정치

선을 지지하고 일치시키는 데 있어 나의 가치, 비전, 그리고 목소리는 어떠한가를 질문함으로써 도덕적인 행동(virtuous behavior)을 취할 수 있다.

이러한 윤리적 리더십에 대해 Northouse는 5가지 원칙을 제시하고 있다. 이들 5가지 원칙들은 건전한 윤리적 리더십 개발을 위한 토대를 제공한다(김남현 역, 2013: 603). ① 윤리적 리더는 타인을 존중한다. 윤리적 리더는 구성원 자신들의 창조적 열망을 인정하고 존중한다. ② 윤리적 리더는 타인을 섬긴다. 즉 윤리적 리더는 구성원들의 관심사에 주의 깊고 세심한 배려를 한다. ③ 윤리적 리더는 공정하다. 리더는 조직 내에서 이익과 책임을 공정하게 배분해야 한다. ④ 윤리적 리더는 정직하다. ⑤ 윤리적 리더는 공동체를 구축한다. 윤리적 리더는 시민적 덕성(civic virtue)에 주의를 기울여야 한다.

제 4 절 리더십의 대체

개인, 업무, 환경 및 조직적 특성의 다양성은 리더의 행태와 추종자의 만족감과 성과 사이의 관계에 영향을 미치는 요인으로 인식되고 있다. 몇몇 변수들은 리더십 스타일이 리더가 추종자를 동기부여시키고 방향을 제시하는 데 영향을 발휘한다. 대체변수(substitute variables)는 추종자의 만족감 혹은 성과를 증가시키거나 혹은 감소시키는 데 있어 리더의 능력을 부인하게 한다. 지배적인 리더십 접근법은 리더의 행태–추종자의 만족감과 성과의 관계를 논의하는 데 있어 리더십을 위한 대체를 포함하는 데 실패했다.

Kerr와 Jermier(1978)는 대체변수(부하의 특성, 업무의 특성, 조직의 특성)가 리더십 스타일을 중화하는데 기여한다고 주장한다. 예를 들면, 경험 있고 잘 훈련받고 그리고 지식 있는 종업원은 업무를 구조화하는 데 리더(업무지향적 리더)가 필요 없다. 가끔 장기적인 교육은 자율적이고, 스스로 동기를 부여하는 개인을 발전시킨다. 이와 같이 업무지향적 리더십과 사람지향적 리더십은 전문적인 교육과 사회화에 의해 대체된다.

또한 업무 자체가 환류를 제공하는 직무는 종업원이 어떻게 해야 하는가를 알려 주는 업무지향적 리더는 필요가 없다. 나아가 매우 응집력 있는 집단의 종업원은 지원적, 관계지향적 리더가 필요 없다. 집단이 이 유형의 리더를 대신한다.

중화요인(무력화, neutralizer)은 리더십 스타일을 대체하게 한다. 그리고 중화요인은 리더가 어떠한 행태를 드러내지 못하게 한다. 예를 들면, 리더가 물리적으로 부하로부터 제거된다면, 부하에 대해 지시할 수 있는 리더의 능력은 급격하게 감소한다. 전국적 복사센터를 갖고 있는 Kinko's는 광범위하게 지역적으로 분산되어 위치하고 있다. 이에 관리자의 리더십은 지점들 사이의 광범위한 거리로 인하여 매우 제한된다.

〈표 23-16〉과 같이 상황적 변수는 추종자의 특성, 업무의 특성, 조직 자체를 포함한다. 예를 들면, 부하가 높은 수준의 전문가라면 2가지 리더십 스타일(과업지향적 리더십, 사람지향적 리더십)은 중요하지 않을 것이다. 구성원들은 지시나 혹은 지원이 필요하지 않다.

과업 특성의 관점에서 높게 구조화된 과업은 과업지향적 스타일로 대체하게 된다. 만족하는 과업은 사람지향적 스타일로 대체하게 된다. 즉 과업이 높게 구조화되어 있고 그리고 루틴하다면, 리더는 과업에서 제공하지 않는 개인적 배려와 지지를 제공한다. 만족한 사람은 많은 배려가 필요하지 않다.

결국 〈표 23-16〉과 같이 상황적 가치는 리더가 리더십의 과도한 기술을 회피하는 데 도움을 준다. 리더는 조직상황을 보완하는 데 스타일을 채택할 수 있다. 예를 들면, 은행의 현금을 지급하는 직원(bank teller)의 과업상황은 높은 수준의 공식화, 낮은 유연성, 높은 구조화된 과업을 제공한다. 이의 책임자(head teller)는 사람지향적 스타일에 초점을 두면 된다.

리더십을 위한 대체(substitute for leadership)에서 기본적인 가정은 효과적인 리

표 23-16 리더십의 대체와 중화요인

가 치		과업지향적 리더십	사람지향적 리더십
조직적 가치	집단응집력(group cohesiveness)	대체	대체
	공식화(formalization)	대체	영향 없음
	불변(inflexibility)	중화	영향 없음
	낮은 지위권력(positional power)	중화	중화
	물리적 분리(physical separation)	중화	중화
과업 특성	높게 구조화된 과업	대체	영향 없음
	자동적인(automatic) 피드백	대체	영향 없음
	내재적 만족(intrinsic satisfaction)	영향 없음	대체
팔로워의 특성	전문성(professionalism)	대체	대체
	훈련/경험	대체	영향 없음
	낮은 보상가치	중화	중화

출처: Daft(1999: 113).

더십은 과업, 집단, 조직에 의해 제공할 수 없는 지원과 지시를 제공하고 그리고 인정하는 능력이라는 것이다. 나아가 리더십 공백(leadership gaps)을 채울 수 있는 대체를 활용하는 능력은 조직에 대해 장점이 된다. 즉 팔로워의 능력과 훈련이 고도로 발달된 상황은 리더십을 위한 대체를 재현할 수 있다.

리더십의 대체에 관한 측정을 위해 Kerr와 Jermier(1978)는 다음과 같은 설문지를 제시하고 있다.

- 나는 얼마만큼의 권위를 소유하고 있는지(how much authority I have)를 명확하게 느끼고 있다.
- 나는 나에 대해 무엇을 기대하고 있는가(what is expected of me)를 정확하게 알고 있다.
- 업무집단의 임무(mission)는 명확하게 규정되어 있다.
- 목적(objectives)이 명확하게 의사소통되고 이해되고 있다.
- 업무 가이드를 위해 스케줄, 프로그램, 혹은 프로젝트의 명세서가 활용되고 있다.
- 노력을 지도하는 집단규칙 혹은 가이드라인이 활용되고 있다.
- 당신의 직무성과에 필요한 비재무적 자원(정보 등)을 당신의 상관에게 얼마만큼 의존하고 있는가?

제 5 절   팔로워십

1. 팔로워십의 의의와 역할

팔로워(follower)는 단어적 의미로 보면 다른 사람을 모방 내지 추종하는 사람이다. 하지만 팔로워는 조직목표 성취에 있어 리더와 조직 사이에서 중간적 연결

역할을 하는 것으로 이해할 수 있다. 이런 의미에서 리더가 인도하는 것처럼, 팔로 워는 조직의 목표성취와 관련하여 업무완성에 적극적으로 참여한다. 즉 리더-팔 로워 관계는 조직의 목표를 성취하는 데 있어 팀을 위한 원동력을 산출한다.

　팔로워십(followership) 개념을 처음 제시한 Kelley(1988)는 팔로워십을 조직의 목표를 달성하는 데 기여하는 팔로워들의 효과적인 자질이나 역할이라고 정의하고 있다. 특히 활동적인 팔로워는 조직에 적극적으로 몰입하며, 조직성과 창출을 위해 자신의 유용한 역량을 적극적으로 활용하는 등 조직에 대한 몰입과 혁신적인 행동 으로 조직과 자신의 발전을 일치시키고자 노력하는 구성원으로 이해할 수 있다.

　이러한 팔로워십은 다음과 같이 몇 가지 역할을 담당한다.

　첫째, 리더십과 팔로워십은 개인들이 여러 가지 조건하에 안팎으로 이동하는 근본적인 역할이다. 모든 사람은 자신의 삶에 있어 한 번쯤 팔로워가 된다. 개인들 은 리더보다는 오히려 팔로워의 역할을 보다 많이 한다.

　둘째, 리더십 지위에서 개인들은 팔로워의 행동과 태도에 의해 영향을 받는 다. 리더-팔로워 관계는 호혜, 상호 간의 영향교환을 포함한다.

　셋째, 리더와 팔로워 역할은 예방적 상호작용이며, 함께 공유하는 비전을 성 취하는 것이다. 리더의 성과와 팔로워의 성과는 서로 의존적인 변수이다. 조직이 보다 높은 성과를 성취하기 위해 조직구성원들에게 위임을 시도하기 때문에 팔로 워십 과정은 지속적으로 진행될 것이다.

2. 팔로워십의 유형

　Robert Kelly(1992)는 [그림 23-20]과 같이 2가지 차원-① 독립적·비판적 사고 (independent, critical thinking), ② 의존적·무비판적 사고(dependent, uncritical thinking) - 에 따라 5가지 팔로워십 유형을 범주화하고 있다.

　팔로워십 유형의 이들 2가지 차원은 적극적 행태 혹은 수동적 행태이다. 즉 독립적·비판적 사고자는 조직목표를 성취함에 있어 사람들의 행태의 효과에 유념

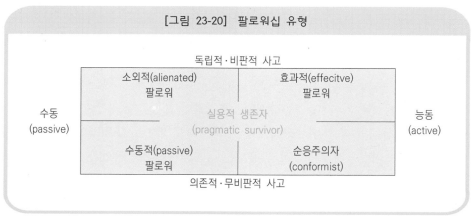

[그림 23-20] 팔로워십 유형

독립적·비판적 사고

소외적(alienated) 팔로워	효과적(effecitve) 팔로워

수동 (passive)　　실용적 생존자 (pragmatic survivor)　　능동 (active)

수동적(passive) 팔로워	순응주의자 (conformist)

의존적·무비판적 사고

출처: Daft(1999: 398).

한다. 이들은 자신의 행동과 다른 사람의 행동의 중요성을 안다. 반면에 의존적·무비판적 사고자는 조직의 구축에 기여하지 못하고, 생각 없이 리더의 아이디어를 수용한다.

　　또한 능동적인 개인(active individual)은 조직에 완전하게 참여하고, 직무제한을 초월하는 행태에 관여하고, 주인의식(a sense of ownership)을 표출하며, 그리고 문제해결과 의사결정을 주도한다. 반면에 수동적 개인(passive individual)은 상시적 감독의 욕구와 상관의 재촉에 의해 특징지어진다. 수동성은 가끔 게으름으로 간주된다. 수동적인 사람은 부가적인 책임을 회피한다.

1) 소외적 팔로워(alienated follower)

　　소외적 팔로워는 수동적이지만, 독립적이고 비판적 사고자이다. 소외적 팔로워는 가끔 상관에 의해 지켜지지 않은 약속, 차질과 장애를 경험한 효과적 팔로워이다. 가끔 냉소적인 소외적 팔로워는 독립적으로 생각할 수 있지만, 자신들이 바라보는 문제와 결함에 대한 해결방안을 개발하는 데 참여하지 않는다.

2) 순응주의자(conformist)

순응주의자는 조직에서 활동적으로 참여하지만, 자신의 업무행태에 있어 비판적 사고기법을 활용하지 않는다. 순응주의자는 전형적으로 업무의 본질과 관계없이 모든 명령을 수행한다. 순응주의자는 단지 갈등을 회피하는 데 관심을 가진다. 이런 스타일은 엄격한 규칙과 권위주의적 환경에서 초래된다.

3) 실용적 생존자(pragmatic survivor)

실용적 생존자는 일반적인 상황에 적합한 스타일이고, 4가지 극단적 특성(수동적, 능동적, 독립적 비판적 사고, 의존적 무비판적 사고)을 모두 가지고 있다.

이 스타일의 팔로워는 자신의 지위에서 최상의 스타일 이점을 활용하고, 그리고 위기를 최소화한다. 실용적 생존자는 조직이 필사적인 시기(desperate times)를 겪을 때 나타난다. 또한 정부의 임명직 공무원이 자신의 어젠다를 짧은 기간 내에 수행해야 하기 때문에 이러한 스타일이 나타난다.

4) 수동적 팔로워(passive follower)

수동적 팔로워는 비판적이고 독립적 사고자가 아닐 뿐만 아니라 활동적 참여자도 아니다. 수동적이고 무비판적인 이러한 유형의 팔로워는 진취성이 있는 것도 아니고 책임감도 없다. 이러한 팔로워는 단지 감독에 의해서만 어떤 것을 수행할 수 있다. 수동적 팔로워는 자신을 리더의 사고에 맡긴다. 가끔 이러한 스타일은 수동적 행태를 기대하고 격려하는 리더가 산출한 결과이다. 또한 수동적 팔로워는 다른 사람을 과잉통제(overcontrolling)하고, 실수를 엄하게 처벌하는 리더의 결과이다.

5) 효과적 팔로워(effective follower)

효과적 팔로워는 조직에 있어 비판적이고 독립적 사고를 지닌 능동적인 사람이다. 효과적 팔로워는 조직에서 자신의 직위와 관계없이 모든 사람에 대해서 동등하게 처신한다. 이들은 위험 혹은 갈등을 회피하려고 노력하지 않는다. 오히려 효과적 팔로워는 변화를 시도하는 용기를 가지고 있고, 조직이 최선의 이익을 얻도록 헌신하는 데 있어 다른 사람과의 갈등 혹은 위기에 자신을 밀어 넣는다.

효과적 팔로워는 효과적인 조직이 되는 데 필수적이다. 이들은 자기관리(self-management)를 할 수 있는 능력이 있으며, 자신과 조직에 있어 강점과 약점을 구별할 수 있다. 이들은 문제해결과 능동적 영향을 위해 노력한다. 효과적 팔로워는 결코 무력하지(powerless) 않으며, 스스로 그것을 안다. 또한 이들은 자신의 지위에서 절망하지 않으며, 다른 사람에게 분개하지도 않는다.

3. 효과적 팔로워십의 전략

대부분의 리더와 팔로워의 관계는 권위와 복종(submission)에 기반을 둔 어떤 감정과 행태에 의해 묘사된다. 효과적인 팔로워는 자신을 본질적으로 부하가 아니라 자신의 리더와 동등한 것으로 지각한다.

팔로워가 권위에 기반을 둔 관계를 극복하고, 자신의 리더와 효과적이고 존경심을 보일 수 있는 관계로 발전할 수 있는 전략은 [그림 23-21]과 같다(Daft, 1999: 407-410).

① 리더를 위한 자원이 되라(Be a resource for the leader): 효과적 팔로워는 자신을 조직의 목적과 비전에 맞춘다. 이들은 리더에게 비전과 목표에 대해 묻고, 그리고 이들을 성취하는 것을 돕는다. 이들은 조직성취에 대해 자신의 영향을 이해한다. 이런 방식에 있어 팔로워는 리더에게 용기를 주는 지지의 자원이다.

이와 같이 효과적 팔로워는 자신의 강점을 가지고 리더의 약점을 보완할 수

[그림 23-21] 리더에게 영향을 미치는 방법

리더를 위한 자원이 되라	좋은 리더가 되는 데 도움을 주라
- 리더의 욕구가 무엇인가? - 리더에게 당신에 대해 말하라 - 팀의 목적/비전에 대해 자신을 맞추라	- 충고를 요청하라 - 당신이 무엇을 생각하는지를 리더에게 말하라 - 리더가 생각하는 것을 찾아라
관계를 형성하라	리더를 현실적으로 바라보라
- 당신의 계급/지위에서 리더에 대해 질문하라 - 피드백과 비판을 기꺼이 받아들여라 - 당신이 조직의 이야기를 말할 수 있도록 리더에 게 요청하라	- 이상적인 리더 이미지를 포기하지 말라 - 어떤 것을 숨기지 말라 - 다른 사람에게 리더를 비판하지 말라 - 때때로 동의하지 말라(disagree occassionally)

출처: Daft(1999: 408).

있다. 효과적 팔로워는 자신의 아이디어, 신념, 욕구 및 약점을 자신의 리더에게 알린다. 리더와 팔로워가 서로 일상적인 활동을 많이 할수록 그들은 서로를 위해 더 좋은 자원이 될 수 있다.

② 좋은 리더가 되도록 리더를 도우라(Help the leader be a good leader): 리더로부터의 충고는 팔로워의 능력을 구축하는 데 도움이 된다. 게다가 충고를 위해 리더에게 요청하는 관계형성은 리더에게 충고를 할 수 있는 환경이 된다. 즉 팔로워가 자신의 리더가 잘하는 것에 대해 감사하고 그리고 칭찬할 수 있을 때, 리더는 보다 좋은 리더가 될 수 있다.

③ 리더와 관계를 형성하라(Build a relationship with the leader): 효과적인 팔로워는 자신의 리더와 진실한 관계(genuine relationship)를 형성하기 위해 노력한다. 이러한 관계에는 진실을 바탕으로 신뢰를 발전시키고, 그리고 정직하게 말하는 것이 포함된다. 더욱이 관계는 권위와 복종보다는 오히려 상호 존경으로 맺어져야 한다. 팔로워는 자신의 지위에서 경험과 관련하여 리더에게 질문함으로써 존경이 발생할 수 있다.

④ 리더를 현실적으로 바라보라(View the leader realistically): 리더를 현실적으로 바

라보는 것은 리더의 이상적인 이미지(idealized images)를 포기하는 것을 의미한다. 리더를 이해하는 것은 리더가 오류를 범할 수 있고, 그리고 많이 실수할 수도 있다는 것을 수용하는 것이다. 팔로워가 자신의 상관을 지각하는 방식이 관계의 토대가 된다. 이것은 리더를 현실적으로 바라보는 데 도움이 된다.

　　또한 자기자신의 현실적인 이미지를 진솔하게 보여 주는 것이 좋은 팔로워이다. 팔로워가 자신의 약점을 숨기지 않고 실수를 감추지 말아야 한다. 나아가 자신의 리더를 다른 사람 앞에게 비판하지 말아야 한다. 다른 사람에게 리더를 비판하는 것은 소외를 조장할 뿐만 아니라, 소외된 팔로워의 사고방식을 더욱 부정적으로 강화시킨다.

제 6 절　팀 리더십

1. 팀의 의의와 유형

　　팀(team)은 구체적인 목표를 성취하기 위해 업무를 상호작용하고 조정하는 두 사람 혹은 그 이상의 단위체이다. 이러한 정의에서 팀은 3가지 구성요소를 가진다. 첫째, 팀은 두 사람 혹은 그 이상의 사람으로 구성된다. 팀은 대체로 15명을 초과하지 않는다. 둘째, 하나의 팀에 있는 사람은 정규적으로 함께 작업을 한다. 셋째, 하나의 팀에 있는 사람은 목표를 공유한다. 팀의 개념은 공유하는 미션이 있고, 집단적 책임감(collective responsibility)을 가진 모임을 의미한다.

　　팀과 집단은 〈표 23-17〉과 같이 차이가 있다. 팀은 동등성(equality)으로 특징된다. 최상의 팀에는 개별적 스타(individual stars)가 없고, 모든 사람들이 개인적 자아(individual ego)를 전체적인 선을 위해 승화시킨다.

　　조직 내 다양한 팀의 유형이 존재할 수 있다. 여기서는 3가지 중요한 팀 유형

표 23-17	팀과 집단의 차이

집단(group)	팀(team)
임명된, 강한 리더의 존재	리더십 역할의 공유 혹은 순환
개인적 책임(accountability)	공동 그리고 개인적 책임 (서로서로에 대해 책임이 있는)
집단과 조직을 위해 동일한 목적	구체적인 팀의 비전 혹은 목적
다른 사람에 의해 설정된 성과목표	팀에 의해 설정된 성과목표
조직경계 내의 과업	조직경계로 한정하지 않음
개인적 과업생산	집단적 과업생산
조직화된 모임(organized meetings), 위임(delegation)	상호 간의 피드백, 제약을 두지 않는 토의(open-ended discussion), 적극적인 문제해결

출처: Daft(1999: 270).

(기능적 팀, 복합기능 팀, 자율관리 팀)으로 이해하고자 한다(Daft, 1999: 269-272).

1) 기능적 팀(functional teams)

기능적 팀은 전통적인 수직적 계층제의 부분이다. 이러한 팀은 공식적 명령 계통 내에 하나의 상관과 부하로 구성된다. 가끔 수직적 팀(vertical team) 혹은 명령 팀(command team)으로 명명되는 기능적 팀은 하나의 부서 내에 3개 혹은 4개의 계층을 포함한다. 전형적으로 기능적 팀은 조직 내에 하나의 부서로 구성된다. 예를 들면, 재무분석부서, 인적자원부서 등이 기능적 팀이다.

2) 복합기능 팀(cross-functional teams)

복합기능 팀은 조직 내 다른 기능적 부서로부터 차출하여 구성원을 구성한다. 복합기능 팀은 구체적인 팀 리더를 가지며, 새로운 교과과정을 개발하는 등의 변화 프로젝트를 이끈다.

복합기능 팀은 몇몇 부서에 영향을 미치는 프로젝트에 일반적으로 간여한다.
이리하여 고려해야 하는 관점이 많이 요구된다. 복합기능 팀은 기능적 경계를 넘
어 정보공유를 가능하게 하고, 현존하는 조직문제에 대한 새로운 아이디어와 해결
을 발전시키고, 새로운 정책을 전개하는 데 도움을 준다. 복합기능 팀의 하나의
유형인 문제해결 팀 혹은 과정향상 팀(process-improvement team)은 질, 효율성 및
작업환경을 향상하는 방안을 논의하기 위해 자발적으로 만난다. 또한 다른 유형인
특별목적 팀(special purpose team)은 특별히 중요한 프로젝트 혹은 독창적인 프로젝
트를 담당하기 위해 공식적 조직구조 밖에서 만들 수 있다. 이들 팀에게는 목적달
성을 위해 공식조직과 분리된 자치권을 부여한다.

3) 자율관리 팀(self-directed teams)

[그림 23-22]와 같이 팀의 최고 전개단계에서 팀 구성원은 관리자, 감독자의
지시 없이 함께 일한다. 자율관리 팀은 리더 중심(leader-centered) 혹은 리더 지도
보다 오히려 구성원 중심(member-centered)이다. 자율관리 팀은 자신의 과업의 의
미를 발견하고, 조직에 대해 강한 정체성을 발전시킨다.

자율관리 팀은 전형적으로 5명에서 20명의 인원으로 구성되고, 전체적인 제
품 혹은 서비스를 산출하는 데 있어 직무를 순환시킨다. 자율관리 팀은 본질적으
로 항구적이며, 다음과 같은 3가지 요소를 포함하고 있다.

① 팀은 다양한 기술과 기능을 수행하는 구성원으로 구성되어 있다. 결합된
기술로 주요한 조직업무를 충분히 수행할 수 있다. 부서 사이에 장벽이 제거됨으
로써 업무수행 시 탁월한 조정이 가능하다.

② 팀은 과업을 완성하는 데 필요한 정보, 재정, 장비와 같은 자원에 대한 접
근이 주어진다.

③ 팀은 의사결정 권위가 위임되어 있다. 구성원이 새로운 구성원을 자유롭
게 선발하고, 또한 자율적으로 문제를 해결하며, 자금을 지출하고, 결과를 조정하
고, 미래를 계획한다.

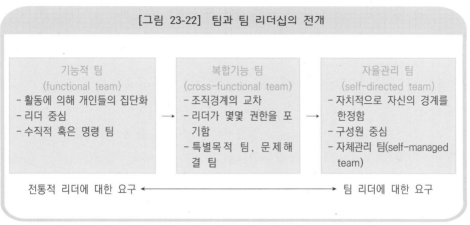

[그림 23-22] 팀과 팀 리더십의 전개

| 기능적 팀
(functional team)
- 활동에 의해 개인들의 집단화
- 리더 중심
- 수직적 혹은 명령 팀 | → | 복합기능 팀
(cross-functional team)
- 조직경계의 교차
- 리더가 몇몇 권한을 포기함
- 특별목적 팀, 문제해결 팀 | → | 자율관리 팀
(self-directed team)
- 자치적으로 자신의 경계를 한정함
- 구성원 중심
- 자체관리 팀(self-managed team) |

전통적 리더에 대한 요구 ←————————→ 팀 리더에 대한 요구

출처: Daft(1999: 270).

자율관리 팀에서 구성원들은 업무 스케줄 혹은 휴가 스케줄을 작성하고, 자재를 주문하고, 성과를 평가하는 것과 같은 의무를 부여받는다. 팀은 최소한의 감독하에 작업을 하고, 구성원은 공동적으로 갈등해결과 의사결정을 위한 책임을 진다. 자율관리 팀에 기반을 둔 조직의 핵심가치는 평등성과 권한위임이다.

2. 팀 리더십

성공적인 팀은 신뢰할 수 있고, 그리고 효과적인 팀 리더와 함께 시작된다. 효과적인 리더가 되기 위해서 사람들은 스스로 기꺼이 변화되어야만 한다. 자신이 안주하고 있는 환경으로부터 나가야 한다. 나아가 과거 자신의 행태를 지배했던 많은 가정에서 벗어나야 한다.

① 자신의 무지에 대해 인정하고 완화하는 것을 학습하라(Learn to relax and admit your ignorance). 팀 리더는 모든 것을 알 수 없으며, 항상 통제할 수 없다. 효과적인 팀 리더는 질문하는 것이다. 자신의 잘못뿐만 아니라 자신의 두려움을 공개적으로 인정하는 것이다. 공개하고 그리고 취약점(vulnerable)을 말하는 것은 신

뢰를 형성하는 데 도움을 주고 팀 관계를 향상시킬 수 있다.

② 팀 구성원을 돌보라(Take care of team members). 리더의 행동이 팀 구성원이 서로를 상대하는 방식, 그리고 고객을 대하는 기본적인 태도를 결정한다. 효과적인 팀 리더는 팀 구성원을 돌보는 데 자신의 시간을 많이 활용한다. 대부분 팀 구성원들은 인정과 지지받고자 하는 중요한 욕구를 공유한다.

③ 의사소통하라(communicate). 좋은 의사소통 기술은 팀 리더십에서 매우 중요하다. 이것은 청취하는 것을 학습하라는 의미이다. 효과적인 팀 리더는 답변하는 것보다 오히려 많은 질문을 하게 한다. 올바른 질문을 요청함으로써 리더는 팀 구성원의 문제해결과 의사결정에 도움을 준다.

④ 진실로 권한을 공유하는 것을 학습하라(Learn to truly share power). 팀 리더는 말과 행동에 있어 팀워크의 개념을 받아들여야 한다. 이것은 권한, 정보 및 책임을 공유하는 것을 의미한다. 이것은 리더가 팀 구성원이 최상의 결정을 할 수 있다는 믿음을 가지는 것을 요구한다.

⑤ 공유하는 목적과 가치에 대한 중요성을 인정하라(recognize the importance of shared purpose and values). 하나의 팀을 구성하는 것은 공유하는 가치와 몰입에 의해 통합된 하나의 공동체를 만들어 내는 것이다. 팀 리더는 팀의 비전과 문화를 촉진하는 데 책임이 있다.

특히 팀의 효과성(team effectiveness)은 4가지 성과결과(혁신/적응, 효율성, 질, 구성원의 만족)를 성취하는 것으로 정의할 수 있다.

첫째, 혁신/적응(innovation/adaptation)은 팀이 환경의 요구와 변화에 신속하게 반응할 수 있는 조직적 능력에 영향을 미치는 정도이다.

둘째, 효율성(efficiency)은 팀이 보다 적은 자원을 활용하여 조직이 목표를 달성하는 데 도움을 주는 것이다.

셋째, 질(quality)은 보다 적은 결함과 고객의 기대를 초월하여 성취하는 것이다.

넷째, 만족(satisfaction)은 팀 구성원의 개인적 요구에 대응함으로써 구성원의

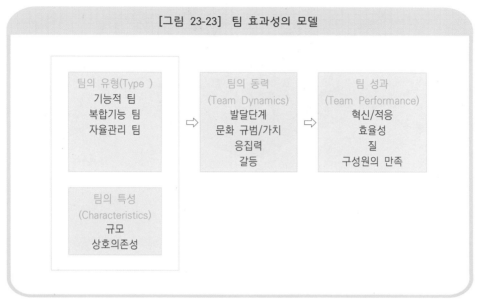

[그림 23-23] 팀 효과성의 모델

출처: Daft(1999: 278).

몰입과 열정을 유지하는 팀의 능력에 관련되어 있다.

　또한 성과는 팀의 유형, 팀의 규모, 팀의 상호의존성(interdependence)[8]을 포함한 팀의 특성에 의해 영향을 받는다. 이들 특성은 팀의 원동력(team dynamics)에 영향을 미친다. 팀 리더는 팀의 발달단계, 문화 규범과 가치, 팀의 응집력, 갈등을 이해하고 다룰 줄 알아야 한다.

---

8 상호의존성은 팀 구성원이 자신의 업무를 수행하기 위해 정보, 자원 혹은 아이디어에 대해 서로 의존하는 정도를 의미한다.

의사소통

　　정보화시대에 우리는 매일 수많은 메시지를 전달하고 받는다. 특히 효과적인 의사소통은 단지 정보교환만 하는 것은 아니다. 이것은 정보에 내재한 감정을 이해하는 것이다. 즉 효과적인 의사소통은 갈등을 일으키지 않고 더욱이 신뢰를 손상하지 않고 부정적이거나 난감한 메시지도 원활하게 전달하게 된다. 이에 조직은 자신들의 환경에서 상이한 구성요소(constituents)와 의사소통을 하기 위해 다양한 도구를 활용한다.

　　이러한 의사소통과 관련하여, 사람들은 어떻게 의사소통하는가? 사람들은 어떻게 메시지를 발송하고 수신하는가? 의사소통을 방해하는 요인은 무엇인가? 등에 대한 이슈는 기본적인 의사소통과정을 앎으로써 이해가 가능하다.

　　이에 이 장에서는 의사소통의 의의와 과정, 의사소통의 수준, 의사소통의 장애요인과 극복방안, 의사소통의 유형 등에 대해 살펴보고자 한다.

제1절 의사소통의 의의와 과정

1. 의사소통의 의의와 기능

1) 의사소통의 의의

행정관리자는 일상업무의 70%가 의사소통으로 이루어지며, 이 가운데 45%는 다른 사람들의 메시지를 듣는 것이 포함되어 있다. 또한 10분 동안의 대화에서 사람들은 단지 25% 정도만 효율적으로 수신할 수 있다(Nichols, 1959). 이처럼 사람들의 의사소통은 우리가 생각하는 것보다 훨씬 비효과적이다. 이 점에서 행정관리자가 의사소통의 능력이 부족하다면 관리자의 기능을 잘 수행할 수 없을 것이다.

이와 같이 조직은 서로 말할 수 있는 사람과 다른 사람에게 말하기를 원하는 사람으로 구성된 의사소통의 집합체이다. 이처럼 의사소통 자체는 조직의 기능에서 피할 수 없다. 모든 관리자는 의사를 소통하는 사람(communicators)이다. 나아가 의사소통의 질은 목적이 달성되는 정도에 직접적으로 영향을 미친다. 이것은 효과적인 의사소통이 개인과 조직의 성공을 위해 필요하다는 것을 의미한다. 즉 유능한 관리자는 효과적인 의사소통가이다.[1]

의사소통(意思疏通, communication)은 공통(common)의 의미인 라틴어 'coomunis'에서 유래되었다. 이런 의미에서, 의사소통은 수신자와 더불어 공통(commonness)을 설정하기 위해 추구하는 것이다. 이처럼 의사소통은 의미 있는 정보(meaningful information)를 전달하고 수신하는 동태적인 과정이다. 의사소통은 공통적인 상징(common symbols)을 사용한 정보와 이해의 전달로 정의할 수 있다. 또한 의사소통

---

[1] 의사소통은 조직의 성공에 있어 중요하다. 이런 사례는 설문조사 결과에서도 보여 주고 있다. 즉 미국 관리자의 73%, 영국 관리자의 63%, 일본 관리자의 85%는 의사소통이 조직효성성에 있어 주요한 장애(a key barrier)라고 믿고 있었다((Burns, 1954).

은 여러 가지 방법(적은 글씨, 비언어적 단서, 구두)을 통해 발신자와 수신자 사이에 메시지를 전달하는 과정이다. 즉 의사소통은 발신자와 수신자 사이에 메시지 정보의 의미를 공유하는 것이며, 진정한 의사소통은 메시지의 이해가 요구된다. 이런 의미에서 효과적인 의사소통은 의사전달자와 수신자 사이의 공통적인 이해의 결과라고 지적할 수 있다.

인간관계의 우선을 강조하는 이론가들은 개방성, 신뢰, 몰입, 협력의 분위기를 위한 의사소통의 중요성을 강조한다. 권력의 관점에서 조직행태를 바라보는 학자들은 갈등과 투쟁은 영향력의 수단으로서 발휘되고, 그리고 선호하는 관점과 관심에 따라 다른 사람을 채용할 수 있는 매개체(medium)로서 의사소통을 이해한다 (Clegg, Kornberger & Pitsis, 2005: 303).

의사소통에는 언어적 의사소통과 비언어적 의사소통이 있다. 즉 의사소통은 2가지 상호 관련된 양면적인 언어적 그리고 비언어적 의사소통이 포함된다.

2) 단정적 의사소통, 비단정적 의사소통, 공격적인 의사소통

(1) 단정적 의사소통(assertive communication)

단정적 의사소통은 생각하고, 느끼고, 그리고 믿는 것을 자신감 있게 표현하는 것을 의미한다. 단정적 의사소통은 자기자신에 대한 존경과 다른 사람의 요구와 권리에 대한 존경에 기초한다.

(2) 비단정적 의사소통(nonassertive communication)

비단정적 의사소통은 생각하고, 느끼고, 그리고 믿는 것을 자신감 있게 표현하는 것을 꺼리거나 혹은 무능력한 것이다. 이것은 자기자신의 선호에 대한 확신이 부족한 것을 반영한다. 이 경우 다른 사람도 당신의 생각, 느낌 및 믿음을 무시하게 된다.

(3) 공격적인 의사소통(aggressive communication)

공격적인 의사소통은 다른 사람을 위협하거나, 비하하거나, 저하하는 방식으로 자기자신을 표현하는 것이다. 이러한 접근법은 "이것이 내가 생각하는 것이다. 당신이 다르게 생각하는 것은 멍청한 것이다." 등과 같은 메시지를 전달하는 것이다(Hellriegel, et. al., 1995: 388-389).

3) 언어적 의사소통과 비언어적 의사소통

(1) 언어적 의사소통

언어적 의사소통(verbal communication)은 의미를 전달할 때 언어를 사용하는 것이다. 언어적 측면(verbal aspects)에서 언어(language)는 공동체 구성원들이 공유하는 룰 기반 표시(rule-based sign), 그리고 상징적 시스템, 관례적인 코드로 규정된다. 이러한 언어적 의사소통에는 보통 구두에 의한 의사소통과 문서에 의한 의사소통이 있다. 구두의 의사소통(oral communication)은 일반적으로 상호작용하기 때문에 상황에 대해 반응적이고 적응적이다. 반면에 문서적 의사소통(written communication)은 발신자가 사용하는 단어(words)와 관련하여 명확하게 전달된다.

(2) 비언적 의사소통

비언어적 의사소통(nonverbal communication)은 단어(words)로 표현하지 않는 의사소통의 부분이다. 이것은 때로는 중요한 메시지를 포함하고 있다. 이러한 의사소통은 몸짓, 접촉, 대인거리(interpersonal distance), 눈 응시, 얼굴표정뿐만 아니라 악센트와 같은 언어 이외의 성대신호(nonlinguistic vocal cues)에 의한 의사소통이다. 비언어적 메시지가 언어적 메시지와 일치를 이룰 때 효과적인 의사소통이 된다.

이러한 비언어적 의사소통-얼굴표정, 몸짓, 자세(posture), 영역(territoriality)-

표 24-1	메시지의 구성요소	
메시지의 구성요소	정　의	전체 메시지의 비율
비언어적(nonverbal)	몸짓과 표정(gestures and expressions)	55%
말투(tonal)	억양(inflection)	38%
언어적(verbal)	실재적 단어(actual words)	7%

출처: Drafke(2006: 55).

은 〈표 24-1〉과 같이 전체 메시지의 55%를 차지한다. 이들 비언어적 모든 수단은 전체 메시지 전달에 병행하며, 어떤 것이 다른 것보다 광범위하게 활용되기도 한다. 다음으로 중요한 것은 사용하는 말투(tone)이다. 말투는 전체 메시지의 38%를 차지하고 있고, 언어적 메시지는 7%를 차지하고 있다(Drafke, 2006: 55).

이와 같은 비언어적 의사소통은 다음과 같은 몇 가지 기능을 가진다(Aldag & Kuzuhara, 2002: 207-208).

① 악센트(accenting) : 언어적 메시지에 대해 부가적으로 강조한다.

② 자기모순성(contradicting) : 언어적 메시지에 대해 반대하는 표시이다. 상사가 어떤 것을 말하지만, 눈동자 혹은 손동작을 통해 전혀 다른 메시지를 전달한다.

③ 대체성(substituting) : 비언어적 의사소통으로 언어적 의사소통을 대신한다. 몇몇 비언어적 단서(nonverbal cues)는 명확하고 그리고 광범위하게 지각된 의미를 가진다.

④ 보충성(complementing) : 언어적으로 전달한 것을 비언어적으로 동일한 메시지를 전달한다. 예를 들면, 'high five'는 축하한다는 의미를 동반한다.

⑤ 규제성(regulating) : 언어적 메시지의 흐름을 통제하는 데 비언어적 의사소통을 활용한다.

표 24-2 의사소통의 방식

구분	언어방식(verbal mode)		비언어적 방식 (nonverbal mode)
	구두(oral)	문서(written)	
예	- 대화, 연설, 전화통화, 영상회의 (videoconference)	- 편지, 메모, 리포트, E-mail, Fax	- 의상(dress), 말투 억양(speech intonation), 몸짓, 얼굴표정, 손동작
장점	- 생생함(vivid) - 자극을 줌(stimulating) - 남의 주의를 끌게 함 - 유연성(flexible) - 적응성(adaptive)	- 잘못 해석하는 것을 줄임 - 정확성(precise)	- 구두표현과 일치성으로 인한 의사소통의 효과성 증가 - 의미를 강조할 수 있음
단점	- 일시적(transitory) - 잘못 해석하기 쉬움	- 번역에서 정확성 상실(precision loss in translation) - 무시하기 쉬움	- 비언어적 의사소통의 의미는 보편적이지 않음

출처: Black & Porter(2000: 445).

4) 의사소통의 기능

의사소통은 한 사람이 다른 사람에게 정보를 전달하는 것이다. 특히 좋은 의사소통은 다음과 같은 기능을 수행한다. 어떠한 메시지이든지 하나 이상의 의사소통 기능을 수행한다(Reitz, 1987: 316-317; Aldag & Kuzuhara, 2002: 189).

① 정보기능: 의사소통은 정보를 제공한다. 조직이 내부적 변화와 외부적 변화에 적응하는 데 도움을 준다.

② 동기부여기능: 의사소통은 조직의 목적에 몰입하도록 격려하고, 동기부여를 향상한다. 또한 의사소통은 영향을 미치고 그리고 설득한다.

③ 통제기능: 의사소통은 의무, 권위, 책임성을 명확하게 한다. 또한 의사소통은 명령하고 그리고 지시한다. 이러한 정보의 의사소통은 누가 무엇을, 어디에, 얼마나 자주 하는가를 지시한다.

④ 감정적 기능(emotive function): 의사소통은 감정의 표현과 사회적 욕구의 만족을 허용한다. 또한 의사소통은 불만을 터뜨리는 것에 도움을 준다.

⑤ 통합기능: 의사소통은 조직이 여러 요소를 통합시킨다. 의사소통으로 인한

통합으로 조직구성원은 조직 내 여러 지위와 단위부서에 대해 확신을 갖게 된다.
또한 조직과 조직환경을 통합하는 데 기여한다.

2. 의사소통의 과정

　　행정관리자들은 효과적으로 의사소통을 하기 위해서 의사소통과정이 어떻게
작동하고 있는가를 이해해야 한다. 의사소통과정은 두 사람 혹은 그 이상의 사람
사이에 정보를 교환하는 것이다. 효과적인 의사소통을 위해 의사소통의 각 단계를
이해해야 한다.

　　의사소통과정은 [그림 24－1]과 같이 발신자가 메시지를 상징적 형태(symbolic
form, 암호화)로 수신자에게 전달채널을 통하여 전달하면, 수신자는 해독과정을 통
하여 메시지를 해석하고 행동한다. 발신자의 의사가 올바르게 전달되기 위해서는
환류채널을 원활하게 작동해야 한다. 메시지는 언어적 형태나 비언어적 형태로 구

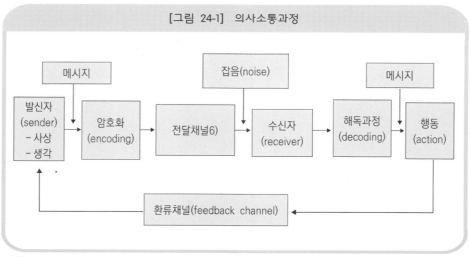

[그림 24-1]　의사소통과정

출처: Verderber & Verderber(1992: 21).

성되며, 발신자의 사고나 생각이 메시지로 전환되는 것을 암호화(encoding)라고 한다. 전달된 메시지를 해석하는 것을 해독과정(decoding)이라고 하고, 수신자가 메시지를 정확하게 해석했는가를 확인할 필요가 있다. 메시지에 담고 있는 의미는 경험에 기초한다. 이 점에서 발신자와 수신자의 문화, 환경, 경험, 직업, 성별, 관심, 지식, 태도 그리고 가치가 메시지 해석에 개입하게 된다.

① 의사전달자(발신자, communicator) : 의사전달자는 의사소통하고자 하는 아이디어, 의향, 정보, 목적을 가진 조직구성원이다.

② 암호화과정(encoding) : 암호화과정은 의사전달자의 아이디어가 체계적인 상징(의사전달자의 목적을 표현하는 언어)으로 바뀌는 것이다. 암호화의 기능은 아이디어와 목적이 하나의 메시지로 표현될 수 있는 형태로 제공하는 것이다.

③ 메시지(message) : 메시지는 전달하는 정보이다. 또한 암호화과정의 결과가 메시지이다. 의사전달자의 목적은 메시지 형태-언어적 혹은 비언어적(nonverbal)-로 표현된다. 메시지는 개인이 의도한 수신자에게 의사소통하기를 희망하는 것이다. 매개체가 메시지를 전달한다.

▶ 메시지 전달에 있어 오류의 기회
• 완전한 메시지(complete message)가 전달되지도 않고 혹은 수신되지 않는다.
• 메시지가 전송(transmission)에 있어 왜곡된다. 메시지는 단지 5번 전송에서 80% 정보가 손실된다.
• 메시지가 의도한 수신자에게 전달되지 않고 혹은 의도한 수신자에 의해 수신되지도 않는다.
• 메시지가 정시에(on time) 도달되는 데 실패한다.

출처: Reitz(1987: 307).

---

④ 매개체(medium) : 매개체는 메시지의 전달자이다. 조직은 조직구성원에게 다양한 방법-면대면 의사소통, 전화, 집단회의, 컴퓨터, 메모, 정책, 보상시스템, 생산계획, 판매예측-으로 정보를 제공한다.

⑤ 해독과정과 수신자(decoding-receiver) : 의사소통과정이 완성되기 위해 메시지

는 수신자에게 적절하게 해독되어야만 한다. 해독은 메시지의 상징이 수신자에 의해 해석되는 과정이다. 해독과정은 수신자의 사고과정(receiver's thought processes)을 위한 기술적 용어이다. 해독은 해석을 포함한다. 수신자는 자신의 이전 경험과 준거 틀(frames of reference)의 관점에서 메시지를 해석한다. 이에 의사전달자가 의도한 내용과 해독된 메시지가 가까울수록 의사소통은 효과적이다.

⑥ 환류(feedback) : 환류는 메시지에 대한 수신자의 반응이다. 즉 환류는 메시지가 의도했던 것처럼 수신되었는지에 대해 발신자가 알게 하는 것이다. 의사소통과정에 있어 환류를 제공하는 것은 바람직하다. 일방적인 의사소통과정(one-way communication processes)은 의사전달자-수신자의 환류를 허용하지 않는 것이다. 이러한 형태의 의사소통은 의도한 메시지와 수신된 메시지 사이에 왜곡의 가능성이 증대된다.

환류고리(feedback loop)는 수신자의 반응을 위한 하나의 채널이다. 이것은 의사전달자가 수신되었던 메시지와 의도했던 반응이 있는지를 판단할 수 있다. 이에 쌍방적 의사소통과정(two-way communication process)은 의사전달자-수신자에게 중요한 환류를 제공한다.

⑦ 잡음(noise) : 잡음은 채널에서 의도했던 메시지에 대한 어떤 방해이다. 잡음은 의도한 메시지를 왜곡하는 요소들이다. 잡음은 수신자로부터 바람직한 반응을 성취하는 것을 방해하고, 왜곡하고, 간섭하는 요인들이다. 특히 잡음부호(code noise)인 의미론(semantics)은 발신자 메시지의 의미가 수신자에 대한 의미와 차이가 있을 때 일어난다. 이러한 잡음은 의사소통의 각 요소에서 일어난다. 예를 들면, 시간적 제약이 있는 관리자는 의사소통 없이 행동으로 영향력을 행사하거나 혹은 불충분한 정보를 전달할 것이다. 잡음을 극복하기 위해서는 메시지를 반복하거나 혹은 메시지에 대한 강도를 증가할 수 있다.

바이패싱(bypassing, 우회)은 어떤 메시지에 대해 수신자가 발신자가 의도했던 것과 다른 메시지의 의미를 추론할 때 일어나는 오해(misunderstanding)이다. 보통 바이패싱은 단어에 대한 다른 의미로 초래되는 혼돈 등이 포함된다. 속어와 완곡

[그림 24-2] 의사소통 매체와 정보의 풍성도

정보의 ──────── ‖ ───────── ‖ ──────── ‖ ───────── ‖ ──────── ‖ ───────── ‖ ────── 정보의
빈약　　　　컴퓨터출력　　리포트　　편지/　　　목소리　　　전화　　　면대면　　　풍성
　　　　　　　　　　　　　　　 E-Mail 　　 Mail

출처: Hodge, et al.(2003: 281).

한 표현(euphemisms)과 같은 혼돈은 사실을 호도하기 위한 말(doublespeak)의 목적
일 수 있다.

　　풍성도(richness)는 데이터의 능력을 전달하는 잠재적 정보(potential information)
이다. 의사소통이 새로운 정보를 상당히 많이 전달한다면 풍성도가 높다. 반면에
의사소통이 새로운 이해를 거의 전달하지 못한다면 풍성도가 낮다. 의사소통의 매
체와 정보의 풍성한 정도(information richness)는 [그림 24-2]와 같이 가장 풍성한 정
보의 형식은 면대면(face-to-face)을 통해 의사소통하는 것이다. 즉 면대면 의사소통
은 몸짓언어, 얼굴표정, 목소리 톤과 같은 다양한 단서(multiple cues)를 제공한다.

제2절　의사소통의 수준

　　의사소통의 수준은 개인적, 사회적 관련성의 수준에서 분석될 수 있다. 이 점
에서 Littlejohn(1989)은 4가지 의사소통의 수준을 제시하고 있다. 이들 4가지 의사
소통의 수준 중에서 3가지 의사소통 수준은 대체로 개인 간의 맥락(interpersonal
context, 면대면)에서 이루어진다(예외적으로 전화 혹은 e-mail). 반면에 대중적 의사소
통은 대중적 의사소통의 채널을 통해 전달된다.

　　① 양자 간 의사소통(dyadic communication) : 양자 간 의사소통의 보편적인 사례는

관리자와 종업원 간의 의사소통이다. 개인 간의 의사소통은 상호의존성에 기초한다. 즉 각 사람의 행태는 다른 사람의 행태의 결과물이다. 각 의사소통은 정보의 측면을 가지며 관련된 사람과 관계에 관해 말한다.

② 소규모 집단과 팀 의사소통(small group and team communication) : 회의, 브레인스토밍 세션, 워크숍(workshops)에서 일어나는 의사소통이다. 집단은 개개 구성원의 영향력을 초월하며 동태적으로 형성된다. 집단 내의 문제해결의 질뿐만 아니라 문화는 집단구성원 사이의 상호작용에 의존한다. 집단적 압박은 집단구성원의 사고방식에 영향을 미친다.

③ 조직적 의사소통(organization communication) : 조직적 의사소통은 문화적으로 균형모델(sensemaking)의 과정에서 작동된다. 조직적 의사소통은 전체 조직에서 일어나는 일련의 반복되는 의사소통의 패턴이다. 의사소통은 공유하는 이해와 명백한 규칙의 기반에서 일어난다. 이것은 예견할 수 있는 의사소통 패턴을 산출한다.

④ 대중적 의사소통(mass communication) : 대중적 의사소통은 마케팅과 PR 캠페인에서 작동한다. 대중적 의사소통은 3가지 수준의 의사소통과 다른 특징이 있다. 대중적 의사소통은 대규모, 익명의, 그리고 이질적인 청중과 의사소통한다. 대중적 의사소통은 주로 일방적 의사소통(one-way communication)이다. 즉 청중들로부터 환류가 제한된다. 대중적 의사소통은 빠르게 작동하는 다른 채널을 통해 전달된다. 발신자는 대체로 개인보다 큰 조직이다.

제3절 의사소통의 장애요인과 극복방안

1. 의사소통의 장애요인

의사소통에 있어서 공유하는 의미의 전달을 방해하는 것이 잡음(雜音, noise)

이다. 의사소통과정을 방해하는 잡음은 환경적 잡음, 심리적 잡음(사고나 감정), 의미적(semantic) 잡음[수신자가 의도하는 의미, 속어(jargon), 모호한 용어] 등이 있다.

무엇보다 의사소통이 고장 나는 이유는 의사소통의 요소(의사전달자, 암호화과정, 메시지, 매개체, 해독과정, 수신자, 환류)에서 인식할 수 있다. 이들 요인에 존재하는 잡음은 명확한 이해와 의미전달을 어렵게 한다. 효과적인 의사소통을 방해하는 요소들은 조직적 의사소통과 개인 간의 의사소통에서 모두 존재한다.

① 준거의 틀(frame of reference): 상이한 개인들은 자신들의 이전의 경험에 의존하여 같은 의사소통을 다르게 해석할 수 있다. 의사전달자가 암호화하고 해독하는 것은 자신의 경험에 의해 이루어진다. 이것은 의사소통에서의 공통성(commonness)을 고장 나게 하는 중요한 원인이다.

조직에서의 다른 계층은 서로 다른 준거의 틀을 가지고 있다. 따라서 자신들의 욕구, 가치, 태도, 기대가 다르며, 이로 인하여 의사소통에 있어 의도하지 않는 왜곡이 초래될 수 있다.

② 선택적 청취(selective listening): 이것은 새로운 정보를 차단하는 선택적 지각(selective perception)의 형태이다. 특히 우리 자신이 믿는 것과 갈등을 있을 때 더욱 이러한 현상이 일어난다.

③ 가치판단(value judgements): 모든 의사소통의 상황에서 수신자에 의한 가치판단이 일어난다. 가치판단은 의사전달자에 대한 수신자의 평가, 의사전달자와의 이전 경험, 혹은 메시지가 기대한 의미에 기초한다.

④ 근원에의 신뢰(source credibility): 근원에의 신뢰는 수신자가 의사전달자의 말과 행동에서 가지는 신뢰, 자신감, 믿음이다. 수신자가 의사전달자에 대해 가지는 신뢰의 수준은 수신자가 의사전달자의 말, 아이디어, 행동에 대해 어떻게 반응하는가에 영향을 미친다.

⑤ 여과장치(filtering): 여과장치는 상향적 의사소통(upward communication)에서 보통 일어나는 것으로 수신자가 정보를 긍정적인 것으로 지각하는 정보의 조작(manipulation of information)을 말한다. 부하들은 자신의 상급자에게 선호하지 않는 정보를 숨긴다.

⑥ 내집단의 언어(in-group language): 우리는 상당히 기술적 용어(technical jargon)의 영향을 많이 받고 있고, 또한 단순한 절차 혹은 목적을 기술하는 데 낯선 단어와 구절을 동원하기도 한다. 가끔 전문가 집단과 사회집단은 구성원에게만 의미가 전달되는 말 혹은 구절을 발전시킨다. 이것은 소속감, 응집력, 자부심의 감정을 제공한다. 또한 이것은 집단 내에서 효과적인 의사소통을 가능하게 한다.

⑦ 지위의 차이(status difference): 조직은 다양한 상징(타이틀, 사무실, 카펫 등)으로 계층서열(hierarchical rank)을 표현한다. 이것은 의사소통을 방해하거나 혹은 왜곡할 수 있다.

⑧ 시간적 압박(time pressures): 시간에 대한 압박은 의사소통에 있어 중요한 장애요인이다. 명백한 문제는 관리자가 모든 부하들과 수시로 의사소통할 시간을 가지지 못한다는 것이다. 단락(short-circuiting)은 시간적 압박으로 초래되는 공식적으로 규정한 의사소통시스템의 실패를 말하는 것이다.

⑨ 의사소통의 과부하(communication overload): 관리자가 수행하는 중요한 업무 중 하나는 의사결정이다. 효과적인 의사결정을 위한 필요조건은 정보이다. 정보화시대의 관리자는 데이터와 정보의 홍수에 묻혀 자신에게 향한 모든 메시지에 대해 적절하게 대응하지 못한다. 이에 관리자는 중요하지 않은 정보를 적절히 차단해야만 한다.

⑩ 빈약한 환류(poor feedback): 효과적인 의사소통의 또 다른 방해요인은 당신이 보낸 메시지에 대해 환류를 하지 않는 것이다. 환류는 당신이 보낸 메시지가 수신자에 의해 이해되고 있는가를 알 수 있는 기회를 제공한다.

2. 의사소통 장애의 극복방안

보다 향상된 의사소통을 하기 위해 관리자는 자신이 수행해야 하는 2가지 구별된 업무가 있다. 하나는 관리자는 자신이 전달하고자 하는 정보(메시지)를 향상시켜야만 한다. 다른 하나는 관리자는 다른 사람들이 자신에게 의사소통하려는 것에 대해 이해를 향상시켜야만 한다. 이것은 관리자가 훌륭한 암호자(encoders)와 해

표 24-3 북미 문화에서의 근접거리(proxemic distances)

구역(zone)	거리(distance)	인내할 수 있는 사람
친밀한 구역	0~18인치(46cm)	파트너, 배우자, 부모, 자녀
개인적 구역	18인치~4피트(1.2m)	가까운 친구
사회적 구역	4피트~12피트(3.7m)	사업동료
공공구역	12피트 이상	낯선 사람

출처: Smeltzer, et al(1991: 234-235).

독자(decoders)가 되어야 한다는 의미이다.

이와 같이 의사소통의 장애(障碍)를 극복하기 위해서는 다음과 같이 다양한 대안들이 제시되고 있다(Altman, Valenzi, & Hodgetts, 1985: 538-545; Ivancevich & Matteson, 1990: 565-570; McKinney & Howard, 1998: 273).

① 면대면의 의사소통의 활용(utilizing face-to-face communication): 발신자가 수신자를 보면서 메시지에 대해 어떻게 반응하는가를 주목할 수 있다. 즉 직접적인 환류가 허용되는 장점이 있다. 반면에 하향적 의사소통(downward communication)은 수신자로부터의 충분한 환류기회가 없기 때문에 의사소통의 부정확성이 발생한다.

특히 북미 문화에서 친밀한 공간(intimate space)은 가장 근접했을 때 방해를 허락하는 사람 기준으로 18인치(46cm) 원(18-inch circle) 넓이이다. 이 공간을 약간 초월하면 가까운 친구들은 참을 수 있다. 다른 문화에서는 보다 넓은 원이거나 혹은 더 좁은 원일 수 있다.

② 폴로 업(following up)과 환류(feedback): 수신자는 발신자의 의사를 이해하기 위해 효과적인 환류채널을 작동한다. 즉 자신이 해석한 의미가 발신자의 의도대로 수신한 것인지를 판단하기 위해 폴로 업을 활용한다. 특히 환류는 2가지 중요한 효과가 있다(Reitz, 1987: 322).

- 단서효과(cuing effect): 단서효과는 정보이다. 환류는 성과를 보다 정확하게 하고 적절하게 한다.
- 동기부여 효과(motivational effect): 환류는 성과와 보상 사이의 관계를 명확

하게 함으로써 조직구성원이 발휘한 노력의 수준을 향상시킨다. 긍정적 환류는 그것을 산출한 성과를 강화시킨다.

③ 정보흐름의 규제(regulating information flow) : 의사소통에 대한 규제는 관리자에게 정보흐름의 최적화를 보장할 수 있다. 이것은 의사소통의 과부하(communication overload)의 장애를 제거할 수 있다. 의사소통은 양과 질 모두 규제되어야 한다.

④ 언어의 단순화(simplifying language)와 반복 : 복잡한 언어는 효과적인 의사소통을 방해하는 요인이다. 효과적인 의사소통은 메시지를 명확하고, 간결하고, 이해할 수 있게 하는 것이다. 또한 메시지를 반복할 필요가 있다. 반복은 수용되고 있는 학습의 원리이다. 또한 의사소통할 때 의미전달을 왜곡하거나 모호하게 하는 감정을 피한다.

⑤ 열린 마음(openminded)의 자세 : 고정관념(stereotyping), 민족중심적 사고(en-thnocentricity), 엄격한 참조의 틀, 선택적 청취는 발신자가 의도하는 메시지를 이해하는 데 장애요인이 된다. 이러한 요인들은 무엇을 청취하고 그리고 어떻게 해석할 것인가를 왜곡한다. 이를 극복하기 위해 개방적인 자세를 갖추는 것이 필요하다.

⑥ 활동적인 청취자(active listener)와 공감 : 관리자는 의사소통을 향상하기 위해서 이해할 수 있고 또한 이해되어질 수 있어야 한다. 즉 관리자는 이해와 더불어 청취해야만 한다. 또한 수신자는 활동적인 청취자가 되어야 한다. 활동적인 청취자는 공감, 수용성, 조화(개방성, 진솔, 진실), 명확성의 행태적 구성요인을 갖춘 사람이다.

특히 공감(empathy)은 의사전달자의 지향보다 오히려 수신자 지향(receiver-oriented)이 되어야 한다. 이러한 공감은 자신을 다른 사람의 역할로 전환하고, 개인적 관점과 감정을 추론하는 능력이다. 즉 공감은 다른 사람의 감정, 상황, 동기를 이해하고 동일시하는 것이다. 이것은 다른 사람의 상황에 대한 이타적 사고를 요구한다.

▶ 효과적인 청취를 위한 10가지 가이드라인

• 말하는 것을 멈추라(stop talking). 이야기를 한다면 청취할 수 없다.

• 편안하게 말하게 두어라(put the talker at ease). 어떤 사람이 말하는 데 자유롭게 느끼도록 도우라.

• 당신이 청취하기를 원한다는 것을 말하는 사람에게 보여 주라(show a talker that you want to listen).

• 오락을 하지 마라(remove distractions). 뭔가를 끼적거리지 말라. 톡톡 두드리지 말라. 종이를 이리저리 움직이지 말라.

• 말하는 사람과 공감하라(empathize with talker). 자신을 다른 사람의 관점에서 볼 수 있도록 노력하라.

• 너무 조급하게 굴지 마라(be patient). 충분한 시간을 허용하라. 말하는 사람을 중단시키지 말라.

• 성질을 부리지 말라(hold your temper).

• 논쟁과 비판에 대해 서두르지 말라(go easy an argument and criticism). 논쟁하지 말라(do not argue).

• 질문하라(ask questions). 이것은 말하는 사람을 격려하고, 그리고 당신이 경청하고 있다는 것을 보여 준다.

• 말하는 것을 멈추어라(stop talking). 이것은 처음과 끝이다. 모든 다른 가이드라인이 이것에 의존한다. 당신이 말하는 동안 당신은 효과적인 청취자일 수 없다.

출처: Davis(1977: 387).

⑦ 상호신뢰의 증진(encouraging mutual trust): 효과적인 의사소통을 하려면 발신자와 수신자 사이에 믿음과 신뢰의 환경을 만드는 것이 중요하다. 신뢰의 분위기를 발전시키는 관리자는 각 의사소통에 대해 폴로 업하는 것이 덜 중요하며, 의사소통 때문에 대해 부하들 사이에 초래되는 이해에 있어 손실이 적어질 것이다.

⑧ 효과적인 시간(effective time): 개인들은 매일 수천 건의 메시지에 노출되어 있다. 그러므로 효과적인 의사소통은 적절한 시간을 알려 줌으로써 가능해질 수 있다. 즉 가치판단에 있어 왜곡이 초래되는 것은 부적절한 시간에서 기인된다.

⑨ 정보망의 활용(using the grapevine) : 정보망은 모든 조직에 존재하는 중요한 정보 의사소통 채널이며, 비공식적 의사소통의 예이다. 이것은 기본적으로 우회 메커니즘(bypassing mechanism)으로 기여한다. 이것은 때로 공식적 시스템보다 정보전달이 빠르다. 정보망은 심리적 욕구를 충족시켜 주기 때문에 항상 존재한다. 정보망에 의한 정보의 75% 이상은 정확하다(Ivancevich & Matteson, 1990: 569). 그러나 정보망에서 왜곡된 영역은 엄청난 손상을 가져올 수 있다. 정보망을 피할 수 없다면, 관리자는 정보의 정확성을 향상시키기 위해서도 정보망을 활용할 필요가 있을 것이다. 또한 정보망의 단점을 극복하기 위해서는 다른 의사소통 유형을 향상시켜야 한다.

또한 Kotler(2000: 552)의 주장처럼, 최적의 의사소통에는 6개의 단계를 전개할 필요가 있다.

① 목표 청중(target audience)을 명확하게 하라.

② 의사소통의 목적을 규정하라. 의사소통하기 전에 당신의 아이디어를 명확하게 하라(clarify your ideas before communicating).

③ 메시지를 설계하라.

④ 의사소통 채널을 선택하라.

⑤ 의사소통 채널을 결정하라.

⑥ 의사소통과정의 결과(communication process's results)를 측정하라.

▶ 당신의 청중을 사로잡는 것(Engaging Your Audience)

• 눈을 마주쳐라(make eye contact): 당신이 말하거나 혹은 청취할 때 대화하는 사람의 눈을 응시하는 것이 보다 성공적으로 상호작용하게 한다.

• 제스처를 활용하라(use gestures): 당신의 전신과 대화하게 하라. 당신의 손과 얼굴로 제스처를 하는 것이 포함된다.

• 혼합된 메시지를 전달하지 말라(Don't send mixed messages): 만약 부정적인 메시지를 전달한다면, 얼굴표정과 말투는 메시지와 어울리게 하라.

- 당신의 몸이 말하는 것을 의식하라(Be aware of what your body is saying): 보디랭귀지(body language)는 중요한 단어(a mouthful of words) 이상을 말할 수 있다.
- 건설적인 태도와 믿음을 분명하게 하라(Manifest constructive attitudes and beliefs): 다른 사람에 대해 정직하고, 인내하고, 낙관적이고, 진지하고, 존경하고 그리고 수용하는 태도를 취하라. 다른 사람의 감정에 민감하라. 다른 사람의 능력을 믿어라.
- 효과적인 청취기술을 발전시켜라(Develop effective listening skills): 효과적으로 말할 분만 아니라 다른 사람의 말을 청취해야만 한다.

제4절 의사소통의 유형

1. 공식적 의사소통과 비공식적 의사소통

1) 공식적 의사소통

공식적 의사소통(formal communication)은 조직에 의해 권위가 부여되고, 계획되고, 규제되는 채널이다. 또한 공식적 의사소통은 조직의 공식적 구조와 직접적으로 관련되어 있다. 공식적 의사소통은 권위와 명령이 하향적으로 전달되고 정보가 상향적으로 흐르는 계층제적 조직모형에 따라 이루어진다.

계층제는 축소하는 정보 네트워크(reductive information network)이다. 의사소통 시스템에 있는 각 계층은 정보를 상향적으로 보고할 것인가를 결정하는 스크린 지점(screening point)이 있다. 행정가는 계층제에서 일어나는 정보전달의 왜곡을 극복하기 위해 복수 혹은 중첩적인 정보원을 두게 된다. 이러한 공식적 의사소통은 하향적 의사소통, 상향적 의사소통, 수평적 의사소통으로 구분할 수 있다.

또한 5가지의 공식적 의사소통망(network)이 있다. 의사소통망은 조직 내에 정보가 흐르는 경로이다. [그림 24-3]과 같이 ① 원형망(circle), ② 상호연결망(all-channel, circle network), ③ Y망(Y network), ④ 수레바퀴망(wheel, star network), ⑤ 체인망(chain) 등이 있다. 이들 의사소통망은 집중화되어 있는 정도에서 차이가 있다. 몇몇 실험에서 이러한 의사소통망에 대해 다음과 같은 연구결과가 도출되고 있다(Lundgren, 1974: 318-319; Addag & Kuzuhara, 2002: 194-195).

첫째, 상호연결망(모든 경로의 망)은 업무의 독립성이 상호보완적일 때 요구되며, 가장 민주적인 형태의 의사소통망이다. 가장 집중화 정도가 낮다. 각 지점에서 2개의 다른 지점과 직접적으로 의사소통한다. 실험실의 소규모 집단을 대상으로 한 실험에서 의사소통 네트워크 구조가 문제해결, 역할만족, 제안제도 등과 같은 과업 관련 결과에 영향을 미치는 것으로 나타났다(Bowditch & Buono, 1985: 94). 특히 상호연결망이 복잡한 문제를 해결하는 데 가장 빠르고 뛰어나다. 그리고 Y망과 체인망이 중간적 위치를 차지한다.

둘째, 수레바퀴망, 체인망, Y망에 있어 리더가 의사소통을 위해 중심점(the focal points)을 발전시켜야 한다. 특히 상대적 집중성(relative centrality)[2]의 관점에서 의사소통망을 살펴보면, 수레바퀴망이 가장 집중화된 네트워크이다. 즉 모든 의사소통은 중심점을 통과해야 한다. 수레바퀴망을 활용하는 집단은 다른 네트워크를 활용하는 집단보다 정확하게 문제를 해결할 수 있다. 이 유형의 의사소통에서는 중심구성원을 통하여 정보가 자주 흐른다. 이들은 리더로서 혹은 상위 지위를 가진 자로서 지각된다. 반면에 원형망과 상호연결망에서 모든 구성원들은 동등하게 중심이 되고 있다. 또한 원형망의 리더는 가장 높은 사기와 모든 참여자 중에서 가장 높은 직무만족을 즐긴다. 또한 원형이 모든 구성원에 대해 가장 높은 사기와 만족을 제공해 준다.

셋째, 사기, 만족, 일반적인 문제해결 능력의 관점에서 원형과 상호연결망이 보다 우위에 선다. 이들 유형은 모든 구성원 사이의 완전한 의사소통을 조장하고, 의사결정에서의 참여를 권장하며, 동기부여와 성과를 향상시킨다. 더욱이 모든 구성원들이 의사결정과정에 참여하기 때문에 변화하는 조건에 보다 잘 적응한다. 반

---

2 상대적 집중도는 의사소통 네트워크에서 개인의 집중도 정도를 말한다.

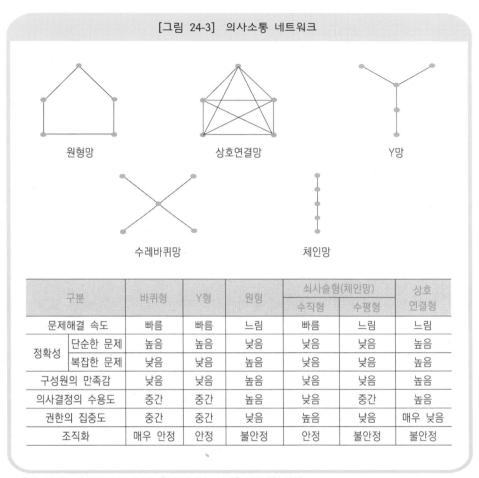

[그림 24-3] 의사소통 네트워크

원형망　　　상호연결망　　　Y망

수레바퀴망　　　체인망

| 구분 | | 바퀴형 | Y형 | 원형 | 쇠사슬형(체인망) | | 상호 연결형 |
					수직형	수평형	
문제해결 속도		빠름	빠름	느림	빠름	느림	느림
정확성	단순한 문제	높음	높음	낮음	낮음	낮음	높음
	복잡한 문제	낮음	낮음	높음	낮음	낮음	높음
구성원의 만족감		낮음	낮음	높음	낮음	낮음	높음
의사결정의 수용도		중간	중간	높음	낮음	중간	높음
권한의 집중도		중간	중간	낮음	높음	낮음	매우 낮음
조직화		매우 안정	안정	불안정	안정	불안정	불안정

출처: 이학종·박헌준(2005: 265); 윤재풍(2014: 446)을 재구성한 것임.

면에 집중된 네트워크(centralized networks)는 긴급한 의사결정을 내리는 데 적합하지만, 평균적으로 조직구성원의 직무만족이 낮다. 또한 집중된 네트워크는 단순한 문제에 대해 효율적일 수 있다. 즉 복잡성이 증가할수록 보다 분권화가 요구된다.

2) 비공식적 의사소통

비공식적 의사소통(informal communication)은 조직에 의해 사전에 지정되지 않
는 의사소통 루트이며, 이것은 전형적으로 업무에서 사람 사이의 활동을 통해서
발달된다. 채널은 존재하고 변화할 수 있고, 혹은 상황에 따라 급히 사라질 수 있
다. 비공식적 의사소통은 공식적 의사소통이 기관의 구성원들에게 필요로 하는 의
사소통 욕구를 제공하는 데 실패할 때 나타난다.

비공식적 의사소통은 〈표 24-4〉와 같이 몇 가지 특성이 있다. ① 이것은 공
식적 채널과 비교하면, 수직적 방향보다는 수평적 방향에서 보다 많이 운영되는
경향이 있다. ② 정보채널을 통해 흐르는 정보는 가끔 매우 빠르다. 주로 발신자가
정보전달에 상당히 동기부여되어 있다. ③ 비공식적 채널은 업무 관련 정보뿐만
아니라 비업무 관련 정보의 전달도 수행한다. 즉 업무와 관련 없는 소문(gossip)과
다른 메시지도 전달된다. 이로 인하여 비공식적 채널을 통해 전달되는 몇몇 메시
지는 부정확하거나 혹은 부정적이다.

비공식적 의사소통은 전형적으로 기관의 공식적인 규칙, 규제, 편람에서 설명
하지 않는 의사소통 채널이다. 조직은 비공식적 의사소통을 억제하는 것보다는 비
공식적 의사소통 채널이 정보의 속도와 신뢰성을 가지고 있기 때문에 인정하는 것

표 24-4 공식적 의사소통 채널과 비공식적 의사소통 채널의 특성

공식적 의사소통 채널	비공식적 의사소통 채널
- 조직에 의해 권위가 부여되고, 계획되고 그리고 규제된다. - 조직의 공식적 구조를 반영한다. - 정보파급(information dissemination)에 대해 책임성을 가진 사람을 규정한다. 그리고 업무 관련 정보에 대한 적절한 수령인을 표시한다. - 조직에 의해 수정될 수 있다. - 이를 무시하는 것에 대해 심각하게 반응한다.	- 조직구성원의 개인 간의 활동을 통해 발달된다. - 조직에 의해 명시되지 않는다. - 오래가지 못하거나(short-lived) 혹은 오래갈 수 있다 (long-lasting). - 가끔 수직인(vertical) 것보다 수평적이다(lateral). - 정보의 흐름이 매우 빠르다. - 업무 관련 정보와 비업무 관련 정보 모두에서 활용된다.

출처: Black & Porter(2000: 451).

668

이 조직의 효율성을 향상하는 데 도움을 준다(McKinney & Howard, 1998: 270-271).

> ▶ 풍문(grapevine)
>
> 소문 혹은 풍문이라고 명명되는 비공식적 의사소통은 사람들 사이에 교제하면서 자발적으로 일어나는 사회관계의 네트워크이다. 풍문은 계층적 장벽을 초월하지만, 가끔 수평적인 비공식적 네트워크로서 기능한다. 즉 풍문에의 연결은 공식적인 계층적 네트워크와 반대로 보통 친선 혹은 접근성에 기반을 둔다.
>
> 개개인들은 공식적인 채널을 보충하기 위해 소문 혹은 풍문을 활용한다. 이러한 풍문은 구내식당(lunchrooms)을 통과하여 음료수 냉각기(water coolers), 복도(down hallways) 주변에서 흐르며, 사람들이 그룹으로 함께 있는 곳에서 이루어진다.
>
> 풍문에 의한 의사소통 정보는 공식적인 채널보다는 매우 빠르게 의사소통된다. Davis(1977)의 연구에 따르면, 풍문으로 의사소통되는 정보의 경우 논란의 여지가 적은 조직정보의 80~99%가 정확하다. 또한 풍문은 유리하거나 혹은 불리하거나 영향력이 있다.
>
> 소문 혹은 풍문의 활동이 일어나는 이유는 ① 상황에 관한 정보가 부족한 경우, ② 상황이 불안정할 경우, ③ 상황에 대해 개인적 관심이나 감정적 관심을 가질 경우, ④ 다른 사람을 싫어하는 경우, ⑤ 가능한 빨리 새로운 정보를 얻고자 하는 경우 등이다(Altman, Valenzi, & Hodgetts, 1985: 522-523).

2. 하향적·상향적·수평적 의사소통

조직의 의사소통은 상향적, 수평적, 하향적으로 흐른다. 의사소통의 방향은 의사소통이 일어나는 유형에 중요한 영향을 미친다.

1) 하향적 의사소통

하향적 의사소통(下向的 意思疏通, downward communication)은 상관이 부하들에

게 메시지를 전달하는 과정이다. 이러한 유형의 의사소통은 업무의 절차, 정책 및 업무상황을 설명하거나, 성과에 대해 환류를 하거나, 조직의 임무와 목표의 성명을 발표하는 것이다. 하향적 의사소통은 누가 무엇을 언제 할 것인가와 같은 구체적인 업무지시가 포함되어 있다. 하향적 의사소통은 조정활동을 위한 기초를 제공함으로써 계층제의 단계를 연결하는 데 도움을 준다.

이러한 하향적 의사소통의 중요한 문제는 다음 단계로 전달되는 메시지 내용의 일부분이 여과되는 경향이 있다는 것이다. 즉 최초의 메시지에 포함되는 중요한 정보가 손실되는 경향이 있다(Reitz, 1987: 323).

2) 상향적 의사소통

상향적 의사소통(上向的 意思疏通, upward communication)은 부하들이 상관에게 메시지를 전달하는 과정이다. 상향적 의사소통은 하향적 의사소통이 어떻게 수행되고 있는가에 대한 환류를 제공한다. 상향적 의사소통은 가끔 조직이 설정한 관계를 확실하게 하며 통합시킨다. 또한 상향적 의사소통은 설득하고 그리고 영향을 주고자 추구한다.

이러한 상향적 의사소통의 주요한 이점은 조직의 분위기를 측정할 수 있고, 조직의 문제영역(낮은 생산성, 불평 등)을 다루기 위한 채널이라는 점이다. 즉 상향적 의사소통은 조직의 낮은 계층에서 무엇이 일어나고 있는지에 대해 정보를 제공하는 기능을 수행하기 때문에 생산성에 중요한 영향을 미친다. 이러한 상향적 의사소통의 사례는 보고, 제안, 설명의 형태로 이루어진다.

상향적 의사소통을 향상시키기 위한 방법은 다음과 같다. ① 관리자들은 긍정적 태도를 보여 주어야 한다. ② 업무와 관련된 문제에 관한 바람직한 정보가 어떠한 것인지 보여 주어야 한다. ③ 부하들의 말을 경청하여야 한다. ④ 개방적인 태도를 가져야 한다. ⑤ 부하들의 제안과 지적에 반응적인 태도를 가져야 한다. ⑥ 대화나 설문조사와 같은 상향적 의사소통의 기제를 마련하여야 한다(Miller, Catt, & Carlson, 1996: 90).

3) 수평적 의사소통

수평적 의사소통(水平的 意思疏通, horizontal communication)은 동등한 수준의 권한을 가진 조직구성원들끼리 메시지를 수평적으로 교환하는 것이다. 수평적 의사소통은 다른 부서 간에 협력과 통합을 증진하게 하며, 조직부서의 문제해결에 도움을 준다. 또한 수평적 의사소통은 동료관계의 정보를 원활하게 하며, 구성원의 만족에 중요한 요인으로 발견되기도 한다(Kaplan, 1984). 이처럼 수평적 의사소통은 전형적으로 공동의 문제해결에 도움을 주거나 혹은 영향을 미치는 공식적 그리고 비공식적 정보교환에 관련되어 있다.

Fayol은 트랩이론(gangplank principle)에서, 계층제에 있어서 동일한 계층에 있는 직원들에게 직접적인 의사소통을 허용할 것을 제안한다. 이러한 의사소통으로 문서주의를 상당히 극복할 수 있다는 것이다(Altman, Valenzi, & Hodgetts, 1985: 522).

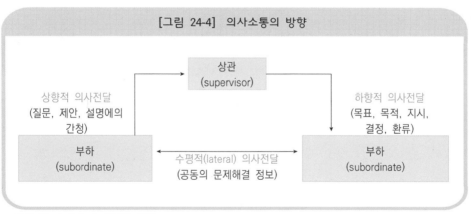

[그림 24-4] 의사소통의 방향

출처: Black & Porter(2000: 449).

671

4) 밖으로 향하는 의사소통(outward communication)

관리자의 중요한 역할은 조직의 외부와 의사소통하는 것이다. 대변인과 같이 관리자는 조직에 관한 정보를 외부세계에 제공하는 것이다. 또한 관리자는 외부세계의 정보를 자기 부하들에게 제공한다. 이와 같이 관리자는 조직과 조직환경 사이를 연결하는 경계초월 역할(boundary-spanning role)을 한다(Reitz, 1987: 321-322).

밖으로 향하는 의사소통의 사례로는, 관리자가 대변인이 하는 것처럼 투자자들에게 재무정보 혹은 고객에 대한 상품정보를 제공하는 것이다.

제25장

갈등관리

　모든 조직은 갈등을 경험한다. 조직에 있어 갈등관리는 보편적인 과정(common process)이다. 갈등은 활동적이고, 계속 진행되고 있다(ongoing). 갈등이 격렬하다는 것 자체가 강력한 조직이라는 징표이다. 그러나 너무 빈번하게 발생하는 갈등은 문제가 될 수 있다. 이에 조직관리자는 갈등관리에 관한 다양한 전략을 이해할 필요가 있다. 더욱이 효과적인 갈등관리에는 구체적인 기술의 활용 이상이 요구된다. 갈등을 정확하게 진단하고 이해하는 능력이 갈등관리의 본질이라 할 수 있다.

　이런 시각에서 이 장에서는 갈등의 의의와 특징, 갈등의 시각, 갈등의 유형과 원인, 갈등단계와 갈등관리 등을 살펴보고자 한다.

제 1 절 갈등의 의의와 특징

갈등은 우리 모두가 매일 직면하는 하나의 생활국면이다. 더욱이 선택에 직면할 때 갈등을 겪게 된다. 이처럼 갈등을 고려함이 없이 인간조건을 연구하는 것은 불가능하다. 우리가 갈등에 직면했을 때는 갈등에 대처하거나 혹은 갈등을 해소하는 몇몇 방법을 찾아야만 한다. 갈등을 해결하는 것은 가끔 생리적 반응(physiological reaction)을 요구한다.

갈등(葛藤, conflict)이란 어떤 유형의 업무에 직면하여 두 사람 이상의 개인 혹은 집단이 상이한 목적, 이상, 철학, 업무 스타일을 가질 때 일어나는 현상이다. 갈등은 조직 내에 좌절 혹은 대결의 형태를 유발하게 하며, 개인 간의 수준 혹은 조직체제에서 일어나기도 한다.

이 점에서 갈등을 경쟁과 비교하기도 한다. 경쟁(競爭, competition)은 집단에게 업무성과를 향상시키도록 자극을 주며, 새로운 관점을 발견하게 하고, 표준을 설정하는 데 도움을 준다. 반면에 갈등은 사람들 사이에 불화를 일으키며, 조직의 목적 추구보다는 오히려 개인 혹은 집단의 목적을 추구함으로써 긴장을 초래하게 한다. 이런 시각에서 경쟁은 건강한 조직의 특징이며, 갈등은 유해한 조직(unhealthy organization)의 특징으로 이해하기도 한다(Lawton & Rose, 1991: 77).

이처럼 갈등은 조직관리자들에게 중요한 도전이기도 하다. 또한 조직연구에서 주요한 관심사항이 되고 있다. Frederick Taylor도 조직의 생산성을 향상시키기 위해 과학적 해결방안을 제시함으로써 노동자와 관리자 사이의 갈등을 줄이기 위해 노력하였다. Lawrence와 Lorch(1967)는 조직설계과정의 연구에서 갈등을 잘 관리한다면 갈등이 조직의 의사결정을 향상시킬 수 있다는 것을 보여 주고 있다. 반면에, 어떤 연구에서는 갈등회피가 의사결정의 효율성을 저해할지라도 조직에서 관리자들은 갈등을 싫어하는 경향이 있고, 그리고 갈등을 피하기 위하여 노력한다고 보여 준다(Schwenk, 1990). 현재의 조직연구들은 갈등이란 조직에서 피할 수 없는 현상이며, 적절하게 관리된다면 조직의 효과성을 제고할 수 있는 원천이라는 것에 동의하고 있다(Altman, Valenzi, & Hodgetts, 1985: 615).

이와 같이 갈등에 관한 최근의 사고는 다음과 같은 3가지 가정에 기반을 둔다 (Webber, 1979: 446).

첫째, 갈등은 모든 조직에서 보편적이다. 모든 사람들은 자기자신의 권위와 책임성에 관해 동의하는 것은 아니다. 그리고 모든 사람들이 같은 조직의 목적에 대해 동등하게 헌신하는 것이 아니다.

둘째, 몇몇 갈등유형은 개인의 목적과 조직의 목적에 대해 해롭지만, 다른 갈등유형은 개인의 목적과 조직의 목적에 대해 유익하다. 즉 갈등과 긴장이 도전을 자극하고, 관심과 노력을 집중하게 한다면 유익할 수 있다. 반면에 통제할 수 없는 갈등은 혼돈(chaos)의 위협에 빠지게 한다.

셋째, 갈등을 구조화(framing)하는 방식은 갈등의 본질과 결과에 영향을 미친다. 갈등을 최소화하는 원리는 군대와 같은 위기조직에서 타당성을 가진다. 반면에 연구와 개발에 근무하는 사람들로 구성한 지식조직(knowledge organization)에 대해서는 타당성이 적다.

[그림 25-1] 갈등과 협력

갈등(conflict)		협력(cooperation)
결핍(scarcity)	← 자원(resources) →	충분(sufficiency)
불신(mistrust)	← 태도(attitudes) →	신뢰(trust)
불일치(disagreement)	← 가치(values) →	동의(agreement)
불안정(unstable)	← 당사자 (internal state of parties) →	안정(stable)
거절(rejected)	← 지위(status hierarchy) →	수용(accepted)
상투적(stereotypes)	← 지각(perceptions) →	타당한(valid)

출처: Webber(1979: 449).

제 2 절 갈등이론과 갈등의 시각

1. 갈등이론

갈등을 설명하는 이론에는 시스템이론, 귀인이론, 사회교환이론 등이 있다 (Denhardt, Denhardt, and Aristigueta, 2013: 359-361).

1) 시스템이론

시스템이론(system theory)은 보다 큰 시스템과 상호작용하는 양상으로 갈등을 이해한다. 시스템이론에서 갈등을 평가할 때 다음과 같이 수행한다. ① 전체 시스템의 작동을 평가한다. ② 시스템 내부의 반복되는 패턴을 밝힌다. ③ 시스템의 총체적 기능에 대한 개인적 기여를 확인한다.

시스템이론은 갈등을 이해하는 데 있어 패턴, 서로 맞물려 있는 연속적인 사건(interlocking sequences), 다양한 당사자의 역할과 기능, 정보처리의 전형적 방식을 관찰한다. 시스템이론에서 갈등과 적응은 구별할 수 없는 개념이다. 갈등은 우리 인간의 성장, 변화, 그리고 전개에 있어 가장 중요한 것이다.

시스템이론의 3가지 가정은 시스템 내 갈등에 관한 사고를 적절히 설명하고 있다. ① 우리는 조직이 성장과 붕괴를 경험할 것이라고 기대한다. 그리고 조직이 협력과 갈등과 같은 성장 사이클의 다른 측면을 경험할 것이라고 기대한다. ② 환경에 적응해야 할 때 대안을 줄이는(선택을 제한하는) 과정으로써 갈등을 우선적으로 간주한다. ③ 시스템 내 과정들은 상호연결되고 그리고 밀접하게 관계되어 있다. 이리하여 시스템의 한 부분을 변화시키는 결정은 다른 부분에 영향을 미친다.

2) 귀인이론

귀인이론(attribution theory)은 사람들이 갈등상황에서 활동하는 방식은 대체로 개인적 기질과 사고방식(ways of thinking)에 대체로 기인한다는 것이다. 즉 어떤 갈등상황에 있어 개인이 갈등을 다루는 방향을 결정하는 데 중요한 역할을 발휘한다.

대부분의 사람들은 자신을 합리적 개인이라고 생각한다. 또한 갈등상황에서 다른 사람을 비합리적인 것으로 생각하는 것은 특별한 것이 아니다. 다른 사람의 관점을 이해하려면 시간, 인내, 동정심, 기술이 요구된다.

이와 같이 귀인이론은 다음과 같이 3가지 가정에서 갈등상황에 있는 다른 사람들의 행태를 해석하고 있다. ① 어떤 기질은 다른 사람의 성격과 조화되지 못한다. ② 행태는 어떤 상황에서 일어난다. ③ 행태는 어린 시절부터 진행되고 있고, 그리고 변화되지 않고 있다.

3) 사회교환이론

Thibaut와 Kelley(1959)에서 발전된 사회교환이론(social exchange theory)에 의하면, 사람들은 관계에 연계된 비용과 보상에 기초하여 자신의 가치와 관련시켜 대인관계를 평가한다. 이러한 대인관계는 관계에 투입되는 노력의 양과 관계의 결과로 받게 되는 것의 관점에서 평가되어진다.

갈등은 받게 되는 보상이 관계의 비용에 비교하여 적다고 인식할 때 일어난다. 사회교환이론에 의하면, 갈등은 개인적 보상이 부족하거나 혹은 불공평으로 특정되어질 때 가장 빈번하게 발생한다. 즉 갈등은 보상되는 것과 공평한 것 모두의 관계에서 일어난다.

2. 갈등의 시각

갈등에 대한 조직학자들의 견해는 점차로 변화되고 있다. 이러한 사고의 변화는 갈등이 긍정적인 것인가 혹은 부정적인가에 관한 가정에 관련되어 있다.

1) 전통적인 관점

갈등에 대한 전통적 관점(traditional perspective)은 모든 갈등은 나쁜 것으로 간주된다. 이런 관점에서 갈등은 항상 바람직하지 않고, 가능하다면 피해야 한다. 그리고 갈등이 일어나면 그 즉시 해결해야 한다. 이처럼 고전적 관리학파는 갈등의 존재는 어떠한 것이 잘못되었다는 표시로 이해한다. 즉 갈등은 본래적으로 나쁜 것이기 때문에 제거되어야만 한다. 갈등을 제거하기 위한 시도는 진압의 형태로 취해진다.

이들 고전적 조직관리학파는 조직효과성에 대한 접근으로 업무, 절차, 규칙, 권위관계의 명확화와 합리적 조직구조 설계에 의존한다. 이러한 메커니즘이 대부분 갈등을 해소할 수 있고, 그리고 갈등이 일어날 때 문제를 교정할 수 있다고 생각한다.

2) 인간관계적 관점

인간관계학파는 〈표 25-1〉과 같이 갈등은 피할 수 있고, 그리고 일어나지 않는 것으로 믿었다. 이들 학파는 개인목적과 조직목적 사이에, 계선과 참모 사이에, 자신의 권위와 능력 사이에, 그리고 다른 관리집단 사이에 갈등의 가능성을 인식하고 있다.

이들 학파는 갈등을 조직의 비효과성과 관리적 실패(managerial failure)로 해석한다. 이들 학파는 갈등을 유해한 것이며, 불행한 결과로 인식하고, 가능한 한 줄여야 한다고 규정하고 있다. 이들 학파는 좋은 인간관계가 갈등의 발생을 방지할 수 있다고 믿는다. 효과적인 조직은 협력적이고, 평화로운 것이다.

3) 상황적합적 관점: 다원주의적 관점

상황적합학파는 잘 관리된 조직이라도 갈등은 피할 수 없는 것이고, 따라서 갈등이 존재하는 것이 불가피한 것이라고 이해하고 있다. 최근 조직이론가와 실무자들의 갈등에 대한 견해가 점차로 변화되고 있다. 즉 현대적 관점은 갈등이란 본래적으로 좋거나 혹은 나쁘지 않으며, 더욱이 회피할 수 없다는 것이다. 이처럼 갈등을 도리어 건강하고 그리고 활기찬 것으로 본다. 또한 갈등은 제거할 수 없는 것이며, 단지 통제될 수 있을 뿐이다.

많은 갈등은 그것을 해결하는 데 시간과 자원을 요구하기 때문에 나쁜 결과를 낳을 수 있다. 또한 몇몇 갈등은 무관심과 무기력을 초래하기 때문에 부정적일 수 있다. 하지만 많은 상황에서 갈등은 다른 관점을 드러나게 하는 데 도움을 주며, 부가적인 정보를 제공하고, 예상하지 못한 대안 혹은 문제점을 인지하는 데 도움을 준다.

표 25-1 갈등에 관한 근본적인 가정

인간관계 접근법	다원주의적(pluralistic) 접근법
갈등은 대체로 나쁜(bad) 것이며, 제거되거나 혹은 해결되어야 한다.	갈등은 좋은(good) 것이며, 그리고 격려되어야 한다. 갈등은 관리되어야만 한다. 하지만 갈등은 제거될 수 없다.
갈등은 피할 수 없는 것이 아니다.	갈등은 피할 수 없는 것이다.
갈등은 집단 사이의 의사소통의 고장(breakdown), 이해와 신뢰 및 개방성의 부족에서 초래된다.	갈등은 제한된 보상과 경쟁에 대한 투쟁, 그리고 목표에 대한 잠재적 좌절(frustration)을 초래된다.
사람들은 본질적으로 좋다; 신뢰, 협력 그리고 선함이 인간본성이다.	사람들은 본질적으로 나쁘지 않지만, 그럼에도 불구하고 성취, 이기적(self-seeking), 경쟁적 본성에 의해 작동한다.

출처: Daft(1983: 435).

이와 같이 많은 상황에서 갈등은 긍정적 결과(혁신과 창의성을 자극하는 등)를 초래할 수 있기 때문에 오히려 좋을 수 있다. 이런 시각에서 관리자들은 갈등을 제거하거나 억압하기보다는 갈등관리에 우선 관심을 가져야 한다. 이런 맥락에서 갈등은 업무를 수행함에 있어 보다 새롭고 좋은 방식에 대한 탐구를 자극하는 전략이 될 수 있다.

3. 기능적 갈등과 역기능적 갈등

갈등은 조직에서 필연적인 현상이다. 즉 갈등은 조직활동의 고유한 부분이다. 갈등이 긍정적인 역할과 부정적인 역할을 가지기 때문에 관리자는 모든 갈등을 제거하려고 노력할 필요가 없다. 갈등의 유형 혹은 정도가 조직의 변화와 혁신을 위해 도구로 활용될 수 있기 때문에 갈등이 조직에 유익할 수 있다.

이 점에서 중요한 과제는 갈등 자체가 아니라 갈등을 어떻게 관리하는가 하는 것이다. 문제는 갈등이 부정적이거나 혹은 긍정적인가 하는 것이 아니라 갈등을 어떻게 관리하는 것이 조직에 유익한가 하는 것이다. 이처럼 갈등을 관리하기 위해서는 갈등상황에 놓여 있는 이유를 이해하는 것이 중요하다(Gibson, et al., 2006: 265-266).

1) 기능적 갈등

기능적 갈등(機能的 葛藤, functional conflict)이란 조직성과를 제고하고, 유익하게 하려는 집단 간의 대결(confrontation)이다. 조직이 추구하는 목적에 대해 조직구성원들 사이에 반대와 불일치가 존재하지만 조직목적의 성취를 위해 협력할 때 기능적 갈등이 존재한다. 갈등의 초점을 업무에 둘 때, 의사결정과 업무결과를 향상하기 위한 건설적인 토론이 일어날 수 있다. 또한 조직에 갈등이 없고 변화에 대한 몰입이 없으면, 대부분 집단들은 정체될 것이다. 이런 의미에서 기능적 갈등은 창

표 25-2	갈등이 필요할 때와 문제를 일으킬 때

갈등이 필요할 때	갈등이 문제를 일으킬 때
- 갈등이 문제를 제기하고 일으키는 데 도움을 줄 때 - 갈등이 일에 있어 가장 중요한 우선순위에 초점을 두도록 격려할 때 - 갈등이 사람들에게 충분히 참여하도록 동기부여를 할 때 - 갈등이 사람들에게 어떻게 차이점을 인식하게 하고, 그리고 차이점으로부터 이익이 있다는 것을 학습하는 데 도움을 줄 때	- 갈등이 생산성을 방해할 때 - 갈등이 사기(morale)를 보다 저하시킬 때 - 갈등이 보다 많은 갈등의 원인이 되고 그리고 갈등을 지속하게 할 때 - 갈등이 부적절한 행태(inappropriate behavior)의 원인이 될 때

조적 긴장(creative tension)의 유형이다. 즉 기능적 갈등은 집단결정의 질을 향상하고 혁신적 변화를 이끌어 낸다.

2) 역기능적 갈등

역기능적 갈등(逆機能的 葛藤, dysfunctional conflict)이란 조직을 해롭게 하거나 혹은 조직목표의 성취를 방해하는 집단 간의 대결 또는 상호작용이다. 갈등이 효과적으로 해결되지 않을 때 부정적 결과가 초래되는 경우이다. 역기능적 갈등은 집단구성원의 관심을 중요한 업무로부터 벗어나게 함으로써 성과에 부정적인 영향을 미치게 한다. 따라서 관리자는 역기능적 갈등을 제거하기 위해 노력해야 한다. 조직에 있어 유익한 갈등이 때로는 역기능적 갈등으로 변화하기도 한다.

▶ 역기능적 갈등의 결과
• 낮은 만족, 낮은 사기, 전직의 증가, 생산성 감소(Dissatisfaction, low morale, an increase in turnover, and a decrease in productivity).
• 미래에 있어 낮은 협력(Less cooperation in the future).
• 자기자신의 집단에 대한 보다 많은 충성과 조직 내 집단 사이의 보다 많은 비생산적 경쟁(More

loyalty to one's own group and more unproductive competition between groups within the organization).

• 다른 집단을 적으로 지각하고, 자기자신의 견해와 목적을 긍정적으로 지각하는 반면에, 다른 집단에 대해 부정적으로 지각(Perceiving the other party as an "enemy" and perceiving one's own views and objectives as positive and those of the other party as negative).

• 갈등하는 집단 사이의 상호작용과 의사소통의 감소(Decreased interaction and communication between the conflicting parties).

• 상호작용과 의사소통의 감소와 같이 갈등하는 집단 사이의 적대감 증가(Increased hostility between conflicting parties as interaction and communication decrease).

• 실제적인 문제에 대한 효과적인 해결보다 갈등에서 이기는 것이 보다 중요함(Winning the conflict becoming more than effectively solving real problem).

출처: Mescon, Albert & Khedouri(1988: 563).

이러한 맥락에서 Gibson과 동료학자들(2006: 266-267)은 갈등의 본질과 갈등을 어떻게 관리하는가에 따라 갈등은 조직성과에 긍정적 효과 혹은 부정적 효과를 미칠 수 있다고 지적한다. 더욱이 집단 사이의 갈등과 조직성과의 관계를 [그림 25-2]와 같이 3가지 가설적 상황으로 설명하고 있다. [그림 25-2]와 같이 모든 조직에는 상당히 기능적인 영향을 미치는 최적수준(optimal level)의 갈등이 존재한다. 이러한 갈등은 조직성과에 긍정적 영향을 미친다.

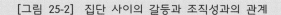

[그림 25-2] 집단 사이의 갈등과 조직성과의 관계

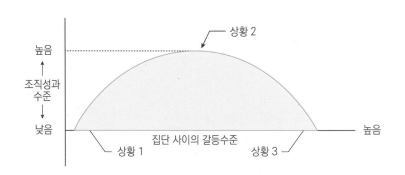

구분	집단사이의 갈등수준	조직에 예견되는 영향	조직에 표출되는 특징	조직성과의 수준
상황 1	낮은 수준 혹은 없음	역기능적	- 환경변화에 대한 느린 적응 - 변화가 적음 - 아이디어에 대한 자극이 거의 없음 - 무관심(apathy) - 침체(stagnation)	낮음
상황 2	최적(optimal)	기능적	- 목표에 대해 적극적인 진전 - 혁신과 변화 - 문제해결을 위한 탐구 - 환경변화에 대한 빠른 적응과 창의성	높음
상황 3	높은 수준	역기능적	- 분열(disruption) - 활동에 대한 방해 - 조정의 어려움 - 혼돈(chaos)	낮음

출처: Gibson, et al.(2006: 267).

제 3 절 갈등의 유형과 원인

1. 갈등의 유형

1) 개인의 갈등과 개인 간의 갈등

한 개인(역할갈등과 역할 모호성) 혹은 사람들 사이에 갈등이 존재하며, 부서 내부(within)와 부서 사이에(between) 갈등이 일어나기도 한다. 한 개인의 갈등(conflict within an individual)은 직무요구가 개인적 요구 혹은 가치와 갈등을 일으킬 때 초래된다. 또한 한 개인의 갈등은 업무의 과부하 혹은 저부하에 대한 반응일 수 있다. 이러한 내적 갈등(inner conflict)은 낮은 직무만족, 자신과 조직에 대한 낮은 신뢰, 스트레스와 연계된다.

개인 간의 갈등(conflict between individuals)은 가장 보편적인 갈등유형이다. 보편적인 개인 간의 갈등형태는 제한된 자본, 노동력, 시간 혹은 프로젝트 승인에 대한 관리자 사이의 경쟁이다. 또한 성격 충돌로서 나타날 수 있다.

이러한 갈등은 수평적 조직의 수준에서 일어나기도 하고, 수직적 조직의 수준(정부기관과 하부기관 간에 자원할당에 따른 경쟁, 관리자와 노동자 사이의 분쟁)에서도 발생하기도 한다. 나아가 갈등은 지리적으로 떨어진 정부기관 사이에도 일어난다.

2) 집단 간의 갈등

조직은 공식집단과 비공식집단 등의 다양한 집단으로 구성되어 있다. 이리하여 집단 간의 갈등(conflict between groups)은 보편적이다. 이러한 사례로 노동조합과 관리층 간의 갈등, 계선과 막료 간의 갈등 그리고 부서 간의 목적 차이로 인한 갈등 등을 들 수 있다.

집단적 기능에 영향을 미치는 갈등의 유형은 업무갈등, 관계갈등, 과정갈등 등으로 구분하기도 한다(Gibson, et al., 2006: 267-268). 업무갈등(task conflict)이란 집단업무가 무엇인가(what the group's task is)에 관련한 관점과 의견에 있어서의 구성원들 간의 차이를 말한다. 집단 간 갈등의 유형으로 관계갈등(relationship conflict)이란 싫어함, 긴장, 염증, 좌절과 같은 감정을 일으키게 하는 집단구성원 사이에 있어 개인 간 양립할 수 없는 것을 지각하는 상태이다. 과정갈등(process conflict)이란 업무가 어떻게 수행될 것이라는 것에 관해 논쟁을 지각하는 상태이다. 과정갈등은 상이한 팀 구성원에 대해 업무와 책임감의 위임을 다루는 것이다.

2. 갈등의 원인

조직에서 갈등은 증대하고 있으며, 갈등은 사람들의 의견이 불일치하고 반대가 있는 때 존재한다. 이러한 갈등적 기반은 조직 혹은 하부조직의 문화, 가치, 목적, 구조, 업무와 기능, 권위와 리더십 과정, 환경적 압박, 조직구성원의 인구학적 특성과 개인적 특성이 원인이 되기도 하고 혹은 그것에 의해 심화되기도 한다(Rainey, 1997: 305).

Gibson과 동료학자들(2006: 268-271)은 ① 업무의 상호의존성(work interdependence), ② 목표에서의 차이, ③ 지각에서의 차이(difference in perceptions) 등을 들고 있다. 특히 목표에서의 차이로 발생하는 집단 사이의 갈등은 조직 전체에 대해서 역기능적이며, 뿐만 아니라 제3집단(조직의 고객)에 대해서도 역기능적이라는 것이다. 또한 목표에서의 차이는 실제에 대한 지각의 차이를 수반할 수 있다.

이 책에서는 다양한 갈등의 원인을 다음과 같이 몇 가지로 유형화하고자 한다(Altman, Valenzi, & Hodgetts, 1985: 615-619; Heffron, 1989: 186-189).

1) 양립할 수 없는 목표(incompatible goals)

조직구성원의 목표와 요구가 조직의 목표와 요구 간의 차이로 인하여 갈등이 일어날 수 있다. 즉 조직과 구성원 사이에 내재적인 관심의 갈등이 존재한다. 대표적인 갈등사례로 노동조합과 관리자 간의 논쟁과 파업, 자발적인 높은 이직률 등을 들 수 있다. 또한 조직구성원은 자신의 목표지향적 행태가 성공하지 못할 때 좌절을 경험하기도 한다.

조직의 하부단위가 전문화됨에 따라 상이한 목표를 발전시킬 수 있다. 이러한 상이한 목표는 각 단위부서의 구성원 사이에 다른 기대를 갖게 한다. 목표에서의 차이로 인한 갈등은 2가지 조건[① 제한된 자원(제한된 자원의 상황에서 발생하는 것은 승자-패자의 경쟁으로 역기능적 갈등을 초래하게 된다, ② 보상구조(보상시스템이 전체 조직의 성과보다 오히려 개인집단의 성과에 관련되어 있을 때 집단간 갈등이 발생할 수 있다)]에 의해 일어날 수 있다.

특히 목표갈등(goal conflict)에는 3가지 상이한 형태가 존재한다. 이러한 갈등의 형태는 접근과 회피의 형태에서 고려될 수 있다(Altman, Valenzi, & Hodgetts, 1985: 615-616; Dworetzky, 1985: 427-428).

(1) 접근-접근 갈등(approach-approach conflict)

이 갈등은 개인이 2개의 바람직하지만 상호배타적인 목표 가운데 선택해야만 하는 상황에서 일어나는 갈등이다. 즉 당신이 좋아하는 2가지 물건 가운데 하나를 선택해야만 하는 상황에서 일어나는 갈등이다. 만약 선택이 특별히 심각하지 않다면 갈등을 해결하는 것은 쉽다. 반면에 갈등이 심각하고 그리고 목표가 명확하게 배타적이라면 접근-접근 갈등은 고통을 줄 것이다.

(2) 회피-회피 갈등(avoidance-avoidance conflict)

이 갈등은 완전히 진퇴양난에 빠져 있을 때(caught between a rock and a hard place) 일어난다. 즉 당신이 그것을 해도 욕을 얻어먹고, 하지 않아도 욕을 얻어먹는 상황이다(damned if you do, damned if you don't). 어떠한 선택도 바람직하지 않은 상황의 갈등이다. 상관이 보다 많은 경험을 위해 바람직하지 않다고 생각되는 2개의 근무지 중 한 군데로 전출을 제안했을 때와 같은 갈등상황이다. 이런 갈등상황은 우유부단의 원인이 된다.

(3) 접근-회피 갈등(approach-avoidance conflict)

목표갈등의 가장 보편적인 형태가 접근-회피 갈등이다. 이러한 갈등은 개인이 특정한 목표를 달성할 무렵 다른 생각을 가질 때의 갈등상황이다. 목표가 성취되거나 혹은 개인이 항구적으로 목표를 포기할 것을 결정할 때 갈등은 해소된다.

2) 조직의 기본적인 속성(basic nature)과 자원공유

상이한 가치, 태도, 동기, 교육 및 기술적 배경을 가진 구성원이 함께 있는 조직의 기본적인 속성이 갈등의 전제조건을 형성한다. 이와 같이 상황에 대한 지각, 가치관 및 태도의 차이점은 갈등의 공통적인 원인이다. 나아가 개인의 스타일과 생활배경의 차이도 갈등의 잠재성을 증가시킨다. 이에 상당히 권위적이고, 독단적이고, 낮은 자존감을 가진 사람들은 갈등에 보다 많이 관여하게 된다(Mescon, Albert & Khedouri, 1988: 561).

또한 대부분 조직의 자원은 제한적이다. 자원의 한정은 갈등의 잠재성을 증가시킨다. 관리자는 조직의 목적을 달성하기 위해 여러 집단 사이에 자재, 인력, 자금을 어떻게 할당할 것인가를 결정해야 한다. 이러한 조직자원을 할당하는 데 있어 갈등이 발생한다. 즉 자원공유에 대한 욕구는 모든 유형의 갈등에 있어 피할 수 없는 원천이다.

3) 모호성과 역할갈등(役割葛藤, role conflict)

모든 조직상황에 존재하는 모호성은 갈등을 촉진한다. 모호성(ambiguity)은 관할영역에 대한 논쟁과 권력투쟁을 조장한다. 더욱이 업무가 복잡할수록 역할갈등이 매우 심하다. 조직구성원은 다양한 역할 혹은 기대되는 행태유형을 가진다.

　　가정에서 한 사람의 가장과 아버지로서의 역할, 사무실에서 관리자와 상사로서의 역할처럼, 한 역할의 기대된 역할유형이 다른 행태에 영향을 미칠 때 역할갈등이 초래된다. 이러한 역할갈등은 한 개인에게 동시에 2가지 역할을 수행해야만할 때 발생한다. 또한 역할 간의 갈등(inter-role conflict)은 한 개인이 다양한 역할을 수행할 때 그리고 이들 역할 사이에 갈등을 가질 때 일어난다. 나아가 한 개인이 자신의 권위, 책임 혹은 직무의무가 불명확할 때 역할모호성(role ambiguity)이 일어나기도 한다. 이와 같은 갈등을 줄이기 위해서는 절차, 책임성과 권위에 대한 역할을 명확하게 정의할 필요가 있다. 하지만 잘 정의된 조직업무일지라도 조직상황이 다양한 역할과 계획하지 않았던 행동을 요구할 수 있다.

[그림 25-3] 역할모호성과 역할갈등

출처: Altman, Valenzi, & Hodgetts(1983: 223).

4) 수직적 갈등(垂直的 葛藤, vertical conflict)

　　이러한 갈등은 조직의 상이한 계층적 단계(hierarchical levels) 사이의 갈등이다. 정치적으로 임명된 정무직 공무원과 일반직 공무원은 개인적 배경과 경험, 충성, 목표몰입도 등의 차이로 갈등이 존재한다. 또한 최고관리자들은 전체 조직의 장래적 과정에 비추어 장기적인 것에 관심을 두는 반면에, 하급관리자들은 업무계획과

업무할당과 관련하여 단기적 문제에 주된 관심을 가짐으로써 갈등이 일어난다.

5) 구조적 차이(structural differentiation)

제도화된 갈등(institutional conflict)으로서 구조적 차이(構造的 差異)는 조직갈등의 원천이 된다. 상이한 전문화에 기반을 둔 부서를 가진 조직은 각 전문화된 부서들이 업무방식, 관점, 조직목표에 대해 각자 방식으로 정의하므로 다른 부서와 연계된 업무를 수행할 때 갈등이 일어난다. 또한 참모기관과 계선기관 사이에 항구적인 갈등이 존재한다. 이들 두 기관 사이에 교육적 배경, 전문성, 연령, 최고책임자의 접근성 등의 차이로 인하여 갈등이 일어날 수 있다. 즉 내각과 대통령 비서실 사이에 항구적인 갈등이 존재하는 것이 그 예이다.

6) 낮은 공식화(formalization)와 업무의 상호의존성(task interdependency)

낮은 공식화와 업무의 상호의존성은 조직갈등을 제고할 가능이 있다. 업무의 상호의존성은 한 부서가 업무를 수행함에 있어 다른 부서의 자원, 정보 등에 의존할 때 발생한다. 예를 들면, 검찰은 형사체계에 있어서 범죄수사, 증거 수집, 용의자 체포 등을 경찰에 의존한다. 반면에 경찰은 무슨 증거가 필요한지 등 범죄자를 기소할 때 검찰의 안내에 의존한다. 이러한 상호의존적인 업무로 인하여 검찰과 경찰 사이에 상당한 갈등이 존재한다.

제 4 절 갈등단계와 갈등관리

1. 갈등단계

갈등의 확산성으로 인하여 관리자는 갈등에 관한 일련의 사건을 조사할 필요가 있다. Hall(1972: 153)은 갈등상황에는 ① 관련된 집단(parties), ② 갈등의 영역(field), ③ 상황의 역학(dynamics), ④ 갈등의 관리, 통제 혹은 해결 등의 4가지 요소들이 있다고 주장한다. 갈등문제에 관한 일련의 인지유형으로 Pondy(1967)는 갈등을 다음과 같이 5가지 단계로 구분하고 있다.

1) 잠재적 갈등(latent conflict)

잠재적 갈등은 갈등이 일어날 조건들이 갖추어졌지만, 표면적으로 표출되지 않은 상태이다. 즉 잠재적 갈등은 갈등이 발생할 수 있는 조건들로 구성되어 있다. 이들 조건은 부족한 자원에 대한 경쟁, 자율성에 대한 동기, 하부부서 목표의 차이 등이다.

2) 지각된 갈등(perceived conflict)

관련된 사람들이 갈등을 경시하거나 혹은 부인하지만 갈등이 존재한다는 것을 감지할 때 지각된 갈등이 시작된다. 지각된 갈등은 한 집단 혹은 그 이상의 집단이 갈등의 잠재성을 깨닫게 되는 상황이며, 반대 집단에 관한 정보가 수집되는 국면이다. 이러한 갈등의 인지측면은 갈등에 대한 깨달음을 자극한다.

3) 감지된 갈등(felt conflict)

감지된 갈등은 개인들이 갈등의 영향(긴장, 불안, 노여움 혹은 갈등으로부터 초래된 실제적인 문제들)을 느끼기 시작할 때 일어난다. 감정이 야기되고 적대적 기분이 시작될 때 감지된 갈등 국면이 제기된다. 적대적 행태에 대한 서곡이 된다.

4) 명시된 갈등(manifest conflict)

명시된 갈등은 실제적으로 공개적인 교전(open warfare)에 관련된 것이다. 사람 혹은 집단이 서로 좌절시키기 위해 노력하거나 혹은 패배시키기 위해 노력하는 상황이며, 한 집단이 이기거나 혹은 패배하는 경우이다. 또한 갈등은 해로운 영향을 가진 채 지속된다.

5) 갈등사후(葛藤事後, conflict aftermath)

갈등사후는 명시된 갈등이 일어난 이후의 결과이다. 즉 갈등의 해결이 초래

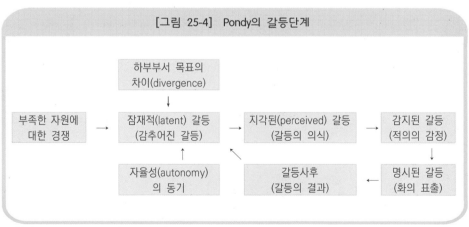

[그림 25-4] Pondy의 갈등단계

출처: Hodge & Anthony(1984: 399).

된 상황이며 혹은 다음 단계의 잠재적 갈등(latent conflict)으로 재순환의 기초가 되
는 상황이다. 어떠한 대안과 갈등결과가 명확하게 되었을 때의 상황으로 갈등의
발생 이후(the outbreak of conflict) 단계이다. 이처럼 일련의 갈등은 지속적인 과정으
로 볼 수 있다.

2. 갈등관리

우리가 직면하는 갈등 가운데 어떤 갈등은 해결이 비교적 용이하다. 즉 선택
이 명확할 때 갈등관리는 매우 쉽다. 하지만 스트레스가 많은 갈등은 갈등의 해결
이 어렵다. 이러한 갈등은 극단적으로 중요한 문제일 때 일어난다. 중요한 선택에
서 갈등이 표출된다면 갈등을 해결하는 데 상당히 많은 시간을 소비해야 한다. 심
지어 갈등에 대해 강박관념을 가지게 된다. 더욱이 선택이 명확하지 않다면 한 걸
음도 나아가지 못하고 망설이게 된다. 우유부단은 갈등을 장기간 지속되게 한다.

관리자들은 갈등관리에 자신의 시간 가운데 20% 이상을 소비한다고 한다(Rahim,
et al., 1992). 관리자들은·집단 사이의 갈등에서 생활하기 때문에 갈등을 관리하는
문제에 직면하고 있다. 이처럼 갈등은 관리자에 대해 어려운 도전이다. 관리자는
기능적 갈등(functional conflict)과 역기능적 갈등(dysfunctional conflict) 사이를 구별해
야 한다. 더욱이 역기능적 갈등을 통제하거나 제거할 수 있어야 하고, 아울러 기능
적 갈등의 단계를 유지하기 위해 학습해야 한다.

또한 관리자들은 갈등의 원인이 다르기 때문에 갈등을 해결하는 수단도 상황
에 따라 차이가 있다는 것을 인지해야 한다. 적절한 갈등해결방법(conflict resolution
method)에 대한 선택은 갈등이 일어난 이유와 관리자와 갈등집단 사이의 구체적인
관계 등과 같은 다양한 원인에 의해 영향을 받는다.

이와 같이 사람 혹은 집단들은 갈등의 개시에 대해 다양한 반응을 취한다. 이
러한 갈등을 해결하기 위해서 [그림 25-5]와 같이 다양한 방법이 동원된다. 이들
갈등해소방식은 각각 장단점이 있으며, 상황에 따라 효과적일 수도 있고 비효과적

일 수도 있을 것이다(Thomas, 1983; Altman, Valenzi, & Hodgetts, 1985: 619-622; Gibson, et al., 2006: 273-275).

1) 권한/권위의 활용(use of power and/or authority)

갈등을 억누르기 위해서 권한과 권위를 활용할 수 있다. 권위의 활용은 집단 사이의 갈등을 해결하는 데 가장 오래된 방식이며, 가장 자주 활용되는 방식이기도 하다. 관리자는 단순히 갈등을 멈추기 위해서 한 집단에 대해 명령할 수 있다. 혹은 한 집단이 다른 집단에게 갈등을 멈추도록 명령할 수 있다. 즉 부하들은 상관의 결정에 동의하지는 않지만 보통 따른다.

권한에 의한 갈등 해결방법은 효과성이 미심쩍다. 권위에 의한 해결방법에 있어 관리자가 갈등을 억압할 수 있는 충분한 권한과 권위를 갖고 있지 않으면 갈등이 지속될 뿐만 아니라 관리자는 갈등집단에 대해 상대적인 권한과 지위를 상실할 수 있다.

2) 완화(緩和, smoothing)

완화는 개인과 집단 사이의 공통적인 관심(common interests)을 강조함으로써 차이점을 줄이는 전략이다. 완화의 기본적인 믿음은 어떤 문제에 대해 공유된 관점(shared viewpoints)을 강조하는 것은 공통적인 목표로의 이동을 촉진시킨다는 것이다. 이처럼 완화기법을 활용하는 관리자는 갈등상황에 있는 집단에게 위안을 줌으로써 갈등을 완화하는 시도를 하는 것이다.

관리자가 집단들 사이에 평화적 관계(peaceful relations)를 회복하려면 지원적이고 감정적 언어를 활용해야 한다. 마치 부모가 자녀에게 하듯 완화기법을 활용하는 것이다. 이 기법은 정상적인 관계 혹은 평화적 관계를 회복하기 위한 시도이다. 완화기법은 갈등상황의 일시적인 해결을 위해 주로 활용된다.

완화와 유사한 갈등해결 방안으로 자원확대(expansion of resource)의 전략이 있다. 갈등은 종종 자원의 결핍에 연유한다. 예를 들면, 상위직급으로 승진할 자리는 한 자리이지만, 유력한 자격을 갖춘 세 사람의 후보가 치열한 갈등상황에 놓여 있다면 조직의 재조직화를 통하여 세 사람의 후보자를 모두 활용하는 전략이다. 하지만 대부분의 조직은 양적으로 확대할 자원이 충분하지 못하다.

3) 회피(回避, avoidance)

회피 스타일은 갈등으로부터 중단(withdrawal)하는 것으로 특징된다. 이 스타일은 한 집단 혹은 보다 많은 집단이 갈등을 단순히 무시하거나, 갈등상황으로부터 물러서거나 혹은 갈등에 대한 직접적인 관심에서 회피하는 것이다. 예를 들면, 격앙된 갈등상황에서 최고책임자가 덜 논쟁적인 영역으로 주제를 변화시킬 수 있다.

또한 갈등이 피할 수 없는 상황이라면 한 집단이 갈등상황에서 물리적으로 떠날 수 있다. 나아가 상관과 갈등을 피하기 위하여 부하들이 단순히 다른 곳을 바라보는 방식이다. 즉 이 기법은 이슈를 회피하거나 혹은 무시함으로써 갈등을 다루는 방식이다. 회피는 장기적 관점에서 이익을 가져오지는 못하지만, 단기적 관점에서 갈등을 확실히 해결할 수 있으며, 어떤 상황에서는 일시적으로 가장 좋은 해결대안이 될 수 있다.

4) 타협(妥協, compromise)

타협 스타일은 다른 집단의 견해를 어느 정도 수용하는 것으로 특징된다. 이러한 스타일은 나쁜 감정을 최소화하는 데 도움을 주고, 가능한 한 빨리 양 당사자 사이의 만족스러운 해결을 추구하는 것이다.

타협은 집단 사이의 갈등을 해결하기 위한 전통적인 방식이다. 관리자들은 갈등을 다루는 효과적인 방식으로 타협의 기법을 활용할 수 있다. 관리자는 중간지대(middle ground)를 설정하여 갈등상황에 있는 두 집단을 중간지대로 이동하게 함으로써 갈등을 통제할 수 있다. 중간지대에 의한 타협기법은 노동자와 관리자 사이의 갈등을 해결하는 데 활용된다. 타협접근법은 갈등관리에 있어서 하나의 거래(bargaining)방식이다.

　타협은 추구하는 목표가 동등하게 양분되어 있을 때 효과적으로 활용할 수 있다. 또한 갈등해결을 위한 타협의 기법은 갈등상황에 있는 각 집단에게 어떤 것을 포기하도록 요구하기 때문에 명백한 패배자 혹은 결정적인 승리자가 존재하지 않는다. 즉 타협에 의한 갈등해결법은 승리자나 패배자에 대해 이상적인 것은 아니다. 대표적인 사례로, 노동조합와 관리자 간의 협상에 있어서 각 진영에 대해 어떤 것을 포기하도록 협상 테이블에서 논의한다. 한 진영에 의해 포기한 정도는 그 집단의 힘과 직접적으로 관련되어 있다.

　단기적으로 타협은 만족스러운 해결을 초래한다. 하지만 장기적으로 한 집단이 협상을 통해 성취했던 것보다 많이 포기했다면 다음 협상에 보다 강하게 자기의 주장을 요구하게 됨으로써 갈등이 심화되기도 한다. 이리하여 갈등해결이 단지 일시적인 것이 되며, 갈등상황이 다시 재현될 수 있다. 또한 중요한 결정과 관련한 갈등의 초기단계의 타협은 문제의 확산을 줄일 수 있고, 대안 추구에 쏟는 노력을 적게 할 수 있다.

5) 제3자의 개입(third-party intervention)

　이 방식은 갈등상황에 있지 않은 사람들이 갈등문제를 해결하기 위한 수단으로 참여하는 것이다. 노동중재인(labor arbitrators)은 노동자-관리자의 분쟁을 해결하기 위해서 갈등상황에 참여한다. 제3자의 개입(介入)은 타협적인 해결을 효과적으로 이행하기 위한 하나의 수단이다.

6) 포섭(包攝, cooptation)

　포섭은 집단 사이에 존재하는 갈등을 해결하는 데 유용한 전략이다. 이러한 사례로는 조직에 관련된 주주 사이에 치열하고 때로는 지루한 대리권 투쟁을 조직

합병을 통하여 해결하는 전략이 있다. 일단 조직 합병 이후, 평화적인 해결을 위한 수단이 존재할 수 있다.

7) 대결(對決, confrontation)

갈등을 대결로 다루는 전략은 감정보다는 사실에 기초하여 갈등을 해결하려는 것이다. 즉 현실주의(realism) 시각에서 갈등에 접근하는 성숙한 전략이다. 이 전략은 기본적으로 갈등은 감정과 기분에 관련되어 있다고 본다. 이리하여 감정의 역할을 최소화하고, 갈등에 내재된 사실과 객관성에 기초하여 갈등을 완화하려는 전략이다.

8) 민주적 과정(democratic process)

갈등의 해결방안으로 민주적 과정은 갈등적 이슈에 대해 논의를 통하여 투표라는 수단을 통하여 갈등을 완화하는 전략이다. 특히 Yates(1985)는 갈등관리를 위하여 경쟁적 토론을 조장하는 방법에 관한 전략, 강화되는 적대감을 회피하기 위한 중립적인 언어(neutral language)의 활용, 그리고 정중하고 상호 존중하에 처신하는 방법을 개발할 것을 제안한다. 또한 갈등에 관련된 모든 집단에게 완전한 정보를 제공하고 개방적인 의사소통 채널을 유지할 것을 제안한다.

민주적 과정의 하나로 규칙을 설정하는 방법도 있다. 즉 갈등을 수용할 수 있는 단계로 제한적인 규칙을 설정하는(establishing rules) 것이다. 이러한 방법을 갈등을 요약한다고 본다. 예를 들면, 국가가 가스전 혹은 세균전(germ warfare)을 사용하는 것을 금지하는 것에 공식적으로 합의함으로써 갈등을 줄일 수 있다.

갈등이슈에 대해 투표 혹은 규칙을 정하는 경우의 문제는 전형적으로 승패상황(win-lose situations)을 강화하게 된다. 패자는 가끔 조직에서의 역할에 불만족하게 되고, 조직에 대한 몰입이 저하된다.

이상의 갈등해소방법을 보충하기 위해 Gibson과 동료학자들(2006: 273-275)이

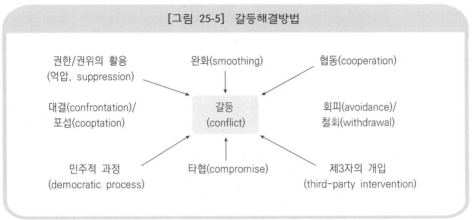

[그림 25-5] 갈등해결방법

권한/권위의 활용
(억압, suppression)

완화(smoothing)

협동(cooperation)

대결(confrontation)/
포섭(cooptation)

갈등
(conflict)

회피(avoidance)/
철회(withdrawal)

민주적 과정
(democratic process)

타협(compromise)

제3자의 개입
(third-party intervention)

출처: Hodge & Anthony(1984: 403).

집단 사이의 갈등해소방법으로 제시한 몇 가지 방법을 추가하면 다음과 같다.[1]

(1) 문제해결(problem solving)

문제해결 스타일은 갈등에 대한 이유를 이해하고, 모든 당사자의 욕구를 충족하기 위한 행동계획을 찾기 위해서 상이한 의견과 당사자의 대결을 인정함으로써 갈등을 줄이는 방법이다. 또한 문제해결 스타일은 갈등집단에 대한 면대면 모임을 통해 긴장을 줄이는 방법이다. 즉 갈등집단이 결정에 도달할 때까지 관련된 모든 정보를 수집하고, 그리고 여러 가지 문제에 대해 공개적으로 토론하는 방법이다.

문제해결 스타일을 활용하는 사람은 다른 사람을 희생하면서 자신의 목적을 달성하기 위해 노력하지 않는다. 오히려 갈등상황에서 최상의 해결책을 추구한다.

---

1 Gibson과 동료학자들(2006: 273-275)이 제시한 갈등해소방법은 ① 문제해결, ② 상위목표, ③ 자원의 확장, ④ 회피, ⑤ 완화, ⑥ 타협, ⑦ 권위적인 명령, ⑧ 인간적인 변인의 변경, ⑨ 구조적인 변인의 변경, ⑩ 공통의 적을 인식하는 방법 등이다.

▶ 갈등해결을 위한 문제해결기법
• 해결책보다 오히려 목적의 관점에서 문제를 확인하라(Identify the problems in terms of objectives rather than solutions).
• 문제가 확인된 이후, 모든 당사자에 대해 상호 이익이 되는 해결책을 발견하라(After the problem has been identified, identify solutions that are mutually beneficial to all parties).
• 성격 이슈 혹은 다른 당사자보다 오히려 문제의 관심에 초점을 두라(Focus on the attention on the problem, rather than personality issues or the other party).
• 공동의 영향력을 증가시키고 적절한 정보를 공유함으로써 신뢰를 만들어라(Build trust by increasing mutuality of influence and sharing relevant information).
• 공감과 청취를 보여 주고 분노와 위협의 사용을 최소화함으로써 의사소통하는 동안 긍정적 감정이 자리 잡게 하라(Establish positive feelings during communication by showing empathy and listening and minimizing the use of anger and threats).

출처: Filley(1978).

(2) 상위목표(superordinate goals)

이 기법은 관련된 집단이 협동하지 않고는 성취할 수 없는 공통적인 목표와 목적을 발전시키는 방법이다.

갈등을 줄이는 데 활용되는 모든 상위목표는 다음과 같은 특징을 가지고 있다. ① 상위목표는 두 집단에 대해 매우 매력적이다. ② 상위목표는 협력이 요구된다. 집단이 스스로 상위목표를 성취할 가능성이 낮다. ③ 상위목표는 성공적으로 성취할 수 있다.

(3) 자원의 확장(expansion of resources)

집단 사이에 갈등이 일어나는 주요한 원인은 자원의 제약성 때문이다. 자원의 확장은 그러한 문제를 해결하는 하나의 방법이다.

(4) 인간적인 변인의 변경(altering the human variable)

이 방식은 집단구성원의 행태를 변화시키기 위해 노력하는 것이다. 즉 이 방식은 갈등의 원인과 갈등에 관련된 사람들의 태도변화에 초점을 두는 것이다.

(5) 구조적인 변인(structural variables)의 변경

이 방식은 조직의 공식적인 구조를 변화시키는 것이다. 구조는 조직의 직무 사이의 고정된 관계를 언급하는 것이며, 직무설계를 포함하는 것이다.

(6) 공통의 적을 인식하는 방법(identifying a common enemy)

이 방식은 상위목표의 부정적인 측면 등을 제시하는 것이다. 갈등상황에 있는 집단은 일시적으로 그들의 차이점을 해소하고 공통의 적에 대해 투쟁하기 위해

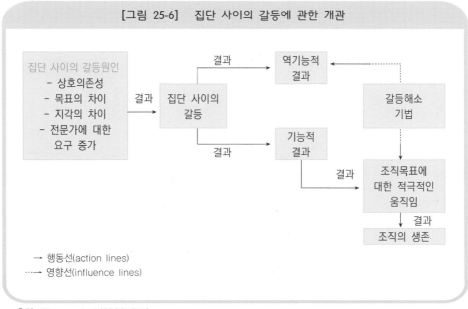

[그림 25-6] 집단 사이의 갈등에 관한 개관

출처: Gibson, et al.(2006: 275).

결합한다. 공통의 적이란 명백하게 상위의 산출물을 생산하는 경쟁자일 것이다.

집단 사이의 갈등은 [그림 25-6]과 같이 집단 사이의 갈등에 관한 원인과 유형, 집단 사이의 갈등 결과, 갈등해소를 위한 기법 등으로 이해할 수 있다. 집단 사이의 갈등을 취급할 때 활용하는 기법이 무엇이든지 관리자들은 집단 사이의 갈등에 관한 존재와 원인을 어떻게 인식하는가 하는 방법을 학습해야만 한다. 또한 관리자들은 갈등을 효과적으로 취급하는 기술을 개발해야만 할 것이다.

부록 1: 우리나라의 갈등 예방과 해결에 관한 규정

우리나라는 공공부문의 갈등과 관련하여 2007년 2월 「공공기관의 갈등 예방과 해결에 관한 규정」에 관한 대통령령과 시행규칙을 제정하였다. 이 규정은 중앙행정기관의 갈등 예방과 해결에 관한 역할·책무 및 절차 등을 규정하고 중앙행정기관의 갈등 예방과 해결능력을 향상시킴으로써 사회통합에 이바지함을 제정목적으로 하고 있다.

갈등관리의 원칙으로는 갈등의 자율해결과 신뢰확보(제2장 제5조), 이해관계인, 일반시민 또는 전문가 등의 실질적 참여(제2장 제6조), 참여적 의사결정방법의 활용(제2장 제15조), 분쟁해결(Alternative Dispute Resolution: ADR)의 적극적 활용(제2장 제18조) 등을 제시하고 있다. 중앙행정기관의 장은 공공정책을 결정하기 전에 갈등영향분석을 실시할 수 있으며(제3장 제10조 제1항), 이때 중앙행정기관이 소관 사무의 갈등관리를 심의하기 위해 설치한 갈등관리심의위원회에서 갈등영향분석[2]을 심의한다(시행령 제3장 제10조 제2항; 제11조), 갈등관리심의위원회는 갈등영향분석, 갈등관리에 대한 종합적 시책의 수립, 관련 법령 정비, 다양한 갈등해결수단 발굴·활용, 교육훈련, 민간활동 지원의 역할을 한다. 또한 중앙행정기관의 장은

---

2 갈등영향분석(葛藤影響分析, conflict assessment)은 공공갈등을 해결하기 위해 심의민주주의의 참여적 의사결정방법과 대안적 분쟁해결을 사용하는 과정이다. 규정에 의하면(제1장 제2조), 갈등영향분석을 공공정책을 수립·추진할 때 공공정책이 사회에 미치는 갈등의 요인을 예측·분석하고 예상되는 갈등에 대한 대책을 강구하는 것이라고 정의하고 있다. 이와 같이 갈등영향분석은 갈등의 핵심적인 이해관계자와 중요한 쟁점을 확인함으로써 핵심적인 이해관계자와 중요한 쟁점이 갈등관리과정에서 누락됨을 방지하고, 장애요인을 극복하고, 신뢰할 수 있는 운영규칙을 마련하는 계기가 된다는 점에서 성공적 정책집행의 전제가 될 뿐만 아니라 갈등관리의 초기단계에서 중요한 역할을 한다. 갈등영향분석은 환경개발사업에 적용되는 환경영향평가제도의 사회영향평가와 아래와 같이 차이가 있다.

구 분	갈등영향분석	사회영향평가
대상	정치, 경제, 사회, 문화 등 모든 분야	지역 인구, 교육, 주거 등 사회적 요소
방법	이해관계자들과 상호협력	평가자의 일방적 예측, 분석
목적	정책결정의 절차적 비민주성에 따른 갈등 해소	개발사업의 내용적 갈등 해소
주체	공공기관	개발사업자

공공정책으로 인하여 발생한 갈등해결을 위하여 필요하다고 판단하는 경우 사안별로 갈등조정협의회를 구성·운영할 수 있으며(시행령 제4장 제16조), 협의회에는 관계 중앙행정기관 및 이해관계자, 그리고 관련단체와 전문가를 참석시킬 수 있다(제17조).

부록 2 : Thomas-Kilmann의 갈등관리모형

1970년대 Kenneth Thomas와 Ralph Kimann은 5가지 갈등관리방안을 제시하고 있다. 이들 학자는 사람들은 전형적으로 협력(cooperativeness)의 정도와 자기주장(assertiveness)의 정도에 따라 5가지 선호하는 갈등해결유형을 가지고 있다고 주장한다. 각각의 유형은 서로 다른 상황에서 유용하다.

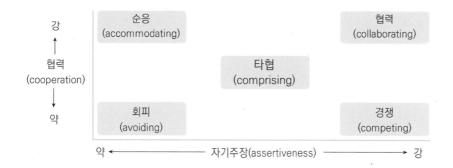

갈등관리유형	기술(skills)
경쟁 (competing)	- 주장 혹은 논쟁(arguing or debating) - 지위 혹은 영향력의 활용(using rank or influence) - 당신의 견해와 감정을 명확하게 한다(asserting your opinions and feelings). - 당신의 입장을 견지한다(standing your ground). - 당신의 입장을 명확하게 말한다(stating your position clearly).
회피 (avoiding)	- 철수할 수 있는 능력(ability to withdraw) - 쟁점이슈를 피할 수 있는 능력(ability to sidestep issues) - 해결할 수 없는 것을 남겨 둘 수 있는 능력(ability to leave things unresolved) - 타이밍 감각(sense of timing)
순응 (accommodating)	- 당신의 소망을 포기함(forgetting your desires) - 사심 없음(selflessness) - 양보할 수 있는 능력(ability to yield) - 명령에 대한 준수(obeying orders)

타협 (compromising)	- 협상(negotiating) - 중간지대의 발견(finding a middle ground) - 가치의 평가(assessing value) - 양보(making concessions)
협동 (collaborating)	- 활동적인 청취(active listening) - 위협적이지 않은 대결(nonthreatening confrontation) - 관심의 명확화(identifying concerns) - 투입의 분석(analyzing input)

TKI의 진단문항

5개 유형	진단문항	전혀 아니다 ↔ 매우 그렇다				
		①	②	③	④	⑤
경쟁	누가 나와 의견이 다른 경우 나는 적극적으로 내 입장을 방어한다.					
	협상에 있어서 나는 내 입장을 포기하기보다는 계속 사수한다.					
	나는 토론에서 내 주장이 관철되도록 노력한다.					
회피	나는 다른 사람들과 공개적으로 부동의보다는 내 의견을 그냥 내 마음속에 묻어 둔다.					
	부동의가 있는 경우, 나는 이 문제에 대해 공개적으로 논쟁하는 것을 피한다.					
	다른 사람들과의 의견 차이를 토론하는 노력과 시간은 쓸데없는 것이라고 믿고 있다.					
순응	나는 동료의 제언에 대하여 동의하지 않음에도 불구하고 동료의 제안을 찬성한다.					
	나와 다른 관점을 가진 사람들의 바람을 공개적으로 논쟁하는 것을 피한다.					
	나는 동료들과의 관계를 위태롭게 하기보다는 동료들이 자기 방식을 갖도록 허용한다.					
타협	나는 Give-and-Take를 통해 타협에 도달할 수 있다.					
	다른 사람과 논쟁을 벌일 때, 나는 중간적 입장을 취하고자 한다.					
	동의에 도달하기 위하여 나는 다른 사람들과의 교환을 위해 어떤 것을 포기한다.					

	부동의나 협상에 있어서, 정보공유를 통해 양측에 대하여 가장 적절한 해결방안을 발견하고자 노력한다.				
협동	나와 상대방 모두에게 도움이 되는 방안을 찾음으로써 갈등을 해결하고자 한다.				
	나는 동료들과 함께 갈등을 조사하여 우리 모두에게 도움이 되는 방안을 찾는 것을 좋아한다.				

제26장

협상관리

  사람들 사이의 상이한 욕구, 바람, 목적 및 신념은 수시로 갈등과 불일치를 일으키게 한다. 협상을 하지 않는 한 이러한 갈등과 불일치는 불만족의 분노로 이어지게 된다. 더욱이 사람들은 자신의 입장에서 가능한 한 최상의 결과를 성취하는 데 목적을 둔다. 이에 다양한 상황(예를 들면, 국제적 상황, 국내적 상황, 경제적 상황, 정부정책, 법률시스템 등)에서 사람들은 협상전략을 활용한다. 이에 협상이란 사람들 차이점을 해결하는(settle) 방법이다. 또한 논쟁과 분쟁을 회피하면서 타협 혹은 동의하는 과정이다. 협상기술은 자신과 다른 사람 사이에서 발생하는 차이점을 해결하는 데 매우 유익하다. 이런 협상기술은 광범위한 활동에서 학습할 수 있으며 또한 적용할 수 있다.

  이 장에서는 협상은 어떠한 의의와 특징이 있는지, 어떠한 협상유형이 있는지, 최상의 결과에 이르게 하는 협상전략과 과정은 어떠한지 등을 살펴보자 한다.

협상(協商, negotiation)은 두 집단 이상이 갈등에 놓여 있을 때, 동의(agreement)에 도달하기 위해 시도하는 과정이다. 협상은 갈등당사자들이 서로 간에 상호 토론·의견교환 등을 통하여 상호이익이 되는 해결대안을 강구하는 연속적인 과정 내지 활동이다(강상구, 2002). 좋은 협상은 보다 많은 신뢰, 영향 및 번영에 기초한다. 즉 정직이 최상의 정책이다(honest is the best policy). 예컨대 노동단체교섭을 수행할 때도 협상이 중요한 과제일 것이다.

협상에 있어 대안은 힘의 원천이다. 매우 강한 대안을 가진 협상자는 상당한 힘을 가진다. 반면에 약한 대안을 가진 협상자는 상당히 불리한 상태에 놓이게 된다. 이에 협상은 때로는 제로섬게임이다. 즉 어떤 집단이 모든 것을 얻는 반면에, 다른 집단은 상실할 수 있다. 한 집단이 원하는 것을 얻기 위해서는 상대 집단에 대해 이념과 확신을 심어 주어야 한다. 이러한 특성으로 인하여 협상은 민간부문에 있어 조직의 성공적인 생존을 위해서 핵심적인 전략이다. 즉 성공적인 관리자의 핵심적인 기술이 협상이다.

- 협상은 서로가 합의를 도출하기 위하여 상호작용하는 의사결정과정이다(Gulliver, 1979).
- 협상은 둘 이상의 집단이 사회적 충돌을 피하기 위하여 서로의 이해상반을 해결할 목적으로 토론하는 것이다.
- 협상은 개인들의 이해가 집단행동에 반영되는 정치적 과정 혹은 서로 경쟁하며 상충하고 있는 갈등사안에 관련된 당사자들의 이해들을 중재하거나, 당사자들로부터 합의를 이끌어 내려는 공공선택적 과정이다.
- 협상은 공동의 문제를 안고 있는 갈등당사자들이 서로 전략적으로 만나 대립적 견해와 다양한 정보를 주고받는 과정을 통해서, 더 나은 해결방안을 모색하여 자신들의 욕구와 원망을 충족시키려는 의사결정과정이다.
- 협상은 어떤 문제에 대하여 서로 간에 합의를 형성함으로써 서로 상충되는 이익을 조정해 나가는 과정이며, 협상은 '주고–받는' 하나의 교환관계로서 서로 간에 받아들일

만한 제3의 대안 도출을 위하여 상호 간의 입장을 조정하는 과정이다.

• 협상은 공공의 문제를 안고 있는 둘 이상의 의사결정 주체가 임의로 상반되는 이해를 주고받는 과정을 통하여, 보다 나은 결과를 가져오기 위하여 상호 전략적으로 조우하는 과정이다.

• 협상이란 상반된 이해관계를 갖고 있는 당사자들이 토론·의견교환 등의 상호작용을 통하여 상호이익이 되는 해결대안을 강구하고 합의를 구하는 연속적 과정 내지 활동이다.

제 2 절   협상유형

협상은 두 사람 혹은 집단 이상이 가능한 합의를 위해 제안들을 논의하고 진술하는 과정이다. 이러한 대표적인 협상유형은 분배협상과 통합협상이 있다. 이들 협상의 차이점은 협상당사자들이 협상과 관련하여 정보를 어떻게 다루는가 하는 점이다. 분배협상은 상대방에 관한 가능한 한 많은 정보를 보유하는 반면에, 통합협상은 정보를 공유한다.[1]

1. 분배협상

분배협상(distributive negotiation)은 한 당사자의 이익은 다른 당사자의 손실을 초래하는 고정된 양을 두고 나누는 방식이다. 이에 분배협상을 제로섬 협상(zero-

---

1 다른 협상유형으로 태도의 구조화와 조직 내부의 협상을 제시하기도 한다. 태도의 구조화(attitudinal structuring)는 당사자들이 바람직한 태도와 관계를 설정하기 위해 노력하는 과정이다. 조직 내부의 협상(intraorganizational negotiation)에 있어, 집단은 가끔 대리인을 통하여 협상한다. 하지만 대안들은 서로 동의하기 전에 그들 대표집단에 의해 동의를 얻어야만 한다. 조직 내부의 협상에 있어 각 협상자는 동의를 위한 합의(consensus)를 도출하기 위해 노력하는 한편, 다른 집단의 협상자와 거래하기 전에 집단 내부의 갈등을 해결하기 위해 노력한다(Hellriegel, et al., 1992: 446-448).

sum negotiation)이라 한다. 즉 분배협상은 전통적인 승-패, 어느 편이 이익을 얻으면, 다른 당사자는 손실을 보는 협상유형이다. 이 협상은 경제적 문제에서 일어난다. 상호작용 패턴은 신중한 의사소통, 제한된 신뢰표현, 위협의 활용, 진실의 왜곡과 주장이 포함된다. 협상당사자들은 갈등이 내재한 강렬한 감정을 소유하고 있다. 분배협상에서는 힘과 타협의 갈등해결 스타일이 지배적이다.

협상의 결말에 있어 보다 많은 가치를 청구할 수 있는 사람이 승자이다. 이에 분배협상에 있어 목적은 상대편을 불리하게 하는 가능한 한 많은 정보를 보유하는 것이다.

2. 통합협상

통합협상(integrative negotiation)은 양 당사자들이 혜택을 가질 수 있는 해결책을 성취하기 위해 연합하여 문제를 해결하는 협상유형이다. 양 당사자들은 상호 간의 문제를 인지하고, 대안들을 명확하게 하고, 평가하고, 공개적으로 선호를 표명하고, 상호 간 수용할 수 있는 해결책에 도달하는 것이다. 양 당사자들은 문제해결에 강하게 동기부여되어 있고, 유연성과 신뢰를 보이며, 새로운 아이디어를 탐구한다. 통합협상에서는 협력과 타협의 갈등해결 스타일이 지배적이다.

이와 같이 통합협상은 보다 많은 협력적 접근을 포함한다. 즉 양 당사자들이 가능한 많은 편익을 성취하기 위한 희망으로 함께 노력하는 것이다. 순수한 통합협상에 있어 양 당사자들은 가장 많은 편익을 성취하기 위해 협력한다. 이 통합협상에서 당사자들은 양보를 얻어내는 것에 초점을 두기보다는 오히려 창의적인 선택을 추구하는 것이다. 통합협상에서 성공하기 위해서는 당사자들은 정보를 공유할 필요가 있다.

제3절   협상전략과 과정

1. 협상전략

협상자는 자신에게 보다 유리한 성과를 도출하기 위해 여러 가지 협상전략을 구사한다. 협상은 타결되거나 결렬될 때까지 지속되는 일련의 제안과 대응제안으로 이루어진다. 협상에서 이루어지는 전략은 전략적 대안 선택에 관련된 상황에 따라 다양하게 구분된다. 이처럼 협상전략은 협상의 목적, 즉 자신의 이익을 추구하기 위해 하나의 일치점에 이르기를 원하는 과정의 도구로 사용된다.

1) 전략적 선택모형

Savage와 동료학자들(Savage, et. al, 1989)은 협상을 위한 전략을 선택하기 전에 협상자는 자신의 이익과 조직의 이익을 고려해야 한다고 지적하고, 이들 이익에 대한 고려에 있어 2가지 기본적 질문에 대답하게 한다. 이 질문은 ① 행위주체가 협상에 있어서 실질적인 결과의 달성에 얼마만큼의 관심을 가지고 있는가? ② 협상자가 상대방과의 현재와 미래의 관계에 대하여 얼마만큼의 관심을 가지고 있는가? 이러한 질문에 대한 대답의 결과로 [그림 26-1]과 같이 4가지 협상전략을 제시하고 있다(이종건·박헌준, 2004: 101-102).

(1) 경쟁전략

협상의 가치를 최대화하려는 것에 목표를 두며, 상대방과의 관계에 거의 관심을 두지 않는다. 협상자가 실질적인 이익을 중시하고, 관계는 중시하지 않는다면 확고한 경쟁전략을 고려해야 한다. 이 상황은 협상자가 상대방에 대하여 신뢰감이 전혀 없거나 최초의 관계가 좋지 않은 경우에 종종 발생한다. 이런 경쟁전략은 분배적 또는 승-패 협상을 위한 전략이다.

(2) 협력전략

협상의 가치를 최대화함과 동시에 상대방과의 관계형성에 목표를 둔다. 이 전략은 협상자의 조직과 상대방이 상호의존적일 때 사용되기 쉽고, 가장 효과적이다.

(3) 조화전략

협상자가 실질적 성과보다 관계적 성과를 더 중요시할 때 적절하다. 이 전략은 협상자가 상대방이 이기기를 원하거나, 실질적 이슈에 대한 어떤 목표를 달성하기 위하여 상대방과의 관계를 위태롭게 하기를 원하지 않을 때 필요하다. 이 전략은 협상의 근본적 목적이 관계를 형성하거나 강화하는 데 있을 때 사용된다.

(4) 회피전략

협상을 전혀 사용하지 않으면서 자신의 요구를 충족시킬 수 있다면 효과적이다. 협상하기 위한 시간과 노력이 무의미한 경우에 회피전략이 효과적이다. 이처럼 실질적 성과나 관계형성 모두에 대하여 아무런 관심이 없는 협상자에게는 회피전략을 사용하는 것이 최선일 것이다.

[그림 26-1] 협상전략

관계적 결과가 중요한가?		실질적 결과가 중요한가?	
		예	아니요
	예	협력(collaboration)	조화(accommodation)
	아니요	경쟁(competition)	회피(avoidance)

출처: Savage, et. al.(1989: 40); 이종건·박헌준(2004: 100) 재인용.

2) 윈윈 전략과 승-패 전략

대결(confrontation)은 관리자가 윈윈 전략에서 참여할 때 성공적이다. 윈윈 전략(win-win strategy)은 양 당사자가 서로에 대해 이익이 되는 방식으로 갈등을 해결하기 위해 노력하는 것을 의미한다. 협상이 승-패 전략(win-lose strategy)으로 악화된다면(한 집단이 다른 집단을 패배시키기를 원하는 전략), 대결은 비효과적일 수 있다.

협상의 윈윈 전략과 승자-패자 전략의 차이는 〈표 26-1〉과 같이 정리할 수 있다.

표 26-1   협상전략

윈윈 전략(win-win strategy)	승-패 전략(win-lose strategy)
갈등을 상호 간의 문제로 정의한다.	갈등을 승자-패자 해결로 정의한다.
공동의 이익(joint outcomes)을 추구한다.	자기자신의 집단결과(own's group's outcomes)를 추구한다.
양 집단을 만족시키는 창의적 동의(creative agreement)를 찾는다.	다른 집단의 굴복(submission)을 강요한다.
집단의 욕구, 목표 및 제안에 대해 개방적이고, 정직하고, 정확한 의사소통을 활용한다.	집단의 욕구, 목표 및 제안에 대해 부정직하고(deceitful), 부정확하고, 호도하는 의사소통을 활용한다.
위협을 회피한다(다른 집단의 수동성을 줄인다).	위협(treats)을 활용한다(굴복하게 한다).
지위에 대해 유연하게 의사소통한다.	자신의 지위와 관련하여 높은 몰입으로 의사소통한다.

출처: Daft(1983: 440).

2. 협상과정

협상과정은 계획, 협상, 연기(postponement), 합의 혹은 결렬(no agreement) 등의 단계로 구성된다(Lussier & Achua, 2007: 129-134).

1) 계획단계

협상의 성공 혹은 실패는 준비에 달려 있다. 즉 협상해야 할 것에 대해 명확하게 준비해야 한다. 협상준비의 단계는 ① 상대편(the other party)을 조사한다. ② 목표를 설정한다. ③ 선택권(options)과 거래(trade-offs)의 전개에 대해 준비한다. ④ 예상 질문과 반대를 예견하고, 그에 대한 해결책을 준비한다.

2) 협상단계

협상계획이 준비되었다면 실제 협상을 한다. 대개 대면적(face-to-face) 협상이 선호된다. 이는 상대편의 비언어적인 행태(nonverbal behavior)를 볼 수 있고, 목적을 보다 분명하게 이해할 수 있기 때문이다.

협상을 위해서는 다음 사항을 명심해야 한다. ① 관계(rapport)를 발전시키고 사람보다 장애에 초점을 두라. ② 상대편이 먼저 제안하도록 하라(Let the other party make the first offer). ③ 상대편의 요구를 충족시키는 데 초점을 두기 위해 경청하고 그리고 질문하라. ④ 너무 빨리 해결책을 주지 말고 대신에 협상과 관련하여 충분히 질문하라.

3) 연기단계

어떠한 진척이 없을 때는 협상을 연기하는 것이 현명하다. 즉 만족하지 않은 거래(deal) 혹은 곧 후회할 거래에 대해서는 협상을 연기하는 것이 중요한 전략이다. 협상을 연기할 때는 상대편에게 구체적인 시간을 주어야 한다.

4) 합의 혹은 결렬 단계

합의(agreement)가 이루어지면 승인에 관련된 서류를 작성한다. 상대편이 보증

713

하는 합의를 재작성한다. 반면에 협상이 기각되거나, 거절되거나, 실패가 일어나면 협상은 결렬된다.

▶ 성공적인 협상을 위한 10가지 팁

• 당신이 원하는 것에 대해 질문하는 것을 두려워하지 말라(Don't be afraid to ask for what you want). 성공적인 협상자는 모든 것을 명확히 해야 하며, 잘 대처해야 한다.

• 입 다물고 들어라(Shut up and listen)-협상자는 탐정자(detectives)이다. 협상자는 문제를 면밀하게 살피고 그리고 입을 다문다.

• 숙제를 하라(Do your homework)-협상하기 전에 관련된 정보(pertinent information)를 가능한 많이 수집하라.

• 항상 기꺼이 떠나라(Always be willing to walk away)-이것을 Brodow의 법칙이라 한다. 선택이 없다면 결코 협상하지 말라(Never negotiate without options).

• 서두르지 말라(Don't be in a hurry)-당신의 인내가 다른 협상자에 대해 대단히 파괴적일 수 있다.

• 목표를 높게 두고 최상의 결과를 기대하라(Aim high and expect the best outcome)-성공적인 협상자는 낙관주의자(optimists)이다. 많이 기대할수록 많은 것을 얻을 수 있다.

• 당신의 압박이 아닌 상대방의 압박에 초점을 두라(Focus on the other side's pressure, not yours)-성공적인 협상자는 이 협상에 있어 상대방이 알고 있는 압박이 무엇인지 알려고 한다.

• 상대방의 요구를 어떻게 수용할 것인가를 상대방에게 보여 주라(Show the other person how their needs will be met)-성공적인 협상자는 항상 상대방의 관점으로부터 상황을 조명한다.

• 보답으로 어떤 것을 얻기 전에 줄 것을 먼저 제시하지 말라(Don't give anything away without getting something in return)-일방적인 양보(unilateral concessions)는 자멸하는 것이다. 어떤 것을 내줄 때마다 보답으로 어떤 것을 취하라.

• 개인적으로 이슈 혹은 다른 사람의 행태를 상정하지 말라(Don't take the issues or the other person's behavior personally)-성공적인 협상자는 문제해결 자체에 초점을 둔다.

출처: http://www.brodow.com/Articles/NegotiatingTips.html.

표 26-2 서희의 협상과정*

구 분	내 용	서희의 성공요인
예비협상	상견례에서 기선 잡기	- 당당한 거조(적진 앞에서 하마, 대등한 예법 주장) - 타당한 논리[군신 아닌 대신(大臣) 간 예법]
본 협상	1단계: 침략 이유를 둘러싼 공방	- 부가조건(거란의 영토 침범)과 핵심조건(송과 국교) 구분해 파악(경청의 힘) - 상대방의 핵심조건 수용 가능성 제기
	2단계: 핵심조건 수락을 위한 밀고 당기기	- 제3의 조건(여진 땅) 제시해 협상의 교착상태에서 벗어남 - 최종결론(거란과 국교) 유보해 고려 국내정쟁 피하면서, 상대방의 결단 촉구(협상카드)
	3단계: 상호조건의 교환과 끝내기 수순	- 상호 핵심조건 교환(거란: 국교수립으로 후방 안전 확보/고려: 냉전, 영토회복) - 상대방의 퇴로 개방(거란 임금 비준) - 강대한 말투
후속협상	상대방과 인간적 신뢰 쌓기	- 위로잔치 초대에 처음엔 사양: 공인의 모습 확인 - 나중에 참여해 즐김: 강화에 대한 쐐기

* 고려 성종 12년(993)의 거란침입과 관련하여, 거란과 서희와의 협상과정임. 서희의 협상 리더십은 국왕의 앞이라도 바른 말을 할 수 있는 고려정치의 전통과 좋은 의견을 잘 받아들이는 국왕 성종의 회의운영이 있었기 때문에 성공적으로 발휘되었다. 전쟁발발 초기 성종의 적극적인 대응전략과 적절한 인재 쓰기 역시 자칫 온 나라가 전쟁의 불길에 휩싸일 수 있는 위기를 벗어나게 했다. 당시의 거란-송나라의 대치 국면이나 거란의 내부사정 역시 협상이 시작된 지 일주일 만에 타결되는 데 우호적인 조건이 되었다.

출처: 박현모(2009: 91).

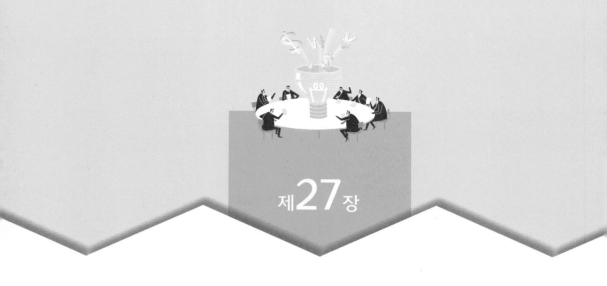

제27장

조직권력과 정치

　　복종에 대한 동의는 권력 혹은 권위에서 초래된다. 리더는 추종자를 어떻게 혹은 왜 따르게 할 수 있는가 하는 논의에서 권력과 권위의 개념이 관련되어 있다. 권력과 권위는 다른 사람의 행태에 영향을 미치는 능력이라는 점에서 공통점이 있다. 이 점에서 권력과 권위 사이의 경계선(the demarcation lines)은 모호하다. 예를 들면, 경찰은 권위를 가지고 있고, 테러리스트는 강압적 권력을 행사한다. 하지만 권력은 권위와 동일하지는 않다. 이에 권력과 권위에 관한 특성을 살펴보는 것이 권력이 아닌 것이 무엇인가를 이해하는 데 도움이 된다.

　　이 장에서는 권력과 권위의 의의와 특징, 권위의 원천, 권력활용과 임파워먼트, 권력의 기반과 유형, 조직정치와 정치적 전략 등에 대해 살펴보고자 한다.

| 제1절 | 권력과 권위의 의의 |

1. 권력의 의의와 특징

권력과 권력의 효과에 관한 연구는 조직이 어떻게 운영되는지를 이해하는 데 중요한 과제이다. 조직에서 권력의 실체를 이해하는 것은 조직에의 모든 상호작용과 사회적 관계를 해석하는 것이 가능하게 한다. 조직의 하부단위와 개인이 어떻게 통제되고 있는가는 권력과 영향력의 이슈에 관련되어 있다.

권력(勸力, 혹은 권한, power)이란 공식적인 조직관계로부터 다른 사람에게 자신의 의지를 강요(to impose one's will)할 수 있는 능력이다. 권력은 다른 사람의 행태를 바라는 방식으로 영향을 미칠 수 있는 사람의 능력(person's ability)이고, 자원을 할당하거나 혹은 상황을 통제하는 데 영향을 미칠 수 있는 개인적 능력이다. 이러한 능력에 포함되는 요인으로는 지식, 권위, 정보, 인성, 자원에 대한 통제력 등이다. 권력은 공식적 조직관계의 경계 내·외에서도 존재한다. 이에 권력은 조직적 지위에 기반하지 않은 영향력이다. 즉 권력은 공식적 조직관계의 경계 밖에 존재하는 개인 간의 영향력에도 적용된다.

권력은 볼 수 없는 힘이지만, 권력의 효과는 느낄 수 있다. 이러한 권력을 조직에서 무형적 환상의 과정(intangible, illusive process)이라 할 수 있다. 권력은 두 사람 이상의 관계에서 존재한다. 이것은 수직적 혹은 수평적 방향에서 발휘된다. 권력의 행사는 실권자에 의존한다(Daft, 1983: 382).

▶ 권력의 본질(the nature of power)
• 잠재성(latent): 권력은 사람들이 사용하기 위해 선택할 수도 있고 혹은 그렇지 않을 수도 있는 어떤 것이다. 권력은 무기 혹은 도구(weapon or tool)이다.

- 상대성(relative): 어떤 사람이 다른 사람에 대해 가지는 권력은 다른 사람과 관련하여 발휘하는 어떤 것에 주로 의존한다. 또한 다른 사람에 대한 상대적인 계층적 수준에 의존한다.
- 지각성(perceived): 권력은 다른 사람이 어떤 특징을 소유하고 있다는 어떤 사람의 믿음(one person's belief)에 기초한다. 당신이 나에 대해 권력을 가지고 있다고 내가 믿는다면 당신은 권력을 가지고 있는 것이다.
- 역동성(dynamic): 권력관계는 어떤 사람이 다른 사람에 대해 어떤 유형의 권력을 얻거나 혹은 상실하는 것과 같이 시간에 따라 전개된다(evolve over time).

출처: Aldag & Kuzuhara(2002: 297)..

1) 권력과 권위의 관계

권력과 권위의 관계에 있어서, 사람들은 권위를 가지지 않고도 권력을 행사할 수 있다. 즉 권력은 조직의 지위보다 오히려 개인적 원천(personal source)에 의존한다. 권위는 조직에 의해 부여되며, 다른 사람에게 영향을 미치는 권리이다. 즉

표 27-1   권력과 권위

권력(Power)	권위(Authority)
- 권력은 다른 사람의 행태에 영향을 미치는 방식에서 행동하게 하는 능력(the ability or capacity to act)으로 정의된다. - 권력은 직위, 계급 혹은 권위와 관련이 적다. 권력은 개인적 효과성의 측도(measure of person effectiveness)이다.	- 권위는 조직의 목적을 성취하는 데 있어 관리자에게 주어진 권리이다. 의사결정을 취하는 권리이다. - 권위는 부하에게 명령을 하는 권리이며, 명령으로부터 부하들이 복종하게 하는 권리이다. 이에 관리자는 권위 없이는 업무를 수행할 수 없다.
- 권력은 권위의 실질적 행사(actual wielding)이다. 권력은 개인적 권력(personal power)이다. - 사람들은 개인적 특성 혹은 전문적 지식으로부터 개인적 권력을 갖는다.	- 권위는 집행을 위한 권력행사에 있어 법률적 능력(legal ability)과 허가(authorization)이다. - 권위는 활용하는 데 있어 계약상의 권리(contractual right)를 가지는 행동이다. 권위는 다른 사람의 행태에 영향을 미치는 능력과 관련이 적다.
- 권력은 영향(influence)의 의미로 활용된다.	- 권위는 능력(ability)의 의미로 활용된다.
- 권력은 힘(strength)의 의미로 활용된다.	- 권위는 전문가(expert)의 의미로 활용된다.

권위는 어떤 특정한 지위를 점하는 사람이 무엇을 할 수 있는 권리를 가지는 것을 결정한다. 반면에 권력은 다른 사람에게 영향을 미치는 능력이고, 사람들이 실제로 할 수 있는 것(what he or she really can do)을 결정한다. 권력을 사용하는 방식은 조직에 대해 긍정적 혹은 부정적 영향을 미친다. 조직에서 사람들은 권위 없이도 권력을 가질 수 있다. 또한 사람들은 권력 없이도 권위를 가질 수 있다.

2) 권력과 영향력의 관계

권력과 영향력의 용어는 조직행태의 문헌에 있어 종종 상호교환적으로 사용되고 있다. 즉 권력은 영향력과 같이 다른 사람에게 영향을 미치는 능력 혹은 다른 사람의 행태에 영향을 미치는 능력이다. 또한 영향력을 미치는 사람(influencer)은 권력을 소유하고 있다. 이에 영향력은 권력을 암시하며, 또한 권력은 영향력을 필요로 한다. 이처럼 권력은 영향력과 같이 두 사람 사이의 관계에 관련되어 있다.

권력은 사람 A는 사람 B가 하고 싶지 않은 어떠한 일을 하게 하는 힘이다. 권력은 어떠한 사람이 어떠한 일을 하게 하는 능력을 표현하는 것이다. 권력은 영향력에 대한 잠재력(potential to influence)이며, 영향력은 행위 내의 권력(power in action)이다. 이에 권력은 특별한 사람에 대한 속성이 아니다. 이것은 두 사람 사이에 존재하는 관계의 양상이다.

이와 같이 영향력(影響力, influence)은 다른 사람에 대해 실질적인 힘의 행사(the actual exertion of force)이며, 행동에 옮기게 하는 권력이다(power put into action). 또한 영향력은 사람 B는 사람 A가 유도하는 어떠한 방식으로 처신하는 거래관계이다. 영향력은 다른 사람의 행태에 영향을 미치는 과정이다. 즉 영향력은 리더의 행태에 대응하여 부하의 행태 혹은 태도의 수정으로 나타난다. 예를 들면, 상급자의 요청에 의해 종업원이 잔업을 수행한다면, 종업원은 상급자에 의해 영향을 받고 있다.

조직구성원이 자신의 상관의 권력기반을 보는 방식은 [그림 27-1]과 같이 상관의 영향력 전략에 상호 관련이 있다. 조직구성원은 합법성 혹은 비합법성의

719

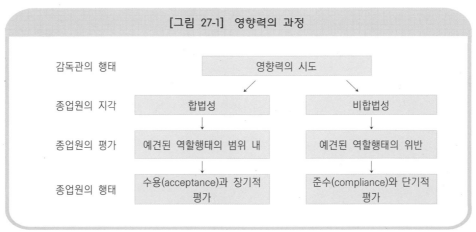

[그림 27-1] 영향력의 과정

감독관의 행태	영향력의 시도	
종업원의 지각	합법성	비합법성
종업원의 평가	예견된 역할행태의 범위 내	예견된 역할행태의 위반
종업원의 행태	수용(acceptance)과 장기적 평가	준수(compliance)와 단기적 평가

출처: Ivancevich & Matteson(1990: 372).

관점에서 영향력 전략을 평가할 것이다. 그리고 예견된 상관 행태의 한계 내 혹은 한계 밖에서 평가할 것이다. 영향력의 전략은 조직구성원의 감정과 행태에 영향을 미친다.

이에 조직구성원이 합법성으로서 영향력 전략을 수용하고 감독관의 행태에 대한 기대에 일관성을 가진다면, 조직구성원은 상관의 지시를 수용할 것이고, 직접적인 감독 없이도 지속적으로 과업을 수행할 것이다.

2. 권위의 의의와 원천

1) 권위의 의의와 특징

권위(權威, authority)는 개인이 조직에서 유지하는 지위 때문에 갖게 되는 공식적 권한(formal power), 합법적 권한(legitimate power)이다. 따라서 권위는 정당한 절차와 과정에 의해 주어진 권한이다. 권위적인 지위에 있는 관리자로부터의 지시 혹은 명령은 부하가 반드시 준수해야만 하기에 따른다. 이에 높은 직위에 있는 사람이 낮은 지위에 있는 하급자들보다 법률적 권위(legal authority)를 가진다. 예를 들면, 판사는 국가의 권위를 가지고 있기 때문에 우리는 법원에서 판사의 권위를 수용한다.

권위의 본질은 권리(rights)이다. 이러한 권리는 의무(obligations)에 의해 결정된다. 권리와 의무는 균형을 이룬다. 관리자는 조직자원을 효과적으로 그리고 효율적으로 활용하기 위해 의무 혹은 책임을 수용한다. 또한 관리자는 조직목적을 성취하는 데 있어 다른 사람을 지도한다. 이와 같이 권위는 자원을 할당하거나 혹은 상황을 통제함에 있어 다른 사람에게 영향을 미치는 합법적 권리(legitimate right)이다. 즉 권위는 합법적 원천(legitimate source)으로부터 다른 사람에게 영향을 미치는 사람들의 권리이다.

이와 같이 권위란 권력의 합리적 근거(the rational basis of power)이다. Weber는 권위와 권력을 구별하고 있다. 권력은 힘(force) 혹은 강요(coercion)를 포함하고 있으며, 권위는 권력의 부분집합이라고 할 수 있다.

권위와 관련하여 Chester Barnard는 부하가 상관의 요청을 거부할 수 있음을 관찰했다. 이것에 기초하여 Barnard는 권위의 수용관(the acceptance view of authority)을 주장했다. Barnard의 견해에 따르면, [그림 27-2]와 같이 부하가 상관의 권위를 수용하지 않는다면 권위는 존재하지 않는다. 권위는 항상 제한적이다. 즉 권위는 자원을 활용하고, 사람에게 명령하는 데 있어 제한된 권리이다. 이러한 제한된

[그림 27-2] 권위의 수용관

출처: Mesco, Albert, & Khedouri(1988: 327).

권리는 조직 내에서 문서화된 정책, 절차, 규칙, 직무기술에 의해 명확해진다.

이러한 의미에서 조직의 권위는 다음과 같이 몇 가지 특징을 가진다(Gibson, et al., 2006: 291).

① 권위는 사람들의 지위(person's position)에서 부여된다. 개인은 구체적인 개인의 특성이 아닌 개인이 보유하고 있는 지위 때문에 권위를 가진다. 이에 공식적 조직의 모든 구성원들은 어떤 형태의 권위를 행사한다.

② 권위는 부하들에 의해 수용되어야 한다. 공식적 권위의 지위에 있는 사람은 권위를 행사할 수 있으며, 그리고 합법적 권한을 가지고 있기 때문에 순응성을 획득할 수 있다. 이에 조직은 적절한 법률과 규제에 순응해야 한다.

③ 권위는 수직적으로 사용된다. 권위는 조직의 계층제에 있어 상하(the top down)로 흐른다. 상관에게 권위를 부여한다면, 조직은 관리자와 부하 사이의 조직관계를 공식적으로 인정해야만 한다.

나아가 권위와 책임성의 관계를 통해 권위의 특성을 이해할 수 있다. 어떤 사람이 자신이 가진 권위의 영역에서 정확하게 책임질 수 있을 때 책임성은 권위와 부합한다. 권위와 책임성이 부합할 때 개인에 대한 인사평가에 기초자료로 활용할 수 있다. 이처럼 권위와 책임성이 일치한다면, 개인에 대해 책임성 소재를 부과할 수 있다. 하지만 다음의 상황에서는 권위와 책임성이 서로 불일치한다. 하나는 어떤 사람이 자신이 가지는 권위보다 책임성이 많을 때 권위와 책임성은 불일치한다. 다른 하나는 어떤 사람이 자신이 가진 책임성보다 권위를 더 많이 가질 때 일어난다.

이와 같은 권위의 특성으로 인하여 〈표 27-2〉와 같이 영향력과 다소 차이가 있다.

표 27-2   권위와 영향력

권위(Authority)	영향력(Influence)
권위는 조직에서 권력의 정태적, 구조적 측면이다.	영향력은 동태적, 전략적 요소(dynamic, tactical element)이다.
권위는 권력의 공식적 측면(formal aspect)이다.	영향력은 비공식적 측면(informal aspect)이다.
권위는 최종적인 결정을 하는 데 있어 공식적으로 인가된 권리(sanctioned right)이다.	영향력은 조직에 의해 인가되지 않았고, 그러므로 조직적 권리의 문제가 아니다
권위는 부하에 의한 비자발적인 굴복(involuntary submission)이다.	영향력은 자발적인 굴복(voluntary submission)이고, 필연적으로 상관-부하의 관계를 수반하는 것은 아니다.
권위는 하향적으로 흐르고, 단일방향(unidirectional)이다.	영향력은 다방향적(multi-directional)이고, 상향적, 하향적·수평적으로 흐른다.
권위의 원천은 오로지 구조적(structural)이다.	영향력의 원천은 개인적 특성, 전문성 혹은 기회이다.
권위는 국한적(circumscribed)이며, 권한의 영역, 범위 및 합법성이 구체적이고 명확하게 범위가 있다.	영향력은 비국한적(uncircumscribed)이며, 그것의 영역, 범위 및 합법성은 전형적으로 모호하다

2) 권위의 원천

권위는 공식적 조직에서 영향력의 원동력이다. 권위는 사회에 의해 주어지는 조직의 공식적 인정에 뿌리를 둔다. 권위의 몇몇 유형은 〈표 27-3〉과 같다. 모든 유형의 권위는 결정의 권리를 포함하고 있다. 이것 없이는 사람은 계획할 수 없고, 부하 혹은 전문가들이 제안할 수 없으며, 전문가가 법적 구속력 있는 결정을 할 수 없고, 구성원은 개인적 책임을 수행할 수 없다.

결정의 권리와 함께, 관리적 권위는 공식적 집행의 권리를 가지고 있고, 참모적 권위는 결정에 있어 제안, 권고, 충고할 수 있는 권리를 가진다. 상황적 권위는 적절한 시점에 있어 법적 구속력 있는 결정을 발휘할 수 있는 권력이다. 운영적 권위는 개인적 책임을 수행함에 있어 과도한 감독 없이 업무를 수행하는 권리를 가지고 있다(Hodge & Anthony, 1979: 312-317).

표 27-3	권위의 유형
유 형	의 미
관리적 권위	의사결정을 하고 집행하는 권리
참모적 권위	제안과 권고(suggestions and recommendations)를 하는 권리
상황적 권위	매우 제안된 지역 혹은 범위 내에서 법적 구속력 있는 결정을 하는 권리
운영적 권위	과도한 감독 없이 작업하는 권리(right to work without undue supervision)

(1) 관리적 권위(managerial authority)

공식적 조직의 관리자는 목적성취에 필요한 자원을 획득하고, 사용하고, 통제하는 데 책임을 가진다. 이를 위해 관리자는 필요한 결정을 내리고 집행하는 권리를 가져야만 한다. 이러한 관리적 권위는 관리적 지위를 가진 사람이 소유하는 권위이다.

관리적 권위의 본질은 조직구조에서 요구하는 책임의 기능이다. 관리자의 책임은 관리자에게 부여된 권위의 양을 결정하는 결정요인이다. 책임과 권위의 균형은 건전한 조직구조를 형성하고 유지하는 데 있어 권위와 책임의 동등성의 원리와 부합된다.

(2) 참모적 권위(staff authority)

조직의 구성원들은 문제해결, 절차변경, 그리고 자신들의 직무를 보다 용이하게 수행할 수 있도록 제안과 권고를 한다. 이러한 제안과 권고가 일어날 때 참모적 권위가 발휘되는 것이다. 제안시스템이 참모적 권위 활용의 보편적인 사례이다.

(3) 상황적 권위(situational authority)

상황적 권위는 관리적 권위와 참모적 권위 두 가지 요소를 포함하는 혼합적 권위(hybrid authority)의 유형이다. 이 유형의 권위관계는 참모적 권위관계로서 시작된다.

예를 들면, 회계사는 적정한 회계방식의 문제에 관하여 제안하고, 권고하는 권리가 부여되어 있다. 시간이 지남에 따라 상관은 회계사의 충고의 질에 신념을 부여한다. 이리하여 회계전문가는 상황적 권위를 가지게 된다.

상황적 권위가 잘못 활용되면 조직에 지장을 초래하게 된다. 예를 들면, 회계사가 부적절하고 잘못된 정보를 가지고 결정에 영향력을 발휘했을 때 비정상적인 회계절차를 초래하게 된다. 따라서 상황적 권위는 잠재적 권리유형(a potent type of right)으로 간주해야만 한다. 즉 면밀하게 고려한 이후에 위임되어야 한다.

(4) 운영적 권위(operational authority)

모든 조직구성원은 자신의 업무를 수행할 때 어떠한 도구, 어떠한 순서로 할 것인지 결정할 수 있는 권리를 가진다. 즉 과도한 감독 없이 업무를 수행하는 권리는 모든 조직구성원에게 보편적으로 적용된다. 이러한 권리가 운영적 권위이다.

운영적 권위는 2가지 기본적인 하부권리(subrights)인 책임을 수행하는 권리와 언제 그리고 어떻게 행할 것인지를 결정하는 권리로 구성된다.

제2절 권력 활용과 임파워먼트

1. 권력 활용

관리자들은 주어진 상황에서 권력을 얼마만큼 활용할 것인가(how much power to use)에 대해 고민하게 된다. 너무 적은 권력의 활용은 무위를 초래하게 된다. 이것은 변화가 필요할 때 강한 저항을 부르게 된다. 반면에 너무 과도한 권력은 문제를 일으킨다. 필요 이상의 권력을 활용했을 때 사람들의 행태는 변화할 수 있지만, 결국에는 분개와 반작용으로 인해 권력 사용자를 자멸하게 한다.

대다수 조직상황에서 사람들은 무엇이 적절한 권력의 양인가에 대해 감각을

가지고 있다. 이러한 분별을 위반하게 되면, 관리자는 미래에 있어 자신의 권력이
실제적으로 약화될 것이다. 즉 시민들의 소란에 대해 과도하게 경찰력을 활용한다
면 잠재적으로 심각한 부정적 반작용을 초래하게 된다.

▶ 마키아벨리즘(Machiavellianism)

• Niccolo Machiavelli(1469-1527)는 현대정치이론의 아버지로 불리며, 이탈리아 플로렌스
 (Florence)에서 태어난 16세기 이탈리아 철학자이며 정치가이다.

• 특히 「군주론」(*The Prince*, 1532)에서 마키아벨리는 모든 수단은 권위의 확립과 보존(establishment
 and preservation)을 위한 도구가 될 수 있다고 주장한다. 목적이 수단을 정당화한다는 것이다.
 통치자의 가장 나쁘고 기만적인 행위(treacherous acts)는 피치자의 사악과 배반에 의해 정당화
 될 수 있다. 당시 군주는 교황 Clement VIII에 의한 피치자였다.

• 마키아벨리즘은 면대면 접촉에서 다른 사람에게 효과적으로 영향을 미친다. 사회적 상호작용을 시
 작하고 그리고 통제하는 경향이 있다. 마키아벨리즘은 정치적 행태에 관여하는 성향과 관련되어
 있다. 마키아벨리즘은 다양한 조직상황에서 정치적 행태에 관한 좋은 예측변수이다.

• 마키아벨리즘은 다음과 같은 특징을 가진다. ① 대인관계에서 있어 간교한 속임수와 기만(guile
 and deceit)을 활용한다. ② 다른 사람의 본질에 대해 냉소적인 관점(cynical view)을 가진다.
 ③ 인습적 도덕감(conventional morality)이 부족하다.

• 마키아벨리즘은 다음과 같은 상황에 대해 동의한다. ① 사람을 다루는 최상의 방법은 그들이 듣기
 원하는 것을 말해 주는 것이다. ② 어떤 사람을 전적으로 신뢰하는 사람은 공연한 짓을 하는 것이
 다(asking for trouble). ③ 그렇게 하는 것이 유용하지 않다면, 당신이 어떤 것을 행하는 진실한
 이유를 결코 다른 사람에게 말하지 말라(Never tell anyone the real reason you did
 something unless it is useful to do so). ④ 중요한 사람에게 알랑거리는 것은(to flatter)
 현명하다.

• 마키아벨리즘은 인간의 비감정적 성향(unemotional tendency)을 기술하는 데 사용된다. 자신을
 인습적 도덕(conventional morality)으로부터 분리하고, 다른 사람을 기만하고 조정하는(to
 deceive and manipulate) 것이다. 남성이 평균적으로 여성보다 마키아벨리언이라고 한다.

출처: Hellrigel, Solocum, & Woodman(1995: 518).

특히 권력을 활용하는 것은 다른 사람의 행태와 태도에 영향을 미치기 때문에 영향력 전술에 관련되어 있다. 예를 들면, 전문적인 지식이 높을수록 합리적인 설득(rational persuasion)을 활용하는 것이 지지를 받을 것이다. 또한 상당한 정도의 준거적 권력(referent power)을 가진 사람들은 적은 준거적 권력을 가진 사람보다 영감적 호소를 효과적으로 활용할 수 있다. 나아가 지위적 권력(position power)이 거의 없는 리더는 합법적 전략을 활용하는 데 어려움이 있을 것이다. 이처럼 〈표 27-4〉와 같이 상황적 배경에 따라 구체적인 영향력 전략을 활용해야 할 것이다.

표 27-4 영향력 전술(influence tactics)의 유형

합리적 설득 (rational persuasion)	작업목적을 성취함에 있어 다른 사람을 설득하는 데 사실적인 증거(factual evidence)를 활용하라.
영감적 호소 (inspirational appeals)	다른 사람의 가치, 아이디어 및 열망에 호소함으로써 그리고 자신감을 증가시킴으로써 열정(enthusiasm)이 일어나는 제안과 간청을 하라.
상담 (consultation)	전략과 행동에 관한 계획에서 다른 사람을 관련시켜라. 그들의 지원과 도움을 바람직한 것으로 변화시켜라.
아부 (ingratiation)	어떤 것에 대해 요청할 때 다른 사람이 호의적인 반응을 하도록 칭찬하고, 아첨을 활용하라. 또한 특별하게 친근한 행태를 활용하라.
개인적 호소 (personal appeals)	어떤 것을 요청할 때 다른 사람에 대한 우정과 충성심에 호소하라.
교환 (exchange)	어떤 업무를 수행할 때 다른 사람의 도움을 얻기 위해 교환적인 부탁을 제안하라. 기꺼이 보답할 것임을 표시하라.
연합전략 (coalition tactics)	어떤 일을 수행하고 영향력 있는 대상자를 설득하는 데 다른 사람의 도움을 활용하라. 혹은 동의하는 목적을 위해 다른 사람의 지원을 활용하라.
합법적 전략 (legitimating tactics)	어떤 일을 할 때 권위 혹은 권리를 주장함으로써 간청의 합법성을 세우라. 조직의 정책, 규칙, 전통과 일치된다는 것을 입증함으로써 제안의 합법성을 세우라.
압박 (pressure)	원하는 것을 수행함에 있어 다른 사람에게 영향을 미치는 요구, 위협, 빈번한 점검, 지속적인 독촉(persistent reminders)을 활용하라.

출처: Black & Porter(2000: 412).

2. 임파워먼트

임파워먼트(권한위임, empowerment)는 권력을 많이 가진 사람이 권력을 적게 가진 사람과 권력을 공유하는 것(the sharing of power)을 의미한다.

임파워먼트가 일어나기 위해서는 관리자가 부하들에게 보다 많은 권한을 부여한다고 단순히 선언하는 것이 아니라, 관리자가 구체적인 결정을 할 때 보다 공식적인 권위를 위임하는 데 필요한 수단을 제공해야만 한다. 또한 관리자는 부하들에게 전문지식과 자신감을 개발하기 위한 훈련의 기회를 제공하고, 의사결정을 효과적으로 이행할 수 있도록 정보에 대한 접근을 허용해야 한다. 다만 문제가 있을 무렵에 공유한 권한을 갑자기 회수하는 것은 피해야 한다.

임파워먼트는 부하들이 자신에게 증가된 권한을 활용할 수 있도록 학습을 허용해야만 한다. 임파워먼트를 옹호하는 학자들은 임파워먼트가 높은 성과를 성취하는 데 있어 조직에게 도움을 주는 핵심적인 리더십 실체라고 주장한다. 임파워먼트를 한 리더는 권한을 얼마만큼 공유할 것인가, 그리고 다른 사람들에 대해 그러한 권한을 공유할 수 있는 방법을 면밀하게 고려할 필요가 있다. 임파워먼트는 그 자체가 모든 조직성과 이슈에 대한 해답은 아니지만, 잠재적으로 효과적인 리더십 접근방법이다.

Conger와 Kanungo(1988)는 임파워먼트를 관계적 개념과 동기적 개념으로 이해하고 있다. 관계적 임파워먼트는 조직구성원들이 지각하고 있는 권한이나 영향력 혹은 통제력으로 정의된다. 이는 조직구성원들이 자기가 속한 팀이나 조직에서 자신의 역할을 종속적인 것으로 지각하는지 혹은 자신의 역할을 조직과 상호의존적인 것으로 지각하는지에 따라 결정된다. 즉 관계적 임파워먼트는 권한을 부여하거나 이양하는 과정, 권한을 합법적 방법으로 배분하는 과정으로 볼 수 있다.

반면에 동기적 개념(motivational construct)의 임파워먼트는 단순한 권한 배분 및 이양, 목표설정과 목표관리(MBO), 품질관리 분임조 활동(QCC)과 같은 참여적 경영기법을 추구하는 관계적 개념의 임파워먼트 과정만으로 임파워먼트가 완성되는 것은 아니기 때문에, 조직구성원들 간의 자기효능감을 증대시키는 과정으로서 심리적 임파워먼트(psychological empowerment)를 강조한다.

특히 개인의 내재적인 과업수행 동기를 증진하도록 권한을 증대시키는 개인의 심리적 과정을 강조하는 임파워먼트에 대해 Spreitzer(1996)는 임파워먼트의 구성요소로 의미성, 역량, 자기결정성, 영향력을 들고 있다.

① 의미성(meaning) : 업무목표에 대한 개인의 신념, 기대, 행동의 적합성을 의미한다. 즉 조직구성원이 조직의 의의나 목표 및 자신의 업무 등에 부여하는 가치나 보람 등을 의미한다.

② 역량(competence) : 업무수행 능력에 대한 개인의 신념을 말한다. 즉 자신의 능력이나 숙련도에 관한 인식이다.

③ 자기결정성(self-determinant) : 개인 자신의 행위를 제어하고, 선도하는 것을 의미한다. 즉 조직구성원이 자신의 업무를 주도적으로 처리할 수 있는 의사결정과 그 정도에 관한 인식이다.

④ 영향력(impact) : 업무에 있어서 개인이 업무결과에 영향을 미칠 수 있다고 느끼는 정도이다.

이러한 임파워먼트는 실질적인 통제감을 조직구성원에게 부여함으로써 무기력의 소용돌이(the spiral of powerlessness)를 파괴하는 것이다. 임파워먼트를 보다 잘 이해하기 위해서는 임파워먼트의 과정을 고려해야 한다.

① 1단계 : 관료제적 분위기, 권위적 감독, 성과와 연계되지 않는 보상, 관례적, 단순화된 직무 등의 조건으로 대표된다. 이들 조건은 무기력을 이끈다.

② 2단계 : 관리자는 관리적 경영에 권한위임의 무기를 이끈다. 이 단계에서 몇 가지 접근법은 참여적 관리, 목표설정, 환류, 모델링, 행태와 능력에 기초한 보상, 직무확충 등이 포함된다.

③ 3단계 : 부하들에게 자기효능감(self-efficacies)을 증가하도록 정보를 제공한다. 최초의 성공적 경험은 사람들을 보다 능력 있게 느끼게 하고, 자신에 대해 복잡하고 어려운 업무를 잘 처리할 수 있다는 믿음을 강화시킨다. 간접적 경험은 자

기효능감을 증진시킨다. 조직구성원에게 언어적 설득(verbal persuasion)을 통한 확신 그리고 신뢰적 집단분위기는 스트레스, 공포 및 걱정으로 초래되는 정서적 각성(emotional arousal)을 줄여 준다.

　④ 4단계: 2단계와 3단계의 이점은 조직구성원의 자기효능감이 실제로 향상되고, 조직구성원으로 하여금 권력이 있다는 의식을 얻게 하는 수확이 있다.

　⑤ 5단계: 자기효능감을 증진하는 행태적 결과물을 볼 수 있다. 임파워먼트된 조직구성원은 업무지향적 행태에 몰두하게 된다.

　이와 같은 임파워먼트 과정이 일어나기 위해서는 조직은 ① 보다 분권화되어야 하고, ② 보다 많은 정보를 공유해야 하며, ③ 조건적 보상(contingent rewards)체계를 갖추어야 하고, ④ 팀 기반(team-based)의 체계이어야 하며, ⑤ 조직의 목표와 가치 및 임파워먼트가 병행되어야 한다.

　또한 임파워먼트는 책임성과 균형을 이루어야만 한다. 그리하여 임파워먼트의 조직구성원은 객관적으로 기술된 평가에 의해 자신의 성과를 기꺼이 측정하고

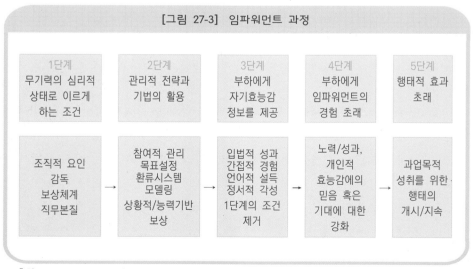

[그림 27-3] 임파워먼트 과정

출처: Aldag & Kuzuhara(2002: 364).

자 해야 한다. 이런 과정을 통해 환류와 성과를 위한 기회가 주어진다.

　　결론적으로 임파워먼트를 경험한 조직구성원은 개방적인 의사소통, 팀에서의 작업, 비판적 청취(critical listening), 불확실성에 대한 인내, 용기와 회복력, 책임감의 수용 등의 기술을 발전시킬 수 있다.

제3절　권력의 기반

　　어떤 사람이 다른 사람을 무엇으로 복종시키는가(What makes one person obey another?)이라는 물음에 대해 학자들은 권력의 유형을 저마다 다르게 기술한다. 즉 권력은 다양한 원천에서 비롯되고, 권력이 조직에서 어떻게 획득되는가는 추구하는 권력의 유형의 정도에 의존한다. 이러한 권력은 개인 간, 구조, 그리고 상황적 기반으로부터 도출된다.

1. French와 Raven의 유형

　　John French와 Bertram Raven(1959)은 조직 내에서 볼 수 있는 다양한 권력의 기초를 기술하고 있다. 특히 French와 Raven은 [그림 27-4]와 같이 개인 간의 권력을 기반으로 5개 권력(합법적, 보상적, 강압적, 전문가적, 준거적 권력)을 제시하고 있다.

　　합법적·보상적·강압적 권력은 조직에 의해, 공식적 집단에 의해, 혹은 구체적인 상호작용의 패턴에 의해 주로 규정된다. 반면에 전문가적 권력과 준거적 권력은 매우 개인적이다. 이들 권력은 개인적 전문성과 스타일의 결과이다.

　　이러한 권력유형은 개인적 권력에 초점을 두며, 조직 내 권력의 원천과 영향

[그림 27-4] French와 Raven의 권력유형 및 대인관계 권력활용을 위한 가이드라인

가장 높은 효과성 (most effective)	준거적 권력 (referent power)	권력적 지위에 있는 사람과 동일시(identification with person in a power position)	- 부하들의 욕구와 감정에 대해 고려하는 것을 보여 주라 - 각 부하들을 공평하게 취급하라 - 그룹 대표자로서 행동을 취할 때 부하들의 이익을 대변하라
	전문가적 권력 (expert power)	광범위한 지식 혹은 높은 수준의 기술(high-level skill)	- 전문지식의 이미지를 고양하라 - 신뢰성을 유지하라 - 위기에서 자신감을 갖고 확고하게 행동하라
	보상적 권력 (reward power)	다른 사람에게 편익(benefits)을 부여함	- 규정준수가 입증될 수 있도록 하라 - 매력적인 인센티브(attractive incentive)를 제공하라 - 당신의 약속이 전달될 수 있도록 명확하게 하라
	강압적 권력 (coercive power)	다른 사람을 처벌함(punishing others)	- 위반(violations)에 대한 규칙과 처벌에 대해 부하에게 알려라 - 지속적이고 신속하게 훈련을 운영하라 - 처벌에 의존하기 전에 충분한 준비를 제공하라
가장 낮은 효과성 (least effective)	합법적 권력 (legitimate power)	관련된 사람에 의해 합법적으로 수용됨	- 정중하게 부탁하라(polite requests) - 간청에 대한 이유를 설명하라 - 적절한 채널을 제공하라 - 정규적으로 권위를 활용하라 - 부하들의 관심에 대응하라

출처: Webber(1979: 166).

력에 대해 통찰력을 제공한다. 또한 이들 권력유형은 가장 효과적인 권력에서 효과성이 가장 낮은 권력으로 배열할 수 있다. 나아가 5개 권력의 원천은 서로 완전하게 독립되는 것은 아니다. 즉 기관이 어떤 권력을 활용하는 방식은 다른 권력의 정도에 영향을 미칠 수 있다. 보상적 권력의 활용은 준거적 권력을 증가시킬 수 있다. 반면에 강압적 권력의 활용은 준거적 권력을 감소시키는 경향이 있다.

1) 합법적 혹은 법률적 권력(rational or legal power)

합법적 권력은 조직계층제에서 사람들이 보유하는 지위의 유형에서 초래된다. 이에 높은 지위의 사람이 낮은 지위의 사람보다 합법적 권력을 가진다. 합법적 권력은 조직에 의해 권력이 부여되는 것이다. 합법적 권력과 권위는 종종 상호교환적으로 사용된다.

합법성(legitimacy)의 조건은 사회적 규범을 규정하는 데 도움이 되는 문화의 기능이다. 예를 들면, 어떤 집단 혹은 문화는 육체적 속성 혹은 기술을 소유한 사람에게 합법적 권력을 부여한다. 어떤 사회에서는 연장자가 젊은 사람보다 합법적 권력을 가진다. 민주주의 국가에서 시민들은 선출한 사람에게 임무를 수행하도록 상당 정도로 합법적 권력을 부여한다. 이처럼 합법적 권력은 집단, 문화, 혹은 조직의 가치를 반영한다.

합법적 권력의 문제 중 하나는 합법적 권력의 범위에 관해 종종 혼란 혹은 불일치가 존재한다는 것이다. 이에 합법적 권력의 관리적 범위는 조직적으로 적절한 활동으로만 한정한다.

2) 보상적 권력(reward power)

보상적 권력은 타인의 이익을 통제하고, 분배할 수 있는 능력으로부터 유래되는 권력이다. 보상적 권력은 다른 사람에게 보상을 제공할 수 있는 능력에 기반을 둔다. 편익의 관리자(controller)는 단순히 편익을 분배하거나 혹은 철회하는 행동을 함으로써 다른 사람의 행태를 형성하는 능력을 가진다.

보상적 권력은 합법적 권력의 사용을 도와준다. 보상적 권력의 강도는 보상의 규모와 분배되는 편익의 규모에 의해 결정된다. 즉 보상적 권력의 강도는 보상의 규모와 분배되는 것에 대한 믿음에 의해 결정된다. A가 편익을 분배하는 가능이 낮다고 B가 인식한다면, B에 대한 A의 보상적 권력에 대한 효능은 줄게 된다. 이처럼 보상적 권력은 기관의 자원이 대상에 대해 가치가 있어야만 한다.

733

이에 보상을 통제하는 사람은 의뢰한 업무가 완성되는지를 판단하기 위한 몇 몇 수단을 가지고 있어야 한다. 업무측정이 보상적 권력의 활용에 있어 중요한 관건이다.

3) 강압적 권력(coercive power)

보상적 권력의 반대가 강압적 권력, 처벌할 수 있는 권력이다. 타인에 대해 강압하거나 혹은 처벌할 수 있는 능력은 강력한 권력 혹은 영향력의 토대이다. 추종자는 공포 때문에 따른다. 이처럼 강압적 권력은 대상에게 불쾌하거나 혹은 부정적 경험을 일으킬 수 있는 자원을 가질 때 존재한다. 즉 기관은 불일치에 대해 직접적으로 처벌함으로써 일치하도록 유도할 수 있다.

이러한 권력의 기반은 강력한 동기를 부여하며, 보상적 권력과 대비되는 것으로 볼 수 있다. 보상적 권력이 보상의 분배에 의존하지만, 강압적 권력은 처벌의 할당에 의존한다. 강압적 권력의 효과는 처벌의 본질, 인지된 영향력, 처벌이 활용되는 가능성, 바람직한 행태의 측정에 의해 의존한다.

4) 준거적 권력(referent power)

준거적 권력은 B가 A에 관련되어 있기 때문에 A가 B에 대해 권력을 가지는 것으로 정의할 수 있다. 준거적 권력은 어떤 사람이 자신보다 뛰어나다고 생각하는 사람을 닮고자 할 때 발생한다(이창원·최창현, 1996: 288). 즉 준거적 권력은 우정 혹은 권력을 사용하는 사람에 대한 조직구성원의 매력에서 기인된다.

이와 같이 준거적 권력은 기관이 대상에 대해 강하게 매력을 일으키는 속성을 소유할 때 나타난다. 이들 속성은 개인적 매력, 명성, 카리스마를 포함한다. 이런 준거적 권력의 기반은 사람의 카리스마(charisma)이다. 카리스마를 가진 사람은 자신의 특성 때문에 존경받는다. 사람의 카리스마의 강도는 준거적 권력의 지표가 된다. 카리스마라는 용어는 정치인, 기업인, 스포츠계 인사를 기술할 때 종종 사용된다.

5) 전문가적 권력(expert power)

조직의 지위와 관계없이 지식 혹은 특별한 기술 때문에 권력을 행사하는 사람이 있다. 상당히 가치 있는 특별한 전문성을 소유하고 있을 때 그 사람은 전문가적 권력을 갖는다. 이러한 권력의 기반은 조직의 계층제와 관계가 없기 때문에 중요하고, 독특하다.

전문가적 권력은 권력의 의존적 기반의 관점(dependency-based view)과 유사하다. 보다 전문적일수록 그리고 소유한 전문성이 희귀할수록 더 많은 권력을 행사한다. 이런 의미에서 전문가적 권력은 지위와 직무를 초월하여 조직 내의 누구나 가질 수 있다.

전문가적 권력에는 다음과 같은 몇 가지 기준이 있다(Reitz, 1987: 436-437). ① 사람들이 전문가의 지식에 대해 믿을 수 있는 것으로 지각해야만 한다. 사람들이 전문가의 능력(전문적 지식 혹은 기술)에 대해 진실로 알고 있는 것으로 믿어야만 한다. ② 사람들이 전문가의 능력에 대해 신뢰할 수 있는 것으로 지각해야 한다. 이런 신뢰는 정직에 대한 역사 혹은 명성에서 초래된다. ③ 사람들이 전문가의 지식 혹은 기술에 대해 유용한 것으로 지각해야만 한다.

이와 같이 전문가적 권력은 준거적 권력과 비교하여 권력의 범위가 매우 제한적이다. 즉 전문가적 권력은 대상의 지각(targets' perceptions)에 상당히 의존적이다.

2. John Kenneth Galbraith의 유형

미국의 정치경제학자 Galbraith는 다음과 같은 3가지 원천으로부터 권력이 일어난다고 제시하고 있다.

1) 적절한 권력(condign power)

적절한 권력은 복종에 대해 불쾌한 대안(unpleasant alternative)을 제시함으로써 다른 사람에게 발휘되는 영향력이다. 이러한 권력은 다음의 형식을 취한다. 이 일을 수행하라 그렇지 않으면(Perform this task or else) 혹은 당신이 이것을 행하지 않으면 벌을 받을 것이다(If you do not do this, you will be punished).

권력행사의 조건은 처벌의 수단에 대한 접근이다. 복종에 대한 대안이 필연적으로 처벌일 필요는 없다. 이것은 특권에 대한 회수, 사회적 외면, 해고, 추방일 수도 있다.

2) 보상적 권력(compensatory power)

보상적 권력은 적절한 권력과 반대되는 것이다. 이 유형의 권력은 복종에 대해 보상을 제공하는 것이다. 적절한 권력이 채찍이라면, 보상적 권력은 당근이다. 이 권력의 형식은 다음의 형식을 취한다. 당신이 이 일을 수행한다면 나는 무엇을 당신에게 줄 것이다(If you perform this task, I will give you …). 보상적 권력을 행사하기 위해서는 보상의 수단(금전, 특권, 사회적 지위)에 대해 접근해야만 한다.

3) 조건적 권력(conditioned power)

조건적 권력은 복종에 대해 이미 조건화된 사람에게 발휘되는 영향력이다. 이러한 권력유형은 사람들이 의심 없이 어떤 권위를 취할 수 있기 때문에 일어난다. 조건적 권력을 행사하는 리더는 사람들의 조건화된 감각에 호소해야만 한다.

3. A. Etzioni의 유형

사람들은 왜 권력에 순응하는가(why people comply with it)에 따라 권력을 유형화할 수 있다. 다음의 3가지 권력유형은 다른 사람들이 권력에 순응하는 메커니즘에 근거하여 구별된다(Etzioni, 1964).

1) 강압적 권력(coercive power)

강압적 권력은 위협, 불쾌한 제재, 힘의 활용에 의존하는 권력이다. 강압적 권력은 어떤 사람이 자신의 바람에 순응하도록 강요하는 것이다. 강압적 권력은 Galbraith의 적절한 권력(condign power)과 유사하다.

2) 보상적 권력(remunerative power)

보상적 권력은 보상과 다른 물질적 자원조작을 통하여 영향력을 획득하는 것이다. 규정준수는 보상에 대한 바람으로부터 도출된다. 보상적 권력은 Galbraith의 보상적 권력(compensatory power)과 거의 동등하다.

3) 규범적 권력(normative power)

규범적 권력은 본질적으로 보상적이지만, 물질적 편익보다 오히려 무형의 보상(intangible rewards)에 의존하는 것이다. 이러한 보상의 예로 명예, 지위, 그리고 특권의 수여가 포함된다. 규범적 권력은 Galbraith의 보상적 권력 가운데 하나의 유형에 포함된다.

4. 구조적 권력과 상황적 권력

권력은 주로 조직 내 구조에 의해 규정된다. 조직의 구조는 조직이 지배되는 통제메커니즘이다. 조직의 구조적 배열에 있어 의사결정의 재량권은 다양한 지위에 따라 할당된다. 구조는 의사소통의 패턴과 정보의 흐름을 설정한다. 이에 조직구조는 개인이 구체적인 작업을 수행하고, 어떤 결정을 하는 것을 명시함으로써 공식적 권력과 권위를 부여한다.

Kanter(1979)는 권력은 ① 자원, 정보, 그리고 지원에 대한 접근과, ② 필요한 업무를 수행함에 있어 협력을 얻을 수 있는 접근으로부터 도출된다고 주장한다. 이 점에 있어 고위관리자가 관리계층제에 있어 낮은 하급관리자보다 자원의 할당에 대한 권력을 보다 많이 소유한다. 낮은 하급관리자는 고위관리자로부터 부여되는 자원을 받는다. 고위관리자는 성과와 규정준수에 기초하여 자원을 할당한다.

1) 의사결정 권력(decision-making power)

개인 혹은 하위부서가 의사결정에 영향을 미칠 수 있는 정도가 요구되는 권력의 양을 결정한다. 권력을 가진 개인 혹은 하위부서는 의사결정과정이 어떻게 일어나는가, 무슨 대안들이 고려되는가, 결정이 언제 이루어지는가에 영향을 미칠 수 있다.

2) 정보 권력(information power)

적절하고 중요한 정보에 접근할 수 있는 것이 권력이다. 이에 회계담당관은 중요한 정보를 통제할 수 있기 때문에 권력을 가진다. 이 점에서 최적의 의사결정에 필요한 정보를 보유하는 사람이 권력을 가진다.

특히 권력에 대한 정확한 묘사는 사람의 지위뿐만 아니라 접근 가능한 정보의 수준이 기술되어야 한다. 즉 권력은 다른 사람들에게 유포하는 중요한 정보와 통제에 대한 접근에 관련되어 있다. 관리자는 동료 혹은 부하들이 활용할 수 없는 정보에 대한 접근 때문에 권력을 가지게 된다. 리더가 합리적 설득과 영감적 호소 (inspirational appeals)를 할 때 정보의 권력을 활용한다(Lussier & Achua, 2007: 110). 결국 권력을 소유한 관리자는 요구되는 자원을 할당하는 사람, 중요한 결정을 하는 사람, 중요한 정보에 대해 접근할 수 있는 사람이다.

3) 관계 권력(connection power)

권력을 사용하는 사람은 관계에 기초하여 다른 사람에게 영향을 미칠 수 있는 권력을 가진다. 관계 권력은 정치의 한 형태이다. 자신의 편에 많은 사람이 있을수록 다른 사람에게 영향을 행사하는 데 도움을 줄 수 있다. 또한 관계 권력은 필요로 하는 자원을 획득하는 데 도움을 준다(Lussier & Achua, 2007: 111).

제4절 권력 대상자의 특성

권력 대상자가 갖는 영향력(target's influenceability)에 연계된 특성은 관계와 불확실성에 대한 대상자의 의존성, 성격적 특성, 지능, 성별 및 문화에 관련된 개인적 특성이 포함되어 있다(Reitz, 1987: 441-443).

① 의존성(dependency): 기관과의 관계에서 대상자의 의존성이 높을수록 기관에 의한 영향에 있어 대상자의 수용성이 높다. 또한 의존성은 대상자가 관계를 피할 수 없을 때, 다른 대안이 없을 때, 기관의 보상이 유일한 것으로 가치를 부여할 때 증가된다.

② 불확실성(uncertainty): 행태의 타당성 혹은 정확성에 관해 대상자의 불확실성

이 클수록 그 행태의 변화에 미치는 영향에 대한 수용성이 높다.

③ 성격적 특성(personality characteristics) : 모호성에 대해 참을 수 없는 사람 혹은 상당히 불안해하는 사람은 다른 사람보다 영향에 대해 수용성이 높다. 또한 가입의 욕구가 강한 사람은 집단영향에 대해 수용성이 높다.

④ 지능(intelligence) : 지능과 영향력 사이의 관계에 관한 증거는 혼합되어 있다. 높은 지능을 가진 사람은 다른 사람보다 의사소통에 보다 수용적이다. 반면에 높은 지능은 가끔 높은 자존심과 연계되어 영향에 대해 저항을 초래한다. 즉 지능이 높을수록 순응이 낮다.

⑤ 성별(sex) : 여성이 남성보다 시도하는 영향에 대해 보다 순응한다. 성별 사이의 이러한 차이는 사회심리학자의 지속적인 결론이다. 성별의 차이는 일반적으로 성역할 훈련(sex-role training)에 기인된다. 즉 여성은 순응하도록 교육하고, 남성은 독립하도록 교육을 받는다.

⑥ 문화(culture) : 어떤 문화는 개성, 의견 차이, 다양성을 강조하는 반면에, 다른 문화는 응집력, 일치, 통일성을 강조한다. 이리하여 개인들은 자신의 사회의 강조점에 따라 자신의 수용성에 있어 차이가 일어난다. 또한 문화는 다른 역할에 대한 순응에 상이한 규범을 설정할 수 있다. 성역할에 대해 어떤 나라에서는 남성의 역할은 보다 공격적이고 독립적인 것으로 간주되고, 여성의 역할은 보다 순종적이고 의존적인 것으로 간주된다.

▶ 조직에서의 권력지표(sign or indicators of power)

• 우리는 권력이 조직의 어디에 놓여 있는가(where power lies in the organization)를 알고자 한다. 예를 들면, 조직에서 누가 권력을 가지고 있는가를 어떻게 말할 수 있는가? 직무 타이틀이 도움이 될 수 있다. 관리자의 권력에 관한 몇 가지 표시는 다음과 같은 능력을 포함한다.

• 조직에서 어려운 사람을 대신하여 우호적으로 탄원할 수 있는(intercede) 능력

• 유능한 부하를 위해 좋은 자리(good placement)를 배치할 수 있는 능력

• 예산을 초월하여 지출하는 것에 승인할 수 있는 능력 및 다른 부서보다 증액된 예산을 획득할 수

있는 능력
- 부하를 위해 평균 이상으로 보수(above average salary)를 인상할 수 있게 하는 능력
- 정책회의(policy meeting)에서 어젠다에 항목을 포함할 수 있는(to get items) 능력
- 최고의사결정자에게 신속하게 접근할 수 있는(to get fast access) 능력
- 최고의사결정자에게 정규적으로 빈번하게 접근할 수 있는 능력
- 결정과 정책변화(policy shifts)와 관련한 정보를 초기에 얻을 수 있는 능력 및 최고의사결정자보다 이전에 들을 수 있는 기회를 가질 수 있는 능력(get a hearing before top decision-makers)

출처: Daft(1983: 383); Aldag & Kuzuhara(2002: 303).

제5절 조직정치와 정치적 전략

1. 조직정치

권력과 같이 정치는 무형적이고, 측정하기가 어렵다. 즉 정치는 시스템적 방식에서 관찰하기가 어렵다. 정치는 권력과 밀접하게 관련되어 있다. 권력은 바람직한 결과를 성취하기 위해 활용할 수 있는 힘 혹은 잠재력(the available force or potential)이다. 정치는 이들 결과를 획득하기 위해 결정에 영향을 발휘하는 실질적인 행태이다. 정치는 권력과 영향력을 발휘하는 것이다.

조직정치(組織政治, organizational politics)는 권력을 획득하고, 전개하고, 활용하는 활동에 관련되어 있다. 이러한 조직정치는 경쟁이 높고, 자원이 부족하고, 목표와 과정이 불명확할 때 일어난다. 조직정치는 어떤 선택과 관련하여 불확실하고 혹은 불일치할 때 자신이 선호하는 결과를 획득하기 위해 다른 자원을 획득하고 활용할 수 있는 활동에 관련되어 있다.

741

표 27-5	조직에 대한 관점: 일원론과 다원론	
구 분	일원론	다원론
이해관계	- 공동목표 달성을 강조 - 조직은 공동목적하에 통합되고, 하나의 팀으로 그러한 목표의 달성을 위해 노력	- 개인과 집단이해의 다양성 강조 - 조직은 느슨한 연합체로 공식적 조직목표하에 늘 잘 통합되어 있는 것은 아님
갈등	- 갈등은 적절한 관리적 행위를 통해 제거될 수 있는 드물고 일시적 현상으로 간주 - 갈등발생 시 일부 일탈자의 행위로 귀인	- 갈등은 조직의 고유하고, 제거할 수 없는 내생적 특징으로 간주 - 갈등의 부정적 영향은 물론 긍정적·기능적 측면까지 인정
권력	- 조직현실에서 권력의 역할 무시 - 권력 대신 권한, 리더십, 통제 등의 개념이 공동의 이해추구를 위한 수단으로 선호됨	- 권력을 결정적으로 중요한 변수로 간주 - 조직은 다양한 원천에서 권력을 획득하는 행위자들로 구성됨 - 권력은 이해갈등을 완화·해소하는 중개과정

출처: 박지원·원숙연(2013: 96).

　　이러한 조직정치에 대한 논의는 〈표 27-5〉와 같이 다원론적 관점에 기초하고 있으며, 현실적으로 자원배분과 의사결정을 둘러싼 갈등을 모두 통제할 수 없다는 점에서 조직정치의 작동 가능성은 커진다. 또한 현실적으로 다양한 이해관계자들의 연합체인 조직에서 조직정치의 존재를 부인할 수는 없다. 이에 조직정치는 자신(또는 집단)의 이익추구를 위해 유·무형의 자원을 활용하는 행위를 내포한다(박지원·원숙연, 2013: 94-95).

　　특히 정치는 권력이 실행되는 활동이다. 정치는 선택과 관련하여 불일치가 있을 때 존재한다. 정치적 행태와 관련하여 관리자들은 정치에 대해 다음과 같이 반응한다(Daft, 1983: 399).

　　① 대부분 관리자는 정치에 대해 부정적 견해를 가지고 있다. 관리자는 정치가 조직의 목표를 성취하는 데 도움을 주기보다 가끔 해를 끼친다고 믿는다.

　　② 관리자는 정치적 행태가 모든 조직에서 실질적으로 보편적이라고 믿는다.

　　③ 대부분 관리자는 정치적 행태는 조직의 낮은 계층보다 상위 계층에서 보다 많이 발생한다고 생각한다.

　　④ 정치적 행태는 구조적 변화와 같은 어떤 유형의 결정을 일으킨다. 반면에

정치적 행태는 조직구성원의 불만과 같은 다른 유형의 결정과는 무관하다.

이와 같이 정치는 좋거나 혹은 나쁘거나 어떤 것을 성취하는 데 있어 권력의 활용이다. 정치는 불확실성 혹은 갈등이 있을 때 일어난다. 불확실성과 갈등은 자연스럽고 그리고 불가피하다. 정치는 동의에 도달하기 위한 메커니즘이다. 특히 정치는 규칙과 과거의 경험을 이용할 수 없을 때 합의에 도달할 수 있는 메커니즘이다. 정치는 참여자들이 합의에 도달하게 하는 활동이며, 교착상태 혹은 해결되지 않은 사항에 대해서도 결정에 도달하게 하는 행위이다. 조직의 고위층 관리자가 낮은 계층의 관리자보다 많은 불확실성에 직면하게 된다. 이리하여 보다 많은 정치적 활동을 보인다.

1) 합리적 모델(rational model)

합리적 조직에서의 행태는 무작위하거나 혹은 우연한 것이 아니다. 목표가 분명하고, 선택은 논리적인 방식으로 이루어진다. 결정이 필요할 때는 목표가 정의되고, 대안들이 명확하게 제시되며, 바람직한 결과를 성취하는데 있어 최고의 가능성을 가진 대안이 선택된다. 대안은 개인적 가치 혹은 정치에 근거하여 선택될 수 없다.

합리적 모델은 안정적 환경과 잘 알려진 기술(well-understood technology)에 의해 특징되는 조직에서 적용된다. 합리적 모델은 이상적이다.

2) 정치적 권력모델(political power model)

정치적 권력모델은 조직이 목표에 대해 불일치하는 서로 다른 연합체로 구성된다. 이 모델은 대안과 관련하여 좋은 정보를 가지고 있지 않다.

정치적 모델은 조직이 서로 다른 이해, 목표, 가치를 가진 집단으로 구성된 것으로 본다. 불일치와 갈등은 정상적이며, 권력과 영향력은 결정에 도달하기 위해 필요한 것으로 이해한다.

　　정치적 모델은 높은 수준의 불확실성에 직면한 조직에서 가장 보편적이고, 변화하는 조건(changing conditions)에서 빈번하게 일어난다. 목표를 성취하기 위해, 집단은 목표의 결정에 있어 밀고 당기는 토론(push and pull debate)을 하게 된다. 정치적 모델에서의 결정은 어수선하다. 정보는 모호하고 그리고 완벽하지 않다. 협상과 갈등이 보편적이다.

3) 혼합모델(mixed model)

　　[그림 27-5]와 같이 조직은 연속체로서 존재한다. 조직환경과 맥락에 따라 합리적 모델 혹은 정치적 모델이 지배적이다. 2가지 모델 이상을 조직과정에 적용하는 것이 중요하다. 정치적 모델은 불확실성과 불일치의 조건하에서 결정에 도달

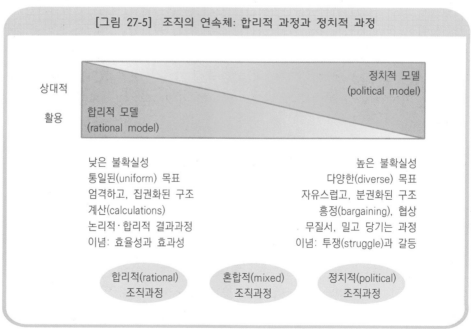

[그림 27-5] 조직의 연속체: 합리적 과정과 정치적 과정

출처: Daft(1983: 402).

하는 중요한 메커니즘이다. 효율적인 조직을 만들기 위한 많은 노력은 정치적 과정에서 합리적 과정으로 이동하도록 설계된다. 하지만 정치적 모델의 측면이 항상 조직에 존재한다. 권력과 정치적 활동은 중요한 결정에 도달하는 데 필요하다. 특히 불확실성과 갈등이 존재할 때 합리적 모델은 부적절하다.

▶ 권력을 증가시키는 전략(Tactics for increasing power)
• 높은 불확실성의 영역으로 들어가라(Enter areas of high uncertainty)-부서 권력의 중요한 원천은 핵심적인 불확실성에 대처하는 것이다. 부서관리자가 핵심적인 불확실성을 지각하고, 불확실성을 제거하기 위한 조치를 취할 수 있다면 부서의 권력적 지위는 향상될 수 있다.
• 의존성을 창조하라(Create dependencies)-의존성은 중요한 권력의 원천이다. 다른 부서 혹은 전체 조직이 정보, 자재, 지식에 대해 어떤 부서에 의존할 때 그 부서는 다른 부서에 비해 권력을 유지할 수 있다.
• 자원을 제공하라(Provide resources)-자원은 항상 조직의 생존에 중요하다. 조직에 자원(자금, 인적자원, 시설)을 제공하는 부서는 강력해질 수 있다.
• 전략적 상황을 만족하게 하라(Satisfy strategic contingencies)-전략적 상황이론은 조직적 성과에 있어 특별히 중요한 것은 외부환경과 조직 내의 요인들이라고 제시한다. 이에 조직과 조직의 외부환경에 대한 분석이 전략적 상황에서 이루어진다.

출처: Daft(1983: 407-408).

2. 정치적 전략

개인과 하부 단위부서는 끊임없이 정치지향적 행태(politically oriented behavior)와 관계를 맺고 있다. 행태는 의도적이고, 권력을 획득하고 그리고 유지하기 위해 설계된다. 정치지향적 행태의 결과로서 조직에 존재하는 공식적 권력은 가끔 곁길로 새거나 혹은 폐쇄된다. 이리하여 정치적 행태는 권력의 이동을 초래한다. 분명한 것은 극단적인 상황에서 수행되는 정치적 행태는 개인과 조직을 괴롭게 한다는

것이다. 하지만 모든 정치적 행태가 관리적 개입을 통해 제거되어야 한다고 가정
하는 것은 비현실적이다.

　　Mintzberg(1983)는 게임 참여자로서 능숙한 정치인을 기술하고 있다. 관리자
와 비관리자가 참여하는 게임은 다음의 것을 의도하는 것이다. ① 권위에 저항하
는 것(반란 게임), ② 권위에 대한 저항을 반대하는 것(대반란 게임), ③ 권력기반을 만
드는 것(후원 게임과 연합건설 게임), ④ 경쟁자를 패배시키는 것(라인-참모 게임), ⑤ 조
직적 변화에 영향을 미치는 것(내부고발 게임) 등이다.

1) 반란 게임(insurgency game)

　　이 게임은 권위에 저항하기 위해 경기에 임한다. 게임에 있어 반란은 조직의
모든 수준에서 일어난다.

2) 후원 게임(sponsorship game)

　　후원자(sponsor)는 일반적으로 상관 혹은 보다 높은 지위와 권력을 가진 사람
들이다. 이 게임에 관련된 규칙은 매우 적다. 첫째는 사람들은 후원자에게 충성과
몰입을 보여 줄 수 있어야만 한다. 둘째는 사람들은 후원자가 요청하는 간청 혹은
명령을 따라가야만 한다. 셋째는 사람들은 모든 것에서 후원자에게 명예가 되어야
한다. 그리고 후원자의 배경에 머물러야 한다. 넷째는 사람들은 후원자에 대해 감
사를 표시해야만 한다. 이에 후원자는 사람들의 선생님과 훈련자이며 권력의 기반
이다.

3) 연합빌딩 게임(coalition-building game)

　　인사관리부서 혹은 연구개발부서와 같은 하위부서들은 다른 하위부서와 연
합 혹은 동맹을 형성함으로써 권력을 증가할 수 있다. 구성원들의 아이디어 강도

746

는 연합빌딩에 의해 조장된다. 그러한 연합이 조직 내에서 형성될 때 공통의 목표와 관심에 대한 강조가 있다. 또한 조직 이외의 집단과 연합을 형성하는 하위부서는 권력을 증대할 수 있다. 예를 들면, 동문들의 기부금은 대학 내에서 행해지는 연구와 프로그램을 지원하는 데 매우 중요하다. 동문회 사무처는 적극적으로 지원하는 주요 기부자와 연합을 형성함으로써 보다 많은 권력을 획득할 수 있다.

4) 라인-참모 게임(line-versus-staff game)

라인 관리자 대 참모 고문(staff adviser)의 게임은 조직에서 오랫동안 존재해 왔다. 이러한 게임에는 라인과 참모 사이의 가치관 차이와 성격의 충돌이 있다. 라인 관리자들은 전형적으로 보다 많은 경험을 갖고 있고, 보다 손익계산 지향적이다. 반면에 참모 고문들은 보다 젊고, 보다 좋은 교육을 받고, 보다 분석적 의사결정자들이다. 이러한 차이점이 다른 관점으로부터 조직세계를 바라보는 결과를 초래하게 한다. 조직의 목표가 논쟁 때문에 성취할 수 없는 시점에 도달하기 전에 라인과 참모의 충돌은 조직에서 통제되어야만 한다.

5) 내부고발 게임(whistle-blowing game)

내부고발자의 행태는 증가되고 있는 관심에서 환영받게 된다. 이 게임은 조직변화를 초래하는 데 역할을 발휘한다. 조직에서 어떤 사람이 자신의 공정성, 도덕, 윤리 혹은 법률을 위반하는 행태를 인지한다면, 그때 내부고발을 취하게 된다. 사람이 불공정, 무책임한 행동, 법률을 위반하는 것에 대해 다른 사람-신문기자, 정부대표자, 경쟁자-에게 알리는 것을 내부고발이라고 한다. 내부고발을 함으로써 사람들은 조직 내의 권위시스템을 우회하게 한다. 내부고발은 가끔 권위시스템에 의한 보복을 회피하기 위해 비밀스럽게 행해진다. 내부고발은 조직의 모든 수준에서 일어날 수 있다.

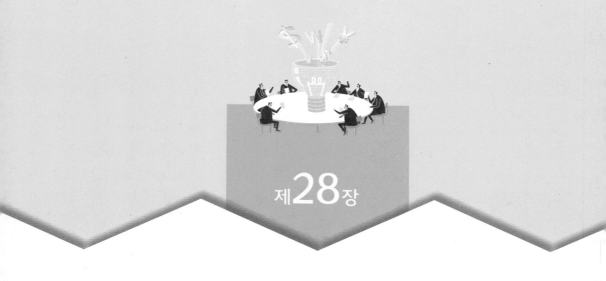

의사결정

    모든 사람은 의사결정을 한다. 우리는 어떤 목표를 추구하기 위해 다양한 대안들 사이에 끊임없이 최적의 대안을 선택하기 위해 노력한다. 특히 조직에서의 의사결정은 모든 관리자의 직무 가운데 중요한 업무의 하나이다.

    특히 의사결정과정은 조직에 있어 뇌와 신경시스템(brain and nervous system)을 대표한다. 조직에서의 의사결정은 조직구조, 혁신, 목표, 생산, 시설, 기술 등과 관련하여 이루어진다. 이들 이슈에 대해 조직은 어떻게 결정하는가를 이해하는 것은 매우 중요한 과제이다.

    이 장에서는 조직에서 결정이 어떻게 이루어지고 있는지? 바람직한 의사결정과정은 어떠한지? 집단적 의사결정 기법은 무엇인지 등에 대해 체계적으로 살펴봄으로써 의사결정을 이해하고자 한다.

제1절 의사결정의 의의와 시각

1. 의사결정의 의의

의사결정(意思決定, decision making)은 다양한 행동과정 가운데 최적의 대안을 선택하는 과정이다. 좋은 결정은 조직과 조직구성원에 대한 최고의 관심사를 인식하게 하는 것이다. 또한 의사결정은 특정한 문제 혹은 기회의 본질을 명확하게 하는 과정이고, 어떤 문제를 해결하기 위해 가능한 대안 가운데 하나의 대안을 선택하는 과정이며, 기회를 포착하기 위한 과정이다. 이에 의사결정은 행동과 과정의 측면을 지닌다.

의사결정은 사건에 포함된 지식의 정도와 사건이 발생할 수 있는 가능성에 따라 의사결정의 유형이 구분된다. 즉 사건의 명확성, 사건에 포함된 위기, 불확실성에 따라 의사결정이 다르게 이루어진다. 불확실성은 의사결정에 영향을 미치는 사건과 수반되는 가능성 모두에 대해 정보가 부족한 상황이다. 즉 불확실성은 구조화된 절차를 활용할 수 없는 복잡한 의사결정의 조건이다.

공공부문의 의사결정은 다음과 같은 공공부문의 특성으로 인하여 매우 어려운 국면에 놓여 있다. 이로 인하여 공무원은 시민들이 무엇을 원하는지, 정부실패의 문제에 직면했는지에 대해 잘 모르거나 혹은 주의력이 부족하다. ① 공공부문은 과잉 혹은 결손과 관련하여 기타의 요구자가 명확하지 않다. ② 대부분의 공공부문 생산은 개인적인 소비보다 오히려 집단적 소비(collective consumption)를 위한 것이다. 이리하여 명확한 가격표시가 미흡하다. ③ 자신들의 선호를 명확하게 표명하는 소비자(시민)를 만나기가 매우 어렵다. ④ 공공부문에서 산출을 측정하고 그리고 가치를 부여하는 것이 매우 어렵다(Ulbrich, 2003: 94).

2. 의사결정의 시각

1) 합리적 인간과 의사결정

초기의 의사결정에 놓여 있었던 사고는 경제인(the economic man)이 보편적이었다. 이런 맥락에서 경제인은 합리적 방식으로 행동할 것이라고 가정한다. 합리적인 행태에 대한 가정은 다음과 같다. ① 자신에게 이용할 수 있는 모든 대안에 대한 지식을 완벽하게 소유하고 있고, 주어진 상황에서 각 대안에 대한 결과를 알고 있다. ② 자신의 가치계층(hierarchy of values)에 따라 선호를 정돈하는 능력을 가지고 있다. ③ 최선의 대안을 선택할 수 있는 능력이 있다. 돈이 의사결정자의 가치를 측정하는 데 활용된다. 하지만 이러한 가정을 사람들이 현실세계에서 성취하기는 매우 어렵다.

2) 의사결정의 행태적 기술

Herbert Simon은 의사결정을 설명하는 데 행정가(administrative man)라는 용어를 활용한다. 행정가의 개념은 고전적 이론과 반대된다.

고전적 합리성의 기준(객관적 합리성이라고 명명됨)은 실제에 있어 성취될 수 없다. 우리는 가능한 모든 대안 가운데 단지 몇몇 대안들만 검토한다. 이리하여 우리의 예측은 매우 불완전하다. 이러한 한계를 제한된 합리성(bounded rationality)이라고 기술한다.

Simon은 무엇이 일어나는가를 규정하는(to prescribe) 것보다 오히려 의사결정과정에서 무엇이 발생하는가를 기술하고(to describe) 있다.

Simon에 따르면, 어떤 결정을 해야 하는 문제에 직면할 때 만족하는 대안(satisfactory alternative)을 찾을 때까지 대안을 추구한다는 것이다. 즉 우리 자신의 주관적인 기준(subjective standards)에 만족하는 대안이라는 것이다. 이리하여 만족하

750

는 대안 혹은 해결책을 찾게 되면 부가적인 대안의 발굴을 위해서는 노력하지 않는다. Simon은 어떤 사람이 만족스러운 대안을 발견함으로써 결정을 시도하는 경우를 그 사람은 만족(to satisfice)을 시도하는 것이라고 규정한다.

하지만 무엇이 만족스러운 것인가(what is satisfactory)를 어떻게 결정하는가 하는 의문이 놓여 있다. Simon은 만족은 열망의 수준(level of aspiration)에 의해 결정된다고 주장한다. 이것은 이전의 성공과 실패에 의해 결정되고, 만족스러운 대안을 발견하거나 혹은 발견하지 못하는 능력에 의해 결정된다. 또한 열망의 수준은 미래에 있어 무엇을 기대하는가에 의해 영향을 받는다. 나아가 환경이 열망의 수준을 향상할 것인가 혹은 낮출 것인가에 대해 해답을 준다.

3) 의사결정의 제약

의사결정과정에는 다양한 제약이 포함되어 있다. 이러한 제약을 제약된 자유재량(bounded discretion)이라고 한다. 제약된 재유재량은 의사결정에 있어 자유를 제약하는 어떤 사회적 통제이다. 이러한 사회적 통제에는 법률적 규제, 도덕적 규범과 윤리적 규범, 공식적인 정책과 규칙, 비공식적인 사회적 규범 등이 포함되어 있다(Lundgren, 1974: 88-89). 나아가 급변하는 조직환경도 의사결정을 제약하는 원인이 된다.

이러한 사회적 통제는 개인과 조직에 있어 동등하게 적용되는 것은 아니다. 예를 들면, 사회적 규범은 조직보다 개인에게 더 많이 영향을 미친다. 경쟁은 개인 사이보다는 조직 사이에 훨씬 더 공공연하다.

제약된 자유재량에 포함된 모든 제약은 다소간 제한적이다. 이들 제약은 수용할 수 있는 행동에 대한 선택이 이루어지는 잔여의 자유재량 영역(residual discretionary area)의 경계를 규정한다. 자유재량 영역의 경계는 수용할 수 있는 선택을 포함하는 것뿐만 아니라 유리한 것으로 입증된 어떤 선택을 배제하기도 한다.

의사결정의 유형

　　의사결정은 사건에 포함된 지식의 정도와 사건이 발생할 수 있는 가능성에
따라 의사결정의 유형이 구분된다. 사건의 명확성, 사건에 포함된 위기, 불확실성
에 따라 의사결정이 다르게 이루어진다. 불확실성은 결정에 영향을 미치는 사건과
수반되는 가능성 모두에 대해 정보가 부족한 상황이다. 즉 구조화된 절차를 활용
할 수 없는 복잡한 의사결정의 조건이다.

　　의사결정의 유형은 정형화된 의사결정과 비정형화된 의사결정으로 구분된다.

1. 정형화된 의사결정

　　정형화된 의사결정(programmed or routine decision)은 본질적으로 상례적이고
반복적인 결정을 말한다. 특별한 상황을 해결하기 위해 상례적인 절차가 일반적으
로 활용된다면 결정은 정형화된다. 정형화된 의사결정은 단순하거나 혹은 상례적
인 문제에 대해 표준적인 반응을 한다.

　　정형화된 의사결정은 상당히 구조화되어 있고, 표준운영절차(standard operating
procedures: SOP)에 의해 이루어지고, 일반적으로 거의 사고를 요구하지 않는다. 또
한 정형화된 의사결정은 무엇을 성취할 것인지, 수단을 통한 목적성취에 있어 무
슨 자원을 어떻게 활용할 것인지에 대해 확고한 동의가 있고, 투입에 대한 결과를
예견할 수 있다. 즉 목적과 수단에 대해 명확하게 정의할 수 있다(Gore & Dyson,
1964: 2).

　　대부분 조직의 관리는 일상적인 운영에 있어 정형화된 의사결정에 직면한다.
그러한 결정은 불필요한 조직자원을 확대하지 않고도 이루어진다. 특히 수학적 모
델의 개발(운영연구)을 통해 이러한 유형의 결정이 이루어지고 있다.

　　이러한 정형화된 의사결정은 구조화된 계층제적 기술을 통해 이루어진다. 즉 정형화된 의사결정은 구체적으로 행동의 연속적 단계를 통해 진행된다. 예를 들면, 정형화된 의사결정에 SOP가 활용된다. SOP는 무엇이 이루어지는지, 각 단계가 어떻게 수행되는지에 대해 명확하게 규정한다.

2. 비정형화된 의사결정

　　비정형화된 의사결정(nonprogrammed decision)은 새롭고 비구조화된 상황을 다룰 때 이루어지는 결정이다. 이러한 상황의 경우, 문제가 복잡하고 극단적으로 중요하거나 혹은 이전에 동일한 방식으로 일어난 문제가 아니기 때문에 문제를 해결하기 위해 설정된 절차가 존재하지 않는다. 이리하여 과거의 결정이 전혀 도움이 되지 않는다.

　　비정형화된 의사결정은 본질적으로 반복되지 않으며, 비구조화되어 있고, 그리고 상례적인 선택이 아닌 것이다. 비정형화된 의사결정은 문제가 명확하게 정의되지 않고, 바람직한 해결을 성취하는 데 무슨 변수들을 적용할 것인지에 대해 알려져 있지 않다. 비정형화된 의사결정은 비용, 불확실성, 조직에 대한 몰입의 필요, 조정과 통제와 관련하여 일반적으로 최고관리자의 권한에 속한다. 이리하여 비정형화된 의사결정은 조직의 생명에 위협을 일으킬 수 있다.

　　이에 관리자는 독창적인 결정(unique decision)을 하기 위해 대안과 대안의 결과에 대해 면밀하게 검토해야 한다. 비정형화된 의사결정은 판단, 직관, 창의성과 같은 문제해결과정을 통해 다루어진다. 또한 시간적 압박 때문에 관리자는 보다 어려운 결정을 실제적으로 가끔 수행하지 못하는 경우가 있다. 이러한 경향을 Gresham의 기획법칙(Gresham's law of planning)이라 한다(Simon, 1977).[1] 관리적 의사

---

[1] Gresham의 기획법칙은 경제학자 Thomas Gresham이 설계한 것으로, 모든 것은 경제학으로 할 수 있고, 기획으로 할 수 있는 것은 없다는 것이다. 이것은 악화가 양화를 구축한다(Bad money drives out good money)는 것과 같은 의미이다. 악화는 액면가격(nominal value)에 비해 상품가치(commodity value)가 상당히 낮게 평가되는 것이다. 이런 의미로, 정형화된 활동의 일반적인 성향이

표 28-1	의사결정의 유형	
구 분	정형화된 의사결정	비정형화된 의사결정
문제의 유형	잦음(frequent), 반복, 루틴, 인과관계(cause-and-effect relationships)의 명확성	새로움(novel), 비구조화, 인과관계의 불확실성(uncertainty)
절차	정책, 규칙, 명확한 절차에 의존	창의성(creativity)과 직관의 필요, 모호성에 대한 인내(tolerance), 창의적 문제해결

출처: Ivancevich & Matteson(1990: 516).

결정을 위한 Gresham 법칙의 이행에 있어, 결정은 시기적절한 형태로 이루어져야만 한다. 조직은 기획부서와 같은 특별한 조직단위를 가지고 이 문제를 해결해야한다.

이처럼 계산적인(computational) 합리모형은 정형화된 의사결정에 부합하는 반면에, 제한된 합리모형은 비정형화된 의사결정이 적절하다. 즉 정형화된 결정을 위한 계산적인 합리성은 가능한 모든 선택을 찾기 위해 광범위한 탐구과정이 진행된 후 연산방식(algorithms)을 적용하여 최적의 대안을 선택한다.

반면에 비정형화된 결정을 위한 제한된 합리성은 이용 가능한 해결대안 가운데 만족스러운 대안을 선택한다. 이러한 결정에 대한 집행은 분절되고(disjointed), 점진적인 경향이 있다(Butler, 1997: 311).

이리하여 조직의 최하위 계층에서는 정형화된 의사결정에 관심을 가지는 반면에, 최고관리자들은 비정형화된 의사결정을 다루어야 한다. 문제와 관련한 본질, 빈도, 확실성의 정도를 결정해야 관리계층에게 영향을 준다.

많은 조직에서 일어나는 문제는 최고관리층이 정형화된 결정에 많은 시간과 노력을 투자하는 것이다. 이러한 경영은 곧 장기적 기획을 경시하게 되어 불행한 결과를 초래하게 된다. 장기적 기획에 대한 경시는 단기적 통제에 대한 지나친 강조로 이어진다.

비정형화된 활동을 무색하게 만든다. 이처럼 반복적이고 일상적인 활동으로 인하여 신중하게 고려해야 특유한 사항에 대해서도 일련의 의사결정을 하게 된다.

제3절 **의사결정의 과정과 전략**

1. 의사결정의 과정

의사결정은 목적보다 오히려 수단에 관한 사고이다. 의사결정은 바람직한 상태(a desired state)에 도달하기 위해 시도하는 조직적 메커니즘이다. 이것은 문제에 대한 조직적 반응이다. 각 의사결정은 다수의 힘에 의해 영향을 미치는 동태적 과정의 결과물이다.

의사결정과정은 2가지 범주(형성단계와 해결단계)로 구분할 수 있다. 형성

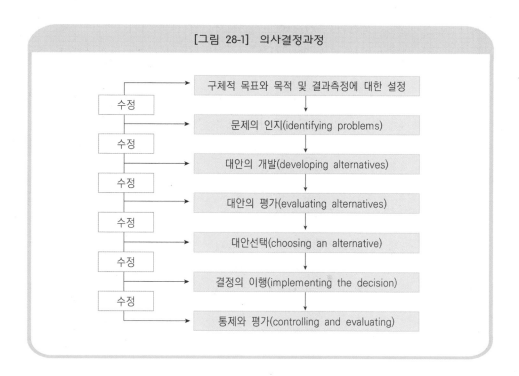

[그림 28-1] 의사결정과정

(formation)단계는 문제와 기회를 명확하게 하고, 정보를 수집하고, 바람직한 성과 기대를 전개하고, 문제와 기회에 영향을 미치는 요인들 사이의 관계와 원인을 진단하는 것이 포함된다. 해결단계는 대안을 개발하고, 선호된 해결책을 선택하고, 결정된 행동과정을 이행하는 것이 포함된다.

합리적인 의사결정의 과정은 [그림 28-1]과 같다. 의사결정의 과정은 고정된 절차가 아니다. 이 과정은 여러 단계(a series of steps)가 아니라 하나의 순차적 과정 (a sequential process)이다.

1) 문제의 명확화

문제가 존재하지 않는다면 결정에 대한 요구도 없다. 문제의 명확화(iden-tification)는 의사결정자가 포괄적으로 문제를 이해하는 과정이다. 의사결정의 첫 번째 단계는 문제를 정확하게 진단하고 정의하는 것이다. 이에 의사결정자는 의사결정상황(문제와 기회)이 존재하는 것을 인식하는 것으로 의사결정단계가 시작한다.

이처럼 모든 결정은 문제와 더불어 시작된다. 문제(problems)는 목표에 대한 방해로 정의할 수 있다. 문제는 관리자가 존재하는 성과와 바람직한 성과 사이의 차이를 탐지할 때 존재한다. 즉 문제가 조직에 있어 얼마나 중요한가 하는 것은 조직의 목표와 목적과 관련하여 명시하는 성과의 수준과 달성하는 성과의 수준 사이의 차이에 의해 측정된다. 문제는 바람직한 결과(desired results)와 실제적인 결과 (actual results) 사이에 차이가 나타날 때 존재한다. 이러한 문제인식과정에 있어 의사결정자의 지각이 잠재적인 문제를 어떻게 고려되어야 하는 것에 영향을 미친다.

또한 복잡한 문제를 진단하는 단계는 기회 혹은 장애의 증상을 명확하게 하고, 그 것을 인정하는 것이다. 조직문제의 공통적인 증상은 과도한 비용, 낮은 생산성, 저조한 실적, 낮은 질, 조직 내 과도한 갈등, 직원들의 이직 등이다. 나아가 관리자가 문제를 진단할 때 자신이 문제에 대해 할 수 있는 것을 고려해야만 한다. 즉 중요한 제약요인(부족한 재정, 전문적 지식과 경험을 가진 직원의 부족, 제한된 예산범

756

위 내 자원확보의 어려움, 법률 및 윤리적 고려 등)을 고려해야 한다.

특히 의사결정에 중요하게 영향을 미치는 문제의 특성으로는 참신성, 불확실성, 결정의 복잡성을 들 수 있다(Reitz, 1987: 142-144).

① 참신성(novelty) : 몇몇 결정은 의사결정자에게 매우 상례적이고 그리고 잘 알려져 있다. 하지만 상례적이고 혹은 이전에 학습된 반응이 부적절한 어떤 문제 상황 혹은 기준은 극단적으로 변화되어야 한다. 예를 들면, 인간의 달 착륙은 과학적이고 관리적 방법에서 전적으로 새로운 개념이 요구된다. 또한 베트남 전쟁에서의 게릴라전(guerilla warfare)의 문제는 미국에 대해 완전히 새로운 무기시스템과 전술의 개념을 요구했다.

이러한 참신성의 효과는 의사결정과정의 지연과 불확실성을 초래하게 된다. 또한 참신성은 이전의 문제해결자의 효과성에서 변화를 요구한다. 새로운 상황에서 전통적으로 가치화된 개인의 능력은 성공의 좋은 예측변수가 아니다.

② 위기와 불확실성(risk and uncertainty) : 위기는 실패의 기회(the chance of failure)로 정의된다. 도박꾼의 경우 50%의 확률을 가진다. 실패의 기회가 높은 문제는 고도의 위기결정(high-risk decision)이다. 조직에 있어 의사결정에 관련된 많은 활동은 특별한 결정에 대한 위기를 줄이는 것이다. 또한 불확실성은 어떤 결정의 구성요소 가운데 하나 혹은 그 이상을 알지 못하는 경우이다. 불확실성 자체가 의사결정자가 취하는 위기의 정도에 영향을 미친다. 많은 불확실성이 내재된 의사결정에 직면한 의사결정자는 불확실성을 줄이는 방법에 시간과 자금을 기꺼이 투자해야 한다. 이와 같이 위기와 불확실성은 의사결정에 있어 중요한 변수이다.

③ 복잡성(complexity) : 어떤 결정의 복잡성 혹은 어려움은 몇몇 예측할 수 있는 효과를 가진다. 개인은 단순한 결정보다 복잡한 결정을 할 때 보다 장기적인 시간이 요구된다. 또한 복잡한 결정을 진행하는 과정에는 보다 많은 정보가 요구된다.

2) 대안의 개발과 평가

바람직한 결과를 성취하기 위해서는 대안을 개발해야 한다. 의사결정이 이루어지기 전에 가능한 대안들이 개발되고, 각 대안의 잠재적 결과가 고려되어야 한다. 이러한 탐색과정은 시간과 비용의 제약 속에서 이루어진다. 대안의 개발은 법률, 조직의 정책, 예산통제, 시간적 제약, 윤리적 관심 등에 의해 제약을 받는다.

의사결정에 관련한 대안들이 개발되면 관리자는 각 대안에 대한 장점과 단점을 결정해야 한다. 또한 결정기준(decision criteria)에 따라 각 대안의 예측되는 결과를 측정해야 한다. 대안의 평가는 목적에 대한 전망과 일관성이 요구된다. 공통적인 선택기준은 실현 가능성(feasibility)이다. 또한 대안평가의 목적은 최상의 좋은 결과와 좋지 않은 결과를 최소화하는 대안을 선택하는 것이다. 대안과 결과의 관계는 3가지 가능한 조건에 기반을 둔다.

① 확실성(certainty) : 의사결정자가 각 대안의 결과에 관련한 가능성에 대해 완전한 지식을 가진다.

② 불확실성(uncertainty) : 의사결정자가 각 대안의 결과에 관련한 가능성에 대해 절대적 지식을 가지고 있지 않다.

③ 위기(risk) : 의사결정자가 각 대안의 결과에 관련하여 몇몇 확률론적 예측(probabilistic estimate)을 가지고 있다. 가장 보편적인 상황은 위기의 조건에서 의사결정을 하는 것이다. 이 상황에서는 통계학자와 운영연구자들이 의사결정에 있어 가장 중요한 역할을 한다.

3) 대안의 선택

관리자는 각 대안들이 최소한 수용할 수 있는 결과를 산출할 것인지에 대해 결정하고 최적의 대안을 선택해야 한다. 최적의 대안이란 가장 긍정적이고 총체적인 결과(the most positive overall consequences)를 초래하는 안이다. 이러한 대안선택은 본질적으로 분석과정이다.

특히 이전에 설정된 목표와 목적이 의사결정자의 대안선택에서 길잡이가 된다. 대안을 선택하는 목적은 미리 결정된 목적을 성취하기 위해 문제를 해결하는 것이다. 이것은 그 자체가 목적(an end in itself)이 아니라 목적을 위한 수단(a means to an end)이다. 또한 의사결정은 단순히 대안을 선택하는 활동 이상의 과정이다. 대안을 선택하는 것은 격리된 활동이 아니다. 즉 의사결정은 집행, 통제와 평가가 포함되어 있고, 동태적인 과정이다.

고전적 모형인 주관적 기대효용성 모델(subjectively expected utility model: SEU model)은 관리자가 바람직한 결과를 최대화하는 대안을 선택할 것이라고 주장한다. 즉 관리자는 바람직한 결과를 최대화할 것이라는 주관적으로 믿는 대안을 선택한다. 이 모형의 2가지 요소는 각 대안이 산출하는 기대한 결과와 각 대안을 수행할 수 있는 가능성이다.

관리적 결정에 있어 최상의 해결은 가끔 불가능하다. 즉 의사결정자는 이용할 수 있는 모든 대안, 각 대안의 결과, 이들 결과가 일어날 가능성을 알 수 없다. 이리하여 의사결정자는 최적의 대안보다 수용할 수 있는 기준에 맞는 대안을 선택하는 만족가(satisficer)가 된다.

▶ 대안의 유형

① 좋은 대안(good alternative): 좋은 대안은 긍정적으로 가치 개입된 결과(positively valued outcomes)에 대한 높은 가능성과 부정적으로 가치 개입된 결과에 대한 낮은 가능성을 가진다.
② 단조로운 대안(bland alternative): 긍정적 그리고 부정적으로 가치 개입된 결과 모두가 낮은 가능성을 가진다.
③ 혼합된 대안(mixed alternative): 긍정적 그리고 부정적으로 가치 개입된 결과 모두가 높은 가능성을 가진다.
④ 빈약한 대안(poor alternative): 긍정적으로 가치 개입된 결과에 대한 낮은 가능성 그리고 부정적으로 가치 개입된 결과에 대한 높은 가능성을 가진다.
⑤ 불확실한 대안(uncertain alternative): 의사결정자가 결과에 대한 상대적 가능(the relative probabilities of outcomes)을 평가할 수 없는 경우이다.

만약 한 대안이 좋고 그리고 다른 대안이 단조로운 대안, 혼합된 대안, 빈약한 대안, 불확실한 대안이라면 의사결정은 매우 쉽다. 하지만 단조로운 대안과 빈약한 대안은 모두 수용할 수 없기 때문에 이들 대안 사이에 선택에 있어 어려움이 있다. 혼합된 대안과 불확실한 대안은 불확실성 때문에 선택의 어려움이 있다. 단조로운 대안과 혼합된 대안은 비교할 수 없기(incomparability) 때문에 선택에 서 있어 어려움이 있다.

출처: Reitz(1987: 149).

4) 집행: 결정의 이행(implementing the decision)

의사결정은 목적을 성취하기 위해 효과적으로 집행되어야만 한다. 즉 의사결정은 집행되지 않는다면 가치가 없다. 결정의 실질적 가치는 결정이 집행된 이후에 명확해진다. 즉 대안을 선택했다고 의사결정과정이 끝나는 것은 아니다. 이 점에 있어 집행이 대안에 대한 실질적 선택보다 중요하다. 결정된 사항이 잘 실행되기 위해서는 결정에 대한 근거를 설명하고, 공평하게 대우하고, 그리고 조직구성원의 감정을 고려해야 한다.

의사결정의 효과적인 집행에는 다음과 같은 4가지 구성요소가 있다(Black & Porter, 2000: 234).

① 결정에 대한 잠재적 저항(potential resistance)에 대한 원천과 이유를 평가한다.

② 결정에 대한 저항을 극복하기 위해 설계된 연대순(chronology)과 연속적 행동을 결정한다.

③ 결정을 효과적으로 이행하는 데 요구되는 자원을 평가한다.

④ 집행단계를 다른 사람에게 위임할 것인가를 결정한다. 또한 각 조직구성원들이 각 단계와 결과에 대해 책임을 지도록 확인한다.

5) 통제와 평가(control and evaluation)

계속적인 집행활동은 결정사항의 변경이 필요한지를 검토하는 과정이며, 또한 결과에 대한 주기적 평가의 과정이다. 효과적인 관리는 결과에 대한 주기적 측정(periodic measurement)이 포함되어 있다. 실질적 결과는 계획된 결과와 비교한다.

만약 편차가 존재한다면 변경이 이루어져야만 한다.

결과에 대한 모니터링과 평가에 있어, 정보를 수집하고, 목적에 대한 결과와 최초에 설정한 기준과 비교해야 한다. 무엇보다 올바른 정보를 수집해야 한다. 그렇지 않으면 평가가 왜곡되고 의미 없게 이루어질 수 있다.

특히 인적 요인이 의사결정과정에 중요하게 영향을 미치며, 행동을 개시하기 전에 잠재적인 결과를 고려하는 것이 중요하다. 효과적인 의사소통은 불명확한 정보와 부정확한 가정에서 초래되는 복잡성을 완화시킨다.

고전적 모델의 주장처럼, 의사결정과정에 있어 다음의 가정을 이해하는 것이 중요하다.

- 문제(problems)가 분명하다.
- 목적(objectives)이 명확하다.
- 조직구성원은 기준(criteria)과 가중치(weights)에 대해 동의한다.
- 모든 대안들(alternatives)이 알려져 있다.
- 모든 결과(consequences)를 예측할 수 있다.
- 의사결정자는 합리적(rational)이다.

2. 의사결정의 전략

의사결정의 중심은 선택행위이다. Thompson(1967)에 따르면, 의사결정에는 2가지 불확실성이 포함되어 있다. 이들 불확실성은 관리자 사이의 불일치에 기인된 결과에 대한 선호의 불확실성과, 목적에 도달되는 수단에 관한 불확실성이다.

이들 2가지 차원을 결합하면 [그림 28-2]와 같이 4가지 전략, 즉 ① 계산전략, ② 판단전략, ③ 협상전략, ④ 영감전략이 도출된다. 이들 전략은 각각 ① 관료제(bureaucratic) 조직, ② 대학조직(collegiate), ③ 정치적(political) 조직, ④ 카리스마적(charismatic) 조직 유형과 연계할 수 있다(Butler, 1997: 312-313).

761

[그림 28-2] 선택을 위한 전략

구 분		가능한 결과에 대한 선호(preferences) (결과의 불확실성)	
		일치(agreement)	불일치(threat)
인과관계(causation)에 관한 믿음 (수단의 불확실성)	명확(clear)	계산(computation)	협상(negotiation)
	모호(ambiguous)	판단(judgement)	영감(inspiration)

출처: Butler(1997: 313).

제 4 절   의사결정의 모델

　　의사결정 모델은 인간의 의사결정을 기술하고, 의사결정을 향상하기 위해 만들어진다. 모든 공식적 모델은 근거를 가진다. 또한 모든 모델은 의사결정자가 대안을 선택함에 있어 의사결정 개념에 합리적 활동을 포함시킨다. 합리성(rationality)의 기준은 목적의 존재와 목적에 대응한 대안선택이다. 합리성은 감정을 배제하는 것은 아니다. 감정은 어떤 결정에 있어 목적의 선택에 관련되어 있다.

1. 경제적 모델: 합리적 의사결정

　　의사결정의 경제적 모델은 완전한 합리성의 개념에 기반을 둔다. 이 모델은 의사결정자가 완전한 정보를 획득하고 보유할 수 있으며, 나아가 기대한 가치를 최대화할 수 있다고 가정한다. 합리적 의사결정은 문제에 대한 체계적 분석에 있

762

어 논리적인 단계적 순서(logical step-by-step sequence)에서 선택과 이행의 필요성을 강조한다.

이러한 합리적 의사결정(合理的 意思決定, rational decision-making)은 문제에 직면한 의사결정자가 다음과 같이 합리적인 일련의 과정을 통하여 최적의 대안을 선택한다고 전제한다.

① 문제(problems)에 대한 가능한 모든 대안적 해결책을 인식한다.
② 각 대안(alternative)에 대한 가능한 모든 결과를 알 수 있다.
③ 몇몇 가치시스템(value system)에 대응한 결과를 평가할 수 있다.
④ 목적에 대응하기 위한 대안을 등급화할 수 있다.
⑤ 목적을 최대화할 수 있는 대안을 선택한다.

이와 같은 합리적 의사결정은 2가지 점에서 비판을 받는다. 하나는 실제의 의사결정은 완전분석적 의사결정이 아니라 습관, 직관 등의 방법으로도 이루어진다. 다른 하나는 합리적 의사결정이 처방적·규범적 측면에서 어느 정도 의사결정자에게 도움을 주는가 하는 점에서 약점이 있고, 또한 합리적 모형은 환경적인 변수를 고려하지 않고 있으며, 정책이 결정·집행된 후에 예상되는 비용과 편익을 구체적으로 계산할 수 있는 방법을 제시하지 못하였다는 점에 있어 한계가 있다(정정길, 1999: 465; 김형렬, 2000: 165).

2. 행정적 모델: 만족모형

James March와 Herbert Simon(1958)은 인간의 인지능력, 시간, 경비의 부족으로 모든 대안을 탐색하고 이들이 초래할 모든 결과를 예측하는 데 어려움이 있기 때문에 합리성이 제약을 받고 있다고 지적한다. 의사결정자는 이러한 제한된 합리성하에서 의사결정을 하게 된다. 제한된 합리성(bounded rationality)이란 제한된 시간 및 정보와 같은 제약 혹은 한계 내에서 가능한 한 합리적으로 행동하는 것을

763

의미한다.

이와 같이 행정적 모델은 경제모델의 비현실적인 가정에서 발달되었다. Herbert Simon은 의사결정자가 완전한 합리성이 아니라 제한된 합리성에 의해 의사결정을 한다는 행정적 모델을 제시하고 있다. 제한된 합리성은 의사결정자와 관련하여 다음을 가정한다(Reitz, 1987: 133).

① 단지 제한된 가능한 대안을 인식한다.

② 각 행동에 대해 단지 몇몇 가능한 결과만 알 수 있다.

③ 실제 상황(real situation)에 있어 제한되고, 단순화된 모델로만 접근한다.

이와 같이 만족모형(滿足模型, satisficing model)이란 〈표 28-2〉와 같이 제약된 상황에서 문제에 대해 최적의 해결책을 탐구하는 것이 아니라 수용할 수 있는 해결책을 찾아가는 만족추구이다. 즉 조직에서의 모든 결정은 사실상 단지 만족하는

표 28-2 합리적 정책결정과 제한된 합리성

포괄적(comprehensive) 합리성	제한된(bounded) 합리성
1a. 가치 혹은 목적의 명확화는 대안적 정책의 경험적 분석으로부터 구별하고, 보통 선행조건이다.	1b. 가치목표의 선택과 필요한 행동에 대한 경험적 분석이 서로 구별되지 않으며, 또한 밀접하게 뒤얽혀 있다.
2a. 정책형성은 수단-목적분석(means-end analysis)을 통하여 접근한다. 먼저 목적을 분리하고, 그 후 목적성취를 위한 수단을 추구한다.	2b. 수단과 목표를 구별할 수 없으므로, 수단-목표분석은 부적절하거나 혹은 한계가 있다.
3a. 좋은 정책의 핵심(gist)은 바람직한 목적에 최적의 수단이 존재한다는 것을 보여 줄 수 있어야 한다.	3b. 전형적으로 다양한 분석가들이 자신들이 어떤 정책에 대해 직접적으로 동의하는가 여부를 밝히는 것이 좋은 정책에 대한 점검(test)이다.
4a. 분석은 포괄적이다(comprehensive). 중요한 모든 관련 변수들이 설명되어야 한다.	4b. 분석은 다음과 같이 극단적으로 제한되어 있다. ① 중요한 가능성이 있는 결과들이 무시될 수 있다. ② 중요한 대안적인 잠재적 정책(potential policies)이 무시될 수 있다. ③ 중요하게 영향을 미치는 변수들이 무시될 수 있다.
5a. 상당히 이론에 의존한다.	5b. 비교의 연속성은 이론의 의존성에 의해 매우 줄어들거나 혹은 제거된다.

출처: Birkland(2001: 213).

결정(satisficing decisions)이라는 것이다. 결정이란 최대화(maximize)가 아니라 단지 만족하는 것(satisfy)과 충족하는(suffice) 것이 결합하여 '만족하는(satisfice)' 것이다. 이러한 모형이 관료제(官僚制)와 인간조건에 있어 가장 현실적인 관점이다(Henry, 1992: 102).

이와 같이 의사결정자는 모든 대안들을 함께 평가하는 것보다 오히려 하나의 대안과 다른 대안을 비교하는 결과로서 대안을 평가한다. 대부분 사람들은 의사결정에서 만족하는 대안을 발견하고 그것을 선택하는 데 관심을 가진다. 단지 예외적인 경우에 최적의 대안(代案)을 발견하고 선택하는 데 관심을 가진다(March & Simon, 1958).

3. Allison의 의사결정모델

Graham Allison(1969)은 미국 John Kennedy 대통령(1917-1963)에 의해 1960년대 촉발된 쿠바미사일 위기의 사례연구를 통하여 〈표 28-3〉과 같이 3가지 의사결정모델을 제안하고 있다.[2]

Allison은 쿠바미사일 위기(Cuban missile crisis)를 분석하면서 합리 모델로는 무엇이 일어나는지에 대해 충분히 설명할 수 없으며, 대안적 개념 모델인 모델 2와 모델 3이 중요하다는 것을 보여 주고 있다. Allison 모델은 중요한 정부결정을 분석하는 데 활용될 수 있는 3가지 시각이 있다고 제안하고 있다.

---

2 쿠바미사일 위기(The Cuban missile crisis, 일명 10월 위기)는 1962년 10월 쿠바에 탄도미사일 (ballistic missiles)을 배치하려는 소련과 미국 사이에 13일 동안 대치한 카리브해의 위기(Caribbean crisis)였다. 1961년 피그만(Bay of Pigs)의 침입에 대한 반응에 대응하여, 소련의 사정권에 속하는 이탈리아와 터키에 목성탄도미사일(Jupiter ballistic missiles) 배치에 따라 Khrushchev와 쿠바의 Fidel Castro가 쿠바 내에 몇 개의 미사일 기지를 건설하는 것에 합의가 있었다. 미국은 쿠바에 들어오는 미사일을 방어하기 위해 군사적 봉쇄(military blockade)를 취했다. 즉 쿠바에 배치하는 공격적인 무기를 허용하지 않겠다는 선언이었다. 초긴장 상태의 협상기간 이후 Kennedy와 Khrushchev는 합의에 이르렀다. 소련은 쿠바 내에서 공격적인 무기를 철수하고, 미국도 터키와 이탈리아에 배치하는 탄도미사일을 철수한다는 것이다. 미국과 소련의 협상은 신속하고, 분명하게 이루어졌고 직접적인 의사소통의 필요성이 제기되어, 결과적으로 미국과 소련 간에 핫라인(hotline)이 설치되었다(http://en.wikipedia.org/wiki/Cuban_Missile_Crisis).

표 28-3	Allison의 3가지 모형		
구 분	합리 모델	조직과정 모델	정부정치 모델
의 의	개인적 차원의 합리적 결정을 설명하는 합리모형의 논리를 집단적으로 결정되는 국가정책의 경우에 유치시킨 모형	정부는 단일의 결정주체가 아니라 느슨하게 연결된 반독립적인 하위조직들의 집합체	정부의 정책결정도 참여자들 간의 정치적 협상과 타협 및 권력 게임과 같이 밀고 당기는 이해관계에 의한 정치적 산물
조직관	조정과 통제가 잘된 유기체	느슨하게 연결된 하위조직들의 연합체	독립적인 개인적 행위자들의 집합체
권력의 소재	조직의 두뇌와 같은 최고지도자가 보유	반독립적인 하위조직들이 분산소유	개인적 행위자들의 정치적 자원에 의존
행위자의 목표	조직 전체의 목표	조직 전체의 목표+하위조직들의 목표	조직 전체의 목표+하위조직들의 목표+개별 행위자들의 목표
목표의 공유도	매우 강하다	약하다	매우 약하다
정책결정의 양태	최고지도자가 조직의 두뇌와 같이 명령하고 지시	표준운영절차(SOP)에 대한 프로그램 목록에서 대안 추구	정치적 게임의 규칙에 따라 타협, 흥정, 지배
의사결정의 일관성	매우 강하다 (항상 일관성 유지)	약하다 (자주 바뀐다)	매우 약하다 (거의 일치하지 않는다)

출처: 정정길 외(2003: 553).

특히 Allison은 다음의 3가지 물음을 통해 3가지 모델을 제시하고 있다. ① 소련은 왜 쿠바에 공격적인 미사일을 배치하기로 결정했는가? ② 미국은 왜 미사일 배치에 대해 봉쇄하는(blockade) 반응을 했는가? ③ 소련은 왜 미사일을 철수했는가?

1) 합리 모델(모델 1)

의사결정은 조직의 목표를 추구함에 있어 선택되는 행동의 과정에 의해 이루어진다. 이 모델에서 의사결정의 국면은 의사결정자의 사고와 행태의 합리성(rationality)에 의존하여 신중하고 의식적으로 수행된다. 즉 논리적 분석의 결과에 기초하여 의사결정이 이루어진다. 하지만 Herbert Simon(1976)은 행정행태

(Administrative Behavior)에서 실제로 사람들은 이용할 수 있는 모든 정보를 처리할 수 없다고 주장한다. 또한 사람들은 경제적인 사람(economic mand)의 가정에 부합하는 의사결정을 추구할 수 없다. 이에 가치를 최대화하는 선택(value-maximizing choices)을 하는 것이 아니라 '만족하는(satisfactory)' 결정을 한다.

2) 조직과정(관료제적) 모델(모델 2)

이 모델은 한 사람의 리더가 매우 다양한 조직의 행태를 거의 통제할 수 없다는 것이다. 복잡한 업무를 수행함에 있어 다수의 개인행태는 조정되어야만 한다. Allison과 Zelikow(1999)에 의하면, 모델 1은 결과의 논리(logic of consequences)를 조사하는 반면에, 모델 2는 행동의 논리(logic of action)를 설명하는 것이다. 이런 시각에서 조직과정 모델의 특성을 다음과 같이 설명한다. ① 개인은 목적을 성취하는 데 있어 구조화된 방식(structured way)에서 조직화되어야만 한다. ② 조직은 불가능했을 업무를 수행하기 위한 능력을 제고해야 한다. ③ 현재의 조직과 프로그램이 행태를 제한한다. ④ 조직문화는 조직 내 개인의 행태를 형성하는 데 나타난다. ⑤ 조직은 개인들의 집단이 설계한 업무를 수행하는 절차를 전개하는 데 함께 작동하는 기술을 형성한다.

Lindblom은 조직과정 모델의 핵심은 점증주의(incrementalism)라고 제안하고 있다. 즉 의사결정은 단기적 조건의 반응에서 이루어지는 소규모의 점증적 선택(small incremental choices)에 의존한다. 더욱이 정부의 협상과정의 특성은 점진적 혼란상태(incremental muddling through)에서 산출된다.

3) 정부정치 모델(governmental politics, 모델 3)

이 모델에 의하면, 의사결정은 다양하고 경쟁적인 이해를 가진 사람들 간에 협상하는 집단적 노력이라는 것이다. 경쟁적인 힘에 대한 상호작용의 결과로 의사결정이 이루어진다.

이들 3가지 모델 중에서 정부정치 모델은 조직의 상위계층에 적용 가능성이 높은 모형이고, 기능적 권위와 표준운영절차로 특징되는 관료제적 모델은 조직의 하위계층에 적용 가능성이 높은 모형이다. 합리적 모델은 조직의 각 계층에서 활용할 수 있다(정정길, 1999: 536). 하지만 Allison은 쿠바의 해안봉쇄정책은 어느 한 모델로서도 설명할 수 없으며, 이들 3가지 모델을 모두 동원해야 설명할 수 있다는 것이다(정우일, 2005: 528).

4. 쓰레기통 의사결정

최근 조직의 많은 문제는 합리적(경제) 모델 혹은 제한된 합리적(행정) 모델을 초월하는 것으로 매우 복잡하다. 관리자가 복잡한 시스템을 다루는 데 도움을 주는 의사결정기법이 발달하고 있으며, 이와 같이 문제가 뒤죽박죽인(hodgepodge of problems) 조직에서의 의사결정을 기술하는 것이 쓰레기통 의사결정이다.

쓰레기통 의사결정(garbage can model)은 매우 높은 불확실성을 가진 조직에서의 의사결정을 설명하기 위해 발전된 것이다. 쓰레기통 의사결정은 조직화된 무정부상태(organized anarchies) 속에서 조직이 어떠한 결정행태를 보여 주는가를 설명하기 위한 모형이다. 쓰레기통 의사결정은 조직이나 집단이 구성단위나 구성원 사이에 응집성이 아주 약한 혼란상태에서 이루어지는 의사결정의 특징적 측면을 강조하는 모델이다(정정길, 1999: 523). 이러한 조직화된 무정부상태란 다음의 3가지 특징을 가진다.

① 문제의 선호(problematic preference): 문제, 대안, 해결책, 그리고 목표가 잘 정의되지 않는다. 조직구성원들이 정책과 목표에 대해 명확하게 선호를 정의할 수 없는 상태이다.

② 불명확하고, 저조하게 이해한 기술(unclear, poorly understood technology): 원인과 효과의 관계를 인식하기가 어렵다. 의사결정에 적용하는 지식기반이 명확하지 않다. 기술이 불명확한 상태이다. 조직구성원들은 조직이 무엇을 할 것인가에 대해

768

이해하지 못한 상태이다.

③ 유동적인 참여(fluid participation) : 조직구성원은 매우 바쁘며, 하나의 문제 혹은 결정에 할당할 시간이 매우 제한적이다. 조직의 의사결정과정에 있어 참여자들이 유동적이고 심지어 변덕스러운 상태이다.

이와 같이 조직화된 무정부상태는 급격한 변화, 합의제, 비관료제적 환경(collegial, nonbureaucratic environment)으로 특정지어진다. 이런 상황에 직면한 조직에서의 선택과정을 기술한 것이 쓰레기통 모형(model)이다.

쓰레기통 모형의 특징은 의사결정과정을 문제와 더불어 시작하고 해결책으로 마무리되는 일련의 단계로 보지 않는 것이다. 문제의 인지와 문제해결이 서로 연결되지 않는다. 즉 해결책이 문제와 연결되지 않는다. 결정이란 조직 내 독립된 사건의 흐름(independent streams of events)의 결과이다. 조직적 의사결정에 관련된 4가지 흐름이란 문제, 잠재적 해결책, 참여자, 선택의 기회이다. [그림 28-3]과 같이 각각의 흐름은 거의 서로 연결되지 않는다. 이들 4가지 흐름이 어떤 시점에 상호 연결될 때 그 결과로 의사결정이 이루어진다.

① 문제(problems) : 문제는 현재의 활동과 성과에 관한 불만족이다. 문제는 바람직한 성과와 현재의 활동 사이의 갭으로 나타난다.

② 해결책(solutions) : 해결책은 조직에 있는 아이디어와 대안을 말한다. 아이디어는 새로운 구성원으로 조직에 유입될 수 있고 혹은 현재의 구성원에 의해 표출될 수 있다. 해결책은 문제와 독립적으로 존재한다.

③ 참여자(participants) : 조직의 참여자는 조직에 들어오고 나가는 사람이다. 사람은 채용되고, 재임용되고, 그리고 해고된다. 참여자들은 자신들의 아이디어, 문제의 지각, 경험, 가치 그리고 훈련에 있어 매우 다양하다. 한 사람의 참여자가 인식하는 문제와 해결책은 다른 참여자가 지각하는 것과 차이가 있다.

④ 선택적 기회(choice opportunities) : 선택적 기회는 조직이 결정할 때를 말한다. 선택적 기회는 계약이 체결될 때, 사람을 채용할 때, 혹은 책임을 할당할 때 일어난다. 선택적 기회는 공식적 조직으로부터 반응이 요구된다.

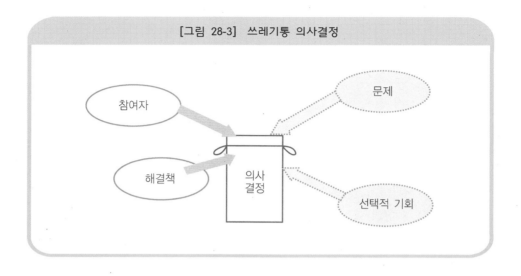

[그림 28-3] 쓰레기통 의사결정

합리적 의사결정과 제한된 합리적 의사결정이 선형적·단계적 과정(linear, stepwise process)라면, 쓰레기통 모형은 비선형적(nonlinear) 과정이다. 즉 문제점, 해결책, 참여자, 선택적 기회의 4가지 흐름이 거의 무작위적 형식(random fashion)으로 엮어져 있다.

이와 같이 쓰레기통 의사결정은 문제해결을 위해 바람직한 상태는 아니다. 혼돈과 무작위적 본성의 의사결정은 양질의 결정결과를 초래할 수는 없을 것이다. 이 모델은 어떤 조직적 배경에서 일어날 수 있는 조건과 결과를 기술하기 때문에 기술적 모형(descriptive model)이다(Hodge, et al., 2003: 295-296). 이러한 쓰레기통 모형은 선택이 예언적이고 관습적인 이론에 부합되지 않은 상황을 이해하는 데 도움을 준다. 전통적인 이론은 모호하고 불확실한 결정을 설명하는 데 비효과적이지만, 이러한 결정유형을 설명하는 데는 보다 유연한 쓰레기통 모형이 효과적일 것이다(Cohen, March & Olsen, 1972).

의사결정의 행태적 영향과 집단적 의사결정

1. 개인적 의사결정의 행태적 영향요인

몇몇 행태적 요인들은 의사결정과정에 영향을 미친다. 어떤 요인은 과정의 어떤 측면에서만 영향을 미치고, 다른 요인들은 전체 과정에서 영향을 미친다. 특히 4개의 개인적·행태적 요인(가치, 성격, 위기에 대한 성향, 부조화의 가능성)이 의사결정과정에 중요하게 영향을 미친다.

1) 가치(values)

가치는 선택이 이루어져야만 하는 어떤 상황에 직면했을 때, 사람들이 활용하는 행동의 가이드라인과 같은 것이다. 즉 가치는 개인적 사고(individual's thoughts)의 기본적 부분이다. 가치는 중요성, 질, 적합도에 대한 주관적인 순위를 포함한다. 예를 들면, 우선순위의 배정과 기회의 선택에 관련하여 가치판단이 필요하다. 또한 여러 가지 가능성에 관하여 가치판단이 요구된다. 이와 같이 의사결정자의 가치는 대안선택에 영향을 미치며, 집행을 위한 수단을 선택하는 데 있어서도 영향을 미친다. 정확한 행동을 취하고 있는가를 판단하는 평가와 통제 과정에서도 가치판단이 요구된다.

2) 성격(personality)

의사결정자는 의식적으로 그리고 잠재의식에 있어 심리적 힘에 의해 많이 영향을 받는다. 이러한 요인 중에서 가장 중요한 것은 의사결정자의 성격이다.

771

3) 위기의 성향(propensity for risk)

위기에 대응함에 있어 의사결정자의 개인 성향은 매우 다양하다. 위기에 대해 혐오감이 적은 의사결정자는 위기에 대해 혐오감이 많은 사람에 비해 다른 목적을 설정할 것이며, 대안을 다르게 평가하고, 다르게 선택할 것이다. 이러한 사람들은 보다 혁신적이고 대담한 대안을 선택할 것이다.

4) 부조화의 가능성(potential for dissonance)

행태과학자들은 결정사후의 불안(postdecision anxiety) 발생에 관심을 가지고 있다. 이러한 불안을 Festinger(1957)는 인식적 부조화(cognitive dissonance)로 명명하고 있다. Festinger의 인식적 부조화이론에 따르면, 개인들의 여러 가지 인식 사이에는 가끔 일관성 혹은 조화의 결핍이 있다. 즉 의사결정자가 알고 있고 믿고 있는 것과 행하는 것 사이에 갈등이 존재한다. 이리하여 의사결정자는 선택한 것에 대해 의심하고 재고하게 된다.

이러한 걱정의 강도는 다음과 같은 상황에서 보다 강하다. 첫째, 결정이 심리적으로 혹은 재정적으로 매우 중요하다. 둘째, 과거의 대안이 많다. 셋째, 과거의 대안들이 좋은 특성을 많이 가지고 있다.

대부분의 개인들은 자신이 내린 결정이 잘못되었다고 인정하는 것을 꺼린다. 자신의 부조화를 줄이기 위해 몇 가지 방법을 활용한다. 첫째, 자신의 결정에 관한 지혜를 지지하는 정보를 찾는다. 둘째, 자신의 결정을 지지하는 방식에서 정보를 선택적으로 지각한다. 셋째, 과거의 대안에 대해 다소 덜 선호하는 견해는 회피한다. 넷째, 결정의 부정적 측면에 대한 중요성을 최소화하고 긍정적 측면의 중요성을 과장한다.

이러한 부조화의 잠재성은 개인의 성격(특별히 자신감과 설득능력)에 의해 상당히 많은 영향을 받는다.

2. 집단적 의사결정의 기법

대부분 조직에서 많은 의사결정은 위원회, 팀, 프로젝트 팀, 기타 집단을 통해 이루어진다. 관리자는 비정형화된 문제에 직면했을 때 집단회의를 통하여 결정을 추구한다. 많은 문제에 내재되어 있는 복잡성은 개인이 보유하고 있는 정보보다 각 분야의 전문적 지식이 요구된다. 이리하여 의사결정과정에 있어 집단적 접근 (collective approach)의 활용이 증대되고 있다.

특히 집단은 의사결정 실체로 개인보다 우월성을 가진다. 즉 집단은 보다 큰 규모이고 보다 다양한 관점과 지지층(constituencies)을 대변한다. 이리하여 집단은 결정이 이루어지는 영역에서 보다 공평한 목소리를 제공하는 경향이 있다. 한 사람보다는 두 사람이 낫다는 것이다(Tindale, Kameda & Hinsz, 2005: 381).

집단적 의사결정(集團的 意思決定, group decision making)은 개인이 하는 의사결정보다 결정에 도달하는 데 많은 시간이 요구된다. 집단구성원 간의 상호작용은 좋은 의사결정을 초래할 수 있다. 하지만 집단적 의사결정에 있어 집단 내 지배적인 성격유형을 가진 사람이나 혹은 지위 부조화(status incongruity)의 영향으로 자신의 아이디어가 뛰어나지만 따라가는 경향이 있다.

의사결정에서 집단의 활용이 증가하는 경향은 왜일까? 조직이 집단적 의사결정에 의해 얻게 되는 것은 무엇일까? 이런 물음에 대해 조직은 집단적 의사결정을 통해 다음과 같은 것을 기대한다(Reitz, 1987: 337-338).

첫째, 대부분 조직은 개인보다 집단이 좋은 의사결정을 한다고 기대한다. 즉 집단이 보다 정확하거나 좋은 판단을 하는 것으로 기대하는 것이다. 특히 조직이 복잡해짐으로써 조직결정이 보다 많이 관련되어 있고 문제에 관한 복잡성이 증가한다. 이에 개인이 하기에는 결정이 너무 거대하다.

둘째, 집단이 개인보다 창의적이라는 믿음이 있다. 혁신적인 해결을 요구하는 복잡한 결정에 직면할 때, 많은 조직은 문제와 관련한 다양한 배경과 경험을 한 집단을 통해 창의성을 향상시킬 수 있다. 즉 집단과정 자체가 창의성과 상상력을

773

촉진한다고 느낀다.

셋째, 조직은 조직구성원에게 영향을 미치는 의사결정을 하는 데 조직구성원
이 의사결정에 참여한다면 집단구성원으로부터 보다 많은 몰입을 획득할 수 있다
고 믿는다. 즉 조직구성원이 의사결정과정에 참여자가 된다면 결정에의 참여, 열
정 및 몰입을 증진하는 효과적인 방법이 될 수 있다.

넷째, 집단적 의사결정이 개인적 의사결정보다 편견 혹은 과도한 편파 경향
이 적다는 것이다. 이것이 배심제도(jury system)가 법적 절차로 활용되는 이유이다.

1) 브레인스토밍과 델파이 기법

집단적 의사결정을 제고하기 위한 기법으로 브레인스토밍과 델파이 기법이
있다(McKinney & Howard, 1998: 268-269).

(1) 브레인스토밍

브레인스토밍(brainstorming)은 집단구성원의 가치를 평가하지 않고 다수의 창
의적 해결을 발생시키도록 하는 과정이다. 이것은 짧은 시간 내에 최대의 아이디
어를 제공하기 위한 메커니즘으로 종종 활용된다. 브레인스토밍은 조직문제에 대
한 창의적 해결이 필요한 상황에서 적절하다. 즉 브레인스토밍은 집단에 대해 창
의적 산출을 진작시킨다. 브레인스토밍 규칙의 목적은 면대면 집단에서 야기되는
어색함을 회피하고, 아이디어를 만들어 내는 것을 자극하는 것이다

이러한 브레인스토밍은 순응에 대한 압력을 최소화하고 대안을 조장하기 위
해 활용하는 단순한 접근방법이다. 이 기법은 비판 없이 대안들에 대한 일반화를
격려한다.

브레인스토밍 회의(brainstorming session)는 리더가 모든 참여자가 이해할 수
있는 언어로 문제를 명확하게 정의하는 소규모 집단에서 이루어진다. 각 참여자들
은 모든 대안들이 기록될 때까지 비판 없이 가능한 한 많은 대안들을 확인한다.
즉 모든 아이디어를 일단 테이블에 올려놓고, 집단은 각 제안에 대한 긍정적인 측

면과 부정적인 측면을 고려하게 된다. 연속적인 개선과정을 통해 상황에서 가장 좋은 해결책을 도출한다.

(2) 델파이 기법

델파이의 기본적인 접근은 설문지를 송부하여 관심 있는 주제에 대해 익명의 판단(anonymous judgement)을 수집하는 것이다.

델파이 기법(delphi technique)은 명목집단기법과 유사하지만 보다 많은 시간소비를 요구하며 좀 더 복잡하다. 델파이 기법은 각 참여자들의 실제적인 참여를 요구하지 않는다. 각 참여자들은 면대면 만남이 허용되지 않는다. 델파이 기법은 면대면의 상호작용에서 발생하는 편견의 영향을 제거하는 판단의 이점이 있다. 이 기법은 다음과 같은 단계를 통해 이루어진다.

① 해결해야 하는 문제에 대해 소수의 전문가(a number of experts)를 명확하게 하고, 이들 전문가의 협조를 요청한다.

② 기본적인 문제(the basic problem)를 각 전문가에게 제시한다. 즉 전문가들에게 문제를 인식하게 한 이후, 세심하게 구조화된 설문지(constructed questionnaire)를 통해 잠재적 해결책을 인식한다.

③ 각 참여자들은 설문지에 답한다. 각 전문가는 문제에 대해 자신의 견해, 제안 및 해결책을 익명으로 그리고 독립적으로 기록한다.

④ 전문가들의 견해는 중심지(central location)에서 편집되고, 기록하고, 재생된다. 즉 설문지 결과는 총괄표로 요약된다.

⑤ 각 전문가는 다른 모든 전문가의 견해와 해결책의 복사본을 수령한다.

⑥ 다른 전문가의 견해에 대한 각 전문가가 새로운 아이디어를 내도록 제안한다. 이들 견해는 중심지에 돌려보낸다. 이러한 방식은 새로운 해결책을 산출하거나 혹은 최초의 입장에서 변화를 일으키게 한다.

⑦ 의견일치에 도달할 때까지 필요하다면 단계 5와 단계 6을 반복한다. 이 과정은 집단구성원의 의견이 합의에 이를 때가지 몇 번의 반복을 통해 지속된다.

이와 같은 방식으로 각 참여자는 독립적으로 첫 번째의 설문지에 자신의 아이디어로 응답한다. 그다음 집단적 동의를 거친 응답결과를 요약하고 다시 평가하기 위해 두 번째 설문지와 함께 요약한 것을 송부한다. 이러한 환류과정을 통해 응답자들은 자신의 초기 응답에 대해 독립적으로 평가할 수 있다. 익명의 집단적 판단 이후 합의된 판단(consensus estimate)이 더 좋은 결정에 도달하게 한다.

이처럼 델파이 기법은 각 개인에게 보다 많은 표현의 자유를 허용한다. 집단은 결정과 관련하여 덜 여과된 정보 혹은 덜 편파적인 정보(slanted information)를 받을 수 있다. 이 기법은 조직에서 이루어지는 의사결정의 질과 시기적절성을 향상시킬 수 있는 메커니즘을 관리자에게 제공해 줄 수 있다.

2) 명목집단기법

명목집단기법(nominal group techniques: NGT)의 집단이 공식적으로 만남은 허용되지만, 각 구성원에 대해 많은 논의를 허용하지 않기 때문에 명목집단기법이라고 한다. 명목집단기법은 의사결정과정 동안 아이디어 교환을 엄격하게 제한한다. 집단구성원들은 모두 참여해야만 한다. 각 구성원들은 독립적으로 자신들의 아이디어를 탐구하도록 요구된다. 모든 구성원들은 하나의 집단으로 만나지만, 자신들의 아이디어를 독립적으로 기술해야 한다. 각 구성원들이 집단에 하나의 아이디어를 제출함으로써 침묵의 기간은 끝난다. 이후 집단은 각 아이디어를 평가한다.

이러한 명목집단기법은 각 집단구성원이 다른 집단구성원의 영향 없이 문제를 독립적으로 고려하는 절차라는 것이 장점이다.

이와 같이 NGT는 구조화된 집단회의(structured group meeting)이다. 이러한 과정을 구체적으로 살펴보면 다음과 같다.

① 개인의 집단(7명에서 10명)이 테이블에 둘러앉아 있지만 서로에 대해 말하지 않는다. 각 사람은 묶음 종이에 아이디어를 적는다.

② 5분 후에 구조화된 아이디어를 공유한다. 테이블을 돌아가며, 각 사람은 하나의 아이디어를 제안한다. 지정된 사람이 전체 집단의 전반적 견해로서 아이디

의사결정 제28장

표 28-4	델파이 기법과 NGT의 비교

Delphi technique	NGT
델파이 참여자들은 전형적으로 서로 익명을 요구한다.	NGT 참여자들은 알고 있는 사이다.
델파이 참여자들은 물리적으로 떨어져 있고, 면대면(face-to-face)으로 만나지 못한다.	NGT 참여자들은 테이블에 둘러앉아 면대면으로 만난다.
델파이 과정에서 참여자 사이의 모든 의사소통은 문서로 된 설문지 방식으로 이루어지고, 그리고 직원의 모니터링에 의해 환류된다.	NGT 과정에서 의사소통은 참여자 사이에 직접적으로 이루어진다.

어를 플립차트(flip chart)에 기록한다. 이러한 과정은 전체 참여자가 더 이상 아이디어를 공유할 수 없을 때까지 지속한다. 이러한 과정의 결과가 아이디어 리스트(보통 18개에서 25개의 아이디어)이다.

③ 투표를 하기 전에 관심을 받은 각 아이디어에 대해 구조화된 논의를 한다. 즉 플립차트에 기록된 각 아이디어에 대한 지지 정도를 분명하게 한다.

④ 각 참여자들은 투표 혹은 순위로 우선순위를 선택하는 독립된 투표에 참여한다.

⑤ 최고 득표를 한 아이디어가 집단적 의사결정이다. 집단적 의사결정은 수학적으로 개인의 투표가 집합된 결과물이다.

3) 중위투표자 모델

중위투표자 모델(median voter model)은 시민과 정치인의 행태적 관점에서 좋은 예측력(predictive power)을 보여 주며, 또한 의사소통이 어떻게 일어나는지 알 수 있는 유용한 모델이다.

공무원은 정치과정에서 참여하는 사람들에게 우선적으로 반응한다. 중위투표자(median voter)는 실질적으로 투표하러 가는 일련의 사람들 가운데 선호의 분배에서 중심에 있는 사람들이고, 따라서 선거를 추구하는 정치인들이 구애하는 사람들이다. 이에 중위투표자는 상이한 이슈에 대한 사람들의 집합 혹은 상이한 사람을 대표한다. 중위투표자는 움직이는 대상(moving target)이다. 즉 사람들의 선호는 자신들의 소득변화와 더불어 변화한다. 또한 선호는 정보와 설득의 외부적인 자극에 따른 반응에 의해 변화한다.

선출되거나 혹은 재선되는 공무원은 투표권자의 적어도 50%의 지지를 필요로 한다. 지지를 획득하는 가장 용이한 방법은 평균으로부터 1 표준편차(standard deviation, sigma) 내에 위치하는 투표권자의 구역에 집중하는 것이다. 즉 평균으로부터 1 표준편차의 증감이 모든 투표권자의 약 2/3를 포함하여, 확실한 다수(majority)가 된다. 이에 정치인은 투표에서 중위투표자의 지지를 얻으려고 시도한다(Ulbrich, 2003: 105-107).

이와 같이 중위투표자 모델은 정부의 재정활동이 예산제약에서 주민의 선호 극대화에 의해 결정된다는 전제에 기반을 두고 있다. 지역주민들 가운데 누구의 선호를 극대화하는 것이 타당한지에 대한 문제를 해결하는 데 있어 지역주민 중 중위소득을 갖는 투표자의 선호가 대표적인 주민의 선호라는 것이다. 이와 같이 정부의 중요한 정책은 주민의 선호를 대표하는 중위투표자에 의해 결정된다.

부록 1: 의사결정 기술에 대한 진단을 위한 설문문항

당신이 실제로 의사결정과정에서 수행하고 있는 상황과 관련된 다음의 문항에 대해 답하시오.

의사결정 과정	의사결정기술의 진단문항	① 전혀 그렇지 않다 ↔ ⑤ 매우 그렇다				
		①	②	③	④	⑤
긍정적 의사결정 을 위한 환경설정	나는 의사결정과정을 시작하기 전에 실질적인 이슈(real issue)를 결정하기 위해 노력한다.					
	나는 자신의 결정을 구조화하는 데 잘 정의된 과정(well-defined process)을 활용한다.					
	나는 집단적 의사결정과정에서 친구의 제안(friends' proposals)을 지지하는 경향이 있으며 그리고 그 제안과 협력하려는 방안을 찾고자 노력한다.					
	나는 나 자신의 결정을 선호하고, 내가 결정한 것을 다른 사람들이 알게 한다.					
잠재적 해결추구	나는 문제에 대한 잠재적 해결(potential solution)을 발견하는 데 있어 나 자신의 경험에 의존한다.					
	나는 해결과 관련하여 많은 이해관계자가 필요이상으로 과정을 복잡하게 만든다고 생각한다.					
	나는 의사결정을 하기 전에 다양한 잠재적 해결을 고려한다.					
대안의 평가	나는 의사결정을 하기 전에 각 대안에 연계된 위험(risks)을 평가한다.					
	나는 때때로 자신의 결정에 대한 실제적인 결과(actual consequences)에 놀란다.					
	내가 선택한 대안의 몇몇은 내가 기대한 것보다 집행하는 데 많은 어려움이 있다.					
의사결정	나는 문제에 대해 강한 직감(gut instinct)을 가지는 경향이 있고, 실제로 나는 의사결정에 있어 직감에 의존한다.					
	나는 각 결정에 대해 가장 좋은 의사결정 도구를 선택하기 위해 필요한 시간을 갖는다.					

779

	나는 의사결정에 있어 가장 중요한 요소를 결정하고, 나의 선택을 평가하는 데 이들 요소들을 활용한다.					
의사결정 점검	나는 의사결정과정이 잘 진행되었다는 것을 알기 때문에, 내가 의사결정을 하면 그것이 최종적인 것이다.					
	내가 나의 결정을 의심한다면, 나는 나의 가정과 과정을 처음으로 되돌아가서 재검토(go back and recheck)한다.					
의사소통 과 집행	나는 나의 결정을 말하기 전에 집행계획(implementation plan)을 만든다.					
	나는 나의 결정을 말할 때, 합리성과 정당한 이유(rationale and justification)를 표명한다.					
	나는 내 계획의 지지를 확보하기 위한 방식으로 나의 결정이 얼마나 신뢰할 수 있는지를 강조한다.					

◇ 의사결정기술의 진단항목에 대한 해석

진단점수	설문결과의 해석
18~42점	의사결정이 충분히 성숙되지 않았다. 신뢰할 수 있는 의사결정을 하기 위해 시간이 요구된다.
43~66점	당신의 의사결정과정은 만족스럽다. 당신은 의사결정과정의 기본에 대한 이해가 충분하다.
67~90점	당신은 의사결정에 있어 훌륭하게 접근하고 있다. 당신은 의사결정과정을 어떻게 설정하고, 잠재적 해결을 어떻게 도출해야 하는지를 알고 있다. 신중하게 대안들을 분석하고, 당신이 알고 있는 것에 기초하여 가능한 한 최상의 의사결정을 한다.

>>> 제29장 조직변화
제30장 조직발전

제7편　조직변화와 조직발전

조직변화

    변화(change)는 모든 조직에서 고유한(endemic) 것이며, 조직이 직면한 도전이기도 하다. 이러한 조직변화에 저항하는 것은 자연스러운 인간적 현상이다. 더욱이 조직변화는 불확실성을 일으키기 때문이다. 조직변화의 결과가 좋을 것인지 혹은 더 나빠질 것인지 정확하게 예측하기가 어렵기 때문이다. 이처럼 조직은 어떻게 변화하는가? 관리자가 행동을 취하기 때문에 조직이 변화하는가? 환경이 조직에 변화를 강요하는가? 조직생활에 있어 예측할 수 있는 단계가 있는가? 등에 대한 물음은 조직변화에 대한 이해를 통해 찾을 수 있다.

    이 장에서는 조직변화의 의의와 변화과정의 요인, 조직변화의 저항요인과 극복방안을 살펴보고자 한다. 이를 통해 조직변화에 놓여 있는 이슈들을 이해하고자 한다.

조직변화의 의의와 원천

1. 조직변화의 의의

조직은 항상 변화를 경험한다. 조직에서의 변화는 다양한 수준 – 개인, 집단, 조직, 조직과 환경과의 관계 – 에서 일어난다. 변화는 조직이 존재하는 한 조직생활의 하나의 특징이다. 조직변화(organizational change)는 현재의 성과에 대한 불만족으로 인해 조직이 새로운 아이디어 혹은 행태(a new idea or behavior)를 채택하는 것이다. 이처럼 조직변화는 현상유지에 대한 대안이다.

특히 조직은 경쟁 가운데 존재하고, 보다 효과적이고 효율적인 기술과 방식을 채택하며, 조직환경과 계속해서 조화롭게 존재하기 위해 변화를 갈망한다. 반면에 조직은 안정성과 예측 가능성을 갈망하기 때문에 변화에 대해 저항한다. 조직이 직면하는 환경적 변화의 정도는 조직에 의해 요구되는 내부적 변화의 양에 중요한 영향을 미친다.

안정성(stability)		급격한 변화(rapid change)
예측 가능성(predictability)	↔	예측 불가능성(unpredictability)
익숙함(familiarity)		익숙지 않음(unfamiliarity)
확실성(certainty)		불확실성(uncertainty)

변화는 다양한 이유에서 일어난다. 외부적 환경은 조직에 대한 끊임없는 도전이다. 즉 환경은 동태적이고, 조직실체의 생존을 위해 끊임없는 적응을 요구하기 때문에 변화는 필연적으로 수반된다. 또한 변화는 조직 내에서도 나온다. 예를 들면, 의사소통이 제대로 작동되지 않을 때, 조직구조가 업무진행에 방해가 될 때, 집단과정이 교착상태에 빠질 때 조직은 변화의 노력이 필요하다.

785

이와 같이 조직변화에 대한 추동력은 어디에나 있다. 즉 조직변화는 조직 자체 내에서도 발견될 수 있으며, 외부적 환경에서도 발견될 수 있다. 특히 조직에서의 변화는 2가지 주요한 추동력에 의해 일어난다. 첫째, 반응적 변화(reactive change)는 조직환경의 변화에 반응하는 욕구로부터 일어나는 것으로 조직에 강요된 변화이다. 둘째, 예방적 변화(proactive change)는 특정한 목적을 가지고 미리 계획된 것이다. 이것은 조직이 원하거나 내적으로 변화에 대한 욕구를 느꼈기 때문에 일어나는 변화이다.

상황적합적 관점에서 조직변화에 대한 시각은 다음과 같다.

① 상황적합적 시각은 조직문제에 대해 어떠한 해결에 도달할 것인가에 대해 처방(prescriptions)지향적이다. 하지만 조직변화의 연구들은 조직이 변화하는 다양한 방식을 기술하는 데 관심을 가진다.

② 상황적합이론가들은 성과를 최대화하는 조직단계를 기술하기 위해 노력한다. 하지만 조직은 최적성과의 방향처럼 항상 좋은 방향으로 변화하는 것은 아니다. 조직변화이론가들은 조직이 최적방향(optimal direction) 혹은 다른 방향으로 변화하는 메커니즘을 밝혀내는 데 관심을 가진다.

③ 상황적합이론가들은 조직시스템이 어떻게 안정화되는가를 기술한다. 변화이론가들은 조직이 조직구조와 과정에서 어떻게 변화하는가에 초점을 둔다. 이들 학자는 조직 내 안정화의 원천에 초점을 두지 않는다.

▶ 조직이 변화에 대해 조직구성원들에게 충분히 인지하게 하는 사항
• 변화가 무엇인가?
• 변화가 왜 필요한가?
• 변화로부터 기대하는 것이 무엇인가?
• 변화로부터 발생하는 약점과 문제점이 무엇인가? 그리고 변화를 어떻게 다루어야 하는가?
• 프로그램, 과업 및 활동에서 요구되는 행태변화(behavior change)는 무엇인가?

출처: Hodge & Anthony(1979: 381).

2. 조직변화의 원천: 변화시스템 모델

변화의 시스템 모델은 조직을 6개의 상호작용하는 변수로 기술하고 있다. 이들 변수는 인적(사람), 문화, 업무, 기술, 설계, 전략이며, 이들 변수는 계획된 변화에 핵심적인 역할을 한다.[1] 이들 변화변수는 조직에 있어 상호작용적이고 동태적인 효과를 가진다.

이들 변수는 [그림 29-1]과 같이 상당히 상호의존적이다. 한 변수의 변화는 다른 변수의 변화를 초래한다. 이처럼 조직변화는 이들 변수를 변화시킴으로써 시작된다. 이들 6개의 변수 모두는 조직 전체(organizationwide)의 변화과정에서 표출된다.

① 인적변수(people variable)는 조직을 위한 개별적 작업에 적용되는 것으로 성격, 태도, 지각, 귀인, 문제해결 유형, 욕구 및 동기부여로 구성되어 있다.

또한 조직 내 사람들(액터)은 변화에 영향을 받는다. 사람의 변화는 구성원들의 태도, 감정, 기술, 능력, 기대 및 관심에서의 변화를 말한다. 이처럼 사람들의 변화는 업무의 조화와 조정을 이끄는 긍정적 태도와 행태유형을 발전시키는 것에 관련되어 있다.

② 문화변수(culture variable)는 조직구성원이 공유한 믿음, 가치, 기대 및 규범을 반영한다. 특히 선발과 평가기준, 보상체계, 교육훈련과 경력개발, 승진절차 등은 조직 문화변수를 유지하고 발전시키는 데 중요한 기능을 수행한다. 더욱이 조직이 요구하는 핵심가치와 신념의 변화뿐만 아니라 최고관리자의 행동은 조직구성원의 행동과 태도에 관한 규범을 변화하게 한다.

③ 업무변수(task variable)는 업무가 단순한가 혹은 복잡한가, 독창적인가 혹은 반복적인가, 표준적인가 혹은 독특한가 등과 같이 업무 자체의 본질을 포함한다. 특히 업무의 변화는 조직의 생산과 서비스의 산출에 관련되어 있다. 예를 들면, 일반적으로 대학생들에게 교육 프로그램을 제공하는 대학교가 주말에 경영자

---

1 Leavitt(1964)는 이러한 변화의 변수로 과업, 구조, 기술(도구) 및 사람(액터)을 들고 있다.

MBA 프로그램(executive MBA Program)을 설치하여 운영한다.

④ 기술변수(technology variable)에는 다양한 조직과정과 관련하여 적용되는 문제해결방식과 기술, 지식의 적용 및 정보기술의 활용이 포함된다.

또한 기술의 변화는 조직의 생산과정에 관련되어 있다. 기술의 변화는 조직의 도구와 운영에 영향을 미친다. 즉 기술에서의 변화는 생산 혹은 서비스를 제공하기 위한 새로운 기술이 포함된다. 예를 들면, 컴퓨터 산업의 발달은 조직의 운영과정을 변화시킨다.

⑤ 설계변수(design variable)는 공식적인 조직구조, 의사소통시스템, 통제, 권위와 책임의 시스템이다. 특히 조직의 성장과 축소뿐만 아니라 새로운 정부활동은 조직의 구조를 변화시킨다. 예를 들면, 차별철폐조치(affirmative action) 요구는 조직에 평등고용기회를 다루는 부서를 설립하도록 강요한다.

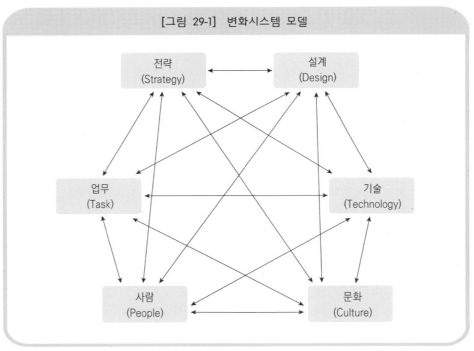

[그림 29-1] 변화시스템 모델

출처: Hellriegel, et al.(1995: 673).

788

⑥ 전략변수(strategy variable)는 조직의 기획과정을 포함한다. 이것은 조직목표를 명확하게 하는 활동, 조직목표를 성취하기 위해 자원을 확보하고, 할당하고, 활용하는 것과 관련한 구체적인 계획을 준비하는 것이다.

3. 조직변화과정의 요소

조직환경이 완벽하게 항상 안정적이지 않기 때문에 조직은 변화에 대한 내부적·외부적 압박에 반응해야만 한다. 조직이 변화과정의 요소들을 놓치게 된다면 변화과정은 실패하게 될 것이다. [그림 29−2]와 같이 조직변화의 과정은 욕구 혹은 아이디어가 첫째로 일어나고, 변화하기 위해 각 단계가 완성되어야만 한다(Daft, 1983: 262−263).

① 욕구(need): 관리자가 현재 성과에 대해 불만족할 때 변화에 대한 욕구가 일어난다. 지각된 문제는 실제적 성과와 바람직한 성과 사이에서 갭의 형태로 존재한다.

② 아이디어(idea): 아이디어는 어떤 것을 하기 위한 새로운 방식이다. 아이디어는 조직에 의해서 수행될 수 있는 모델, 개념 혹은 계획이다. 아이디어는 조직구성원을 관리하기 위한 새로운 기술, 새로운 기계, 새로운 생산일 수 있다. 아이디어는 관리자가 성과에 대해 느끼는 불만족을 줄이는 잠재력이다. 조직구성원은 새로운 아이디어에 관해 학습하고, 아이디어가 업무수행에 있어 보다 효율적인 방법이라는 것을 인식하게 된다.

③ 제안(proposal): 제안은 조직 내 어떤 구성원이 새로운 행태, 아이디어, 혹은 기술에 대한 채택을 요구했을 때 일어난다. 제안은 문제가 어떻게 해결되고, 성과가 어떻게 향상되는가를 보여 주기 때문에 매우 중요하다.

④ 채택에 대한 결정(decision to adopt): 조직이 제안된 변화를 채택하는 선택을 했을 때 결정이 일어난다. 다만 크고 중대한 변화는 이사회에서 결정되고 법적 서류에 서명이 요구된다.

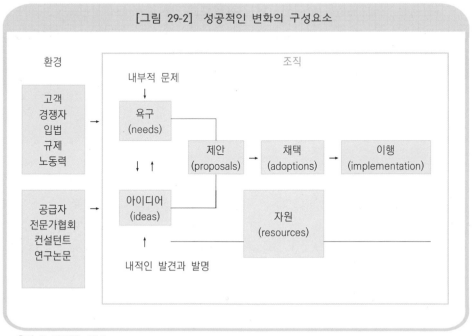

[그림 29-2] 성공적인 변화의 구성요소

출처: Daft(1983: 264).

⑤ 자원(resources) : 변화를 가져오기 위해서는 인적자원과 활동이 요구된다. 변화는 자원을 요구한다. 변화는 스스로 일어날 수 없다. 변화가 성공적으로 이행되기 위해서는 자원이 변화에 할당되어야만 한다.

제2절 조직변화의 저항과 극복방안

1. 조직변화의 저항

변화가 항상 쉬운 것은 아니다. 우리 모두는 삶에서 변화에 저항하는(resist) 경향이 있다. 특히 오랫동안 뿌리 깊은 습관과 가치를 변화시키는 것은 매우 어렵다. 더욱이 저항의 원인은 개인적 특성에 기인하기보다는 오히려 변화에 직면했던 경험과 과거의 강화역사(reinforcement history)에 뿌리를 두고 있다. 또한 대부분의 조직구성원은 현상유지에 보다 많은 관심이 있다.

조직에 있어서도 변화에 대한 저항이 항상 존재하며, 때로는 조직의 효과성과 생존을 위협하기도 한다. 조직변화에 대한 저항 원인을 간략하게 살펴보면 다음과 같다.

첫째, 조직변화에 대한 저항은 조직구성원의 개인적 차원에서 일어난다. 즉 변화는 가끔 새롭고 다른 직무의무를 요구한다. 이에 개인은 새로운 방식 혹은 도구를 처리하는 자신의 능력을 때로는 신뢰하지 않을 수 있다. 이리하여 조직구성원들은 조직변화에 따른 재정적 손실을 두려워하고, 지위하락, 직무만족의 감소를 꺼려하여 새로운 변화에 대해 저항한다.

둘째, 조직변화에 대한 저항은 집단적 차원에서 일어난다. 즉 조직에 있어 구성원들이 변화에 저항하는 주된 이유는 사회적 관계를 방해하는 것에 관련되어 있다. 즉 조직변화는 집단구성원의 유대를 가끔 위협한다. 나아가 조직변화는 집단구성원이 공유한 집단규범과 비공식적인 관계를 혼란시키기 때문에 저항이 일어난다. 나아가 집단의 응집력(group cohesiveness)이 너무 강한 조직에 있어서 변화는 더 많은 저항을 겪게 된다. 즉 강한 집단응집력은 집단이 변화하고 적응하는 기회를 질식시키게 된다(정우일 외, 2011: 116).

> ▶ 변화에 저항을 일으키는 문제
> • 보다 낮은 지위(lower status)로 지각되는 변화
> • 공포(fear)를 일으키는 변화
> • 직무내용(job content)에 영향을 미치는 변화
> • 활동의 권위 혹은 자유를 줄이는 변화
> • 설정된 업무 루틴(work routines)에 지장을 초래하는 변화
> • 집단관계(group relationships)를 재조정하는 변화
> • 구성원에 대한 설명 혹은 참여 없이 강요하는 변화
> • 정신적 혹은 육체적 무기력(physical lethargy) 때문에 저항하는 변화
>
> 출처: Reitze(1987: 568).

2. 조직변화의 저항에 대한 극복방안

개인들은 자신들의 삶에 어느 정도의 안정성과 예측 가능성을 요구한다. 변화는 이러한 기본적 욕구를 위협하는 것이다. 변화는 적응을 요구한다. 어떤 적응요구는 스트레스를 유발하기도 한다. 이에 변화에 대한 저항(resistance to change)을 극복하는 것은 조직변화 노력에의 성공을 보장하는 데 중요한 변수가 된다. 이리하여 변화에 저항을 일으키는 구체적인 힘을 세밀하게 분석해야 한다.

조직변화에 대한 저항을 극복하려는 방법에는 대체로 3가지 접근－구조적 접근법, 행태적 접근법, 일반적 접근법－이 고려된다.

1) 구조적 접근법(structural approach)

구조적 접근법은 조직환경의 변화 정도에 의존된다. 다음과 같은 구조적 접근은 비교적 간단하다. 첫째, 변화에 대한 구조적 접근법은 조직을 특징짓는 공식

적 관계와 업무흐름(task flows)에서의 변화를 강조한다. 조직문제를 해결하기 위한 노력으로 직무에 대한 정의를 명확하게 하고, 직무내용, 관계, 조정메커니즘, 기능적 분화, 통솔의 범위 등을 변화시키는 것이다. 또한 업무성과를 향상시키기 위해 작업흐름에 부합되게 업무흐름을 수정한다.

둘째, 조정의 비용을 줄이기 위해 분권화하거나, 하부단위에 대한 지배 가능성(controllability)을 제고하거나, 혹은 목표지향 행태에 대해 동기부여를 증가시키는 노력이다. 또한 구조적 변화는 관리계층의 수를 줄이기 위한 저층구조(flatting the organization)의 형식을 취하기도 한다.

셋째, 구조적 변화는 조직구성원에 대해 스트레스 원인이 될 수 있는 직원의 재배치(staff redeployments)와 가외성(redundancies)이 가끔 동반되기도 한다.

2) 행태적 접근법(behavioral approach)

행태적 접근법에는 참여적 의사결정, 감수성 훈련(sensitivity training), 관리 그리드와 같은 구조화된 훈련 프로그램 등이 포함된다. 행태적 접근법이 성공한다면, 개인적 태도를 변화시킬 뿐만 아니라 개인 간 관계를 향상할 수 있을 것이다.

나아가 조직이 외부환경에 대한 변화에 성공적으로 대처하기 위해서는 가끔 조직의 문화에 대한 변화가 필요하다. 문화적 변화는 가장 어려운 과제이기도 하다. 즉 구조에서의 변화는 비교적 단기간에 이루어지지만, 조직구성원의 행태와 가치를 변화시키는 것은 불가피하게 장기간이 소요된다.

또한 조직은 조직구성원 사이에 존재하는 변화에 대한 저항의 태도를 극복하기 위해 다음과 같은 태도를 조사할 필요가 있다. 이러한 태도조사 항목으로는 ① 변화의 본질과 목적에 대한 이해의 부족, ② 관리층의 동기와 능력에 대한 신뢰 부족, ③ 이기심과 개인손실에 대한 공포(fear of personal loss) — 변화과정이 개인적 조건에 대한 악화를 초래할 것이라는 신념, ④ 불확실성과 알려지지 않은 것에 대한 공포, ⑤ 사회적 손실(social loss) — 변화가 작업장에서 비공식적 집단의 해체를 초래할 것이라는 공포 등이 있다(Campbell, 1999: 119).

3) 변화저항에 대한 일반적 접근법

변화에 대한 저항은 피할 수 없지만 대부분의 변화는 잘 극복된다. 조직변화에 대한 최대한의 수용을 추구하는 관리자는 개인들이 자발적으로 수용하는 변화의 속성을 잘 고려해야 한다. Kotter와 Schlesinger(1979)는 [그림 29-3]과 같이 변화에 저항하는 문제를 다루기 위한 6가지 일반적인 접근법을 제시하고 있다.

변화관리에 대한 가장 단순한 접근은 '만약 하지 않으면, 그땐 … 와 같이 접근한다(if not, then … approach)'와 같이 계층적으로 다루는 것이다. [그림 29-3]과 같이 이전의 시도에 의해 극복되지 않는다면 다른 단계를 준비해야 한다. 즉 모든

[그림 29-3] 변화과정의 관리

교육과 의사소통(education and communication)
변화에 영향을 받는 모든 집단(all affected parties)에 대해 목적과 과정에 대한 의사소통

↓

참여(participation)와 관여
변화에 대한 필요성과 변화가 어떻게 이행될 것이라는 설계와 수행에 대해 참여를 허용

↓

조장과 지원-상담(consultation)
변화에 영향을 받는 모든 집단에 대한 자발적인 협력을 얻기 위한 상담

↓

협상(negotiation)과 동의
최후 준수(ultimate compliance)를 가능하게 하기 위해 몇 가지 양보를 마련함

↓

조작(manipulation)
전복, 선전(propaganda), 감정적 호소(emotional appeal)와 같은 조직기술을 활용하여 변화에 영향을 받는 집단에게 영향을 미침

↓

강요(coercion)
강력한 집행권(executive power)의 행사를 통해 변화를 강제함

출처: Campbell(1999: 121).

시도가 실패했을 때 그것을 좋아하든 싫어하든 영향을 받는 모든 사람에 대해 강요에 의해 변화를 시도하는 과정이다.

① 교육과 의사소통(education and communication) : 증가된 의사소통을 통하여 변화에 관련된 사실과 정보를 제공하라. 이것은 변화의 필요와 논리에 대해 변화 이전에 개인을 교육시키기 위한 일대일 토의(one-on-one discussion), 그룹 프레젠테이션, 메모, 리포트 형식을 취하는 것이다.

② 참여와 관여(participation and involvement): 변화에 영향을 받는 사람들에게 설계와 수행에 있어 참여를 허용함으로써 변화가 어떻게 일어나는가 대해 목소리를 가지게 허용하라. 특별위원회 혹은 프로젝트 팀은 관여를 증대하기 위한 유용한 도구일 수 있다.

③ 조장과 지원(facilitation and support) : 변화를 다루기 위해서 훈련과 사회정서적 지원(socioemotional support)을 제공하라. 이것은 변화상황에서 일어나는 성과압박을 극복함에 있어 교육의 시간, 효과적인 청취와 카운슬링, 지원에 의해 수행될 수 있다.

④ 협상과 동의(negotiation and agreement) : 실질적 저항자 혹은 잠재적 저항자에 대해 인센티브를 제공하라. 이것은 변화의 다양한 국면에 대해 협상의 형태를 취할 수 있고, 영향을 받는 사람들의 관심을 수용하는 거래를 취할 수 있다.

⑤ 조작과 협력(manipulation and cooptation) : 개인에게 영향을 미치기 위해 은밀한(covert) 시도를 활용하라. 그리고 바람직한 변화가 최대한의 지원을 받을 수 있게 선택적으로 정보를 제공하라. 이 접근법은 사람들이 조작되고 있다는 것을 깨닫게 된다면 문제가 발생할 수 있다.

⑥ 명시적·암시적 강요(explicit and implicit coercion) : 변화에 따라오지 않는 저항자에게는 바람직하지 않은 결과를 예고하는 무력과 위협을 활용하라. 이 접근법은 저항을 극복하는 데 매우 성공적이지만, 강요를 받은 사람들에게 바람직하지 않은 태도를 조장시킬 수 있고, 차후 역기능적 행태의 형성을 초래할 수 있다.

제 3 절 조직변화의 기반

1. 역사적 기반

조직은 항상 변화하지만, 1950년 이전에는 대부분의 관심이 관리행태에 놓여 있었다. 즉 환경의 역할이 무시되었고, 조직변화를 일으키는 것은 모두 관리행태로 이해했다. 과학적 관리, 조직설계, 인간관계 모두가 관리의 효과성을 향상시키기 위한 도구였다.

1950년대와 1960년에 있어 계획된 조직변화(planned organizational change)는 조직발전과 조직설계 학자들로부터 관심을 받기 시작했다. 상황적합이론가들은 조직발전 학자와 같이 환경을 조직설계의 근거로 이해한다.

1960년대 후반에 조직발전이 조직 병(organizational ills)의 만병통치약이 아니며, 몇몇 조직설계학자들이 주장하는 매트릭스 설계(matrix designs)가 항상 성공하지 않았다는 것이 명백해졌다. 이에 조직이 변화하는 과정은 무엇인지에 의문을 가지게 되었다.

2. 철학적 기반

현대 조직변화이론가들은 모두 개방시스템 이론가들이다. 이들 학자는 조직과 환경과의 상호의존성을 강조할 뿐만 아니라 조직의 하부시스템 사이의 내적 상호의존성을 강조한다.

1) 내부적 원천 대 외부적 원천(internal versus external)

학자마다 서로 다른 변화의 원천에 초점을 둔다. 몇몇 학자들은 환경에 의해 조직변화의 계기를 기술하고, 다른 학자들은 내부적 긴장(internal tension, 예를 들면, 조정의 문제)에 의해 일어나는 변화에 초점을 둔다.

2) 자연적 변화 대 적응적 변화(natural versus adaptive)

자연적 시스템이론가들은 조직변화의 유형을 예측하는 데 초점을 둔다. 이들은 조직에서 일어나는 변화를 기술한다. 적응적 이론가(adaptive theorists)는 다른 압력에 대해 상이한 반응이 형성되는 것으로 조직을 기술한다. 이들 학자는 관리적 재량(managerial discretion)을 중요한 것으로 이해한다.

[그림 29-4] 조직변화의 유형

변화의 유형		변화의 원천	
		내부적 원천	외부적 원천
변화의 유형	자연적 유형	조직의 내부적 원동력(internal dynamics)이 라이프사이클을 일으킨다.	환경이 관리적 통제 이외의 변화를 유인한다.
	적응적 유형	관리적 행위(managerial action)가 변화를 일으킨다.	환경과 환경에 대한 관리적 반응(managerial responses)이 변화를 일으킨다.

출처: Narayanan & Nath(1993: 137).

제 4 절　조직변화의 이론적 틀

　　조직변화는 여러 가지 방식으로 일어난다. 조직변화의 모델은 〈표 29-1〉과 같이 5가지로 유형화할 수 있다.

　　① 인구생태학 모델은 환경이 어떤 조직형태를 선택하는지를 묘사한다.

　　② 자원의존 모델은 조직이 결핍한 자원을 확보하는 전략과 어떻게 조직효과성을 확보하는지를 설명한다.

　　③ 제도이론가는 조직이 불확실성에 대처하기 위한 수단으로서 모방을 지적한다.

　　④ 라이프사이클 모델은 조직의 필수불가결한 조직 라이프를 기술한다.

　　⑤ 혁신과 계획된 변화과정은 조직 내 관리자들이 새로운 아이디어와 변화를 어떻게 도입하는지를 기술한다.

표 29-1　조직변화의 모델

구 분	변화의 모델				
	인구생태학	자원의존	제도이론	라이프사이클	혁신
변화유형	생존 혹은 실패	효과성	조직 사이의 유사성	조직 연령(aging)	새로운 아이디어의 채택
변화원천	환경	환경적 액터(actors)	다른 조직	내부적 역학관계	관리자
변화메커니즘	선택	외부자원의 의존	모방 (imitation)	자연적 원인	관리적 결정

출처: Narayanan & Nath(1993: 151).

1. 인구생태학 모델

인구생태학 모델(population ecology model)은 생물학의 자연도태이론(natural selection)으로부터 발달했다. 생물학자의 이론은 어떤 생명체가 사라지는 반면에 다른 생명체는 왜 탄생하고 생존하는지 그 이유를 설명하기 위해 노력한다. 핵심적 원리는 적자생존(that are best fitted to the environment survive)의 유형이다.

조직이론가들은 생물학자들이 주장하는 다음의 2가지 주요한 가정을 뒤따른다. 인구생태학자들은 조직변화를 설명하기 위해 생물학으로부터의 사고를 채택한다. ① 조직은 환경적 변화에 적응하기 위한 제한된 능력을 가진다. ② 변화의 과정은 궁극적으로 환경에 의해 통제된다. 이처럼 인구생태학 모델은 변화의 원천으로서 환경에 초점을 두며, 자연적 시각(naturalistic perspective, 외부-자연)으로부터 변화를 본다.

생태학자들은 조직은 환경에 의해 통제되는 자원을 위해 경쟁한다고 주장한다. 승리자와 패자(who wins and who losses)는 환경에 의해 결정된다는 것이다. 변화는 현존하는 조직의 수정을 통해서 혹은 현존하는 조직이 제거되고 새로운 조직을 통해 일어난다. 인구생태학자들은 조직이 왜 생존하는가 하는 것보다 오히려 조직이 어떻게 생존하는가(how rather than why organizations survive)를 설명한다. 이

표 29-2 인구생태학 모델

변이(variation)	선택(selection)	보유(retention)
- 조직에서의 변이 혹은 차별성이 조직변화를 위한 첫 번째의 요구이다. - 조직에서의 차별성이 진화과정(evolutionary processes)을 개시하게 한다.	- 새로운 조직형태의 선택은 환경적 제약(environmental constraints)의 결과이다. - 환경이 적자생존의 조직을 선택한다. - 환경적 기준에 부합한 조직은 적극적으로 선택되고 생존한다.	- 보유는 선택된 조직형태의 보존(preservation)이다. - 다양한 틈새(various niches) 속에서 그에 가장 적합한 조직이 존속된다.

출처: Narayanan & Nath(1993: 139).

들 학자는 변화의 원천에 대해서는 무관심하다.

인구생태학자들은 변화를 기술함에 있어 3단계를 제안한다. 변화의 3단계는 〈표 29-2〉와 같이 변이(variation), 선택(selection), 보유(retention)이다. 이 모델은 환경적 압박이 조직활동의 핵심적 원동력인 자원에 대해 경쟁을 하게 만든다는 것이다. 이들 3단계가 조직이 어떻게 탄생하고, 생존하고 혹은 소멸하는가를 설명한다. 성공적인 조직실체는 인구를 통해 확산된다.

2. 자원의존이론가

자원의존이론가들(resource dependence theorists)은 조직생존의 열쇠로 환경으로부터 자원을 획득할 수 있는 조직능력(organization's ability)에 초점을 둔다. 이에 조직변화는 변화하는 자원의 상황에 의해 촉발된다. 이 이론에 따르면, 조직의 효과성은 자원을 확보할 수 있는 능력에 의존한다. 비효과적인 조직은 생존할 수 없다.

자원의존이론은 4가지 주요한 아이디어-① 자원의 문제, ② 조직의 외부적 통제, ③ 통제에 부합하는 전략, ④ 내부조직과정의 영향-로 요약된다.

1) 자원의 문제(the problem of resources)

조직은 생존을 위해 자원을 획득한다. 조직은 자원을 통제하는 다른 조직과 상호작용해야만 한다. 즉 조직은 자원획득의 문제와 불확실성으로 인하여 환경에 의존한다.

2) 조직의 외부적 통제(the external control of organization)

자원을 통제하는 환경요인은 조직, 그룹 혹은 개인이다. 조직의 지위는 조직에 영향을 미치는 중요한 자원을 통제하는 정도에 의해 결정된다. 이에 조직은 통제와 자유재량의 변화에 따른 동태적인 행동의 결과에 연루되어 있다.

3) 통제를 관리하는 전략(strategies to manage control)

조직은 환경적 요인을 관리하기 위해 몇 가지 전략을 활용한다. 조직은 환경적 요인에 순응한다. 조직은 ① 자신들의 활동에 관한 정보흐름을 제한함으로써, ② 자신들의 의존성을 다양화(diversifying)함으로써, ③ 자신들의 합법성(legitimacy)을 제고하기 위해 정보를 조작(manipulating)함으로써 다른 조직으로부터의 영향을 피한다. 조직은 집단활동에 의한 자원흐름에 있어 안정성과 확실성을 추구한다.

4) 내부조직과정의 영향(influence on internal organizational process)

외부통제는 조직에 있어 권한과 통제의 배분을 변화시킴으로써 내부적 조직과정에 영향을 미친다. 권한은 조직에 있어 리더십 지위의 승계에 영향을 미친다.

3. 제도주의이론가

제도주의이론가들(institutional theorists)은 조직이 변화하는 과정으로서 모방(imitation)에 초점을 둔다. 이 이론에 의하면, 조직관리자는 같은 환경에 놓여 있는 다른 조직을 모방한다. 이에 제도주의이론가들은 변화하는 환경에서 적응하려는 능력을 가지고 있다는 점에 동의한다.

다른 조직의 실체를 모방하는 이유는 2가지이다. ① 관리자가 조직환경의 불확실성에 직면했을 때 다른 조직이 유사한 불확실성에 직면한다는 것을 가정한다. 즉 성공적인 조직의 실체를 모방한다. 이것은 불확실성을 줄이는 데 도움이 된다. ② 관리자들은 환경으로부터 합법성을 추구한다. 너무 상이한 것에 대해 고객으로부터 비난을 받고 싶어하지 않는다.

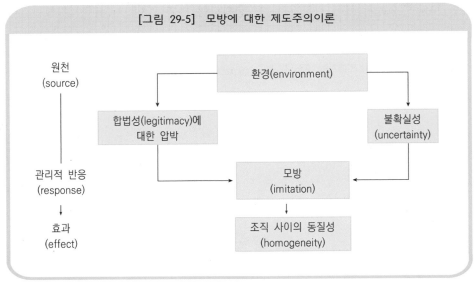

[그림 29-5] 모방에 대한 제도주의이론

출처: Narayanan & Nath(1993: 145).

4. 조직 라이프사이클

1) 조직 라이프사이클의 5단계

조직 라이프사이클(organizational life cycle)의 개념은 조직성장과 변화에 관한 유용한 사고방식을 제공한다. 이 개념은 조직이 탄생하고, 역사가 지나면서 성장하고, 궁극적으로 약해진다는 것이다. 각 단계는 연속적이고 자연적인 과정을 따른다. 이처럼 모든 조직은 기본적인 5단계의 라이프사이클을 경험한다. 이들 단계는 탄생(birth), 성장(growth), 성숙(maturity), 퇴보(deterioration), 소멸(death)이다. 조직은 한 단계에서 다음 단계의 라이프사이클로 이동함으로써 변화한다. 이러한 라이프사이클은 모든 조직이 직면하는 주요한 변화이다. 조직은 각각의 주요한 변화에 대처하기 위해 상이한 전략을 채택하기도 한다(Hodge & Anthony, 1979: 389-390).

(1) 탄생단계(birth phase)

새로운 조직은 제한된 제품과 서비스 라인을 갖추고 소규모의 시장에 봉사하게 된다. 탄생단계에 있어 조직의 구조와 정책은 단순하고 비공식적이다. 조직구성원과 관리자는 매일 면대면 상호작용을 한다. 관리적 기법은 조직성장단계를 위해 혁신과 위험을 감수하는 것이다.

(2) 성장단계(growth phase)

조직이 급속하게 성장하는 기간에는 보다 복잡한 구조와 포괄적인 정책과 절차를 전개하게 된다. 이때 조직은 성장에 대처하기 위해 관리적 통제가 요구된다. 또한 바람직한 관리적 기술에는 혁신이 포함되며 보다 전문화된다.

(3) 성숙단계(maturity phase)

성숙단계는 지속적인 성장을 위해 시장을 팽창시키려는 기술이 강조된다. 통합적이고 간소화하여 운영할 수 있는 관리자가 가치가 있다. 조직구조는 보다 확고하게 설정되는 경향이 있다.

(4) 퇴보단계(deterioration stage)

퇴보단계는 조직의 생산과 서비스 및 조직구성원이 완만한 속도로 줄어들게 된다. 변화하는 조직환경의 요구에 대처하기 위해 구조와 정책을 변화하기 위한 노력을 한다. 관리자는 긴축운영(retrenchment operations)을 할 필요가 있다. 조직의 역할과 임무에 대한 재정의가 일어난다.

(5) 소멸단계(death phase)

조직은 스스로 재활성화를 위해서 새로운 관리기법과 시스템을 채택하기 위해 시도한다. 하지만 조직이 스스로 반전시키지 못한다면 소멸하게 된다. 소멸은 합병 혹은 통합(merger or consolidation)을 통해 이루어지기도 한다. 이때 조직의 이미지, 정체, 법률적 지위가 명확하게 변화된다.

특히 조직의 쇠퇴(decline)는 조직의 작업장, 존속이유, 예산, 혹은 고객의 규모가 감축되는 것을 말한다. 쇠퇴는 환경적 자원에 대한 조직의 통솔이 줄어들 때 혹은 환경 자체가 빈곤해질 때 일어난다(Daft, 1983: 147). Whetten(1980)은 조직이 쇠퇴하는 이유로 다음과 같이 4가지를 들고 있다.

① 조직의 위축(organizational atrophy) : 위축은 조직이 오래되거나, 비효율적이거나, 경직될 때 일어난다. 조직이 성공에 익숙하여 더 이상 예리한 점이 없다.

② 취약성(vulnerability) : 취약성은 조직환경에서 조직이 번영하는 데 있어 조직적 무능력을 반영하는 것이다. 이러한 현상은 조직이 소규모이고 충분히 조직화되지 않은 상태에서 일어난다.

③ 합법성의 상실(loss of legitimacy) : 어떤 서비스나 혹은 자원이 합법성을 잃은 것이다. 죄수는 사회 주류(mainstream)로서 어떤 가치를 산출하지 못하기 때문에 감소한 자원의 배분을 받을 수밖에 없다.

④ 환경적 엔트로피(environmental entropy) : 이것은 조직을 지원하는 환경적 능력의 감소를 말한다. 외부적 자원이 충분하지 못한 것이다. 이것은 침체하는 경제(a stagnating economy)에서 조직이 직면하는 상황이다. 외부적 자원의 기반이 더 이상 성장하지 못하는 것이다.

2) Larry Greiner의 성장단계

Greiner(1972)는 조직성장의 가장 유용한 모델을 제시했다. Greiner는 조직의 구체적인 구조가 조직의 성장과 발전단계에 적절하지 않을 때 고통을 겪는 것을 관찰했다. Greiner는 조직 라이프사이클의 5개 성장단계(탄생, 지시에 의한 성장, 위임에 의한 성장, 조정에 의한 성장, 협력에 의한 성장)를 제시하고 있다. 각 단계는 위기에서 제휴한다. Geiner는 각 단계에서 다음의 2가지 관점을 제시하고 있다. ① 각 위기의 해결(resolution)은 다음 단계의 이동을 요구한다. 각 위기 이후 새로운 발달 단계로 발전한다. ② 쇠퇴(decline)는 어디에서나 일어날 수 있다. 쇠퇴를 방지하는 것은 관리적 책임이다.

(1) 탄생(birth through creativity)

조직은 모험적인 사업가가 생산의 기회를 감지했을 때 탄생한다. 초기의 조직은 소규모, 비관료제적이며, 원맨쇼(one-man show)이다. 최고관리자가 구조와 통제시스템을 제공한다. 조직의 창조자는 생산과 시장에 관한 기술적 활동에 에너지를 쏟는다. 조직이 성장함으로써 조직구성원이 증가되고, 행정적 요구사항이 증가하게 된다.

조직의 설립자가 관리활동에 기술이 부족하거나 혹은 관심이 적을 때 조직의 위기가 일어난다. 이것은 성장을 제한하게 된다. 즉 조직탄생에서 리더십 위기(leadership crisis)가 일어나게 된다. 이것을 해결하기 위해 조직은 강한 지시에 의한 성장단계로 이동해야만 한다. 이리하여 관리적 기술을 소개할 수 있는 강한 관리자가 필요하게 된다.

(2) 지시에 의한 성장(growth through direction)

리더십의 위기가 해결되면, 강력한 리더십이 확보되고, 조직은 분명한 목표와 지시를 개발하기 시작한다. 부서는 권위의 계층제, 직무할당, 노동분업에 따라 설치된다. 조직은 기계적 방식(mechanistic mode)으로 이동한다.

하지만 조직구성원들이 공식적 조직구조에 의해 자치권이 제한된다는 것을 깨닫게 될 때 새로운 위기가 일어난다. 이러한 자치권의 위기(autonomy crisis)는 강한 리더십과 비전에 의해 성공적으로 조직을 장악한 최고관리자가 책임을 양도하지 않고자 할 때 일어난다. 즉 최고관리층이 조직을 강하게 통제하는 한 하위계층의 구성원들은 전문지식이 부족한 결정에 대해 과도한 부담을 가지게 될 것이다. 반면에 하위계층의 구성원들은 고객, 생산의 문제, 성과에 관한 다른 문제에 대해 긴급하게 대응할 수 있는 자치권을 원할 것이다. 그러나 하위계층 관리자는 의사결정을 할 수 없는 위기에 봉착하게 될 것이다.

(3) 위임에 의한 성장(growth through delegation)

조직이 다음 단계의 발전으로 이동하기 위해서는 위임의 위기(delegation crisis)를 해결해야 한다. 이를 위해 관리자는 하위계층의 구성원들에게 위임을 늘려야 하고, 권위를 부여해야 한다. 하위계층의 구성원들은 의사결정에 새롭게 부여된 자유를 활용함으로써 활기가 일어날 것이다. 하지만 조직운영에서 위임이 증가함으로써 최고관리자는 통제의 상실에 대한 위기를 느끼게 될 것이다. 또한 과도한 자치권은 성과를 감소하게 한다. 그러므로 조직은 통솔의 위기를 극복하기 위해 노력해야 한다.

(4) 조정에 의한 성장(growth through coordination)

통솔위기(control crisis)를 해결하기 위해 조직은 증가된 부서와 활동을 조정하기 위한 새로운 기법을 개발할 필요가 있다. 즉 통솔의 위기에 대한 반응은 복잡한 조정기법이다. 이에 최고관리자는 분권화된 조직에 있어 목표통일을 유도하기 위해 공식적인 계획 실행, 재정 및 운영 통제를 설정한다. 이러한 새로운 조정시스템은 최고관리자와 실무부서 사이의 연계메커니즘을 형성함으로써 조직을 지속적으로 성장하게 한다.

하지만 인적자원이 재집중화될 때 조직은 과도한 레드테이프에 빠지게 되는 위기를 맞이하게 된다. 레드테이프 위기(red-tape crisis)로 쇄신이 질식되고, 조직은 과도한 관료제화(overbureaucratized)에 빠지게 된다.

(5) 협력에 의한 성장(growth through collaboration)

조직이 새로운 시각의 협력과 팀워크를 통해 레드테이프 위기를 해결한다. 관리자는 직면한 문제와 업무를 위한 기술을 개발한다. 팀워크가 강조되고, 공식적 시스템이 단순화되며, 일시적인 테스크 포스(task forces)가 보편화된다.

이와 같이 Greiner(1972)는 조직이동(organization moving)을 반복적인 위임과 통

806

제의 사이클을 통해 설명한다. 조직은 성장함에 따라 공식화와 분권화를 향해 이동한다. 부가적인 복잡성은 새로운 생산라인과 전문분야를 초래하게 된다. 또한 조직은 기계적 유형과 유기체적 유형 사이에서 움직이며 성장한다. 변화의 원천은 핵심적인 관리자이며, 관리자는 환경적 압박에 대해 반응하고, 선호하는 목표를 실현하기 위해 변화를 모색한다. Creiner의 성장단계는 조직의 규모가 증가함으로써 관료제화가 초래된다는 통찰력을 제공하고 있다.

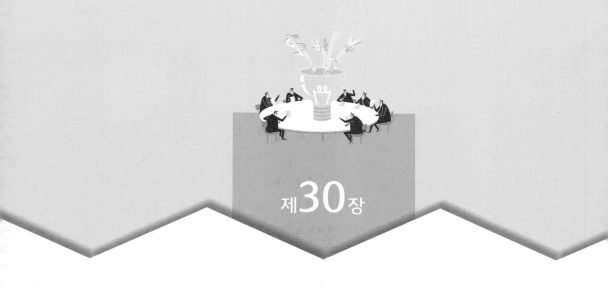

제30장

조직발전

　　발전(development)은 변화와 성장을 제안한다. 이에 조직발전은 긍정적 성장(positive growth)을 위해 사람과 조직을 변화시키려는 노력이다. 조직발전(OD)은 다양한 응용행태과학의 원리를 활용하여 조직의 효과성과 건강성을 위해 인적시스템의 과정에서 개입하는 노력이다. 또한 OD는 전체 시스템 내 여러 가지 시스템의 조정을 향상시킴으로써 조직성과와 개인의 발전을 도모하려는 일련의 지식과 실천이다. 이처럼 OD는 변화를 위한 새로운 접근법이다. OD는 진단연구와 변화에이전트(change agent)에 의한 지속적인 개입을 통해 고객의 참여를 강조한다. OD는 성공을 위해 장기적 개입이 요구된다.

　　이러한 OD의 의미와 특징, OD의 기반, 한계 등을 살펴보고자 한다.

제1절 조직발전의 의의와 특징

1. 조직발전의 의의

조직발전(組織發展, organization development: OD)은 조직기능을 향상하기 위한 모든 활동을 언급한다. 조직발전은 조직이 스스로 향상하고, 갱신하는(to improve and renew) 과정이다. 조직발전은 ① 조직의 효과성과 건강성을 향상하기 위해, ② 전체 조직에서, ③ 계획되고, ④ 상부로부터 관리되고, ⑤ 행태과학지식을 활용하여 조직과정에서 계획된 개입의 노력이다.

이처럼 조직발전은 행태과학연구와 이론에 기반을 둔 계획되고 체계적인 조직변화과정이다. 조직발전의 핵심은 조직의 인적자원에 활력을 부여하고, 활성화하고, 갱신하는 과정이다. 또한 조직발전은 독특한 특징을 가진 구체적 변화전략을 말한다. 이에 조직발전은 조직목표, 작업시스템, 전략, 정책, 절차, 작업집단의 행태 및 구조에 대한 비판적 검토(critical examinations)가 포함된다.

- 조직발전은 변화에 대한 반응(a response to change)이며, 조직에 대한 신념, 태도, 가치 및 구조의 변화를 의도하는 복잡한 교육적 전략(complex educational strategy)이다.
- 조직발전은 행태과학지식(behavioral science knowledge)을 활용하여 조직과정에 있어 계획된 개입(planned interventions)을 통하여 조직의 효과성과 건강성을 증가하기 위해 상부로부터 관리되고, 계획되는 조직 전체(organizationwide)의 노력이다.
- 조직발전은 조직목적을 성취하기 위해 유기적 시스템의 기능을 향상시키는 조직에의 인간과정(human processes)을 강화하는 것이다.
- 조직발전은 조직문화의 효과적이고 공동적인 관리를 통하여 조직 문제해결(organization's problem-solving)과 개선과정(renewal processes)을 향상시키기 위한 장기적 노력이다.

조직발전의 정의에 관련한 목적, 목표 및 본질은 다음과 같이 정리할 수 있다.

1) 목적(objective)

조직발전의 목적은 조직의 기능을 향상하는 것이다. 조직발전의 바람직한 결과는 조직이 조직문제와 조직 자체의 개선에 대해 보다 잘 대응하고, 해결하는 데 관련한 개인, 집단 및 조직과정에서의 변화이다. 즉 조직발전은 협동적 단계(collaborative stage)에 도달하기 위한 수단이다. 협동적 단계는 팀 활동, 대인관계에 관련한 차이와 대립의 해소, 공식적 시스템에 대한 보완, 개방적이고 정직한 의사소통을 강조한다.

조직발전의 3가지 하위목적은 ① 가치 혹은 태도를 변화시키는 것, ② 행태를 수정하는 것, ③ 구조와 정책에 있어 변화를 유도하는 것이다.

2) 목표(targets)

조직발전에서의 변화는 조직의 사회적 가정과 인간적 가정을 지향한다. 인간적 가정에 있어 조직발전은 각 개인을 복잡한 욕구(a complex set of needs)를 가진 사람으로 다룬다. 또한 조직발전은 인간의 전반적 잠재성을 발전시키기 위해 각 조직구성원에게 기회를 제공한다. 그리고 조직발전은 보다 효과적이고 협동적인 조직문화 관리를 통하여 조직의 문제해결과 재생과정을 향상하기 위한 장기적인 노력이다. 이리하여 조직발전은 개인의 신념, 태도와 가치, 조직과정에서 작업집단과정으로의 바람직한 변화이다.

3) 본질(nature)

노력의 본질인 측면에서의 조직발전은 장기적이고, 계획되며, 전 조직에 미치는 과정(long-range, planned, systemwide process)이다. 이에 보다 효과적인 조직을 전개하기 위한 끊임없는 변화는 전체 조직에 대한 이해가 요구된다. 또한 조직발전은 장기적인 전망(long-range in outlook)이며, 장기적 개입을 유지한다. 이처럼 조직발전은 장기적인 과정이고, 또한 조직발전에 많은 변수들이 영향을 미치기 때문에 조직발전 노력과 성공적인 변화 사이의 직접적인 관계를 관찰하는 것은 종종 불가능하다.

2. 조직발전의 특징

조직발전은 조직 내의 신념, 가치, 태도, 시스템에 영향을 미치기 위해 의도된 재교육 전략이다. 이러한 조직발전은 다음과 같은 주요한 특징이 있다.

① 조직발전은 계획된 것이고 문제지향적인 것(problems-oriented)이다. 조직발전은 관리적 기획을 이행하는 데 관련된 모든 구성요소를 변화시키기 위한 데이터 기반 접근법(data-based approach)이다. 조직발전은 조직문제의 해결을 위해 행태과학을 포함한 다양한 학문으로부터의 이론과 연구를 적용한다.

② 조직발전은 실질적인 내용과 대비되는 집단과 조직과정을 강조한다.

③ 조직발전은 조직행태의 보다 효과적인 방식에 대한 핵심적인 학습 단위로서 작업팀(work team)을 강조한다. 또한 조직발전은 작업팀의 공동관리(collaborative management)를 강조한다.

④ 조직발전은 전체적 시스템 영향(total system ramifications)을 강조한다. 조직발전은 조직의 기술, 구조와 관리과정에 조직의 인적자원과 잠재력을 밀접하게 연계시키는 방식이다. 이리하여 조직발전은 관리과정에 필수적인 부분이다. 즉 조직발전은 외부인에 의해 조직에 대해 어떤 것을 수행하는 것이 아니다.

⑤ 조직발전은 행태과학자(behavioral scientist), 컨설턴트, 변화에이전트(change agent), 촉매(catalyst)를 활용한다.

⑥ 조직발전은 지속적이고 계속 진행하는 과정(ongoing process)으로서 변화노력의 관점을 제안한다. 즉 조직발전은 하나의 간단한 수리전략이 아니라 장기적인

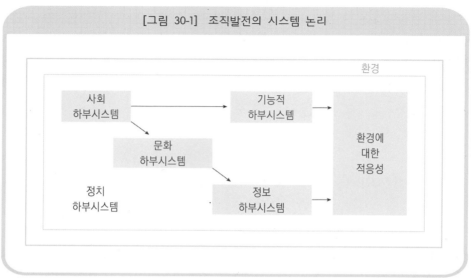

[그림 30-1] 조직발전의 시스템 논리

출처: Narayanan & Nath(1993: 394).

개입(long-range intervention)이다.

　⑦ 조직발전의 강조점은 향상하는 데 있다. 또한 조직발전은 행동지향적 (action-oriented)이다. 즉 조직발전의 초점은 성취와 결과에 있다.

　이와 같은 조직발전의 특성에 비추어 시스템 모델에서 조직발전은 내부적 조직과정(의사결정, 의사소통, 문재해결)을 향상하는 데 명확하게 초점을 둔다. 이에 조직발전은 조직의 투입과 산출을 명확하게 명시하지는 않으며, 이는 환경에 대해서도 마찬가지이다. 즉 조직발전의 초점은 내부적 시스템 과정이다.

　[그림 30-1]과 같이 조직발전의 대상은 조직 내 일상적 기반에서 정규적으로 일어나는 인간과 사회과정인 사회적 하부시스템이다. 사회적 하부시스템 과정을 향상시킴으로써 기능적 하위시스템 및 정보하부시스템에 적절한 변화가 일어난다. 이것은 조직환경에 대한 적응성을 향상시킬 것이다. 조직발전은 조직 내의 사회적 하부시스템을 지향한다.

이에 조직발전 실무가들은 조직효과성에 대해 2가지 기준을 옹호한다. 첫째, 조직발전은 조직에 대한 적응능력(adaptive capabilities)을 향상하는 데 초점을 둔다. 둘째, 조직발전은 조직 내 개인과 집단의 발전에 초점을 둔다. 즉 조직발전은 효과적으로 기능할 수 있도록 개인과 집단의 능력을 향상시키기 위해 노력한다. 조직발전의 주요한 대상은 조직의 관리자와 구성원이다. 이처럼 조직발전은 조직생활을 통해 조직의 효과성과 인간적 실현(human fulfillment)을 강조한다.

3. 조직발전의 과정

OD 과정은 행동연구와 변화에이전트에 의한 지속적인 개입과정이며, 조직구성원의 가치, 태도 및 신념을 변화시키고, 지속적인 참여를 강조한다. OD 과정은 계속 진행되고 상호작용하는 과정(ongoing, interactive process)이며, 행태과학지식(심리학, 사회학, 인류학, 사회심리학, 정신의학 등)이 적용된다. 또한 OD 과정은 시스템 시각으로 조직에 접근한다. 즉 개인의 변화는 집단에 영향을 미치며, 집단의 변화는 조직에 영향을 미친다는 시각이다.

이와 같이 조직과정은 문제해결과 미래의 변화를 체계적으로 관리하고, 조직능력을 향상하고자 조직에 대해 지식과 기술을 변화시키기 위한 진단, 행동계획, 이행, 평가를 수행하는 지속적인 과정이다.

1) 진단단계

OD 과정의 첫 번째 단계는 조직의 현재 상태에 대한 정보를 수집함으로써 상황을 진단하는 것이다. 이러한 진단(diagnosis)은 전체 조직 혹은 조직의 주요한 하부부서에 대해 이루어진다. 진단은 때로는 부서 내의 집단 혹은 개인에 초점을 둔다. 이 단계에서 OD 실무자는 현재의 조직과정(의사결정과정, 의사소통 패턴, 인터페이스하는 집단 사이의 관계, 갈등관리, 목표설정과 기획방법)을 조사한다.

813

2) 행동단계

조직문제들을 진단한 후, 행동단계(action stage)가 개시된다. 이 단계는 OD 개입으로 특정된다. OD 개입은 광범위한 계획된 활동을 포괄한다. OD 개입의 목적은 조직구성원이 자신의 직무를 보다 잘 관리하도록 도움을 제공함으로써 조직의 효율성을 향상시키는 것이다.

3) 과정유지(process-maintenance)단계: 이행단계

행동단계가 개시됨에 따라 OD 실무자들은 모든 것이 계획에 따라 진행되고 있음을 보증하고 환류를 감시해야만 한다. 개입이 시기적절하게 제공되고 있는지, 개입이 적절한지, 조직구성원들이 프로그램에 지속적으로 관련하고 있는지, 프로그램에 투자하고 있고 몰입하고 있는지 등에 대해 효과적으로 관리해야 한다.

4) 평가단계

평가단계(evaluation stage)는 조직발전과 관련한 변화의 이행에 대해 조직과정 추적을 통해 계획된 변화노력을 평가하는 것이다. 즉 조직발전을 통해 조직구조와 과정이 변화되거나 혹은 향상되고 있는가를 평가한다. 또한 OD 프로그램의 대인관계 개입을 통해 개인과 집단의 행태와 태도에 변화가 있는지 등을 평가한다.

이러한 OD 과정을 통한 성공적인 OD의 최종결과는 [그림 30-2]와 같다. 즉 OD의 결과로서 ① 경쟁보다는 협동(collaboration), ② 갈등과 문제해결에 대한 수단으로서 개인과 집단 사이의 개방적이고 정직한 대결(open and honest confrontation), ③ 신뢰의 분위기(atmosphere of trust), ④ 유연성과 혁신(flexibility and innovation), ⑤ 개별적인 원칙보다 오히려 합의(consensus)를 통한 팀 리더, ⑥ 모든 방향에서의 개방적 의사소통, ⑦ 개인적 목표뿐만 아니라 조직목표에 관련한 보상시스템 등의 특징을 가진 자기혁신적 조직(self-renewing organization)으로 거듭나게 된다.

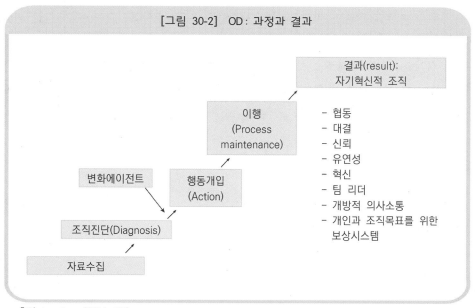

[그림 30-2] OD : 과정과 결과

결과(result):
자기혁신적 조직

이행
(Process
maintenance)

변화에이전트

행동개입
(Action)

조직진단(Diagnosis)

자료수집

– 협동
– 대결
– 신뢰
– 유연성
– 혁신
– 팀 리더
– 개방적 의사소통
– 개인과 조직목표를 위한
  보상시스템

출처: Lundgren(1974: 421).

4. 조직발전의 한계

조직발전이 대체로 변화에 대한 효과적인 접근법이라는 데는 대부분 동의하고 있다. 하지만 조직발전에 대한 한계와 비판이 없는 것은 아니다.

첫째, 조직발전은 권력의 역학관계(power dynamics)를 효과적으로 다루지 않는다. OD 전문가들은 결과－협동, 높은 대인관계의 신뢰, 개방성, 정직성, 의사결정의 분권화, 권위의 공유－를 추구한다. 하지만 권력의 현실을 다루는 기술은 오히려 제한적이다. 그럼에도 불구하고, 권력을 다루는 기술은 필요하다. 예를 들면, 팀 리더가 회의에 참석하는 것을 거부하거나 혹은 의사결정과정에 권력을 공유하기를 꺼린다면 팀 빌딩 회의를 개최하는 것은 매우 어려울 것이다.

둘째, 소수집단(minority group), 여성, 고령층의 조직구성원이 조직의 보상관계에 진입하는 것을 OD는 거의 지지하지 않는다. 대부분 OD 개입은 장기적인 프로젝트이다. 하지만 관리자는 단기적 문제에 집중하는 경향이 있다. 이러한 방식은 보다 빠른 결과를 산출하는 것이 필요하다

　셋째, 조직발전은 장기적인 전망이다. 그러므로 복잡한 요인은 결과를 측정하는 데 어려움이 있다. 즉 조직의 많은 내·외적 변수들이 OD에 영향을 미친다.

제 2 절   조직발전의 기반

1. 역사적 기반

　조직발전 분야는 역사적으로 미국과 영국에서 발전된 것이다. 가장 중요한 것은 ① 국가훈련실험실(National Training Laboratories, NTL)에 의한 실험실 훈련운동, ② 미시간 대학교에서 발전된 서베이 연구와 환류방법론(survey research and feedback methodology)의 발전, ③ 영국의 Tavistock 인간관계연구소(Insttute Human Relations)의 작업장 개선 노력 등이다.

1) 실험실 훈련

　1946년에 발전된 실험실 훈련(laboratory training)은 참여자들이 상호작용을 통해 집단과정에 대해 학습하는 비구조화된 소규모집단 상황(unstructured small-group)을 활용한다. 이 방법의 정신적 아버지는 Kurt Lewin이다. Lewin은 행동연구와 집단역학(group dynamics) 분야를 개척했다. 즉 Lewin은 실험실 방법 혹은 T-group(실험실 집단)을 만들었다.

　T-group 실험은 훈련생(trainees)을 자기자신과 집단구성원의 태도와 신념에

대해 민감하도록 조장하는 것이다. 아이디어는 우리가 가지고 있는 선입견, 편견, 잘못된 믿음을 인정하고, 이것을 교환하는 것이다.

전형적인 T-group은 낯선 사람들로 구성된다. 즉 집단구성원 개개인들은 집단실험실에 도착하기 전까지 서로 모르는 사이이다. 이 실험에서 낯선 집단의 아이디어는 거부되고 조직 내 현재 작업집단의 업무로 관심이 이동된다. 이에 개입의 초점은 개인들 사이에서 조직단계로 이동된다. 즉 조직발전의 노력은 실험실 경험으로부터 작업상황에 대한 학습으로 이전되는 이슈를 고려하는 것이다.

T-group 실험에 대한 비판자들은 실험실에서 학습하는 것이 조직에서 유용한 것인지에 대한 경험적 증거가 미흡하다고 주장한다. 즉 훈련으로부터의 전이(transfer)가 매우 미흡하게 일어난다. 또한 훈련기법 자체가 실험에 참여하는 사람들의 정신적 건강을 위협한다는 것이다. 나아가 비평가들은 민감하고, 개방적이고, 신뢰의 행태가 몇몇 조직에서는 비생산적일 수 있다는 것이다(Hodge & Anthony, 1979: 399).

2) 서베이 환류

서베이 환류(survey feedback)는 작업장 기간 동안 서베이 조사와 데이터 환류하는 것을 말한다. Lewin은 1945년에 MIT에 집단역학관계 연구센터(The Research Center for Group Dynamics)를 설립했다. 1947년 Lewin이 사망한 이후, 연구원들이 Michigan의 서베이연구센터(Survey Research Center)로 이동했다. 이후 이 연구소는 사회연구소(Institute for Social Research: ISR)로 변경되었고, 서베이 환류는 ISR에서 개선되었다.

서베이의 중요한 결과는 먼저 최고관리층에게 보고되고, 조직을 통해 하부계층으로 전달된다. 환류는 작업집단에서 행해지고, 각각의 상관과 중간관리자와 함께 데이터를 논의한다. 8개 회계부서가 반복적인 서베이를 통해 질문한다. 이것이 새로운 환류모임 사이클(a new cycle of feedback meeting)을 일으킨다. 이런 연구를 통해 연구자들은 다음과 같은 사실을 발견했다.

① 조직구성원의 설문지 결과를 유용하게 활용하기 위한 집중적 집단논의절차(intensive group discussion procedure)는 조직에서 긍정적 변화를 유도하는 효과적인 도구가 될 수 있다.

② 조직의 효과성은 전체적인 절차를 인간관계시스템에 초점을 둔 사실에 부분적으로 달려 있고, 자신의 직무, 문제 그리고 작업관계의 맥락에서 구성원과 관리자를 다룬다는 사실에 부분적으로 기인된다.

이러한 서베이 환류는 집단 상호작용에 대한 강조, 작업집단 구성원에 의한 데이터 진단, 조직적으로 관련된 이슈에 초점을 둔다는 점에서 조직발전의 특성을 보여 준다.

3) Tavistock 모델

1950년 초 영국의 Glazier Metal Company의 관리책임자인 Wilfred Brown과 행태과학자 Elliott Jacques가 과제를 수행했다. Glazier 과제는 조직은 사법부, 행정부, 입법부의 하부시스템의 상호작용을 가진 사회·정치적 구조의 축소판(microcosm)이라는 것을 보여 주었다. 이 과제는 변화에이전트는 조직에 대해 시스템 관점을 채택해야 한다고 제안한다.

이후 계획된 조직변화에 대한 가장 중요한 기여는 영국의 Tavistock 인간관계연구소(Institute of Human Relations)이다. 이 연구소는 2가지를 기여했다. 하나는 업무배경을 사회적 하부시스템과 기술적 하부시스템 2가지로 구성된 것으로 간주하는 사회기술적 시스템 개념이다. 이것은 전형적으로 작업장에 대한 구조적 재설계의 필요성으로 이어진다. Tavistock의 두 번째 기여는 집단역학 접근법(group dynamic approach)에 대한 공헌이다.

4) 사회문화적 환경(sociocultural milieu)

조직이 직면한 환경은 점차로 격동적이 된다. 후기산업사회의 격동은 개인의 태도와 행태 그리고 사회제도에 영향을 미쳤다. 이 점에 있어 Bennis와 Slater는 후기산업사회는 점차로 임시시스템(temporary systems)이 된다고 주장한다. 이런 시스템에서 직무상황은 때때로 급격하게 변화하고, 일시적인 문제해결 집단과 쉽게 해결되지 않는 과제에 상당히 의존하게 된다. 이러한 일시적인 것(transience)은 2가지 조건을 불러온다. 첫째, 증가되는 불안정한 생활에 대한 신속하고 건설적인 반응을 필요하게 만든다. 둘째, 격동적인 사회문화적 환경은 조직의 관료제 구조의 적응능력을 초월하게 한다.

조직발전이 부상하는 시대는 비할 데 없이 풍족한 사회였다. 개인적 기대가 증가하기 시작했고, 사람들은 고용계약보다 업무로부터 많은 것을 기대했다.

2. 철학적 기반

조직발전에 대한 초기의 옹호자들은 사회개혁에 관한 열정을 공유했다. Lewin은 관료제의 비인간화 경향(dehumanizing tendencies)을 바꾸는 데 관심을 가졌다. McGregor는 Theory Y 접근법의 옹호자였다. Argyris는 작업장에서의 인간화(humanization)를 지속적으로 강조했다.

1) 인간행태의 개념

대부분 조직발전 실무자들은 인간에 대한 개화된 개념(an enlightened concept)을 공유한다. 이에 McGregor는 2가지 상이한 인간행태의 개념을 기술한 Theory X와 Theory Y를 제시했다.

Theory X의 가정은 인간은 본질적으로 나태하고, 업무를 싫어하고, 가능한 업무를 회피하고자 한다. Theory X의 가정에 기초한 리더들은 강압적, 처벌, 재정적 보상의 활용으로 부하직원을 통솔한다.

반면에 Theory Y는 업무가 즐겁고, 사람들은 열심히 업무를 수행하고, 개인적 목표와 욕구를 성취하기 위한 기회가 주어진다면 책임을 맡는다는 것을 가정한다. McGregor는 Theory X는 더 이상 쓸모가 없고, Theory Y는 현대 조직관리를 위해 적절하다고 주장한다.

이와 같이 조직발전은 Theory Y의 인간과 같이 2가지 가정에 기초한다. 하나의 가정은 대부분의 개인들은 지원적이고 도전적인 환경이 제공된다면 개인적 성장과 발전을 위해 노력할 것이라는 점이다. 다른 하나의 가정은 대부분 사람들은 조직환경이 허용하는 것보다 높은 수준으로 조직목표에 헌신하고자 노력한다. 이러한 가정에 의해 OD 개입은 사람은 지속적인 성장의 상태(a continual state of growth)라는 신념에 기초하고, 이러한 성장은 조직과 개인을 위해 긍정적 이점을 초래할 것이라고 주장한다.

2) 조직에 대한 가정

첫째, 조직발전에 있어서의 가정은 개인의 수준을 넘어서 집단과 조직의 수준으로 확장된다. 대부분의 조직발전 실무자들은 사회적 하부시스템에 초점을 두기 때문에 조직의 시스템 본성을 믿는다.

둘째, 조직발전 실무자들은 관료제적 구조(bureaucratic structures)가 Theory X 조건을 일으키고 개인의 능력을 억압하기 때문에 역기능적이라고 가정한다. 이 점에 있어 Argyris는 노동의 분업, 명령통일, 계층제적 관리와 같은 조직특성은 개인의 성장욕구, 자기조절, 다양성, 자치권을 억압한다고 주장한다.

셋째, 조직발전은 대부분의 현대조직이 대규모 관료제적 특성을 지니고 있기 때문에 조직효과성 향상을 위해 상당한 여지가 있다고 가정한다.

820

3) 권력공유와 민주주의

대부분 조직발전 실무자들은 조직에 있어 권력공유와 민주주의에 대해 긍정적인 견해를 갖고 있다. 이들은 권위주의적 구조가 생산성을 억압하고, 그리고 필요한 변화에 대한 수용성을 줄인다고 본다. 조직의 권위주의 성향에 대응하는 것은 민주주의적 가치를 배치하는 것이다. 이 점에 있어 Lewin의 연구에 따르면, 집단구성원에 의한 참여 정도가 증가될수록 변화에 대한 수용 정도가 향상된다는 것이다.

4) 행동을 위한 기반으로서 연구

조직발전은 건전한 이론과 실제에 기반을 둔다. 조직발전은 술책 혹은 유행이 아니라 다양한 학문의 이론과 연구에 견고하게 기반을 둔다.

조직발전 활동의 중요한 목적은 조직에 있어 개인들의 일상적인 사고에 행태과학의 아이디어를 도입하는 것이다. 의사결정을 하는 동안 모든 적절한 정보를 유용하게 하는 것은 과학적 접근의 측면으로 보여진다. 행태과학의 지식이 많을수록 조직발전에 대해 보다 합리적 접근과 의문에 대해 보다 개방적인 접근방식을 취할 수 있을 것이다.

3. 이론적 기반

3가지 이론적 질문이 조직발전의 분야에 중요한 역할을 했다. 조직에서 계획된 변화의 단계를 어떻게 개념화하는가? 행동과학은 무엇인가? 조직발전에 있어 행동과학 컨설턴트의 역할은 무엇인가?

1) 계획된 변화의 단계: Lewin-Schein Model

변화과정의 가장 단순한 개념이 Lewin-Schein 모델이다. Lewin은 물리학으로부터 아이디어를 빌려와 힘의 장(a field of forces)으로서 사회시스템을 그렸다. Lewin은 현재의 사회시스템 상태는 어떤 조건 혹은 힘에 의해 유지되며, 어떤 결과를 도출하기 위해 변화되어야 하는 조건을 드러낸다고 주장한다. Lewin의 주된 관심은 집단을 변화시키는 것에 관련되어 있다.

Lewin-Schein 모델은 조직변화를 3가지 단계과정으로 개념화하고 있다. 이들 3가지 단계는 주어진 방식으로 운영되는 시스템의 해빙단계, 새로운 형태로의 이동단계, 새로운 유형으로의 재결빙단계 등이다.

이 모델은 계획된 변화개입(change intervention)을 위한 도구로서 기여하고, 순차적인 모델(sequential model)이다. 이것은 각 단계에서 채택될 필요가 있는 활동의 유형을 제안한다.

① 해빙단계(unfreezing): 계획된 변화노력의 첫째 단계는 현재의 힘의 장으로부터 사회시스템을 해제(unlocking) 혹은 해빙시키는 것이다. 성공적인 변화를 시작하기 위해서는 긴장감(a sense of tension)이 존재해야만 하고, 영향을 받는 사람들 사이에서 변화에 대한 욕구를 느껴야 한다. 해빙단계에서 변화를 위한 힘은 긴장으로 나타난다. 변화를 위한 바람은 정상적으로 작동되어야 하고, 동원되어야 하며, 주어진 방향으로 진행되어야 한다. 해빙단계는 T-group, 관리훈련 세미나, 서베이에 의한 환류에 참여하는 것이다.

② 이동단계(movement): 두 번째 단계는 바람직한 변화의 방향으로 행태이동(behavioral movement)이 일어나는 것이다. 활동이 최초의 운영 모형에서부터 새로운 단계로 시스템에서 일어날 수 있도록 계획되어야 한다. 이동단계는 조직의 재구조화, 팀 발달, 혹은 다른 유사한 개입에 관련되어 있다.

③ 재결빙단계(refreezing): 어떤 변화가 항구적으로 진행되기 위해서는 새로운 힘의 장이 창조될 필요가 있고 재결빙의 욕구가 있어야 한다. 그렇지 않으면 높은 성과단계로의 변화는 오래가지 못한다. 재결빙단계는 새로운 정책 혹은 규범, 심

지어 새로운 보상시스템으로 구성되어 있다.

2) 행동과학: 행동연구

행동연구모델(action research model)은 고객시스템의 개입과정에서 변화에이전트(change agent)를 강조한다. 행동연구는 7가지 단계에 초점을 둔 사이클적 과정(cyclical process)이다. 이 모델은 고객과 컨설턴트 사이의 공동협력을 강조한다. 진단과 행동계획을 하는 동안 두 집단 사이에 밀접한 협력이 이루어진다. 변화에이전트는 데이터와 결론에 대해 개방적이며, 고객을 격려한다.

① 문제의 인지(problem identification) : 조직에 있어 중요한 관리자 혹은 권력과 영향력을 가진 사람이 변화에이전트에 의해 해소되어야 하는 문제가 조직에 있다는 것을 지각할 때 시작되는 단계이다.

② 행태과학 전문가와의 상담(consultation with a behavioral science expert) : 행태과학 전문가는 전형적으로 변화에이전트 혹은 컨설턴트로 명명된다. 컨설턴트는 시스템의 외부 혹은 조직의 내부구성원이다. 변화에이전트는 시작에 있어 개방성과 협력성을 설정하기 위해 시도하고, 전형적으로 고객시스템과 자신이 가진 일련의 가치와 가정을 공유해야 한다.

③ 자료수집과 초기진단(preliminary diagnosis) : 이 단계는 변화에이전트에 의해 수행된다. 전형적으로 설문지, 인터뷰, 관찰, 자료수집을 위한 조직성과 자료에 의존한다.

④ 고객집단에 대한 환류(feedback to client group) : 컨설턴트에 의해 수집된 자료는 집단 혹은 작업팀 회의에서 고객에게 환류된다. 환류단계는 고객이 조직의 장점과 약점을 결정하도록 도움을 제공하는 데 관심이 있다. 컨설턴트는 고객에게 유용한 모든 자료를 제공한다.

⑤ 문제에 대한 진단의 결합(joint diagnosis of problems) : 이 단계에 있어 집단은 변화에이전트와 환류에 대해 논의하며, 무엇이 문제인가에 대한 질문을 작업하는 집단과 논의한다.

⑥ 행동계획(action planning) : 집단이 문제에 대한 작업을 결정하면 컨설턴트와 고객이 채택할 미래의 행동에 대해 함께 논의한다.

⑦ 행동 이후 자료수집(data gathering after action) : 행동연구가 사이클적 과정이기 때문에 행동을 취한 이후에 행동의 영향을 관리하고, 측정하고, 결정해야 한다. 그리고 고객시스템에 대해 결과를 환류하기 위해 데이터가 수집되어야만 한다. 결국 이 과정은 재진단(rediagnosis)과 미래행동으로 이어진다.

3) 컨설턴트의 역할: 개입이론

조직은 부서, 집단 및 개인들 사이에 의사소통과 조정을 어떻게 향상시키는가? 조직은 정규적으로 높은 양질의 의사결정을 어떻게 보장하는가? 조직은 고객(stakeholder)에 반응하기 위해 일상적인 활동에서 일어나는 조정문제를 어떻게 관리하는가? 이러한 문제를 해결하기 위해 조직은 컨설턴트를 채용한다. 이들 컨설턴트는 조직발전을 위한 전문가들이다.

개입이론의 중요한 물음은 다음과 같다. 조직발전에 있어 컨설턴트의 역할은 무엇인가? 활용되는 구체적 기법에 관계없이 효과적인 개입의 특성은 무엇인가?

Argyris는 변화는 개입효과성에 대한 적절한 측정이 아니라고 주장한다. Argyris는 개입이 어떤 고객시스템의 단계에 도움이 된다면 관련된 실질적 이슈에 관계없이 수행되어야만 하는 기본적이고 필요한 과정에 초점을 두어야 한다고 지적한다. Argyris는 3가지 주요한 개입활동의 업무를 제안하고 있다. Argyris는 타당한 정보에 기초하여 고객시스템이 현재의 상태가 상황에 가장 적합한지를 수시로 결정해야 한다고 강조한다.

① 유효한 정보(valid information) : 개입은 확실하고 유용한 정보를 제공한다. 유효한 정보는 고객시스템에 대해 문제를 일으키는 요인과 상관관계를 기술한다. 컨설턴트에 의해 수행되는 진단활동은 전체 고객시스템을 대표한다. 진단활동은 시스템에 의해 통제될 수 있는 변수에 초점을 둔다.

② 자유로운 선택(free choice) : 고객시스템은 자유로운 선택을 한다. 자유로운 선

824

택은 자동적인 선택이 아니라 자발적인 선택을 의미하며, 고객시스템의 의사결정 소재에 놓여 있다. 행동의 자유로운 선택과정은 행동이 정확한 상황분석에 기초해야만 한다는 것을 의미한다.

③ 내부적 몰입(internal commitment) : 개입은 고객시스템이 선택된 해결책에 부합되게 행해지는 정도에 따라 성공 여부가 결정된다. 내부적 몰입은 고객시스템이 높은 정도의 소유권을 경험하는 것이고, 선택과 선택에 대한 실행에 대해 책임감을 가지는 것을 의미한다.

제 3 절　개　입

1. 개입의 의의

조직발전은 현재의 상태에서 바람직한 상태로 조직을 이동하기 위한 개입활동의 선택, 타이밍, 그리고 연속이다. 개입(介入, interventions)은 구체적인 목적을 달성하기 위해 설계된 특정한 활동 혹은 전략이다. 예를 들면, 조직발전과정에 있어 특정한 활동은 최고 관리집단 내에 의사소통을 향상하는 데 초점을 둘 수 있다. 이것을 팀 빌딩 개입(team-building intervention)이라고 한다.

개입은 비교적 단기간에 초점(short-term focus)을 두는 별개의 활동이다. 반면에 전략은 개입 사이의 상호관계에 초점을 두며, 조직발전과정의 체계적인 면과 장기간에 초점(long-term focus)을 둔다.

① 진단개입(diagnostic intervention) : 진단개입은 데이터를 수집하고 분석하는 데 목적이 있고, 근본적인 문제의 원인을 밝혀내고, 적절한 변화를 계획한다.

② 변화개입(change intervention) : 변화개입은 진단단계에서 계획한 방향으로 조직을 이동하는 것이다.

개입은 Lewin-Schein의 3가지 단계로 확장된다. 주요한 진단개입은 시스템을 해빙(unfreeze)하는 것을 돕는다. 변화개입의 타이밍은 이동단계(movement stage)가 적절하다. 재결빙단계는 전형적으로 조직발전과정의 제도화(institutionalization)와 조직발전에 연계한 특정한 구조적(변화) 개입을 포함한다.

2. 진단개입

조직진단은 조직발전과정의 모든 단계에 제공된다. 조직시스템에 대한 명확한 이해는 개개인들 사이에서 발전될 수 있기 때문에 조직진단은 조직과 환경의 다양한 사람과 부분으로부터 데이터의 체계적인 수집이 포함된다. 진단활동이 사람들의 행태와 태도를 변화시키고, 최고관리자들 사이의 열정과 몰입을 일으키고, 그리고 변화에 대한 힘을 발생시킨다. 이 때문에 진단은 개입으로 고려될 수 있다. 이에 진단은 시스템을 해빙하기 위한 중요한 메커니즘이다.

정확한 진단을 위한 공식은 없지만 다음과 같은 질문을 활용할 수 있을 것이다(Ivancevich & Matteson, 1990: 617).

① 그 문제가 문제의 징후(symptoms)로부터 뚜렷하게 다른 것이 무엇인가?
② 문제를 해결하기 위해 변화되어야만 하는 것이 무엇인가?
③ 변화로부터 기대되는 결과(목적)는 무엇인가? 그리고 이들 결과는 어떻게 측정될 수 있는가?

이러한 질문의 해답은 조직정보시스템에서 일상적으로 발견되는 정보로부터 도출된다. 혹은 위원회나 프로젝트 팀(task force)을 통해 특별한 정보를 만들어 낼 필요가 있을 것이다. 관리자와 종업원 사이의 회의는 다양한 견해를 제공할 것이다. 기술적인 운영문제는 쉽게 진단될 수 있지만, 보다 미묘한 행태적 문제는 광범위한 분석이 요구된다.

특히 관리자는 진단국면을 취하기 전에 2가지 중요한 결정을 해야 한다. 하나는 관리자가 종업원이 과정에 참여하는 정도를 결정해야만 한다. 다른 하나는 관리자가 변화주도자(change agent)를 활용할 것인지를 결정해야만 한다.

1) 부하의 참여 정도(degree of subordinate participation)

부하가 발전 프로그램에 활동적으로 관여하는 실질적 정도는 단순히 양자택일의 결정(either-or decision)이 아니다. [그림 30-3]과 같이 변화에 대해 2가지 극단적 위치－일방적 혹은 위임－와 중간적 접근법(middle-of-the-road)로 이해할 수 있다.

첫째, 일방적인 접근법(unilateral approach)에서 부하들은 발전 혹은 변화 프로그램에서 어떠한 기여도 할 수 없다. 문제에 대한 정의와 해결은 관리에 의해 수행된다. 이것은 결정에 의해 수행된다. 이 접근법은 구조에 초점을 둔다.

둘째, 일방적인 접근법과 극단적 위치에 있는 것은 위임접근법(delegated approach)이다. 이 접근법에서 부하들은 발전 프로그램에 활동적으로 참여한다. 즉 토의집단에서 관리자와 부하들이 만나고, 문제를 토의하고, 적절한 발달방식을 확인한다. T-group 형태에서의 강조점은 개개인의 자기인식(self-awareness)을 증대시키는 것이다. 위임접근법은 상관과 부하의 상호작용에 초점을 둔다. 이 접근법은 모든 부하들이 참여하는 분위기를 만드는 것이다.

셋째, 공유접근법(共有接近法, shared approach)은 의사결정에 있어서 권위의 공

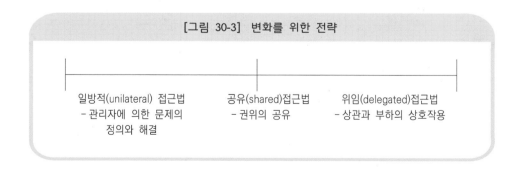

[그림 30-3] 변화를 위한 전략

일방적(unilateral) 접근법
－관리자에 의한 문제의
　정의와 해결

공유(shared)접근법
－권위의 공유

위임(delegated)접근법
－상관과 부하의 상호작용

827

유(sharing of authority)에 초점을 둔다.

2) 변화에이전트의 역할(the role of change agents)

사람들은 전통적 해결방식에서 해답을 추구하려는 경향이 있기 때문에 외부자의 개입을 필요로 한다. 개입자 혹은 변화에이전트는 상황에 대한 다른 시각을 가져오고, 현재의 상황에 대해 도전하게 한다.

변화 프로그램의 성공은 조직 내의 주요한 의사결정자와 변화에이전트 사이의 관계에 대한 질과 가동성(workability)에 상당히 의존한다. 조직개입에 있어 3가지의 변화에이전트를 고려할 수 있다.

첫째, 외부 변화에이전트(external change agent)는 변화를 가져오기 위해 개입하고, 제안을 제공하도록 요청된 사람들이다. 외부 변화에이전트는 조직이 직면하는 문제와 관련하여 변화에이전트의 견해 및 의사결정의 견해와 다를 수 있다. 조직문제의 다른 시각을 통해 서로 간 관계(rapport)를 형성할 수 있을 것이다. 또한 변화를 안내하는 데 있어 독립적이고, 객관적이며, 전문적 기술에 입각한 제안이 제시될 수 있다.

둘째, 내부 변화에이전트(internal change agent)는 조직에서 활동하는 개인이며, 조직의 문제에 대해 알고 있는 사람이다. 내부 변화에이전트는 외부자보다는 각 단위부서 혹은 집단에 밀접하게 관련하여 조직문제를 바라볼 것이다. 이런 지식이 변화를 준비하고 이행하는 데 가치가 있을 수 있다.

셋째, 외부-내부 변화 팀(external-internal change team)은 프로그램의 개입과 발달을 위해 외부와 내부 변화에이전트를 결합하는 방식이다. 이 접근법은 외부자의 객관성과 전문적 지식, 그리고 내부자가 가진 조직의 지식과 인적자원을 혼합하는 것이다. 이 접근법은 긍정적인 관계를 발전시켜 변화에 대한 저항을 줄일 수 있다.

또한 모든 진단개입은 2가지 중요한 구성요소(진단 모델과 데이터 수집기법)를 가진다.

828

① 진단 모델(diagnostic model) : 진단개입은 데이터의 수집과 분석에 초점을 두는 조직 모델에 유용하다. 3가지 유형의 진단 모델은 다음과 같다.

- 사회시스템의 이론적 모델(theoretical model)은 데이터 수집에 초점을 둔 조직시스템의 변수를 명확하게 명시한다. 이 모델은 데이터의 관점에서가 아니라 분석의 관점에서 유연하다.
- 이상적인 모델(idealized models)은 조직에 대한 변수가 아니라 이상적 상태(ideal state)이다. 이 모델은 데이터와 분석 모두에서도 유연하지 않다.
- 절충적 모델(eclectic models)은 데이터와 진단 모두의 관점에서 유연하다.

② 데이터 수집기술 : 일반적으로 데이터 수집기술에는 인터뷰, 설문지, 관찰, 2차적 데이터와 비간섭적인 측정(unobtrusive measures) 등이 있다.

제4절 조직발달의 방법

효과적인 조직발달은 관리자의 적극적 관여가 요구된다. 관리자는 성취하고자 하는 목적에 따라 다양한 발달기법을 가지고 있어야 한다. 즉 목적을 보는 하나의 방식은 의도한 변화의 깊이에 관한 관점이다. 의도한 변화의 깊이는 변화노력의 범위와 강도로 나타난다.

1. 구조적 발달방법

조직변화의 맥락에서 구조적 발달은, 공식적 업무구조와 권위관계에 있어 변화를 통해 효과성을 향상을 시도하는 관리적 활동을 말한다. 조직구조는 비교적 안정적인 인간관계와 사회관계를 위한 기반을 창조한다.

이리하여 구조적 변화는 공식적 업무와 권위에 관한 규정에 상당히 영향을 미친다. 즉 조직설계는 직무의 범위와 깊이의 규정과 명세화가 포함된다. 조직구조의 변화를 설계하는 2가지 방법은 목표에 의한 관리와 시스템 4 조직이 있다.

1) 목표에 의한 관리(MBO)

(1) MBO의 의의

Peter Drucker는 조직효과성을 증가하기 위한 하나의 접근법으로서 목표에 의한 관리(management by objectives: MBO)를 처음으로 보급했다. 다른 관점에서 Douglas McGregor는 관리자가 성격특성보다는 오히려 결과에 기초하여 평가한다는 점에서 MBO의 접근법이 필요하다고 주장한다.

MBO는 행태의 통제에 관한 부정적 효과를 극복하는 데 도움을 주는 동기부여 기법(motivational technique)이다. MBO는 관리자가 조직과 조직 단위부서의 목적을 설정함에 있어 참여를 격려하는 것이다. 이 과정은 구체적인 목적을 결정하는 데 있어 비관리자의 참여를 포함할 수 있다. 이에 MBO는 행태변화에서 성공적인 것으로 나타난다.

이와 같이 MBO는 관리자와 종업원이 작업성과와 개인적 발전을 위해 공동으로 목표를 설정하고, 목표에 대한 과정을 평가하며, 개인·팀·부서·조직목표를 통합한다. 조직 전반에 걸쳐 MBO 프로그램을 활용한다면, 관리의 모든 계층의 목적과 조직구성원의 목적은 전체 조직목표를 참고하여 설정할 수 있다. MBO의 성공적 활용은 참여자 기여의 관점에서 전체 조직에 대해 자신의 목적을 규정할 수 있는 참여자의 능력과 그 목적을 수행할 수 있는 능력에 의존한다. 또한 관리자와 종업원이 목표달성에 있어 주기적으로 종업원의 성공을 평가한다.

▸ MBO의 중요한 특징
• 관리계층제의 최고계층에 의해 효과적인 목표설정과 기획
• MBO 접근법으로 인한 조직에의 몰입(commitment)

• 목표설정에 있어 부하들의 참여(participation)
• 빈번한 성과검토와 피드백(frequent performance review and feedback)
• 목적을 성취하기 위한 수단개발(developing means)에 있어서의 자유

출처: Reitz(1987: 581-582).

　　학자들은 MBO 이행을 위한 가이드라인을 제시하고 있다. 즉 상관과 부하가 만나서 전체 목표에 기여할 수 있는 목적을 논의한다. 상관과 부하가 부하들이 달성할 수 있는 목적을 함께 설정한다. 상관과 부하들이 목적에 대해 부하들의 진행과정을 평가하기 위해 미리 예정된 날짜에 만난다. 또한 MBO가 의도한 결과는 조직에 대한 기여를 제고하는 것, 참여자의 태도와 만족을 향상하는 것, 역할의 명확화(role clarity)를 제고하는 것이다.

　　이와 같이 MBO는 사람과 참여적 관리스타일(participative management style)에 대한 긍정적인 철학을 반영한다. 즉 MBO의 접근법은 조직구성원이 스스로의 목적을 설계하고, 스스로 자신의 행태를 통제할 수 있기 때문에 보다 효과적으로 목적을 성취할 수 있는 것을 가정한다.

▸ 사람에 대한 MBO의 가정
• 사람들은 높은 욕구(higher needs)-권력, 자율성, 능력, 성취감, 창의성의 욕구-를 소유하고 있다.
• 사람들은 업무를 통해 이들 욕구가 만족되기를 갈망한다. 성숙한 사람은 본래 게으르지 않다.
• 사람들은 지식의 증가를 도모한다(increasing knowledge). 조직구성원의 교육수준, 능력과 전문화 수준이 높아지고 있다.
• 사람들은 자신의 목표를 위해 열심히 노력할 것이다(work harder). 사람들은 자신의 목표를 결정

할 수 있다면 보다 높은 자신의 욕구를 만족시키기 위해 노력한다.
- 사람들은 자신의 행태를 교정할(correct) 것이다. 사람들의 몰입과 성장은 최고관리자에 의한 명령으로 할 수 없다. 개인 스스로 자기개발(self-developed)을 해야만 한다.

　　　　　　　　　　　　　　　　　　　　　　출처: Webber(1979: 316).

(2) MBO의 과정

　MBO의 과정은 4가지 기본적인 구성요소―① 목표설정, ② 부하의 참여, ③ 이행, ④ 성과평가와 환류―로 구성된다. 이들 구성요소 간에는 강한 상관관계가 존재한다.

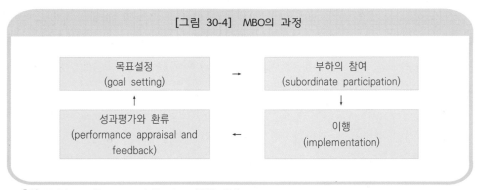

[그림 30-4] MBO의 과정

출처: Hellriegel, Slocum, and Woodman(1995: 219).

　① 목표설정(goal setting): 목표설정은 상관과 부하가 직무의 규칙, 활동 및 절차보다 오히려 직무목표를 정의하는 데 초점을 둔다. 목표설정과정은 직무책임성의 구체적인 영역을 명확하게 하고, 각 영역에 대한 성과기준을 개발하고, 목표를 달성하기 위한 작업계획을 작성한다.

　② 부하의 참여: 목표설정과정에 있어 관리자와 부하들 간의 쌍방적인 의사소통이 필요하다. 목표가 설정할 때 각 조직구성원은 자신의 목적을 보장할 수 있도

록 의사소통이 필요하다. 조직구성원은 의사소통을 통하여 목적을 달성하는 데 요구되는 것을 관리자에게 전달할 수 있다. 이러한 쌍방적인 의사소통을 통해 성과기대를 명확하게 할 수 있다.

③ 이행(implementation) : 행동기획은 설정목적을 성취하기 위해 무엇이, 누가, 언제, 어디에, 얼마만큼 필요한지(what, who, when, where, and how much is needed)를 결정하는 것이다. 이러한 행동기획은 목적달성을 위한 가능성을 평가한다. 잠재적 문제영역과 예상치 못한 결과를 명확하게 한다. 목적을 달성하는 가장 효율적인 방법을 찾기 위해 노력한다. 비용, 예산, 계획표, 자원을 예측하기 위한 틀을 제공한다. 무슨 업무관계와 지원이 요구되는지를 명확하게 한다. 상황에 따라 목적이 달성되는 것에 대해 설명한다.

④ 성과평가와 환류 : 성과평가는 목적이 달성된 정도를 결정하고, 문제점과 장애를 명확하게 하고, 문제의 원인을 결정하고, 개인적 발전욕구를 명확하게 하고, 효과적 성과에 대해 보상하는 것이 포함된다. 또한 성과가 달성되지 못했다면, 원인을 정확하게 확인하는 활동이 환류과정이다. 이러한 교정활동(corrective action)은 MBO 프로그램을 강화할 수 있는 계기가 된다.

(3) MBO의 문제점

사람에 관한 MBO의 철학과 가정은 이상적이지만 문제점도 있다. 즉 MBO를 모든 상황과 모든 사람에게 적용할 수는 없다. MBO는 다음과 같은 문제점이 제기된다(Webber, 1979: 319-322).

① 시스템에 대한 불신(distrust of the system) : MBO는 인간의 동기부여에 대해 낙관적 가정(optimistic assumptions)을 한다. 하지만 전통적인 권위주의가 강하고 오랫동안 뿌리내리고 있는 곳에서 중간 및 하위 계층의 사람들은 MBO에 대해 열광적이지 않다. 이들 사람은 최고관리자를 불신한다. 이에 하위계층의 사람들은 최고관리자에게 자신의 진실한 능력을 감추기도 한다. 이런 환경에서 부하들은 관리자가 설정한 목적에 결코 몰입하지 않는다.

② 강요된 프로그램에 대한 분개(resentment of forced program) : MBO는 만족스럽지

못한 행태를 깨닫게 하고, 이러한 조직분위기를 개혁하기 위해 노력함에 있어 권위적인 최고집행부에 의해 강요된다. 즉 MBO가 권위적인 수단에 의해 이행되지 않는 비지시적 시스템(nondirective system)이라면 잘 작동되지 않을 것이다.

③ 서류작업과 말에 대한 저항(resistance to paperwork and talk) : MBO는 단기적으로 조직 전체에 있어 시간소모가 많다. 즉 MBO는 쌍방적인 의사소통과정이다. 또한 MBO는 제안과 동의가 문서화될 때 보다 효과적으로 작동된다. 이와 같이 이야기 하고 문서화하는 데 상당한 시간과 관리의 가장 귀중한 자원을 요구한다. 하지만 짧은 시간적 압박 때문에 많은 관리자는 MBO의 시간요구를 탐탁지 않게 생각한다.

④ 과도하게 협소한 초점(overly narrow focus) : MBO는 개별적으로 최고관리층의 자아욕구(ego needs)에 호소하는 경향이 있다. 시스템은 각 개인들이 자신의 단위부서에 집중하게 하고, 자신의 목적이 조직의 목적과 어떻게 부합되는지를 무시하는 협소한 시각으로 격려하고 보상한다.

⑤ 하의상달 계획과 상의하달 계획의 불일치(inconsistency) : MBO는 목적과 목표의 흐름을 상향적(the bottom upward)으로 가정한다. 즉 낮은 계층의 목적의 총계(the sum of the lower level goals)가 상위계층의 목적이 될 것이다. 하지만 대부분 최고관리층은 조직목표와 관련하여 자신의 포부를 발표한다. 이것은 MBO의 철학과 불일치하는 압력이 된다. 또한 대부분 MBO 시스템은 부풀려진 편견(inflationary bias)을 포함하고 있다. 예를 들면, 올해의 계획은 지난해 계획보다 뛰어나다.

⑥ MBO와 연계되지 않는 평가(evaluation not tied to MBO) : 부하들에 의해 스스로 보고한 결과가 조직이 제공하는 보상의 기초로 활용되어야 한다. 하지만 대부분의 조직에서의 평정(merit review)과 보상시스템은 MBO의 성과와 완전히 분리되거나 불일치한다. 이러한 현상은 관리자가 부하들에게 알려 주지 않는 엄격한 성과목표와 기준을 활용할 때 일어난다.

⑦ 목적측정의 무능(inability to measure objectives) : MBO는 지금까지 알려지지 않은 성과측정의 수단을 제공한다. 그러나 몇몇 목적과 목표는 그 자체를 측정할 수 없는 경우가 있다.

▶ MBO 프로그램이 실패하는 이유(reasons why MBO programs fail)
• 최고 관리의 관여와 지원에 대한 부족(lack of top management involvement and support)
• 철학의 왜곡(distortion of philosophy)
• 목적설정의 어려움(difficulty setting objectives)
• 증가된 서류작업(increased paperwork)
• 증가된 시간압박(increased time pressure)
• 적절한 기술의 부족(lack of relevant skill)
• 개인적 동기부여의 부족(lack of individual motivation)
• 다른 시스템과의 통합부족(poor integration with other systems)-목표설정과 검토과정은 예측
　활동, 예산 및 다른 과정과 연계되어 수행되어야 한다.
• 부적절한 변화전략(inappropriate change strategies)

출처: Raia(1974: 149-151).

2) 시스템 4 조직(system 4 organization)

Rensis Likert(1967)는 관리스타일의 4가지 기본적인 시스템을 제시하고 있다. Likert의 4가지 시스템은 [그림 30-5]와 같이 리더십 행태의 개념을 명확하게 하는 데 도움을 준다. 이것은 관리스타일 연속체(management style continuum)에 있어 중도의 관리스타일이 있다는 것을 이해하는 데 도움을 준다. 이것은 조직목적을 달성하는 데 사람들에게 영향을 미치는 권위주의 행태와 민주적 행태의 다양한 관리스타일을 보여 주고 있다.

① 시스템 1(system 1): 시스템 1은 관리자를 약탈적 권위주의(exploitive-authoritarian)로 기술한다. 이 시스템의 관리자는 권위주의적 리더의 특징이 있다.

② 시스템 2(system 2): 시스템 2의 관리는 자애로운 권위주의(benevolent-authoritative)를 말한다. 이 시스템의 리더는 부하와 권위주의적 관계를 유지한다. 하지만 이들 리더는 부하들이 제한된 영역에서 의사결정을 하도록 허용한다. 동기

835

[그림 30-5] Likert의 관리스타일 시스템

System 1	System 2	System 3	System 4
약탈적-권위적 리더에 의해 통치, 하향적 의사소통, 매우 집권화	자애로운-권위적 부분적 참여허용, 하향적 의사소통	상담적-민주적 의사결정의 참여허용, 부분적 권한위임	참여적-민주적 의사결정의 분권화, 쌍방적 의사소통

출처: Likert(1967).

부여는 보상과 처벌의 활용으로 이루어진다. 시스템 2의 리더는 자애로운 독재자(benevolent autocrat)이다.

③ 시스템 3(system 3) : 시스템 3의 관리자는 부하를 전적으로 신뢰하지 않지만 배려를 보여 주는 상담적(consultative) 스타일이다. 이 시스템에서는 쌍방적 의사소통이 이루어지고 상관과 부하 사이에 어느 정도의 신뢰가 있다. 중요한 결정은 상부에서 이루어지지만 사소한 많은 결정은 부하에 의해 이루어진다.

④ 시스템 4(system 4) : 시스템 4의 관리는 Likert가 가장 성공적인 리더스타일로서 발견한 것으로 참여적-집단(participative-group)으로 명명된다. 이 시스템의 관리자는 부하를 전적으로 신뢰한다. 상관-부하의 관계는 친근하며, 상호신뢰로 특징지어진다. 의사결정은 상당히 분권화되어 있고, 의사소통은 쌍방적 혹은 수평적이다. 시스템 4의 리더는 참여적 관리자이며, 상당히 종업원 중심의 리더이다.

특히 시스템 4 조직은 유기적 조직설계를 적용했다는 점에서 의의가 있다 Likert(1967)에 따르면, 시스템 4는 높은 성과수준을 성취하기 위한 이상적인 조직유형이다. 시스템 4와 편차(deviation)는 성과수준을 줄이는 것을 의미한다. 관리자는 자신의 조직을 시스템 4의 특성으로 발달시켜야 한다.

Likert는 시스템 4 조직의 특성을 8가지로 기술하고 있다. 이들 특성은 리더십, 동기부여, 의사소통, 상호작용, 의사결정, 목표설정, 통제, 성과 등이다.

특히 보다 높은 성과는 지원적·집단지향적 리더십과 목표설정·통제의 이행·의사결정에 대한 권위의 평등화(equalization of authority)를 통하여 이루어진다. 향상된 성과는 조직구조 변화로 초래되는 종업원의 긍정적 태도변화에서 비롯된다.

2. 기술과 태도의 발달방법

종업원의 생산성 발달을 위해 가장 많이 활용되는 방식이 훈련 프로그램이다. 이들 프로그램은 참여자의 직무와 조직에 대한 지식, 기술, 태도를 향상시키기 위해 설계된다. 특히 관리적 훈련은 조직의 기능적 과정을 향상시키기 위해 의사소통과 의사결정 기술을 발전시키는 것에 초점을 둔다.

1) 현장연수(on-the-job training)

가장 보편적인 훈련방법이 현장에서 종업원을 훈련하는 것이다. 현장연수는 훈련이 직장 외에서 일어난다면 교육생(trainees)이 직무에 되돌아올 때 성과에 손실이 있다는 것을 가정한다. 현장연수는 종업원이 훈련하는 동안 생산할 수 있기 때문에 경제적 관점에서 가장 좋은 방식이라는 것이다. 교실에서의 강사는 작업장으로 이동하고, 교실에서의 교육은 실제로 현장적용을 강화시킨다.

하지만 현장연수에서 종업원은 직무를 학습하기 이전에 스트레스가 부과된 상황에 놓여 있을 수 있다. 이것은 직무에 대해 좋지 않은 초기의 태도(initial attitudes)를 갖게 할 수 있다. 또한 교육생이 여러 지역에서 직무교육을 한다면 교관은 교육생의 성과를 모니터링하기 위해 끊임없이 이동해야 한다.

2) 직장 외 직업훈련(off-the-job training)

조직은 현장에서의 노력을 보충하는 훈련을 제공할 필요가 있다. 이러한 직장 외 훈련은 다음과 같은 이점이 있다.

첫째, 직장 외 직업훈련은 직무에서의 압박에서 벗어날 수 있다. 즉 훈련생이 직무압박에서 벗어나 훈련하는 데 보다 많이 자극된다. 공동의 사고(party-line thinking)에서 벗어나 자기분석에 자극이 필요한 분위기에서 훈련할 수 있다.

둘째, 직장 외 직업훈련은 종업원 자신을 개발하는 데 있어 동기부여를 고취하고 도전의식을 제공한다.

셋째, 직장 외 직업훈련은 경영진이 변화시키고, 발전시키고, 성장시키고자 시도하는 데 있어 경영진에게 아이디어와 제안을 제공한다.

직장 외 훈련기법에는 토의 혹은 콘퍼런스 접근법과 사례연구와 역할연기(role-playing) 방법이 있다.

(1) 토의 혹은 콘퍼런스 접근법(discussion or conference approach)

토의 혹은 콘퍼런스 접근법은 참여자에게 아이디어를 교환하고 경험을 재수집하는 기회를 제공한다. 상호작용을 통해 참여자들은 다른 사람의 사고에 자극받고, 자신의 세계관을 넓힐 수 있고, 의사소통 능력을 향상시킬 수 있다. 교관과 참여자 사이의 상호작용 때문에 교관은 상당한 기술을 소유해야만 한다. 또한 긍정적 행태와 환류를 강화시키는 것이 중요하다는 것을 이해해야만 한다.

(2) 사례연구와 역할연기 방법(case study and role-playing method)

사례연구와 역할연기 방법은 훈련생에게 조직에서 실제로 발생하는 몇몇 사건에 대해 실례를 제공한다. 교육생은 사례를 읽고, 문제를 확인하고 그리고 해결책에 도달해야 한다. 역할연기에서 훈련생은 사례연구에 적극적으로 참여할 것을 요청받는다. 이러한 훈련방식은 수행하는 것이 훈련(learning by doing)이라는 개념에 기초하여 경험적 훈련을 적용하는 것이다. 역할연기를 통해 참여자는 사례에 관한 모든 것을 실제와 같이 느낄 수 있다.

3. 행태적 발달방법

개인, 개인과 집단, 집단 내 그리고 집단 간 행태는 효과적인 조직기능을 간섭하는 감정 및 지각과정에 관련되어 있다.

1) 팀 빌딩(team building)

팀 빌딩은 자기분석과 변화를 통해 작업집단의 협력과 효과성 향상을 위해 노력하는 훈련이다. 팀 빌딩은 실험실 배경에서 팀과 더불어 훈련함으로써 조직효과성을 향상시키기 위한 노력이다. 실험실 집단은 현장관계를 내포하는 것으로 '가족집단(family group)'으로 가끔 명명된다. 훈련수업의 주제는 집단의 일상적 상호작용에 초점을 둔다. 이러한 팀 빌딩의 목적은 작업집단이 성과를 향상시키고, 보다 효과적으로 업무를 수행할 수 있도록 하는 것이다.

공통적인 구성방식은 컨설턴트가 진행 중인 작업집단과 함께 목적과 업무, 역할과 관계를 명확하게 한다. 컨설턴트(consultant)는 권력, 권위 및 대인관계와 관련한 갈등과 오해를 극복하는 데 있어 함께 일한다. 목표는 성숙한 집단(mature group)을 산출하는 것이다. 성숙한 집단은 조직목적을 성취하는 데 순조롭게 함께 일하고, 조직자원을 효율적이고 효과적으로 활용하는 집단이다(Reitz, 1987: 576).

이와 같이 개입의 구체적 목적은 목표와 우선순위를 설정하고, 집단이 업무를 수행하는 방식을 분석하며, 의사소통과 의사결정을 위한 집단규범과 과정을 조사하고, 집단 내 개인 간의 관계를 조사하는 것이다. 이러한 목적을 성취하는 과정은 진단모임(diagnostic meeting)과 더불어 시작된다. 진단모임은 집단구성원이 조직의 문제에 대한 자신의 지각을 다른 구성원과 공유할 수 있게 한다.

팀 빌딩은 문제가 존재하기 때문에 형성된 새로운 집단일 때, 혹은 새로운 조직단위와 프로젝트 팀이 만들어질 때 효과적이다. 또한 팀 빌딩의 주제는 직무에 직접적으로 관련되어 있다는 이점이 있다. 나아가 집단은 직무에서 새로 학습한 행태를 강화할 수 있다. 반면에 집단구성원 서로에게 형성된 가족집단 구성원에 대한 충성심으로 인해 팀훈련에 참여하지 않았던 다른 구성원을 배제할 수 있는 단점이 발생할 수 있다(Hodge & Anthony, 1979: 400-401).

2) 관리그리드(managerial grid)

관리그리드는 리더십 행태이론에 기초한다. Blake와 Mouton(1982)에 따르면, 가장 효과적인 리더십 스타일은 생산에 대한 관심과 사람에 대한 관심의 균형이다.

관리그리드 프로그램은 이러한 리더십 스타일의 발달뿐만 아니라 그러한 리더십 스타일을 지속하고, 지원하는 집단행태의 발달이 요구될 때 사용되는 프로그램이다. 전체적인 프로그램은 3년에서 5년 기간 이상 소요되는 6개의 연속적인 국면으로 구성되어 있다. 6개의 국면은 마지막 4개 국면에, 토대가 되는 처음의 2개 국면으로 구분된다.

① 실험실-세미나 훈련(laboratory-seminar training) : 이것은 전형적으로 관리그리드의 철학과 목적을 소개하는 것으로 설계된 일주간의 콘퍼런스이다. 이 기간 동안 각 참여자의 리더십 스타일이 평가되고 검토된다.

② 집단 내 발달(intragroup development) : 이 국면에서 상관과 직속 부하는 하나의 집단으로서 관리스타일과 운영관례를 탐구한다. 국면 1과 함께 목적은 참여자를 그리드 개념에 익숙하게 하고, 개인과 집단 사이의 관계를 향상시키고, 관리자의 문제해결 능력을 증가시키는 것이다.

③ 집단 간 발달(intergroup development) : 이 국면은 집단과 집단(group-to-group)의 업무관계에 관련되어 있고, 집단 간 관계를 향상시키는 효과적인 집단역할과 규범을 형성하는 데 초점을 둔다.

④ 조직목표 설정(organizational goal setting) : 이 국면의 직접적인 목적은 미래를 위해 효과적인 조직의 모델을 마련하는 것이다.

⑤ 목표달성(goal attainment) : 이 국면은 국면 1에서 사용되었던 몇몇 집단과 교육적 절차를 활용하는 것이다. 그렇지만 관심은 전체 조직이다. 문제를 정의하고,

집단은 그리드 개념과 철학을 활용하여 문제해결의 방향으로 이동한다.

⑥ 안정화(stabilization) : 마지막 국면으로, 이 국면은 이전 국면에서 일어난 변화를 안정화하는 데 초점을 둔다. 이 국면은 전체 프로그램을 평가할 수 있게 한다.

3) 감수성 훈련(sensitivity training)

조직은 개인적 효과성과 조직의 효과성 향상을 위한 수단으로 감수성 훈련을 활용한다. 감수성 훈련은 개인과 개인-집단 문제에 초점을 둔다. 감수성 훈련은 다른 사람과의 차이점을 보다 잘 이해하고 인식하는 방법을 학습하는 것이다. 또한 집단구성원이 집단과 어떻게 상호작용하는지의 집단관계를 향상시키는 훈련이다. 이런 맥락에서 감수성은 자신과 자신-다른 사람과의 관계에 대한 감수성을 의미한다.

감수성 훈련의 전제는 좋지 않은 업무성과의 원인은 목표를 집단적으로 수행해야만 하는 사람들의 감정적 문제라는 것이다. 이 문제를 해결하는 것은 업무성과와 관련한 중요한 장애물을 제거하는 것이다.

감수성 훈련은 훈련의 내용(content)보다는 오히려 과정(process)을 강조한다. 이 훈련은 개념적(conceptual) 훈련보다는 감정적(emotional) 훈련에 초점을 둔다. 이 훈련에서의 변화목표는 개방성, 신뢰, 정직, 의사소통, 리더십 행태 등이 포함된다.

감수성 훈련의 과정은 대부분의 경우 직무에서 벗어난 지역에서 만나는 집단(T-group)을 포함한다. 집단은 교관의 지도하에 집단대화에 참여할 수 있다. 목적은 자신의 학습경험을 도출하는 환경을 제공하는 것이다. 집단구성원은 대화에 참여함으로써 다른 사람을 대하면서 자신에 대해 학습할 수 있다. 집단구성원은 집단 내의 다른 사람에 대한 자신의 행태에서, 그리고 집단 내 다른 사람의 행태에서 표출되는 자신의 욕구와 태도를 탐구한다.

▶ 감수성 훈련은 다음 사항에 대해 구성원의 인식(members' awareness)을 증진하는 것이다.

• 자기자신의 감정과 다른 사람의 감정(feelings)

• 의사소통과정의 복잡성

• 사람들의 욕구, 목표, 다른 사람에 대한 접근법과 관련하여 사람들 사이의 진정한 차이점(genuine difference)

• 다른 사람에 대한 자기자신의 영향(Their own impact on others)

• 집단이 어떻게 기능하는지와 특정 유형의 집단활동 결과

출처: Reitz(1987: 575).

참고문헌

1. 국내문헌

1) 단행본

권기헌(2007). 전자정부론: 전자정부와 국정관리. 서울: 박영사.

권태환·조형제 편(1997). 정보사회의 이해. 서울: 미래미디어.

김남현 역(2013). 리더십 이론과 실제. Peter G. *Northouse. Leadership: Theory and Practice*. 서울: 경문사.

김형렬(2000). 정책학. 서울: 법문사.

서원석(2003). NGO와 21세기 사회발전(II): 정책결정과정에서의 NGO의 역할과 기능. 서울: 한국행정연구원.

송계충·정범구(2005). 조직행위론. 서울: 경문사.

윤재풍(2014). 조직론. 서울: 대영문화사.

이영균(2010). 행정학. 서울: 조명문화사.

이창원·최창현·최천근(2012). 새 조직론. 3판. 서울: 대영문화사.

이인석(2014). 조직행동이론. 서울: 시그마프레스.

이학종·박헌준(2005). 조직행동론. 서울: 법문사.

이해영(2005). 조사방법의 이해. 서울: 대영문화사.

정우일·하재룡·이영균·박선경·양승범(2011).공공조직론. 3판. 서울: 박영사.

정정길(1999). 정책학원론. 서울: 대명출판사.

정정길·최종원·이시원·정준금(2003). 정책학원론. 서울: 대명출판사.

하미승(1996). 행정정보체계론. 서울: 법문사.

황규대·박상진·이광희·이철기(2011). 조직행동의 이해: 통합적 접근법. 제3판. 서울: 박영사.

2) 논 문

권경주(1995). "비정부조직의 기능과 운영방안 연구: 필리핀의 사례를 중심으로." 지역복지정
　　　책, 9: 135-158.

김상구(2002). "협장의 영향요인에 관한 연구: 환경기초시설 입지갈등을 중심으로." 한국행정
　　　학보, 36(2): 63-83.

김영나·조윤직(2014). "지역별 비영리부문의 규모 결정요인 분석: 수요·공급·지역 구조적 요
　　　인을 중심으로." 한국행정학보, 48(2): 243-266.

김영래(1999). "비정부조직(NGO)과 국가와의 상호작용 연구: 협력과 갈등." 국제정치논총,
　　　39(3): 79-98.

김영조·한주희(2008). "서비스직원의 감정노동 수행과 직무소진의 관계에 관한 연구." 인사관
　　　리연구, 32(3): 95-128.

김정인(2014). "남을 것인가? 떠날 것인가?: 직무동기와 직무소진이 이직의도에 미치는 영향
　　　연구." 행정논총, 52(2): 257-286.

김찬곤·노승용(2008). "공무원의 전자민주주의 수용 영향 요인: 온라인 정책토론방 이용을 중
　　　심으로." 한국거버넌스학회보, 15(2): 21-47.

김해룡·김정자(2013). "Big5 성격이 조직시민행동에 미치는 영향: 자기효능감의 매개효과를
　　　중심으로." 대한경영학회지, 126(6): 1449-1474.

김해룡·정현우(2014). "상사의 감성지능이 부하의 직무소진에 미치는 영향에 관한 연구: 자기
　　　효능감의 매개효과." 경영연구, 29(2): 199-234.

류두원·차동옥·김정식·류두진(2012). "팀장의 윤리적 리더십이 조직구성원의 조직시민행동
　　　에 미치는 영향에 관한 실증연구: 조직공정성과 직무만족의 매개역할을 중심으로." 산
　　　업혁신연구, 28(4): 175-209.

모아라·이소희(2014). "에니어그램 성격육형을 활용한 유아교육기관 중간관리자의 리더십 특
　　　성분석." 아시아아동복지연구, 12(1): 41-65.

박영미(2008). "MBTI 성격유형과 조직시민행동간의 관련성 분석." 한국거버넌스학회보, 15(3):
　　　109-134.

박재용·박우성(2005). "성격유형과 학습성취도의 관계에 관한 실증연구." 인사관리연구,
　　　29(3): 95-134.

박지원·원숙연(2013). "조직정치인식(perception of organizational politics)과 그 영향요인: 중
　　　앙정부 공무원의 인식을 중심으로 한 시론적 연구." 한국행정학보, 47(4): 93-120.

박현모(2009). "서희의 협상리더십 연구: 993년 안융진 담판을 중심으로." 국제정치논총,

49(2): 83-102.

서진완·이미루·허진희(2013). "정보격차해소에 대한 정부의 관심과 정책적 변화." 현대사회
　　와 행정, 23(3): 45-74.

손해경·윤유식(2013). "소진이 직무만족과 조직충성도에 미치는 영향: 고용 형태의 조절효과
　　검증." 호텔관광연구, 15(2): 268-283.

옥원호·김석용(2001). "지방공무원의 직무스트레스와 직무만족 및 조직몰입에 관한 연구," 한
　　국행정학보, 35(4), 355-373.

이동혁·전현준·신동훈·정인성·이미영(2009). "소방관의 직무스트레스와 다면적 인성검사의
　　연관성." 대한산업의학회지, 21(4): 324-336.

이수정·윤정구(2012). "기업의 사회적 책임활동에 대한 정당한 인식이 종업원의 조직시민행
　　동에 미치는 영향에 관한 연구: CEO의 비전적 리더십의 조절효과를 중심으로." 지식경
　　영연구, 13(4): 31-54.

이영균(2014). "경찰공무원의 공공봉사동기가 조직성과에 미치는 영향 연구." 한국경찰연구,
　　13(3): 211-238.

이영균·김선홍(2006). "리더십 특성이론에 관한 연구." 한국정책연구, 6(2): 21-41.

이영균·김영태(2014). "노인요양시설의 리더십 유형이 직무만족에 미치는 영향연구: 리더신
　　뢰를 매개변수를 활용하여." 한국공공관리학보, 28(2): 1-33.

이영균·최인숙(2011). "여성공무원의 성격유형(MBTI)과 직무만족도의 관계분석." 한국정책연
　　구, 11(1): 1-21.

이영균·최종묵(2004). "변혁적 리더십과 조직몰입의 관계에 관한 연구." 한국정책과학학회보,
　　8(2): 183-208.

이인석·박문수·정무관(2007). "직무소진의 영향요인에 관한 연구: 금융권 종사자를 대상으
　　로." 대한경영학회지, 20(6): 2879-2900.

이종건·박헌준(2004). "협상전략이 협상성과에 미치는 영향." 인사관리연구, 28(2): 95-129.

정윤길(2002). "지방공무원의 직무만족과 성과에 대한 역할스트레스와 멘토링의 역할," 한국
　　지방자치학회보, 14(3), 85-103.

정정화(2006). "정부와 NGO의 관계 비교연구: 미국, 일본, 한국의 환경NGO를 중심으로." 한
　　국사회와 행정연구, 17(1): 47-79.

조윤형·최우재(2010). "조직구성원들의 가치성향이 조직시민행동에 미치는 영향." 인적자원
　　관리연구, 17(4): 403-429.

조현수(2010). "상징과 정치: 민주주의체제와 전체주의체제의 상징에 대한 비교분석." 한국정
　　치연구, 19(3): 193-216.

진종순·남태우(2014). "직무탈진감, 공공서비스동기와 직무만족: 해양경찰파출소와 출장소를

중심으로." 한국행정논집, 26(2): 355-375.

최낙관(2004). "제도개혁을 위한 신제도주의 이론의 탐색." 현대사회와 행정, 14(1): 47-72.

최인숙·이영균(2011). "에니어그램에 관한 고찰." 사회과학연구, 17: 131-148.

하미승·권용수(2002). "공무원 직무스트레스의 유발요인 및 결과변수에 관한 연구," 한국행정연구, 11(3), 214-245.

한광현(2004). "리더-멤버 교환의 질이 조직시민행동에 미치는 영향: 상사에 대한 신뢰를 중심으로." 인적자원개발연구, 6(1): 1-26.

한태영·김원형(2006). "권한위임과 조직공정성이 직무효과성에 미치는 영향에 대한 다수준적 (multilevel) 고찰." 인사 조직연구, 14(1): 183-216.

2. 외국문헌

Adams, John D.(1977). "A Program for Improving the Management of Stress", *Exchange : The Organizational Behavior Teaching Journal*, Vol. 2, No. 4: 17-22.

Adams, J. Stacy(1983). Toward an Understanding of Equity. J*ournal of Abnormal and Social Psychology*, November: 422-436.

Albrecht, Karl(1979). Stress and the Manger, Englewood Cliffs, NJ : Prentice-Hall.

Aldag, R. J., and A. P. Brief(1979). *Task Design and Employee Motivation.* Glenview, IL: Scott, Foresman.

Aldag, Ramon J., and Loren W. Kuzuhara(2002). *Organizational Behavior and Management: An Integrated Skills Approach.* Cincinnati, OH: South-Western.

Aldefer, Clayton P.(1972). *Existence, Relatedness, and Growth: Human Needs in Organizational Settings.* New York: Free Press.

Aldrich, Howard(1979). *Organizations and Environments.* Englewood Cliffs, NJ: Prentice Hall.

Allport, Gordon W.(1961). *Personality: A psychological interpretation.* New York: Rinehart & Winston.

Allport, Gordon W.(1969). *The Person in Psychology.* Boston: Beacon Press.

Altman, Steven, Enzo Valenzi, and Richarc M. Hodgetts(1985). *Organizational Behavior : Theory and Practice*, Orlando, FL : Academic Press, Inc.

Argyris, Chris(1964). *Integrating the Individual and the Organization.* New York: John Wiley and Sons.

Argyris, C.(1971). Management Information Systems: The Challenge to Rationality and Emotionality. *Management Science*, 17(6): B275-B292.

Azrin, N. H., & W. C. Holz(1966). Punishment. In W. K. Honig(Ed.), *Operant Behavior.* New

846

York: Appleton‒Century‒Crofts.

Bandura, A.(1977). *Social Learning Theory*. Englewood Cliffs, NJ: Prentice‒Hall.

Barnard, Chester(1938). *The Functions of the Executive*. Cambridge, MA: Harvard University Press.

Barney, Jay B.(1986). Organizational Culture: Can It Be a Source of Sustained Competitive Advantage. *Academy of Management Review*, 11(3): 656‒665.

Beehr, T. A., and R. S. Bhagat(1985). "Introduction to human stress and cognition in organizations", in T. A. Beehr and R. S. Bhagat, eds., *Human Stress and Cognition in Organizations*, 3‒19, NY : John Wiley.

Bindra, D.(1959). *Motivation: A systematic reinterpretation*. New York: Ronald.

Black, J. Stewart, and Lyman W. Porter(2000). *Management: Meeting New Challenges*. Upper Saddle River, NJ: Prentice Hall.

Blake, Robert R., and Jane S. Mouton(1964). *The Managerial Grid*. Houston, TX: Gulf.

Blake, Robert R., and Jane S. Mouton(1982). *The Versatile Manager*. Homewood, IL: Richard D. Irwin.

Blau, Peter M., and W. Richard Scott(1962). *Formal Organizations*. San Francisco: Chandler Publishing.

Boulding, Kenneth E.(1956). General Systems Theory: The Skeleton of Science. *Management Science*, 2: 197‒208.

Bowers, C. A., J. L. Weaver, and B. B. Morgan, Jr.(1996). "Moderating the perfor‒ mance effects of stressors", in J. E. Driskell and E. Salas, *Stress and Human Performance*, 163‒192, Mahwah, NJ : Lawrence Erlbaum Associates, Inc.

Burns, Tom(1954). The Directions of Activity and Communications in a Departmental Executive Group. *Human Relations*, 7: 73‒97.

Burns, Tom and George M. Stalker(1961). *The Management of Innovation*. London: Tavistock.

Burton, Richard M., Gerardine DeSanctis, and Borge Obel(2006). *Organizational Design: A Step‒By‒Step Approach*. New York: Cambridge University Press.

Campbell, David J.(1999). *Organizations and the Business Environment*. Oxford: Butterworth‒Heinemann.

Cannon, W. B.(1914). "The interrelations of emotions as suggested by recent phy‒ siological researchers", *American Journal of Psychology*, 25, 256‒282.

Caplow, T(1957). Organizational Size. *Administrative Science Quarterly*, 1: 484‒505.

Cartwright, C., and A. Zander(1968). *Group Dynamics: Research and Theory*. New York:

Harper & Row.

Cartwright, Susan, and Cary L. Cooper(1997). *Managing Workplace Stress*, Thou- sand Oacks, CA : Sage Publications.

Cartwright, Susan, and S. Panchal(2001). "The stressful effects of mergers and acquisitions", in Jack Duham, ed., *Stress in the Workplace*, 67-89, London : Whurr Publishers.

Carzo, Jr., Rocco and John N. Yanouzas(1967). *Formal Organizations: A Systems Approach*. Homewood; Ill.: Richard D. Irwin.

Chandler, Alfred(1962). *Strategy and Structure: Chapters in the History of American Industrial Enterprise*. Cambridge, Mass.: MIT Press.

Checkland, P. B.(1981). *Systems Thinking, Systems Practice*. Chichester: John Wiley & Sons.

Child, John(1972). Organizational Structure and Strategies of Control: A Replication of the Aston Study. *Administrative Science Quarterly*, 17(2): 168-177.

Clegg, Stewart, Martin Kornberger and Tyrone Pitsis(2005). M*anaging and Organizations: An introduction to theory and practice*. Thousand Oaks, CA: Sage Publications Ltd.

Cohen, A.(1993). Organizational commitment and turnover: A meta-analysis. *Academy of Management Journal*, 36: 1140-1157.

Cohen, Michael D., James G. March, and Johan P. Olsen(1972). A Garbage Can Model of Organizational Choice. *Administrative Science Quarterly*, 17: 1-25.

Conger, J. A., & R. Kanungo(1988). The empowerment process: Integrating theory and practice. *Academy of Management Review*, 13: 471-482.

Coopers, C. L., and T. Cummings(1979). "A cybernetic framework for the study of occupational stress", *Human Relations*, 32, 395-419.

Cooper, Phillip J., Linda P. Brady, Olivia Hidalgo-Hardeman, Albert Hyde, Katherine C. Naff, J. Steven Ott, and Harvey White(1998). *Public Administration for the Twenty-First Century*. Orlando, FL: Harcourt Brace College Publishers.

Cox, T., 1978, *Stress*, London : MaCmillan.

Daft, Richard L.(1983). *Organization Theory and Design*. St. Paul: Minn: West Publishing Co.

Daft, Richard L.(1989). *Organization Theory and Design*, 3rd ed. St. Paul, Minn: West Publishing Co.

Daft, Richard L.(1999). *Leadership: Theory and Practice*. Orlando, FL: The Dryden Press.

Davis, Keith(1977). *Human Behavior at Work*. 5th ed. New York: McGraw-Hill.

Day, George(1986). *Analysis of Strategic Marketing Decisions*. St. Paul, Minn: West Publishing.

Deal, T. E., and A. A. Kennedy(1982). *Corporate Cultures: The Rites and Rituals of Corporate*

848

Life. Reading MA: Addison–Wesley.

Denhardt, Robert B., Janet V. Denhardt, and Maria P. Aristigueta(2013). *Managing Humand Behavior in Public and Nonprofit Organizations*. 3rd ed. Los Angeles, CA: Sage.

Dianiels, K.(1996). "Why aren't managers concerned about occupational stress?", *Work and Stress*, 10, 352–356.

Digman, J. M.(1990). Personality structure: Emergence of the five–factor model. *Annual Review of Psychology*, 41: 417–440.

DiMaggio, Paul J., and W. W. Powell(1983). The iron cage revisited: Institutional isomorphism and collective rationality in organizational fields. *American Sociological Review*, 48: 147–160.

Drafke, Michael(2006). *The Human Side of Organizations*. 9th ed. Upper Saddle River, NJ: Prentice Hall.

Ducan, Robert B(1972). Characteristics of Perceived Environments and Perceived Environmental Uncertainty. *Administrative Science Quarterly*, 17(3): 313–327.

Dworetzky, John P.(1985). *Psychology*. St. Paul, MN: West Publishing Company.

Dye, Thomas R.(2008). *Understanding Public Policy*. 11th ed. Upper Saddle River, NJ: Pearson Prentice Hall.

Emery, Fred E., and Eric L. Trist(1963). The Causal Texture of Organizational Environments. *Human Relations*, 18: 20–26.

Etzioni, A.(1964). *Modern Organizations*. Englewood Cliffs, NJ: Prentice–Hall.

Etzioni, A.(1975). *A Comparative Analysis of Complex Organizations*. 2nd ed. NY: Free Press.

Fahey, L., W. R. King, and V. K. Narayanan(1981). Environmental Scanning and Forecasting in Strategic Planning: The State of the Art. *Long Range Planning*, 32–39.

Farmer, R., and B. Richman(1965). *Comparative Management and Economic Progress*. Homewood, IL: Richard D. Irwin.

Fayol, Henri(1949). *General and Industrial Management*. London: Sir Isaac Pitman and Sons.

Festinger, Leon(1957). *A Theory of Cognitive Dissonance*. NY; Harper & Row.

Fiedler, Frederick E.(1965). Engineer the Job to Fit the Manager. *Harvard Business Review*, 45.

Fiedler, Fred E.(1967). *A Theory of Leadership Effectiveness*. New York: McGraw–Hill.

Filley, Allen C.(1978). Some Normative Issues in Conflict Management. *California Management Review*, 21(2): 61–66.

Fleishman, Edwin A., E. F. Harris, and H. E. Burtt(1955). *Leadership and Supervision in*

Industry. Columbus: Bureau of Educational Research, Ohio State University.

Follet, Mary Parker(1923). *The New State: Group organization and the solution of popular government*. New York: Longmans, Green and Co.

Follet, Mary Parker(1924). *Creative Experience*. London: Longmans, Green and Company.

Fouraker, Larry, and John Stopford(1968). Organization Structure and Multinational Strategy, *Administrative Science Quarterly*, 13: 57-60.

French, J. R. P., R. D. Caplan, R. Harrison(1982). *The Mechanism of Job Stress and Strain*, NY : Wiley.

French, R. P, and B. H. Raven(1959). The Bases of Social Power, in Dorwin Cartwight, ed. *Studies in Social Power*. 150-167. Ann Arbor, Mich: University of Michigan Press.

Freud, S.(1964). An Outline of Psychoanalysis. In J. Strachey(Ed.). *The Standard Edition of the Complete Psychological Works*. Vol. 23. (Originally Published 1940). London: Hogarth Press.

Gagliard, Pasquale(1986). The creation and change of organizational cultures: A conceptual framework. *Organization Studies*, 7: 117-134.

Galbraith, J. K.(1985). *The Anatomy of Power*. London: Corgi Books.

Gibb, C. A.(1969). Leadership. In G. Lindzey and E. Aronson(Eds.). *The Handbook of Social Psychology*. 2nd ed. Readings, MA: Addison-Wesley.

Gibson, James L., John M. Ivancevich, James H. Donnelly, Jr., and Robert Konopaske(2006). *Organizations: Behavior, Structure, Process*. 12th ed. Boston: McGraw-Hill/Irwin.

Gray, J. A.(1982). *The Neuropsychology of Anxiety*. Oxford: Oxford University Press.

Greiner, Larry(1972). Evolution and revolution as organizations grow. *Harvard Business Review*, 50: 37-46.

Grimshaw, J.(1999). *Employment and Health : Psychosocial Stress in the Workplace*, London : The British Library.

Gulick, Luther and Lyndall Urwick, eds.(1937). *Papers on the Science of Administration*. New York: Institute of Public Administration, Columbia University.

Graen, G. B., & W. Schiemann(1978). Leader-member agreement: A vertical dyad linkage approach. *Journal of Applied Psychology*, 63: 206-212.

Graen, G., & M. Uhl-Bien(1995). Relationship-based approach to leadership: Development of leader-member exchange(LMX) theory of leadership over 25years: Applying a multi-level multi-domain. perspective. *Leadership Quarterly*, 6(2): 219-247.

Greiner, Larry E.(1972). Evolution and Revolution as Organizations Grow. *Harvard Business*

850

Review, 50: 37−46.

Hall, Richard H.(1972). *Organizations: Structure and Process.* Englewood Cliffs, NJ: Prentice−Hall.

Harris, O. J., and S. J. Hartman(2002). *Organizational Behavior,* NY : Best Business Books.

Hatch, Mary Jo(1993). The dynamics of organizational culture. *Academy of Management Review,* 18(4): 657−663.

Havlovic, S. J., and J. P. Keenan(1995). "Coping with stress : the influence of individual differences", in Rick Crandall and Pamela L. Perrewe, eds., *Occupational Stress,* 179−192, Washington, D.C. : Taylor & Francis.

Hebb, D. O.(1966). Drives and the C.N.S.(conceptual nervous system). In D. Bindra & J. Stewart(Eds.). *Motivation. Baltimore,* MD: Penguin.

Hellriegel, Don, and John W. Slocum, Jr.(1976). *Organizational Behavior: Contingency Views.* St. Paul, MN: West Publishing Company.

Hellriegel, Don, John W. Slocum, Jr., and Richard W. Woodman(1995). *Organizational Behavior.* 7th ed. St. Paul, MN: West Publishing Company.

Hersey, Paul, and Ken Blanchard(1982). *Management and Organizational Behavior.* 4th ed. Englewood Cliffs, NJ: Prentice−Hall.

Herzberg, Frederick, Bernard Mausner, and Barbar Snyderman(1959). *The Motivation to Work.* 2nd ed. New York: Wiley & Sons.

Hill, Carolyn J., and Laurence E. Lynn Jr.(2009). Public Management: A Three−Dimensional Approach. Washington, D.C.: CQ Press.

Hinkle, L. E.(1973). "The Concept of Stress in the Biological Social Science", *Stress Medicine and Man,* 1, 31−48.

Hodge, B. J., and William P. Anthony(1979). *Organization Theory: An Environmental Approach.* Boston: Allyn and Bacon, Inc.

Hofstede, Geert(2001). *Culture's Consequences: Comparing values, behavior, institutions and organizations across nations.* 2nd ed. Thousand Oaks, CA: Sage.

Hofstede, Geert, and M. H. Bond(1988). The Confucius Connection: From cultural roots to economic growth. *Organization Dynamics,* 16(4): 4−21.

Hofstede, Geert, Gert Jan Hofstede and Michael Minkov(2010). *Cultures and Organizations: Software of the Mind.* 3rd ed. New York: McGraw−Hill.

Hogan, R., and J. C. Hogan(1982). "Subjective correlates of stress and human per− formance", in E. A. Alluisi and E. A. Fleishman, eds., *Human Performance and*

851

Productivity : Stress and Performance Effectiveness, 141－163, Hinsdale NJ : Lawrence Erlbaum Associates.

Holloman, C. R.(1968). Leadership and Headship: There is a difference. *Personnel Administration*, 31(4): 38－44.

Holmes, T. H., and R. H. Rahe(1967). The Social Readjustment Rating Scale. *Journal of Psychosomatic Research*, 11: 213－218.

Homans, George C.(1950). *The Human Group.* New York: Harcourt Brace Jovanovich.

House, Robert J.(1971). A Path－Goal Theory of Leadership Effectiveness. *Administrative Science Quarterly*, 16(3): 32－39.

Hughes, Owen E.(2012). Pu*blic Management and Administration: An Introduction*. 4th ed. New York: Palgrave Macmillan.

Hull, C. L.(1952). *A Behavior System.* New Haven, CT: Yale University Press.

Idzikowski, C., and A. D. Baddeley(1985). "Fear and dangerous environments", in G. R. Hockey, ed., *Stress and Fatigue in Human Performanc*e, 123－144, NY : Wiley.

Ivancevich, John M., and Michael T. Matteson(1990). *Organizational Behavior and Management.* 2nd ed. Homewood, IL: Richard D. Irwin, INC.

James, W.(1890). *The Principles of Psychology.* New York: Holt, Rinehart, and Winston.

Janis, Irving(1982). *Victims of Groupthink: A Psychological Study of Foreign Policy Decision and Fiascos.* 2nd ed. Boston: Houghton Miffin.

Jex, S. M., 1998, Stress and Job Performance, Thousand Oaks, CA : Sage Publications.

Jex, S. M., T. A. Beehr, and C. K. Roberts(1992). "The meaning of occupational stress items to survey respondents", *Journal of Applied Psychology*, 77, 623－628.

Jick, Todd D., and Roy Payne(1980). "Stress at Work", *Exchange : The Organizational Behavior Teaching Journal*, Vol. 5, No. 3, 50－55.

Jung, C. G.(1933). *Psychological Types.* New York: Harcourt Brace & World.

Jung, C. G.(1959). *The Concept of the Collective Unconscious.* In Collected work(Vol. 9, Part I). Princeton: Princeton University Press.

Kahn, R. L.(1964). "Role Conflict and Ambiguity in Organizations", *Personal Administrator*, Vol. 9, 8－13.

Kahn, R. L., R. P. Wolfe, R. P. Quinn, J. D. Snoek, R. A. Rosenthal(1964). *Organizational Stress : Studying in role conflict and ambiguity*, NY : Rand McNally.

Kanter, Rosabeth M.(1979). Power Failures in Management Circuits. *Harvard Business Review*, July－August: 65－75.

Kanter, Rosabeth M.(1983). Change Masters and the Intricate Architecture of Corporate Culture Change. *Management Review*, 72(10): 18-28.

Kaplan, Robert E.(1984). Trade Routes: The Manager's Network of Relationships. *Organizational Dynamics*, 12: 37-52.

Karasek, R. A.(1979). "Job demands, job decision latitude, and mental strain: implications for job redesign", *Administrative Science Quarterly*, 24, 285-305.

Kast, Fremont E., and James E. Rosenzweig(1985). *Organization and Management: A Systems and Contingency Approach.* 4th ed. New York: McGraw-Hill Book Company.

Katz, Daniel and Robert L. Kahn(1978). *The Social Psychology of Organization.* New York: John Wiley & Sons.

Katz, Daniel and Robert L. Kahn(1978). *The Social Psychology of Organizations,* 2nd ed. New York: John Wiley & Sons.

Kelley, Robert E.(1992). *The Power of Followership.* New York: Doubleday.

Kerr, Steven, and John M. Jermier(1978). Substitutes for Leadership: Their Meaning and Measurement. *Organizational Behavior and Human Performance*, December: 376-403.

Kettl, Donald, and James Fesler(1996). *The Politics of the Administrative Process.* Chatham, NJ: Chatham House Publisher.

Kirkpatrick, S. A., and E. A. Locke(1991). Leadership: Do Traits Matter? *Academy of Management Executive*, 5(2): 48-60.

Koslowsky, Meni(1998). *Modeling the Stress-Strain Relationship in Work Settings*, London: Routledge.

Kotter, John, and Leonard Schlesinger(1979). Choosing Strategies for Change. *Harvard Business Review*, March-April: 102-121.

Kotler, P.(2000). *Marketing Management.* Upper Saddle River, NJ: Prentice Hall.

Landsbergis, P. A., and E. Vivona-Vaughan(1995). "Evaluation of occupational stress intervention in a public agency", *Journal of Organizational Behavior*, 16, 29-48.

Lawler III, Edward E.(1973). *Motivation in Work Organizations. Monterey*, CA: Brooks/Coole Publishing.

Lawrence, Paul R., and Jay W. Lorsch(1967). *Organization and Environment: Managing differentiation and integration.* Boston, MA: Division of Research, Graduate School of Business Administration, Harvard University.

Lawrence, Paul R., and Jay W. Lorsch, eds.(1970). *Studies in Organization Design.*

Homewood, IL: Richard D. Irwin and The Dorsey Press.

Lazarus, R. S.(1967). *Psychological Stress and the Coping Process*, NY : McGraw-Hill.

Lazarus, R. S.(1976). *Patterns of Adjustment*, NY : McGraw-Hill.

Leavitt, Harold J.(1964). Applied Organization Change in Industry: Structural, Technical, and Human Approaches. In W. W. Cooper, H. J. Leavitt, and M. W. Shelly II, eds. *New Perspectives in Organization Research*. New York: John Wiley & Sons, Inc.

Lee, R. T., and B. E. Ashforth(1990). On the meaning of Maslach's three dimensions of burnout. Journal of Applied Psychology, 75: 743-747.

Levi, Lennart(1967). *Stress: Sources, Management, and Prevention*, New York : Liveright.

Levinson, H.(1975). *Executive Stress*, NY : New American Library.

Lewin, Curt, R. Lippett, and R. K. White(1939). Patterns of Aggressive Behavior in Experimentally Created 'Social Climates'. *Journal of Social Psychology*, 10: 271-301.

Lewin, Kurt(1951). *Field Theory in Social Science*. New York: Harper & Row.

Likert, Rensis(1961). *New Patterns of Management*. New York: McGraw-Hill.

Likert, Rensis(1967). *The Human Organization*. New York: McGraw-Hill.

Littlejohn, S.(1989). *Theories of Human Communication*. Belmont, CA: Wadsworth.

Locke, Edwin A.(1968). Toward a Theory of Task Motivation and Incentives. *Organizational Behavior and Human Performance*, May: 157-189.

Luft, Joseph(1970). *Group Process: Introduction to Group Dynamics*. 2nd ed. Palo Alto, CA: National Press Book.

Lundgren, Earl F.(1974). *Organizational Management: Systems and Process*. San Francisco, CA: Canfield Press.

Lussier, Robert N., and Christopher F. Achua(2007). *Effective Leadership*. Mason, Ohio: Thomson South-Western.

March, James G., and Hebert A. Simon(1958). *Organizations*. New York: John Wiley.

Maslach, C.(1998). A multidimensional theory of burnout. In C. L. Cooper(ed.). *Theories of Organizational Stress*. 68-85. Oxford, UK: Oxford University Press.

Maslow, A. H.(1954). *Motivation and Personality*. New York: Harper & Row.

McClelland, David C.(1962). Business Drive and National Achievement. *Harvard Business Review*, July-August: 99-112.

McDougall, W.(1908). *An Introduction to Social Psychology*. London: Methuen.

McGrath, J. E.(1976). "Stress and behavior in organizations", in M. D. Munnette, ed., *Handbook of Industrial and Organizational Psychology*, 1351-1395, Chicago : Rand

854

McNally.

McGregor, Douglas(1960). *The Human Side of Enterprise*. New York: McGraw-Hill.

Mescon, Michael H., Michael Albert, and Franklin Khedouri(1988). *Management*. 3rd ed. New York: Harper & Row, Publishers.

Miles, Ray E., and Charles C. Snow(1978). *Organizational Strategy, Structure and Process*. New York: McGraw-Hill.

Minkov, Michael (2007). *What makes us different and similar: A new interpretation of the World Values Survey and other cross-cultural data*. Sofia, Bulgaria: Klasika y Stil Publishing House.

Mitchell, R., and R. E. Wood(1979). An Empirical Test of an Attribution Model of Leader's Responses to Poor Performance. In Richard C. Huseman, ed., *Academy of MMescon*, Michael H., Michael Albert, and Franklin Khedouri(1988). *Management*. 3rd ed. New York: Harper & Row, Publishers.

Mooney, James D. and Allan C. Reilly(1939). *Onward Industry*. New York: Harper & Row.

Myers, David G.(2007). Psychology. 신현정·김비아 옮김. 마이어스의 심리학개론. 서울: 시그마프레스.

Naisbitt, John(1984). *Megatrends: Ten New Directions Transforming Our Lives*. New York: Warner Books.

Narayanan, V. K. and Raghu Nath(1993). *Organization Theory: A Strategic Approach*. Homewood, IL: Irwin.

Newman, William H.(1956). Overcoming Obstacles to Effective Delegation. *Management Review*, January: 36-41.

Nunnally, J. C., and I. H. Bernstein(1994). *Psychonetric Theory*, 3rd ed., New York: McGraw-Hill.

Osborn, Richard N., James G. Hunt, and Lawrence R. Jauch(1980). *Organization Theory: An Integrated Approach*. New York: John Wiley & Sons.

Ouchi, William(1979). *Theory Z*. New York: Basic Books.

Parkinson, C. Northcote(1964). *Parkinson's Law*. New York: Ballantine Books.

Parsons, Talcott(1960). *Structure and Process in Modern Society*. New York: Free Press.

Pascale, Richard, and Anthony Athos(1981). *The Art of Japanese Management*. New York: Warner Books.

Pavlov, I.(1927). *Conditioned Reflexes: An Investigation of the Physiological Activity of the Cerebral Cortex*. New York: Dover Publications.

Pearlin, L. I., and C. Schooler(1978). "The Structure of Coping", *Journal of Health and Social Behavior*, 19, 2–21.

Perrow, Charles(1961). The Analysis of Goals in Complex Organizations. *American Sociological Review*, 854–866.

Perrow, Charles(1967). A framework for comparative organizational analysis. *American Sociological Review*, 32(2): 194–208.

Perrow, Charles(1970). *Organizational Analysis: A Sociological View.* Belmont, CA: Wadsworth.

Perrow, Charles(1973). The Short and Glorious History of Organization Theory. *Organizational Dynamics*, 2: 2–15.

Peters, L. H., and E. J. O'Connor(1988). "Measuring work obstacles : Procedures, Issues, and Implication", in F. D. Schoorman and B. Schneider, eds., *Facilitating Work Effectiveness*, 105–123, Lexington, MA : Lexington Books.

Peters, Tom, and Robert Waterman(1982). *In Search of Excellence: Lessons From America's Best–Run Companies.* Sydney: Harper & Row.

Pfeffer, Jeffrey and Gerald Salancik(1978). *The External Control of Organizations.* New York: Harper & Row.

Pidd, Michael(2012). *Measuring the Performance of Public Services: Principles and Practice.* Cambridge, UK: Cambridge University Press.

Poister, T. H.(2003). *Measuring Performance in Public and Nonprofit Organizations.* San Francisco, CA: Jossey–Bass.

Pondy, Louis R.(1967). Organizational Conflict: Concepts and Models. *Administrative Science Quarterly*, 12(2): 296–320.

Porter, Michael E.(1980). *Competitive Strategy.* New York: Free Press.

Powell, Walter W. and Paul J. DiMaggio(1991). Eds. *The New Institutionalism in Organizational Analysis.* Chicago: University of Chicago Press.

Pugh, Derek S., C. R. Hinings and C. Turner(1968). Dimensions of organization structure. *Administrative Science Quarterly*, 13: 65–105.

Quick, J. C., and J. D. Quick(1984). *Organizational Stress and Preventive Manage– ment,* NY : McGraw–Hill Book Company.

Quick, J. C., L. R. Murphy, and J. J. Hurrell, eds.(1992). *The Value of Work, the Risk of Distress, and the Power of Prevention,* Washington, D.C. : American Psychological Association.

856

Quick, J. C., J. D. Quick, D. L. Nelson, and J. J. Hurrell, Jr.(1997). *Preventive Stress Management in Organizations*, Washington, D. C. : American Psychological Associative.

Rathus, Spencer A.(1984). *Psychology*. 2nd ed. New York: CBS College Publishing.

Raia, Anthony P.(1974). *Managing by Objectives*. Glenview, IL: Scott, Foresman.

Reitz, H. Joseph(1987). *Behavior in Organizations*. 3rd ed. Homewood, IL: Richard D. Irwin, Inc.

Reitz, H. J., and L. N. Jewell(1985). *Managing*. Glenview, IL: Scott, Foresman.

Rossi, Peter H., Howard E. Freeman, and Mark W. Lipsey(1998). *Evaluation: A Systematic Approach*. 6th ed. Thousand Oaks, CA: Sage Publications.

Rumelt, Richard(1974). *Strategy, Structure and Economic Performance*. Cambridge, Mass.: Harvard University Press.

Rathus, Spencer A.(1984). *Psychology*. 2nd ed. New York: CBS College Publishing.

Reitz, H. Joseph(1987). *Behavior in Organizations*. 3rd ed. Homewood, IL: Richard D. Irwin, Inc.

Reitz, H. J., and L. N. Jewell(1985). *Managing. Glenview*, IL: Scott, Foresman.

Rumelt, Richard(1974). *Strategy, Structure and Economic Performance*. Cambridge, Mass.: Harvard University Press.

Salamon, Lester(1999). *America's Nonprofit Sector: A Primer*. New York: Foundation Center.

Salas, Eduardo, James E. Driskell, and Sandra Hughes(1996). "Introduction : The Study of Stress and Human Performance", in James E. Driskell and Eduardo Salas, eds., Stress and Human Performance, 1–45, Mahwah, NJ : Lawrence Erlbaum Associates, Publishers.

Sauter, S. L., L. M. Murphy, and J. J. Hurrell, Jr.(1990). "Prevention of work–related psychological disorders", *American Psychologist*, 45, 1146–1158.

Savage, G. T., J. D. Blair, and R. L. Sorenson(1989). Consider both Relationships and Substance When Negotiating Strategically. *Academy of Management Executive*, 3(1): 37–48.

Schacter, D. L., D. T. Gilbert, and D. M. Wegner(2008). *Psychology*. 민경환·김명선·김영진·남기덕·박창호·이옥경·이주일·이창환·정경미 옮김. 심리학개론. 서울: 시그마프레스.

Schuler, Randall S.(1984). "Organizational Stress and Coping : A Model and Over–view", in Amarjit Singh Sethi and Randall S. Schuler, eds., *Handbook of Organizational Stress Coping Strategies*, 35–67, Cambridge, Mass. : Ballinger Publishing Company.

857

Scott, William G.(1961). Organization Theory: An Overview and Appraisal. *Academy of Management Journal*, 4: 7–26.

Scott, William G.(1967). *Organization Theory*. Homewood, IL: Richard D. Irwin.

Scott, W. Richard(1987). The adolescence of institutional theory. *Administrative Science Quarterly*, 32: 493–511.

Sheldon, W. H.(1940). *The Varieties of Human Physique: An introduction to constitutional psychology*. New York: Harper.

Sheldon, W. H.(1944). Constitutional factors in personality. In J. McV. Hunt(Ed.). *Personality and the Behavior Disorders*. New York: Ronald Press.

Simon, Herbert A.(1947). *Administrative Behavior*. New York: Macmillan.

Skinner, B. F.(1969). *Contingencies of Reinforcement: A theoretical analysis*. New York: Appleton–Century–Crofts.

Skinner, B. F.(1971). *Beyond Freedom and Dignity*. New York: Knopf.

Skinner, B. F.(1974). *About Behaviorism*. New York: Knopf.

Sheldon, W. H.(1940). *The Varieties of Human Physique: An introduction to constitutional psychology*. New York: Harper.

Sillers, A. L.(1981). Attributions and interpersonal conflict resolution. In J. H. Harvey, W. Ickes, & R. F. Kidd(eds.). *New Directions in Attribution Research*. Mahwah, NJ: Lawrence Erlbaum.

Simon, Herbert A.(1957). *Administrative Behavior*. New York: Free Press.

Simon, Herbert A.(1977). *The New Science of Management Decisions*. Englewood Cliffs, NJ: Prentice Hall.

Singer, Marc G.(1992). *Human Resource Management*, Boston : PWS–Kent Publishing Company.

Smeltzer, Larry R., and John L. Waltman, et al.(1991). *Managerial Communication: A Strategic Approach*. Needham, MA: Ginn Press.

Spear, Peter, Steven D. Penrod, and Timothy B. Baker(1988). *Psychology: Perspectives on Behavior*. New York: John Wiley & Sons.

Spreitzer, G. M.(1995). Psychological empowerment in the workplace: Dimension, measurement and validation. *Academy of Management Journal*, 38: 1442–1485.

Starbuck, W. H.(1971). *Organizational Growth and Development: Selected Readings*. Harmondsworth, England: Penguin.

Steers, Richard M.(1975). Problems in the Measurement of Organizational Effectiveness.

858

Administrative Science Quarterly, 20: 546-558.

Steiner, George A., and John B. Miner(1977). *Management Policy and Strategy*. New York: Macmillan.

Stogdill, Ralph M.(1948). Personal Factors Associated with Leadership: A Survey of the Literature. *Journal of Psychology*, 25: 35-72.

Stogdill, Ralph M.(1974). *Handbook of Leadership*. New York: Free Press.

Strawser, Robert H., J. Patrick Kelly, and Richard T. Hise(1982), "What Causes Stress for Management Accountants?" *Management Accounting*, March, 32-35.

Sullivan, S. E., and R. S. Bhagat(1992). "Organizational stress, job satisfaction and job Skinner, B. F.(1971). *Beyond Freedom and Dignity*. New York: Knopf.

Sullivan, S. E., and R. S. Bhagat(1992). "Organizational stress, job satisfaction and job performance : where do we go from here?", *Journal of Management*, 18, 353-374.

Taylor, Frederick W.(1911). *The Principles of Scientific Management*. New York: Harper & Row.

Thibaut, J. W., & H. H. Kelley(1959). *Social Psychology of Groups*. New York: John Wiley.

Thompson, James D.(1967). *Organizations in Action*. New York: McGraw-Hill.

Thompson, James D., and William J. McEwen(1958). Organization Goals and Environment, Goal Setting as an Interaction Process. *American Sociological Review*, Feb.: 23-31.

Thompson, James D., and Arthur Tuden(1959). Strategies, Structures and Processes of Organizational Decision. In J. D. Thompson et al., ed. *Comparative Studies in Administration*. Pittsburgh, Penn: The University of Pittsburgh Press.

Thorndike, E. L.(1931). *Human Learning*. New York: Century.

Tindale, R. Scott, Tatsuya Kameda, and Verlin B. Hinsz(2005). Group Decision Making. In edited by Michael A. Hogg and Joel Cooper. *The Sage Handbook of Social Psychology*, 381-403. Thousand Oaks, CA: Sage Publications.

von Bertaltanffy, Ludwig(1967). *General Systems Theory: Foundations, Development, Applications*. New York: Braziller.

Vroom, Victor H.(1964). *Work and Motivation*. New York: Wiley & Sons.

Vroom, Victor H.(1976). Leadership. In M. D. Dunnette, ed. *Handbook of Industrial and Organizational Psychology*. 1527-1551. Chicago: Rand McNally.

Vroom, Victor H., and A. Jago(1988). *The New Leadership*. Englewood Cliffs, NJ: Prentice-Hall.

Vroom, Victor H., and Phillip W. Yetton(1973). *Leadership and Decision Making*. Pittsburgh,

PA: University of Pittsburgh Press.

Walker, Charles R., and Robert H. Guest(1952). *The Man on the Assembly Line*. Cambridge, MA: Harvard University Press.

Webber, Ross A.(1979). *Management: Basic Elements of Managing Organizations*. 2nd ed. Homewood, IL: Richard D. Irwin, Inc.

Weber, Max(1946). *Essays in Sociology*. Trans. and ed. by Hans H. Gerth and C. Wright Mills. New York: Oxford University Press.

Weber, Max(1947). *The Theory of Social and Economic Organization*. Ed. A. H. Henderson and Talcott Parsons. Glencoe, IL: Free Press.

Whetten, David A.(1980). Organizational Decline: A Neglected Topic in Organizational Science. *Academy of Management Review*, 5: 577–588.

Wittig, Arno F., and Gurney Williams III(1984). *Psychology: An Introduction*. New York: McGraw–Hill, Inc.

Woodward, Joan(1965). *Industrial Organization: Theory and Practice*. London: Oxford University Press.

Xie, J. L., and G. Johns(1995). "Job scope and stress : Can scope be too high?", *Academy of Management Journal*, 38, 1288–1309.

Yerkes, R. M., & J. D. Dodson(1908). The relation of strength of stimulus to rapidly of habit formation. *Journal of Comparative Neurology and Psychology*, 18: 459–482.

Yukl, G. A.(1994). *Leadership in Organizations*. 3rd ed. Englewood Cliffs, NJ: Prentice Hall.

Zwerman, William I.(1970). *New Perspectives on Organizational Theory*. Westport, CN: Greenwood Publishing Co.

찾아보기

ㄱ

가치기반 리더십   627

각성이론   458

간접통제   359

갈등   29, 674

갈등관리   673, 692

갈등단계   690

갈등사후   691

갈등의 시각   678

갈등의 원인   685

갈등의 유형   684

갈등의 의의와 특징   674

갈등이론   676

감수성 훈련   841

감지된 갈등   691

강압적 권력   734

강화 스케줄   490

강화   413

강화이론   487

강화접근법   382

개방시스템   122

개방시스템의 요소   123

개별적 배려   623

개인과 조직목표의 융합   32

개인적 의사결정의 행태적 영향요인   771

개인행태   376

개인행태의 의의   377

개입   825

개입의 의의   825

거래적 리더십   619

거래적 리더십과 변혁적 리더십   619

거시적 환경   191

격동적 환경   186

경쟁   703

경쟁전략   710

경제적 모델: 합리적 의사결정   762

경제적 환경   194

계선조직   265

고전적 조건형성: Pavlov의 실험　408

고전적 조직이론의 의의　67

고정관념　400

공간적 분화　254

공격적인 의사소통　651

공공봉사동기　391

공공조직　12

공식목표　25

공식적 의사소통　665

공식적 조직구조　263

공식집단　532

공식화　247

공유리더십　630

공평(공정)이론　481

과정이론　474

과정평가　366

과학적 관리의 비판과 공헌　72

과학적 관리의 의의　69

과학적 관리의 특성　70

과학적 연구　67

관계 권력　739

관료제와 민주주의　90

관료제와 조직규모　85

관료제의 단점　89

관료제의 유형　86

관료제의 장점　88

관리　8, 566

관리가치　49

관리그리드　585, 840

관리의 기능　8

관리의 본질　566

관리적 권위　724

관리통제　345

교화모형　32

구조적 접근법　792

국가문화의 분류　219

권력 대상자의 특성　739

권력 활용　725

권력　717

권력과 권위의 관계　718

권력과 권위의 의의　717

권력과 영향력의 관계　719

권력의 기반　731

권력의 의의와 특징　717

권위(權威)　82, 102, 720

권위계층제　85

권위 라인　144, 163

권위의 수용관　721

권위의 원천　723

권위의 위임　241

권위의 의의와 특징　720

권위주의형　578

권한/권위의 활용　693

귀납적 이론　62

귀인모델　610

귀인이론　677

규범적 이론　63

근접성 이론　539

긍정적 강화　488

긍정적 리더십　631

기계적 관료제　87

기계적 모델　285

기계적 조직　162

기능적 갈등　680

기능적 팀   643

기능조직   276

기대   476

기대이론   475

기술   261

기술에 대한 연구   154

기술적 이론   63

기술적 환경   194

기업가적 단계   52

기획   313

기획과정   318

기획유형   323

ㄴ

내부고발 게임   747

내부과정접근법   45

내용이론   460

노동의 분업   240

ㄷ

다중종국성   128

단기적 목표   27

단정적 의사소통   650

대결   696

델파이 기법   775

도덕적 리더십   632

동기부여   449

동기부여의 과정   452

동기부여의 의의와 특징   450

동기부여의 이론배경   455

동기부여이론   459

동기요인   470

동인이론   456

동일종국성   128

동태적 시스템   123

ㄹ

라인-참모 게임   747

리더-멤버 교환이론   613

리더십 연속체   592

리더십 이론   570

리더십   560

리더십과 관리   566, 569

리더십의 개념과 특성   561

리더십의 대체   634

리더십의 의의   561

리더십의 자질   573

리더십의 환경변화   564

ㅁ

마키아벨리즘   726

막료의 역할   267

막료조직   266

매트릭스 조직설계   288

매트릭스 조직의 장·단점   291

매트릭스 조직의 조건   291

명목집단기법   776

명시된 갈등   691

목표대치   31

목표설정   452

목표설정의 방법   28

목표설정이론   484

목표에 의한 관리(MBO)   830

목표의 변동   30

목표의 승계　30
목표의 추가와 변동　31
목표접근법　47
문제해결(problem solving)　697
문화변동의 전략과 유형　227
문화변화의 과정　233
문화변화의 지렛대　229
문화적 환경　192
물질적 환경　195
미네소타 다면적 인성검사(MMPI)　437
미시간대학교 ISR 모형　502
미시간대학교의 연구　501, 583
민간조직　17
민주적 과정　696
민주형　578

ㅂ

밖으로 향하는 의사소통　672
반란 게임　746
반엔트로피　129
변혁적 리더십　616, 620
변혁적 리더십의 요인과 과정　622
변화에이전트의 역할　828
보상적 권력　733
복잡성　253
복합기능 팀　643
본능이론　455
부서조직　277
부서화　242
부정적 강화　489
분권화　251
분배협상　708

분화　257
분화와 통합　257
불확실성　180
브레인스토밍　774
비공식적 의사소통　668
비공식적 조직구조　264
비공식집단　535
비단정적 의사소통　650
비언적 의사소통　651
비용－편익분석　368
비용－효과성분석　369
비정부조직과 정부의 관계　19
비정형화된 의사결정　753
빅 파이브(Big Five) 성격유형　442

ㅅ

사례연구와 역할연기 방법　838
사전적 평가　365
사회교환이론　538, 677
사회인지이론　539
사회적 학습　416
사회적 환경　192
사후적 평가　366
산업/경쟁적 환경　195
산출(영향)평가　366
상설위원회　298
상향적 의사소통　670
상황적 권위　724
상황적 사고　139
상황적합의 기반　141
상황적합의 의의　139
상황적합적 리더십의 비교　609

상황적합적 이론　587
상황적합적 접근법　139
생명주기단계　51
서번트 리더십　629
서베이 환류　817
선거구민　55
성격　420
성격유형　425
성격유형의 측정　437
성격의 의의와 특성　421
성격차이의 원천　423
성과평가　369
성과평가의 방법　370
성과평가의 의의　369
소멸　416, 489
소용돌이의 장　179
수단성　476
수용모형　33
수직적 갈등　688
수직적 분화　254
수평적 분화　253
수평적 의사소통　671
스튜워드십　627
스트레스　493
스트레스와 성과의 관계　517
스트레스의 개념　495
스트레스의 관리전략　511
스트레스의 연구경향　499
스트레스의 요인　504
스트레스의 의의　493
스트레스의 특징　498
승-패 전략　712

시스템 4 조직　835
시스템 모델의 단점　130
시스템 모델의 장점　129
시스템 모형　115
시스템(system)　116, 120
시스템의 기반　117
시스템의 의의　116
시스템이론　119, 676
시스템이론의 개념과 특성　120
시스템자원 모델　45
시스템자원접근법　44
시장실패　12
신제도주의　152
신행정학　105
실험실 훈련　816
심리 성적 발달단계　433
쓰레기통 의사결정　768

ㅇ

악마의 충고　557
언어적 의사소통　651
업무태도　387
에니어그램　439
역기능적 갈등　681
역할갈등(役割葛藤, role conflict)　687
연역적 이론　63
연합빌딩 게임　746
영감적 동기부여　622
오하이오주립대학교의 연구　579
완화　693
운영기획　326
운영목표　26

운영적 권위   725

운영통제   344, 357

위생요인   470

위원회 구조   297

위임단계   53

윈윈 전략   712

유기적 모델   286

유기적 조직   163

유인가   476

유전적 특성   424

윤리적 리더십   631

응집력   548

응집력과 성과   548

의사결정 권력   738

의사결정   748, 749

의사결정모형에 따른 기획과정   318

의사결정의 과정   755

의사결정의 모델   762

의사결정의 시각   750

의사결정의 유형   752

의사결정의 의의   749

의사결정의 전략   761

의사결정의 제약   751

의사소통 장애의 극복방안   660

의사소통   648, 649

의사소통의 과정   654

의사소통의 기능   653

의사소통의 수준   657

의사소통의 유형   665

의사소통의 의의   649

의사소통의 장애요인   658

2차 목표   26

이드(원초아, id)   431

이론의 의의   62

이해관계자이론   112

인간관계이론   92

인간관계이론의 의의   93

인구생태이론   148

인구생태학 모델   799

인본주의   37

인센티브 이론   457

인식접근법   382

인적자원이론   109

인터페이스 네트워크   299

1차 목표   26

일반적 기획과정   318

임파워먼트   451, 728

임파워먼트의 구성요소   729

ㅈ

자선단체   15

자아(ego)   432

자원의존성   182

자원의존이론   146

자원의존이론가   800

자유방임형   579

자율관리 팀   644

자질(특성)이론   573

자질   574

잠재적 갈등   690

장기적 목표   27

전략적 기획   312, 324

전략적 기획의 의의   313

전략적 선택모형   710

전략적 통제　355
전략통제　345
전략형성과정　316
전문가적 권력　735
전문적 관료제　87
전술적 통제　356
전통적(traditional) 권위　82
전환　126
접근–접근 갈등　686
접근–회피 갈등　687
정보 권력　738
정보 및 의사결정학파　110
정보　333
정보격차　340
정보시스템 설계의 변수　334
정보의 양　334
정보의 충분성　335
정부정치 모델　767
정부조직　14
정신분석적 접근법　430
정치적 권력모델　743
정치적 전략　745
정치적/규제적 환경　193
정치학파　111
정태적 시스템　123
정형화된 의사결정　752
제3자의 개입　695
제도이론　150
제도주의이론가　801
조작적 조건형성　411
조직 라이프사이클　802
조직과 집단　9

조직과정(관료제적) 모델　767
조직구조　238
조직구조와 규모의 연구　153
조직구조의 변수　240
조직구조의 영향요인　260
조직구조의 의의　239
조직구조의 차원　246
조직권력과 정치　716
조직규모　262
조직목표 성취의 측정　33
조직목표　21
조직목표의 기능　22
조직목표의 분류　24
조직목표의 의의　21
조직몰입　389
조직문화 변화의 특성　226
조직문화 변화의 특성과 단계　223
조직문화　200, 201
조직문화의 기능　208
조직문화의 논리　205
조직문화의 수준　230
조직문화의 유형　212
조직문화의 의의와 수준　201
조직문화의 창조　223
조직발달의 방법　829
조직발전　808, 809
조직발전의 과정　813
조직발전의 기반　816
조직발전의 의의　809
조직발전의 특징　811
조직발전의 한계　815
조직변화　784

조직변화과정의 요소　789

조직변화의 기반　796

조직변화의 원천: 변화시스템 모델　787

조직변화의 의의　785

조직변화의 이론적 틀　798

조직변화의 저항　791

조직변화의 저항에 대한 극복방안　792

조직생태학　197

조직설계　271

조직설계의 논리　275

조직설계의 논리적 관점　273

조직설계의 모델　283

조직설계의 의의　272, 302

조직설계의 진단　281

조직시민행동　390

조직의 물리적 구조　268

조직의 상황적합적 관점　138

조직의 유형　10

조직의 의의　5

조직의 행태관리　380

조직이론의 의의　63

조직적 도의　452

조직정보와 통제시스템　332

조직정보와 통제시스템의 논리　336

조직정보와 통제시스템의 의의　333

조직정보와 통제의 수준　343

조직정치　741

조직행태의 의의　379

조직환경　172

조직환경의 기반　174

조직환경의 연구　162

조직환경의 의의　173

조직효과성　40, 41

조직효과성의 기반　42

조직효과성의 기준선택　49

조직효과성의 의의　41

조화전략　711

주사시스템　188

주사형　187

준거적 권력　734

준자치비정부조직　16

중기적 기획　325

중위투표자 모델　777

중화요인　634

지각　394

지각과정　396

지각된 갈등　690

지각의 의의　395

지각자의 특성　400

지각적 방어　400

지각적 선택　398

지각적 조직화　399

지적 자극　623

직무단순화　305

직무만족　387

직무범위의 재설계　305

직무분석　304

직무설계　301

직무소진　519

직무소진의 구성요소　520

직무소진의 의의　519

직무순환　305

직무충실화(직무확충)　306

직무확장　306

직장 외 직업훈련   837

직장생활의 질   39

직접통제   359

진단개입   826

진단단계   813

집권화   250

집권화와 분권화   249

집단   9, 529

집단규모의 효과   552

집단발생의 원인   539

집단발생의 이론   538

집단사고   553

집단사고의 결과   555

집단사고의 극복방안   557

집단사고의 징후   554

집단성 단계   52

집단성숙도   542

집단성숙성의 특징   544

집단의 구조   547

집단의 규모   546

집단의 발달단계   542

집단의 유형   531

집단의 의의   529

집단의 효과성   551

집단적 의사결정의 기법   773

집단행태   528

ㅊ

참모적 권위   724

처벌   415, 489

초두성 효과/신근성 효과   401

초자아(superego)   432

총체주의적 관점   126

ㅋ

카리스마 리더십과 변혁적 리더십   617

카리스마   617, 622

카리스마적(charismatic) 권위   82

컨설턴트의 역할: 개입이론   824

ㅌ

타협   29, 694

태도   384

태도의 구성요소와 척도   384

태도의 기능   386

태도의 의의와 특징   384

토의 혹은 콘퍼런스 접근법   838

통솔의 범위   245

통제과정   351

통제시스템   347

통제의 범위   355

통제의 의의와 특징   347

통제의 필요성   349

통합   258

통합협상   709

투사   401

투입과 산출   132

트랩이론(gangplank principle)   671

특별위원회   298

특성접근법: Allport의 특성   428

팀 리더십   642, 645

팀 빌딩   839

팀   529, 642

팀의 의의와 유형   642

팀의 효과성　　646

ㅍ

파킨슨법칙(Parkinson's Law)　　86
팔로워십　　636
팔로워십의 유형　　637
팔로워십의 의의와 역할　　636
팔로워십의 전략　　640
평가　　360
평가기준　　367
평가시스템　　360
평가시스템의 과정　　363
평가시스템의 목적　　362
평가시스템의 문제점　　365
평가시스템의 유형　　365
평가시스템의 의의　　360
평가의 방식　　366
폐쇄시스템　　122
포섭　　29, 695
풍문(grapevine)　　669
피그말리온 효과　　401
피드백 통제　　360
피드포워드 통제　　360

ㅎ

하부시스템　　133
하향적 의사소통　　669
학습의 유형　　407
학습의 의의　　407
학습이론　　406
합리모델　　766
합리적 목표 모델　　50

합리적-법률(rational-legal) 권위　　82
합법성　　367
합법적 혹은 법률적 권력　　733
행동과학: 행동연구　　823
행정원리학파　　74
행정원리학파의 의의　　74
행정의 의의　　5, 9, 10, 21, 41, 42, 49, 57,
　　62, 116, 117, 139, 141, 173, 174, 785,
　　796, 798
행정의 중립화　　84
행정적 모델: 만족모형　　763
행정학　　100
행태　　377
행태의 예측변수　　384
행태의 접근법　　381
행태이론　　576
행태적 발달방법　　839
행태적 접근법　　793
행태주의　　100
행태주의의 의의　　100
현대조직이론　　108
현장연수　　837
협동단계　　54
협력전략　　711
협상　　707
협상과정　　712
협상관리　　706
협상유형　　708
협상의 의의　　707
협상전략　　710
형성화 단계　　53
혼합모델　　744

환경   55, 132, 424

환경분석과정   189

환경분석의 모델   191

환경분석의 접근방법   187

환경의 복잡성   184

환경의 상호관련성   183

환경의 특성   180

환경적 상황이론   143

환류   127

회피   694

회피전략   711

회피-회피 갈등   686

효과성   35, 368

효과의 법칙: Thomdike의 실험   411

효과적인 통제시스템   350

효율성(능률성)   33, 368

후광효과   401

후기행태론적 접근법   104

후원 게임   746

기타

A. Etzioni의 유형   737

Abraham Maslow의 욕구계층이론   463

Allison의 의사결정모델   765

Carl Jung의 유형   427

Chester Barnard의 연구   101

Clayton Alderfer의 ERG 이론   467

David C. McClelland의 성취동기이론   471

Fred E. Fiedler의 상황적 리더십   588

Frederick Herzberg의 2요인 이론   468

Frederick Winslow Taylor의 과학적 관리론
    69

French와 Raven의 유형   731

Hans Selye의 연구   500

Hawthorne 실험의 비판   99

Hawthorne 실험의 연구결과   97

Hawthorne의 실험   94

Hawthorne의 연구   94

Henri Fayol의 연구   75

Herbert Simon의 연구   103

Hippocrates의 연구   426

Homans 모델   537

James D. Mooney와 Allan C. Reiley의 연구
    77

Johari의 창   402

John Kenneth Galbraith의 유형   735

Koslowsky의 모형   505

Larry Greiner의 성장단계   804

Lewin, Lippit, White의 연구   577

Lewin-Schein 모델   822

Luther Gulick과 Lyndall Urwick의 연구
    79

Mary Parker Follett의 연구   78

MBO의 과정   832

MBO의 문제점   833

MBO의 의의   830

MBTI 성격유형   445

NGO   17

Paul Hersey와 Kenneth Blanchard의 상황적
    리더십   597

Robert House의 경로-목표이론   593

Sheldon의 연구   426

Singer의 모형   504

SWOT 분석   327

Tavistock 모델   818

Theory X   461

Theory Y   462

Theory Z의 특징   169

Vroom-Jago의 리더십 모델   603

Vroom-Yetton-Jago의 의사결정 모델

   601

Vroom과 Yetton의 규범적 의사결정 모델

   601

Weber 관료제의 의의와 특징   81

Weber의 관료제   81

저자 약력

이 영 균(李永均)

미국 Temple University에서 1993년 *"Analysis of Public Sector Growth in South Korea, 1953-1991"*로 정치학 박사를 취득하고, 감사원 감사교육원 교수를 거쳐 2015년 현재 가천대학교 행정학과에서 교수로 재직하고 있다. 그간 가천대학교에서 재직하는 동안 정책조정실장, 기획처장, 사회과학대학장, 행정대학원장, 브랜드 실무위원장 등을 역임하였다.

대외적인 활동으로는 성남시 인사위원, 국방부 자체평가위원, 감사원 특별조사본부 자문위원, 민주평화통일자문위원(제9기, 제10기, 제13기), 한국연구재단 행정학분야 PM, 경인일보 독자위원 등을 역임하였으며, 제27회 입법고시 출제위원, 행정고등고시 출제위원, 국가직 및 서울시 7급 공무원시험 출제위원, 광주광역시 공무원시험 출제위원 등에 참여하였다.

학회활동으로는 한국정책분석평가학회장(2009), 한국행정학회 연구부회장(2014), 한국행정학회 온라인 행정학사전 위원장(2012), 한국정책학회 연구이사(2001) 및 섭외이사(2002), 한국정책과학학회(2002) 및 한국정책분석평가학회(2006) 편집위원장 등에 봉사하였다.

그간 학술활동으로 행정학(2010), 공공조직론(공저, 2011), 글로벌시대의 행정학(공저, 2010), 세계의 감사원(공저, 2009), 자체감사론(공저, 2007), 정보사회론(공저, 1999) 등의 집필에 참여하였으며, "경찰공무원의 공공봉사동기가 조직성과에 미치는 영향 연구(2014, 한국경찰연구)" 이외 70여 편의 논문을 학회지 등에 게재하였다.

조직관리론

초판인쇄	2015년 3월 25일
초판발행	2015년 3월 30일
지은이	이영균
펴낸이	안종만
편 집	김선민 · 이강용
기획/마케팅	조성호 · 송병민
표지디자인	최은정
제 작	우인도 · 고철민
펴낸곳	(주) **박영사**
	서울특별시 종로구 새문안로3길 36, 1601
	등록 1959. 3. 11. 제300-1959-1호(倫)
전 화	02)733-6771
f a x	02)736-4818
e-mail	pys@pybook.co.kr
homepage	www.pybook.co.kr
ISBN	979-11-303-0174-7 93350

copyright©이영균, 2015, Printed in Korea

정 가   38,000원